ROBERT WRIGHT

DIESSEITS VON GUT UND BÖSE

ROBERT WRIGHT

DIESSEITS VON GUT UND BÖSE

DIE BIOLOGISCHEN GRUNDLAGEN UNSERER ETHIK

Aus dem Amerikanischen
von Johann George Scheffner

LIMES

Die Originalausgabe erschien 1994 unter dem Titel
The Moral Animal bei Pantheon Books, New York

Die Deutsche Bibliothek – CIP-Einheitsaufnahme

Wright, Robert:
Diesseits von Gut und Böse : die biologischen Grundlagen
unserer Ethik / Robert Wright. Aus dem Amerikan. von
Johann George Scheffner. – München : Limes, 1996
Einheitssacht.: The moral animal <dt.>
ISBN 3-8090-3002-3

© 1994 Robert Wright
© 1996 der deutschen Ausgabe
Limes Verlag GmbH, München
Satz: Mitterweger GmbH, Plankstadt
Druck und Bindung: Ebner Ulm
Alle Rechte vorbehalten. Printed in Germany
ISBN 3-8090-3002-3

Für Lisa

Mechanisch nahm er noch einen Schluck Schnaps. Als die Flüssigkeit seine Zunge netzte, fiel ihm sein Kind ein, wie es aus der Sonne hereintrat: das mürrische, unglückliche, wissende Gesicht. Er sagte:»O Gott, hilf ihr. Verdamme mich, ich verdiene es, aber gib ihr das ewige Leben!« Dies war die Liebe, die er hätte für jede Menschenseele fühlen sollen. Seine ganze Furcht und der Wunsch zu retten konzentrierten sich ungerechterweise auf das eine Kind. Er begann zu weinen; ihm war, als müßte er vom Ufer aus zusehen, wie es langsam ertrank, weil er das Schwimmen verlernt hatte. Er dachte: So müßte ich immer für jeden Menschen fühlen.

Graham Greene, *Die Kraft und die Herrlichkeit*

Inhalt

Einleitung
DARWIN UND WIR

In *Die Entstehung der Arten* ist von der Entstehung der Spezies Mensch so gut wie überhaupt nicht die Rede. Die Bedrohungen, die von dem Buch ausgingen – für den biblischen Schöpfungsbericht, für den tröstlichen Glauben, daß wir mehr seien als bloße Tiere –, lagen auch so klar auf der Hand; sie aufzubauschen hätte Charles Darwin nichts gebracht. Gegen Ende des Schlußkapitels meint er mit Bezug auf die Erforschung der Evolution lediglich: »Licht wird auf den Ursprung der Menschheit und ihre Geschichte fallen.« Und im selben Absatz wagt er die Prognose, daß »in einer fernen Zukunft« die Psychologie »sicher auf neuer Grundlage weiterbauen« werde.[1]

Mit der »fernen Zukunft« hat er recht behalten. 1960, 101 Jahre nach dem Erscheinen der Erstausgabe von *Die Entstehung der Arten*, bemerkte der Historiker John C. Greene: »Was die Entstehung der spezifisch menschlichen Merkmale des Menschen anlangt, würde Darwin mit Enttäuschung feststellen, daß die Dinge nicht sonderlich weit über seine eigenen Mutmaßungen in *Die Abstammung des Menschen* hinaus gediehen sind. Er wäre entmutigt, wenn er hörte, daß J. C. Weiner vom Anthropology Laboratory der Oxford University diesen Fragenkomplex als ›ein umfangreiches, durchweg frustrierendes Forschungsgebiet, auf dem unsere Ausbeute an entwicklungsgeschichtlicher Erkenntnis nach wie vor dürftig ist‹, charakterisiert hat. [...] Aus der gegenwärtigen Betonung der Einzigartigkeit des Menschen als Kultur tradierendes Tier würde Darwin vielleicht die Neigung heraushören, zur präevolutionstheoretischen Vorstellung vom kategorialen Unterschied zwischen dem Menschen und den anderen Lebewesen zurückzukehren.«[2]

Wenige Jahre, nachdem Greene sich so geäußert hatte, setzte ein Umschwung ein. In dem Zeitraum von 1963 bis 1974 trugen vier Biologen – William Hamilton, George Williams, Robert Trivers und John Maynard Smith – eine Reihe von Ideen vor, die zusammengenommen eine Fortentwicklung und Erweiterung der Theorie der natürlichen Selektion darstellten und der Einsicht der Evolutionsbiologen in das Sozialverhalten der Tiere einschließlich unser selbst den Weg in eine radikal neue Tiefendimension wiesen. Ob und wieweit die neuen Ideen auch auf unsere eigene Spezies anwendbar sind, war anfangs noch unklar. Die Biologen sprachen im Ton der Gewißheit über die Mathematik der Selbstaufopferung bei den Ameisen und über die verborgene Logik der Partnerwerbung bei den Vögeln; über menschliches Verhalten dagegen sprachen sie allenfalls in Mutmaßungen. Selbst die beiden epochemachenden Bücher, die jene neuen Ideen zur Synthese vereinigten und einem breiteren Publikum bekannt machten – E. O. Wilsons *Sociobiology* (1975) und Richard Dawkins' *The Selfish Gene* (1976; dt. *Das egoistische Gen*, 1978 u. ö.) – hatten verhältnismäßig wenig über den Menschen zu sagen. Dawkins mied das Thema so gut wie ganz, und Wilson beschränkte seine Ausführungen zu unserer Spezies auf das schmale und erklärtermaßen spekulative Schlußkapitel seines Buchs – ganze 28 von insgesamt 575 Seiten.

Heute liegen die den Menschen betreffenden Ideenmomente sehr viel klarer zutage als Mitte der siebziger Jahre. Eine kleine, allerdings wachsende Gruppe von Gelehrten machte sich die »neue Synthese«, wie Wilson sie nannte, zu eigen und übertrug sie in die Sozialwissenschaften mit dem Ziel, diese einer Revision zu unterziehen. Diese Wissenschaftler wandten die neue, verbesserte darwinistische Theorie auf die menschliche Spezies an und testeten die Resultate an neu erhobenem Datenmaterial. Und dabei erzielten sie, neben den unvermeidlichen Fehlschlägen, große Erfolge. Wenngleich sie sich noch immer als eine von allen Seiten befehdete Minderheit betrachten – ein Selbstbild, das sie, so scheint es zuweilen, insgeheim genießen –, gibt es eindeutige Anzeichen dafür, daß ihr Prestige im Wachsen begriffen ist. Altehrwürdige ethnologische, psychologische und psychiatrische Fachjournale drucken jetzt Beiträge von Autoren, die man noch vor zehn Jahren an klar auf die darwinistische Perspektive eingeschworene Novitäten am wissenschaftlichen Zeitschriftenmarkt weiterverwies. Langsam, aber deutlich erkennbar, kristallisiert sich eine neue Weltsicht heraus.

»Weltsicht« ist hier ganz wörtlich gemeint. Wie die Quantenphysik oder die Molekularbiologie ist auch die neue darwinistische Synthese ein System von wissenschaftlichen Theoremen und von Fakten, aber anders als jene Disziplinen schließt sie auch eine bestimmte Art und Weise ein, das Alltagsleben zu sehen. Hat jemand sie erst einmal richtig verstanden – und sie ist viel leichter zu verstehen als, um bei diesen Beispielen zu bleiben, Quantenphysik und Molekularbiologie –, kann dies bei dem Betreffenden eine ganz neue Sicht der sozialen Realität zur Folge haben.

Die in der neuen Sicht angesprochenen Fragen reichen vom Profanen bis zum Spirituellen und berühren so ziemlich alles, was im menschlichen Leben von Belang ist: Verliebtheit, Liebe und Sex (Sind Männer und/oder Frauen wirklich für die Monogamie gemacht? Unter welchen Randbedingungen sind sie mehr, unter welchen weniger monogam?); Freundschaft und Feindschaft (Welche evolutionäre Logik steckt im berechnenden Taktieren am Arbeitsplatz beziehungsweise im berechnenden Verhalten überhaupt?); Selbstsucht, Selbstaufopferung, Schuldgefühl (Wozu hat uns die natürliche Selektion jenes riesige Reservoir an Schuldgefühlen mitgegeben, das man Gewissen nennt? Ist es wirklich ein Wegweiser zu »moralischem« Verhalten?); den sozialen Status und den sozialen Aufstieg (Sind alle menschlichen Gesellschaften wesensmäßig hierarchisch organisiert?); die unterschiedliche Prädisposition von Männern und Frauen in Bereichen wie Freundschaft und Ehrgeiz (Sind wir Gefangene unserer Geschlechtsrolle?); Rassismus, Fremdenfeindlichkeit, Krieg (Weshalb fällt es uns so leicht, große Gruppen von Menschen aus unserer Bereitschaft zu menschlicher Anteilnahme auszuklammern?); Täuschung, Selbstbetrug und den unbewußten Teil der Psyche (Ist intellektuelle Ehrlichkeit möglich?); verschiedene psychiatrische Erkrankungen (Sind Depression, Neurose, Paranoia »natürliche« Phänomene – und wenn ja, macht sie das auch nur im geringsten weniger inakzeptabel?); die Haßliebe zwischen Geschwistern (Weshalb ist das Verhältnis keine reine Liebe?); die exorbitante Fähigkeit von Eltern, ihren Kindern psychische Schäden zuzufügen (Wessen Interessen liegen ihnen am Herzen?). Und so weiter...

Eine stille Revolution

Die neuen darwinistischen Sozialwissenschaftler bekämpfen eine Lehrmeinung, die während eines großen Teils dieses Jahrhunderts die einzelnen Disziplinen ihres Wissenszweigs beherrschte: die Idee, daß die biologische Seite des Menschen ohne großen Belang sei – daß der einzigartig schmiegsame und wandelbare menschliche Geist im Verein mit der einzigartigen Macht der Kultur unser Verhalten von seinen stammesgeschichtlichen Wurzeln abgelöst habe; daß keine dem Menschen innewohnende Natur menschliches Geschehen lenke, sondern daß es unsere innerste Natur sei, von außen gelenkt zu werden. So schrieb Émile Durkheim, der Vater der modernen Soziologie, um die Jahrhundertwende, die menschliche Natur sei »nur der Rohstoff, den der soziale Faktor formt und umwandelt« (*Die Regeln der soziologischen Methode* [1895], Frankfurt am Main; Suhrkamp 1984 [suhrkamp taschenbuch wissenschaft 464], S.189). Die Geschichte lehrt, so Durkheim, daß selbst so leidenschaftliche Gefühle wie die Eifersucht der Geschlechtspartner, so innige wie die Liebe des Vaters zu seinem Kind oder des Kindes zu seinem Vater »der menschlichen Natur durchaus nicht inhärent sind« (a.a.O, S.190). Der Geist ist in dieser Sicht im wesentlichen passiv – ein leeres Gefäß, in das im Zuge des individuellen Reifungsprozesses nach und nach die heimische Kultur einfließt; wenn der Geist dem Inhalt der Kultur überhaupt irgendwelche Grenzen setzt, dann sind diese äußerst weit gezogen. »Aus den Grundsätzen der Psychologie«, schrieb der Ethnologe Robert Lowie 1917, »lassen sich die Erscheinungen der Kultur ebensowenig erklären wie Architekturstile aus den Gesetzen der Schwerkraft.«[3] Selbst in der Darstellung von Psychologen – von denen mancher vielleicht etwas mehr Parteinahme für ihn erwartet hätte – ist der Geist oft nicht viel mehr als eine *tabula rasa*, eine leere, unbeschriebene Tafel. Der Behaviorismus, der die Psychologie des 20.Jahrhunderts lange Zeit beherrschte, besteht zu einem guten Teil in der Vorstellung, daß die Menschen tun, wofür sie belohnt, und lassen, wofür sie bestraft werden: So nimmt der formlose Geist Form an. In B.F. Skinners utopischem Roman *Walden II* (1948; dt. *Futurum zwei. Die Vision einer aggressionsfreien Gesellschaft)* werden Neid, Eifersucht und andere asoziale Regungen mittels eines strengen Systems von positiven und negativen Verstärkungen ausgemerzt.

Diese Sicht der menschlichen Natur – in der diese als etwas kaum Vorhandenes und wenig Belangvolles erscheint – ist bei modernen darwinistischen Sozialwissenschaftlern als »Standardmodell von Sozialwissenschaft« bekannt.[4] Für viele von ihnen gehörte es zum Studienpensum, und manche standen jahrelang unter seinem Einfluß, ehe sich bei ihnen Zweifel an seiner Stichhaltigkeit zu regen begannen. Die Zweifel steigerten sich bis zu dem kritischen Punkt, wo sie in Rebellion umschlugen.

Was derzeit im Gange ist, entspricht in vieler Beziehung dem von Thomas Kuhn in seinem bekannten Buch *The Structure of Scientific Revolutions* (dt. *Die Struktur wissenschaftlicher Revolutionen*) beschriebenen Schema des »Paradigmenwechsels«. Eine Gruppe überwiegend junger Gelehrter stellte die etablierte Weltsicht ihrer älteren Fachgenossen in Frage, stieß auf erbitterten Widerstand, verfolgte ihre Sache beharrlich weiter und befindet sich inzwischen auf Erfolgskurs – ein klassischer Generationenkonflikt, freilich mit zwei für den vorliegenden Fall bezeichnenden ironischen Zügen.

Zum einen ist das Geschehen, gemessen daran, wie Revolutionen im allgemeinen vonstatten zu gehen pflegen, eher unauffällig. Die Revolutionäre unterschiedlicher Couleur weigern sich beharrlich, unter einer Einheitsbezeichnung zu firmieren, so einfach, daß sie leicht als Schlagwort auf einem flatternden Banner stehen könnte. Eine solche Bezeichnung hatte man einmal in Wilsons treffender und brauchbarer Begriffsprägung »Soziobiologie«. Doch Wilsons Buch geriet unter so heftigen Beschuß, provozierte so viele Male den Vorwurf verhängnisvoller politischer Gesinnung, so viele verzerrte Darstellungen von Wesen und Inhalt der Soziobiologie, daß dem Wort bald ein Makel anhaftete. Wer heute auf dem von Wilson abgesteckten Fachgebiet arbeitet, zieht es meist vor, die von Wilson gewählte Bezeichnung zu vermeiden.[5] So kommt es, daß Wissenschaftler, obwohl einig in dem Bekenntnis zu ein und demselben knappen und bündigen Grundsatzprogramm, unter verschiedenen Flaggen segeln; Verhaltensökologie, darwinistische Ethnologie, Evolutionspsychologie, Evolutionspsychiatrie. Man hört zuweilen die Frage: Was ist eigentlich aus der Soziobiologie geworden? Die Antwort lautet: Sie ist in den Untergrund gegangen und dort dabei, die Grundfesten der akademischen Orthodoxie zu untergraben.

Die zweite Ironie dieser Revolution hängt mit der ersten zusammen. Vieles von dem, was die alte Garde an der neu-

en Sicht als in höchstem Grad abstoßend und besorgniserregend empfindet, ist in Wirklichkeit kein Element der
neuen Sicht. Die Attacken auf die Soziobiologie waren von
Anfang an reine Reflexhandlungen: Reaktionen weniger
auf das Buch von Wilson als auf ältere Bücher darwinistischer Prägung. Schließlich hat die Anwendung der Evolutionstheorie auf menschliche Belange eine lange und
großenteils unerquickliche Geschichte. Um die Jahrhundertwende war sie mit einem Schuß politischer Theorie
zur verschwommenen Ideologie des »Sozialdarwinismus«
verrührt worden, die Wasser war auf den Mühlen von Rassisten, Faschisten und Kapitalisten der rücksichtslosesten
Sorte. Zudem hatte der Evolutionsgedanke ungefähr um
dieselbe Zeit gleichsam als Ableger etliche unzulässig ver-
einfachte Vorstellungen von der hereditären Basis des Verhaltens hervorgebracht – Vorstellungen, die wie dazu geschaffen waren, den Mißbrauch des Darwinismus zu jenen
sehr politischen Zwecken zu fördern. Der Ruch der intellektuellen wie ideologischen Primitivität, der dem Darwinismus in der Folge anhaftete, hängt ihm im Bewußtsein
vieler Akademiker und Nichtakademiker noch heute an.
(Manche Leute meinen, »Darwinismus« sei *gleichbedeutend*
mit »Sozialdarwinismus«.) Hier liegt der Ursprung vieler
Mißdeutungen des neuen darwinistischen Paradigmas.

Unsichtbare Gemeinsamkeiten

Ein Beispiel: Der neue Darwinismus wird oft fälschlich für
eine Übung in sozialer Spaltung gehalten. Um die Jahrhundertwende sprachen Ethnologen guten Gewissens von
»niederen Rassen«, von »Wilden«, die keiner moralischen
Vervollkommnung fähig seien. In den Augen des unkritischen Beobachters ließen sich solche Positionen ohne große Mühe in einen darwinistischen Begriffsraster einfügen,
so wie auch spätere Suprematstheorien bis hin zur Herren-

menschen-Ideologie Hitlers. Wenn jedoch darwinistische Ethnologen heute die Völker der Welt erforschen, gilt ihr Interesse weniger Unterschieden im Oberflächenaspekt der Kulturen als vielmehr tiefliegenden Gemeinsamkeiten. Unter dem Flickenteppich von Ritualen und Bräuchen, der sich um den Globus spannt, erkennen sie wiederkehrende Strukturschemata in Familie, Freundschaft, Politik, Partnerwerbung und Moral. Ihrer Ansicht nach erklärt der evolutionäre Bauplan des Menschen diese Strukturgleichheiten: warum die Menschen in allen Kulturen sich um ihren sozialen Status sorgen (oft mehr, als ihnen bewußt ist); warum die Menschen in allen Kulturen nicht nur Klatsch austauschen, sondern über dieselbe Art Dinge klatschen; warum in allen Kulturen Männer und Frauen in einigen wenigen grundlegenden Beziehungen verschieden zu sein scheinen; warum die Menschen allerorten Schuldgefühle empfinden, und warum sie diese unter *grosso modo* voraussagbaren Umständen empfinden; warum die Menschen allerorten ein tiefes Gerechtigkeitsgefühl besitzen, so daß die Maximen »Eine Liebe ist der anderen wert« und »Auge um Auge, Zahn um Zahn« überall auf diesem Planeten das menschliche Leben mitprägen.

In gewisser Hinsicht überrascht es nicht, daß es bis zur Wiederentdeckung der menschlichen Natur so lange gedauert hat. Da sie überall ist, wo wir hinblicken, entgeht sie uns üblicherweise. Fundamentale Elemente unseres Lebens wie Dankbarkeit, Scham, Reue, Stolz, Ehre, Vergeltung, Einfühlung, Liebe usw. nehmen wir für Selbstverständlichkeiten – wie die Atemluft, die Schwerkraft und andere Standardmerkmale des Lebensraums auf diesem Planeten.[6] Aber jene Dinge des Lebens müßten nicht sein. Wir könnten einen Planeten bewohnen, wo das Sozialleben keines der genannten Charakteristika aufweist. Wir könnten einen Planeten bewohnen, wo einige Ethnien einige der genannten Dinge und andere Ethnien andere Dinge empfinden. Den bewohnen wir jedoch nicht. Je genauer darwinistische Ethnologen die Völker der Welt studieren, desto mehr wächst ihr Erstaunen über das engmaschige und komplizierte Netz der Menschennatur, in das sie allesamt eingebunden sind. Und desto besser erkennen sie, wie das Netz geknüpft wurde.

Selbst *wenn* die neuen Darwinisten ihr Interesse auf Unterschiede richten – seien es solche zwischen Menschengruppen oder solche zwischen den Menschen einer Gruppe –, neigen sie im allgemeinen nicht dazu, diese aus genetischen Unterschieden zu erklären. Darwinistische Ethnologen begreifen die unbestreitbar verschiedengestaltigen Kulturen der Welt als unterschiedliche Antworten einer einheitlichen Menschennatur auf ein breites Spektrum unterschiedlicher Umstände; die Evolutionstheorie enthüllt bislang unsichtbare Zusammenhänge zwischen den Umständen und Kulturen (so erklärt sie zum Beispiel, warum es in einigen Kulturen die Institution der Mitgift gibt und in anderen nicht). Und die Evolutionspsychologen sagen entgegen einer weitverbreiteten Annahme ja zu einer Kardinaldoktrin der Psychologie und Psychiatrie des 20. Jahrhunderts: der Lehre von der Macht des frühkindlichen sozialen Umfelds, die Psyche des Erwachsenen zu formen. Ja, einige von ihnen haben hier sogar ihren Erforschungsgegenstand gefunden; sie sind entschlossen, die Fundamentalgesetze der psychologischen Entwicklung aufzudecken, und überzeugt, daß ihnen dies nur mit einem darwinistischen Instrumentarium gelingen kann. Wenn wir herausfinden wollen, wie beispielsweise Ehrgeiz- oder Unsicherheitsniveau durch Kindheitserlebnisse eingestellt werden, müssen wir zuvor fragen, warum die natürliche Selektion sie einstellbar gemacht hat.

Das heißt nicht, daß menschliches Verhalten uneingeschränkt formbar wäre. Beim Erforschen der Kanäle des Umwelteinflusses sehen die meisten Evolutionsbiologen unverrückbare Ufer. Der utopische Geist von B. F. Skinners Behaviorismus, demzufolge ein Mensch bei geeigneter

Konditionierung zu jedweder Art Lebewesen gemacht werden kann, genießt derzeit nicht viel Kredit. Ebensowenig die Vorstellung, daß die dunkelsten Seiten des Menschseins, weil in »Instinkten« und »angeborenen Trieben« verwurzelt, absolut unveränderlich seien. Oder die Vorstellung, daß psychologische Unterschiede zwischen Menschen hauptsächlich auf genetische Unterschiede zurückzuführen seien. Selbstverständlich lassen sie sich auf die *Gene* zurückführen (wo sonst sollten die Regeln der psychischen Entwicklung letztlich festgeschrieben sein?), nicht unbedingt jedoch auf *Unterschiede* in den Genen. Viele Evolutionsbiologen bedienen sich aus Gründen, auf die an späterer Stelle zurückzukommen sein wird, der Arbeitshypothese, daß gerade die krassesten Unterschiede zwischen den Menschen mit höchster Wahrscheinlichkeit umweltbedingt sind.

Evolutionspsychologen versuchen gewissermaßen, eine zweite Ebene der menschlichen Natur, eine tiefer liegende Einheitlichkeit in der Spezies dingfest zu machen. Zuerst bemerkt der Ethnologe in einer Kultur nach der anderen wiederkehrende Motive: das Verlangen nach gesellschaftlicher Anerkennung, die Fähigkeit, Schuld zu empfinden. Diese und andere derartigen Universalien könnte man als die »Reglerknöpfe der menschlichen Natur« bezeichnen. Dann bemerkt der Psychologe, daß die Feineinstellung der Knöpfe offenbar von Mensch zu Mensch variiert. Beim einen steht die Markierung am Knopf für »Verlangen nach Anerkennung« im unteren Wertebereich der Skala, dem Sicherheitsbereich, irgendwo bei (verhältnismäßig) »selbstbewußt«, beim anderen steht sie im kritischen Bereich der Höchstwerte, die eine qualvolle »massive Unsicherheit« bedeuten; beim einen ist der Schuldgefühle-Reglerknopf niedrig, beim anderen auf einen schmerzhaft hohen Wert eingestellt. Also fragt der Psychologe: Wie kommt es zur Einstellung der Knöpfe? Genetische Unterschiede zwischen den Individuen spielen dabei sicher eine

Rolle, aber eine größere vielleicht genetisches Gemeingut: ein generelles, der Spezies als solcher eigenes Entwicklungsprogramm, das Informationen aus dem sozialen Umfeld aufnimmt und in eine entsprechende Anpassung der reifenden Psyche umsetzt.

Die menschliche Natur zeigt sich demnach in zweierlei Form, die beide einer naturgegebenen Tendenz zum Übersehenwerden unterliegen. Erstens ist da die Spielart, die so universell augenfällig ist, daß sie unter die Tarnkappe der Selbstverständlichkeit rutscht (das Schuldgefühl zum Beispiel). Zweitens gibt es die Spielart, deren Funktion gerade darin besteht, im Laufe des Erwachsenwerdens der Menschen Verschiedenheiten zwischen diesen zu erzeugen; und die somit ganz natürlicherweise im verborgenen bleibt (das Entwicklungsprogramm, welches das Schuldgefühl *gradiert*). Die menschliche Natur setzt sich aus Reglerknöpfen und Mechanismen zur genauen Einstellung der Knöpfe zusammen, und beide bleiben in je eigener Weise unsichtbar.

Es gibt noch eine weitere Wurzel der Unsichtbarkeit, einen weiteren Grund, warum die menschliche Natur so lange gebraucht hat, um ans Licht zu kommen: Die den Menschen allerorten gemeinsame elementare Logik der Evolution ist der Selbstbeobachtung (Introspektion) entzogen. Die natürliche Selektion scheint unser wahres Selbst vor unserem bewußten Selbst versteckt zu haben. Wie Freud erkannte, sind wir blind für unsere innersten Antriebe – in noch chronischerer und vollkommenerer (und in manchen Fällen sogar noch groteskerer) Weise blind, als er selbst geahnt hat.

Darwinistische Selbsthilfe

Wir werden im folgenden zwar Exkurse in viele Verhaltenswissenschaften machen – Ethnologie, Psychiatrie, Soziologie, Politologie –, im Zentrum des Buchs steht jedoch die Evolutionspsychologie. Diese junge, noch in den Kinderschuhen steckende Disziplin mit ihrem erst teilweise erfüllten Versprechen, eine komplette neue Wissenschaft von der Seele zu schaffen, erlaubt es uns heute, eine Frage zu stellen, die weder 1859, im Jahr des Erscheinens von *Die Entstehung der Arten*, noch im Jahr 1959 nutzbringend hätte gestellt werden können: Was hat die Theorie der natürlichen Selektion dem gewöhnlichen Sterblichen zu bieten?

Zum Beispiel: Kann eine darwinistische Auffassung von der menschlichen Natur einem Menschen helfen, sein Lebensziel zu erreichen? Oder sich überhaupt ein Lebensziel zu setzen? Kann sie helfen, zwischen zweckmäßigen und unzweckmäßigen Lebenszielen zu unterscheiden? Radikaler gefragt: Kann sie die Lebensziele bestimmen helfen, die es überhaupt wert sind, daß man sie sich setzt? Will sagen: Kann das Wissen, wie die Evolution unsere elementaren moralischen Antriebe geformt hat, uns bei der Entscheidung der Frage helfen, welche Antriebe wir als legitime bewerten dürfen?

Die Antworten lauten meines Erachtens: Ja, ja, ja, ja und noch einmal und endgültig ja. Dieser Satz wird für viele »Leute vom Bau« Anlaß zum Ärger, wenn nicht zur Empörung sein. (Ich spreche aus Erfahrung, denn ich habe ihn einigen gezeigt). Sie haben lange unter der drückenden Hypothek zu leiden gehabt, die aus dem moralischen und politischen Mißbrauch erwuchs, der in der Vergangenheit mit dem Darwinismus getrieben wurde, und legen Wert auf eine klare Trennung zwischen der Sphäre der Wissenschaft und der Sphäre der Werte. Sie sagen: Es ist unmöglich, aus der natürlichen Selektion oder überhaupt aus irgendeinem Funktionsprinzip der Natur moralische Grundwerte abzuleiten. Wer es dennoch tut, begeht damit einen »naturalistischen Trugschluß« (wie die Philosophen das nennen) – schließt unberechtigterweise von »so ist es« auf »so sollte es sein«.

Ich gebe zu: Die Natur ist keine Autorität in Sachen Moral, und es steht uns nicht zu, uns irgendwelche »Werte« zu eigen zu machen, die scheinbar in ihren Funktionsprinzipien enthalten sind – wie etwa »Macht geht vor Recht«. Trotzdem wird ein wirkliches Begreifen der menschlichen Natur unweigerlich das moralische Denken zutiefst beeinflussen, und dies mit Fug und Recht, wie ich zu zeigen versuchen werde.

Dieses Buch mit seiner Bezugnahme auf Fragen des täglichen Lebens besitzt manche Züge eines populären Hilf-dir-selbst-Ratgebers. In vieler Hinsicht jedoch fehlen sie ihm. Die folgenden Seiten sind nicht mit gewichtigen Ratschlägen und freundlichem Zuspruch gespickt. Ein darwinistischer Standpunkt wird Ihr Leben nicht gewaltig vereinfachen, ja, er wird es in mancher Beziehung sogar komplizieren, indem er dazu anhält, moralisch fragwürdige Verhaltensweisen, zu denen wir neigen und deren Fragwürdigkeit die Evolution praktischerweise vor unseren Blicken verborgen hat, grell zu beleuchten. Die wenigen griffigen und herzwärmenden Rezepte, die aus dem neuen darwinistischen Paradigma herauszuklauben mir gelungen ist, werden mehr als aufgewogen durch die schwierigen und schwerwiegenden Verwicklungen, Dilemmata und Probleme, auf die es Licht wirft.

Sie werden jedoch die Kraft dieses Lichts nicht bestreiten wollen – zumindest nicht, so hoffe ich, nachdem Sie dieses Buch bis zu Ende gelesen haben. Obgleich es mir auch darum geht, praktische Anwendungsmöglichkeiten der Evolutionspsychologie aufzuzeigen, ist mein erstes und zentrales Anliegen, die Grundprinzipien der Evolutionspsychologie erschöpfend darzustellen – zu zeigen, mit welch einfachen Mitteln und wie präzise die Theorie der natürlichen Selektion, so wie man sie heute versteht, die Konturen des menschlichen Seelenlebens enthüllt. Dieses Buch macht zuallererst Reklame für eine neue Wissenschaft; erst in zweiter Linie macht es auch Reklame dafür, die politische Philosophie und die Moralphilosophie auf eine neue Grundlage zu stellen.

Ich habe mich bemüht, diese zwei Themenkreise auseinanderzuhalten – klar zu trennen zwischen den Aussagen des neuen Darwinismus über die menschliche Psyche und meinen eigenen Aussagen über die praktischen Konsequenzen des neuen Darwinismus. Zweifellos werden viele Leute, die den ersten, den wissenschaftlichen Aussagenkomplex akzeptieren, den zweiten, den philosophischen, größenteils ablehnen. Ich denke jedoch, daß kaum jemand, der den ersten Komplex akzeptiert, seine Bedeutung für den zweiten bestreiten wird. Es ist schwer, einerseits zuzugeben, daß das neue Paradigma die bei weitem stärkste Lupe darstellt, durch die wir die *species humana* betrachten können, und diese Lupe andererseits bei der Betrachtung der *conditio humana* aus der Hand zu legen. Die *species humana* ist die *conditio humana*.

Darwin, Smiles, Mill

Die Entstehung der Arten war nicht das einzige wegweisende Buch, das 1859 in England erschien. Da war noch der Bestseller *Self-Help* (Selbsthilfe) des Populärschriftstellers Samuel Smiles, der einem ganzen Genre der Gebrauchsliteratur seinen Namen gab.* Und da war *On Liberty* (Über die Freiheit) von John Stuart Mill. Der Zufall will es, daß diese beiden Bücher auf den Punkt bringen, worin letzten Endes einmal die Bedeutung des Buchs von Darwin liegen wird.

---

* *Den* self-help books *entsprechen im deutschen Sprachraum die literarischen »Psycho-Ratgeber«. Interessant ist in diesem Zusammenhang, daß von den zahllosen deutschen Bearbeitungen von Smiles' Buch, die bis weit ins 20. Jahrhundert hinein erschienen, einige den Titel* Hilf dir selbst! *trugen, der noch heute zuweilen das Titelblatt gedruckter »Psycho-Ratgeber« ziert. – Anm. d. Übs.*

In *Selbsthilfe* ging es nicht darum, wie der Leser den Durchbruch zu seinen innersten Gefühlen schaffen konnte, wie er sich aus einer überlebten Beziehung lösen konnte, wie er sich in harmonische kosmische Kräfte einklinken konnte, oder um irgendeines der hunderterlei anderen Aktionsprogramme, mit denen »Psycho-Ratgeber« sich mittlerweile das Ansehen von Propagandisten der intellektuellen Nabelschau und des billigen Seelentrosts erworben haben. Vielmehr predigte das Buch viktorianische Kardinaltugenden: Gesittung, Rechtschaffenheit, Fleiß, Ausdauer und – als Fundament aller anderen guten Eigenschaften – eiserne Selbstbeherrschung. »Durch Ausübung seines uneingeschränkten Handlungs- und Selbstverleugnungsvermögens«, meinte Smiles, könne ein Mann fast alles erreichen, was er wolle. Doch müsse er allzeit »gegen die Verführungskraft niedriger Leidenschaften gewappnet« sein und dürfe »seinen Körper nicht durch Sinnlichkeit noch seinen Geist durch knechtische Gedanken besudeln«.[7]

Demgegenüber war *Über die Freiheit* eine scharfe Polemik gegen das stickige viktorianische Geistesklima der Selbstzucht und des moralischen Konformismus. Mill wandte sich gegen das Christentum mit seinem »Abscheu vor der Sinnlichkeit« und seinen »Vorschriften, [in denen] das ›Du sollst nicht!‹ ungebührlich [...] über das ›Du sollst!‹ [vorherrscht]«. Lebensfeindlich fand er vor allem den Kalvinismus mit seinem Glauben, daß »die menschliche Natur von Grund auf verdorben ist« und es infolgedessen »für keinen eine Erlösung [gibt], ehe nicht diese Natur in ihm getötet ist«. Mill selbst sah die menschliche Natur in freundlicherem Licht und legte dem Christentum nahe, ein Gleiches zu tun: »Wenn [...] der Glaube, daß wir von einem gütigen Wesen erschaffen wurden, einen Teil der Religion darstellt, so ist wohl die Annahme, daß dies Wesen allen Menschen ihre Eigenschaften gab, um sie zu kultivieren und zu entfalten, verträglicher damit als die, sie auszurotten und zu zerstören: und ebenso, daß es Freude empfindet bei jeder Annäherung seiner Geschöpfe an das Idealbild, das sie verkörpern, und bei jedem Zuwachs ihrer Fähigkeit zu begreifen, sich zu betätigen, sich zu freuen.«[8]

Bezeichnenderweise hatte Mill hier eine wichtige Frage berührt: Sind die Menschen von Natur aus böse? Wer dieser Meinung ist, tendiert wie Samuel Smiles zum moralischen Konservativismus – plädiert für Selbstverleugnung, Enthaltsamkeit, Zähmung der Bestie im Menschen. Wer gegenteiliger Meinung ist, tendiert wie Mill zum moralischen Liberalismus, das heißt zu einiger Laxheit in der Frage, nach welchem Kodex die einzelnen gern ihr Verhalten regeln möchten. Die Evolutionspsychologie, so jung sie ist, hat schon viel Licht auf den Gegenstand dieser Meinungsverschiedenheit geworfen. Ihre Befunde sind beunruhigend und ermutigend zugleich.

Altruismus, Mitleid, Einfühlung, Liebe, Gewissen, Gerechtigkeitssinn – die Dinge, die die Gesellschaft zusammenhalten und unserer Spezies Gelegenheit bieten, eine hohe Meinung von sich zu haben –, von all diesen läßt sich heute mit Gewißheit sagen, daß sie eine feste genetische Basis besitzen. Das ist die gute Nachricht. Die schlechte ist, daß diese Dinge zwar in mancherlei Hinsicht für die Menschheit als Ganzes ein Segen sind, daß sie sich aber nicht im Interesse des »Wohls der Spezies« entwickelt haben und nicht mit zuverlässiger Regelmäßigkeit bereitstehen, diesem Interesse zu dienen. Ganz im Gegenteil: Es ist heute klarer als je zuvor, daß (und *warum* genau) die moralischen Empfindungen mit rücksichtsloser Wetterwendischkeit zum Einsatz kommen, an- und abgeschaltet werden, wie der individuelle Eigennutz es verlangt; nicht minder klar auch, wie blind wir von Natur aus in vielen Fällen für dieses Hin und Her sind. In der neuen Sicht sind wir Menschen als Spezies glanzvoll ob der Opulenz unseres moralischen Rüstzeugs, tragisch ob unserer Neigung, es zu

mißbrauchen, und bemitleidenswert ob der uns wesens-
eigenen Unkenntnis des Mißbrauchs, den wir da treiben.

Ungeachtet aller Emphase, mit der in populärwissenschaftlichen Darstellungen der Soziobiologie die »biologische Basis des Altruismus« herausgestrichen wird, und
ungeachtet aller Bedeutsamkeit, den diese nun in der Tat
besitzt, bleibt demnach festzustellen, daß die von John
Stuart Mill bespöttelte Idee der *per se* korrupten Menschennatur, die Idee der »Erbsünde«, eine solche summa-
rische Aburteilung nicht verdient hat. Und aus dem gleichen Grund hat nach meinem Dafürhalten auch der moralische Konservativismus sie nicht verdient, Ja, ich bin sogar der Meinung, daß manche – *manche* – der im Viktorianischen England geltenden moralischen Normen, wenn
auch indirekt, einen zutreffenderen Begriff von der Menschennatur widerspiegeln, als er in der Sozialwissenschaft
des 20. Jahrhunderts bis heute die meiste Zeit vorherrsch-
te, und daß *manches* an dem seit einem Jahrzehnt zumal
auf sexuellem Gebiet wieder auflebenden moralischen
Konservativismus in einer unwissentlichen Wiederentdeckung von lange verleugneten Wahrheiten über die
menschliche Natur gründet.

Falls der moderne Darwinismus in der Tat Auswirkungen hat, die auf der Linie eines moralischen Konservativismus liegen, bedeutet dies, daß er auch im politischen konservative Auswirkungen hat? Dies ist eine so knifflige wie
wichtige Frage. Es ist ziemlich einfach – und im übrigen
auch völlig gerechtfertigt –, den Sozialdarwinismus als
einen Anfall von heimtückischer Geistesverwirrung abzutun. Die Frage, ob der Mensch von Natur aus gut ist, enthält indes eine politische Bedeutung, die sich nicht ohne
weiteres ignorieren läßt, denn der funktionale Zusammenhang zwischen politischer Ideologie und politischer An-
thropologie (im Sinne einer Grundkonzeption der Menschennatur) hat eine lange und bemerkenswerte Geschichte. Während sich im Lauf der letzten zwei Jahrhun-

derte in der politischen Sphäre die Bedeutung von »liberal« und »konservativ« fast bis zur Unkenntlichkeit verändert hat, ist *ein* Unterscheidungsmerkmal zwischen den beiden Lagern gleich geblieben: Politische Liberale (wie seinerzeit Mill) tendieren zu einer optimistischeren Auffassung von der menschlichen Natur, als sie für Konservative charakteristisch ist, und daher auch zum Engagement für ein lockereres moralisches Klima.

Freilich ist nicht erwiesen, daß unser Zusammenhang zwischen Moral und Politik ein unabänderlicher ist, zumal nicht unter den modernen Lebensbedingungen. Sofern das neue darwinistische Paradigma halbwegs eindeutige politische Konsequenzen impliziert – und in aller Regel tut es das in gar keiner Weise –, tendieren diese ebensooft nach »links« wie nach »rechts«. In mancher Beziehung sind sie radikal links. (Karl Marx würde an dem neuen Paradigma vieles auszusetzen haben, es in Teilen aber auch höchst ansprechend finden.) Was noch wichtiger ist: Von dem neuen Paradigma gehen Denkanstöße aus, die einen modernen politischen Liberalen veranlassen könnten, aus Gründen der ideologischen Konsequenz die eine und andere moralisch konservative Doktrin zu bejahen. Gleichzeitig legt es den Gedanken nahe, daß den praktischen Forderungen einer konservativen Moral zuzeiten mit einer liberalen Sozialpolitik am ehesten gedient sein mag.

Darwin im Licht des Darwinismus

Bei meinem Plädoyer für die darwinistische Auffassung werde ich als Musterbeispiel Charles Darwin selbst heranziehen, um an seinem Denken, Fühlen und Verhalten die Prinzipien der Evolutionspsychologie zu demonstrieren. 1876 schrieb er im ersten Absatz seiner Autobiographie: »Die nun folgende Selbstdarstellung habe ich so zu schreiben versucht, als sei ich schon tot, schon in einer anderen

Welt, und schaute zurück auf mein verflossenes Leben.« (Mit der für ihn typischen unerbittlichen Objektivität fügte er hinzu: »Das ist mir nicht weiter schwergefallen, denn ich bin mit meinem Leben fast am Ende.«)⁹⁾ Mir gefällt der Gedanke, daß Darwin, wenn er heute Rückschau hielte – also mit dem Scharfblick, den der neue Darwinismus verleiht –, sein Leben ein bißchen so sehen würde, wie ich es schildere.

Darwins Lebensgeschichte wird im folgenden zu mehr als nur zur Illustration dienen. Sie wird einen Mini-Test abgeben für die Erklärungskraft der modernen, weiterentwickelten Fassung seiner Theorie der natürlichen Selektion. Verfechter der Evolutionstheorie – Darwin selbst mit eingeschlossen, ich selbst mit eingeschlossen – haben dieser Theorie schon immer das Vermögen zugesprochen, das Wesen alles Lebendigen zu erklären. Falls wir recht haben, muß die Lebensgeschichte jedes aufs Geratewohl als Experimentalsubjekt herausgegriffenen Menschen in dieser Perspektive neue Transparenz gewinnen. Nun, ich kann nicht gerade behaupten, Darwin sei aufs Geratewohl herausgegriffen worden, aber er ist ein durchaus geeignetes Versuchskaninchen. Meine These lautet, daß sich in seiner Lebensgeschichte – und seinem sozialen Umfeld, dem Viktorianischen England – unter darwinistischem Blickwinkel mehr Sinnzusammenhang zeigt als in anderer, konkurrierender Perspektive, welche auch immer es sei. In dieser Beziehung gleichen er und sein Milieu allen anderen organischen Phänomenen.

Darwin *scheint* freilich nicht zu sein wie andere organische Phänomene. Nichts von dem, was einem bei dem Gedanken an die natürliche Selektion spontan einfällt – rücksichtsloser genetischer Egoismus, Überleben der Grausamsten –, verbindet sich mit dem Gedanken an Darwin. Nach allem, was man über ihn weiß, war er über die Maßen gesittet und menschenfreundlich (ausgenommen vielleicht in Fällen, wo die Umstände beides erschwerten:

er konnte sarkastisch werden, wenn er einem Befürworter der Sklaverei widersprach, und er konnte in Rage geraten, wenn er sah, wie ein Kutscher sein Pferd mißhandelte[10]). Seiner Liebenswürdigkeit im Umgang mit seiner Freiheit von jeglicher Anmaßung, die beide von Jugend an stark ausgeprägt waren, tat auch sein Ruhm keinen Abbruch. »Von allen bedeutenden Männern, die ich je gesehen habe, ist er in meinen Augen der ohnegleichen anziehendste«, bemerkte der Literaturkritiker Leslie Stephen. »Es liegt etwas beinah Rührendes in seiner Naivität und Freundlichkeit.«[11] Darwin war, um es mit einer Formulierung aus der Überschrift des Schlußkapitels von Smiles' *Selbsthilfe* zu sagen, ein »echter Gentleman«.

Darwin zählte zu den Lesern der *Selbsthilfe*. Aber er hätte das Buch nicht gebraucht. Zur Zeit von dessen Erscheinen war er (mit 51 Jahren) bereits die wandelnde Verkörperung von Smiles' Ausspruch, daß das Leben ein Kampf gegen »die moralische Dummheit, die Selbstsucht und das Laster« ist. In der Tat gehört zu den gängigen Ansichten über Darwin auch die, daß er geradezu übertrieben anständig und bescheiden war – daß er, wenn er überhaupt einen Psycho-Ratgeber nötig gehabt hätte, dann einen von der für das ausgehende 20. Jahrhundert typischen Sorte, ein Buch, aus dem man lernt, sich in der eigenen Haut wohl zu fühlen, sich für den Größten zu halten. Einer der scharfsichtigsten Darwin-Biographen, der kürzlich verstorbene John Bowlby, war überzeugt, daß Darwin an »nagender Selbstverachtung« und einem »überaktiven Gewissen« litt. Bowlby schrieb: »Zwar liegt viel Bewunderungswürdiges in der Unprätentiösität und der moralischen Prinzipienfestigkeit, die ein integraler Teil von Darwins Charakter waren und ihn seinen Angehörigen, Freunden und Kollegen lieb und wert machten, doch leider waren diese Eigenschaften bei ihm vorzeitig und im Übermaß entwickelt.«[12]

Eben diese »übermäßige« Bescheidenheit und Morali-

tät, dieser extreme Mangel an Brutalität machen Darwin
zu einem so wertvollen Testfall. Ich werde zu zeigen versuchen, daß die natürliche Selektion, so wesensfremd sie seinem Charakter auch zu sein scheint, diesen dennoch zu erklären vermag. Es ist richtig, daß Darwin ein Mensch war,
wie man ihn noch sanfter, gütiger und bescheidener auf
diesem Planeten billigerweise nicht zu finden hoffen darf.
Ebenso richtig ist aber auch, daß er im Grunde ein Mensch
wie alle anderen war. Auch Charles Darwin war ein ani-
malisches Lebewesen.

I.
SEXUALITÄT,
VERLIEBTHEIT, LIEBE

Erstes Kapitel
DARWIN WIRD ERWACHSEN

Eine englische Lady, was das ist, habe ich fast vergessen
– etwas sehr Engelhaftes und Gütiges.
Darwin, Brief von der HMS »Beagle«[1]

Im England des 19. Jahrhunderts galt es im allgemeinen für heranwachsende Knaben als wenig ratsam, sexuelle Erregung zu suchen. Und es galt als wenig ratsam für sie, Dinge zu tun, die sie auf den Gedanken bringen konnten, sie zu suchen. In seinem Buch *The Functions and Disorders of the Reproductive Organs* (Die Funktion und Störungen der Fortpflanzungsorgane) warnte der viktorianische Arzt William Acton davor, einen Jungen mit den »klassischen Werken« der Literatur bekannt zu machen. »Er liest in ihnen von den Annehmlichkeiten der Befriedigung des Geschlechtstriebs und nichts von ihren nachteiligen Folgen. Er besitzt keine intuitive Kenntnis davon, daß es, wenn die geschlechtlichen Begierden erst einmal erweckt sind, mehr Willenskraft erfordert, sie zu bezwingen, als den meisten jungen Burschen von der Natur zuteil wurde; daß der Mann für die Fehler wird büßen müssen, die der Knabe begeht, indem er sich ihrer Befriedigung hingibt; daß zum Ersatz des Geschlechtsverkehrs vorgenommene abnorme Handlungen mit schrecklichen Risiken verbunden sind; und daß über längere Zeit praktizierte Selbstbefriedigung, weit genug getrieben, mit frühem Tod oder Selbstzerrüttung endet.«[2]

Actons Buch erschien im Jahr 1857, in der mittleren Phase des Viktorianismus, deren moralische Grundstimmung es ausströmt. Doch zu der Zeit stand Unterdrückung der Sexualität schon seit langem auf der Tagesordnung – deren Anfänge datieren bis vor Viktorias Thronbesteigung

(1837) zurück, ja sogar noch vor das Jahr 1830, mit dem eine locker gehandhabte Periodisierung der englischen Geschichte das Viktorianische Zeitalter beginnen läßt. Tatsächlich war die evangelische Glaubensbewegung, aus der die neue Moralstrenge sich so ausgiebig speiste, bereits um die Jahrhundertwende in vollem Gang.[3] Ein 1810, im Jahr nach Darwins Geburt, in England geborener Junge »sah sich«, wie G. M. Young in *Portrait of an Age* (Porträt eines Zeitalters) bemerkte, »bei jeder Gelegenheit von dem unwägbaren Zwang der evangelischen Disziplin gesteuert und angespornt [...].« Dabei ging es nicht allein um sexuelle Zucht, sondern um Zucht überhaupt – um unbedingte Wachsamkeit gegenüber eigenen Schwächen. Um es in Youngs Worten zu sagen: Der Knabe hatte zu lernen, daß »die Welt sehr schlecht ist. Ein unbedachter Blick, ein Wort, eine Geste, ein Bild oder ein Roman konnten in das unschuldigste Gemüt den Keim der Verderbtheit pflanzen [...].«[4] Ein anderer Geschichtsschreiber des Viktorianischen Zeitalters schildert »ein Leben, das ein beständiger Kampf war – Kampf gegen Versuchungen, Kampf um die Herrschaft über die Begierden des Ich«; mittels »bis ins kleinste gehender praktischer Selbstdisziplin hatte man den Grund zu guten Sitten zu legen und die Kraft zur Selbstbeherrschung zu erwerben«.[5]

Diese Lebensanschauung sollte der drei Jahre nach Darwin geborene Samuel Smiles dann in seinem Buch *Selbsthilfe* verpacken. Wie dessen begeisterte Aufnahme in breiten Kreisen beweist, war die evangelische Lebensauffassung weit über die Mauern der methodistischen Kirchen, die ihre Wiege waren, hinausgedrungen und hatte die Wohnungen von Anglikanern, Unitariern und sogar Agnostikern Eingang gefunden.[6] Die Familie Darwin ist hierfür ein gutes Beispiel. Sie war unitarischer Konfession, und Darwins Vater Robert war ein Freidenker, wenn er auch kein Aufheben davon machte. Trotzdem verinnerlichte Charles die puritanische Zeitstimmung. Sie zeigt sich

in seinem lastenden Gewissen und dem strengen Sitten-
kodex, dem er anhing. Lange nachdem er den religiösen
Glauben aufgegeben hatte, schrieb er: »Die höchste Stufe
der moralischen Kultur, zu der wir gelangen können, ist
die, wenn wir erkennen, daß wir unsere Gedanken kontrollieren sollen und [wie es in Tennysons *Idylls of the King*
heißt] ›selbst in unsern innersten Gedanken nicht noch
einmal die Sünden nachdenken dürfen, welche uns die
Vergangenheit so angenehm machten‹. Was nur immer
irgendeine schlechte Handlung der Seele vertraut macht,
macht auch die Ausführung leichter, wie Marc Aurel
schon vor langer Zeit sagte: ›So wie deine gewöhnlichen
Gedanken sind, wird auch der Charakter deiner Seele sein,
denn die Seele ist von den Gedanken gefärbt.‹«[7]

Darwins Jugend wie seine Lebensgeschichte im ganzen
fielen zwar in mancher Beziehung aus dem Rahmen, in
dieser einen Hinsicht jedoch waren sie epochentypisch:
Darwin lebte in einem Klima ungeheuren moralischen
Ernstes, in einer Welt, in der sich der einzelne auf Schritt
und Tritt vor die Frage gestellt sah: Wie mach' ich's recht?
Wichtiger noch: in einer Welt, in der diese Frage immer –
kategorisch – beantwortbar schien, auch wenn diese Antwort manchmal schwer zu ertragen war. Es war eine von
der unsrigen sehr verschiedene Welt, und Darwins Le-
benswerk sollte viel dazu beitragen, den Unterschied zu
bewirken.

Ein Spätentwickler

Ursprünglich sollte Darwin Mediziner werden. »Mein Vater«, so erinnert er sich später, »erklärte, ich hätte das
Zeug zu einem guten Arzt – womit er einen Arzt meinte,
der großen Zulauf hat.« Der alte Darwin, selbst ein erfolgreicher Arzt, »behauptete, der Hauptbestandteil des Erfolgs sei die Fähigkeit, Vertrauen zu erwecken; was an mir

ihn aber davon überzeugte, ich könne Vertrauen schaffen, das weiß ich nicht«. Nichtsdestoweniger verließ Charles Darwin mit 16 Jahren das komfortable Landhaus der Familie in Shrewsbury, um in Edinburgh, wo sein Bruder Erasmus eben dabei war, sein Medizinstudium abzuschließen, seinerseits mit dem Studium der Heilkunst zu beginnen.

Die rechte Begeisterung für den eingeschlagenen Berufsweg wollte sich nicht einstellen. In Edinburgh erfüllte Darwin lustlos sein Soll an Vorlesungen und Praktika, mied den Operationssaal (in jener Zeit vor der Einführung des Chloroforms bei einer Operation zuzuschauen, war nicht sein Fall) und verbrachte viel Zeit mit Dingen, die nicht im Lehrplan standen: Er fuhr mit den Austernfischern hinaus, um hinterher Musterexemplare, die er aus dem Fang herauslas, zu sezieren; er nahm Unterricht im Abbalgen von Vögeln, was ihm bei seiner frisch entdeckten Leidenschaft für das Jagen zupaß kam; und er unterhielt sich auf langen Spaziergängen ausgiebig mit dem Zoologen Robert Grant, der ein glühender Anhänger des Evolutionsgedankens war – aber natürlich nicht wußte, wie Evolution funktioniert.

Vater Darwin blieb nicht verborgen, daß die Interessen seines Sohnes von dem gesetzten Berufsziel abzuschweifen begonnen hatten. Er war, wie Charles sich später erinnerte, »mit Recht [...] dagegen, daß ich mein Leben mit Jagen und Müßiggang vertat, wonach es damals ganz aussah«. Ergo Plan B: »Also schlug er mir vor, Pfarrer zu werden.«[8]

Ein sonderbarer Rat, könnte man meinen, kam er doch von einem Mann, der selbst nicht an Gott glaubte, und richtete sich an einen Sprößling, der nicht gerade einer der Frömmsten war und dessen Berufung zu Zoologen sehr viel klarer auf der Hand lag. Indes, Robert Darwin war ein praktisch denkender Mensch. Zur damaligen Zeit waren Zoologie und Theologie zwei Seiten ein und derselben Medaille. Wenn alle Lebewesen von Gottes Hand geschaffen waren, dann hieß ihren sinnreichen Bauplan zu studieren dasselbe, wie den Geist Gottes zu studieren. Namhaftester Vertreter dieser Auffassung war der am Christ's College in Cambridge lehrende Theologe William Paley (1743–1805), der 1802 mit seinem Buch *Natural Theology; or, Evidences of the Existence and Attributes of the Deity, Collected from the Appearences of Nature* (Natürliche Theologie, oder: Aus den Erscheinungen der Natur zusammengetragene Beweise für das Dasein und die Eigenschaften der Gottheit) die mittlerweile wohl bekannteste Variante des theologischen Gottesbeweises vorlegte. Paleys Argument lautet kurzgefaßt: Wie der kompliziert konstruierte Mechanismus einer Uhr einen Uhrmacher voraussetzt, so setzen auch die komplex konstruierten und so präzise auf die Bewältigung der an sie herantretenden Aufgaben vorbereiteten Organismen einen Konstrukteur voraus.[9] (Er hatte recht. Die Frage ist nur, ob der Konstrukteur ein weitblickender Schöpfergott oder ein ohne Bewußtsein ablaufender Naturvorgang ist.)

Die praktische Konsequenz der »natürlichen Theologie« im Alltag lag darin, daß ein Landpfarrer guten Gewissens einen großen Teil seiner Zeit auf naturwissenschaftliche Studien und Publikationen verwenden konnte. Daher vielleicht Darwins einigermaßen wohlwollende, wenn auch nicht sonderlich kirchenfromme Reaktion auf den Gedanken, das geistliche Gewand anzulegen. »Ich bat um etwas Bedenkzeit, denn nach dem wenigen, was ich zu diesem Thema wußte und bedacht hatte, hatte ich doch Bedenken, mich zu allen Lehren der anglikanischen Kirche zu bekennen; aber andererseits gefiel mir die Vorstellung, als Landpfarrer zu leben.« Er las etliche Bücher theologischen Inhalts, »und da ich damals nicht den geringsten Zweifel daran hatte, daß jedes Wort in der Bibel in strengem Sinn und buchstäblich wahr sei, konnte ich mich schnell zu der Überzeugung bringen, daß unser

Glaubensbekenntnis uneingeschränkt akzeptiert werden müsse«. Zur Vorbereitung auf den geistlichen Stand bezog Darwin die Universität Cambridge, wo er Paley las, dessen »Logik« ihn »begeisterte«: »Ich zerbrach mir damals nicht den Kopf über die Angemessenheit von Paleys Voraussetzungen; ich nahm sie unbesehen hin und war von seiner langen Argumentationskette bestrickt und begeistert.«[10]

Aber nicht lange. Kurz nach seinem Abschlußexamen in Cambridge im Jahr 1831 bot sich Darwin die außergewöhnliche Chance, in der Rolle des »Naturforschers« die fünfjährige Forschungsreise der »Beagle« nach Südamerika und in den Stillen Ozean mitzumachen. Was daraus wurde, ist natürlich längst Geschichte. Zwar gebar Darwin auf der Fahrt mit der »Beagle« noch nicht die Idee der natürlichen Selektion, doch führte ihn sein Studium der Wildfauna rund um den Globus zu der Überzeugung, daß eine Evolution stattgefunden habe, und lenkte seine Aufmerksamkeit auf einige ihrer auffälligsten Merkmale. Zwei Jahre nach der Rückkehr der »Beagle« begriff er den Funktionsmechanismus der Evolution. Als habe er seinen zukünftigen Biographen einen Wink mit dem Zaunpfahl geben wollen, hatte er als Reiselektüre sein damaliges Lieblingsbuch mitgenommen, John Miltons Versepos *Das verlorene Paradies*.[11]

Zu dem Zeitpunkt, als Darwin an Bord der »Beagle« die englische Küste hinter sich ließ, gab es keinerlei erkennbaren Grund für die Annahme, daß eineinhalb Jahrhunderte später Bücher über ihn geschrieben werden würden. Seine Jugendjahre waren »auch von der kleinsten Spur von Genialität unbeleckt«, wie einer seiner Biographen ein ziemlich landläufiges Urteil wiederzugeben sich erlaubte.[12] Nun sind derartige Behauptungen natürlich mit Vorsicht zu genießen, denn daß große Geister in jungen Jahren graue Mäuse waren, kommt bei Lesern immer gut an. Und in diesem besonderen Fall ist die Behauptung mit besonderer Vorsicht zu genießen, denn sie stützt sich hauptsächlich auf Darwins Selbsteinschätzungen, die nicht gerade zu positiver Übertreibung neigten. Darwin berichtet, daß er unfähig war, eine Fremdsprache zu meistern, daß ihm die Mathematik Mühe machte und daß »alle meine Lehrer und mein Vater [...] mich für einen höchst mittelmäßigen Jungen mit einem sogar unterdurchschnittlichen Verstand [hielten]«. Vielleicht war es so, vielleicht auch nicht. Vielleicht hat man eine andere Selbsteinschätzung höher zu bewerten, die Darwin einmal mit Blick auf die ihm als Student eigene Fertigkeit traf, die Freundschaft von Männern zu gewinnen, »die alle soviel älter als ich und in ihrer akademischen Stellung so weit über mir« waren: »Im Rückblick entnehme ich daraus, daß mich irgend etwas doch ein wenig aus der Masse der Gleichaltrigen herausgehoben haben muß.«[13]

Wie dem auch sei, mangelnde intellektuelle Brillanz ist nicht das einzige, was manche Biographen dazu brachte, den jungen Darwin als jemanden zu qualifizieren, »der nicht so aussah, als hätte er eine Überlebenschance im Kampf um die Unsterblichkeit«.[14] Auch als Mensch fand man nichts Besonderes an ihm. Er war so nett und so lieb und so bar jeglichen ungebremsten Ehrgeizes. Und er hatte etwas von einem Bauernburschen, wirkte ein bißchen einfältig und beschränkt. Eine Autorin fragte: »Warum fiel die Entdeckung der Theorie, nach der andere so eifrig suchten, dem im Vergleich zu vielen seiner Fachgenossen weniger ehrgeizigen, weniger phantasievollen und weniger gelehrten Darwin zu? Wie konnte ein intellektuell so beschränkter und kulturell so unsensibler Mensch eine Theorie von solch wuchtigem Bau und solch immenser Tragweite ersinnen?«[15]

Eine mögliche Antwort auf diese Fragen ist, die in ihnen enthaltene Einschätzung Darwins anzuzweifeln (wozu wir noch kommen werden), einfacher aber ist es, zu bestreiten, daß Darwins Theorie hier richtig gesehen wurde. Die

Theorie der natürlichen Selektion ist zwar in der Tat von »immenser Tragweite«, aber ganz und gar nicht von »wuchtigem Bau«. Sie ist knapp und einfach, und es bedurfte keines ungeheuren Intellekts, sie zu ersinnen. Nachdem Darwins Freund, treuer Sachwalter und agiler Popularisator Thomas Henry Huxley (1825–1895) die Selektionstheorie begriffen hatte, soll er sich selbstkritisch gegen die Stirn geschlagen und ausgerufen haben: »Wie wahnsinnig blöd von mir, daß mir das nicht eingefallen ist!«[16]

Die Theorie der natürlichen Selektion besagt nichts weiter als das folgende: Wenn innerhalb einer Spezies Variation in den Erbeigenschaften der Individuen besteht und einige Eigenschaften das Überleben und die Fortpflanzung mehr begünstigen als andere, dann werden diese Eigenschaften in der Population zu stärkerer Verbreitung kommen (was auf der Hand liegt). Die (ebenfalls auf der Hand liegende) Folge davon ist, daß der gesamte Pool der Erbeigenschaften der Spezies sich verändert. Und das war's dann auch schon.

Natürlich mag die Veränderung von einer bestimmten Generation zur nächsten unbedeutend erscheinen. Wenn ein langer Hals es einem Tier erleichtert, an nahrhafte Blätter heranzukommen und Individuen mit kürzerem Hals deshalb untergehen, bevor sie die Möglichkeit zur Fortpflanzung haben, wächst die durchschnittliche Halslänge der Spezies im Verlauf eines einzigen Generationswechsels kaum. Trotzdem: Wenn es im Generationswechsel zu einer Variation in der Halslänge kommt (was, wie wir heute wissen, durch die Neukombination der Gene im Zuge der geschlechtliche Fortpflanzung oder durch Genmutation geschehen kann), so daß die natürliche Selektion auf Dauer aus einem Spektrum variierender Halslängen »auswählen« kann, wird die durchschnittliche Halslänge allmählich zunehmen. Eine Spezies, die mit Pferdehalslänge anfing, wird zu guter Letzt einen Giraffenhals haben. Mit anderen Worten: Es wird eine neue Spezies entstanden sein.

Darwin faßte die Quintessenz der natürlichen Selektion einmal in zehn Worten zusammen: »Vermehrung und Abänderung, die Stärksten siegen, die Schwächeren gehen zugrunde.«[17] Die »Stärksten« sind in diesem Zusammenhang nicht unbedingt die Stärksten an Muskelkraft, wie er sehr wohl wußte, sondern die – sei es durch Mimikry, Gerissenheit oder irgend etwas anderes dem Überleben und der Fortpflanzung Förderliches* – den Umweltbedingungen am besten Angepaßten. Zur Bezeichnung dieser umfassenderen Bedeutung spricht man üblicherweise nicht vom »Überleben der Stärksten«, sondern vom »Überleben der Bestangepaßten« (*survival of the fittest,* ein Begriff, den nicht Darwin, sondern der Philosoph Herbert Spencer geprägt hat, den Darwin sich aber bereitwillig zu eigen machte – gemeint ist »Angepaßtheit« oder »Fitneß« im Sinn von Fähigkeit eines Organismus, innerhalb seiner spezifischen Umwelt seine Gene an die Folgegeneration weiterzugeben. »Angepaßtheit« oder »Fitneß« in diesem Sinn ist es, was die natürliche Selektion mit dem fortwährenden Umbau von Spezies unaufhörlich zu maximieren »sucht«. Angepaßtheit/Fitneß in diesem Sinne ist es, was uns zu dem gemacht hat, was wir heute sind.

Wenn es Ihnen leichtfällt, das zu akzeptieren, dann haben Sie wohl nicht die richtige Vorstellung davon. Ihr ganzer Körper – eine unendlich komplexere Harmonie als jedes Produkt menschlicher Planung – entstand aus Hun-

---

* *Genaugenommen unterschied Darwin zwischen dem »Überlebens«-Moment und dem »Fortpflanzungs«-Moment des Prozesses. Eigenschaften, die erfolgreiches Paarungsverhalten begünstigen, rechnete er der »sexuellen« – zum Unterschied von der »natürlichen« – Selektion zu. Heute wird jedoch die natürliche Selektion nicht selten so weiträumig definiert, daß sie beide Momente einschließt: als die Erhaltung von Eigenschaften, die – auf welche Weise auch immer – einem Organismus helfen, seine Gene an die nächste Generation weiterzugeben.*

derttausenden kumulativer Fortschritte, und *jeder Zuwachs war ein Zufall;* jeder winzige Schritt auf der Bahn vom Urbakterium bis zu Ihnen half *rein zufällig* einem Glied in Ihrer Ahnenreihe, seine Gene in üppigerem Umfang in die nächste Generation hinüberzuschaffen. »Kreationisten«, Anhänger der Schöpfungslehre, wenden manchmal ein, die Wahrscheinlichkeit, daß durch zufallsbedingten genetischen Wandel ein menschliches Wesen entsteht, sei ungefähr gleich groß wie die, daß ein Affe, der willkürlich auf einer Schreibmaschine herumklappert, sämtliche Werke von Shakespeare zu Papier bringt. Nun ja, so ist es. Vielleicht nicht sämtliche Werke, aber immerhin etliche längere identifizierbare Passagen.

Derart unwahrscheinliche Dinge lassen sich indessen mit der Logik der natürlichen Selektion plausibel machen. Nehmen wir an, ein einzelner Menschenaffe wird durch den Zufall mit einem genetischen Vorteil beglückt – sagen wir, mit dem Gen XL, das Elterntieren eine kleine Extraportion Liebe zu ihren Nachkommen einflößt, welche sich dann in etwas intensiverer Pflege der Jungen niederschlägt. Im Leben jedes einzelnen Affen spielt dieses Gen wahrscheinlich keine entscheidende Rolle. Doch nehmen wir an, daß die Chance, bis zur Geschlechtsreife zu überleben, für die Nachkommen von Affen mit dem Gen XL *im Durchschnitt* 1 Prozent höher ist als für die Nachkommen der Tiere ohne das Gen. Solange dieser kleine Vorteil im Überlebenskampf besteht, nimmt der Anteil der Tiere mit dem Gen XL an der Population im Lauf vieler, vieler Generationen tendenziell zu und der Anteil der Tiere ohne das Gen tendenziell ab. Die Entwicklung kulminiert zuletzt in einer Population, in der ausnahmslos alle Individuen Träger des XL-Gens sind. Das Gen ist dann »fixiert«; ein etwas höherer Grad von elterlicher Liebe als der ursprünglich gegebene ist jetzt »artspezifisch«.

Schön und gut, auf diese Weise zieht also ein glücklicher Zufall weite Kreise. Aber wie groß ist die Wahrscheinlich-

keit, daß das Glück anhält – daß die *nächste* zufällige genetische Veränderung das Maß der elterlichen Liebe *weiter*
steigert? Wie wahrscheinlich ist es, daß auf die »XL«-Mu-
tation eine »XXL«-Mutation folgt? Kaum wahrscheinlich
ist dieser Fall für jeden einzelnen Affen. Doch in der Population gibt es jetzt eine große Menge von Individuen mit
dem XL-Gen. Wenn irgendeines von ihnen oder einer ihrer Nachkommen oder ein Nachkomme ihrer Nachkommen durch den Zufall mit dem XXL-Gen beglückt wird,
dann hat dieses Gen eine gute Chance, sich, wenn auch
langsam, in der Population auszubreiten. Überflüssig zu
sagen, daß unterdessen wahrscheinlich noch viel mehr
Affen zu Trägern verschiedener in weniger vorteilhaftem
Sinn veränderter Gene werden, und manche dieser Mutationen können die Fortpflanzungslinie, in der sie auftreten, auslöschen. So ist eben das Leben.

So gewinnt die natürliche Selektion den Kampf gegen
die Wahrscheinlichkeit – doch im Grunde gewinnt sie gar
nicht. Das bei weitem Wahrscheinlichere als die wie durch
Zauber begünstigten Fortpflanzungslinien, die heute die
Welt bevölkern, ist die nichtbegünstigte Fortpflanzungslinie, die durch einen unglücklichen Zufall in der Sackgasse landet. Sie war der unendlich häufigere Fall. Auf der
Müllhalde der Gengeschichte türmen sich die gescheiter-
ten Experimente, lange Kette genetischer Codes, die so be-
deutungsgeladen waren wie Shakespeare-Verse, *bis* sich im
Handstreich das verhängnisvolle Kauderwelsch eindräng-
te. Ihre Eliminierung ist der Preis für eine Entwicklung
nach der Methode von Versuch und Irrtum. Aber solange
der Preis bezahlt werden kann, das heißt, solange die natürliche Selektion genügend Generationen zur Verfügung
hat, an denen sie arbeiten kann, und solange sie für jedes
Experiment, das sie weiterverfolgt, unzählige gescheiterte
Versuche verwerfen kann – so lange behält sie ihre ehr-
furchtgebietende Gestaltungskraft. Die natürliche Selektion ist ein unbeseelter Vorgang ohne Bewußtsein, aber

zugleich eine erfinderische Künstlerin, die unermüdlich an ihren Werken feilt.*

Jedes Ihrer inneren Organe – Ihr Herz, Ihre Lunge, Ihr Magen – ist ein Beweis ihrer Kunst. Sie alle sind »Anpassungen«: Präzisionsprodukte absichtsloser Planung, Mechanismen, die da sind, weil sie in der Vergangenheit zur Angepaßtheit/Fitneß Ihrer Vorfahren beigetragen haben. Und alle sind artspezifisch. Zwar kann sich die Lunge eines Menschen von der eines anderen unterscheiden, und manchmal ist das genetisch bedingt, aber die Gene, die an der Bildung der Lunge mitwirken, sind bei Ihnen fast alle die gleichen wie bei Ihrem Nachbarn, wie bei einem Eskimo oder wie bei einem Pygmäen. Die Evolutionspsychologen John Tooby und Leda Cosmides wiesen darauf hin, daß jede Seite des an den medizinischen Fakultäten der USA gebräuchlichen Standardlehrbuchs der Anatomie auf alle Menschen der Welt zutrifft. Warum, so fragten sie weiter, sollte es in bezug auf die Anatomie von Geist und Seele anders sein? Die Arbeitshypothese der Evolutionspsychologie lautet, daß die verschiedenen »mentalen Organe«, die Geist und Psyche konstituieren – wie zum Beispiel ein Organ, das Menschen zur Liebe zu ihren Nachkommen prädisponiert –, artspezifisch sind.[18] Evolutionspsychologen sind hinter einer Sache her, die im Metier als »die psychische Einheit der Menschheit« bekannt ist.

---

* *Ich werde in diesem Buch gelegentlich vom »Wollen« oder von der »Absicht« der natürlichen Selektion sprechen oder auch von dem »Wert«, der in ihrem Wirken liegt. In solchen Fällen setze ich den jeweils gebrauchten Ausdruck stets in Anführungszeichen, um ihn als bloße Metapher kenntlich zu machen. Diese Metaphern sind jedoch nach meinem Dafürhalten von Nutzen, weil sie uns helfen, uns mit dem Darwinismus moralisch auseinanderzusetzen.*

Klima als Steuerungsfaktor

Zwischen uns und den Australopithecinen – Hominiden mit aufrechtem Gang, aber einem Gehirnvolumen von nicht mehr als Menschenaffenformat – liegen etliche Millionen Jahre: 100 000 vielleicht 200 000 Generationen. Das hört sich vielleicht so an, als ob es nicht besonders viel wäre. Es waren jedoch nicht mehr als fünftausend Generationen nötig, um einen Wolf in einen Chihuahua – und in derselben Zeit über eine andere Deszendenzlinie in einen Bernhardiner – zu verwandeln. Überflüssig zu sagen, daß der Treibsatz für die Evolution der Hunde nicht natürliche, sondern künstliche Auslese war. Doch sind die beiden, wie Darwin hervorgehoben hat, einander im wesentlichen gleich; im einen, wie im andern Fall werden nach Kriterien, die über viele Generationen hinweg Bestand haben, Eigenschaften aus einer Population ausgemerzt. Und in einem wie im andern Fall kann Evolution bei hinreichend starkem »Selektionsdruck« – einem, der bewirkt, daß Gene rapide ausgemerzt werden – in zügigem Tempo ablaufen.

Man könnte sich fragen, wo auf der jüngsten Etappe der menschlichen Evolution besonders starker Selektionsdruck hergekommen sein soll. Rührt dieser Druck doch gewöhnlich von unwirtlichen Umweltbedingungen – von Dürreperioden, Eiszeiten, der Bedrängung durch übermächtige Freßfeinde, vom Mangel an Beutetieren –, und deren Bedeutung hat sich mit dem Fortschreiten der menschlichen Evolution doch immer weiter verringert. Die Erfindung von Werkzeugen, die Entdeckung des Feuers, das Aufkommen von Vorausplanung und gemeinschaftlicher Jagd, diese Dinge brachten wachsende Kontrolle der Umwelt und zunehmende Immunität gegen die Launen der Natur mit sich. Wieso wandelten sich dann Affengehirne im Lauf von etlichen Millionen Jahren zu Menschengehirnen?

Die Erklärung scheint zum größten Teil in dem Umstand

zu liegen, daß die Umwelt, in der die menschliche Evolution stattfand, aus menschlichen Wesen (beziehungsweise Vormenschen) bestand.[19] Die verschiedenen Mitglieder eines steinzeitlichen Sozialverbands waren Konkurrenten in dem Wettbewerb um das Privileg, die eigenen Gene in möglichst großer Menge in die nächste Generation hinüberzupumpen. Was noch wichtiger ist: Sie waren in diesem Wettbewerb füreinander Mittel zum Zweck. Wer die eigenen Gene verbreiten wollte, mußte eine *modus vivendi* mit seinen Genossen gefunden haben: Er mußte ihnen manchmal helfen, sie manchmal ignorieren, manchmal ausbeuten, manchmal lieben, manchmal hassen – und ein Gespür dafür haben, bei wem wann welche Behandlung am Platz war. Die Evolution zum Menschen besteht weitgehend in der Anpassung des Individuums an die anderen Individuen.

Da mithin jede Anpassung, sobald sie in der Population fixiert ist, die soziale Umwelt verändert, schafft jede Anpassung nur neuen Anpassungsbedarf. Sobald alle fortpflanzungsfähigen Individuen das XXL-Gen besitzen, bedeutet dies für keines mehr einen Vorsprung im Wettlauf um die Erzeugung der lebensfähigsten und fruchtbarsten Nachkommen. Das Wettrüsten geht weiter. In diesem Fall ist es ein Wettrüsten mit Liebe. Oft ist es das nicht.

In manchen Kreisen ist es Mode, die ganze Idee der Anpassung, der kohärenten evolutionären Gestaltung, in den Hintergrund zu rücken. Popularisatoren biologischen Gedankenguts heben häufig die Rolle von Zufall und Geratewohl in der Evolution auf Kosten des Moments der Angepaßtheit/Fitneß hervor. Wie ein Blitz aus heiterem Himmel kann ohne Vorwarnung ein jäher Klimawechsel eintreten, der glücklose Spezies von Fauna und Flora auslöscht und für diejenigen, die überleben, den gesamten Kontext der Evolution ändert. Ein neuer kosmischer Würfelwurf, und plötzlich sind alle Einsätze verfallen und die Chancen neu verteilt. Keine Frage, so etwas kommt vor, und in der Tat ist dies eine Art und Weise, in der das »Zufallsprinzip« massiv in die Evolution hineinwirkt. Eine unter anderen: So sieht es beispielsweise ganz danach aus, als ob auch neue Merkmale, über die dann die natürliche Selektion ihr Verdikt spricht, nach dem Zufallsprinzip erzeugt werden.[20]

Indes, was immer an »Zufall« in der natürlichen Selektion mitspielt, es darf uns nicht den Blick für deren zentrales Charakteristikum verstellen: dafür, daß das vorrangige Kriterium organischer Gestaltung die Angepaßtheit/Fitneß ist. Ja, die Würfel werden von neuem geworfen, und der Kontext der Evolution ändert sich. Ein Merkmal, das heute eine Anpassungsleistung darstellt, hat seinen Anpassungscharakter vielleicht schon morgen verloren. Infolgedessen findet die natürliche Selektion sich nicht selten damit befaßt, obsolete Eigenschaften ab- oder umzubauen. Diese fortlaufende Anpassung an die Umstände kann dem organischen Leben eine gewisse unsolide, unfertige Beschaffenheit geben. (Sie ist der Grund, warum die Menschen Rückenprobleme haben. Würde man heute einen auf zwei Beinen gehenden Organismus bei Null anfangend entwerfen, statt einen ehemaligen Baumbewohner in kumulativen kleinen Schritten zum Zweibeiner umzugestalten, käme dabei niemals eine derart störanfällige Wirbelsäule heraus.) Dessenungeachtet verlaufen Änderungen in den Umweltbedingungen in der Regel hinreichend gemächlich, um der Evolution die Möglichkeit zu lassen, Schritt zu halten (wenn sie auch hin und wieder unter hohem Selektionsdruck in Trab verfallen muß). Und diese Möglichkeit nimmt sie häufig in denkbar erfinderischer Weise wahr.

Und dabei bleibt, was sie unter guter Gestaltung versteht, stets gleich. Daß es die Tausende und aber Tausende von Genen gibt, die Einfluß auf das menschliche Verhalten nehmen — Gene, die das Gehirn bauen, Neurotransmitter und andere Hormone steuern und auf diese Weise unsere

»Geistesorgane« definieren –, hat seinen Grund. Und der Grund ist der, daß sie unsere Vorfahren antrieben, ihre Gene in die nächste Generation hinüberzuschaffen. Wenn die Selektionstheorie richtig ist, dann müßte unter diesem Auspizium im großen und ganzen alles an der menschlichen Psyche verständlich werden. Die Elementarformen unseres Fühlens in bezug auf andere, die Elementarkategorien unseres Denkens und Sprechens über andere besitzen wir heute aufgrund des Beitrags, den sie in der Vergangenheit zur genetischen Angepaßtheit/Fitneß geleistet haben.

Darwins Sexualleben

Kein Sektor des menschlichen Verhaltensspektrums übt auf die Weitergabe von Genen einen augenfälligeren Einfluß aus als die Sexualität. Mithin besitzt kein Aspekt der Psychologie des Menschen eine evidentere Anwartschaft auf eine evolutionstheoretische Erklärung als die Seelenzustände, die zum Sex führen: nackte Begierde, träumerische Verliebtheit, standhafte (oder zumindest sich standhaft glaubende) Liebe und so weiter – jene Elementarkräfte, in deren Zeichen die Menschen auf der ganzen Welt, Darwin nicht ausgenommen, seit jeher erwachsen wurden und werden.

Als Darwin an Bord der »Beagle« vom Hafen Plymouth aus in See stach, war er 22 Jahre alt und sein endokrines System vermutlich von den Hormonen überflutet, mit denen die Natur das endokrine System junger Männer plangemäß zu überfluten pflegt. In seiner Heimatstadt Shrewsbury hatte er etlichen einheimischen Mädchen nachgestellt, vor allem der hübschen, allgemein beliebten und überaus koketten Fanny Owen. Einmal hatte er sie seine Jagdflinte abfeuern lassen, und wie sie dann, vom Rückstoß gegen die Schulter getroffen, tapfer so tat, als habe es überhaupt nicht wehgetan, da sah sie so bezaubernd aus, daß er sich noch Jahrzehnte später mit ersichtlicher Gefühlswärme an diese Szene erinnern sollte.[21] Von Cambridge aus unterhielt er eine kleine Briefromanze mit ihr, aber ob er sie je auch nur geküßt hat, ist ungewiß.

In Cambridge, wo Darwin von 1827 bis 1831 studierte, waren Prostituierte zu haben, ganz zu schweigen von den Gelegenheitsliebschaften mit Mädchen aus der Unterschicht, die sich unter Umständen mit weniger handfester Entlohnung zufriedengaben. Aber in den Straßen rund um das Universitätsgelände patrouillierten Späher der Universitätsverwaltung, um jede Frau aufzugreifen und dem Arm des Gesetzes auszuliefern, die hinreichend verdächtig schien, dem »ambulanten Gewerbe« nachzugehen. Darwin war von seinem Bruder gewarnt worden, er dürfe sich in der Öffentlichkeit auf keinen Fall mit einem Mädchen sehen lassen. Seine engste Berührung mit der Unzucht, die überliefert ist, sieht so aus, daß er einen Freund mit Geld unterstützte, der von der Universität relegiert worden war, nachdem er ein uneheliches Kind in die Welt gesetzt hatte.[22] Es könnte durchaus sein, daß ein »jungfräulicher« Darwin sich auf H.M.S. »Beagle« einschiffte.[23] Und während der darauffolgenden fünf, zum allergrößten Teil unter der sechs Dutzend Mann starken Besatzung einer Dreimastbark verbrachten Jahre sollte sich wenig Gelegenheit bieten, diesen Stand zu ändern, jedenfalls nicht auf konventionellen Wegen.

Gelegenheiten zu sexuellen Kontakten sollte es übrigens auch nach seiner Rückkehr nicht viele geben. Schließlich lebte man im Viktorianischen England. In London, wo Darwin sich niederließ, gab es Prostituierte, doch in sexuellen Kontakt mit einer »ehrbaren« Frau, einer Frau aus Darwins gesellschaftlicher Schicht zu kommen, war nicht so leicht, ja fast unmöglich, wollte man nicht zum äußersten Mittel greifen und heiraten.

Die breite Kluft zwischen diesen beiden Formen der Sexualität ist eines der bekanntesten Elemente der viktorianischen Sexualmoral: die »Madonna/Hure-Dichotomie«. Es gab zwei Sorten von Frauen: von der einen Sorte würde der Junggeselle später einmal ein Exemplar heiraten, bei den Vertreterinnen der anderen konnte er bis dahin sein Vergnügen suchen; die eine Sorte war seiner Liebe wert, die andere taugte nur zur Triebbefriedigung. Eine zweite moralische Haltung, deren Ursprung man gemeinhin im Viktorianischen Zeitalter glaubt ausmachen zu können, ist die sexuelle Doppelmoral. Obgleich diese Zuschreibung insofern irreführend ist, als viktorianische Morallehrer sexuelle Freizügigkeit bei Männern mit gleicher Vehemenz mißbilligten wie bei Frauen, läßt sich nicht übersehen, daß es weniger Naserümpfen provozierte, wenn ein Mann, als wenn eine Frau in *sexualibus* über die Stränge schlug. Ebensowenig zu übersehen ist der enge Zusammenhang zwischen dieser Differenzierung und der Madonna/Hure-Dichotomie. Die große Strafe, die einer viktorianischen Frau drohte, wenn sie sich auf ein sexuelles Abenteuer eingelassen hatte, bestand darin, daß sie in dem Madonna/Hure-Schema für immer die Seiten wechselte. Was zur Folge hatte, daß sich für sie das Angebot an potentiellen Ehemännern enorm einschränkte.

Heutzutage besteht die Neigung, diesen Aspekten der viktorianischen Moral mit Ablehnung und Spott zu begegnen. Gegen die Ablehnung ist nichts einzuwenden, sie zu verspotten aber heißt unseren eigenen moralischen Fortschritt überbewerten. Tatsache ist, daß noch heute viele Männer von »Flittchen« und dem richtigen Umgang mit ihnen sprechen: gut zum Vergnügen, aber nicht für die Ehe. Und selbst Männer (z. B. gebildete Liberale), die nicht im Traum daran denken, so zu reden, können in der Wirklichkeit durchaus so handeln. Frauen beklagen sich manchmal über scheinbar aufgeklärte Männer, die ihnen gegenüber mit respektvoller Freundlichkeit nicht geizen, aber wenn es dann beim ersten oder zweiten Rendezvous

zum Sex gekommen ist, hinterher nichts mehr von sich
hören und sehen lassen, gerade so, als hätte die frühe Bereitschaft der Frau zu sexuellem Entgegenkommen sie zu
einer Aussätzigen gemacht. Ähnlich hat die Doppelmoral
im 20. Jahrhundert zwar an Kraft verloren, ist aber nach
wie vor noch stark genug, um Frauen Anlaß zu Klagen geben zu können. Das sexuelle Klima des Viktorianischen
Zeitalters zu verstehen, kann uns auf dem Weg zum Verständnis des sexuellen Klimas der Gegenwart ein gutes
Stück weiterbringen.

Theoretische Grundlage der viktorianischen Sexualmoral war ein Gemeinplatz der Zeit: Männer und Frauen sind
von Natur aus verschieden, in folgenschwerster Weise in
bezug auf die Libido. Selbst Viktorianer, die gegen lockere
Vögel unter den Männern wetterten, betonten den Unterschied. Der zu Beginn des Kapitels zitierte Mediziner William Acton schrieb: »Nach meinem Dafürhalten sind Frau-
en (zu ihrem Glück) in der Mehrzahl von geschlechtlichen
Regungen irgendwelcher Art nicht sonderlich geplagt. Was
bei Männern die Regel, ist bei Frauen eine Ausnahme. Zugegeben, es gibt zwar, wie sich vor dem Scheidungsrichter
zeigt, einige wenige Frauen, deren geschlechtliche Begierde die von Männern übertrifft.« Solcherlei »Mannstoll-
heit« sei eine »Form von Geistesverwirrung«. Aber trotzdem »kann es keinem Zweifel unterliegen, daß bei der
Frau das geschlechtliche Empfinden sich in der Mehrzahl
der Fälle in einem Latenzzustand befindet [...] und selbst
wenn es daraus erweckt wird (was bei vielen gar nicht
möglich ist), sich im Vergleich mit dem des Mannes sehr
maßvoll ausnimmt«. Ein Problem, so Dr. Acton, ergebe
sich daraus, daß junge Männer durch das Bild, das »lieder-
liche oder zumindest ungehobelte, ordinäre Weibsbilder«
abgäben, auf falsche Gedanken kämen. So brächten sie
dann, wenn sie in den Ehestand träten, überhitzte Vorstellungen von dessen geschlechtlicher Komponente mit. Sie
hätten nicht begriffen, daß »die besten Mütter, Ehefrauen

oder Haushälterinnen wenig oder gar nichts von geschlechtlichen Lustbarkeiten verstehen. Die einzige Leidenschaft, die sie kennen, ist die Liebe zu ihrem Heim, ihren Kindern und ihren häuslichen Pflichten«.[24]

Was das betrifft, sind manche Frauen, die sich als vortreffliche Ehefrauen und Mütter verstehen, vielleicht anderer Meinung. Und vielleicht können sie sich dabei auf Zeugnisse aus zuverlässigsten Quellen stützen. Gleichwohl gewährt das neue darwinistische Paradigma dem Gedanken starken Rückhalt, daß *einige* Unterschiede zwischen typisch männlichem und typisch weiblichem Sexualverlangen bestehen und daß dieses Verlangen beim Mann weniger wählerisch ist. Rückhalt findet dieser Gedanke übrigens auch an vielen anderen Stellen. Das in der jüngsten Vergangenheit populäre Dogma, daß Männer und Frauen im wesentlichen gleicher Natur seien, verliert offenbar immer mehr Anhänger. So wurde es zum Beispiel aus dem feministischen Katechismus, in dem es ein Hauptpunkt gewesen war, wieder gestrichen. Eine ganze Richtung des Feminismus – die der »Differenzfeministinnen« oder »Essentialistinnen« – glaubt heute, daß Männer und Frauen auf tiefster Ebene verschieden sind. Was »auf tiefster Ebene« bedeuten soll, darüber erhält man oft eine sehr verschwommene Auskunft; viele Befragte möchten das Wort »Gene« in diesem Zusammenhang am liebsten vermeiden. Solange sie ihre Weigerung nicht aufgeben, werden sie wohl im Zustand der Desorientierung verharren – sich einerseits zwar im klaren darüber sein, daß die vom älteren Feminismus ausgegebene Parole von der angeborenen Symmetrie der Geschlechter falsch war (und in mancher Hinsicht den Interessen der Frauen geschadet hat), andererseits jedoch davor zurückschrecken, sich offen und ehrlich den Konsequenzen der Alternative zu stellen.

Würde die neue darwinistische Sicht der Sexualität nicht mehr leisten, als die abgestandene Binsenwahrheit zu bestätigen, daß die Männer schon rechte Lüstlinge sind, wäre sie von eher bescheidenem Wert. Tatsächlich wirft sie jedoch Licht nicht nur auf die animalischen Impulse wie die sexuelle Begierde, sondern auch auf die feineren Züge des Bewußtseins. Die »Psychologie der Sexualität« reicht in den Augen des Evolutionsbiologen von dem schwankenden Selbstwertgefühl von Heranwachsenden bis zu den ästhetischen Urteilen, die Männer und Frauen übereinander fällen, und weiter bis zu ihren moralischen Urteilen über Geschlechtsgenossen oder -genossinnen. Beispiele sind die Madonna/Hure-Dichotomie und die sexuelle Doppelmoral. Alle beide wurzeln aus heutiger Sicht in der menschlichen Natur – in inneren Mechanismen, die Menschen bei der Einschätzung von Mitmenschen einsetzen.

Hier ist nun gleich zwei möglichen Mißverständnissen vorzubeugen. 1.: Wenn ich sage, daß etwas ein Resultat der natürlichen Selektion ist, so sage ich damit nicht, daß es unveränderlich ist. So gut wie alle Manifestationen der menschlichen Natur sind, eine geeignete Veränderung der Umwelt vorausgesetzt, veränderbar – wenngleich das drastische Ausmaß der erforderlichen Veränderung unter Umständen prohibitiv wirkt. 2.: Wenn ich sage, daß etwas »natürlich« ist, so sage ich damit nicht, daß es *eo ipso* gut ist. Wir haben keinen Grund, uns die »Werte« der natürlichen Selektion zu eigen zu machen. Doch falls wir uns an Werte binden wollen, die den Werten der natürlichen Selektion widerstreiten, sollten wir vermutlich erst einmal wissen, auf welche Aufgabe wir uns da einlassen. Wenn wir einige besorgniserregend sperrige Stücke unseres Moralkodex ändern wollen, könnte es nicht schaden, zu wissen, woher sie stammen. Und *letzten Endes* stammen sie aus der menschlichen Natur, mag diese auch noch so vielfältig gebrochen werden durch die zahlreichen Schichten von Umweltbedingungen und kulturellem Erbe, die sie durchwandert. Nein, ein »Doppelmoral-Gen« gibt es nicht. Richtig ist aber, daß wir, um die Doppelmoral zu verstehen, etwas von unseren Genen und ihrem Einfluß auf unser Denken verstehen müssen. Wir müssen verstehen, wie und nach was für eigentümlichen Kriterien der Prozeß funktioniert, der diese Gene selektiert hat.

In den unmittelbar folgenden Kapiteln werden wir diesen Prozeß erkunden, insoweit er die Psychologie der Sexualität ausgeformt hat. Mit den einschlägigen Kenntnissen gewappnet, werden wir uns dann wieder der viktorianischen Moral zuwenden, werden Darwins eigene Psychologie und die Psychologie der Frau, die er heiratete, näher in Augenschein nehmen. Das alles wird uns ermöglichen, unsere eigene Situation – die Situation im Bereich Partnerwerbung und Ehe am Ende des 20. Jahrhunderts – in neuer Klarheit zu sehen.

Zweites Kapitel
MÄNNLICH UND WEIBLICH

Bei den verschiedenen Klassen des Tierreichs, bei Säuge-
tieren, Vögeln, Reptilien, Fischen und selbst den Kru-
stentieren, folgen die Verschiedenheiten zwischen den
Geschlechtern beinahe genau denselben Regeln. Die
Männchen sind beinahe immer die Werber [...]
Darwin, *Die Abstammung des Menschen* (1871)[1]

In bezug auf die Sexualität irrte Darwin.

Kein Irrtum war es, die Männchen als den werbenden
Teil zu bezeichnen. Darwins Deutung der Grundcharak-
tere der beiden Geschlechter hält der Nachprüfung auch
heute noch durchaus stand: »Das Weibchen ist [...] mit
sehr seltenen Ausnahmen weniger begierig als das Männchen [...]. Es ist spröde, und man kann oft sehen, daß es
eine Zeitlang den Versuch macht, dem Männchen zu entrinnen. Jeder, der je die Lebensweise von Tieren aufmerksam beobachtet hat, wird imstande sein, sich Beispiele dieser Art ins Gedächtnis zurückzurufen. [...] Das Ausüben
einer gewissen Wahl von seiten des Weibchens scheint ein
fast so allgemeines Gesetz wie die Begierde der Männchen
zu sein.«[2]

Auch mit seiner Ansicht über die *Konsequenzen* dieser
asymmetrischen Interessenlage befand sich Darwin nicht
im Irrtum. Er hatte erkannt, daß die Zurückhaltung des
Weibchens die Männchen zum Wettbewerb um die knappen Gelegenheiten zur Fortpflanzung zwang, womit er erklärte, weshalb bei so vielen Spezies das Männchen von
Natur aus mit speziellen Waffen zum Kampf mit Neben-
buhlern ausgerüstet ist – der Hirsch mit einem Geweih, der
Hirschkäfer mit geweihähnlich verlängerten Kiefern, der
Schimpanse mit furchteinflößenden Eckzähnen.[3] Männ-

chen ohne diese Erbausstattung blieben von der Paarung ausgeschlossen, und auf diese Weise wurden ihre Qualitäten durch natürliche Selektion ausgemerzt.

Darwin hatte auch erkannt, daß durch das wählerische Verhalten der Weibchen die schließlich getroffene Wahl enorme Tragweite erlangt. Paaren sie sich vorzugsweise mit bestimmten Typen von Männchen, vermehren sich diese Typen. Daher der Schmuck der Männchen so vieler Spezies der Tierwelt – zum Beispiel der aufblasbare Kehlsack der Eidechsenart *Sitana*, der noch dazu in der Paarungszeit eine glänzende Färbung aufweist, die außerordentlich langen, der Beweglichkeit abträglichen Schwanzdeckfedern des Pfauhahns, und abermals das Hirschgeweih, das sich kunstvoller verzweigt, als sein Verwendungszweck als Waffe allein es zu fordern scheint.[4] Solche Zierate haben sich nicht entwickelt, weil sie das alltägliche Überleben erleichterten – sie erschweren es eher –, sondern weil sie das Weibchen bei seiner Wahl des Paarungspartners so sehr bestechen, daß sie damit die alltägliche Last, die sie in vielen Fällen bedeuten, mehr als aufwiegen. (Wie es dazu kam, daß es im genetischen Interesse des Weibchens liegt, sich von dergleichen bestechen zu lassen, ist eine andere Geschichte, und bei Biologen Gegenstand eines mit ausgefeilten Argumenten geführten Disputs.[5])

Beide Spielarten der natürlichen Selektion – den Konkurrenzkampf der Männchen untereinander und das Unterscheidungsvermögen der Weibchen zwischen möglichen Paarungspartnern – bezeichnete Darwin als »sexuelle Selektion«. Er war sehr stolz auf diese Idee, und das mit Recht. Die sexuelle Selektion ist eine nichttriviale Erweiterung seiner allgemeinen Theorie, die scheinbare Ausnahmen von ihr erklärt – etwa eine grelle Färbung, die einem Freßfeind förmlich zuruft: »Hier bin ich, nun friß mich!« – und sich nicht nur bewährt, sondern im Lauf der Zeit an Reichweite gewonnen hat.

Im Irrtum befand sich Darwin mit seiner Ansicht über

die evolutionäre *Ursache* der Sprödigkeit des Weibchens und der Gier des Männchens. Er hatte erkannt, daß die asymmetrische Interessenlage zur Konkurrenz der Männchen um die kostbare Anwartschaft der Fortpflanzung führt, und er hatte die Konsequenzen dieser Konkurrenz erkannt. Nicht erkannt hatte er indessen, was zu dieser Asymmetrie geführt hatte. Bei dem Versuch, das Phänomen zu erklären, den er in vorgerücktem Alter unternahm, traf er daneben.[6] Gerechterweise muß man jedoch anfügen, daß Generationen von Biologen nach ihm auch nicht mehr Erfolg hatten.

Heute, wo über die Lösung des Problems Konsens herrscht, erscheint es rätselhaft, warum man so lange gebraucht hat, sie zu finden. Es ist eine sehr einfache Lösung. Aus dieser Sicht ist die Sexualität typisch für viele aus der natürlichen Selektion zu erklärende Verhaltensformen. Wie leistungsfähig das zugrundeliegende Erklärungsprinzip ist, wurde erst in den letzten drei Jahrzehnten offenbar, obwohl es sich mit so unabweislicher Konsequenz aus Darwins Auffassung vom Lebendigen ergibt, daß man theoretisch auch schon vor hundert Jahren hätte darauf kommen können. Ein gewisses Maß scharfsinniger Logik war zu seiner Entdeckung allerdings erforderlich, und deshalb kann es als verzeihlich gelten, daß Darwin die volle Reichweite seiner Theorie nicht erkannt hat.

In der Rolle des lieben Gottes

Der erste Schritt zum Verständnis der fundamentalen Asymmetrie der Geschlechter besteht darin, sich hypothetisch in die Rolle zu versetzen, welche die natürliche Evolution bei der Gestaltung einer Spezies spielt. Nehmen wir als Beispiel die Spezies Mensch. Stellen Sie sich vor, es wäre Ihr Amt, in die Psyche menschlicher (oder vormenschlicher) Wesen Verhaltensregeln einzubauen, die Ihre

Schützlinge durch das Leben lotsen, wobei es Zweck der Übung sein soll, die genetische Hinterlassenschaft jedes Individuums zu maximieren. Ein wenig allzu vereinfacht gesagt: Sie sollen jedes Individuum dazu bringen, sich so zu verhalten, daß es aller Wahrscheinlichkeit nach eine zahlreiche Nachkommenschaft hinterläßt und zudem eine, die ihrerseits wiederum zahlreiche Nachkommen in die Welt setzt.

Keine Frage, daß die natürliche Auslese in Wirklichkeit nicht erfolgt. Sie plant die Organismen nicht bewußt. Sie bewahrt blindlings die Eigenschaften, die zufällig das Überleben und die Fortpflanzung begünstigen.* Nichtsdestoweniger funktioniert die natürliche Selektion, *als ob* sie die Organismen bewußt plante; sich vorzustellen, man sei verantwortlich für Entwurf und Konstruktion von Organismen, ist daher ein legitimes heuristisches Verfahren zur Beantwortung der Frage, welche Anlagen die Evolution mit hoher Wahrscheinlichkeit im Menschen und anderen Lebewesen verankert hat. In der Tat verwenden die Evolutionsbiologen einen großen Teil ihrer Zeit eben darauf, ein – psychisches oder sonstiges – Merkmal ins Auge zu fassen und nachzuvollziehen, auf welche konstruktionstechnische Herausforderung es die Antwort ist.

Sie spielen also Ihr imaginäres Sandkastenspiel als Leiter des Amts für Evolution und bemühen sich um Maximierung der genetischen Hinterlassenschaft der Individuen. Dabei merken Sie bald, daß diese Zielsetzung bei Mann und Frau unterschiedliche Anlagen mit sich bringt. Männer können sich Hunderte Male jährlich fortpflanzen, vorausgesetzt, sie kriegen genügend Frauen herum, mitzuma-

---

* *Genaugenommen zählt zu den Voraussetzungen des neuen darwinistischen Paradigmas auch die, daß die Leitlinie der natürlichen Selektion etwas komplexer ist, als die Formel »Überleben und Fortpflanzung« sie beschreibt. Doch diese Nuance ist für unsere Überlegungen erst ab dem siebten Kapitel von Belang.*

chen, und vorausgesetzt, es gibt kein gesetzliches Verbot der Polygamie – was in dem Umfeld, in der sich ein großer Teil unserer Evolution abspielte, mit Sicherheit nicht der Fall war. Frauen hingegen können sich nicht öfter als einmal jährlich fortpflanzen. Die Asymmetrie liegt zum Teil im hohen Wert der Eizellen, die bei allen Arten größer und seltener sind als die winzigen, in Massenproduktion produzierten Spermien. Auf diesem Sachverhalt beruht übrigens die biologisch-wissenschaftliche Definition des Weiblichen: Das weibliche Geschlecht ist das, welches die größeren Keimzellen, die »Makrogameten« produziert. Diese Ausgangsasymmetrie verstärkt sich noch in den charakteristischen Einzelheiten der Reproduktion von Säugetieren: Die langwierige Umwandlung der Eizelle in einen Organismus findet im weiblichen Individuum statt, und dieses kann nicht mehrere solcher Unternehmungen zu gleicher Zeit bewältigen.

Somit gibt es zwar verschiedene Gründe, deretwegen es aus darwinistischer Sicht für eine Frau sinnvoll sein könnte, sexuellen Kontakt mit mehr als einem Mann zu haben (beispielsweise könnte der erste Geschlechtspartner unfruchtbar gewesen sein), doch irgendwann ist der Punkt erreicht, von dem an weitere sexuelle Kontakte nicht mehr lohnen. Nun ruht man sich lieber aus oder sorgt dafür, daß man etwas zwischen die Zähne bekommt. Für einen Mann kommt dieser Zeitpunkt nie, es sei denn, er steht kurz vor dem Kollaps oder dem Hungertod. Jede neue Partnerin verkörpert eine sehr reale Chance, noch mehr von seinen Genen in die nächste Generation hinüberzuschaffen – im darwinistischen Kalkül ein um vieles erstrebenswerteres Ziel als ein Nickerchen oder eine Mahlzeit. Wie die Evolutionspsychologen Martin Daly und Margo Wilson kurz und bündig formulieren: Ein Mann »hat immer die Möglichkeit, es noch besser zu machen«.[7]

In *einer* Beziehung hat auch die Frau die Möglichkeit, es besser zu machen, aber das hat nichts mit Quantität, sondern mit Qualität zu tun. Ein Kind auszutragen schließt ein gewaltiges Opfer von Zeit ein, von Energie ganz zu schweigen, und die Natur hat die Zahl solcher für die einzelne Frau realisierbaren Unternehmungen niedrig angesetzt. Mithin ist vom genetischen Standpunkt der Frau aus gesehen jedes Kind eine äußerst kostbare Genmaschine. Deren Möglichkeit zu überleben und dann ihrerseits eigene junge Genmaschinen zu produzieren, ist von kolossaler Bedeutung. Unter darwinistischem Aspekt ist es also sinnvoll, daß eine Frau sich wählerisch verhält in der Frage, wer ihr beim Bau der einzelnen Genmaschinen helfen soll. Ehe sie einen zum Mitmachen entschlossenen Partner an dem Geschäft beteiligt, sollte sie seine Bonität prüfen und sich fragen: Welches Kapital hat er zu dem Unternehmen beizusteuern? Diese Frage hat eine Reihe von weiteren Fragen zur Folge, die zumal bei der Spezies Mensch zahlreicher und kniffliger sind, als man auf Anhieb denken würde.

Bevor wir uns diesen Fragen zuwenden, ist noch zweierlei klarzustellen. Zum einen: Die Frau muß ihre Fragen nicht *expressis verbis* stellen, ja, sich ihrer nicht einmal bewußt sein. Die Geschichte unserer Spezies, soweit sie uns hier interessiert, fand großenteils statt, als unsere Vorfahren noch gar nicht Grips genug hatten, um viel fragen zu können. Und selbst nachdem in jüngerer Zeit Sprache und reflexives Bewußtsein aufgekommen waren, bestand kein Anlaß, daß alle in der Evolution ausgebildeten Verhaltenstendenzen unter die Kontrolle des Bewußtseins gerieten. Zuweilen liegt es sogar ganz entschieden *nicht* in unserem genetischen Interesse, genau zu wissen, was wir tun und warum wir es tun. (Daher Freud, der fraglos hinter etwas Wichtiges gekommen war, wenngleich manche Evolutionspsychologen sagen würden, daß er nicht wußte, hinter was.) Was jedenfalls die sexuelle Anziehung angeht, so legt die Alltagserfahrung den Schluß nahe, daß die natürliche Selektion ihren Einfluß hier weitgehend über die emotionalen Kippschalter ausübte, die Gefühle wie zaghafte Zuneigung, stürmische Leidenschaft und in jenseitige Sphären entrückende Verliebtheit an- und abschalten. In der Regel taxiert eine Frau einen Mann ohne dabei zu denken: »Es sieht aus, als sei er es wert, einen Beitrag zu meiner genetischen Hinterlassenschaft leisten zu dürfen.« Sie taxiert ihn lediglich und fühlt sich von ihm angezogen – oder auch nicht. Das ganze »Denken« (bildlich gesprochen) hat – ihr unbewußt – die natürliche Selektion für sie erledigt. Gene, die eine sexuelle Anziehung bewirkten, welche für die genetische Hinterlassenschaft ihrer Vorfahren vorteilhaft zu Buche geschlagen hatten, hatten Konjunktur, Gene, die eine weniger produktive sexuelle Anziehung im Gefolge hatten, hingegen nicht.

Das Wesen der häufig unbewußten genetischen Steuerung zu begreifen, ist der erste Schritt zur Einsicht, daß wir alle nur Marionetten sind – nicht nur in sexuellen Dingen, sondern auch in vielen anderen Bereichen – und daß die Aussicht auf eine auch nur teilweise Emanzipation uns bestenfalls der Versuch gewähren kann, hinter die Logik des Puppenspielers zu kommen. Diese Logik in ihrer gesamten Spannweite zu deuten, wird eine Weile dauern, aber ich glaube nicht, daß es der Schlußpointe der Geschichte Abbruch tut, wenn ich bereits an dieser Stelle verrate, daß die Rücksichtnahme des Puppenspielers auf das Glücksgefühl der Marionetten gleich Null ist.

Der zweite Punkt, über den wir uns im klaren sein müssen, bevor wir darüber nachzudenken beginnen, wie die natürliche Selektion ihre »Entscheidungen« über die Ausgestaltung der sexuellen Präferenzen der Frauen (und der Männer) trifft, ist die Tatsache, daß letzteres nicht vorausblickend geschieht. Die Evolution wird durch die Umwelt gelenkt, in der sie stattfindet, und Umweltbedingungen wandeln sich. So gab es für die natürliche Selektion keine Möglichkeit, »vorauszusehen«, daß Menschen eines Tages Empfängnisverhütung praktizieren und somit von ihren

Leidenschaften zu zeit- und energieaufwendiger, aber garantiert unfruchtbarer Sexualität getrieben würden, oder daß es einmal Pornovideos geben würde, die Männer mit wahlloser sexueller Appetenz die Möglichkeit bieten, ihre Bedürfnisse mit Hilfe des Bildschirms zu befriedigen, statt sich um eine reale, leibhaftige Frau zu bemühen, die unter Umständen ihre Gene in die nächste Generation hinüberschaffen würde.

Damit ist jedoch nicht gesagt, daß an »unproduktivem« sexuellem Vergnügen etwas auszusetzen wäre. Daß die natürliche Selektion uns geschaffen hat, bedeutet noch lange nicht, daß wir uns sklavisch nach ihrem beschränkten Programm richten müßten. (Allenfalls könnten wir versucht sein, ihr zum Dank für all das dumme Zeug, das sie uns aufgepackt hat, ein Schnippchen zu schlagen.) Worauf es ankommt, ist einzig, daß es nicht richtig wäre, zu sagen, die menschliche Psyche sei dafür gemacht, die Angepaßtheit der Menschen, ihre genetische Hinterlassenschaft zu maximieren. Die Selektionstheorie besagt vielmehr, daß die menschliche Psyche dazu gemacht ist, Angepaßtheit *an die Umwelt, in der die Psyche sich entwickelt hat,* zu maximieren. Für diese Umwelt ist inzwischen die Bezeichnung EEA *(environment of evolutionary adaptation,* »Umwelt der evolutionären Anpassung«)[8] gebräuchlich, oder, noch einprägsamer, der Begriff »Ur-Umwelt« *(ancestral environment).* Sie ist dieses ganze Buch hindurch stets im Hintergrund präsent. Da und dort werde ich bei der Erwägung, ob ein psychisches Merkmal eine evolutionäre Anpassung ist, die Frage stellen, ob sein Besitz im »genetischen Interesse« seines Träger zu liegen scheint. Zum Beispiel: Liegt wahllose sexuelle Appetenz im genetischen Interesse der Männer? Dies ist natürlich eine Verkürzung. Genauer formuliert lautet die Frage, ob das betreffende Merkmal im »genetischen Interesse« eines Trägers in der EEA liegt — und nicht im heutigen Amerika oder im Viktorianischen England oder sonstwo. Theoretisch dürften heute nur solche

Merkmale Bestandteil der menschlichen Natur sein, die die für sie verantwortlichen Gene in unserer sozialen Ur-Umwelt von Generation zu Generation weiterbefördert haben.[9]

Wie sah die Ur-Umwelt aus? Die ihr am nächsten kommenden anschaulichen Beispiele aus dem 20. Jahrhundert wären Jäger- und Sammler-Gesellschaften wie die der !Kung San in der Kalahari, der Inuit (Eskimos) in der Polarregion oder der Ache in Paraguay. Das Dumme ist nur, daß sich die Jäger- und Sammler-Gesellschaften stark voneinander unterschieden, weshalb sich simple Verallgemeinerungen in bezug auf die menschliche Evolution verbieten. Die Unterschiede erinnern daran, daß die Vorstellung von einer einzigen EEA eigentlich eine Fiktion ist und eher einer Kompositzeichnung gleicht, denn unsere soziale Ur-Umwelt hat sich im Lauf der menschlichen Evolution zweifellos stark gewandelt.[10] Dennoch finden sich bei den heutigen Jäger- und Sammler-Gesellschaften Gemeinsamkeiten, was den Schluß zuläßt, daß über weite Strecken der Evolution der menschlichen Psyche manche Grundzüge wahrscheinlich ziemlich konstant blieben. So wuchsen die Menschen im Kreis naher Blutsverwandter in kleinen Siedlungen auf, wo jeder jeden kannte und sich selten ein Fremder zeigte. Man ging – monogame oder polygame – Ehebünde ein, wobei Mädchen im Regelfall verheiratet wurden, sobald sie das fortpflanzungsfähige Alter erreicht hatten.

Soviel ist auf jeden Fall sicher: Wie auch immer die Ur-Umwelt aussah – mit der Umwelt, in der wir heute leben, hatte sie nicht viel Ähnlichkeit. Wir sind nicht dafür geschaffen, uns mit anderen auf überfüllten U-Bahnhöfen zu drängeln oder in Trabantenstädten Wand an Wand mit Leuten zu wohnen, mit denen wir nie ein Wort wechseln, oder vom Arbeitgeber bei der nächsten wirtschaftlichen Flaute nach der Devise »Ex und hopp!« auf die Straße gesetzt zu werden oder uns auf der Mattscheibe die Tagesschau anzusehen. Diese Diskrepanz zwischen den Rahmenbedingungen, unter denen wir uns entwickelt haben, und unserer derzeitigen Lebensform ist wahrscheinlich für einen Großteil der heutigen psychopathologischen Erkrankungen wie für viele Leiden weniger dramatischer Art verantwortlich. (Wie im Fall der Bedeutsamkeit unbewußter Motive ist diese Beobachtung nicht zuletzt Freud zu danken: Sie steht im Zentrum seiner Abhandlung *Das Unbehagen in der Kultur.*)

Um herauszufinden, was Frauen in einem Mann – und umgekehrt – zu suchen prädisponiert sind, müssen wir gründlicher über unsere soziale(n) Ur-Umwelt(en) nachdenken. Wie wir sehen werden, fördert solches Nachdenken über die Ur-Umwelt auch Dinge zutage, die erklären helfen, warum die weiblichen Individuen unserer Spezies auf sexuellem Gebiet weniger zurückhaltend sind als die Weibchen anderer Arten. Für die Darlegung des einen großen Kernpunkts dieses Kapitels – daß der arttypische Grad der sexuellen Zurückhaltung, wie auch immer der Vergleich zwischen den Spezies in diesem Punkt aussehen mag, bei den weiblichen Individuen der Menschen auf jeden Fall höher ist als bei den männlichen – sind die speziellen Umweltfaktoren ohne großen Belang. Denn dieser Punkt beruht einzig und allein darauf, daß die einzelne Frau im Lauf ihres Lebens nur eine sehr viel geringere Zahl von Nachkommen in die Welt zu setzen in der Lage ist als der einzelne Mann. Und das ist im Grunde schon immer so gewesen: bevor unsere Vorfahren Menschen waren, bevor sie Primaten waren, bevor sie Säuger waren – weit, weit zurück in der Evolution unseres Gehirns, bereits auf der Stufe der Kriechtiere. Weibliche Schlangen sind vielleicht keine sonderlich schlauen Tiere, aber immerhin schlau genug, um – jedenfalls unbewußt – zu wissen, daß es Männchen gibt, mit denen sich zu paaren keine gute Idee wäre.

Der Grund für Darwins Versagen lag also darin, daß er

nicht erkannt hatte, was für ungemein kostbare Güter die weiblichen Individuen einer Spezies sind. Er hatte erkannt, daß ihre Sprödigkeit sie kostbar macht, nicht jedoch, daß sie *von Natur aus* kostbar sind – kostbar aufgrund ihrer biologischen Rolle bei der Fortpflanzung und dem aus dieser resultierenden langsamem weiblichen Fortpflanzungstempo. Die natürliche Selektion hatte dies »erkannt«, und die Folge dieser impliziten Erkenntnis ist die weibliche Sprödigkeit.

Die Erkenntnis dämmert

Den ersten großen, distinkten Schritt zur Erkenntnis dieser Logik durch das menschliche Bewußtsein tat im Jahr 1948 der britische Genetiker A. J. Bateman. Er stellte eine Riege von fünf männlichen und fünf weiblichen Taufliegen zusammen, denen er Gelegenheit zu einem Schäferstündchen verschaffte, indem er sie in eine Schachtel sperrte und dort dem Drang ihrer Herzen überließ. Durch die Analyse der in der nächsten Taufliegen-Generation auftretenden Merkmale versuchte er herauszufinden, welcher Nachkomme von welchem Elternpaar abstammte. Dabei entdeckte er ein klares Muster. Während fast alle Weibchen ungefähr die gleiche Zahl von Nachkommen hatten, gleichgültig, ob sie sich mit einem, zwei oder drei Männchen gepaart hatten, variierte die Zahl der Nachkommen der Männchen nach einer einfachen Regel, die da lautete: Mit je mehr Weibchen du dich paarst, desto mehr Nachkommen hast du. Bateman erkannte, was das bedeutete: Die natürliche Selektion förderte »wahllose sexuelle Appetenz beim Männchen und differenzierende Passivität beim Weibchen«.[11]

Batemans Einsicht blieb lange weitgehend unbeachtet. Es dauerte fast drei Jahrzehnte und bedurfte des Einsatzes mehrerer Evolutionsbiologen, ihr das zu geben, was ihr fehlte: zum einen eine vollständige stringente Ausarbeitung und zum anderen Publizität.

Die erste Komponente – Stringenz – steuerten zwei Biologen bei, die exemplarisch zeigten, wie falsch manche Klischeevorstellungen vom Darwinismus sind. In den siebziger Jahren artikulierte sich der Widerstand gegen die Soziobiologen häufig in der Behauptung, ihre Vertreter seien verkappte Reaktionäre, Rassisten, Faschisten und ähnliches. Man kann sich schwerlich zwei Menschen vorstellen, die über derlei Vorwürfe erhabener wären als George Williams und Robert Trivers, und es dürfte schwerlich jemand zu finden sein, der mehr als sie zur Untermauerung des neuen Paradigmas beigetragen hätte.

Williams, Emeritus der State University of New York, investierte viel Arbeit in die Zersetzung von Relikten des Sozialdarwinismus und seines Axioms, daß die natürliche Auslese ein Prozeß sei, dem es aus irgendwelchen Gründen zu willfahren und nachzueifern gelte. Viele Biologen teilen seine Ansicht und betonen, daß wir unsere Werte nicht aus den »Werten« der Evolution ableiten können. Aber Williams geht noch weiter. Die natürliche Auslese, so sagt er, ist ein »böser« Prozeß, denn der Humus, auf dem sie gedeiht, ist ein enormes Maß an Schmerzen und Tod, und was sie hervorbringt, ist abgrundtiefer Egoismus.

Trivers, der zu der Zeit, als das neue Paradigma Gestalt annahm, außerordentlicher Professor an der Harvard University war und heute an der Rutgers University tätig ist, neigt sehr viel weniger zu moralphilosophischer Reflexion als Williams, zeigt sich jedoch gänzlich abgeneigt, die im politischen Spektrum auf der Rechten angesiedelten Wertvorstellungen des Sozialdarwinismus zu akzeptieren. Er ist stolz auf seine Freundschaft mit Huey Newton, dem verstorbenen Führer der Black Panther, mit dem gemeinsam er einmal einen Zeitschriftenartikel über ein humanpsychologisches Thema geschrieben hat. Er kritisiert die Einseitigkeit der Rechtsprechung. Er wittert konservative Verschwörungen auch da, wo manch anderer nichts zu beargwöhnen findet.

1966 veröffentliche Williams sein wegweisendes Werk *Adaptation and Natural Selection: A Critique of Some Current Evolutionary Thought* (Anpassung und natürliche Auslese. Kritik einiger Aspekte des evolutionstheoretischen Denkens der Gegenwart). Dieses Buch ist auf seinem Gebiet schon fast so etwas wie eine heilige Schrift geworden. Für Biologen, die Sozialverhalten – einschließlich des menschlichen – im Licht des neuen Darwinismus betrachten, ist es ein elementares Quellenwerk.[12] Es beseitigte Unklarheiten, die das Studium des Sozialverhaltens lange Zeit beeinträchtigt hatten, und es formulierte grundlegende Einsichten, die zum tragfähigen Fundament ganzer Theoriegebäude in Sachen Freundschaft und Sexualität werden sollten. Auf dem einen wie dem andern Gebiet sollte Trivers beim Aufbau dieser Theorien mitwirken.

Williams erweiterte und differenzierte die Logik, die Batemans Veröffentlichung von 1948 zugrunde lag. Er betrachtete die Frage der Differenz zwischen den genetischen Interessen männlicher und weiblicher Individuen unter dem Aspekt des »Opfers«, das die Geschlechter jeweils für die Fortpflanzung zu bringen hatten. Für einen männlichen Säuger liegt die Größe des geforderten Opfers nahe Null. Sein »unverzichtbarer Beitrag endet unter Umständen mit der Kopulation, und diese impliziert für ihn eine unbedeutende Verausgabung von Energie und stofflichen Substanzen sowie ein lediglich momentanes Abziehen der Aufmerksamkeit von den Dingen, die unmittelbar die eigene Sicherheit und Wohlfahrt betreffen«. Angesichts dieser Lage der Dinge, bei der sie wenig zu verlieren haben, es für sie aber viel zu gewinnen gibt, können die Männchen den Profit, der ihnen in der Währung der natürlichen Selektion gutgeschrieben wird, noch steigern »durch die aggressive und jederzeit umstandslos abrufbare Bereitschaft, sich mit so vielen Weibchen zu paaren, wie nur irgend zur

Verfügung stehen«. Für das Weibchen hingegen »bedeutet die Kopulation unter Umständen die langfristige Verpflichtung für eine Bürde – im mechanischen wie im physiologischen Sinn – samt allen damit verbundenen Strapazen und Risiken«. Mithin liegt es nur dann in ihrem genetischen Interesse, »die Bürde der Fortpflanzung auf sich zu nehmen«, wenn vorteilhafte Umstände dafür sprechen. Und »einer der wichtigsten Umstände ist das befruchtende Männchen«. Da »außergewöhnlich gut angepaßte Väter außergewöhnlich häufig außergewöhnlich gut angepaßte Nachkommen haben«, gereicht es »dem Weibchen zum Vorteil, wenn es in der Lage ist, unter den verfügbaren Männchen sich das bestangepaßte auszusuchen [...]«.[13]

Daher das Werberitual: »Das Annoncieren von Seiten des Männchens, wie angepaßt es ist.« Und ebenso, wie »es ihm zum Vorteil gereicht, wenn es hochgradige Angepaßtheit vorgibt, ob dies nun den Tatsachen entspricht oder nicht«, so ist es für das Weibchen von Vorteil, wenn es auf vorgetäuschte Qualitäten nicht hereinfällt. So schafft die natürliche Selektion »bei den Weibchen eine gleichermaßen gut ausgebildete kritische Käufermentalität und den dazugehörigen Scharfblick«.[14] Mit anderen Worten: Theoretisch müßten Männchen im Regelfall Protze und Großtuer sein.

Ein paar Jahre später schuf Trivers aus den Ideen von Bateman und Williams eine vollständig ausgeformte Theorie, die seither nicht aufgehört hat, Licht auf die Psychologie der Geschlechter zu werfen. Als erstes ersetzte er Williams' Begriff des »Opfers« durch den der »Investition«. Der Unterschied mag geringfügig erscheinen, indes können im Reich des Intellekts kleine Bedeutungsnuancen große Folgen haben, und so war es auch in diesem Fall. Der der Ökonomie entlehnte Begriff der »Investition« bringt einen fix und fertigen Analyserahmen mit.

In einer inzwischen berühmt gewordenen Veröffentlichung definierte Trivers 1972 die »elterliche Investition«

ausdrücklich als »jede beliebige Investition des Elternteils in einen einzelnen Nachkommen, die dessen Chancen, zu überleben (und damit auch sich fortzupflanzen), auf Kosten der Fähigkeit des Elternteils, in andere Nachkommen zu investieren, vergrößert«.[15] Zur elterlichen Investition gehören unter anderem die Zeit und die Energie, die für die Produktion der Eizelle oder des Spermas, für die Befruchtung und das Austragen oder das Ausbrüten der befruchteten Eizelle und für die Aufzucht der Jungen aufgewendet wird. Es ist nicht zu übersehen, daß der weibliche Elternteil bis zur Geburt das größere Investitionskapital beisteuert; weniger deutlich, tatsächlich ist es aber die Regel, daß dieses Ungleichgewicht nach der Geburt fortbesteht.

Die Quantifizierung der ungleichgewichtigen Investitionsleistung von Mutter und Vater bei einer bestimmten Spezies würde uns Trivers zufolge vieles besser verstehen helfen – so zum Beispiel den Grad der sexuellen Appetenz des Männchens und der Sprödigkeit des Weibchens, die Intensität der sexuellen Selektion, aber auch zahlreiche andere subtile Aspekte von Partnerwerbung und Elternschaft sowie Treue und Untreue im Paarverhalten. Trivers hatte erkannt, daß das Ungleichgewicht zwischen väterlicher und mütterlicher Investition bei unserer Spezies nicht so kraß ist wie bei zahlreichen anderen Arten. Und er vermutete zu Recht, daß – wie wir im nächsten Kapitel sehen werden – die Folge davon ein Mehr an psychologischer Komplexität ist.

In Trivers' Aufsatz *Parental Investment and Sexual Selection* (Elterliche Investition und sexuelle Auslese) war die Saat endlich aufgegangen. Eine einfache Erweiterung von Darwins Theorie – so einfach, wie Darwin sie im Handumdrehen begriffen hätte – war 1948 erstmals gesichtet, 1966 deutlich artikuliert und nun, im Jahr 1972, voll entfaltet worden.[16] Eines jedoch fehlte dem Begriff der elterlichen Investition noch immer: Publizität. Durch E. O. Wilsons

Buch *Sociobiology* (1975) und Richard Dawkins' *The Selfish Gene* (1976; dt. *Das egoistische Gen*) wurde dann einem vielköpfigen, heterogenen Publikum der Zugang zu Trivers' Arbeit eröffnet, und seither denken Scharen von Psychologen und Ethnologen über die menschliche Sexualität in den Kategorien des modernen Darwinismus. Die Quelle neuer Einsichten, die daraufhin zu sprudeln begann, wird vermutlich noch lange nicht versiegen.

Die Theorie auf dem Prüfstand

Theorien sind Dutzendware. Selbst beeindruckend elegante Theorien, die – wie die Theorie der elterlichen Investition – anscheinend mit wenig Mitteln viel erklären können, entpuppen sich nicht selten als wertloser Plunder. Durchaus berechtigt sind die (nicht zuletzt von Anhängern der Schöpfungslehre vorgebrachten) Einwände, daß manche Theorien über die Evolution tierischer Merkmale lediglich »Und-das-war-so«-Geschichten à la Rudyard Kipling seien – plausibel, mehr aber auch nicht. Dennoch ist es möglich, das bloß Plausible vom zwingend Schlüssigen zu unterscheiden. In manchen Wissenschaften ist das Prüfen von Theorien so einfach, daß es nur eine leichte Übertreibung ist zu sagen, eine Theorie sei »bewiesen« (wenngleich dies *immer* eine Übertreibung ist). In anderen ist die Bestätigung einer Theorie eine umständliche Angelegenheit, ein sich lang hinziehender, langsam fortschreitender Prozeß, der von Zuversicht zur Schwelle des Konsenses führt – oder auch nicht. Die evolutionären Wurzeln der menschlichen Natur – oder von was auch immer – zu untersuchen, ist ein Unterfangen von letzterer Art. Wir stellen in bezug auf jede Theorie eine Reihe von Fragen, und die Antworten nähren Glauben, Zweifel oder zwiespältige Gefühle.

Eine Frage bezüglich der Theorie der elterlichen Investition lautet, ob sie denn auch auf allerelementarster Ebene mit der Realität menschlichen Verhaltens übereinstimmt. Sind Frauen hinsichtlich ihrer Geschlechtspartner wählerischer als Männer? (Diese Frage darf nicht mit der völlig anderen Frage verwechselt werden, welches der beiden Geschlechter allenfalls wählerischer in bezug auf den *Ehepartner* ist. Wir werden darauf noch zurückkommen.) Gewiß entspricht dies im wesentlichen der Volksmeinung. Ein konkreter Anhaltspunkt ist die Tatsache, daß Prostitution − sexueller Kontakt mit jemandem, den man nicht kennt und auf dessen Bekanntschaft man auch keinen Wert legt − eine Dienstleistung ist, die in ganz überwiegendem Maß von Männern in Anspruch genommen wird. Das war im Viktorianischen England so, und ist heute nicht anders. Ebenso wird praktisch das gesamte Angebot an pornographischen Produkten, die auf rein visuelle Stimulierung abzielen − Fotos oder Filme von anonymen Menschen, von geistlosem Fleisch −, von Männern konsumiert. Und diverse Untersuchungen haben nachgewiesen, daß Männer sehr viel eher zu zufälligen, anonymen Sexualkontakten bereit sind als Frauen. Drei Viertel aller Männer, die bei einem bestimmten Feldversuch auf dem Gelände eines Colleges von einer Unbekannten angesprochen wurden, zeigten sich bereit, mit der Frau in sexuellen Kontakt zu treten, dagegen bekundete keine der von einem Mann angesprochenen Frauen ein sexuelles Interesse.[17]

Zweifler wandten gegen derlei in westlichen Gesellschaften erhobenes Datenmaterial gewöhnlich ein, in ihm spiegelten sich lediglich die verdrehten Wertvorstellungen des Westens. Dieser Einwand ist fragwürdig, seit Donald Symons 1979 unter dem Titel *The Evolution of Human Sexuality* (Die Evolution der menschlichen Sexualität) die erste umfassende ethnologische Erhebung zum menschlichen Sexualverhalten aus der Sicht des neuen Darwinismus veröffentlichte. Mit Daten, die er in östlichen wie westlichen, industriellen wie schriftlosen Kulturen gesammelt hatte, belegte Symons den enormen Verbreitungsgrad der von der Theorie der elterlichen Investition postulierten Verhaltensmuster: Frauen sind in der Regel verhältnismäßig wählerisch in bezug auf Geschlechtspartner; Männer hingegen nehmen es nicht so genau und finden die Vorstellung von sexuellen Kontakten mit einer bunten Vielfalt von Partnerinnen außergewöhnlich ansprechend.

Eine der von Symons behandelten Kulturen ist westlichem Einfluß so fern, wie man es sich nur denken kann: die Eingeborenenkultur auf den Trobriand-Inseln Melanesiens. Die prähistorische Migration, die zur Besiedelung dieser Inseln geführt hatte, hat sich vor Zehntausenden von Jahren, möglicherweise sogar vor über 100 000 Jahren von jenen Wanderungsbewegungen abgespalten, durch die Europa besiedelt wurde. Die Urkultur der Trobriander wurde von der Urkultur Europas zu einem noch früheren Zeitpunkt getrennt als die der Ureinwohner Amerikas.[18] Und in der Tat zeigten sich die Inseln, als der große Ethnologe Bronislaw Malinowski 1915 dort eintraf, dem Besucher weit entfernt von allem westlichen Denken. Die Eingeborenen hatten anscheinend noch nicht einmal den Zusammenhang zwischen Sexualität und Fortpflanzung begriffen. Als ein seefahrender Trobriander bei der Heimkehr nach mehrjähriger Abwesenheit seine Frau mit zwei neu hinzugekommenen Kindern vorfand, war Malinowski taktvoll genug, ihm gegenüber nicht von ehelicher Untreue zu sprechen. Und »als ich die Sache mit anderen besprach und andeutete, daß wenigstens das eine der beiden Kinder nicht von ihm sein könne«, berichtete Malinowski, »verstand man überhaupt nicht, was ich meinte«.[19]

Manche Ethnologen bezweifeln, daß die Trobriander derart unwissend gewesen sein könnten. Doch wenngleich Malinowskis Darstellung den Klang des Autoritativen zu haben scheint, haben wir keine Möglichkeit, nachzuprüfen, ob er den Fall richtig gesehen hat. Wichtig ist jedoch, zu begreifen, daß er im Prinzip hätte recht haben können. Die Evolution der menschlichen Sozialpsychologie scheint der Entdeckung des Endzwecks vorausgegangen zu sein. Sexuelles Begehren und andere einschlägige Gefühle sind die Instrumente, mit denen uns die natürliche Selektion dazu bringt, so zu handeln, als hätten wir gern zahlreiche Nachkommen und wüßten, wie das zu bewerkstelligen ist, einerlei, ob es sich tatsächlich so verhält oder nicht.[20] Hätte die natürliche Selektion *nicht* zu diesem Verfahren gegriffen, hätte sie statt dessen die menschliche Intelligenz für ihre Zwecke eingespannt, würde unser Leben sehr anders aussehen. So würden beispielsweise verheiratete Männer und Frauen keine Zeit auf Seitensprünge mit empfängnisverhütenden Mitteln verwenden: Sie würden entweder die Empfängnisverhütung oder den Sex bleiben lassen.

Ein weiterer »unwestlicher« Zug der Trobriand-Kultur war das Fehlen jeglicher viktorianischer Ängstlichkeit in bezug auf vorehelichen Sexualkontakt. Spätestens in der frühen Adoleszenz wurden Jungen und Mädchen zum Geschlechtsverkehr mit einer Reihe von Partnern ermuntert, die ihnen gefielen. (Diese Freizügigkeit gibt es auch in einigen anderen vorindustriellen Gesellschaften, doch endet das Experimentieren hier üblicherweise mit dem Beginn der Fruchtbarkeit des Mädchens und macht der Ehe Platz.) Malinowski ließ allerdings keinen Zweifel daran, welches der beiden Geschlechter sich wählerischer verhielt. »Die Werbung des Trobrianders kennt [...] keine Umwege [...]. Ganz einfach und unverblümt erbittet er eine Zusammenkunft mit der offen bekannten Absicht geschlechtlicher Befriedigung. Wird die Bitte erfüllt, so ist damit jede romantische Einstellung, jede Sehnsucht nach dem Unerreichbaren und Geheimnisvollen hinfällig. Wird der Freier abgewiesen, so bleibt nicht viel Raum für eine Tragödie, denn seit seiner Kindheit ist er gewohnt, seine sexuellen Wünsche von irgendeinem Mädchen durchkreuzt zu sehen, und er weiß bereits: das sicherste und schnellste Mit-

tel gegen diese Art Mißgeschick ist eine neue Liebesge-
schichte.« Und: »Im Verlauf jeder Liebesbeziehung muß
der Mann fortwährend der Frau kleine Geschenke machen. Den Eingeborenen kommt diese einseitige Vergü-
tung ganz selbstverständlich vor. Der Brauch beruht auf
der stillschweigenden Voraussetzung, daß Geschlechtsverkehr selbst bei gegenseitiger Neigung ein Dienst ist, der
dem Mann von der Frau geleistet wird.«[21]

Zweifellos gab es kulturelle Kräfte, die die Sprödigkeit der
Trobrianderinnen förderten. Obgleich junge Frauen zu einem regen Sexualleben ermuntert wurden, wären ihnen
allzu offene und wie selbstverständlich unternommene Vorstöße in dieser Richtung verübelt worden: »Was die Eingeborenen an der geschlechtlichen Gier einer Frau so abstoßend finden, [ist] sicherlich nicht ihre Vorliebe für den Geschlechtsverkehr [...]; vielmehr mißfällt ihnen [...] das
mangelnde Gefühl persönlicher Würde.«[22] Doch gibt es irgendeinen Grund zu glauben, daß diese Norm etwas anderes war als der Reflex einer tieferliegenden genetischen Logik im Medium der Kultur? Ist auch nur eine einzige Kultur
bekannt, in der Frauen mit zügellosem sexuellen Verlangen
nicht für abnormer gehalten würden als vergleichbar libidi-
nöse Männer? Wäre es nicht ein erstaunlicher Zufall, wenn
alle Völker unabhängig voneinander ohne genetischen
Treibsatz ungefähr am gleichen kulturellen Zielpunkt angekommen wären? Oder soll man vielleicht annehmen, daß
dieses universale Kulturelement bereits vor einer halben
Million oder mehr Jahre – bevor die Große Wanderung der
Spezies sich in getrennte Ströme aufspaltete – vorhanden
war? Das wäre dann allerdings eine sehr lange Zeit, über die
ein wesentlich arbiträrer Wert erhalten geblieben wäre, ohne auch nur in einer einzigen Kultur erloschen zu sein.

Dieses Gedankenspiel enthält zwei wichtige Lehren.
1. Ein guter Grund zu der Vermutung, daß ein psychologisches Merkmal oder ein Mechanismus der psychischen
Entwicklung seine Erklärung in der Evolution findet, ist

seine Universalität und Allgegenwart – eine Allgegenwart, die das Vorkommen selbst in so weit voneinander entfernten Kulturen einschließt, wie Kulturen überhaupt nur voneinander entfernt sein können.[23] 2. Die generelle Schwierigkeit, diese Universalität mit Hilfe rein kultureller Kategorien zu erklären, illustriert, warum die darwinistische Sicht der Dinge, wenn auch nicht im mathematischen Sinn *bewiesen,* nach den Regeln der Wissenschaftlichkeit trotzdem die konkurrierenden Auffassungen überlegene Sicht ist: Der Beweisgang ist kürzer als bei alternativen Erklärungsversuchen und enthält zudem eine geringere Zahl problematischer Schlußfolgerungen; d. h. die Theorie ist einfacher und leistungsfähiger. Allein schon wenn wir die drei bisher gemachten, nicht sehr inhaltsreichen Aussagen akzeptieren – 1. daß die Theorie der natürlichen Selektion unmittelbar das »Angepaßtsein« von Frauen impliziert, die in bezug auf Geschlechtspartner wählerisch sind, und von Männern, die es häufig nicht sind; 2. daß diese Wählerischkeit beziehungsweise Nichtwählerischkeit überall auf dem Globus zu beobachten ist; und 3. daß diese Universalität anhand einer konkurrierenden, nur auf kulturelle Kategorien zurückgreifende Theorie nicht auf gleichermaßen einfache Weise zu erklären ist – und uns an die Regeln der Wissenschaftlichkeit halten, dann müssen wir der darwinistischen Deutung zustimmen, daß männliche Zügellosigkeit und weibliche (relative) Zurückhaltung in gewissem Umfang angeboren sind.

Doch je mehr Beweismaterial, desto besser. Zwar gibt es in der Wissenschaft keinen absolut sicheren »Beweis«, doch gibt es zumindest unterschiedliche Grade von Sicherheit. Und wenn auch die 99,99prozentige Sicherheit, die Erklärungen in der Physik oder in der Chemie manchmal erreichen, in stammesgeschichtlichen Begründungszusammenhängen kaum je zu haben ist, so ist es doch immer gut, wenn man das Niveau von 70 Prozent auf, sagen wir, 97 Prozent steigern kann.

Ein stammesgeschichtlicher Begründungszusammenhang läßt sich unter anderem durch den Nachweis bekräftigen, daß seine Logik Allgemeingültigkeit besitzt. Wenn Frauen in sexuellen Dingen wählerischer sind, weil sie (aufgrund der Tatsache, daß ihre Investition größer ist) weniger Kinder haben können als Männer, und wenn weibliche Individuen im Tierreich im allgemeinen weniger Nachkommen haben können als männliche Individuen, dann müßten weibliche Tiere im allgemeinen wählerischer sein als männliche. Obzwar Evolutionsbiologen sich nicht des Vorteils erfreuen, die Evolution im Labor unter kontrollierten Bedingungen mit Voraussagen über die abhängigen Variablen wiederholen zu können, lassen sich aus ihren Theorien dennoch falsifizierbare Voraussagen ableiten, wie dies von einer guten wissenschaftlichen Theorie erwartet werden darf.

Im gegebenen Fall wurde die Voraussage in hohem Maß bestätigt. Spezies für Spezies zeigt sich: Weibchen sind spröde, Männchen alles andere als das. In der Tat ist das Unterscheidungsvermögen von Männchen in bezug auf das Sexualobjekt so getrübt, daß sich ihre Nachstellungen unter Umständen auf andere Ziele als ein Weibchen richten. Bei bestimmten Froscharten ist die irrtümliche homosexuelle Partnerwerbung so häufig, daß ein Männchen, das in die Umklammerung eines Geschlechtsgenossen geraten ist, dem stürmischen Freier mit einem speziellen »Laß-los«-Ruf zu verstehen gibt, daß sie beide im Begriff sind, ihre Zeit zu vertun.[24] Bei Schlangenmännchen wiederum wurde beobachtet, daß sie gelegentlich noch um ein verendetes Weibchen werben, bevor sie sich einem lebendigen Ziel zuwenden.[25] Und Truthähne werben mit Feuereifer sogar um das ausgestopfte Ebenbild einer Henne. Im allgemeinen reicht schon eine in 40 Zentimeter Höhe über dem Boden aufgehängte Replik eines Hennenkopfs als Auslöser: Der Hahn umkreist den Kopf, vollzieht sein Balzritual und erhebt sich anschließend – vermutlich in der Zuversicht, daß sein Auftritt beeindruckt hat – in die Luft, um dann knapp hinter dem gemutmaßten Hennenhinterteil, das sich als nichtexistent erweist, auf den Boden der Tatsachen zurückzukehren. Ganz besonders virile Hähne bekunden ihr Interesse auf diese Weise sogar, wenn der bei dem Experiment verwendete Kopf aus Holz ist, und etliche bringen es fertig, sich von einem hölzernen Kopf ohne Augen und Schnabel stimulieren zu lassen.[26]

Natürlich liefern solche Experimente lediglich die plastische Bestätigung eines Sachverhalts, über den schon Darwin bemerkte, daß er auf der Hand liege: Bei männlichen Individuen ist die sexuelle Begierde sehr stark. Das bringt ein häufig genanntes Problem in den Blick, das sich im Zusammenhang mit dem Testen evolutionstheoretischer Erklärungsmodelle stellt: die sonderbare Auffassung, nach der »Voraussagen« einer Theorie bestätigt werden. Darwin saß ja nicht in seinem Arbeitszimmer und sagte sich: »Meine Theorie postuliert spröde, wählerische weibliche und blindlings sexhungrige männliche Individuen«, und ging dann hinaus in die freie Natur, um nach Beispielen zu suchen. Vielmehr gaben ihm die in großer Zahl beobachteten Fälle den Anstoß zu der Frage, welchem Faktor der natürlichen Selektion sie ihre Existenz verdankten – eine Frage, auf die erst um die Mitte des folgenden Jahrhunderts, nachdem sich noch mehr Beispiele angehäuft hatten, die zutreffende Antwort gegeben wurde. Diese Tendenz darwinistischer »Voraussagen«, erst nach ihrem offenkundigen Eintreten gemacht zu werden, ist für Kritiker des Darwinismus Anlaß zu chronischem Genörgel. Leute, die der Theorie der natürlichen Selektion skeptisch gegenüberstehen oder sich lediglich gegen deren Übertragung auf menschliches Verhalten wehren, bemängeln die retrospektive Anpassung neuester Voraussagen an vorgegebene Resultate. Oft ist es dies, was sie meinen, wenn sie sagen, die Arbeit der Evolutionsbiologen bestehe darin, sich zur

Erklärung von allem, was sie sehen, »Und-das-war-so«-Geschichten à la Kipling auszudenken.

In gewissem Sinn besteht die Arbeit der Evolutionsbiologen tatsächlich darin, sich plausible Geschichten auszudenken. Doch das ist *per se* kein Grund zur Verurteilung. Die Mächtigkeit einer Theorie – auch die der elterlichen Investition – bemißt sich danach, wie viele Daten die Theorie auf möglichst einfache Weise zu deuten vermag, gleichgültig, wann diese Daten ans Licht kamen. Nachdem Kopernikus gezeigt hatte, daß auf der Grundlage des heliozentrischen Weltbilds scheinbare Bewegungen der Himmelskörper, die im geozentrischen Bezugssystem rätselhaft bleiben mußten, elegant erklärt werden konnten, wäre es abwegig gewesen, ihm den Vorwurf zu machen: »Aber du hast gemogelt! Dir waren die Bewegungen der Himmelskörper ja schon vorher bekannt.« Manche »Und-das-war-so«-Geschichten sind offensichtlich besser als andere, und sie gehen dann eben als Sieger aus der Konkurrenz hervor. Davon abgesehen: Was bleibt den Evolutionsbiologen schon groß an Alternativen? Dagegen, daß die Akkumulation des Wissens über das animalische Leben schon Jahrtausende vor Darwins Theorie begann, können sie kaum etwas tun.

Tun können sie allerdings eines: Nicht selten bedingt eine darwinistische Theorie über die Pseudovoraussagen hinaus, zu deren Erklärung sie *de facto* entwickelt wurde, weitere noch nicht getestete Voraussagen, mit deren Hilfe sich der Wert der Theorie einer zusätzlichen Nachprüfung unterziehen läßt. (Darwin skizzierte dieses Verfahren in verkürzter Form als 29jähriger im Jahr 1838, mehr als 20 Jahre vor der Veröffentlichung von *Die Entstehung der Arten*. Damals schrieb er in sein Notizbuch: »Die Beweisführung, deren sich meine ganze Theorie bedient, besteht darin, einen Sachverhalt induktiv als Wahrscheinlichkeit zu erweisen & ihn als Hypothese auf andere Sachverhalte anzuwenden. & zu sehen, ob er eine Erklärung für diese bietet.«[27]) Die Theorie der elterlichen Investition ist hierfür ein gutes Beispiel. Denn es gibt – worauf Williams 1966 hinwies – etliche Spezies, die aus der Reihe tanzen: Bei ihnen ist die Investition des Männchens in die Nachkommen etwa gleich groß wie die des Weibchens oder sogar noch größer. Wenn die Theorie der elterlichen Investition zutrifft, müssen diese Spezies aus dem stereotypen Schema der Geschlechterrollen herausfallen.

Betrachten wir als Beispiel bei den Fischen die Familie der Seenadeln, zu der auch die Gattung der Seepferdchen zählt. Hier übernimmt das Männchen eine Rolle ähnlich der des Känguruhweibchens: Es trägt Eier und Junge in einer Hautfalte am Bauch, wo sie zur Ernährung an seinen Blutkreislauf angeschlossen sind. Das Weibchen kann also, während das Männchen Kindermädchen spielt, in einen neuen Reproduktionszyklus eintreten. Das bedeutet nicht unbedingt, daß es im Lauf seines gesamten Lebens mehr Nachkommen haben kann als das Männchen – es dauert schließlich eine Weile, bis es überhaupt wieder Eier produziert hat. Doch ist die Last der elterlichen Investition in diesem Fall nicht so kraß wie sonst üblich in eine Richtung verschoben. Und wie vorauszusehen, spielen bei Seepferdchen und anderen Seenadeln die Weibchen eine aktive Rolle bei der Partnerwerbung, indem sie sich den Männchen nähern und das Paarungsritual einleiten.[28]

Bei manchen Vogelgattungen, so zum Beispiel bei Wassertretern und Strandläufern, ist die elterliche Investition in ähnlich anomaler Weise verteilt. Die Männchen brüten die Eier und verschaffen damit den Weibchen Gelegenheit, auf Abenteuersuche zu gehen. Und wiederum ist ein Abweichen vom Schema der Geschlechterrollen zu konstatieren. Bei den Wassertretern und den Strandläufern sind die Weibchen größer als die Männchen und haben das buntere Federkleid – ein Indiz dafür, daß die sexuelle Selektion in umgekehrter Richtung funktioniert: Weibchen werben um Männchen. Ein Biologe beobachtete, daß die

Weibchen in sonst typisch männlicher Manier »untereinander streiten und mit Imponiergehabe protzen«, während die Männchen geduldig auf dem Gelege sitzen.[29]

Um der Wahrheit die Ehre zu geben, muß ich hinzufügen, daß Williams über die Abweichung vom Schema der
Geschlechterrollen bei den genannten Arten Bescheid
wußte, als er 1966 seinen Aufsatz schrieb. In der Folgezeit
haben jedoch weitere einschlägige Untersuchungen seine
»Voraussage« umfassend bestätigt. Umfangreiche elterliche Investition von seiten des Männchens nebst den er-
warteten Konsequenzen wurde nicht nur bei anderen Vögeln beobachtet, sondern auch beim Panamaischen Giftpfeilfrosch, bei einer Wasserwanzenart, deren Männchen
die befruchteten Eier auf dem Rücken umherschleppen,
und bei der Mormonenheuschrecke. Bis jetzt hat sich für
Williams' Voraussage noch keinerlei ernsthaftes Problem
ergeben.[30]

Die Menschenaffen und wir

Stammesgeschichtliches Faktenmaterial, das Licht auf die
Unterschiede zwischen Mann und Frau wirft, steht uns
noch in anderer bedeutsamer Form zur Verfügung: in unseren nächsten Verwandten im Tierreich. Die großen Menschenaffen – Schimpansen, Bonobos (gelegentlich auch als
Zwergschimpansen bezeichnet), Gorillas und Orang-Utans
– sind natürlich nicht unsere Vorfahren; sie haben sich alle
erst entwickelt, nachdem sich ihre Abstammungslinien
von der unseren getrennt hatten. Die Verzweigungsstellen
der Evolutionswege liegen freilich erst 8 Millionen Jahre
(im Fall der Schimpansen und Bonobos) beziehungsweise
(im Fall der Orang-Utans) bis 16 Millionen Jahre zurück.[31]
Stammesgeschichtlich sind das keine großen Zeiträume.
(Ein Beziehungspunkt zur Verdeutlichung der zeitlichen
Dimensionen: Die Australopithecinen, unsere mutmaßli-

chen Vorfahren mit affenähnlicher Gehirngröße, aber vollkommen aufrechter Haltung, traten vor etwa 6 Millionen bis 4 Millionen Jahren auf, also kurz nachdem sich unsere Abstammungslinie und die der Schimpansen getrennt hatten. Und *Homo erectus*, die Spezies, die ihr Gehirn – das seiner Größe nach etwa in der Mitte zwischen dem der Menschenaffen und dem unseren liegt – zur Beherrschung des Feuers benutzte, nahm vor ungefähr 1,5 Millionen Jahren Gestalt an.[32])

Der kurze Abstand zwischen unserem Platz auf dem Stammbaum der Evolution und dem der großen Menschenaffen berechtigt zu einer Art Detektivspiel. So ist es möglich – wenngleich nicht sicher –, daß ein allen Menschenaffen und uns gemeinsames Merkmal ein Erbe aus gemeinsamer Stammesgeschichte ist. Mit anderen Worten: Das fragliche Merkmal war bereits vor 16 Millionen Jahren bei dem Proto-Menschenaffen vorhanden, der unser letzter gemeinsamer Vorfahre war, und hat sich seitdem in der Abstammungslinie jeder einzelnen Spezies gehalten. Die Logik, der ich hier folge, ist ungefähr dieselbe, wie wenn ich vier entfernte Vettern ausfindig mache, die alle braune Augen haben, und daraus schließe, daß mindestens ein Glied ihres gemeinsamen Ururgroßelternpaars braune Augen hatte. Der Schluß ist alles andere als zwingend, besitzt allerdings mehr Glaubhaftigkeit, als wenn ich lediglich einen der Vettern kennen würde.[33]

Wir haben eine Menge Merkmale mit den Menschenaffen gemeinsam. Bei einem großen Teil von ihnen – ein Beispiel ist die fünffingrige Hand – lohnt es gar nicht, die Gemeinsamkeit hervorzuheben, denn daß die Form der menschlichen Hand im Erbgut festgelegt ist, bezweifelt ohnehin niemand. Geht es jedoch um psychologische Züge des Menschen, wie die unterschiedliche sexuelle Appetenz von Männern und Frauen, deren genetische Grundlage noch umstritten ist, kann der Vergleich mit den Menschenaffen durchaus nützlich sein. Abgesehen davon lohnt es auf jeden Fall, sich ein wenig Zeit zu nehmen, um mit unseren nächsten Verwandten Bekanntschaft zu schließen. Wer kann schon genau sagen, wieviel von unserer Psyche wir dank gemeinsamer Abstammung mit manchen oder allen von ihnen gemeinsam haben?

Orang-Utan-Männchen sind Streuner. Sie vagabundieren einsam umher und suchen nach Weibchen, die in der Regel solitär und standorttreu in ihrem individuellen Aufenthaltsgebiet leben. Ein Männchen macht sich unter Umständen lange genug seßhaft, um ein, zwei oder sogar mehrere dieser Aufenthaltsgebiete hegemonialisieren zu können, wobei der Größe des Hegemonialgebiets Grenzen gesetzt sind durch die Notwendigkeit, eine mit der Ausdehnung wachsende Zahl von Rivalen fernzuhalten. Sobald seine Mission erfüllt ist und das Orang-Utan-Weibchen geboren hat, macht das Männchen sich in aller Regel wieder aus dem Staub. Kann sein, daß es wiederkommt, wenn das Weibchen nach einigen Jahren erneut empfängnisbereit ist.[34] In der Zwischenzeit aber meldet er sich nicht.

Ziel eines Gorillamännchens ist es, Anführer der aus mehreren erwachsenen Weibchen und ihren Jungen sowie eventuell etlichen jungen erwachsenen Männchen bestehenden Herde zu werden. Als dominierendes Männchen genießt es als einziges das Vorrecht, sich mit den Weibchen paaren zu dürfen. Die jungen erwachsenen Männchen der Herde wissen sich in diesem Punkt im allgemeinen zu benehmen, wenngleich ihr Anführer mit zunehmendem Alter und abnehmenden Kräften unter Umständen die Weibchen mit ihnen teilt.[35] Ein weniger erfreulicher Aspekt seiner Rolle ist es, daß er etwaige männliche Eindringlinge stellen und vertreiben muß, die, wenn sie auftauchen, alle nur das eine im Sinn haben: sich mit einem oder mehreren seiner Weibchen davonzumachen. Entsprechend groß ist sein aggressives Potential.

Auch das Leben des Schimpansenmännchens ist ein ständiger Kampf. Es bemüht sich um den Aufstieg in einer

Männerhierarchie, die im Vergleich zur Hierarchie bei den Gorillas lang und fließend ist. Und auch hier wieder ist das dominierende Männchen, das unermüdlich tätig ist, um mit Handgreiflichkeiten, Einschüchterungsverhalten und List seine Rangstellung zu behaupten, bei den sexuellen Beziehungen zu den Weibchen privilegiert – ein Vorrecht, das es besonders vehement zum Zeitpunkt der Ovulation durchsetzt.[36]

Die Bonobos (die Bezeichnung »Zwergschimpansen« ist insofern nicht korrekt, als die Bonobos eine eigene Spezies bilden) sind von allen Primaten vielleicht die sexuell aktivsten. Ihre sexuellen Aktivitäten sind vielfältig und dienen nicht selten ganz anderen Zwecken als dem der Fortpflanzung. Gelegentlich auftretendes homosexuelles Verhalten wie zum Beispiel gegenseitiges Reiben des Genitals unter Weibchen scheint der körpersprachliche Ausdruck der Aufforderung zu sein: »Komm, laß uns Freunde sein!« Trotz allem spiegelt sich im soziosexuellen Verhalten des Bonobos im großen ganzen das des gewöhnlichen Schimpansen wider: eine ausgeprägte Männerhierarchie, die die sexuellen Beziehungen zwischen den Geschlechtern mitbestimmt.[37]

Inmitten der beachtlichen Vielfalt der Sozialstrukturen bei den genannten Arten zeichnet sich das Grundthema dieses Kapitels zumindest ansatzweise deutlich ab: Männliche Individuen sind sehr begierig nach sexuellen Kontakten und bemühen sich mit großem Aufwand darum, während der analoge Aufwand bei den weiblichen Individuen geringer ist. Das besagt nicht, daß die weiblichen Individuen am Sex keinen Gefallen fänden. Sie mögen ihn, und die Initiative kann durchaus auch von ihnen ausgehen. Und interessanterweise scheinen die Weibchen der dem Menschen am nächsten verwandten Spezies – der Schimpansen und Bonobos – für ein ausgelassenes Sexualleben einschließlich häufiger Partnerwechsel besonders aufgeschlossen. Gleichwohl tun weibliche Menschenaffen nicht, was männliche tun: Sie jagen nicht an allen Ecken und Enden, und sei es unter Gefahr für Leib und Leben, möglichst vielen Gelegenheiten zur Sexualbetätigung mit möglichst vielen verschiedenen Partnerinnen nach – die Gelegenheiten jagen hinter ihnen nach.

Die weibliche Wahl

Daß Menschenaffenweibchen im allgemeinen abweisender sind als die Männchen ihrer Spezies, bedeutet nicht unbedingt, daß sie ihre prospektiven Sexualpartner aktiv prüfen. Selbstverständlich findet eine Siebung der Partner statt: Ein Männchen, das andere dominiert, wird zur Paarung zugelassen, während die Dominierten davon ausgeschlossen bleiben. Genau diesen Wettbewerb hatte Darwin vor Augen, als er eine der beiden Formen der sexuellen Selektion definierte, und die genannten Spezies – wie auch die Spezies Mensch – veranschaulichen, daß sie die Entwicklung von großen, kräftigen und aggressiven männlichen Individuen begünstigt. Doch wie steht es mit der zweiten Form der sexuellen Auslese? Wirkt das Weibchen am Selektionsprozeß mit, indem sie sich das für seine Zwecke vielversprechendste Männchen zur Paarung aussucht?

Eine Auswahl durch das Weibchen ist bekanntlich schwer beobachtbar, und Anzeichen für deren Langzeitfolgen sind oft vieldeutig. Sind die Männchen einfach nur deswegen größer und stärker als die Weibchen, weil die rüdesten Männchen ihre Rivalen aus dem Feld schlugen und so als Paarungspartner zum Zuge kamen? Oder kam noch hinzu, daß sich bei den Weibchen eine Vorliebe für rüde Männchen ausbildete, weil Weibchen mit dieser Vorliebe im Erbgut rüdere und damit auch fruchtbarere männliche Nachkommen hatten, deren zahlreiche Töchter dann den Geschmack ihrer Großmutter erbten?

Ungeachtet solcher Zweifelsfragen kann man verhältnismäßig guten Gewissens sagen, daß die Weibchen aller Menschenaffenarten sich auf die eine oder andere Weise wählerisch verhalten. So ist ein Gorillaweibchen zwar auf die Paarung mit einem einzigen, nämlich dem dominanten Männchen seiner Herde beschränkt, doch wandert es normalerweise im Lauf seines Lebens aus der Herde ab: Wenn ein fremdes Männchen sich der Herde nähert und den Anführer in einen Austausch von Drohungen, eventuell sogar in einen Kampf verwickelt, wird sich das Weibchen ihm hinterher anschließen, falls es von seiner Vorstellung hinreichend beeindruckt ist.[38]

Bei den Schimpansen liegen die Dinge etwas komplizierter. Das dominante oder Alpha-Männchen kann jedes Weibchen haben, das es will, was aber nicht unbedingt bedeutet, daß es von dem betreffenden Weibchen vorgezogen würde. Der Alpha unterbindet die Paarung mit anderen Männchen, indem er diese in Furcht und Schrecken versetzt. Er kann auch das Weibchen in Furcht und Schrecken versetzen, so daß in der Ablehnung niederrangiger Männchen durch das Weibchen unter Umständen lediglich dessen Furcht vor dem Alpha zum Ausdruck kommt. (Tatsächlich wird die ablehnende Haltung mitunter aufgegeben, sobald der Alpha das Weibchen nicht mehr im Blick hat.[39]) Bei den Schimpansen gibt es jedoch noch ein Paarungsverhalten ganz anderen Typs: ein länger währendes trautes Miteinander, das eine Vorform der menschlichen Partnerwerbung sein könnte. Dabei entfernen das Schimpansenmännchen und das Schimpansenweibchen sich für Tage, ja Wochen von der Gruppe. Und obzwar das Weibchen riskiert, gewaltsam entführt zu werden, wenn es eine Aufforderung zum Mitkommen ablehnt, sträubt es sich manchmal mit Erfolg. Manchmal geht es aber auch dann friedlich mit, wenn andere Männchen in der Nähe sind, die nichts lieber sähen, als daß es sich sträubt, und nichts lieber täten, als ihm dabei zu Hilfe zu kommen.[40]

Faktisch kann sogar das unfriedliche Mitgehen eine Wahl einschließen. Ein gutes Beispiel hierfür bieten Orang-Utan-Weibchen. Oft scheinen sie eine klare Wahl zu treffen und einen Männchen-Typ einem anderen zu bevorzugen. Manchmal sträuben sie sich jedoch gegen den Paarungsakt und werden dann mit Gewalt gefügig gemacht – sie werden regelrecht vergewaltigt (sofern der Ausdruck auf nichtmenschliche Lebewesen anwendbar ist). Doch es gibt Indizien dafür, daß Vergewaltiger – häufig Jugendliche – normalerweise keine Schwängerung vollbringen.[41] Aber angenommen, es gelingt ihnen mit einer gewissen Regelmäßigkeit, dann ist ein Weibchen aus rein darwinistischer Sicht mit einem tüchtigen Vergewaltiger – einem großen, kräftigen, sexuell aggressiven Paarungspartner – gar nicht so schlecht dran. Schließlich wird ihr männlicher Nachwuchs mit erhöhter Wahrscheinlichkeit groß, kräftig und sexuell aggressiv – vorausgesetzt, sexuelle Aggressivität variiert zumindest partiell nach Maßgabe genetischer Variation – und eben deswegen auch fruchtbar sein. Folglich müßte weibliche Sprödigkeit als Mittel der Vorbeugung gegen die Gefahr, unfähige Vergewaltiger in der männlichen Nachkommenschaft zu haben, von der natürlichen Selektion begünstigt werden (vorausgesetzt, dem Weibchen wird durch die Vergewaltigung kein körperlicher Schaden zugefügt).

Das besagt jedoch nicht, daß ein Primatenweibchen ungeachtet allen Sich-Sträubens »es eigentlich besorgt haben möchte«, wie männliche Individuen der Spezies Mensch sich das gelegentlich einbilden. Im Gegenteil: Je mehr ein Orang-Utan-Weibchen »es eigentlich besorgt haben möchte«, desto weniger sträubt es sich und desto weniger widerstandsbedingte Auslese bringt es ins Spiel. Was die natürliche Selektion »möchte«, und was ein Individuum möchte, ist nicht unbedingt dasselbe, und in diesem Fall liegen beide in ihrem Wollen ein Stück weit auseinander. Es ist einfach so, daß weibliche Individuen, deren Verhalten keine klare Bevorzugung dieses oder jenes männlichen Typs erkennen läßt, *de facto* trotzdem einen bestimmten Typ bevorzugen können. Und diese *De-facto*-Differenzierung erfolgt vielleicht auch *de jure*. Sie ist vielleicht eine von der natürlichen Selektion eben *wegen* ihres Filtereffekts begünstigte Anpassung.

Im weitesten Sinn könnte die gleiche Logik bei allen Primatenspezies gelten. Sobald weibliche Individuen im allgemeinen auch nur den geringsten Widerstand zu leisten beginnen, zeigt jedes Weibchen, das ein wenig zusätzlichen Widerstand leistet, ein vorteilhaftes Merkmal. Denn was immer erforderlich ist, um den Widerstand zu überwinden, wird bei den männlichen Nachkommen sich heftig sträubender Weibchen mit höherer Wahrscheinlichkeit anzutreffen sein als bei den männlichen Nachkommen von Weibchen, die sich nur schwach sträuben. (Wobei wiederum vorausgesetzt ist, daß Unterschiede im Besitz von » Was - immer - dazu - erforderlich - ist « - Eigenschaften verschiedener Männchen zugrundeliegende genetische Unterschiede widerspiegeln.) Aus rein darwinistischer Sicht zahlt sich weibliche Sprödigkeit für ihre Besitzerin also aus. Und das gilt unabhängig davon, ob das männliche Individuum sich physischer oder verbaler Mittel zur Annäherung bedient.

Tiere und das Unbewußte

Eine verbreitete Reaktion auf die neue darwinistische Auffassung von der Sexualität ist die Bemerkung, daß sie als Erklärung tierischen, d. h. *nichtmenschlichen* Verhaltens vollkommen schlüssig sei. Manch einer lächelt vielleicht verständnisvoll bei der Vorstellung von einem Truthahn, der die schlechte Nachbildung eines Hennenkopfs zu begatten versucht, doch wenn man ihn dann darauf hinweist, daß zahlreiche männliche Individuen der Spezies

Mensch sich regelmäßig von zweidimensionalen Abbildungen nackter Frauenkörper sexuell erregen lassen, vermag er keinen Zusammenhang zu erkennen. Schließlich weiß der Mann, daß er nur ein Foto betrachtet; sein Verhalten mag bemitleidenswert sein, komisch ist es nicht.

Vielleicht ist es auch das nicht. Aber wenn er »weiß«, daß es ein Foto ist, warum wird er dann so erregt? Und warum ist es so selten, daß die Abbildung eines nackten Manns eine Frau zu masturbatorischer Erregung treibt?

Es gibt gute Gründe, Menschen und Truthühner nicht über den Kamm derselben darwinistischen Regeln zu scheren. Unser Verhalten unterliegt gewiß einer feineren und wohl auch »bewußteren« Kontrolle als das von Truthähnen. Ein Mensch kann sich entschließen, sich von dem und jenem nicht sexuell stimulieren zu lassen – oder kann sich wenigstens entscheiden, Dinge nicht zu betrachten, von denen er weiß, daß sie ihn erregen würden. Manchmal bleibt er sogar dabei. Und obwohl ein Truthahn etwas tun kann, was nach einer vergleichbaren »Wahl« aussieht (von einem Menschen mit einem Gewehr verfolgt, kommt er vielleicht zu dem Schluß, daß dies nicht der richtige Moment für eine Romanze ist), ist es einfach wahr, daß es im Tierreich nichts Vergleichbares für die Komplexität und Differenziertheit menschlicher Wahlmöglichkeiten gibt. Dies gilt auch für die überlegte Verfolgung sehr langfristiger Ziele durch die Menschen.

Das alles wirkt sehr rational, und in gewisser Weise ist es das auch. Daraus folgt allerdings nicht, daß es nicht darwinistischen Zwecken diente. Einem Laien mag es natürlich erscheinen, daß die Entwicklung des reflexiven, selbstbewußten Gehirns uns von den Grunddiktaten unserer stammesgeschichtlichen Vergangenheit befreit. Dem Evolutionsbiologen scheint in etwa das Gegenteil natürlich, nämlich daß die Entwicklung des menschlichen Gehirns nicht bezweckt, uns von dem Auftrag zu entbinden, zu überleben und uns fortzupflanzen, sondern uns in die

Lage zu versetzen, diesen Auftrag effizienter – wenn auch flexibler – zu erfüllen. Das heißt zwar, daß uns die Evolution aus einer Spezies, deren männliche Individuen sich die weiblichen mit physischer Gewalt gefügig machen, umgeformt hat zu einer Spezies, deren männliche Individuen für weibliche Ohren Süßholz raspeln, aber es heißt auch, daß dieses Süßholzraspeln derselben Logik gehorcht wie die physische Gewalt: es ist ein Mittel zur Manipulation weiblicher Individuen im Sinn männlicher Interessen, und die Art, wie es geschieht, steht im Dienst dieser Funktion. Die Kraftlinien der natürlichen Selektion laufen von den älteren Tiefenschichten unseres Gehirns bis zu den jüngsten Gewebepartien. Tatsächlich hätten sich diese jüngsten Gewebepartien niemals entwickelt, gehorchten sie nicht der elementaren Dynamik natürlicher Selektion.

Natürlich ist eine ganze Menge geschehen, seit sich die Entwicklungswege unserer Vorfahren und der Vorfahren der großen Menschenaffen trennten, und man kann sich durchaus einen Wandel des stammesgeschichtlichen Gesamtzusammenhangs vorstellen, der zur Folge hatte, daß unsere Linie sich von der Logik wegentwickelte, die bei den meisten Spezies für eine so ausgeprägte Asymmetrie der erotischen Interessen männlicher und weiblicher Individuen sorgt. Denken wir an die Seenadeln und Seepferdchen, den Panamaischen Giftpfeilfrosch und die Mormonenheuschrecke mit ihren anders verteilten Geschlechterrollen. Und dann ist da noch das weniger spektakuläre, aber uns nähere Beispiel der Gibbons, die als vierte Menschenaffengattung ebenfalls zu unseren Vettern unter den Primaten gezählt werden: Die Wege ihrer und unserer Vorfahren trennten sich vor ungefähr 20 Millionen Jahren. An einem bestimmten Punkt in der Evolution der Gibbons begannen die Umstände auf eine gesteigerte Investition von seiten des männlichen Elternteils hinzuwirken. Die Männchen bleiben im Regelfall bei der Familie und helfen die Jungen zu versorgen. Bei einer bestimmten Gibbonspezies tragen sie die Jungen sogar mit sich herum – etwas, wofür Menschenaffen sonst nicht gerade bekannt sind. Und wenn wir schon bei der ehelichen Harmonie sind: Gibbonpaare singen am Morgen ein lautes Duett, mit dem sie potentiellen Störenfrieden unmißverständlich bekanntgeben, daß die Familie fest zusammenhält.[42]

Nun, auch von männlichen Individuen der Spezies Mensch ist bekannt, daß sie ihre Kleinen herumtragen und bei ihrer Familie bleiben. Wäre es möglich, daß zu irgendeinem Zeitpunkt im Lauf der letzten paar Millionen Jahre mit uns etwas Ähnliches vorgegangen ist wie mit den Gibbons? Haben sich das sexuelle Verlangen der männlichen Individuen und das sexuelle Verlangen der weiblichen Individuen unserer Spezies einander immerhin so weit angeglichen, daß die monogame Ehe für uns ein vernünftiges Ziel ist?

Drittes Kapitel
MÄNNER UND FRAUEN

Nach den sozialen Gewohnheiten des Menschen, wie er jetzt existiert, und nach dem Umstand zu schließen, daß die meisten Wilden polygam leben, ist die wahrscheinlichste Ansicht die, daß der Mensch ursprünglich in kleinen Gesellschaften lebte, jeder mit so vielen Frauen, als er unterhalten und erlangen konnte, welche er eifersüchtig gegen alle anderen Männer verteidigt haben wird. Oder er kann mit mehreren Frauen für sich allein gelebt haben wie der Gorilla [...].
Darwin, *Die Abstammung des Menschen* (1871)[1]

Zu den erfreulicheren Ideen, die eine evolutionstheoretische Betrachtung der Sexualität hervorgebracht hat, zählt die Vorstellung vom Menschen als einer »Paarbindungen« eingehenden Spezies. In ihrer extremsten Form führt sie zu der Behauptung, Männer und Frauen seien für eine tiefe, lebenslange monogame Liebesbeziehung geschaffen – eine These, die nicht genauer wissenschaftlicher Untersuchung entsprungen ist.

Die Paarbindungshypothese wurde popularisiert durch das 1967 erschienene Buch *The Naked Ape* (dt. *Der nackte Affe*) von Desmond Morris. Gemeinsam mit anderen Veröffentlichungen der sechziger Jahre wie Robert Ardreys *The Territorial Imperative* (dt. *Adam und sein Revier. Der Mensch im Zwang des Territoriums*, München: Deutscher Taschenbuch Verlag 1966 u. ö.) markiert dieses Buch einen Wendepunkt in der Geschichte des evolutionstheoretischen Denkens. Der Umstand, daß all diese Werke eine breite Leserschaft fanden, signalisierte eine neue Offenheit für den Darwinismus, eine ermutigende Loslösung von der Erinnerung an den politischen Mißbrauch, der in der Vergangenheit mit ihm getrieben worden war. Doch die Aussicht, daß diese Bücher in akademischen Gefilden eine darwinistische Renaissance einleiten würden, war gleich Null. Das lag einfach daran, daß sie voller Ungereimtheiten steckten.

Ein Beispiel dafür zeigte sich schon früh in der Argumentation, mit der Morris seine Paarbindungshypothese begründete, als er zu erklären versuchte, warum die Frauen der Spezies Mensch im allgemeinen ihren Partnern treu sind. Das ist in der Tat eine gute Frage (vorausgesetzt natürlich, man glaubt, daß sie es sind). Denn ausgeprägte Gattentreue würde die weiblichen Individuen der Spezies Mensch zu einer klaren Minderheit im Tierreich machen. Wenn auch weibliche Tiere im allgemeinen weniger zur Libertinage neigen als ihre männlichen Artgenossen, sind die Weibchen mancher Spezies doch alles andere als prüde, und in besonderem Maß trifft dies bei unseren nächsten Verwandten zu, den Menschenaffen. Schimpansen- und Bonoboweibchen sind mitunter regelrechte Nymphomaninnen. Wieso sind dann Menschenfrauen so tugendhaft? Die Erklärung dafür suchte Morris in der durch die älteste Wirtschaftsform, die »aneignende Wirtschaft« der Jäger und Sammler (oder »Wildbeuter«), erzwungenen Arbeitsteilung der Geschlechter. Er schrieb: »Fangen wir also an: Die Männer mußten sicher sein, daß ihre Frauen ihnen treu blieben auch in Abwesenheit der Männer während der Jagd. Folgerichtig hatte sich bei den Frauen die Tendenz zur Bindung an nur einen Mann – zur Paarbildung – zu entwickeln.«[2]

Halt! Es lag also im Fortpflanzungsinteresse *der Männer*, daß *die Frauen* eine Tendenz zum Treusein entwickelten? Ergo tat die natürliche Selektion den Männern den Gefallen, bei den Frauen die erforderlichen Änderungen vorzunehmen? Morris nahm sich leider nie die Zeit, zu erklären, wie die natürliche Selektion dieses großmütige Kunststück denn nun genau vollbracht haben soll.

Es ist vielleicht nicht ganz fair, Morris herauszupicken und ihm allein die Schuld in die Schuhe zu schieben. Er war ein Opfer des Zeitgeists. Das Problem lag in einer Atmosphäre ungenauen, hyperteleologischen Denkens. Liest man die Bücher von Morris und Ardrey, gewinnt man den Eindruck, es gebe eine natürliche Selektion, die angestrengt in die Zukunft späht, sich ein Urteil darüber bildet, was zwecks allgemeiner Verbesserung der Lebensumstände der Spezies geschehen müßte, und alsdann die erforderlichen Schritte unternimmt. So funktioniert die natürliche Selektion jedoch nicht. Sie blickt nicht voraus, und es geht ihr auch nicht um eine allgemeine Verbesserung der Verhältnisse für die Spezies. Jeder einzelne, winzige, blindlings erfolgende Schritt erweist sich entweder als unmittelbar zweckmäßig im Sinn des genetischen Eigennutzes, oder er tut das nicht. Tut er es nicht, wird man eine Million Jahre später nichts mehr über ihn lesen. Dies war eine der zentralen Botschaften von Williams' Buch *Adaptation and Natural Selection* (1966). Doch als Morris' Buch erschien, hatte sie gerade erst sich durchzusetzen begonnen.

Einer der Schlüssel zu einwandfreier evolutionstheoretischer Analyse ist nach Williams die Konzentration der Aufmerksamkeit auf das Schicksal des fraglichen Gens. Falls das »Treue-Gen« (oder »Untreue-Gen«) der Frau das Verhalten seiner Trägerin in dem Sinn reguliert, daß es mithilft, Kopien des Gens in großer Zahl in die nächste Generation hinüberzuschaffen, liegt das Gen *per definitionem* auf Erfolgskurs. Ob es dabei mit den Genen des Ehemanns oder den Genen des Postboten eine Verbindung eingeht, ist auf dieser Ebene belanglos; für die natürliche Selektion ist ein Träger so gut wie der andere. (Selbstverständlich ist es eine aus praktischen Gründen übertriebene Vereinfachung, wenn wir von »einem Gen« für diese oder jene Eigenschaft – von einem »Treue-Gen«, »Untreue-Gen«, »Altruismus-Gen«, »Grausamkeits-Gen« u. ä. – sprechen. Komplexe Eigenschaften resultieren aus dem Zusammenwirken zahlreicher Gene, von denen im Normalfall jedes einzelne aufgrund einer den Angepaßtheitsgrad seines Trägers erhöhenden Wirkung selektiert wurde.)

Im Licht dieser strengeren Auffassung von der natürlichen Selektion untersuchte eine neue Generation von Evolutionstheoretikern nunmehr sorgfältiger als bisher geschehen die Frage, die Desmond Morris zu Recht interessiert hatte: Sind das männliche und das weibliche Individuum der Spezies Mensch dazu geschaffen, eine dauerhafte Bindung miteinander einzugehen? Die Antwort ist weder für das eine noch für das andere Geschlecht ein uneingeschränktes Ja. Sie liegt jedoch für beide Geschlechter näher beim Ja als, sagen wir mal, im Fall der Schimpansen. In allen der ethnologischen Forschung bekanntgewordenen menschlichen Kulturen ist die – monogame oder polygame, dauerhafte oder temporäre – Ehe die Norm und die Familie das Atom des Sozialwesens. Überall empfinden Väter Liebe zu ihren Kindern, und das ist bedeutend mehr, als sich über Schimpansenväter oder Bonoboväter sagen läßt, die offenbar nicht viel Ahnung haben, welche Jungen die ihren sind. Die Liebe veranlaßt Väter, Ernährung und Schutz ihrer Kinder mit zu übernehmen und sie nützliche Dinge zu lehren.[3]

Mit anderen Worten: An irgendeinem Punkt unserer Evolution gelangte massive *elterliche Investition von der männlichen Seite* in unsere Abstammungslinie. Wir haben, wie das im Jargon der Zoologie heißt, »ein hohes MPI-Niveau« (MPI = *male paternal investment*, »elterliche Investition von der männlichen Seite«). Unser MPI-Niveau ist nicht so hoch, daß die elterliche Investition von der männlichen Seite sich im Regelfall mit der von der weiblichen Seite messen könnte, aber es ist bedeutend höher als bei der durchschnittlichen Primatenspezies. Es gibt also in der Tat eine wichtige Gemeinsamkeit zwischen uns und den Gibbons.

Das hohe MPI hat in mancher Beziehung zu einer innigen Verschränkung der alltäglichen Zielsetzungen von männlichen und weiblichen Individuen geführt, und wie jedes Elternpaar weiß, kann es für beide immer wieder zur Quelle tiefer gemeinsamer Freude werden. Aber es hat auch ganz neue Möglichkeiten eröffnet, in denen männliche und weibliche Ziele sowohl während der vorehelichen Werbephase als auch in der Ehe divergieren können. In seinem Aufsatz über die elterliche Investition schrieb Robert Trivers: »Man kann die beiden Geschlechter, insofern das eine für das andere ein zur Produktion möglichst vieler überlebensfähiger Nachkommen benötigtes Hilfsmittel ist, in der Tat so behandeln, als ob sie zwei verschiedene Spezies wären.«[4] Trivers ging es hier um die Präzisierung eines spezifischen Analysepunkts und nicht um eine rhetorisch effektvolle Pauschalisierung. In beunruhigendem Maß jedoch – mehr, als man sich dessen vor der Veröffentlichung seines Aufsatzes bewußt war – erfaßt seine Metapher die Gesamtsituation, denn trotz und in mancher Hinsicht gerade wegen des hohen MPI zählt wechselseitige Ausbeutung zu den Grundkomponenten des Kräftespiels zwischen Mann und Frau. Zuzeiten scheinen sie nachgerade dazu bestimmt, einander unglücklich zu machen.

Warum wir ein hohes MPI-Niveau haben

Es herrscht kein Mangel an Anhaltspunkten für die Beantwortung der Frage, warum Männer gestimmt sind, beim Großziehen ihrer Kinder mitzuhelfen. In unserer jüngsten stammesgeschichtlichen Vergangenheit gibt es eine Reihe von Faktoren, die vom Standpunkt der männlichen Gene aus eine elterliche Investition lohnend erscheinen lassen.[5] Wegen dieser Faktoren konnten Gene, die das männliche Individuum dahingehend beeinflußten, seine Nachkommen zu lieben – sich Sorgen um sie zu machen, sie zu schützen, sie zu versorgen, sie zu erziehen –, auf Kosten von Genen prosperieren, die auf die Fortdauer eines distanzierten Verhaltens hinwirkten.

Einer dieser Faktoren ist die Schutzbedürftigkeit des Nachwuchses. Mit der typisch männlichen Sexualstrategie – umherzustreifen, alles zu verführen, was verführenswert erscheint, und sich anschließend aus dem Staub zu machen – ist den männlichen Genen wenig gedient, wenn der resultierende Nachwuchs aufgefressen wird. Das scheint mit ein Grund zu sein, warum so viele Vogelarten monogam oder zumindest relativ monogam sind. Eier, die unbewacht zurückblieben, während das Vogelweibchen sich auf die Suche nach Würmern macht, würden nicht lange existieren. Als unsere Vorfahren aus dem Wald in die offene Savanne wechselten, bekamen sie es mit flinken Räubern zu tun. Und die stellten wohl kaum die einzige neue Gefahr für die Jungen dar. Mit zunehmender Intelligenz der Spezies und fortschreitender Aufrichtung der Körperhaltung geriet die weibliche Anatomie in eine widersprüchliche Situation: Der aufrechte Gang bedingte ein schmales Becken und folglich einen engen Geburtskanal, aber die Nachkommen kamen mit größeren Köpfen zur Welt als jemals zuvor. Vermutlich deswegen werden Menschenkinder im Vergleich zu anderen Primaten vorzeitig geboren. Ein Schimpansensäugling kann sich schon in frühestem Alter an seine wandernde Mutter klammern, die somit die Hände frei hat. Ein menschlicher Säugling dagegen stellt für seine Mutter beim Nahrungssammeln eine ernste Gefährdung dar. Viele Monate lang ist er ein hilfloser Fleischklumpen: eine regelrechte Lockspeise für Tiger.

Hinzu kam, daß mit steigendem genetischen Gewinn aus dem investierten Kapital die Kosten der Investition von männlicher Seite sanken. Die Jagd scheint in unserer Stammesgeschichte eine wichtige Rolle gespielt zu haben. Die handlichen Packen von konzentriertem Protein, welche die Männer beschafften, waren für das Ernähren einer Familie eine prima Sache. Es ist wahrscheinlich kein Zufall, daß unter fleischfressenden Säugern (Karnivoren)

Monogamie häufiger vorkommt als unter pflanzenfressenden (Herbivoren).

Obendrein war das menschliche Gehirn mit zunehmendem Volumen wahrscheinlich stärker auf eine frühzeitige kulturelle Programmierung angewiesen. Kinder mit beiden Elternteilen dürften einen Ausbildungsvorteil gegenüber Kindern »alleinerziehender« Mütter gehabt haben.

Die natürliche Selektion scheint auf für sie typische Weise diese Kosten-Nutzen-Rechnung aufgegriffen und in Gefühl umgewandelt haben – vor allem in die Empfindung der Liebe. Nicht nur in Liebe zum *Kind*: Der erste Schritt zur Schaffung der soliden Einheit »Eltern« ist für Mann und Frau, eine starke wechselseitige Anziehung zu entwickeln. Der genetische Profit, den das Vorhandensein zweier Eltern abwirft, die sich um das Wohl des Kindes kümmern, ist der Grund, warum Männer und Frauen einander in schwärmerischem Affekt verfallen können – in einer Schwärmerei von mitunter sehr langer Dauer.

Bis vor nicht allzu langer Zeit wäre diese Behauptung schiere Ketzerei gewesen. Die »romantische Liebe« galt als Erfindung der westlichen Kultur. Man kannte ja genügend Berichte über Kulturen, in denen die Partnerwahl nichts mit Zuneigung und die Sexualität nichts mit Gefühlen zu tun hatte. Doch neuerdings haben die Ethnologen, auf die darwinistische Logik hinter den zwischenmenschlichen Bindungen achtend, die Berichte einer zweiten Prüfung unterzogen, was dazu führte, daß Zweifel an ihnen laut wurden.[6] Für die Liebe zwischen Mann und Frau scheint es eine angeborene Basis zu geben. Von daher erscheint die Paarbindungshypothese gesichert, wenngleich nicht aus all den Gründen, an die Desmond Morris gedacht hatte.

Gleichzeitig jedoch beinhaltet der Begriff »Paarbindung« – wie übrigens auch der Begriff »Liebe« – die Bedeutungselemente Dauer und Symmetrie, die, wie schon eine flüchtige Betrachtung unserer Spezies lehrt, nicht immer und in jedem Fall garantiert sind. Um ganz ermessen

zu können, wie breit die Kluft ist, die das verklärte Idealbild der Liebe von der naturgegebenen Variante des Gefühls trennt, müssen wir genauso vorgehen wie Trivers in
seinem Aufsatz von 1972, und nicht das Gefühl selbst, sondern die sich in ihm manifestierende abstrakte evolutionäre Logik ins Zentrum unserer Aufmerksamkeit rücken.
Was sind die genetischen Interessen von männlichen und
weiblichen Individuen einer Spezies mit interner Befruchtung, langer Schwangerschaft, langer Abhängigkeit des
Neugeborenen von der Mutterbrust und vergleichsweise
hoher elterlicher Investition von der männlichen Seite?
Nur ein klares Bild dieser Interessen macht deutlich, wie
und warum die Evolution die romantische Liebe aufgebracht, sie zugleich aber auch von Anfang an zersetzt hat.

Was wollen die Frauen?

Für eine Spezies mit niedrigem MPI-Niveau ist die Grund-
dynamik der Partnerwerbung, wie wir gesehen haben,
ziemlich einfach: Das Männchen will eindeutig Sex, das
Weibchen ziert sich.[7] Mag sein, daß es Zeit gewinnen will,
um (unbewußt) die Qualität der Gene des Freiers taxieren
zu können, sei es, indem es ihn genauer in Augenschein
nimmt, oder sei es, indem es ihn mit anderen Freiern um
seine Gunst kämpfen läßt. Mag auch sein, daß es erst einmal abschätzen will, ob der Freier womöglich Krankheits-
träger ist. Oder es versucht, das starke Begehren nach seinen Eiern dazu zu benutzen, vor der Kopulation ein Geschenk herauszuschlagen. Dieses Hochzeitsgeschenk –
technisch gesprochen handelt es sich um eine kleine Investition von seiten des Männchens, da es ein Beitrag zur Ernährung des Weibchens und seiner Eier ist – ist bei vielen
Spezies zu beobachten, von Primaten bis zu bestimmten
Arten von Tanzfliegen. (Das Tanzfliegen-Weibchen läßt
sich zur Kopulation nur herbei, wenn es ein totes Insekt

bekommt, das es währenddessen verzehren kann. Ist das Weibchen mit der Mahlzeit fertig, bevor das Männchen fertig ist, kann es passieren, daß es sich davonmacht, um nach neuem Eßbarem zu suchen, und den Werber sitzenläßt. Ist er schneller fertig als sie, nimmt er unter Umständen den Rest der Mahlzeit wieder an sich für weitere Schäferstündchen.[8] Die diversen weiblichen Interessen lassen sich gewöhnlich ziemlich rasch ansprechen; es gibt keinen Grund, das Werben über Wochen auszudehnen.

Beziehen wir aber jetzt hohes MPI – männliche Investition nicht nur zur Paarungszeit, sondern bis zur Geburt und weit darüber hinaus – in das Kalkül mit ein, sieht die Sache für das weibliche Individuum plötzlich ganz anders aus. Auf einmal geht es der weiblichen Seite nicht mehr nur um das genetische Investitionskapital des Sexualpartners oder um eine Gratismahlzeit, sondern um die Frage, was er zugunsten des Nachwuchses wird beisteuern können, wenn dieser erst einmal da ist. Im Jahr 1989 veröffentlichte der Evolutionspsychologe David Buss eine bahnbrechende Studie über die Präferenzen bei der Partnerwahl in 37 Kulturen rund um den Globus. Danach verhält es sich in all diesen Kulturen so, daß Frauen den finanziellen Zukunftsaussichten eines potentiellen Partners mehr Bedeutung beimessen als Männer.[9]

Das besagt nicht, daß Frauen eine geschlechtsspezifische, in der Stammesgeschichte begründete Vorliebe für *wohlhabende* Männer hätten. Bei den meisten Wildbeuter-Gesellschaften gibt es kaum akkumulierte Reserven und Privatbesitz. Ob dies den Verhältnissen in der Ur-Umwelt genau entspricht, darüber gehen die Meinungen auseinander. Wildbeuter wurden in den letzten Jahrtausenden aus fruchtbaren Gegenden in nutzlose Lebensräume abgedrängt und sind daher in dieser Hinsicht vielleicht nicht repräsentativ für unsere Vorfahren. Doch wenn in der Ur-Umwelt tatsächlich alle Männer gleich – (und das heißt: nicht sonderlich – wohlhabend waren, dann geht es den

Frauen bei den Männern womöglich von Natur aus weniger um Reichtum als um sozialen Status; bei Wildbeuter-Völkern wird Status häufig in Macht umgesetzt – etwa in Einfluß bei der Verteilung der Mittel wie Fleisch nach erfolgreicher Jagd. In modernen Gesellschaften jedenfalls gehen Reichtum, Status und Macht häufig zusammen – in den Augen der Durchschnittsfrau eine, wie es scheint, höchst attraktive Verbindung.

Ebenso scheinen Ehrgeiz und Fleiß viele Frauen als verheißungsvoll anzusprechen – auch dies ein weltweit verbreitetes Reaktionsmuster, wie Buss feststellte.[10] Natürlich sind Ehrgeiz und Rührigkeit Eigenschaften, nach denen auch weibliche Individuen von Arten mit niedrigem MPI Ausschau halten mögen, doch sind sie hier Indikatoren für die Qualität des Erbguts und nicht für die *Investitionsbereitschaft* eines Männchens. Weibliche Individuen von Arten mit hohem MPI halten wohl eher Ausschau nach Anzeichen von Großzügigkeit, Vertrauenswürdigkeit und bleibender Bindung, vor allem an sie selbst. Es ist eine Binsenwahrheit, daß Blumengeschenke und andere konventionelle Zeichen der Zuneigung von Frauen mehr geschätzt werden als von Männern.

Wieso sind Frauen Männern gegenüber so argwöhnisch? Sind denn die männlichen Individuen einer Spezies mit hohem MPI nicht förmlich dazu geschaffen, eine Familie zu gründen, mit ihr ein Eigenheim zu beziehen und jeden Samstag den Rasen zu mähen? Hier zeigt sich die Problematik von Begriffen wie »Liebe« und »Paarbindung« an einem ersten Beispiel: Die männlichen Individuen von Arten mit hohem MPI sind paradoxerweise in höherem Grad der Treulosigkeit fähig als die von Arten mit niedrigem MPI, denn das »optimale männliche Vorgehen« ist, wie Trivers bemerkte, eine »gemischte Strategie«.[11] Selbst wenn langfristige Investition das Hauptziel ist, können kurzlebige Affären unter genetischem Aspekt sinnvoll sein, vorausgesetzt, sie entziehen dem Nachwuchs, in den der Mann tatsächlich investiert, nicht allzuviel Kapital an Zeit und anderen Mitteln. Die Bankerte, die er zeugt, gedeihen unter Umständen auch ohne väterliche Investition; womöglich fließt ihnen auch die Investition eines armen Trottels zu, der sich für den Vater hält. Theoretisch müßten die männlichen Individuen einer Art mit hohem MPI also ständig in Bereitschaft sein zum Gelegenheitssex.

Natürlich dürfte das auch bei den Männchen von Spezies mit niedrigem MPI so sein. Aber hier läuft es nicht auf Ausbeutung hinaus, da das Weibchen keine Chance hat, von einem anderen männlichen Individuum mehr zu bekommen. Bei einer Spezies mit hohem MPI gibt es diese Chance, und wenn es nicht gelingt, es von irgendeinem Partner zu bekommen, kann es das Weibchen teuer zu stehen kommen.

Folge dieses Zielkonflikts – weibliche Abneigung dagegen, ausgebeutet zu werden, contra männliche Neigung zum Ausbeuten – ist ein evolutionäres Wettrüsten. Der natürlichen Selektion macht es nichts aus, sowohl männliche Individuen zu begünstigen, die sich brillant darauf verstehen, eine Partnerin hinters Licht zu führen, als auch weibliche Individuen, die sich brillant darauf verstehen, unaufrichtige Freier zu durchschauen. Je brillanter die eine Seite wird, desto brillanter zieht die andere nach. Es ist eine Teufelsspirale der Verstellungs- und Durchschauungskunst – selbst wenn in einer hinreichend verfeinerten Spezies der Antagonismus womöglich mit zärtlichen Küssen, gemurmelten Liebesbeteuerungen und ingeniösen Ausflüchten ausgetragen wird.

Zumindest *in der Theorie* ist es eine Teufelsspirale. Dieses ganze theoretische Spekulieren hinter sich zu lassen und ins Reich konkreter Beweise vorzudringen – wirklich und wahrhaftig einen Blick auf die Kehrseite der Küsse und Liebesschwüre zu werfen –, ist schwierig. In dieser Richtung haben Evolutionspsychologen bislang nur geringe Fortschritte gemacht. Zwar ergab eine Studie, daß Männer sich in deutlich höherem Maß als Frauen für warmherziger, aufrichtiger und vertrauenswürdiger ausgeben, als sie in Wahrheit sind.[12] Aber derlei Etikettenschwindel ist vielleicht nur die halbe Wahrheit, und die andere Hälfte ist sehr viel schwerer herauszufinden. Wie Trivers zwar noch nicht in seinem Aufsatz von 1972, wohl aber vier Jahre später bemerkte, ist es eine der wirksamsten Methoden, einen anderen zu täuschen, selbst zu glauben, was man sagt. Im vorliegenden Zusammenhang bedeutet dies, bis über beide Ohren verliebt zu sein – tiefe Zuneigung für eine Frau zu empfinden, an der man nach intimen Beziehungen von etlichen Monaten Dauer merklich weniger Bewundernswertes zu entdecken vermag.[13] Dies ist nun in der Tat das große moralische Schlupfloch für Männer, deren Partnerbeziehungen stereotyp nach dem Zwei-Phasen-Schema – erst kunstvolle Verführung, dann brüskes, wenn auch von einem mulmigen Gefühl begleitetes Sitzenlassen – ablaufen. »Zu der Zeit hab' ich sie geliebt«, erinnern sie sich in rührender Weise, wenn man ihnen nach einer solchen Affäre mit bohrenden Fragen zusetzt.

Das soll nicht heißen, daß männliche Neigung prinzipiell leerer Wahn, jeder Rausch der Gefühle, dem ein Mann verfällt, taktischer Selbstbetrug wäre. Mitunter *halten* Männer ihre Schwüre ewiger Treue. Außerdem ist eine hundertprozentige Lüge in gewissem Sinn unmöglich. Weder auf bewußter noch auf unbewußter Ebene kann jemand mitten im Rausch der Gefühle wissen, was ihm die Zukunft bringt. Kann sein, daß in drei Jahren eine genetisch verheißungsvollere Partnerin auftaucht; kann aber auch sein, daß dem Mann ein Unglück zustößt, das seinen erotischen Marktwert auf Null reduziert und somit seine Aussichten auf Fortpflanzung ganz auf seine Ehegefährtin beschränkt. Doch angesichts der Ungewißheit, Engagement welcher Art und welchen Umfangs das Individuum in der Zukunft erwartet, würde die natürliche Selektion wohl auf gespieltes Engagement in der Gegenwart zu setzen, solange es den sexuellen Erfolg wahrscheinlicher macht und keine diesen kompensierende Kosten mit sich bringt.

Ein *gewisses Maß* solcher Kosten dürfte es in dem kleinräumigen sozialen Ambiente, in dem sich unsere Evolution abspielte, höchstwahrscheinlich gegeben haben. Aus einer dörflichen oder meinetwegen auch kleinstädtischen Ansiedlung wegzuziehen, war in jener fernen Vergangenheit keine ganz einfache Sache, so daß unverfroren falsche Versprechungen einem Mann schon recht bald schlecht bekommen sein dürften – in Form geringerer Glaubwürdigkeit oder sogar einer verkürzten Lebenszeit: In den völkerkundlichen Quellensammlungen mangelt es nicht an Geschichten von Männern, die für eine betrogene Schwester oder Tochter Rache nehmen.[14]

Zudem war das Angebot an Frauen, denen man hätte die Treue brechen können, nicht entfernt so groß wie in der heutigen Welt. Wie Donald Symons bemerkte, schnappt sich in der durchschnittlichen Jäger- und Sammler-Gesellschaft jeder Mann, der dazu in der Lage ist, eine Frau, und spätestens zu Beginn des fortpflanzungsfähigen Alters ist so gut wie jede Frau verheiratet. In der Ur-Umwelt dürfte es, abgesehen von jungen Mädchen in der unfruchtbaren Phase zwischen Menarche und gebärfähigem Alter, wohl kaum so etwas wie eine blühende »Singles«-Szene gegeben haben. Nach Symons ist der Lebensstil des modernen unverheirateten Schürzenjägers, der Jahr für Jahr immer neue Frauen verführt und sitzenläßt, ohne jemals eine zum Gegenstand anhaltender Investition zu machen, keine im Zuge der Evolution zur spezifischen Entität ausgebildete sexuelle Strategie. Er ist einfach nur das, was dabei herauskommt, wenn man die männliche Natur mit ihrer Vorliebe für wechselnde Geschlechtspartner in Großstädte versetzt, wo ein reichhaltiges Angebot künstlicher Empfängnisverhütungsmittel zur Verfügung steht.

Aber wenn es in der Ur-Umwelt auch nicht von alleinstehenden Frauen wimmelte, die nach einer Liebesnacht

allein dasaßen und vor sich hin schimpften »Männer sind
Mistkerle«, hatten Frauen doch Gründe, sich vor Männern
in acht zu nehmen, die ihnen etwas vormachten, wenn es
um die Stärke ihres Engagements ging. In Jäger- und
Sammler-Gesellschaften ist die Ehescheidung nichts Unbe-
kanntes; es kann vorkommen, daß ein Mann, nachdem er
mit einer Frau ein, zwei Kinder gezeugt hat, sein Bündel
schnürt und sie verläßt, vielleicht sogar wegzieht in ein
anderes Dorf. Häufig kann er sich auch für die Vielweiberei
entscheiden. Solange sie noch seine Braut ist, gelobt ein
Mann einer Frau vielleicht, sie werde immer Dreh- und
Angelpunkt seines Lebens sein; doch wenn die beiden
dann verheiratet sind, verbringt er die Hälfte seiner Zeit
damit, einer anderen Frau nachzustellen – oder, schlimmer noch, er wirbt erfolgreich um eine andere und entzieht daraufhin den Kindern seiner ersten Frau Ressourcen
zugunsten der neuen Favoritin. In Anbetracht solcher
Aussichten erweist eine Frau ihren Genen einen großen
Dienst, wenn sie die Wahrscheinlichkeit, daß ein prospek-
tiver Geschlechtspartner ihr sein Engagement auf Dauer
erhält, beizeiten sorgfältig prüft. Auf jeden Fall scheint das
Einschätzen der Intensität des männlichen Engagements
bei der Spezies Mensch wirklich Bestandteil der weiblichen Psychologie zu sein, während der Hang, zuweilen
den Boden für eine Fehleinschätzung zu bereiten, Bestandteil der männlichen Psychologie zu sein scheint.

Daß männliches Engagement nur begrenzt verfügbar ist
– jeder Mann kann eben nur ein gewisses Maß an Zeit und
Energie in seinen Nachwuchs investieren –, ist einer der
Gründe dafür, warum die weiblichen Individuen unserer
Spezies anderswo im Tierreich vorherrschende Verhaltens-
stereotype verachten. In Arten mit niedrigem MPI – also
den meisten Spezies mit geschlechtlicher Fortpflanzung –
gibt es unter den Weibchen keine große Rivalität. Selbst
wenn sie zu Dutzenden ihr Herz an dasselbe genetisch optimale Männchen gehängt haben, kann dieses den Traum

jedes einzelnen Weibchens erfüllen und wird es mit Freuden tun; die Kopulation ist rasch erledigt. Doch in Arten mit hohem MPI wie der unseren, wo das weibliche Ideal die *Monopolisierung* des Traumpartners ist – die Kanalisierung seiner sozialen und materiellen Ressourcen allein zugunsten ihrer eigenen Nachkommen –, ist Konkurrenz unter den weiblichen Individuen unvermeidlich. Mit anderen Worten: Hohe elterliche Investition von der männlichen Seite läßt sexuelle Selektion in beiden Richtungen funktionieren. Die Evolution schafft jetzt nicht mehr nur Männchen, die um die knappen weiblichen Keimzellen, sondern auch Weibchen, die um das knappe Gut männlicher Investition konkurrieren.

Keine Frage, die sexuelle Selektion ist auf der männlichen Seite bisher offenbar stets intensiver gewesen als auf der weiblichen. Und sie hat bei jedem der beiden Geschlechter Merkmale anderen Typs begünstigt. Was eine Frau unternimmt, um einen Mann zum Investieren zu bringen, und was ein Mann unternimmt, um bei einer Frau als Geschlechtspartner zum Zuge zu kommen, sind am Ende doch ganz verschiedene Dinge. (Frauen sind – um nur das augenfälligste Beispiel anzuführen – für den physischen Kampf miteinander nicht so gut ausgestattet wie Männer.) Worauf es hier ankommt, ist einfach, daß beide Geschlechter, was immer sie tun, um vom jeweils anderen zu bekommen, was sie wollen, dies mit Begeisterung tun sollten. In Arten mit hohem MPI können es sich die weiblichen Individuen kaum erlauben, passiv und arglos zu sein. Und mitunter sind sie füreinander die natürlichen Feinde.

Was wollen die Männer?

Es wäre irreführend, zu sagen, daß die männlichen Individuen einer Art mit hoher elterlicher Investition in bezug auf ihre Geschlechtspartnerinnen wählerisch seien, theoretisch sind sie jedoch zumindest *selektiv* wählerisch. Einerseits sind sie promiskuitiv wie die Männchen von Arten mit niedrigem MPI und lassen keine günstige Gelegenheit zum Sex aus. Andererseits ist es für sie sinnvoll, Besonnenheit zu zeigen, wenn es darum geht, eine Partnerin für ein Langzeit-Joint-venture zu finden. Männliche Wesen können im Lauf ihres Lebens nur so viele derartige Unternehmungen durchführen, wie es sich lohnt, die Gene, welche die Partnerin einbringt, gründlich zu prüfen.

Der Unterschied zwischen beiden Haltungen wurde klar herausgearbeitet im Rahmen einer Untersuchung, bei der sowohl Männern als auch Frauen die Frage vorgelegt wurde, welches Minimum an Intelligenz sie noch akzeptieren würden bei jemandem, mit dem sie sich »verabreden«. Im Durchschnitt lautete die Antwort bei Männern wie Frauen: durchschnittlicher Intelligenzgrad. Dann wurden die Probanden gefragt, wie intelligent jemand sein müsse beziehungsweise dürfe, damit sie sich mit ihm oder ihr auf sexuelle Beziehungen einließen. Die Frauen antworteten: Oh, in diesem Fall deutlich *über* dem Durchschnitt. Die Männer antworteten: Oh, in diesem Fall deutlich *unter* dem Durchschnitt.[15]

Ansonsten gingen Männer und Frauen in ihren Antworten miteinander konform. Jemand, mit dem sie sich »regelmäßig verabreden« würden, mußte eine weit überdurchschnittliche Intelligenz besitzen. Noch intelligenter mußte sein, wer als Ehepartner oder -partnerin in Frage kommen sollte. Diese – 1990 veröffentlichten – Befunde lieferten die Bestätigung für eine Voraussage, die Trivers 1972 in seiner Veröffentlichung über die elterliche Investition aufgestellt hatte: In einer Spezies mit hohem MPI »müßte das männliche Individuum selektiert werden für die Differenzierung zwischen einem weiblichen Individuum, dem es lediglich beiwohnt, und einem weiblichen Individuum, mit dem es überdies gemeinsam Junge aufzieht. Im ersteren Fall dürfte das männliche Individuum stärkere sexuelle Appetenz und weniger differenzierte Ansprüche in bezug auf den Geschlechtspartner mitbringen als das weibliche Individuum; im letzteren Fall indessen dürften beide einander mit gleichermaßen kritischer Einstellung begegnen«.[16]

Wie Trivers wußte, dürfte die Art, wenn nicht die Intensität des Urteilsvermögens von Männern und Frauen unterschiedlich sein. Zwar suchen beide Geschlechter im Partner eine generell gute Erbsubstanz, in anderer Beziehung jedoch mögen die Geschmäcker verschieden sein. So wie Frauen ihre speziellen Gründe haben, beim Mann besonders auf seine Fähigkeit zu achten, eine Familie zu versorgen, haben Männer ihre speziellen Gründe, auf die Fähigkeit zu achten, Kinder zur Welt zu bringen. Letzteres bedeutet unter anderem, großen Wert auf das Alter einer potentiellen Geschlechtspartnerin zu legen, da die Fruchtbarkeit bis zur Menopause (mit der sie dann abrupt endet) stetig zurückgeht. Das Letzte, womit Evolutionspsychologen rechnen würden, wäre die Entdeckung, daß irgendwo auf der Welt eine Frau nach der Menopause auf den Durchschnittsmann sexuelle Anziehung ausübt. (Nach Bronislaw Malinowski galt bei den Trobriandern »Geschlechtsverkehr mit einer alten Frau als unschicklich, töricht und unästhetisch«.[17]) Das Alter ist sogar vor der Menopause von Belang, besonders bei einer langdauernden Partnerschaft. Je jünger die Frau, desto mehr Kinder kann sie gebären. In allen 37 von Buss untersuchten Kulturen gaben die Männer jüngeren, die Frauen älteren Partnern den Vorzug.

Die große Bedeutung, die der Jugendlichkeit einer Partnerin zukommt, hilft vielleicht erklären, warum Männer bei ihren Ehegefährtinnen so großen Wert auf physische Attraktivität legen (auch dies galt, wie Buss belegte, für sämtliche 37 Kulturen). Der Universaltyp der »schönen Frau« – jawohl, es gibt ihn tatsächlich: im Rahmen einer Studie, welche die scheinbar verschiedenen Geschmäcker unterschiedlicher Männer miteinander verglich – hat große Augen und eine kleine Nase. Da mit zunehmendem Alter die Augen kleiner und die Nase größer wirken, sind diese Komponenten der »Schönheit« auch Zeichen von Jugend und damit von Fruchtbarkeit.[18] Frauen können es sich leisten, hinsichtlich des Aussehens ihrer Partner großzügiger zu sein: anders als eine ältere Frau ist ein älterer Mann vermutlich fruchtbar.

Ein weiterer Grund für die relative Flexibilität von Frauen in bezug auf die Attraktivität männlicher Gesichtszüge mag sein, daß sich eine Frau (bewußt oder unbewußt) um andere Dinge sorgen muß, beispielsweise um die Frage: Wird er für die Kinder sorgen? Wenn die Leute eine schöne Frau am Arm eines häßlichen Mannes sehen, vermuten sie gewöhnlich, daß er einen Haufen Geld oder einen hohen Sozialstatus hat. Wissenschaftler haben sich tatsächlich die Mühe gemacht, nachzuweisen, daß die Menschen so denken – und in vielen Fällen zu Recht.[19]

Wenn es um die Einschätzung des Charakters geht – um die Frage, ob man dem potentiellen Partner *vertrauen* kann –, dürften sich Mann und Frau in ihren Urteilskriterien ebenfalls unterscheiden, denn seine Gene sind durch eine andere Art von Treuebruch gefährdet als die ihren. Die natürliche Besorgnis der Frau gilt der Möglichkeit, er könnte seine Investitionstätigkeit beenden, die des Mannes dagegen die Möglichkeit, er könnte falsch investiert haben. Keine große Zukunft haben die Gene eines Mannes, der Kinder aufzieht, die nicht von ihm sind. Wie Trivers 1972 schrieb, ist bei einer Spezies mit hoher elterlicher Investition von der männlichen Seite und interner Befruchtung »damit zu rechnen, daß sich evolutionäre Anpassungen herausbilden, die gewährleisten helfen, daß die Nachkommen des weiblichen Individuums auch die seinen sind«.[20]

Das alles hört sich vielleicht arg theoretisch an – und ist es natürlich auch. Doch in diesem Fall ist die Theorie – anders als etwa die, welche besagt, daß männliche Verliebtheit oft nur raffinierter Selbstbetrug ist – ohne weiteres überprüfbar. Jahre, nachdem Trivers den Gedanken geäußert hatte, Männer könnten eine eingebaute Sicherungstechnik gegen Hahnreitum besitzen, haben Martin Daly und Margo Wilson so was gefunden. Sollte es tatsächlich wahr sein, daß unter darwinistischem Gesichtspunkt über dem Mann das Damoklesschwert des Hahnreitums und über der Frau das des Verlassenwerdens hängt, machten Daly und Wilson sich klar, dann müßten männliche Eifersucht und weibliche Eifersucht sich voneinander unterscheiden.[21] Männliche Eifersucht müßte sich vornehmlich an *sexueller* Untreue entzünden und in den Augen des Mannes immer ein unverzeihlicher Fehltritt bleiben, die Frau hingegen wäre zwar auch nicht gerade entzückt über Seitensprünge ihres Partners, denn sie kosten Zeit und verschlingen Ressourcen, müßte aber hauptsächlich über *emotionale* Untreue besorgt sein − eine Art magnetischen Hingezogenseins zu einer anderen Frau, das am Ende womöglich ein noch viel weitergehendes Abziehen von Ressourcen zur Folge hat.

Für die Richtigkeit dieser Voraussagen findet sich die Bestätigung in uralten Volksweisheiten wie in beträchtlichem Faktenmaterial aus den letzten paar Jahrzehnten. Was Männer am ehesten in den Wahnsinn treibt, ist die Vorstellung, ihre Ehegefährtin liege mit einem anderen Mann im Bett; dabei denken sie viel weniger, als Frauen es täten, an womöglich mit zur Situation gehörende emotionale Bande oder an die Zeit und die Zuwendung, die ihnen die Partnerin vielleicht entzieht. Für Ehefrauen wiederum ist zwar die sexuelle Untreue des Ehemanns als solche ein Schock, auf den sie heftig reagieren, aber die Folge ist häufig eine Langzeit-Kampagne zur Selbstaufwertung: Abmagerungsdiät, Make-up und Rückeroberungsstrategien. Ehemänner reagieren auf Untreue gern mit Wut, und selbst nachdem sie sich etwas gelegt hat, fällt es ihnen oft schwer, eine Fortsetzung der Lebensgemeinschaft mit der Frau in Erwägung zu ziehen, die sie betrogen hat.[22]

Rückblickend stellten Daly und Wilson fest, daß dieses Grundschema von Psychologen bereits vor der Formulierung der Theorie der elterlichen Investition, die es erklärt, bemerkt – wenngleich nicht besonders betont – worden war. Evolutionsbiologen haben es nun jedoch neu und mit akribischer Genauigkeit bestätigt. David Buss legte Männern und Frauen Elektroden an und ließ sie sich ihren Ehegefährten oder ihre Ehegefährtin anschließend bei allerhand beunruhigenden Aktivitäten vorstellen. Wenn Männer sich ihre Frauen bei sexueller Untreue vorstellten, machte ihre Herzfrequenz einen solchen Sprung, wie er sonst nach drei kurz hintereinander hinuntergestürzten Tassen starken Kaffees üblich ist. Sie begannen zu schwitzen. Ihre Augenbrauen zogen sich zusammen. Stellten sie sich jedoch aufkeimende Zuneigung vor, beruhigten sie sich wieder, wenngleich der Gefühlspegel nicht ganz auf Normalniveau zurückfiel. Bei Frauen lagen die Dinge umgekehrt: Hier bewirkte die Vorstellung *emotionaler* Untreue – der Liebe, die sich einem anderen Ziel zuwendet, nicht des Seitensprungs – den tieferen seelischen Kummer.[23]

Die Logik der männlichen Eifersucht ist in unserer Zeit überholt. Heutzutage benutzt die gewitzte Frau beim Seitensprung ein empfängnisverhütendes Mittel und bringt daher ihren Mann effektiv nicht mehr in die Lage, als gutmütiger Trottel zwanzig Jahre lang die Gene eines andern zu behüten. Daß die Logik veraltet ist, scheint der Eifersucht allerdings keinen Abbruch zu tun. Für den Durchschnittsgatten dürfte der Umstand, daß seine Frau ihr Pessar einsetzte, bevor sie mit ihrem Tennislehrer in die Kissen hüpfte, nur ein schwacher Trost sein.

Das klassische Beispiel für eine Anpassung, die den Verfall ihrer Logik überlebt hat, ist die Naschhaftigkeit. Unsere Liebe zu Süßem entstammt einer Umwelt, in der es Früchte, aber weder Bonbons noch sonstige Leckereien gab. Heute, wo Naschhaftigkeit zu Fettleibigkeit führen kann, versuchen die Menschen ihr Verlangen zu beherrschen, und manchmal mit Erfolg. Die Methoden, deren sie sich dabei bedienen, sind allerdings recht umständlich, und die wenigsten finden sie leicht. Dem elementaren Gefühl, daß Süßes wohltut, ist fast nicht beizukommen. Ähnlich schwer ist der elementare Affekt der Eifersucht auszumerzen. Nichtsdestoweniger können Menschen, wenn es ausreichende Gründe dafür gibt – beispielsweise die Gefahr einer Haftstrafe –, es bis zu einem gewissen Grad zur Beherrschung dieses Affekts und sogar zu einem sehr hohen Grad der Beherrschung einiger seiner Ausdrucksformen wie Gewalttätigkeit bringen.

Was wollen die Frauen noch?

Bevor wir weiter zu ergründen suchen, wie tief die Furcht, zum Hahnrei zu werden, die männliche Psyche geprägt hat, sollten wir uns vielleicht fragen, warum es überhaupt gehörnte Ehemänner gibt. Wieso betrügt eine Frau ihren Mann, wenn sie damit ihre Nachkommenschaft nicht vermehren kann – und wenn sie, wichtiger noch, mit ihrem Seitensprung riskiert, den Zorn ihres Ehegefährten auf sich zu ziehen und seiner Investitionen verlustig zu gehen? Welche Gewinnaussichten könnten ein solches Hasardspiel rechtfertigen? Es stehen mehr Antworten auf diese Fragen zur Auswahl, als man vielleicht glaubt.

Erstens gibt es da etwas, was unter Biologen »Ressourcen gewinnen« heißt. Wenn weibliche Individuen der Spezies Mensch es verstehen, sich die Bereitschaft zu sexuellem Kontakt wie die Weibchen der Tanzfliegen mit Geschenken honorieren zu lassen, dann gilt das simple Kalkül: Je mehr Geschlechtspartner, desto mehr Geschenke. Unsere nächsten Verwandten in der Ordnung der Primaten leben diese Logik aus. Bonoboweibchen lassen sich oft mit einem Stück Fleisch paarungsbereit stimmen. Bei den gewöhnlichen Schimpansen ist der Tauschhandel Essen gegen Sex zwar nicht ganz so eindeutig, aber trotzdem evident; Schimpansenmännchen geben einem Weibchen eher ein Stück Fleisch ab, wenn es seine Genitalpartie mit der rosa Schwellung zur Schau stellt, welche die Empfängnisbereitschaft anzeigt.[24]

Bei den weiblichen Individuen der Spezies Mensch findet ein ähnliches Plakatieren des Eisprungs, wie jeder weiß, *nicht* statt. Es gibt eine Theorie, derzufolge diese »heimliche Ovulation« eine Anpassung zu dem Zweck ist, die Zeitspanne, während der eine Frau Ressourcen ergattern kann, zu verlängern. In seliger Unkenntnis der Nutzlosigkeit ihrer Eroberung überhäufen Männer sie womöglich schon lange vor und noch lange nach dem Eisprung mit Geschenken im Austausch gegen Sexualkontakt. In einem Dorf der !Kung San, eines Jäger-und-Sammler-Volks im Süden Afrikas, gab eine junge Frau namens Nisa einem Ethnologen ohne Scheu Auskunft über die materiellen Vorteile, die es brachte, mit mehreren Geschlechtspartnern zu verkehren. »Ein einzelner Mann kann dir nur sehr wenig geben. Ein einzelner Mann gibt dir immer nur das gleiche zu essen. Aber wenn du Liebhaber hast, bringt dir der eine dies und der andere das. Der eine kommt in der Nacht mit Fleisch, der andere mit Geld, der dritte mit einer Halskette. Auch dein Ehemann schleppt Sachen an und schenkt sie dir.«[25]

Ein weiteres Motiv für eine Frau, mit mehr als einem Mann zu verkehren – und ein weiterer Vorteil der heimlichen Ovulation –, ist die sich damit bietende Möglichkeit, jedem einzelnen von mehreren Männern den Glauben einzuflößen, er *könnte* der Vater eines bestimmten Kindes sein. Bei allen Primatenarten steht der Grad der Freundlichkeit, die ein männliches Individuum gegenüber Jungen an den Tag legt, in einer ungefähren Korrelation zur Wahrscheinlichkeit seiner Vaterschaft. Der dominante Gorillamann kann dank seiner Pascha-Stellung ziemlich sicher sein, daß alle Jungen in seiner Herde von ihm sind, und wenn auch seine Freundlichkeit bei weitem nicht an die eines menschlichen Vaters heranreicht, zeigt er sich doch den Jungen gegenüber milde und als zuverlässiger Beschützer. Das andere Ende des Spektrums bilden Stummelaffenmännchen, die – gleichsam um die Bahn frei zu räumen – erst einmal den von einem anderen gezeugten Säugling umbringen, ehe sie sich mit der (gewesenen) Mutter paaren.[26] Und es gibt ja wohl in der Tat keine effektvollere Methode, das Weibchen – indem man seiner Stillperiode ein radikales Ende bereitet – wieder zur Ovulation zu bringen, und dafür zu sorgen, daß seine Energien restlos für den zu erwartenden Nachwuchs bereitstehen.

Wer sich jetzt versucht fühlt, über die Moral der Stummelaffen schlankweg den Stab zu brechen, sollte zuerst zur Kenntnis nehmen, daß Kindestötung als Konsequenz weiblicher Untreue in diversen menschlichen Gesellschaften als akzeptierte Sitte Tradition hat. Aus zwei Gesellschaften ist bekannt, daß Männer, die eine Frau mit Vergangenheit geehelicht hatten, die Tötung von deren Jüngsten verlangten.[27] Und bei dem Jäger-und-Sammler-Volk der Ache in Paraguay beschließt die Männerversammlung manchmal die Tötung eines vaterlosen Neugeborenen. Selbst wenn sie der Ermordung entgehen, kann das Schicksal von Kindern, die auf die Fürsorge des leiblichen Vaters verzichten müssen, sehr hart sein. Bei der Ache ist für Kinder, die nach dem Tod des leiblichen Vaters in der Obhut eines Stiefvaters aufwachsen, die Wahrscheinlichkeit, daß sie keine 15 Jahre alt werden, doppelt so hoch wie für Kinder, deren Elternpaar am Leben und zusammen bleibt.[28] Die Vorteile, die eine Frau in der Ur-Umwelt aus dem Verkehr mit mehreren Geschlechtspartnern zog, könnten demnach von passiver Verschonung bis zu aktivem Schutz und sonstiger Fürsorglichkeit von seiten ebendieser Geschlechtspartner gegenüber ihren Kleinen gereicht haben.

Diese Logik ist unabhängig davon, ob sich die Geschlechtspartner ihrer bewußt sind oder nicht. Gorilla- und

Stummelaffenmännchen wissen von der biologischen Vaterschaft ebensowenig wie die von Malinowski porträtierten Trobriander. In allen drei Fällen spiegelt indessen das Verhalten der männlichen Individuen eine – wenn auch blinde – Kenntnis der Sachlage wider. Gene für die unbewußte Sensibilität des männlichen Individuums für Hinweise darauf, ob dieses oder jenes Junge eventuell seine Gene besaß oder nicht, sind erfolgreich. Ein Gen, das sagt oder zumindest flüstert: »Sei lieb zu Kindern, wenn du mit ihrer Mutter mehr als flüchtigen Verkehr gehabt hast«, setzt sich gegenüber einem Gen durch, das sagt: »Klau' Kindern ruhig ihr Essen, selbst wenn du mit ihrer Mutter Monate vor ihrer Geburt regelmäßig verkehrt hast.«

Diese »Unklarheit-aussäen-Theorie« der weiblichen Promiskuität hat ihre Vorkämpferin in der Ethnologin Sarah Blaffer Hrdy gefunden. Hrdy bezeichnet sich selbst als feministische Soziobiologin, und es mag mehr als nur rein wissenschaftliches Interesse im Spiel sein, wenn sie den Beweis dafür anzutreten versucht, daß weibliche Primaten »stark rivalisierende [...] sexuell aggressive Individuen«[29] seien. Andererseits wiederum mögen männliche Darwinisten sich innerlich um einiges erhoben fühlen, wenn sie das männliche Wesen als lebenslangen Sex-Athleten darstellen. Wissenschaftliche Theorien speisen sich aus vielen und vielerlei Quellen. Die Frage ist letzten Endes einzig, ob sie funktionieren.

Beide Theorien der weiblichen Promiskuität – »Ressourcen gewinnen« und »Unklarheit ausäen« – gelten im Prinzip ebensogut für unverheiratete wie für verheiratete Frauen. Ja, beide sind sogar auf Arten mit wenig oder gar keiner väterlichen Investition anwendbar und tragen deshalb vielleicht zur Erklärung der extremen Promiskuität von Schimpansen- und Bonoboweibchen bei. Es gibt indessen noch eine dritte Theorie, und da diese einzig auf der Dynamik der väterlichen Investition fußt, gilt sie speziell für Ehefrauen: die »Aus-beiden-Sphären-das-Beste-Theorie«.

In einer Art mit hohem MPI ist das weibliche Individuum hinter zwei Dingen her: guten Genen und anhaltender, hoher Investitionstätigkeit. Diese Dinge sind für weibliche Individuen der Spezies Mensch im Einzelfall vielleicht nicht »gebündelt« in ein und demselben Mann zu haben. Eine Möglichkeit, die sich zur Lösung des Problems anbietet, besteht darin, einen treu ergebenen, wenn auch physisch oder intellektuell nicht sonderlich aufregenden Ehemann durch Täuschung dazu zu bringen, die Kinder eines andern Manns aufzuziehen. Wiederum leistet die heimliche Ovulation Hilfestellung bei dem Schwindel. Es wäre für den Ehemann ein leichtes, andere Männer von der Schwängerung seiner Frau abzuhalten, würden deren kurze Fruchtbarkeitsphasen sich jedesmal äußerlich sichtbar ankündigen; da sie jedoch äußerlich den ganzen Monat stets gleich fruchtbar wirkt, ist eine lückenlose Überwachung schwierig. Ebendiese Unklarheit müßte eine Frau anstreben, die das Ziel anpeilt, sich die Gene dieses und die Investition jenes Mannes zu sichern.[30] Es mag natürlich sein, daß die Frau dieses »Ziel« nicht bewußt »anpeilt«. Und sie mag auch über ihre Ovulationstermine nicht bewußt Buch führen. Aber auf anderer Ebene kann sie trotzdem den Terminkalender im Auge haben.

Theorien, die soviel unbewußtes Finassieren voraussetzen, kommen manchem Beobachter vielleicht allzu ausgeklügelt vor, besonders wenn der Beobachter mit der zynischen Logik der natürlichen Selektion nicht vertraut ist. Aber es gibt Indizien, die dafür sprechen, daß Frauen um den Zeitpunkt des Eisprungs verstärkt sexuell aktiv sind.[31] Und zwei wissenschaftliche Studien kamen zu dem Ergebnis, daß Frauen, die als Singles-Treffpunkte bekannte Lokale besuchen, mehr Schmuck an- und mehr Make-up auflegen, wenn der Ovulationstermin heranrückt.[32] Es scheint, als hätten derlei Verschönerungsmaßnahmen die gleiche Funktion wie die rosa Brunstschwellung der Schimpansin, nämlich eine Anzahl männlicher Individuen anzulocken, unter denen dann eine Wahl getroffen werden kann. Tatsächlich hatten solchermaßen herausgeputzte Frauen in der Regel im Lauf eines Abends mehr Körperkontakt mit Männern als sonst.

Eine andere Studie – Autoren sind die britischen Biologen R. Robin Baker und Mark Bellis – kam zu dem Befund, daß Frauen, die ihren regulären Partner betrügen, dies vorzugsweise um den Zeitpunkt des Eisprungs tun. Das legt den Schluß nahe, daß sie sich von ihrem heimlichen Liebhaber häufig nicht nur Ressourcen versprechen, sondern *de facto* auch hinter seinen Genen her sind.[33]

Was für einen Grund (oder Gründe) es auch immer haben mag, daß Frauen ihre regulären Partner betrügen (oder »Geschlechtsverkehr außerhalb der Paarbeziehung« haben, wie die Biologen es wertfrei formulieren) – *daß* sie es tun, ist nicht zu bestreiten. Bluttests beweisen, daß in manchen städtischen Regionen mehr als 25 Prozent aller Kinder vielleicht von einem anderen Mann als dem standesamtlich registrierten Vater gezeugt sind. Und selbst in !Kung-San-Dörfern, wo sich das Leben wie in der Ur-Umwelt auf so kleiner Bühne abspielt, daß eine heimliche Liaison ein extrem schwieriges Kunststück ist, hat man festgestellt, daß für 2 Prozent der Kinder die Vaterschaft falsch angegeben wurde.[34] Weibliche Untreue hat anscheinend eine lange Geschichte.

Und in der Tat: Wenn weibliche Untreue in unserer Spezies *kein* aus uralten Zeiten stammender Bestandteil des Lebens wäre, warum hätte sich dann die eklatant wahnwitzige männliche Eifersucht entwickeln sollen? Gleichzeitig jedoch berechtigt die Tatsache, daß Männer so häufig massiv in die Kinder ihrer Lebensgefährtinnen investieren, zu dem Schluß, daß Hahnreitum keineswegs zum grassierenden Übel geworden ist – weil nämlich andernfalls die für diese Investitionstätigkeit verantwortlichen Gene schon vor langer Zeit in der Sackgasse gelandet wären.[35] Die männliche Psyche ist das den Frauen von der Evolution ausgestellte

Führungszeugnis über ihr Verhalten in der stammesgeschichtlichen Vergangenheit. Und umgekehrt.

Wem ein »psychologischer« Beleg zu vage ist, der kann
sich an leichter begreifbare physiologische Daten halten: an
das Verhältnis des durchschnittlichen Gewichts menschlicher Hoden zum durchschnittlichen männlichen Körper-
gewicht. Bei Schimpansen und anderen Arten mit hohem
relativen Hodengewicht besteht ein »polyandrisches Fort-
pflanzungssystem«, das heißt, das weibliche Sexualverhalten ist ausgesprochen promiskuitiv (»Polyandrie« = »Viel-
männerei«). Arten mit niedrigem relativen Hodengewicht
sind entweder monogam (wie z. B. die Gibbons) oder polygyn, das heißt, ein Männchen monopolisiert mehrere Familien (so bei den Gorillas). (»Polygynie« = »Vielweiberei«. Höheren Allgemeinheitsgrad besitzt der Begriff »Polygamie«, der reguläre sexuelle Beziehungen sowohl eines
männlichen wie eines weiblichen Individuums zu mehreren gegengeschlechtlichen Partnern bezeichnet.) Die Erklärung ist einfach. Wo die weiblichen Individuen sich in
der Regel mit mehreren männlichen Individuen paaren, ist
es für die männlichen Gene von Vorteil, für die Produktion
von reichlich Samen zu sorgen, der ja ihr Transportmittel
ist. Welches Männchen es schafft, seine DNA in eine bestimmte Eizelle zu lancieren, ist unter Umständen einzig
eine Frage des Massenaufgebots, das in die untergründig
stattfindende Schlacht der Spermienbataillone geschickt
werden kann. So gesehen geben die Keimdrüsen männlicher Individuen Zeugnis vom Ausmaß der sexuellen Abenteuerlust, die ihre weiblichen Artgenossen über stammesgeschichtliche Zeitalter hinweg bewiesen. Das relative
Hodengewicht unserer Spezies liegt zwischen dem der
Schimpansen und dem der Gorillas, woraus geschlossen
werden kann, daß Frauen in ihrem Sexualverhalten zwar
längst nicht so ausschweifend wie die Schimpansenweibchen, aber andererseits auch von Natur aus nicht ganz frei
von Abenteuerlust sind.

Selbstverständlich ist Abenteuerlust nicht gleichbedeutend mit faktischer Untreue. Kann sein, daß die Frauen in der Ur-Umwelt Phasen sexueller Libertinage und Ungebundenheit hatten – Phasen, während deren es sich für einen Mann auszahlte, einigermaßen schwergewichtige Hoden zu haben –, aber ebenso auch Phasen der monogamen Treue. Kann sein, kann aber auch nicht sein. Betrachten wir ein zuverlässigeres Zeugnis weiblicher Untreue: die variable Spermiendichte. Man könnte meinen, daß die Zahl der Samenzellen im Ejakulat des Ehemanns nur davon abhängt, wieviel Zeit seit dem letzten Geschlechtsverkehr vergangen ist. Falsch. Wie Baker und Bellis festgestellt haben, hängt die Zahl der Spermien in hohem Maß von der Zahl der Stunden ab, die die Ehefrau in letzter Zeit außerhalb des Gesichtskreises des Ehemanns verbracht hat.[37] Je mehr Gelegenheit die Frau hatte, Spermien von anderen Männern aufzunehmen, desto massierter schickt der Ehemann seine eigenen Truppen in die Schlacht. Auch hier gilt wieder: Die Tatsache, daß die natürliche Selektion eine so clevere Waffe konstruiert hat, ist ein Indiz dafür, daß es da etwas gibt, wogegen die Waffe sich richtet.

Sie ist überdies ein Indiz dafür, daß die natürliche Selektion absolut in der Lage ist, ebenso clevere psychologische Waffen zu konstruieren – angefangen von rasender Eifersucht bis hin zu der scheinbar paradoxen Neigung mancher Männer, sich sexuell erregt zu fühlen, wenn sie sich ihre Frau im Bett eines andern vorstellen. Oder sagen wir es abstrakter: der Neigung von Männern, eine Frau als Besitztum zu betrachten. In einer Publikation mit dem Titel *The Man Who Mistook His Wife for a Chattel* (Der Mann, der seine Frau mit einer Leibeigenen verwechselte) schreiben Wilson und Daly 1992: »Männer erheben auf eine bestimmte Frau einen Besitzanspruch wie Singvögel auf ihr Revier, Löwen auf ihre Jagdbeute oder Menschen beiderlei Geschlechts auf ihre Wertsachen. [...] Die Haltung des Mannes gegenüber der Frau als ›Besitzerhaltung‹ zu qualifizieren, ist mehr als nur eine Metapher: Allem Anschein nach werden in der ehelichen und der merkantilen Sphäre teilweise dieselben mentalen Algorithmen aktiviert.«[38]

Was bei dem allen herauskommt, ist theoretisch wieder einmal ein evolutionäres Wettrüsten. Je geschickter die Männer sich gegen die Gefahr des Gehörntwerdens wappnen, desto mehr müßten die Frauen sich in der Kunst vervollkommnen, einen Mann davon zu überzeugen, daß ihre Bewunderung für ihn an Ehrfurcht vor einem höheren Wesen und ihre Treue an Heiligkeit grenzt. Und vielleicht gelingt es ihnen zur Abrundung des Ganzen sogar, sich das auch selbst ein bißchen einzureden. Ja, in Anbetracht der verhängnisvollen Nebenwirkungen, die Untreue haben kann, falls sie aufgedeckt wird – daß einen der gekränkte Mann verläßt, ist einigermaßen wahrscheinlich, daß er gewalttätig wird, möglich –, dürfte weibliche Selbsttäuschungskunst gewissermaßen eine Superfinish-Bearbeitung erfahren haben. Für eine verheiratete Frau könnte es eine wertvolle Anpassung sein, nicht ständig das Bedürfnis nach Sex zu *empfinden*, selbst wenn ihr Unbewußtes unablässig die Peilantennen ausgefahren hat und ihr rechtzeitig signalisiert, wann die Gelegenheit günstig und Leidenschaftlichkeit angesagt ist.

Die Madonna/Hure-Dichotomie

Eine eingebaute Sicherungstechnik gegen das Gehörntwerden zu besitzen, erweist sich für einen Mann als höchst praktisch nicht erst in der Lebensgemeinschaft mit einer festen Partnerin, sondern schon davor, wenn es um die Entscheidung für eine solche Partnerin geht. Wenn Frauen, die als Kandidatinnen in Frage kommen, sich im Grad ihrer Promiskuität unterscheiden und man davon ausgehen kann, daß sie, je promiskuitiver sie sind, desto weniger treu als Ehefrau sein werden, dann ist es nicht abwegig anzunehmen, daß die natürliche Selektion den Männern die Neigung zu einer entsprechend differenzierten Seh- und Verhaltensweise eingegeben hat. Promiskuitive Frauen sind als kurzzeitige Geschlechtspartnerinnen willkommen, ja erste Wahl, da sie mit dem geringsten Aufwand zu haben sind. Aber das Zeug zur Ehefrau findet man an ihnen nicht; sie zum Kanal väterlicher Investition zu machen, erscheint einem denn doch als allzu gewagtes Unterfangen.

Wie müßten die Gefühlsmechanismen – der Komplex von Zu- und Abneigungen – beschaffen sein, deren die natürliche Selektion sich bedient, um die Männer zur unwissentlichen Einhaltung dieser Logik zu bringen? Wie Donald Symons bemerkte, kommt als Trägerin dieser Funktion nicht zuletzt die bekannte Madonna/Hure-Dichotomie in Frage – die männliche Neigung, »zweierlei Sorten von Frauen« wahrzunehmen: die Sorte, der man mit Achtung begegnet, und die Sorte, mit der man bloß ins Bett geht.[39]

Man kann sich das Werben um eine Frau unter anderem als eine Prozedur vorstellen, die dazu dient, die Umworbene in die eine oder die andere Kategorie einzuordnen. Dieses »Materialprüfungsverfahren« läuft ungefähr nach folgenden Regeln: Wenn du eine Frau entdeckst, die dir unterm genetischen Aspekt als lohnendes Investitionsobjekt erscheint, dann widme ihr zunächst einmal viel Zeit. Wenn sie von dir sehr angetan zu sein scheint und trotzdem in sexueller Beziehung auf Distanz bleibt, dann bleib dran und versuch, sie dir zu sichern. Wenn sie dagegen scharf auf Instant-Sex ist, dann komm ihr auf alle Fälle entgegen. Wenn allerdings Sex mit ihr so leicht zu haben ist, dann dürfte es sich empfehlen, vom Investitionsmodus in den Ausbeutungsmodus umzuschalten. Ihre Willigkeit könnte bedeuten, daß sie für jeden eine leichte Beute ist – für eine Ehefrau keine besonders wünschenswerte Eigenschaft.

Natürlich muß unverhohlene sexuelle Appetenz der Frau im speziellen Fall *nicht unbedingt* bedeuten, daß sie für *jeden* Mann leicht zu erobern ist; es könnte durchaus sein, daß sie gerade *diesen* Mann unwiderstehlich fand. Wenn jedoch irgendein genereller Zusammenhang besteht zwischen der Schnelligkeit, mit der eine Frau dem Drängen eines Mannes nachgibt, und der Wahrscheinlichkeit, daß sie ihn später mit einem anderen Mann (oder andern Männern) betrügen wird, dann ist jeder einzelne Fall solcher Bereitschaft zum Nachgeben ein statistisch relevantes Faktum von enormer Wichtigkeit auf genetischer Ebene. Angesichts der Komplexität und nicht eben seltenen Unberechenbarkeit menschlichen Verhaltens tut die natürliche Selektion des Guten lieber zuviel als zuwenig.

Um diese Strategie noch ein bißchen stärker mit Rücksichtslosigkeit zu würzen, kann der Mann zu dem frühzeitigen sexuellen Kontakt, für den er die Frau später büßen lassen wird, sogar ermutigen. Gibt es einen besseren Weg zu klären, ob eine Frau, in deren Kinder man zu investieren gedenkt, über so kostbare Selbstbeschränkung verfügt? Und wenn sie ihr fehlt – gibt es ein schnelleres Mittel, sich die Hörner abzustoßen, bevor man seine Gefühle einem würdigeren Objekt zuwendet?

In ihrer krankhaften Extremform – dem Madonna/Hure-*Komplex* – macht diese Aufspaltung der Frauenwelt in zwei einander polar entgegengesetzte Kategorien den Ehemann unfähig, mit seiner Frau zu schlafen, weil er sie zu sehr als Heilige sieht und verehrt. Es liegt auf der Hand, daß dieser Grad der Anbetung von der natürlichen Selektion nicht begünstigt sein dürfte. Die gängigere gemäßigte Abart der Madonna/Hure-Dichotomie indessen zeigt das Gepräge einer gelungenen Anpassung. Sie bringt den Mann dazu, die sexuell zurückhaltende Frau, in die er investieren will, mit vergötternder Liebe zu überschütten – mit genau der Liebe, die für diese Frau die Vorbedingung sexueller Hingabe ist. Und sie erlaubt es dem Mann, Frauen, in die er nicht zu investieren gedenkt, ohne Schuldgefühle auszubeuten, indem sie diese Frauen der Kategorie des verachtenswerten Menschentums zuschlägt. Diese Kategorie – die Kategorie des verringerten, fallweise fast untermenschlichen moralischen Status – ist, wie wir noch genauer sehen werden, ein bevorzugtes Instrument der natürlichen Selektion; besonders wirkungsvoll kommt es in Kriegszeiten zum Einsatz.

In kultivierter Gesellschaft stellen Männer zuweilen in Abrede, daß sie eine Frau, die ohne weiteres mit ihnen schläft, hinterher mit anderen Augen ansehen. Und das ist klug. Denn wenn sie zugäben, daß es so ist, würden sie sich damit zum moralischen Reaktionär stempeln. (Ja, etwas Derartiges auch nur sich selbst gegenüber zuzugeben, würde es ihnen möglicherweise erschweren, einer solchen Frau überzeugend glaubhaft zu machen, daß sie ihr am Morgen danach noch mit Achtung begegnen werden – und das ist mitunter ein unerläßliches Element des Vorspiels.)

Wie viele moderne Ehefrauen bestätigen können, macht es die Aussicht auf ein Langzeit-Engagement des Mannes nicht zunichte, wenn die Frau bereits in einer frühen Phase der Beziehung mit ihm schläft. Die vom Mann (weitgehend unbewußt) vorgenommene Beurteilung der Frage, welchen Grad der Treue er von der Frau aller Wahrscheinlichkeit nach erwarten kann, stützt sich vermutlich auf viele Faktoren – ihren Ruf, ihre Aufmerksamkeit für andere Männer, den Eindruck von Ehrlichkeit und Aufrichtigkeit, den sie in genereller Hinsicht macht, usw. Auf jeden Fall dürfte die männliche Psyche nicht einmal der Theorie nach so angelegt sein, daß sie Jungfräulichkeit zur essentiellen Vorbedingung des Investierens macht. Die Chancen, eine jungfräuliche Braut zu finden, schwanken von einem Mann zum andern und von einer Kultur zur andern – und in der Ur-Umwelt müssen sie, nach Wildbeuter-Gesellschaften von heute zu schließen, ziemlich gering gewesen sein. Die Männer sind wohl darauf angelegt, aus den jeweils gegebenen Umständen das Beste für sich

zu machen. Wenn auch im prüden Viktorianischen England manche Männer darauf bestanden, daß ihre Braut als
virgo intacta in die Ehe ging, ist »Madonna/Hure-Dichoto-
mie« faktisch eine Fehlbezeichnung für eine psychische
Strategie von sicherlich höherer Flexibilität, als dieser Ausdruck ihr zubilligt.[40]

Die Flexibilität hat freilich auch ihre Grenzen. Jenseits
eines gewissen Grades weiblicher Promiskuität hat elterliche Investition von der männlichen Seite unter genetischem Aspekt eindeutig keinen Sinn mehr. Wenn eine
Frau die durch nichts abzustellende Gewohnheit hat, jede
Woche mit einem andern Mann zu schlafen, dann wird ihre Eignung zur Ehefrau durch die Tatsache, daß es in ihrer
Kultur alle Frauen so machen, um nichts gesteigert, ihre
Nichteignung um nichts verringert. In einer solchen Gesellschaft müßten die Männer theoretisch das gezielte elterliche Investieren ganz aufgeben und statt dessen sich
einzig bemühen, mit so vielen Frauen wie irgend möglich
zu koitieren. Anders gesagt: Sie müßten sich wie Schimpansen verhalten.

Die viktorianischen Samoaner

Die Madonna/Hure-Dichotomie wurde lange Zeit als geistige Verirrung, als eine von vielen pathologischen Aus-
wüchsen der westlichen Kultur abgetan. Als besonders
schwer von dieser Pathologie befallen, ja recht eigentlich
als deren Keimboden, gelten die Viktorianer mit ihrer außerordentlich hohen Bewertung der Jungfräulichkeit und
ihrer erklärten Verachtung außerehelicher Sexualbeziehungen. Wären die Menschen zur Zeit Darwins in bezug
auf die Sexualität doch nur etwas unverkrampfter gewesen, so unverkrampft, wie die Menschen in nichtwestlichen Gesellschaften es waren, wo sexuelle Freiheit
herrschte. Wie anders lägen die Dinge heute!

Das Dumme ist nur, daß diese idyllischen nichtwestlichen Gesellschaften anscheinend nirgendwo sonst existiert haben als in den Köpfen einiger zwar einflußreicher, aber irregeleiteter Akademiker. Das klassische Beispiel ist Margaret Mead. Sie zählt zu einer ganzen Reihe prominenter Ethnologen, die zu Anfang dieses Jahrhunderts als Erwiderung auf den politischen Mißbrauch des Darwinismus die Formbarkeit der menschlichen Spezies betonten und das nahezu vollständige Fehlen von so etwas wie einer menschlichen Natur behaupteten. Das heute bekannteste von Meads Büchern, *Coming of Age in Samoa* (dt. *Kindheit und Jugend in Samoa*), erschien 1928. Es erregte damals großes Aufsehen, schien die Verfasserin doch eine Kultur entdeckt zu haben, in der viele Übel der westlichen Zivilisation fast unbekannt waren, allen voran Statushierarchien, der Zwang, den Nachbarn auszustechen, sowie überflüssige sexuelle Ängste und Verklemmungen jedweder Art. In Samoa, so Mead, betrachten die jungen Mädchen die Heirat als etwas, das im eigenen Interesse »so lange wie möglich hinausgeschoben werden muß«, und ziehen es vor, »ohne Verantwortung, aber mit einem breiten Register emotionaler Erfahrung zu leben«, einer Erfahrung, die vor allen Dingen »reichlich Gelegenheit zu Liebesabenteuern« einschließt. »Die romantische Liebe unserer Gesellschaft, untrennbar verbunden mit Vorstellungen von Monogamie, Ausschließlichkeit, Eifersucht und unerschütterlicher Treue, gibt es auf Samoa nicht.«[41] Was für ein herrlicher Ort!

Der Einfluß von Meads Entdeckungen auf das Denken des 20. Jahrhunderts ist kaum zu überschätzen. Behauptungen über das Wesen der menschlichen Natur sind immer eine fragwürdige Angelegenheit, stets in Gefahr, widerlegt zu werden durch die Entdeckung auch nur einer einzigen Kultur, in der diese Elemente grundsätzlich fehlen. Die längste Zeit dieses Jahrhunderts bekam jeder, der solche Thesen aufstellte, als einzigen Einwand die stereotype Frage zu hören: »Und was ist mit Samoa?«

1983 veröffentlichte der Ethnologe Derek Freeman ein Buch mit dem Titel *Margaret Mead and Samoa: The Making and Unmaking of an Anthropoligical Myth* (dt. *Liebe ohne Aggression. Margaret Meads Legende von der Friedfertigkeit der Naturvölker*). Freeman hatte fast sechs Jahre auf Samoa gelebt (Mead hatte nur neun Monate dort verbracht und bei ihrer Ankunft die Sprache der Eingeborenen nicht gesprochen) und kannte sich hervorragend aus in den Berichten über die ältere Geschichte der Insel, die Zeit, bevor die Berührung mit der westlichen Zivilisation hier vieles verändert hatte. Sein Buch hat Margaret Meads Ruf als große Ethnologin arg ramponiert. Das Bild, das er von der dreiundzwanzigjährigen Verfasserin von *Coming of Age in Samoa* zeichnete, zeigt diese als naive Idealistin, die mit den Ideen des seinerzeit modischen kulturellen Determinismus als geistigem Reisegepäck auf der Insel eintraf, es nicht für nötig hielt, unter den Eingeborenen zu leben, und daher ihre Daten bei vorausgeplanten und vorher abgesprochenen Interviews erheben mußte. Dabei wurde sie von samoanischen Mädchen hinters Licht geführt, die immer wieder Spaß daran fanden, der Interviewerin einen Bären aufzubinden. Freeman griff Meads Daten auf ganzer Linie an – vom vermeintlichen Fehlen der Statuskonkurrenz unter den Samoanern bis zur schlichten Seligkeit des Jugendalters auf Samoa. Doch in unserem Zusammenhang interessiert allein das Thema Sexualität: die vorgeblich minimale Bedeutung, die Motiven wie Eifersucht und männlichem Besitzanspruch zukommt, die augenscheinliche Immunität der Männer gegen die Madonna/Hure-Dichotomie.

Bei genauer Betrachtung erweisen sich allerdings Meads Einzelbefunde als weniger radikal als ihre glatten, vielbeachteten Verallgemeinerungen. Sie räumte ein, daß samoanische Männer es als besondere Heldentat betrachteten, eine Jungfrau zu verführen. Sie hielt auch fest, daß jedes Dorf seine Zeremonialjungfrau hatte – ein Mädchen vornehmer Abkunft, oft eine Häuptlingstochter, die sorgfältig bewacht aufwuchs, bis sie am Tag ihrer Hochzeit im Zuge einer öffentlichen »Virginitätsprüfung« manuell defloriert wurde. Indes verkörperten diese Mädchen laut Mead Abweichungen von der allgemeinen Regel, waren »ausgeschlossen« von dem »freien und bequemen Experimentieren« mit der Sexualität, das unter der samoanischen Jugend die Norm war. Mädchen von niedrigerem Rang konnten stets sicher sein, daß ihre Eltern »die [erotischen] Eskapaden ihrer Töchter freundlich übersehen«.[42] Fast hinter vorgehaltener Hand registrierte Mead, daß eine »Virginitätsprobe theoretisch bei Personen jeden Standes vor der Hochzeit durchgeführt wurde«, tat die Zeremonie jedoch als – leicht zu umgehende und häufig umgangene – reine Formalität ab.

Freeman wies Beobachtungen, über die Mead in ihrer Darstellung mehr oder weniger hinweggegangen war, den ihnen gebührenden Stellenwert zu und zeigte darüber hinaus Sachverhalte auf, die ihr völlig entgangen waren. Ihm zufolge stellte Virginität der Braut in den Augen heiratswilliger Männer einen so hohen Wert dar, daß ein heranreifendes junges Mädchen gleich welchen Stands von ihren Brüdern mit Argusaugen bewacht wurde. »Es kam vor, daß ein Mädchen von ihren Brüdern beschimpft, manchmal sogar geschlagen wurde, wenn sie in Gesellschaft eines jungen Mannes angetroffen wurde, der es angeblich auf ihre Jungfräulichkeit abgesehen hatte.« Was den verdächtigten jungen Mann betraf, so konnte es ihm »in einer solchen Situation recht übel ergehen«; er riskierte, mit »tödliche[r] Wut« angegriffen und »verprügelt« zu werden. Junge Männer, die bei der Brautschau erfolglos waren, verschafften sich zuweilen eine Braut, indem sie sich bei Nacht zu einer Jungfrau ins Bett stahlen, sie gewaltsam deflorierten und dann drohten, ihren Makel zu enthüllen, falls sie nicht bereit sei, mit dem Vergewaltiger die Ehe einzugehen (unter Umständen im Zuge einer Entführung, weil die Entführung der Braut das sicherste Mittel war, die Virginitätsprüfung zu umgehen). Eine Frau, die sich am Hochzeitstag nicht als Jungfrau erwies, wurde öffentlich geschmäht mit einem Ausdruck, der sich in etwa mit »Hure« übersetzen läßt. In der samoanischen Folklore wird eine Braut, der die Jungfernschaft fehlt, als »launisches Weib, gleich einer offenen Muschel« beschrieben. Ein Lied, das bei der öffentlichen Entjungferungszeremonie gesungen wurde, enthielt die Zeilen:

Alle andern mühten sich vergeblich um Einlaß,
alle anderen mühten sich vergeblich um Einlaß.
[...]
Er ist er erste, weil er zuerst kam,
der erste, weil er zuerst kam.
Oh, der allererste zu sein!
Der Pfeil traf sein Ziel, oh, welch ein Ziel!

Dies sind nicht die Merkmale einer Kultur, in der sexuelle Freiheit herrscht.[43]

Aus heutiger Sicht hat es den Anschein, daß manche der vermeintlichen westlichen Verirrungen, deren Fehlen Mead in Samoa entdeckt haben wollte, höchstens durch westlichen Einfluß *unterdrückt* worden waren. Die Anwesenheit christlicher Missionare hatte laut Freeman bewirkt, daß die Virginitätsprüfungen aus der Öffentlichkeit in privatere Bezirke verlegt wurden – in die Intimität der Häuser, hinter einen Wandschirm. Selbst Mead notierte, daß es »in früheren Zeiten« für die *taupou* – die Zeremonialjungfrau des Dorfs – eine Katastrophe war, wenn sie bei der Virginitätsprüfung an ihrem Hochzeitstag nicht für unberührt befunden wurde, denn dann »fielen die weiblichen Verwandten über sie her, schlugen sie mit Steinen und brachten ihr dabei entstellende, manchmal sogar tödliche Verletzungen bei, weil sie Schande über das Haus gebracht hatte«.[44]

Ebenso verhält es sich mit der Eifersucht der Samoaner, die, so Mead, ein nach westlichen Maßstäben sehr gedämpfter Affekt war: Sie dürfte durch Westler gedämpft worden sein. Wie Mead ausführte, konnte ein Ehemann, der seine Frau beim Ehebruch ertappt hatte, durch ein schlichtes Bußritual versöhnt werden, das nach Meads Darstellung in gütiger Atmosphäre endete. Der Übeltäter hatte sich in Begleitung aller Männer seines Haushalts, »jeder in eine feine Matte, die Landeswährung, gehüllt«, zum Haus des gekränkten Ehemanns zu begeben; »die Bittsteller setzen sich außerhalb des Hauses nieder, ihre Matten über die Köpfe gebreitet, die Hände auf der Brust gefaltet, die Köpfe gesenkt in der Haltung tiefster Zerknirschung und Demütigung«. So sitzen sie den ganzen Tag, bis gegen Abend schließlich der Gekränkte Verzeihung gewährt, die feinen Matten als Entschädigung für das erlittene Unrecht entgegennimmt und beide Häuser beim gemeinsamen Mahl das Kriegsbeil begraben. »In alten Zeiten«, so merkte Mead dazu an, konnte es natürlich auch vorkommen, daß des beleidigten Ehemanns Herz durch die zeremonielle Selbstdemütigung nicht erweicht wurde; dann »nahm er wohl auch eine Keule und ging mit seinen Leuten hinaus und tötete, die draußen saßen«.[45]

Daß die Gewalttätigkeit auf Samoa unter dem Einfluß des Christentums abnahm, ist natürlich ein Zeugnis für die Formbarkeit des Menschen. Aber wenn es uns je gelingen soll, die komplexen Parameter dieser Formbarkeit zu ermitteln, müssen wir uns klar darüber sein, was Kerndisposition und was modifizierender Einfluß ist. Margaret Mead und mit ihr der ganze Trupp der um die Jahrhundertmitte florierenden Kulturdeterministen spannten immer wieder den Wagen vor das Pferd.

Bei der Klärung der Sachlage hilft der Darwinismus. Eine neue Generation von Ethnologen, darwinistisch geschult, durchkämmt die alten Ethnographien, führt neue Feldforschungen durch und bringt Dinge zutage, denen frühere Ethnologen entweder zuwenig Bedeutung beigemessen oder überhaupt nicht wahrgenommen hatten.

Dabei geraten viele Sachverhalte in den Blick, die als Elemente der »menschlichen Natur« in Frage kommen. Und einer der aussichtsreichsten Kandidaten ist die Madonna/Hure-Dichotomie. In exotischen Kulturen von Samoa über Mangaia bis zum Land der Ache in Südamerika ist der Ruf der Promiskuität etwas, dem Männer auf der Suche nach einer Langzeit-Lebenspartnerin geflissentlich aus dem Weg gehen.[46] Und der Blick in die Folklore zeigt, daß der polare Gegensatz »das gute Mädchen/das böse Mädchen« ein Motiv ist, das sich durch die Zeiten und Kulturen zieht – im Fernen Osten, in den islamischen Ländern, in Europa, ja sogar im präkolumbischen Amerika.[47]

Im psychologischen Labor entdeckte David Buss unterdessen, daß Männer eine scharfe Trennungslinie ziehen zwischen Kurzzeit- und Langzeit-Partnerinnen. Indizien, die auf Promiskuität hindeuten (so etwa ein tiefer Ausschnitt oder eine aggressive Körpersprache), werten Frauen als mögliche Kurzzeit-Partnerinnen auf, als mögliche Langzeit-Partnerinnen ab. Indizien, die auf sexuelle Unerfahrenheit hindeuten, wirken im umgekehrten Sinn.[48]

Zum gegenwärtigen Zeitpunkt kann sich die Hypothese, daß die Madonna/Hure-Dichotomie zumindest partiell eine angeborene Grundlage hat, auf starke theoretische Argumente sowie beachtliches – wenn auch kaum vollständiges – ethnologisches und psychologisches Faktenmaterial stützen. Und natürlich ist da auch noch das Zeugnis lebenserfahrener Mütter in vielen Weltgegenden, die ihren Töchtern warnend einschärfen, was passieren wird, wenn ein Mann den Eindruck gewinnt, daß sie »so eine« sind: Er wird »die Achtung vor dir verlieren«.

Spröde und leichtfertige Frauen

Die Madonna/Hure-Dichotomie ist eine künstliche Zweiteilung eines Kontinuums. Im wirklichen Leben sind Frauen nicht *entweder* »spröde« *oder* »leichtfertig«; weibliche Promiskuität erstreckt sich auf gleitender Skala vom Wert »absolut nicht« bis zum Wert »total«. Die Frage, warum manche Frauen dem einen, andere dem andern Typ angehören, ist deshalb sinnlos. Sinnvoll ist dagegen die Frage, warum eine Frau einem Ende des Spektrums näher steht als eine andere – warum Frauen sich im ungefähren Grad ihrer sexuellen Zurückhaltung unterscheiden. Und wie steht es diesbezüglich mit den Männern? Warum sind manche Männer offenbar zu unerschütterlicher Monogamie befähigt, andere dagegen versucht und bereit, vom Pfad der reinen Tugend unterschiedlich weit abzuweichen? Ist dieser Unterschied zwischen Madonnen und Huren, zwischen häuslichen Männern und Schürzenjägern genetisch bedingt? Die Antwort ist ein eindeutiges Ja. Aber eindeutig ist die Antwort nur deswegen, weil der Ausdruck »genetisch bedingt« so vieldeutig ist, daß er eigentlich gar nichts bedeutet.

Betrachten wir zunächst die landläufige Bedeutung von »genetisch bedingt«. Sind von dem Moment an, wo ein Spermium ihres Vaters in die Eizelle ihrer Mutter eindringt, einige Frauen mit nahezu schicksalhafter Notwendigkeit zur Madonna, andere zur Hure bestimmt? Werden Männer mit der gleichen im Uterus zustande gekommenen Zwangsläufigkeit treu oder flatterhaft?

Die Antwort lautet für Männer wie für Frauen: Es ist unwahrscheinlich, aber nicht unmöglich. In der Regel werden zwei extrem verschiedene alternative Eigenschaften von der natürlichen Selektion nicht erhalten. Gewöhnlich bedeutet eine von beiden einen etwas größeren Reproduktionsvorteil – und damit eine etwas stärkere genetische Weitergabe – als die andere. Selbst wenn der Vorsprung minimal ist, müßte sich die betreffende Eigenschaft in hinreichend großen Zeiträumen gegen die andere durchsetzen.[49] Das ist der Grund, warum der Durchschnittsmensch in aller Herren Ländern die gleichen Gene hat wie Sie und

ich. Nun gibt es allerdings auch eine sogenannte frequenz-
abhängige Selektion; sie tritt ein, wenn der ursprüngliche
Reproduktionsvorteil mit zunehmender Häufigkeit (»Frequenz«) der Eigenschaft in der Population (bzw. des entsprechenden Gens im Genpool) abnimmt: Die natürliche
Auslese setzt in diesem Fall der Ausbreitung des Merk-
mals/Gens eine Grenze, so daß Existenzraum für die Alternative bleibt.

Betrachten wir beispielsweise den Bluegill oder Blauen
Sonnenfisch *(Lepomis macrochirus)*, ein in Süßwasserhabi-
taten der mittleren und südlichen USA sehr verbreiteter
Sportfisch, Mitglied der Familie der Sonnenfische *(Centrar-
chidae*, Ordnung *Perciformes)*.[50] Das durchschnittliche Bluegill-Männchen baut, wenn es geschlechtsreif ist, haufen-
weise Nester, wartet, bis Weibchen dort ihre Eier ablegen,
befruchtet dann die Eier und bewacht sie. Es ist ein tüchti-
ges Mitglied der Gemeinschaft. Allerdings hat der Bieder-
mann unter Umständen bis zu 150 Nester zu beaufsichti-
gen, und das liefert ihn den Anschlägen der Männchen eines anderen Bluegill-Typs aus, eines Vagabunden und Ab-
staubers. Der Vagabund schleicht in der Nähe der Nester
umher, befruchtet bei sich bietender Gelegenheit heimlich
die Eier, stiebt schleunigst wieder davon und überläßt die
von ihm befruchteten Eier in der Obhut des übertölpelten
Biedermanns. In einem bestimmten Lebensalter nehmen
die Vagabunden sogar Färbung und Habitus von Weibchen
an, um ihr heimliches Tun zu tarnen.

Es ist leicht einzusehen, warum das Zahlenverhältnis
zwischen Bluegill-Biedermännern und Bluegill-Vagabun-
den auf Dauer gesehen in fluktuierendem Gleichgewicht
bleibt. Die Vagabunden müssen im Sinn der Fortpflanzung
ziemlich erfolgreich operieren, sonst gäbe es sie längst
nicht mehr. Doch je größer aufgrund dieses Erfolgs der
Anteil der Vagabunden an der Fischpopulation wird, desto
mehr schwindet die Basis ihres Erfolgs, weil zugleich der
relative Bestand an ausbeutbaren Biedermännern schwin-

det, die für die Vagabunden die Alimente zahlen. Die Vagabunden befinden sich in einer Lage, in der Erfolg sich selber straft. Je mehr von ihnen es gibt, desto geringer wird die Zahl der Nachkommen pro Vagabund.

Rein theoretisch müßte der Anteil von Vagabunden an der Gesamtpopulation so lange wachsen, bis der durchschnittliche Bluegill-Vagabund ebenso viele Nachkommen hat wie der durchschnittliche Bluegill-Biedermann. Bei diesem Stand der Dinge würde jede weitere Verschiebung des Populationsanteils – sei's Wachstum, sei's Schrumpfung – den Reproduktionswert der zwei Fortpflanzungsstrategien so verändern, daß er der Verschiebung entgegenwirken würde. Dieses Gleichgewicht bezeichnet man als »evolutionär stabilen« Zustand. Der Ausdruck wurde geprägt von dem britischen Biologen John Maynard Smith, der in den siebziger Jahren das Konzept der frequenzabhängigen Selektion in aller Ausführlichkeit entwickelte.[51] Bei den Blauen Sonnenfischen haben die Vagabunden vermutlich schon vor längerer Zeit ihren evolutionär stabilen Anteil an der Population erreicht, der bei etwa 20 Prozent zu liegen scheint.

Die Dynamik des sexuellen Betrugs ist bei den Menschen eine andere als bei den Blauen Sonnenfischen, nicht zuletzt dank der bei Säugetieren vorherrschenden internen Befruchtung. Indes hat Richard Dawkins mittels eines auch auf unsere Spezies anwendbaren abstrakten Kalküls gezeigt, daß Maynard Smith' Logik ein Schuh ist, der im Prinzip auch uns paßt. Mit andern Worten: Es ist durchaus eine Situation vorstellbar, in der weder spröde noch leichtfertige Frauen, weder treue noch flatterhafte Männer das Monopol auf die ideale Reproduktionsstrategie besitzen. Vielmehr variiert der Erfolgsgrad jeder einzelnen Strategie mit dem Verbreitungsgrad der drei anderen, so daß die Anteile der vier Subpopulationen an der Gesamtpopulation zu einer stabilen Relation tendieren. So kam Dawkins beispielsweise zu dem Ergebnis, daß unter bestimmten Voraussetzungen fünf Sechstel der Weibchen spröde und fünf Achtel der Männer treu wären.[52]

Haben Sie diesen Sachverhalt einmal verstanden, ist es ratsam, ihn wieder zu vergessen. Vergessen Sie aber nicht nur die verschiedenen Populationsbruchteile als solche, die offenkundig ihr Dasein willkürlichen Annahmen im Rahmen hochgradig künstlicher Modelle verdanken. Vergessen Sie die ganze Idee, daß jedes Individuum auf diese oder jene bestimmte Strategie festgelegt sein müsse.

Wie Maynard Smith und Dawkins erkannten, pendelt sich die Evolution ebenso auf einen stabilen Zustand ein, wenn die Annahme lautet, daß die in jenen magischen Bruchzahlen ausgedrückten quantitativen Relationen *innerhalb* der Individuen (nicht *zwischen* ihnen) existieren – das heißt, wenn sich jedes Weibchen bei fünf Sechsteln aller Paarungsgelegenheiten, die sich ihm bieten, spröde und jedes Männchen bei fünf Achteln aller Paarungsgelegenheiten abweisend verhält. Das gilt auch, wenn die Bruchzahlen *zufällig* zustande kommen – zum Beispiel wenn jeder Mensch angesichts einer erotischen Chance die Entscheidung darüber, ob er sie nutzen soll oder nicht, dem Los überläßt. Stellen Sie sich vor, wieviel wirkungsvoller es ist, wenn die Person die Lage jedesmal (bewußt oder unbewußt) erwägt und rational abwägt, welche Strategie sich unter den gegebenen Umständen als die vorteilhafteste erweisen dürfte.

Oder stellen Sie sich eine andere Art von Flexibilität vor: eine Persönlichkeitsentwicklung, die so programmiert ist, daß in der Kindheit eine Begutachtung und Bewertung der örtlichen sozialen Umwelt vorgenommen und im Erwachsenenalter dann die Hinwendung zu einer Strategie mit maximaler Erfolgsaussicht vollzogen wird. Um das Ganze in die Welt der Blauen Sonnenfische zu übertragen: Stellen Sie sich ein Männchen vor, das in seiner Jugend das Habitat erkundet, den Bestand an ausbeutbaren Biedermännern berechnet und *daraufhin* entscheidet – oder zumindest »entscheidet« –, ob es als Vagabund weiterleben wird. Diese Flexibilität müßte sich zu guter Letzt in der gesamten Population durchsetzen und die beiden starreren Strategien verdrängen.

Die Moral von der Geschicht': Wo beide miteinander konkurrieren, obsiegt gewöhnlich Wendigkeit über Starrheit. Einen Teilsieg scheint die Wendigkeit sogar bei den Blauen Sonnenfischen errungen zu haben, die nicht gerade dafür bekannt sind, daß sie eine hochentwickelte Hirnrinde hätten. Zwar richten Gene das Bluegill-Männchen auf die eine oder die andere Strategie aus, aber diese Ausrichtung ist nicht vollständig determiniert. Das Männchen verarbeitet Informationen aus seiner heimischen Umgebung, ehe es sich für eine der beiden Strategien »entscheidet«.[53] Es bedarf wohl keines Beweises, daß auf dem Weg von den Fischen zu uns der wahrscheinliche Grad an Flexibilität zunimmt. Wir haben ein riesiges Gehirn, dessen einziger Daseinsgrund geschickte Anpassung an variable Umweltbedingungen ist. Angesichts der Vielzahl von Faktoren im sozialen Umfeld eines Menschen, die den relativen Wert von Madonnen- und Hurenrolle, von Treuer-Ehemann- und Schürzenjäger-Rolle verändern können – Faktoren, zu denen nicht zuletzt auch die Art und Weise zählt, wie andere Menschen auf jemandes persönliche Stärken und Schwächen reagieren –, wäre es seitens der natürlichen Selektion ganz untypische Borniertheit, nicht Gene zu begünstigen, die für solche Faktoren empfängliche und entsprechend reaktionsbereite Gehirne bauen.

So auch in vielen andern Bereichen. Der Wert, der darin liegt, ein bestimmter »Typ« Mensch zu sein – zum Beispiel hilfsbereit und entgegenkommend oder ein Geizhals –, hängt in der Stammesgeschichte von Faktoren ab, die von Epoche zu Epoche, von Ort zu Ort, von Mensch zu Mensch wechseln. Gene, die unsere Vorfahren unwiderruflich auf einen Persönlichkeitstyp festlegten, müßten theoretisch in der Konkurrenz mit Genen unterlegen sein, welche die Festigung der Persönlichkeit auf geschmeidige Weise vonstatten gehen läßt.

In diesem Punkt gehen die Meinungen freilich auseinander. In der einschlägigen Literatur finden sich eine Reihe von Artikeln, die mit Titeln wie *The Evolution of the »Con Artist«*[54] (Die Evolution des Hochstaplers) überschrieben sind. Und wenn wir ins Reich der Madonnen und Huren zurückkehren, so begegnen wir dort einer Theorie, derzufolge manchen Frauen der Hang zu einer »Mein Sohn soll ›sexy‹ sein«-Strategie angeboren ist: Sie schlafen promiskuitiv mit sexuell attraktiven (gutaussehenden, intelligenten, kraftstrotzenden usw.) Männern und setzen so die hohe Investition von der männlichen Seite aufs Spiel, die sie sich mit madonnenhafterem Verhalten sichern könnten – können aber dafür auf der Gewinnseite die gesteigerte Wahrscheinlichkeit verbuchen, daß männliche Nachkommen attraktiv wie der Vater sein und infolgedessen ihrerseits reichlich Nachwuchs haben werden. Theorien dieser Art sind interessant, stehen aber allesamt vor demselben Problem: So wirksam die Strategien des Hochstaplers wie der promiskuitiven Frau auch sein mögen, noch wirksamer sind sie, wenn sie mit Flexibilität verbunden sind – wenn sie bei Anzeichen eines wahrscheinlichen Scheiterns aufgegeben werden können.[55] Und das menschliche Gehirn ist nun wirklich recht flexibel.

Diese Flexibilität zu betonen heißt nicht, zu behaupten, alle Menschen würden in psychologischer Hinsicht gleich geboren und alle Unterschiede in den Persönlichkeitsmerkmalen seien milieubedingt. In Eigenschaften wie Nervosität und Extraversion kommen ganz offenkundig bedeutsame genetische Unterschiede zum Tragen. Die »Erblichkeit« dieser Eigenschaften hat etwa den Wert 0,4. Das heißt, etwa 40 Prozent der individuellen Unterschiede bei diesen Eigenschaften sind genetisch erklärbar. (Zum Vergleich: Die Erblichkeit der Körpergröße liegt bei 0,9; die Größenunterschiede zwischen einzelnen Menschen sind zu 20 Prozent auf unterschiedliche Ernährung und andere Umweltbedingungen zurückzuführen.) Die Frage ist: *Warum* existiert diese zweifelsohne bedeutsame genetische Variation der Persönlichkeitsmerkmale? Repräsentieren graduelle genetische Unterschiede bei der Veranlagung zur Extraversion unterschiedliche Persönlichkeits-»Typen«, von denen sich jeder nach einem höchst komplizierten frequenzabhängigen Ausleseprozeß stabilisiert hat? (Obzwar Frequenzabhängigkeit klassischerweise für zwei oder drei Strategien ermittelt wird, könnte sie auch ein feiner abgestuftes Schema liefern.) Oder sind die Unterschiede in den Erbanlagen, informationstheoretisch gesprochen, nur »Rauschen« – ein zufälliges Nebenprodukt der Evolution, das von der natürlichen Selektion nicht eigens berücksichtigt wird? Genau weiß es niemand, und die Mutmaßungen darüber gehen unter Evolutionspsychologen auseinander.[56] Einig sind sich jedoch alle darin, daß Persönlichkeitsunterschiede sehr viel mit der Evolution der menschlichen Formbarkeit zu tun haben – mit der »entwicklungspsychologischen Plastizität«, wie sie es nennen.

Diese Betonung der Entwicklungspsychologie wirft uns keineswegs auf den Standpunkt zurück, auf dem die Sozialwissenschaftler vor fünfundzwanzig Jahren standen, als sie noch alles, was sie sahen, auf – häufig nicht einmal sonderlich klar umschriebene – »Umwelteinflüsse« zurückführten. Eines der wichtigsten, wenn nicht *das* wichtigste Versprechen der Evolutionspsychologie ist, einen Beitrag zur Spezifizierung dieser Einflüsse zu leisten und damit zur Schaffung einer brauchbaren Theorie der Persönlichkeitsentwicklung. Mit anderen Worten: Die Evolutionspsychologie kann uns nicht nur erkennen helfen, wo die »Reglerknöpfe« der menschlichen Natur sitzen, sondern auch wie und wodurch die Knöpfe eingestellt werden. Sie belehrt uns nicht nur darüber, daß (und warum) sexuelle Abwechslung für Männer in allen Kulturen eine höchst reizvolle Angelegenheit ist, sondern kann uns auch

Anhaltspunkte dafür liefern, unter welchen Bedingungen die Begierde nach sexueller Abwechslung bei manchen Männern zwingender wird als bei andern. Sie zeigt uns nicht nur, daß (und warum) Frauen in allen Kulturen sexuell zurückhaltender sind als Männer, sondern verheißt uns auch Hilfe bei der Klärung der Frage, warum manche Frauen von diesem Verhaltensmuster abweichen.

Ein treffendes Beispiel findet sich in Robert Trivers' Aufsatz über die elterliche Investition (1972). Dort sind zwei Schemata erwähnt, die Sozialwissenschaftlern schon vorher aufgefallen waren: 1. Je attraktiver ein Mädchen an der Schwelle zum Erwachsenenalter ist, desto höher ist die Wahrscheinlichkeit, daß es »hinauf« heiratet – will sagen: einen Mann heiratet, der auf der sozialökonomischen Stufenleiter höher steht als es selbst. 2. Je mehr sexuelle Aktivität ein Mädchen an den Tag legt, desto geringer ist die Wahrscheinlichkeit, daß es »hinauf« heiratet.

Dazu ist als erstes zu sagen, daß in darwinistischer Sicht jedes der beiden Schemata für sich genommen sinnvoll ist. Ein reicher Mann mit hohem sozialen Status kann aus einem breiten Angebot von Eheaspirantinnen wählen. Folglich tendiert er dazu, sich für eine gutaussehende und zugleich relativ madonnenhafte Frau zu entscheiden. Trivers setzte die Analyse über diesen Punkt hinaus fort. Könnte es nicht sein, fragte er, »daß Frauen ihre Reproduktionsstrategie in der Adoleszenz ihren vorhandenen Vorzügen anpassen«?[57] Mit anderen Worten: Es wäre möglich, daß heranwachsende Mädchen, die durch soziales Feedback schon früh darüber belehrt werden, daß sie schön sind, aus diesem Kapitel den größten Profit zu schlagen suchen, indem sie sexuell zurückhaltend werden und so einen sozial hochstehenden Mann, der sich eine hübsche Madonna wünscht, zur Langzeit-Investition anreizen. Und daß weniger attraktive Frauen mit entsprechend geringerer Chance, mit dem Mittel sexueller Zurückhaltung den Jackpot zu knacken, stärker zur Promiskuität neigen und sich die Ressourcen häppchenweise bei mehreren Männern abholen. Wenngleich diese Promiskuität ihren Wert als Ehefrauen etwas beeinträchtigen mag, hätte sie in der Ur-Umwelt ihre Chancen, einen Ehegefährten zu finden, nicht vollständig ruiniert. In der durchschnittlichen Jäger-und-Sammler-Gesellschaft kann fast jede gebärfähige Frau einen Ehemann finden, auch wenn der alles andere sein mag als der ideale Gatte oder sie ihn mit einer anderen Frau teilen muß.

Darwinismus und Sozialpolitik

Trivers' Szenario setzt seitens der attraktiven Frau keine *bewußte* Entscheidung voraus, ihren Schatz zu hüten (wenngleich eine solche mit im Spiel sein könnte, und wenngleich – was noch wichtiger ist – Eltern aus genetischen Gründen dazu neigen könnten, einer Tochter um so nachdrücklicher sexuelle Zurückhaltung einzuschärfen, je hübscher sie ist). Auch ist nicht immer gesagt, daß einer unattraktiven Frau »klar wird«, daß sie es sich nicht leisten kann, in bezug auf Männer wählerisch zu sein, und sie sich daher auf sexuelle Kontakte einläßt, die aus darwinistischer Sicht alles andere als ideal sind. Es könnte sehr wohl auch ein unbewußter Wirkungsmechanismus am Werk sein, eine allmähliche Formung der sexuellen Strategie – lies: der »moralischen Werte« – aufgrund von Erfahrungen während der Adoleszenz.

Theorien wie diese sind von Bedeutung. Es wurde viel geredet über das Problem lediger Mütter im Teenageralter, vor allem bei den Armen. Aber niemand weiß wirklich, wie sich sexuelle Gewohnheiten entwickeln und wie festgelegt sie sind. Es wird viel geredet über Stärkung des »Selbstwertgefühls«; was aber Selbstwertgefühl ist, wozu es da ist und was es leistet, darüber ist wenig bekannt.

Die Evolutionsbiologie ist noch nicht in der Lage, guten

Gewissens die bislang fehlende Grundlage für Diskussionen dieser Art bereitzustellen. Das liegt nicht daran, daß es an plausiblen Theorien fehlte: Woran es fehlt, sind Studien zur Überprüfung der Theorien. Trivers' Theorie hat zwei Jahrzehnte lang auf Eis gelegen. 1992 entdeckte ein Psychologe genau das, was die Theorie prognostiziert – eine Korrelation zwischen dem Selbstbild von Frauen und ihren sexuellen Gewohnheiten: Je weniger attraktiv eine Frau sich findet, desto mehr Sexualpartner hat sie. Ein anderer Forscher vermochte die prognostizierte Korrelation jedoch nicht zu entdecken. Wichtiger noch: Keine der beiden Untersuchungen war speziell zur Überprüfung von Trivers' Theorie durchgeführt worden; tatsächlich war die Theorie keinem der beiden Forscher bekannt.[58] So ist der augenblickliche Stand der Evolutionspsychologie: viel fruchtbarer Boden, wenige Ackerleute.

Wahrscheinlich wird Trivers' Theorie – wenn nicht im ganzen, so doch ihr Grundgedanke – am Ende bestätigt werden. Und der lautet: Die sexuelle Strategie einer Frau hängt wahrscheinlich davon ab, welchen Gewinn (auf genetischer Ebene) die einzelnen zur Wahl stehenden Strategien unter den im konkreten Fall gegebenen Umständen abzuwerfen versprechen. Die Einbeziehung der jeweiligen Umstände in die Gleichung geht allerdings schon über das hinaus, was Trivers als unabhängige Variable angesetzt hatte: die Eignung der einzelnen Frau zur Wunschkandidatin der Männer. Ein weiterer Faktor, der zu berücksichtigen wäre, ist die insgesamt verfügbare elterliche Investition von männlicher Seite. Sie war in der Ur-Umwelt sicherlich Fluktuationen unterworfen. So konnte zum Beispiel in einem Dorf, das gerade von Männern eines Nachbardorfs überfallen worden war, die zahlenmäßige Relation von Frauen zu Männern sprunghaft gestiegen sein – nicht nur wegen der im Kampf Gefallenen, sondern weil die siegreichen Krieger gewöhnlich die männlichen Verlierer töten oder vertreiben und ihre Frauen in Besitz nehmen.[59] Über Nacht konnten sich so die Aussichten einer jungen Frau auf die ungeteilte Investition eines Manns in nichts auflösen. Auch Hungersnot oder unverhoffter Überfluß dürften das Investitionsschema verändert haben. Bei derart wechselhaften Strömungen müßten theoretisch alle Gene auf Erfolg programmiert gewesen sein, die den Frauen das Navigieren in diesen Gewässern erleichterten.

Es gibt erste Indizien dafür, daß dies der Fall war. Einer Studie der Ethnologin Elizabeth Cashdan zufolge neigen Frauen, die Männer im allgemeinen als auf unverbindliche sexuelle Kontakte erpichte Schürzenjäger erleben, stärker dazu, aufreizende Kleider zu tragen und häufig Sexualkontakt zu haben, als Frauen, für die Männer sich im allgemeinen als bereit und willens darstellen, in Nachkommenschaft zu investieren.[60] Daß einige Frauen sich des Zusammenhangs zwischen den lokalen Gegebenheiten und ihrem Lebensstil bewußt sind, ist zwar möglich, aber nicht notwendig. Es ist vielleicht einfach so, daß in einer Welt von Männern, die nicht willens oder nicht fähig sind, die Rolle des hingebungsvollen Vaters zu übernehmen, flüchtiger sexueller Kontakt auf Frauen einen größeren Reiz ausübt – mit anderen Worten: daß ihre »Moral« sich lokkert. Und wenn die Marktlage sich plötzlich bessert – wenn die zahlenmäßige Relation von Männern zu Frauen steigt oder die Männer aus irgendeinem andern Grund zu einer Strategie hoher Investitionsbereitschaft wechseln –, wechseln parallel dazu vielleicht auch die sexuelle Ansprechbarkeit und das moralische Empfinden der Frauen.

Das alles ist in der gegenwärtigen frühen Wachstumsphase der Evolutionspsychologie notwendigerweise spekulativ. Doch zeichnet sich bereits ab, mit welcher Art Einsichten wir künftig in zunehmendem Maß rechnen dürfen. So ist zum Beispiel »Selbstwertgefühl« mit an Sicherheit grenzender Wahrscheinlichkeit für Jungen und Mädchen weder den Quellen noch den Wirkungen nach das gleiche. Mädchen im Backfischalter dürfte – ganz so, wie es Trivers' Theorie entspricht – soziales Feedback, das ihnen Spiegel besonderer eigener Schönheit ist, ein hohes Selbstwertgefühl vermitteln, das sie dann zu sexueller Zurückhaltung veranlaßt. Bei Jungen dürfte extrem hohes Selbstwertgefühl den gegenteiligen Effekt zeitigen und sie zu besonders intensiver Jagd nach flüchtigen sexuellen Eroberungen anstiften, was für gutaussehende Männer mit hohem sozialen Status in der Tat leichter ist. An vielen amerikanischen High Schools werden die den Dressman-Typ verkörpernden Stars der Schulsport-Teams von ihren Mitschülern nur halb im Spaß als »Hengste« bezeichnet. Und für alle Leser, die auch für das Selbstverständliche einen wissenschaftlichen Beweis verlangen, sei es eigens gesagt: Gutaussehende Männer haben erwiesenermaßen mehr Sexualpartner als der Durchschnittsmann.[61] (Frauen legen nach eigenem Bekunden mehr Gewicht auf das Aussehen eines Sexualpartners, wenn die Beziehung ihrer Voraussicht nach nicht lange halten wird. Anscheinend sind sie unbewußt bereit, für gute Gene auf weitergehende Investition von der männlichen Seite zu verzichten.[62])

Hat ein Mann mit hohem Selbstwertgefühl erst einmal geheiratet, ist er unter Umständen nicht der allertreueste Ehemann. Es ist anzunehmen, daß dank seiner diversen äußeren Vorzüge die Schürzenjägerei für ihn noch immer ein praktikabler Lebensstil ist, selbst wenn er sie jetzt heimlich betreiben muß. (Und man weiß nie, ob nicht irgendwann einmal so ein Seitensprung seine eigene Dynamik entwickelt und zur Desertion aus der bestehenden Ehe führt.) Männer mit nicht ganz so stark ausgeprägtem Selbstwertgefühl geben vielleicht in mancher Hinsicht weniger begehrenswerte, aber dafür treuere Ehemänner ab. Da ihre Chancen für außereheliche Affären geringer und sie sich vielleicht auch der Treue der eigenen Frau nicht ganz so sicher sind, könnte es sein, daß sie ihre Energie und ihre Aufmerksamkeit stärker auf ihre Familie konzentrieren. Männer mit *extrem* geringem Selbstwertgefühl indessen greifen bei anhaltender Vergeblichkeit ihres Werbens um Frauen am Ende vielleicht zur Vergewaltigung. Unter Evolutionsbiologen wird derzeit noch darüber debattiert, ob Vergewaltigung eine evolutionäre Anpassung ist und als solche eine Strategie, auf die sich jeder Mann, den in jungen Jahren ein hinreichendes Maß an entmutigendem Feedback aus seiner sozialen Umwelt erreicht, später einmal verlegen kann. Fest steht, daß Vergewaltigung ein Phänomen ist, das in einer breiten Vielfalt von Kulturen vorkommt, und zwar häufig unter exakt zu erwartenden Bedingungen: eben dann, wenn Männer sich schwertun, auf legitimem Weg attraktive Sexualpartnerinnen zu finden. Eine (nicht darwinistisch orientierte) Studie kam zu dem Ergebnis, daß der typische Vergewaltiger geplagt ist von »tiefsitzenden Unzulänglichkeits- und Untauglichkeitsgefühlen in bezug auf die eigene Person. Sowohl auf sexuellem wie auf nichtsexuellem Gebiet fehlt ihm das männliche Selbstvertrauen«.[63]

Weitere Einsichten, zu denen das neue darwinistische Paradigma verhelfen dürfte, betreffen den Zusammenhang zwischen Armut und Sexualmoral. Frauen, in deren Umwelt Männer nur selten die Fähigkeit und/oder das Verlangen haben, eine Familie zu ernähren, könnten ganz natürlicherweise zur Aufgeschlossenheit für flüchtige sexuelle Begegnungen gelangen. (In vielen historischen Epochen, die Viktorianische in England mit eingeschlossen, standen die Frauen des »niederen Volks« im Ruf lockerer Sitten.[64]) Es ist noch zu früh, hier Aussagen mit dem Anspruch auf einigermaßen gesicherte Geltung zu treffen oder die Schlußfolgerung zu ziehen, daß sich die sexuellen Sitten in großstädtischen Wohngebieten merklich ändern würden, wenn sich die Einkommensverhältnisse änderten. Es ist jedoch immerhin bemerkenswert, daß die Evolutionspsychologie mit ihrer Betonung des Faktors Umwelt am Ende womöglich ein Schlaglicht auf die sozialen Kosten der Armut wirft und damit – entgegen den alten Klischees vom Darwinismus als dem rechten politischen Spektrum zugehörig – gelegentlich liberalen Politikrezepten Rückhalt bietet.

Natürlich könnte man hier einwenden, daß sich aus jeder Theorie die unterschiedlichsten politischen Konsequenzen ableiten lassen. Und man kann sich auch ganz anders geartete darwinistische Theorien über das Zustandekommen sexueller Strategien ausdenken.[65] *Eines* kann man jedoch *nicht*, meine ich: Man kann *nicht* behaupten, die Evolutionspsychologie sei für den ganzen Fragenkreis irrelevant. Daß die natürliche Selektion, die es noch mit den subtilsten Konstruktionselementen der niedersten Lebewesen haargenau nimmt, riesige, hochgradig flexible und geschmeidige Gehirne geschaffen haben sollte, ohne sie mit hoher Empfindlichkeit für Umweltsignale auszustatten, die Sexualität, sozialen Status und andere Dinge betreffen, die für unsere Reproduktionsaussichten von zentraler Bedeutung sind – das ist ein im eigentlichen Sinn des Wortes unglaublicher Gedanke. Wenn wir erkennen wollen, wann und wie der Charakter eines Menschen individuelle Form anzunehmen beginnt, wenn wir erkennen wollen, wie resistent gegen Veränderungen er später sein wird, dann müssen wir uns an Darwin wenden. Wir kennen die Antworten noch nicht, aber wir wissen, wo sie zu finden sind. Und dieses Wissen hilft uns, die Fragen klarer zu formulieren.

Die Familie, die zusammenbleibt

Das Interesse für die weiblichen Sexualstrategien »auf kurze Sicht« – einerlei ob es heimliche Affären von Ehefrauen betrifft oder die Bereitschaft lediger Frauen, sich auf Abenteuer für eine Nacht einzulassen – ist großenteils noch recht jung. Zumindest in der populären Variante der soziobiologischen Diskussion der siebziger Jahre wurden Männer gern als zügellose Triebmenschen dargestellt, immer auf der Pirsch nach Frauen, die sie arglistig verführen und ausbeuten könnten. Frauen erschienen meist als arglistig Verführte und Ausgebeutete. Daß inzwischen ein Perspektivenwechsel stattgefunden hat, ist weitgehend auf die wachsende Zahl darwinistisch geschulter weiblicher Sozialwissenschaftler zurückzuführen, die ihre männlichen Kollegen mit viel Geduld über die Innenansicht der weiblichen Psyche ins Bild setzten.

Doch selbst nachdem die Perspektive nun zurechtgedrückt ist, bleibt ein wichtiger Aspekt, unter dem das Verhältnis des Manns zur Frau tendenziell ein Ausbeutungsverhältnis ist. Mit zunehmender Dauer einer Ehe dürfte – im *durchschnittlichen* Fall – die Versuchung zum Abtrünnigwerden sich mehr und mehr auf die Seite des Manns verlagern. Anders, als manchmal zu hören ist, liegt dies nicht daran, daß die mit der Auflösung einer Ehe verbundenen *Kosten* aus darwinistischer Sicht für die Frau höher wären als für den Mann. Gewiß, wenn sie ein kleines Kind hat und die Ehe geht in die Brüche, wird das Kind vielleicht darunter zu leiden haben – sei es, daß sie keinen neuen Ehemann findet, weil kein Kandidat bereit ist, sich an eine Frau zu binden, die ein Kind von einem andern Mann hat; sei es, daß sie zwar einen neuen Ehepartner findet, dieser jedoch ihr Kind vernachlässigt oder schlecht behandelt. Indes treffen diese Kosten darwinistisch gesehen den abtrünnigen Ehemann in gleichem Maß, denn das Kind, das darunter zu leiden hat, ist schließlich auch seines.

Der große Unterschied zwischen Ehemann und Ehefrau zeigt sich bei der Wirtschaftlichkeitsberechnung der Trennung vielmehr auf der *Nutzen*seite. Was kann jeder der beiden Ehepartner durch die Auflösung der Ehe für die Zukunft an Reproduktionsvorteilen gewinnen? Der Ehemann kann im Prinzip eine 18jährige als neue Partnerin finden, die 25 Jahre Fortpflanzungsfähigkeit vor sich hat. Selbst wenn man von den Schwierigkeiten absieht, welche die Ehefrau haben dürfte, falls sie ein Kind hat, überhaupt einen neuen Partner zu finden, bleibt noch immer die Tatsache, daß kein neuer Partner ihr 25 Jahre Reproduktionsfähigkeit verschaffen oder ein Äquivalent dafür bieten kann. Dieser Unterschied in den objektiven Chancen ist eine *quantité négligeable* zu Beginn einer Ehe, wenn beide Partner noch jung sind. Er wächst jedoch mit den Jahren.

Die Umstände können ihn im Einzelfall verwischen oder verschärfen. Ein mittelloser Ehemann mit niedrigem sozialen Status hat womöglich keine Chance, seiner Frau abtrünnig zu werden, ja gibt unter Umständen ihr Anlaß, ihm abtrünnig zu werden, zumal wenn sie keine Kinder hat und deswegen ohne große Mühe einen neuen Partner finden kann. Dagegen verstärkt ein Ehemann, der sozial und ökonomisch aufsteigt, eben damit für sich den Anreiz zum Abtrünnigwerden, während er ihn für seine Frau im selben Zug abschwächt. Bleibt alles andere jedoch gleich, wird mit den Jahren die Flatterhaftigkeit auf seiten des Ehemanns zunehmen.

Von »Abtrünnigwerden« zu sprechen, ist vielleicht irreführend. In vielen Wildbeuter-Kulturen kennt man zwar einerseits die Ehescheidung, andererseits aber auch die Polygynie; in der Ur-Umwelt war der Mann, der sich eine neue Frau nahm, nicht unbedingt gezwungen, sich von der, die er schon hatte, zu trennen. Und solange das nicht der Fall war, gab es – aus darwinistischer Sicht – keinen vernünftigen Grund zur Trennung. Bei der eigenen Nachkommenschaft zu bleiben, um ihr Schutz und Beistand zu gewähren, dürfte der Interessenlage der Gene besser entsprochen haben. Es könnte also sein, daß Männer weniger auf rechtzeitige Trennung als auf rechtzeitige Polygynie hin angelegt sind. In der Umwelt des modernen Menschen mit ihrer institutionalisierten Monogamie muß der Impuls zur Polygynie sich jedoch ein anderes Ventil suchen und findet es unter Umständen in der Scheidung.

Sobald die Kinder groß genug sind, um auf eigenen Beinen stehen zu können, geht die Dringlichkeit des Bedürfnisses nach elterlicher Investition von der männlichen Seite sprunghaft zurück. Es gibt eine Vielzahl von Frauen mittleren Alters, die ihren Mann ebensogut verlassen könnten, zumal wenn sie finanziell abgesichert sind. Aber das darwinistische Kategoriensystem kennt keine Kraft, die sie *triebe*, ihren Mann zu verlassen, wäre damit doch kein großer Gewinn für ihre genetischen Interessen verbunden. Was heutzutage Frauen nach Einsetzung der Menopause zur Flucht aus der Ehe treibt, ist meist eine bösartige Unzufriedenheit des Manns mit der Ehe. Viele Frauen wollen die Scheidung, aber das bedeutet nicht, daß *ihre* Gene die eigentliche Wurzel des Problems sind.

Im gesamten Datenmaterial über die heutige Ehe sind zwei Punkte besonders aufschlußreich. Der erste betrifft die Ergebnisse einer Studie aus dem Jahr 1992, derzufolge unter allen Einzelfaktoren, die auf eine künftige Scheidung hindeuten, Unzufriedenheit des Ehemanns mit der Ehe der zuverlässigste ist.[66] Der zweite besagt, daß Männer nach einer Scheidung mit sehr viel höherer Wahrscheinlichkeit wieder heiraten als Frauen.[67] Dieser zweite Punkt – mitsamt der biologischen Dynamik, die sich hinter ihm verbirgt – ist wahrscheinlich großenteils Ursache für Punkt eins.

Es ist leicht vorauszusehen, was gegen diese Betrachtungsweise eingewandt werden wird: »Aber die Menschen folgen doch ihren *Gefühlen*, wenn sie aus einer Ehe aussteigen. Sie zählen nicht ihre Kinder zusammen und holen dann ihren Taschenrechner heraus. Ein Mann will raus aus der Ehe, weil er die Nase voll hat von seiner langweiligen, nörgelnden Frau, oder weil er mitten in einer tiefen *midlife crisis* steckt und nach einer neuen Identität sucht. Eine Frau will raus aus der Ehe, weil sie ihren gleichgültigen oder brutalen Mann satt hat oder sich von einem feinfühligen, liebevollen andern Mann angezogen fühlt.«

Alles richtig. Aber noch einmal: Gefühle sind nur die Handlanger der Evolution. Unter all den Gedanken, Gefühlen und Temperamentsunterschieden, auf deren feinsinnige Analyse Eheberater so viel Zeit verwenden, wirkt die Kriegslist der Gene – kalte, gefühllose Funktionsgleichungen mit einfachen Variablen: sozialer Status, Alter des Ehepartners, Zahl der Kinder, Alter der Kinder, objektive Chancen usw. Ist die Ehefrau *wirklich* langweiliger und nörgelt sie mehr als vor 20 Jahren? Mag sein – aber ebensogut mag es sein, daß jetzt, da seine Frau 45 ist und unter dem Gesichtspunkt der Reproduktion keine Zukunft mehr hat, die Toleranzgrenze des Ehemanns für die Nörgeleien in den Keller gerutscht ist. Und daß er gerade befördert wurde und dafür bereits die bewundernden Blicke einer jungen Mitarbeiterin im Betrieb auf sich gezogen hat, war auch nicht gerade förderlich. Genauso könnten wir die kinderlose junge Frau fragen, die ihren Mann so unerträglich gefühllos findet, warum diese Gefühllosigkeit vor einem Jahr, als er noch nicht arbeitslos war und sie den charmanten und betuchten Junggesellen, der ihr den Hof zu machen scheint, noch nicht kennengelernt hatte, keine solch drückende Last gewesen war. Natürlich könnte der Mann seine Frau physisch mißhandelt haben, worin seine Unzufriedenheit mit seiner Ehefrau zum Ausdruck kommt, ja sich vielleicht sogar sein bevorstehender Austritt aus der ehelichen Gemeinschaft ankündigt – womit er den defensiven Erstschlag, zu dem seine Frau gerade alle Kräfte zusammennimmt, nur verdient hätte.

Wer einmal damit begonnen hat, die alltäglichen Gefühle und Gedanken als Waffen der Gene zu betrachten, entdeckt in Ehekrächen eine neue Sinndimension. Selbst ein Zwist, der nicht so schwerwiegend ist, daß er zur Scheidung führen könnte, gibt sich als Nachverhandlung von Vertragsbedingungen zu erkennen. Derselbe Ehemann, der in den Flitterwochen tönte, was er mit Sicherheit nicht brauche, sei »eine altmodische Frau«, meint jetzt sarkastisch, ihr würde bestimmt kein Stein aus der Krone fallen, wenn sie von Zeit zu Zeit mal in die Küche ginge und etwas kochte. Die Drohung bleibt unausgesprochen, ist aber nicht zu überhören: Ich werde mich nicht mehr an unseren Vertrag halten, wenn du nicht zu Nachbesserungen der Konditionen bereit bist.

Noch einmal: die Paarbindung

Nach alledem sieht es nicht gut aus für Desmond Morris' Version der Hypothese von der Paarbindung. Wir haben anscheinend nicht allzuviel Ähnlichkeit mit unseren ob ihrer so gut wie unerschütterlichen, monogamen Treue berühmten Vettern, den Gibbons, mit denen man uns in einem Anfall von Optimismus verglichen hat. Das sollte niemanden überraschen. Gibbons leben nicht sehr gesellig. Jede Familie hat ihr eigenes großräumiges Revier – in manchen Fällen umfaßt es knapp einen halben Quadratkilometer –, was allein schon »außereheliche« Tändeleien erschwert. Und Gibbons verjagen jeden Eindringling, dem es in den Sinn kommen könnte, eine Paarungspartnerin stehlen oder sich ausleihen zu wollen.[68] Wir dagegen haben uns evolutionär zu größeren Sozialverbänden entwickelt, in denen an genetisch profitablen Alternativen zur sexuellen Treue kein Mangel ist.

Zugegeben, hohe elterliche Investition von der männlichen Seite ist kennzeichnend für unsere Spezies. Seit Hunderttausenden oder noch mehr Jahren bringt die natürliche Selektion Männer dazu, ihre Kinder zu lieben, und verleiht ihnen so ein Gefühl, das weibliche Individuen schon während der vorausgegangenen Hunderten von Millionen Jahren, in denen sich die Säugetiere entwickelt haben, besessen hatten. Die natürliche Selektion hat in dieser Zeit Männer und Frauen dazu gebracht, einander zu lieben (oder zumindest zu »lieben«: Die Bedeutung des

Wortes schwankt enorm, und nur in seltenen Fällen bezeichnet es im Partnerverhältnis die unverbrüchliche Hingabe, die das Gefühl in der Eltern-Kind-Beziehung erreicht). Trotzdem: ob mit Liebe oder ohne – wir sind keine Gibbons.

Was sind wir dann? Wie weit ist unsere Spezies von angeborener Monogamie entfernt? Biologen beantworten die Frage gern mit anatomischen Fakten. Wir haben bereits anatomische Hinweise – relatives Hodengewicht, wechselnde Spermienkonzentration in der Samenflüssigkeit – gesehen, die vermuten lassen, daß die weiblichen Individuen der Spezies Mensch von Natur aus nicht eben mit Begeisterung monogam sind. Des weiteren gibt es anatomische Fakten, die Licht auf die Frage werfen, wie wenig monogam Männer von Natur aus wirklich sind. Wie Darwin bemerkte, besteht ein erheblicher Größenunterschied zwischen männlichen und weiblichen Individuen – der »Geschlechtsdimorphismus« – bei Arten mit stark ausgeprägter Polygynie. Einzelne Männchen monopolisieren mehrere Weibchen, während andern Männchen die Teilnahme an der Gen-Lotterie völlig verwehrt bleibt, so daß es von immensem evolutionärem Wert ist, ein großes, kräftiges Männchen zu sein, das Geschlechtsgenossen einzuschüchtern vermag. Gorillamännchen – für die die Regel gilt, daß sie sich mit vielen Weibchen paaren können, wenn sie viele Krämpfe gewinnen, hingegen mit keinem einzigen, wenn sie aus keinem Kampf als Sieger hervorgehen – sind von hünenhafter Körpergröße: doppelt so schwer wie Gorillaweibchen. Bei den monogamen Gibbons sind kleine Männchen genauso reich an Nachkommen wie große und ein Geschlechtsdimorphismus ist kaum festzustellen. Fazit: Geschlechtsdimorphismus ist ein ausgezeichneter Maßstab für die sexuelle Selektion unter den männlichen Individuen, deren Intensität wiederum anzeigt, wie polygyn eine Art ist. Auf der Skala des Geschlechtsdimorphismus der Arten belegt die Spezies

Mensch einen Platz, der sie als »leicht polygyn« einstuft.[69] Wir sind weit weniger dimorph als die Gorillas, ein bißchen weniger dimorph als die Schimpansen und deutlich stärker dimorph als die Gibbons.

Ein Schwachpunkt dieser Logik resultiert aus dem Umstand, daß die Konkurrenz unter männlichen Individuen in der Spezies Mensch und sogar schon in vormenschlichen Spezies zu einem großen Teil auf mentaler Ebene stattfindet beziehungsweise stattfand. Im menschlichen Gebiß fehlen die langen Eckzähne, die Schimpansenmännchen beim Kampf um die Alpha-Position und den mit ihr verbundenen Vorrang bei der Paarung einsetzen. Andererseits bedienen Männer sich verschiedener Tricks zur Hebung ihres sozialen Status und damit ihrer Attraktivität. Folglich würde, was unsere Stammesgeschichte an Polygynie enthält, zu einem gewissen, vielleicht sogar großen Teil seinen Niederschlag nicht im Körperbau finden, sondern in spezifisch männlichen mentalen Zügen. Womöglich zeichnet der alles andere als dramatische Größenunterschied zwischen Männern und Frauen doch ein allzu schmeichelhaftes Bild von den monogamen Neigungen der Männer.[70]

Wie sind Gesellschaftssysteme im Lauf der Zeiten mit der elementaren sexuellen Asymmetrie in der menschlichen Natur fertiggeworden? Asymmetrisch. Die gewaltige Mehrheit – 980 von insgesamt 1154 vergangenen oder gegenwärtigen Gesellschaftssystemen, für die den Ethnologen Daten zur Verfügung stehen – erlaubte dem Mann, mehr als eine Ehefrau zu haben.[71] Diese Zahl schließt die meisten der heutigen Jäger-und-Sammler-Gesellschaften ein, Gesellschaften also, die heute einem lebenden Beispiel aus der menschlichen Stammesgeschichte am nächsten kommen.

Bekanntlich wird diese Tatsache von den fanatischsten Verfechtern der Paarbindungshypothese heruntergespielt. Ganz versessen darauf, die naturgegebene Monogamie unserer Spezies zu beweisen, vertrat Desmond Morris in *Der nackte Affe* die Ansicht, daß die einzigen Gesellschaftssysteme, die eingehendere Beachtung verdienen, die modernen Industriegesellschaften seien (die zufällig zu den 15 Prozent ausgesprochen monogamer Gesellschaftssysteme zählen). »Jede Gesellschaftsordnung, die es nicht geschafft hat voranzukommen, [ist] in gewissem Sinne fehlgegangen«, schrieb Morris. »Irgend etwas ist mit ihr geschehen, irgend etwas hat den bei [der menschlichen] Art von der Natur gegebenen Trieb [...] gehemmt.« Daraus folgt: »Die kleinen, zurückgebliebenen und erfolglosen Gesellschaften können wir weithin außer acht lassen.« Kurzum, meinte Morris (freilich zu einer Zeit, als die Scheidungsrate in westlichen Gesellschaften erst halb so hoch war wie heute): »Was immer auch dieser oder jener unwichtige und zurückgebliebene Stamm heute in dieser Hinsicht tut – der Hauptstrom der Entwicklung unserer Art hat zur Paarbindung in ihrer extremen Form geführt, nämlich zur dauerhaften Einehe.«[72]

Nun, so schafft man sich unschöne, störende Daten vom Hals: Man erklärt sie zu Anomalien, selbst wenn sie die des »Hauptstroms« mengenmäßig weit übertreffen.

In *einem* Sinn ist es sogar richtig zu sagen, daß die polygyne Ehe nicht die historische Norm war. Für 43 Prozent der 980 polygynen Kulturen gilt, daß Polygynie in ihnen »vereinzelt« vorkommt. Und selbst wo sie »verbreitet« ist, bleibt sie im allgemeinen einer zahlenmäßig kleinen Schicht von Männern vorbehalten, die wohlhabend genug sind, um mehrere Frauen unterhalten zu können, oder das Privileg ihrem formellen Rang verdanken. Seit Urzeiten sind zwar die meisten Gesellschaftssysteme polygam, die meisten Ehen jedoch monogam.

Dennoch spricht das ethnologische Datenmaterial dafür, daß die Polygynie in dem Sinn natürlich ist, daß Männer, wird ihnen die Gelegenheit geboten, mehrere Frauen zu haben, stark dazu neigen, diese Gelegenheit beim Schopf zu packen. Und noch für etwas anderes sprechen die ethnologischen Daten: dafür, daß Polygynie ein vorzügliches Mittel zur Bewältigung des elementaren Interessengegensatzes zwischen Männern und Frauen ist. Wenn in unserer Kultur ein Mann, nachdem seine Frau ihm ein paar Kinder geboren hat, unruhig wird und sich in eine jüngere Frau »verliebt«, sagen wir: »In Ordnung, du kannst sie heiraten, aber wir verlangen, daß du vorher deine Frau verläßt, deinen Kinder ein Stigma aufgedrückt wird und deine Ex-Frau und deine Kinder ein kümmerliches Leben fristen werden, falls du nicht viel Geld verdienst.« Andere Kulturen neigen eher dazu zu sagen: »In Ordnung, du kannst sie heiraten, aber nur, wenn du wirklich in der Lage bist, zwei Familien zu ernähren; du darfst nämlich deine erste Familie auf keinen Fall im Stich lassen, und deshalb werden deine Kinder nicht mit einem Stigma aufwachsen.«

Vielleicht sollten einige der angeblich monogamen Gesellschaftssysteme der Gegenwart – jene, bei denen die Hälfte aller neugeschlossenen Ehen scheitert – einfach einmal Nägel mit Köpfen machen. Vielleicht sollten wir das ohnedies schon verblassende Stigma der Scheidung völlig austilgen. Vielleicht sollten wir einfach die Gewähr dafür schaffen, daß Männer, die von ihrer Familie weglaufen, rechtlich für sie verantwortlich bleiben und weiter wie gewohnt für sie sorgen. Mit einem Wort: Vielleicht sollten wir Polygynie zulassen. Eine Menge derzeit geschiedener Frauen mitsamt ihren Kindern wären dann vielleicht besser dran.

Um sich mit dieser Möglichkeit vernünftig zu beschäftigen, muß man zuerst eine einfache Frage stellen (eine Frage, deren Beantwortung, wie sich zeigen wird, der intuitiven Erkenntnis zuwiderläuft): Wie kam es überhaupt zu dem strikten kulturellen Monogamiegebot, das der menschlichen Natur sosehr zu widersprechen scheint und vor etlichen Jahrtausenden so gut wie unbekannt war?

Viertes Kapitel
DER HEIRATSMARKT

Es ist kaum möglich, Mr. McLennans Werk zu lesen, ohne zuzugeben, daß fast alle zivilisierten Nationen noch immer gewisse Spuren derartiger roher Gewohnheiten wie das zwangsweise Gefangennehmen der Weiber beibehalten. Welche Nation des Altertums, frägt derselbe Schriftsteller, kann angeführt werden, welche ursprünglich monogam gewesen wäre?

Darwin, *Die Abstammung des Menschen* (1871)[1]

Da scheint sich etwas nicht zusammenzureimen. Einerseits haben fast überall auf der Welt die Männer das Sagen. Andererseits ist die Polygamie in den meisten Ländern kraft Gesetzes verboten. Wenn die Männer wirklich die Sorte Tier sind, als die sie in den vorangegangenen zwei Kapiteln beschrieben wurden – wieso haben sie dann zugelassen, daß es so weit kam?

Der Widerspruch wird zuweilen dadurch beseitigt, daß man ihn als Kompromiß zwischen männlichem und weiblichem Wesen erklärt. In einer altmodischen Ehe viktorianischer Art erfährt der Mann gewöhnlich Unterwürfigkeit, wofür er seinen Wandertrieb mehr oder weniger unter Kontrolle hält. Die Ehefrau kocht, putzt, läßt sich herumkommandieren und findet sich überhaupt mit allen Unannehmlichkeiten ab, die die ständige Anwesenheit eines Mannes im Haus mit sich bringt. Im Gegenzug läßt sich der Mann huldvoll herbei, bei ihr zu bleiben.

Diese Theorie, so ansprechend sie ist, geht an der Sache vorbei. Zugegeben, in jeder monogamen Ehe gibt es Kompromisse. Kompromisse gibt es auch zwischen den Insassen einer Zwei-Mann-Gefängniszelle – aber das heißt nicht, daß die Institution Gefängnis eine Erfindung von Verbrechern ist. Der Kompromiß zwischen Mann und Frau ist das Mittel, mit dem Monogamie Bestand hat (falls sie Bestand hat), jedoch keine Erklärung dafür, wie es überhaupt zur Monogamie kam.

Der erste Schritt zur Beantwortung der Frage »Warum Monogamie?« besteht darin, zu begreifen, daß Monogamie für manche monogame Gesellschaften auf den Listen der Ethnologie – darunter viele Jäger-und-Sammler-Kulturen – gar kein so großes Rätsel ist. Diese Gesellschaften leben seit eh und je auf dem Niveau des physiologischen Existenzminimums. In einer solchen Gesellschaft, in der Rücklagen für Notzeiten nahezu unbekannt sind, würde ein Mann, müßte er seine knappen Mittel auf zwei Familien verteilen, Gefahr laufen, am Ende nur wenige oder gar keine überlebensfähige Kinder durchzubringen. Und selbst wenn ein Mann bereit wäre, sich auf das Vabanquespiel mit zwei Familien einzulassen, würde es ihm schwerfallen, die Frau zu finden, die das mitmacht. Warum sollte eine Frau sich mit einem halben armen Mann zufriedengeben, wenn sie einen andern ganz haben kann? Aus Liebe? Wie oft könnte sich das Gefühl der Liebe in der Generationenfolge eine solche Dysfunktionalität leisten, ohne auszusterben? Erinnern wir uns: Sein eigentlicher Sinn und Zweck liegt darin, der Frau Männer zuzuführen, die ihren Nachkommen nützen. Warum sollten zudem die nächsten Angehörigen der Frau – und in vorindustriellen Gesellschaften steuert die Familie die »Wahl« der Braut oft auf recht drastische und pragmatische Weise – solche Torheit dulden?

Ungefähr die gleiche Logik gilt auch für eine Gesellschaft, die knapp über dem physiologischen Existenzminimum wirtschaftet, in der der bescheidene Reichtum aber gleichmäßig unter den Männern verteilt ist. Eine Frau, die sich für einen halben Mann entschiede, wenn sie einen ganzen haben könnte, würde sich in materieller Hinsicht noch immer mit viel weniger als dem Erreichbaren zufriedengeben.

Generell gilt, daß ökonomische Gleichheit unter Männern – vor allem, aber nicht nur nahe dem Existenzminimum – dazu tendiert, Polygynie zu unterbinden. Diese Tendenz löst allein schon einen großen Teil des Rätsels der Monogamie, denn über die Hälfte der bekannten monogamen Gesellschaften wurde von den Ethnologen als »nichtgeschichtet« klassifiziert.[2] Was wirklich einer Erklärung bedarf, sind die – einschließlich die der modernen Industrienationen – sechs Dutzend Gesellschaftssysteme der Weltgeschichte, die trotz ökonomischer Schichtung monogam sind. Sie sind die eigentlichen Launen der Natur.

Auf das Paradox der Monogamie bei ungleichmäßiger Verteilung des Wohlstands hat insbesondere der Biologe Richard Alexander hingewiesen, der das neue darwinistische Paradigma als einer der ersten allgemein auf menschliches Verhalten anwandte. In Kulturen auf der Stufe des physiologischen Existenzminimums ist Monogamie laut Alexander »ökologisch vorgeschrieben«. Zeigt sie sich in reicheren, stärker geschichteten Kulturen, nennt er sie »sozial vorgeschrieben«. Die Frage ist, warum die Gesellschaft sie vorgeschrieben hat.

Menschen mit romantischen Idealen stört der Ausdruck »sozial vorgeschrieben«.[3] Er scheint zu besagen, daß Frauen, gäbe es keine Gesetze gegen Bigamie, in Schwärmen auf »Geldsäcke fliegen« und sich mit Begeisterung als zweite oder dritte Ehefrau in Dienst nehmen lassen würden, solange es für alle reicht. Das Bild von den fliegenden Schwärmen wurde hier nicht ohne Bedacht gewählt. Polygynie kommt besonders bei Vogelarten vor, deren Männchen qualitativ wie quantitativ äußerst unterschiedliche Territorien beherrschen. Manche Vogelweibchen sind ganz zufrieden damit, sich ein Männchen mit anderen Weibchen zu teilen, sofern dessen Grundbesitz alles weit in den Schatten stellt, was ihnen die Männchen zu bieten haben, die sie für sich allein haben könnten.[4] Die meisten weiblichen Individuen der Spezies Mensch würden gern glauben, daß sie von einer vergeistigteren Liebe gelenkt werden und etwas mehr Stolz besitzen als die Weibchen der Sumpfzaunkönig-Spezies *Cistothorus palustris*.

Selbstverständlich tun sie das. Sogar in polygynen Kulturen sind die Frauen oft alles andere als erpicht darauf, sich einen Mann mit einer andern Frau zu teilen. Aber in der Regel tun sie es dann doch lieber, als sich im Elend der ungeteilten Zuwendung eines armen Schluckers zu erfreuen. Gebildete Frauen der Oberklasse haben leicht Nase rümpfen über die Vorstellung, eine Frau mit auch nur einem Funken Selbstachtung im Leib könnte freiwillig die Erniedrigung einer polygynen Ehe auf sich nehmen, oder mögen leugnen, daß Frauen großen Wert auf die Einkommensverhältnisse eines Ehemanns legen. Aber im Leben von Oberklasse-Frauen ist es die Ausnahme, wenn sie einen Mann mit niedrigerem Einkommen auch nur *kennenlernen*, ganz zu schweigen davon, daß sie je in die Lage kämen, die Heirat mit einem solchen Mann erwägen zu müssen. Sie leben in einem ökonomisch so homogenen Milieu, daß sie sich nicht den Kopf darüber zerbrechen müssen, wie sie zu einem ihre Mindestansprüche erfüllenden Versorger kommen; deshalb können sie bei der Männersuche ihr Augenmerk auf andere Dinge richten, etwa auf den musikalischen und literarischen Geschmack des künftigen Lebensgefährten. (Daß er in diesen Dingen Geschmack beweist, ist an sich schon ein Hinweis auf den sozioökonomischen Status eines Manns. Ich erwähne dies zur Erinnerung daran, daß die »darwinistische« Begutachtung eines Ehekandidaten sich ihrer »darwinistischen« Orientierung nicht *bewußt* zu sein braucht.)

Für Alexanders Überzeugung, daß der Monogamie in stark geschichteten Gesellschaftssystemen etwas Künstliches anhaftet, spricht die Tatsache, daß hinter der Fassade der Monogamie mancherorts die Polygynie ein beharrliches Schattendasein führt. Wiewohl selbst in heutiger Zeit noch ein Hauch des Skandalösen die erotische Existenzform der »Geliebten« umweht, ziehen offenbar nicht wenige Frauen diese Rolle dem vor, was sich ihnen als Alternative bietet: das stärkere Engagement eines weniger bemittelten Manns – beziehungsweise der Verzicht auf männliches Engagement überhaupt.

Alexanders Unterscheidung von zwei Typen monogamer Gesellschaftssysteme wurde von anderer Seite mit differenzierteren Argumenten untermauert. Die Ethnologen Steven J. Gaulin und James S. Boster wiesen nach, daß die Einrichtung des Brautschatzes (der Mitgift) – die Übereignung materieller Güter seitens der Familie der Braut an die Familie des Bräutigams – fast ausschließlich in Gesellschaften mit sozial vorgeschriebener Monogamie anzutreffen ist. In 37 Prozent dieser geschichteten nichtpolygynen Gesellschaften gibt es die Einrichtung des Brautschatzes, dagegen nur in 2 Prozent aller nichtgeschichteten nichtpolygynen Gesellschaften. (In polygynen Gesellschaften liegt der entsprechende Wert bei 1 Prozent.)[5] Mit anderen Worten: Wenngleich nur in 7 Prozent aller ethnographisch erfaßten Gesellschaftssysteme die Monogamie sozial vorgeschrieben ist, beträgt dieser Anteil bei Gesellschaften mit Brautschatz-Tradition 77 Prozent. Das läßt darauf schließen, daß die Einrichtung des Brautschatzes aus einem Markt-Ungleichgewicht, einer Stockung im Gattenhandel resultiert. Indem die Monogamie jeden Mann auf eine einzige Frau beschränkt, verknappt sie künstlich das Angebot an wohlhabenden Männern und steigert so deren Marktwert. Der ist der Brautschatz-Preis, der für sie bezahlt wird. Nach einer Legalisierung der Polygynie würde der Markt vermutlich in ein weniger kompliziertes Gleichgewicht kommen: Die Männer mit dem meisten Geld (und vielleicht auch die mit dem größten Charme, mit dem kernigsten Aussehen, oder was immer sonst teilweise wichtiger sein mag als materielle Überlegungen) würden dann keine große Mitgift mehr in die Scheuer fahren, sondern mehrere Frauen haben.

Gewinner und Verlierer

Wenn wir uns diese Sicht der Dinge zu eigen machen – wenn wir die abendländisch-ethnozentrische Sehweise ablegen und die darwinistische Auffassung als Hypothese akzeptieren, derzufolge Männer (bewußt oder unbewußt) so viele Kopulations- und Kindergebärmaschinen haben wollen, wie sie sich bequem leisten können, und Frauen (bewußt oder unbewußt) die ihren Kindern zur Verfügung stehenden Ressourcen maximieren wollen –, dann haben wir damit womöglich den Schlüssel zur Beantwortung der Frage in der Hand, warum bei uns heute Monogamie herrscht: Wenngleich von einer polygynen Gesellschaft gern gesagt wird, daß Männer sie lieben und Frauen sie hassen müßten, gibt es weder in der einen noch in der andern Geschlechtsgruppe diesbezüglich einen natürlichen Konsens. Es liegt auf der Hand, daß eine Frau, die mit einem armen Mann verheiratet ist und statt seiner lieber einen halben reichen hätte, mit der Institution Monogamie nicht gut bedient ist. Und ebenso liegt auf der Hand, daß ihr armer Ehemann, den sie gern sitzenließe, mit der Polygynie schlecht bedient wäre.

Diese oberflächlich ironischen Präferenzen sind nicht auf Menschen am unteren Ende der Einkommensskala beschränkt. Tatsächlich fahren bei rein darwinistischer Betrachtung die *meisten* Männer mit einem monogamen System wahrscheinlich besser und die *meisten* Frauen schlechter. Das ist ein wichtiger Punkt, dessen Erläuterung eine kurze Abschweifung rechtfertigt.

Betrachten wir ein so primitives wie provokatives, für analytische Zwecke jedoch brauchbares Modell des Heiratsmarkts. 1000 Männer auf der einen und 1000 Frauen auf der andern Seite bilden entsprechend ihrer Attraktivität als Ehepartner jeweils eine Rangfolge. Ja, ja, ich weiß: Im wirklichen Leben herrscht in der Bewertung solcher Dinge niemals absolute Einhelligkeit. Aber es gibt doch immerhin klar gegeneinander abgegrenzte, grobe Schemata. Nur die allerwenigsten Frauen würden unter sonst einigermaßen gleichen Umständen einem ehrgeizigen und aufstrebenden Dynamiker einen arbeitsscheuen Tagedieb vorziehen, und nur die allerwenigsten Männer würden sich für eine fette, häßliche, tranige Vettel entscheiden, wenn sie eine körperlich wohlproportionierte und geistig aufgeweckte Schönheit haben könnten. Zur Vereinfachung und Beschleunigung des Gedankengangs wollen wir diese und andere Aspekte der Attraktivität kurzerhand auf eine einzige Achse projizieren.

Nehmen wir an, die besagten 2000 Menschen leben in einer monogamen Gesellschaft und jede Frau ist mit dem Mann verlobt, der auf der Stufenleiter der Attraktivität den gleichen Rang einnimmt wie sie. 999 von ihnen würden lieber einen ranghöheren Mann heiraten, aber die sind alle von ranghöheren Konkurrentinnen gekapert. Auch die Männer würden gern »hinauf« heiraten und können es nicht, und das aus dem gleichen Grund. Nun wollen wir, bevor irgendeines dieser Paare zum Heiraten kommt, die Polygynie legalisieren und sie zugleich auf magische Weise von aller Anstößigkeit befreien. Und nehmen wir an, mindestens eine Frau von maßvoll überdurchschnittlicher Attraktivität – eine recht hübsche, aber nicht übermäßig intelligente junge Dame auf, sagen wir, Platz 400 der Rangfolge – gibt ihrem Verlobten (Mann Nr. 400, Schuhgroßhändler) den Laufpaß und findet sich bereit, die zweite Frau eines erfolgreichen Anwalts (Mann Nr. 40) zu werden. Die Vorstellung ist gar nicht so abwegig – die Frau würde ein Familieneinkommen von ungefähr 40 000 Dollar pro Jahr aufgeben, von dem sie als Teilzeitkraft in der Filiale in einer Pizza-Schnellimbißkette einen Teil selbst verdienen müßte, und sich dafür ein Familieneinkommen von ungefähr 100 000 Dollar pro Jahr einhandeln, das von ihr selbst keine Berufstätigkeit verlangt (ganz zu schweigen davon, daß Mann Nr. 40 ein sehr viel flotterer Tänzer ist als Mann Nr. 400).[6]

Allein schon dieses erste, winzige Tröpfchen polygyner Aufwärtsmobilität stellt die meisten Frauen besser und die meisten Männer schlechter. Alle 600 Frauen, die auf der Attraktivitätsskala unter der Ausreißerin rangieren, rükken dank der Leerstelle, die sie hinterlassen hat, automatisch jeweils einen Platz höher; noch immer bekommt jede von ihnen einen Mann für sich ganz allein, und zwar jetzt einen, der eine Nummer besser ist. Hingegen müssen 599 Männer sich mit einer Ehefrau abfinden, die ihrer früheren Verlobten ein wenig nachsteht – und einer, das Schlußlicht in der Männerreihe, bekommt überhaupt keine Frau. Zugegeben, im wirklichen Leben würden die Frauen nicht in geschlossener Reihe aufrücken. Schon recht bald würde sich die Frau zeigen, die sich auf die nichtmeßbaren Elemente der Attraktivität besinnt und ihrem einmal Auserwählten die Treue hält. Aber im wirklichen Leben hätte man es wahrscheinlich auch von Anfang an nicht mit einem winzigen Tröpfchen von Aufwärtsmobilität zu tun. Der wesentliche Punkt der Überlegung ist nicht zu erschüttern: Für viele, sehr viele Frauen – selbst für viele Frauen, *die von einer Teilung des Ehemanns nichts wissen wollen*, erweitert sich der Horizont der Möglichkeiten, wenn es allen Frauen freisteht, sich einen Ehemann mit (einer) anderen zu teilen.[7] Derselbe Kausalmechanismus bedingt, daß die Polygynie für viele, sehr viele Männer zum Verlustgeschäft werden kann.

Alles in allem genommen wirkt sich also die so häufig als großer Sieg des Egalitarismus und der weiblichen Interessen gefeierte Monogamie für die Frauen ganz entschieden nicht im egalitären Sinne aus. Die Polygynie würde für eine sehr viel gleichmäßigere Verteilung der auf Männerseite vorhandenen Aktivposten unter ihnen sorgen. Die schöne und lebenslustige Ehefrau eines charmanten, sportlichen Industriemanagers tut sich leicht damit – und klug daran –, die Polygynie als einen Verstoß gegen die Grundrechte von Frauen abzutun. Doch bei verheirateten

Frauen, deren Los die Armut ist – oder bei Frauen, die weder Mann noch Kind haben, aber beides gern hätten –, wäre es gut zu verstehen, wenn sie anfingen zu fragen, wer eigentlich die Frauen sind, deren Rechte durch die Monogamie geschützt werden. In den unterprivilegierten Schichten dürften im Grunde nur Männer etwas für die Monogamie übrig haben, denn sie verschafft ihnen Zugang zu einem Reservoir an Frauen, die in einer polygynen Gesellschaft in höhere soziale Schichten abwandern würden.

Keines der zwei Geschlechter haben wir uns demnach geschlossen auf einer der beiden Seiten des imaginären Verhandlungstischs zu denken, an dem die Tradition der Monogamie beschlossen wurde. Weder ist sie ein Minus für die Männer insgesamt, noch ist sie ein Plus für die Frauen insgesamt. Natürlicherweise prallen die Interessen innerhalb beider Geschlechtsgruppen aufeinander. Es spricht mehr dafür, daß der große historische Kompromiß zwischen den bessergestellten und den schlechtergestellten Männern geschlossen wurde. Für die Männer bedeutet die Einehe einen echten Kompromiß: Die mit irdischen Glücksgütern am reichlichsten Gesegneten bekommen nach wie vor die attraktivsten Frauen, allerdings pro Kopf jetzt nur eine. Diese Erklärung der Monogamie – als Schlüssel, nach dem sexuelle Vermögenswerte unter Männern aufgeteilt werden – hat den Vorzug, logisch übereinzustimmen mit dem eingangs dieses Kapitels erwähnten Umstand, daß rein politische Macht gewöhnlich in Männerhänden liegt und es meistens Männer waren, die in der Geschichte die politischen Weichenstellungen trafen.

Das soll natürlich nicht heißen, daß Männer sich in Wirklichkeit zusammengesetzt und den Eine-Frau-pro-Mann-und-Nase-Kompromiß ausgekocht hätten. Sinn des Gesagten ist vielmehr, daß der Polygynie mit dem Aufkommen egalitärer Werte der Boden entzogen wurde – Werte, die nicht die Gleichheit der Geschlechter, sondern die Gleichheit aller Männer postulierten. Und vielleicht ist die Rede von »egalitären Werten« in diesem Zusammenhang eine etwas zu höfliche Ausdrucksweise. Mit fortschreitender Umverteilung der politischen Macht auf breitere Kreise wurde es schlicht untragbar, daß Männer der Oberschicht Frauen für sich horteten. Für eine herrschende Elite gibt es kaum etwas Beängstigenderes als eine Masse sexhungriger kinderloser Männer, wenn diese auch nur ein Quentchen politischer Macht besitzen.

Diese Überlegung ist vorläufig nicht mehr als eine Hypothese.[8] Aber die Realität stimmt zumindest in groben Zügen mit ihr überein. Laura Betzig hat nachgewiesen, daß in vorindustriellen Gesellschaften extreme Polygynie häufig mit extremer politischer Hierarchie Hand in Hand geht und in krassen Despotien ihren Zenit erreichte. (Bei den Zulu, wo der König unter Umständen mehr als hundert Frauen monopolisierte, konnte Husten, Spucken oder Niesen an der königlichen Tafel mit dem Tod bestraft werden.) Und die Zuteilung sexueller Ressourcen nach Maßgabe des politischen Status war nicht selten ein fein abgestuftes, festgelegtes System. Bei den Inka war den Inhabern der vier politischen Ämter vom untersten Häuptling bis zum Häuptling jeweils ein Harem zugestanden, der auf den einzelnen Stufen maximal sieben, acht, fünfzehn und dreißig Frauen umfassen durfte.[9] Es leuchtet ein, daß mit der breiteren Streuung der politischen Macht auch der Frauenbesitz breiter gestreut wurde. Die äußersten Streuungsgrade sind »ein Mann, eine Wählerstimme« und »ein Mann, eine Ehefrau«. Beide Prinzipien gelten in den meisten heutigen Industriestaaten.

Einerlei, ob richtig oder falsch – diese Theorie vom Ursprung der heutigen institutionalisierten Einehe ist ein Beispiel dafür, was der Darwinismus den Historikern zu bieten hat. Selbstverständlich deutet der Darwinismus Geschichte nicht *als* Evolution; die natürliche Selektion arbeitet nicht entfernt so schnell, daß sie Motor der aktuellen Veränderungsprozesse auf politischer und kultureller Ebene sein könnte. Aber die natürliche Selektion hat die Köpfe und Herzen geformt, die tatsächlich die Motoren des politischen und kulturellen Wandels sind. Im Jahr 1985 veröffentlichte der bedeutende Sozialhistoriker Lawrence Stone einen Aufsatz, in dem er die enorme Tragweite der frühchristlichen Betonung der Gattentreue und der Unauflöslichkeit der Ehe herausstellte. Nachdem er zwei Theorien gemustert hatte, die die Frage zu beantworten suchten, wie diese kulturelle Neuerung sich ausgebreitet hatte, kam er zu dem Ergebnis, die Antwort liege »nach wie vor im dunkeln«.[10] Vielleicht wäre eine darwinistische Erklärung des Phänomens – dahingehend, daß bei der gegebenen Beschaffenheit der menschlichen Natur die Monogamie nun einmal ein unmittelbarer Ausdruck der politischen Gleichstellung der Menschen sei – zumindest der Erwähnung wert gewesen. Es ist vielleicht kein Zufall, daß das Christentum, das sowohl in der politischen wie in der geistigen Sphäre als Propagator der Monogamie wirkte, sich in seiner Botschaft oft der Belange der Armen und Machtlosen annahm.[11]

Was stimmt nicht mit der Polygynie?

Diese darwinistische Analyse der Ehe erschwert die Wahl zwischen Monogamie und Polygynie, denn sie zeigt auf, daß es keine Wahl zwischen Gleichheit und Ungleichheit, sondern eine zwischen Gleichheit im männlichen und Gleichheit im weiblichen Teil der Bevölkerung ist. Keine ganz leichte Entscheidung.

Es sind mehrere Gründe denkbar, die dafür sprechen, für die Gleichheit im männlichen Teil der Bevölkerung (d. h. für die Monogamie) zu optieren. Zum einen vermeidet man es so, sich dem Zorn diverser Feministinnen auszusetzen, die durch nichts in der Welt davon zu überzeugen sind, daß Polygynie der Befreiung unterdrückter Frauen dient. Zum andern ist Monogamie das einzige System, das (zumindest theoretisch) so gut wie jeden Mann und jede Frau mit einem Ehepartner versorgen kann. Der überzeugendste Grund ist jedoch, daß es nicht nur dem Gleichheitsprinzip widerspricht, Massen von Männern Frau und Kinder vorzuenthalten, sondern auch gefährlich ist.

Ursache der Gefahr ist letztlich die sexuelle Auslese unter Männern. Männer konkurrieren seit langem um die knappe sexuelle Ressource Frau. Und wer in diesem Wettstreit unterliegt, der zahlt einen so hohen Preis (genetisches Vergessen), daß die natürliche Selektion die Männer so veranlagt hat, daß sie ihre Rivalität mit besonderer Heftigkeit austragen. In allen Kulturen begehen Männer mehr Gewalttaten, Morde eingeschlossen, als Frauen. (Tatsächlich sind die Männchen im gesamten Tierreich das streitlustigere Geschlecht, *ausgenommen* bei Arten wie den Wassertretern, bei denen die väterliche Investition so hoch ist, daß die Weibchen in der Lage sind, sich öfter fortzupflanzen als die Männchen.) Selbst wenn die Gewalt sich nicht gegen einen sexuellen Rivalen richtet, läuft Gewalttätigkeit unter Männern letzten Endes häufig auf sexuelles Konkurrenzverhalten hinaus. Eine alltägliche Schlägerei kann unter Umständen so weit eskalieren, daß ein Mann einen anderen totschlägt, nur um »das Gesicht zu wahren« – sich jene Art von Faustrecht-Respekt zu verschaffen, der in der Ur-Umwelt in Statuserhöhung und sexuelle Prämien umgemünzt werden konnte.[12]

Zum Glück läßt sich die männliche Neigung zur Gewalt durch geeignete Umweltbedingungen dämpfen. Zu ihnen zählt auch eine feste Partnerin. Es wäre zu erwarten, daß unbeweibte Männer ihre Rivalitäten mit besonderer Heftigkeit austragen, und das tun sie auch. Ein unverheirateter Mann in der Altersklasse von 24 bis 35 Jahren wird mit dreimal so hoher Wahrscheinlichkeit zum Mörder wie ein verheirateter Altersgenosse. Dazu ist zunächst zu bemerken, daß ein Teil des Unterschieds zweifellos widerspiegelt, welche Art Mann heiratet und welche nicht, doch haben Martin Daly und Margo Wilson mit zwingenden Argumenten dargelegt, daß der Unterschied zu einem Gutteil auch auf die »befriedende Wirkung der Ehe« zurückzuführen sein dürfte.[13]

Mord ist nicht die einzige Form von Gewalttätigkeit, zu der »unbefriedete« Männer mehr als ihre »befriedeten« Geschlechtsgenossen neigen. Sie nehmen auch mit größerer Bereitwilligkeit allerhand Risiken auf sich – begehen beispielsweise Raubüberfälle –, um sich die Ressourcen zu beschaffen, mit denen sie Frauen anzuziehen hoffen. Es finden sich mehr Vergewaltiger unter ihnen. Weniger eindeutig belegbar ist die Vermutung, eine risikoreiche Kriminellenexistenz gehe mit Drogen- und Alkoholmißbrauch einher, wodurch sich die Problemlage unter Umständen dahingehend verschärft, daß die Chancen, jemals auf legalem Weg genug Geld zu verdienen, um eine Frau an sich binden zu können, noch weiter schwinden.[14]

Und dies ist vielleicht das stärkste Argument für die Einehe mit ihren egalitären Konsequenzen im männlichen Bevölkerungsteil: Ungleichheit unter Männern hat im sozialen Bereich *sowohl* für Frauen *als auch* für Männer destruktive Auswirkungen weit größeren Ausmaßes als Ungleichheit unter Frauen. Bestimmt der letzte Platz auf Erden, wo wir gern leben würden, wäre für die meisten von uns ein polygynes Land, in dem Massen von Männern der unteren Einkommensklassen notgedrungen ohne Frau bleiben.

Zu unserem Pech leben wir US-Amerikaner bereits in einem solchen Land. Die Vereinigten Staaten sind kein Land der institutionalisierten Einehe mehr: Sie sind ein Land der seriellen Monogamie. Und serielle Monogamie läuft in mancher Hinsicht auf Polygynie hinaus.[15] Gleich vielen andern wohlhabenden Männern mit hohem sozialen Status monopolisierte der Showmaster Johnny Carson im Leben einer Reihe junger Frauen jeweils einen großen Abschnitt ihres fortpflanzungsfähigen Alters. Irgendwo im Land lebte gewiß ein junger Mann, der sich eine hübsche Frau und Kinder wünschte und, wenn Johnny Carson nicht gewesen wäre, eine von diesen Frauen geheiratet hätte. Und falls es diesem jungen Mann gelang, eine andere zu finden, so war sie damit einem anderen weggenommen. Und so setzte sich das fort – ein Domino-Effekt: Knappheit an fortpflanzungsfähigen Frauen sickert in der Sozialpyramide nach unten.

So abstrakt theoretisch sich das alles anhört, es ist wirklich so, daß es zwangsläufig passiert. Im Leben jeder Frau gibt es eine fruchtbare Phase von etwa 25 Jahren Dauer. Wenn manche Männer im Lauf ihres Lebens mehr als 25 Jahre weiblicher Fruchtbarkeit okkupieren, dann müssen anderswo andere Männer mit weniger auskommen. Und wenn man zu all den seriellen Ehemännern noch die jungen Männer hinzunimmt, die fünf Jahre lang mit einer Frau zusammenleben, ehe sie sich entscheiden, sie doch nicht zu heiraten, um anschließend das ganze Spiel von vorn anzufangen und vielleicht mit 35 eine 28jährige zu heiraten, dann ergibt sich eine beachtliche Nettobilanz. Während in der Bevölkerungsgruppe der über 40jährigen, die nie verheiratet gewesen waren, im Jahr 1960 die Sexualproportion noch ausgeglichen war, lag hier spätestens 1990 der Anteil der Männer deutlich höher als der der Frauen.[16]

Es ist keine Verrücktheit, anzunehmen, daß es gegenwärtig obdachlose Alkoholiker und Vergewaltiger gibt, die nur in dem gesellschaftlichen Klima der Jahre vor 1960 mit seiner gleichmäßigeren Verteilung der Ressource Frau hätten aufzuwachsen brauchen, um nach dem Eintritt ins Erwachsenendasein schon bald eine Partnerin zu finden und sich einer weniger risikoreichen und weniger destruktiven Lebensform zuzuwenden. Aber wie dem auch sei – man muß dieses Beispiel nicht unbedingt treffend finden,

um den entscheidenden Punkt für richtig zu halten: Sollte
die Polygynie tatsächlich für die weniger begüterten Männer einer Gesellschaft von Nachteil sein und damit indirekt
auch für uns, dann genügt es nicht, lediglich gegen eine
Legalisierung der Polygynie zu sein. Vielmehr sollte uns
die *de facto* bereits existierende Polygynie Kopfzerbrechen
machen. Die Frage, der wir nachgehen müssen, lautet
nicht, ob wir die Monogamie retten können, sondern ob
wir die Monogamie wiederherstellen können. Und es
könnte sein, daß sich uns bei der Suche nach der Lösung
des Problems eine Menge Leute begeistert anschließen:
nicht nur unzufriedene Männer ohne Frauen, sondern
auch zahlreiche unzufriedener Ex-Ehefrauen – zumal solche, die das Pech hatten, an einen Mann geraten zu sein,
der nicht so betucht war wie Johnny Carson.

Der Darwinismus und die moralischen Ideale

Die geschilderte Sicht der Ehe ist ein Lehrbuchbeispiel dafür, welche Rolle der Darwinismus legitimerweise in der
moralischen Diskussion spielen kann und welche nicht. Er
kann uns keine moralischen Grundwerte liefern. Ob wir –
um ein Beispiel zu nennen – in einer auf dem Gleichheitsprinzip basierenden Gesellschaft leben wollen, ist eine Sache, die wir selbst entscheiden müssen; die Gleichgültigkeit der natürlichen Selektion gegenüber dem Leiden der
Schwachen müssen wir uns nicht zum Vorbild nehmen.
Ebensowenig braucht es uns zu interessieren, ob Mord,
Raub und Vergewaltigung in gewissem Sinn »natürlich«
sind. Es ist uns überlassen, darüber zu entscheiden, wie
abstoßend wir diese Dinge finden und wie energisch wir
sie bekämpfen wollen.

Doch sobald wir unsere Entscheidungen getroffen haben, sobald wir moralische Ideale *besitzen*, kann der Darwinismus uns helfen herauszufinden, welche sozialen Insti-

tutionen ihnen am besten nützen. Im vorliegenden Fall bringt die darwinistische Optik ans Licht, daß die vorherrschende Form der institutionalisierten Lebens- und Sexualgemeinschaft, die serielle Monogamie, in vieler Beziehung der Polygynie gleichkommt. So gesehen, wird diese Institution in ihrer im männlichen Bevölkerungsteil Chancenungleichheit schaffenden Wirkung erkannt, die die ohnehin Benachteiligten zusätzlich benachteiligt. Der Darwinismus wirft auch Licht auf die sozialen Kosten dieser Ungleichheit: Gewaltdelikte, Eigentumsdelikte, Sexualdelikte.

In diesem Licht erscheinen alte Moraldebatten in neuer Gestalt. So beginnt die Neigung der politisch Konservativen, das Eintreten für »familiäre Werte« als ihr Monopol zu reklamieren, ein wenig sonderbar zu wirken. Liberale, deren Sorge den sozial Schwachen gilt und die die »Grundursachen« von Kriminalität und Armut beheben wollen, müßten logischerweise eine gewisse Vorliebe für »familiäre Werte« entwickeln. Denn ein Absinken der Scheidungsrate dürfte, indem es für Männer der unteren Einkommensklassen mehr junge Frauen verfügbar macht, eine beachtliche Anzahl von Männern davor bewahren, in Kriminalität, Drogensucht und, in manchen Fällen, Obdachlosigkeit abzustürzen.

Angesichts der materiellen Chancen, die Polygynie (sogar *De-facto*-Polygynie) armen Frauen eröffnen kann, ist auch ein Eintreten von liberaler Seite *gegen* Monogamie denkbar. Ja, man kann sich sogar ein Eintreten liberaler *Feministinnen* gegen Monogamie vorstellen. Jedenfalls wird deutlich, daß ein darwinistischer Feminismus eine kompliziertere Art Feminismus sein wird. Aus darwinistischer Sicht sind »die Frauen« keine natürlicherweise homogene Interessengruppe; es gibt keine universale Schwesternschaft.[17]

Eine weitere Nebenwirkung der herrschenden Ehenormen, die das neue Paradigma in den Blick bringt, ist der

Tribut, den sie von Kindern fordern. Martin Daly und Margo Wilson schrieben: »Die vielleicht nächstliegende Voraussage, die sich aus einer darwinistischen Betrachtung der elterlichen Motive ergibt, lautet: Ersatzeltern werden im allgemeinen dazu neigen, sich bei der Sorge für die Kinder weniger engagiert zu zeigen als die natürlichen Eltern.« Das bedeutet unter anderem, daß »Kinder, die von anderen Personen als ihren natürlichen Eltern aufgezogen werden, häufiger zum Opfer von Ausbeutung werden und anderweitig gefährdet sind. Die elterliche Investition ist eine kostbare Ressource, und die natürliche Selektion begünstigt zwangsläufig eine Elternpsyche, die sie nicht an nicht Blutsverwandte verschwendet«.[18]

Für manche Darwinisten dürfte diese Erwartung so selbstverständlich scheinen, daß es in ihren Augen reine Zeitverschwendung wäre, sie eigens verifizieren zu wollen. Doch Daly und Wilson haben sich diese Mühe gemacht. Das Ergebnis hat sie selbst überrascht. Im Amerika des Jahres 1976 war für ein Kind, das sich in der Obhut eines oder mehrerer Ersatzelternteile befand, das Risiko, Opfer tödlicher Mißhandlung zu werden, hundertmal höher als für ein Kind in der Obhut beider natürlichen Eltern. In einer kanadischen Großstadt war in den achtziger Jahren das Risiko, von einem Elternteil umgebracht zu werden, für ein Kind, das bei einem Stiefelternteil und einem natürlichen Elternteil aufwuchs, siebzigmal so hoch wie für ein Kind, das bei beiden natürlichen Eltern aufwuchs. Selbstverständlich bilden die Kinder, die ermordet werden, nur einen winzigen Prozentsatz der Kinder mit Stiefeltern. Scheidung und Wiederverheiratung einer Mutter bedeutet nicht gleich das Todesurteil fürs Kind. Doch betrachten wir einmal das häufigere Problem der Kindesmißhandlung ohne tödlichen Ausgang. Kinder unter zehn, die unter der Obhut eines Stiefelternteils und eines natürlichen Elternteils standen, waren – je nach Alter und Voraussetzungen der betreffenden Untersuchung – drei- bis vierzigmal so stark von elterlicher Mißhandlung bedroht wie Gleichaltrige, die in der Obhut beider natürlichen Eltern lebten.[19]

Man kann wohl davon ausgehen, daß viele weniger dramatische, nicht erfaßte Formen elterlicher Gleichgültigkeit dieselbe Häufigkeitsverteilung aufweisen. Schließlich hat die natürliche Selektion die elterliche Liebe *überhaupt nur deshalb hervorgebracht*, weil sie dazu motiviert, den eigenen Nachwuchs mit Wohltaten zu bedenken. Daß die Biologen diese Wohltaten als »Investition« bezeichnen, heißt, daß sie rein materieller Natur und voll und ganz mit monatlichen Schecks zu bestreiten wären. Väter lassen ihren Kindern auf alle mögliche Art und Weise Schutz und Hilfe zuteil werden (meist ohne daß es dem Vater oder dem Kind bewußt wird) und behüten sie vor allen möglichen Gefahren. Eine Mutter allein kann dafür einfach keinen Ersatz bieten, ebensowenig wie ein Stiefvater – wenn überhaupt. Im darwinistischen Kategoriensystem zehrt ein kleines Stiefkind an den eigenen Ressourcen und ist ein Hindernis für die eigene Angepaßtheit/Fitneß.

Es gibt Mittel und Wege, Mutter Natur hinters Licht zu führen und Elternteile dazu zu bringen, Kinder zu lieben, die nicht die ihren sind. (Dem ahnungslosen Ehemann Hörner aufzusetzen, ist so ein Mittel.) Schließlich verfügt niemand über die Gabe, auf telepathischem Weg festzustellen, ob ein Kind die eigenen Gene besitzt. Man verläßt sich vielmehr auf Anzeichen, die in der Ur-Umwelt diese Bedeutung gehabt hätten. Eine Frau, die ein Kind Tag für Tag füttert und herzt, kann mit der Zeit Liebe zu dem Kind entwickeln, und ebenso kann es dem Mann ergehen, der seit Jahren mit der Frau schläft. Diese Art Bindung ist es, die Adoptivkinder geliebt und Kinderfrauen liebend macht. Aber sowohl die Theorie als auch zufällige Beobachtungen legen die Vermutung nahe, daß eine tiefgehende Bindung um so unwahrscheinlicher ist, je älter das Kind bei der ersten Begegnung mit dem künftigen Ersatzelternteil ist. Und die überwiegende Zahl der Kinder, die einen

Stiefvater bekommen, ist zum fraglichen Zeitpunkt bereits über das Säuglings- und Kleinkindalter hinaus.

Es ist durchaus vorstellbar, daß vernünftig denkende und human gesinnte Menschen ganz verschiedener Meinung sind in der Frage, ob eine streng monogame Gesellschaft besser ist als eine streng polygyne. Aber immerhin scheint der folgende Punkt nicht ganz so umstritten: Wann immer es in einer Gesellschaft – und das gilt für jede Art von Gesellschaft – so weit kommt, daß die institutionalisierte Form der Lebens- und Sexualgemeinschaft zerfällt, so daß die Zahl der Ehescheidungen und der alleinerziehenden Mütter immens ansteigt und viele Kinder nicht mehr in der Obhut beider natürlichen Eltern aufwachsen, ist die Folge ein drastischer Schwund der kostbarsten evolutionären Ressource: der Liebe. Die relativen Vorzüge von Monogamie und Polygynie mögen sein, wie sie wollen: aber was wir heute haben – die serielle Monogamie, *de facto* aber Polygynie – ist in einer wichtigen Hinsicht die schlechteste aller möglichen Welten.

Das Festhalten an moralischen Idealen

Offensichtlich ist es nicht immer Vereinfachung, was die darwinistische Sicht der Dinge in der moralischen und der politischen Debatte bewirkt. Im vorliegenden Fall trägt sie mit ihrem Herausstellen der Spannung zwischen der Gleichheit im männlichen und der Gleichheit im weiblichen Bevölkerungsteil effektiv zur Komplizierung der Frage bei, welche institutionalisierte Form der Lebens- und Sexualgemeinschaft unseren Idealen am besten dient. Die Spannung war freilich schon immer da. Jetzt ist sie wenigstens am Licht, und die Debatte kann in aller Klarheit weitergeführt werden. Des weiteren: *Haben* wir erst einmal mit Hilfe des neuen Paradigmas unsere Entscheidung getroffen, welche Institutionen unseren moralischen Idealen am besten dienen, kann der Darwinismus seinen zweiten Beitrag zur Moral-Debatte leisten: Kann uns helfen herauszufinden, welche Kräfte – welche moralischen Normen, welche Gesellschaftspolitik – dazu beitragen, diese Institutionen aufrechtzuerhalten.

Und hier kommt es in der Debatte um die »familiären Werte« zu einer weiteren objektiven Ironie: Es wird Konservative vielleicht überraschen, zu hören, daß eines der wirksamsten Mittel zur Stärkung der monogamen Ehe eine gleichmäßigere Einkommensverteilung wäre.[20] Ledige junge Frauen werden sich bei weitem nicht mehr so stark versucht fühlen, den Ehemann A seiner Frau abspenstig zu machen, wenn der Junggeselle B genausoviel Geld hat. Und wenn Ehemann A nicht mehr so viele kokette Blicke von jungen Frauen auf sich zieht, ist er vielleicht ganz zufrieden mit der Frau, die er hat, und übersieht ihre Fältchen. Diese Beziehungsdynamik dürfte mit eine Erklärung dafür sein, daß die Einehe sich häufig in Gesellschaften mit nicht sehr starker sozialer Schichtung einbürgerte.

Ein klassischer Einwand von konservativer Seite gegen eine Politik zur Bekämpfung der Armut lautet, sie koste zuviel: Eine höhere steuerliche Belastung der Wohlhabenden verringere deren Anreiz zu arbeiten und führe so zu insgesamt geringerer Wirtschaftsleistung. Wenn es jedoch zu den Zielen der Politik gehört, die Monogamie zu stärken, ist die Beschneidung des Reichtums der Reichen ein durchaus willkommener Nebeneffekt. Die Monogamie ist ja nicht allein durch die Armut im absoluten Sinn bedroht, sondern auch durch den Grad des sozialen Gefälles zwischen Reichen und Armen. Daß durch die Verringerung dieses Gefälles auch die Gesamtleistung der Wirtschaft vermindert wird, mag natürlich immer noch zu bedauern sein, dürfte aber in dem Moment weniger bedauerlich sein, wenn eine Umverteilung der Einkommen stabilere Ehen zur Folge hat.

Man könnte sich vorstellen, daß diese ganze Analyse allmählich an Bedeutung verliert, wächst doch ständig die Zahl der Frauen, die eine Berufstätigkeit ausüben und es sich daher leisten können, bei der Wahl eines Ehemanns auf andere Dinge als das Einkommen des Kandidaten zu achten. Aber vergessen wir nicht: Es geht hier um die tiefsten weiblichen Empfindungen romantischer Zuneigung, nicht um ein im Kopf erstelltes Kalkül, und jene Gefühle wurden in einer von der heutigen ganz verschiedenen Umwelt geschaffen. Nach den Wildbeuter-Gesellschaften zu urteilen, kontrollierten während der Evolution des Menschen Männer den größten Teil der materiellen Ressourcen. Und noch in den ärmsten dieser Gesellschaften, in denen kaum Besitzunterschiede zwischen den Männern zu erkennen sind, bedeutet ein höherer sozialer Status des Vaters, anders als der der Mutter, oft auf subtile Weise materielle und sonstige Vorteile für die Nachkommen.[21] Daß moderne Frauen bei der Wahl eines Ehepartners vielfach eigenen Wohlstand und aus eigener Kraft erworbenen Status in ihre Erwägungen einbeziehen können, sei unbestritten, bedeutet jedoch nicht, daß sie in der Lage wären, sich ohne weiteres über die tiefen ästhetischen Regungen hinwegzusetzen, die in der Ur-Umwelt so hohen Reproduktionswert hatten. In der Tat setzen moderne Frauen sich offensichtlich nicht über sie hinweg. Evolutionspsychologen haben nachgewiesen, daß die weibliche Tendenz, mehr Wert auf die finanziellen Aussichten des Ehepartners zu legen, als Männer es tun, bei Frauen auch dann bestehen bleibt, wenn sie ein eigenes Einkommen haben oder für die Zukunft fest mit einem solchen rechnen können.[22]

In einer Klassengesellschaft wird es immer schwierig bleiben, die menschliche Natur mit lebenslanger Monogamie zur Aussöhnung zu bringen. Anreize und Sanktionen (von seiten der Moral und/oder des Gesetzgebers) könnten dazu unerläßlich sein. Ein Mittel, festzustellen, welche Anreize im erwünschten Sinn wirken könnten, ist die Betrachtung einer Klassengesellschaft, in der sie gewirkt haben, beispielsweise in der Gesellschaft des Viktorianischen England. Nach den Besonderheiten der viktorianischen Moral zu fragen, die dazu beitrugen, die viktorianische Ehe zu einem Erfolg zu machen (zumindest in der Minimalbedeutung, daß sich die Verbindung nicht auflöste), heißt nicht, daß es nun für uns ratsam wäre, uns selbst eine Moral mit diesen Besonderheiten zuzulegen. Man kann sehr wohl die »Weisheit« eines Moralprinzips einsehen – begreifen, wie es bestimmte Ziele erreicht, indem es stillschweigend tiefen Wahrheiten der menschlichen Natur Rechnung trägt – und dennoch der Meinung sein, daß seine Vorzüge seine weniger wünschenswerten Nebenwirkungen nicht aufwiegen. Trotzdem ist das Ausloten seiner Weisheit ein gutes Mittel, sich einen Eindruck von den Umrissen des Problems zu schaffen, dessen Lösung es bedeutet. Eine viktorianische Ehe – die Ehe von Charles und Emma Darwin – unter darwinistischem Blickwinkel zu betrachten, ist ein lohnendes Unterfangen.

Bevor wir zu Darwins Lebensgeschichte zurückkehren, ist eine Warnung angebracht. Bisher haben wir die menschliche Psyche in abstrakter Form analysiert; wir sprachen von »artspezifischen« Anpassungen zum Zweck der Maximierung der Fitneß. Wenn wir nun die Aufmerksamkeit von der Spezies als solcher auf ein einzelnes Individuum verlagern, sollten wir *nicht* damit rechnen, daß diese Person ständig ihre Fitneß maximiert oder daß sie ihre Gene optimal an die zukünftigen Generationen weitergibt.

Der Grund dafür geht über den bisher genannten hinaus: daß die meisten Menschen nicht in einer Umwelt leben, die mit derjenigen große Ähnlichkeit hätte, auf die hin ihre seelisch-geistige Verfassung entworfen wurde. Jede Umwelt – selbst eine, für die Organismen tatsächlich entworfen sind – ist unberechenbar oder, anders gesagt, »ereignisoffen«. Eben deswegen hat sich Verhaltensflexibilität überhaupt entwickelt. Und Ereignisoffenheit läßt sich naturgemäß nicht im voraus in den Griff bekommen. In den Worten von John Tooby und Leda Cosmides: »Es ist nicht so, daß die natürliche Selektion den einzelnen Organismus unmittelbar in einer spezifischen Situation ›sehen‹ und ein maßgeschneidert angepaßtes Verhalten bewirken könnte.«[23]

Die natürliche Selektion kann uns bestenfalls mit Anpassungen – »mentalen Organen« oder »mentalen Modulen« – ausstatten, die aus einer konkreten Situation das Beste machen. Sie kann den Männern ein »Liebe deinen Nachwuchs«-Modul einbauen und diesem Modul eine gewisse Sensibilität dafür einprogrammieren, ob der fragliche Nachwuchs tatsächlich Nachwuchs des betreffenden Mannes ist. Aber die Anpassungen können nicht hundertprozentig verläßlich arbeiten. Die natürliche Selektion kann den Frauen ein »Von-athletischem-Körperbau-angezogen-werden«-Modul oder ein »Von-Status-angezogen-werden«-Modul einbauen, und sie kann, was noch wichtiger ist, die Stärke der auftretenden Anziehung von allen möglichen ergänzenden Faktoren abhängig machen; doch selbst ein hochgradig flexibles Modul kann keine Gewähr dafür bieten, daß dieses Angezogenwerden zu einer zahlreichen und lebensfähigen Nachkommenschaft führt.

Um es mit Tooby und Cosmides zu sagen: Die Menschen sind keine auf der Ebene des großen Ganzen operierenden »Fitneßmaximierer«. Sie sind »Anpassungsleister« im kleinen.[24] Ob die Anpassungen zum Guten ausschlagen, ist in jedem Einzelfall völlig offen, und die Erfolgsbilanz ist in jeder Umwelt außerhalb des kleinen Wildbeuter-Dorfs sehr gemischt. Wenn wir uns in Charles Darwins Lebensgeschichte umsehen, lautet unsere Frage also nicht: Ist eine Vorgehensweise denkbar, mit der er es eventuell zu mehr und lebenskräftigeren Nachkommen hätte bringen können, als er tatsächlich hatte? Unsere Frage lautet vielmehr: Läßt sich sein Verhalten als Produkt einer aus einem Bündel von Anpassungen bestehenden Psyche begreifen?

Fünftes Kapitel
DARWIN HEIRATET

Wie ein Kind, unter dessen Sachen sich eine befindet, die es über alle Maßen liebt, verlangt es mich, mir im Geiste immer wieder die Worte vorzusprechen: Meine liebe *Emma. [...] Meine liebe Emma, in aller Demut und Dankbarkeit küsse ich die Hände, die mir die Schale des Glücks so vollgefüllt haben [...] doch vergiß ja nicht, liebe Emma, das Leben ist kurz, und zwei Monate sind der sechste Teil eines Jahres.*

Darwin in einem Brief an seine Verlobte
vom November 1838, in dem er
zur baldigen Heirat drängt

Geschlechtliches Begehren bewirkt Speichelfluß ... komische Verbindung.

Im selben Monat vorgenommene
Eintragung Darwins in seinem
wissenschaftlichen Notizbuch[1]

In dem Jahrzehnt, in dem Darwin heiratete – in den dreißiger Jahren des 19.Jahrhunderts –, stellten in Großbritannien im Durchschnitt jährlich vier Ehepaare einen Scheidungsantrag. Das ist eine in mancher Hinsicht irreführende statistische Größe. So spiegelt sich in ihr unter anderem wahrscheinlich auch die zur damaligen Zeit in der männlichen Bevölkerung vorhandene Tendenz, vor dem Höhepunkt der *midlife crisis* zu sterben. (*Midlife crisis* ist insofern keine sonderlich glücklich gewählte Bezeichnung, als in vielen Fällen nicht das eigene Alter, sondern das der Ehefrau den Mann in die Krise stürzt.) Und ganz bestimmt spiegelt sich in ihr der Umstand, daß es – buchstäblich – eines Parlamentsbeschlusses bedurfte, eine Ehe aufzulösen. Ehen wurden auch auf andere Weise beendet, vor allem durch privat arrangierte Trennung. Trotzdem ist nicht zu bestreiten, daß die Ehe damals im großen und ganzen etwas für die Ewigkeit war, und dies zumal in der *upper middle class*, eben jener Gesellschaftsschicht, der Darwin angehörte. Und so sollte es auch noch ein halbes Jahrhundert bleiben, nachdem das Ehescheidungsgesetz von 1857 den Eheleuten das Auseinandergehen eigentlich erleichtert hatte.[2] In der viktorianischen Moral lag etwas, das dem Zusammenbleiben förderlich war.

Niemand vermag zu sagen, wieviel Elend im Viktorianischen England durch unglückliche Ehen verursacht wurde, die nicht zu beenden waren. Es könnte jedoch sehr wohl sein, daß es nicht über das Maß hinausging, das heute durch Ehescheidungen produziert wird.[3] Wie dem auch sei – wir wissen von einigen offenbar geglückten viktorianischen Ehen. Zu ihnen zählt die von Charles und Emma Darwin. Die Zuneigung war in diesem Fall wechselseitig und scheint mit der Zeit, sofern das überhaupt möglich war, nur noch gewachsen zu sein. Von ihren Kindern erreichten sieben das Erwachsenenalter, und keines von ihnen hat sich dann hingesetzt und schlimme Erinnerungen an tyrannische Eltern zu Papier gebracht. Die Tochter Henrietta bezeichnete die Ehe ihrer Eltern als eine »perfekte Verbindung«.[4] Der Sohn Francis schrieb über seinen Vater: »In seinem Verhältnis zu meiner Mutter zeigte sich sein zärtliches und einfühlsames Wesen von seiner allerherzlichsten Seite. In ihrer Gegenwart fand er sein Glück, und durch sie wurde sein Leben – welches sonst von trüben Eindrücken verdüstert gewesen sein würde – ein Leben zufriedener und ruhiger Heiterkeit.«[5] Aus heutiger Sicht nimmt sich die Ehe von Charles und Emma Darwin in ihrer Gemütswärme, Friedlichkeit und ungebrochenen Dauerhaftigkeit fast wie ein Idyll aus.

Darwins Aussichten

Auf dem Heiratsmarkt der Viktorianischen Epoche muß
Darwin ein ziemlich begehrenswerter Artikel gewesen sein.
Er war von einnehmendem Wesen, hatte eine respektable
Erziehung genossen, stammte aus einer Familie, deren Geschichte für seine berufliche Laufbahn das Beste erwarten
ließ, und hatte zudem auf jeden Fall eine nicht unbeträcht-
liche Erbschaft zu erwarten. Er war kein bemerkenswert
gut aussehender Mann, aber was machte das schon? Die
Viktorianer kultivierten eine ganz klare, unter evolutions-
psychologischem Aspekt vollkommen schlüssige ästhetische
Arbeitsteilung: Die Attraktivität eines Ehemanns lag in seinen guten finanziellen Aussichten, die Attraktivität einer
Ehefrau in ihrem guten Aussehen. In dem umfangreichen
Briefwechsel, den Darwin während seiner Studienzeit und
dann während der Reise auf der »Beagle« mit seinen
Schwestern führte, ist viel von Gefühlsdingen und romantischem Mondschein die Rede, denn die Schwestern berichten Klatschgeschichten und teilen ihm die Ergebnisse aller
Erkundungen mit, die sie für den Bruder eingezogen haben.
Dabei werden Männer mit schöner Regelmäßigkeit danach
bewertet, wie gut sie eine Frau materiell zu versorgen in der
Lage sind, während die Aufgabe der Frauen darin erblickt
wird, Augen und Ohren des Manns ein angenehmes Ambiente zu bieten. Frischverheiratete Frauen und diejenigen,
die als Kandidatinnen für Charles in Frage kämen, sind
»hübsch« oder »reizend« oder zum allermindesten »liebenswürdig«. »Ich bin sicher, sie würde Dir gefallen«,
schrieb Charles' Schwester Catherine über eine Kandidatin.
»Sie ist so fröhlich und liebenswürdig, und ich glaube auch
hübsch.« Frischverheiratete Männer dagegen sind entweder bemittelt oder unbemittelt. Susan Darwin schrieb ihrem auf Weltreise befindlichen Bruder: »Deine reizende
Cousine Lucy Galton hat sich mit Mr. Moilliet verlobt, dem
ältesten Sohn einer *sehr dicken* Mrs. Moilliet. [...] Der junge

Herr hat ein hübsches Vermögen, und folglich gewährt die Verbindung natürlich größte Zufriedenheit.«[6]

Die Fahrt der »Beagle« dauerte länger als erwartet, und am Ende hatte Darwin fünf Jahre – die Blüte seiner Zwanziger – fern von England verbracht. Aber sowenig wie ein nicht mittelmäßiges Aussehen war ein vorgerücktes Alter etwas, was einem viktorianischen Mann großen Kummer hätte machen müssen. In Darwins Gesellschaftsklasse brachten Frauen oft ihre frühen Zwanziger damit zu, sich an geeigneten Orten unübersehbar in Szene zu setzen, um sich noch in der Blüte ihrer Jugend einen Mann zu angeln. Die Männer verbrachten ihr Zwanziger häufig so, wie Darwin es tat: mit der zielstrebigen Jagd nach beruflicher Profilierung (und/oder Geld), will sagen: nach den Dingen, die ihnen später eine in der Blüte ihrer Jugend stehende Frau würden gewinnen können. Sie hatten keinen Anlaß zu Überstürzung. Es galt als die natürlichste Sache der Welt, daß eine Frau einen deutlich älteren Mann heiratete, während ein viktorianischer Mann, der eine erheblich ältere Frau heiratete, Anlaß für Bestürzung war. Dem auf der »Beagle« durch die Welt segelnden Darwin berichtet seine Schwester Catherine, daß Cousin Robert Wedgwood, der ungefähr in Charles' Alter war, sich »leidenschaftlich und unrettbar in Miss Crewe verliebt hat, die 50 Jahre alt und auf einem Auge blind ist«. Seine Schwester Susan stimmte sarkastisch ein: »Der Altersunterschied zwischen den beiden beträgt nur 20 Jahre!« Und Schwester Caroline: »Eine Frau, die mehr als alt genug ist, um seine Mutter sein zu können.« Catherine hatte eine Theorie: »Sie ist schlau und muß ihn mit ihren Listen umgarnt haben; und der Rest von ehemals großer Schönheit, der ihr noch geblieben ist, kommt ihr dabei zu Hilfe.«[7] Mit anderen Worten: Der innere Altersdetektor des Manns funktionierte ordnungsgemäß, aber der Zufall hatte ihn mit einer Frau zusammengeführt, deren bleibende Schönheit – das heißt jugendliche Erscheinung – ihn täuschte.

Die Jagdgründe, die dem jungen Darwin für die Pirsch nach einer Ehegefährtin offenstanden, waren nicht sehr groß. Von seinen Jugendjahren an zeichnete sich ab, daß die aussichtsreichsten Kandidatinnen aus zwei nicht weit vom Heim der Darwins in Shrewsbury lebenden gutsituierten Familien kamen. Da war zunächst die allseits beliebte Fanny Owen – »die allerliebreizendste, allerschönst gerundete, zauberhafte« Fanny Owen, wie Darwin als Student schwärmte. Und da waren ferner die drei jüngsten Töchter von Josiah Wedgwood, Darwins Onkel mütterlicherseits: Charlotte, Fanny und Emma.[8]

Als die »Beagle« in See stach, scheint niemand auf Emma als Spitzenkandidatin für Charles' Zuneigung gekommen zu sein – wenngleich seine Schwester in einem Brief, den sie ihm um diese Zeit schrieb, beiläufig bemerkte: »Emma sieht sehr hübsch aus und konversiert auf das angenehmste.«[9] (Was konnte ein Mann mehr verlangen?) Aber wie das Schicksal so spielt: Bald schieden die andern drei Kandidatinnen in rascher Folge aus dem Rennen aus.

Die erste war Emmas Schwester Charlotte. In einem Brief vom Januar 1832 gab sie Darwin ihre überraschende Verlobung mit einem Mann bekannt, der, wie sie zugab, »zur Zeit nur ein sehr geringes Einkommen hat«, von seiner Großmutter aber ein beachtliches Erbe zu erwarten hatte. Jedenfalls hatte er »edle Grundsätze und ein freundliches Wesen, was mir ein Gefühl von Sicherheit gibt«.[10] (Im Klartext: Da waren in Bälde Ressourcen zu erwarten und eine verläßliche Bereitschaft vorhanden, sie in väterliche Investition umzuwandeln.) In Wahrheit hatte Charlotte, was Charles anging, wohl nur als Außenseiterin im Rennen gelegen. Zwar hatte sie auf ihn wie auf seinen Bruder Erasmus einen tiefen Eindruck gemacht – beide sprachen von ihr als der »Unvergleichlichen« –, aber sie war über zehn Jahre älter als Charles. Vermutlich war eher Erasmus ihrem Zauber erlegen (so wie er es scheinbar bei einer ganzen Reihe von Frauen war, von denen er jedoch keine zu ehelichen fertigbrachte).

Betrüblicher als die Kunde von der Wende in Charlottes Leben dürfte für Darwin die fast gleichzeitig eintreffende Nachricht gewesen sein, daß auch die berückende Fanny Owen unter die Haube kommen sollte. In dem Brief, mit dem er Charles die Neuigkeit mitteilte, machte Fannys Vater keinen Hehl aus seiner Enttäuschung darüber, daß der Bräutigam »zur Zeit nicht sehr begütert ist und in der Tat es wahrscheinlich auch niemals sein wird«.[11] Andererseits war ihr Zukünftiger ein Mann mit hohem Status und kurze Zeit sogar Mitglied des Parlaments.

Darwin reagierte auf diese Neuigkeiten vom Heiratsmarkt mit einem Brief an seine Schwester Caroline, in dem er sich keine Mühe gab, Begeisterung vorzutäuschen. »Nun ja, für die Betroffenen mag das alles sehr erfreulich sein, aber da mir persönlich unverheiratete Frauen lieber sind als Frauen im heiligen Ehestand, ist mir das alles odios.«[12]

Das Bild, das sich die Schwestern von der Zukunft ihres Bruders machten und das ihn als Landpfarrer im trauten Heim an der Seite einer treusorgenden Gattin zeigte, rückte mit abnehmender Zahl der Ehekandidatinnen der Verwirklichung nicht näher. Catherine musterte das verbleibende Angebot bestehend aus Emma und Fanny Wedgwood und gab Fanny den Zuschlag. Sie hoffe, Fanny werde bei seiner Heimkehr noch frei sei, schrieb sie an Charles: »Sie würde ein unbezahlbares artiges kleines Eheweib abgeben.«[13] Wir werden nie erfahren, ob sie recht behalten hätte. Fanny erkrankte und starb, erst 26 Jahre alt, noch vor Ablauf eines Monats. Nachdem drei der vier Kandidatinnen durch Heirat oder Tod aus dem Rennen geschieden waren, hatten sich die Chancen entscheidend zu Emmas Gunsten verschoben.

Sollte Charles lange Absichten auf Emma gehegt haben, hatte er sie gut verborgen. Wie Catherine sich erinnerte, hatte er prophezeit, bei seiner Rückkehr werde er Erasmus

»fest an Emma Wedgwood gebunden und ihrer herzlich überdrüssig« vorfinden. 1832 schrieb ihm Emma: »Über Deine Prophezeiung habe ich mich köstlich amüsiert, und ich glaube, daß sie möglicherweise den segensreichen Effekt haben wird, ihre eigene Erfüllung zu verhindern.«[14] Erasmus bekundete weiterhin Interesse für Emma, aber als die »Beagle« 1836 nach England heimkehrte, war Emma trotzdem noch frei. Ja, man könnte sagen, daß sie ganz entschieden frei war. Sie war, als die »Beagle« auslief, eine unbeschwerte 23jährige gewesen und hatte in den darauffolgenden zwei Jahren mehrere Heiratsanträge abgelehnt. Doch jetzt trennten sie nur noch anderthalb Jahre von ihrem 30. Geburtstag, und ihre Zeit verbrachte sie zum großen Teil damit, zu Hause ihre gebrechliche Mutter zu pflegen. Sie kam nicht mehr soviel unter die Leute wie früher.[15] Ihrer Schwägerin vertraute sie in einem Brief an, daß sie zur Vorbereitung auf Darwins Rückkehr ein Buch über Südamerika las, »um mich für ihn mit ein paar Kenntnissen zu garnieren«.[16]

Daß »ein paar Kenntnisse« ausgereicht hätten, Charles' Aufmerksamkeit an eine Jugendfreundin zu fesseln, ist zu bezweifeln. Nach Hause zurückgekehrt, besaß Darwin etwas, das Frauen aller Kulturen und aller Zeiten an Männern zu schätzen wußten: Status. Dank der gesellschaftlichen Rangstellung seiner Familie hatte er schon immer hohes Ansehen genossen, aber jetzt war er prominent aufgrund ganz eigener Leistung. Während der Fahrt der »Beagle« hatte er von unterwegs Fossilien, Proben organischen Materials und scharfsichtige geologische Beobachtungen nach Hause geschickt und damit die Aufmerksamkeit weiter Kreise der Wissenschaftsgemeinde erregt. Er verkehrte jetzt mit den großen Naturforschern der Zeit von gleich zu gleich. Im Frühjahr 1837 ließ er sich dann in London nieder, wo er sein Junggesellendomizil ein paar Häuser von seinem Bruder Erasmus entfernt aufschlug. In der guten Gesellschaft der Hauptstadt war er ein begehrter Gast.

Ein eitler und weniger zielbewußter Mensch hätte sich vielleicht verlocken lassen, seine Zeit im Wirbel gesellschaftlichen Lebens zu vertun – eine Verlockung, der Charles' geselliger Bruder Erasmus mit Vergnügen erlegen wäre. Charles war sich seines wachsenden Prestiges zwar durchaus bewußt (»ich bin dort als ziemlich große Nummer behandelt worden«, berichtete er über einen Besuch in Cambridge). Aber er war ein zu gesetzter und zu ernsthaft veranlagter Mensch, als daß er sich in die Rolle des Salonlöwen hätte finden können. Wenn es ging, mied er große Gesellschaften. Seinem Mentor Professor John Henslow schrieb er, er würde ihm »lieber einmal einen zwanglosen Besuch abstatten als auf einer großen Abendeinladung aller Welt zu begegnen«. Ein Absageschreiben an den Mathematiker Charles Babbage – den Konstrukteur der ersten programmgesteuerten Rechenmaschine (»Analytische Maschine«), einer Vorläuferin des modernen Computers – beginnt mit den Worten: »Hochverehrter Mr. Babbage, ich bin Ihnen sehr verbunden für die Übersendung von Einladungen zu Ihren Abendgesellschaften, kann diese jedoch leider nicht annehmen, da ich bei Ihnen Personen treffen würde, denen ich die heiligsten Eide geschworen habe, daß ich niemals ausgehe.«[17]

In der Zeit, die er damit sparte, überließ sich Darwin einem wahren Ausbruch von Produktivität. Innerhalb von zwei Jahren nach seiner Heimkehr vollbrachte er eine ganze Reihe beachtlicher Leistungen: 1. redigierte er sein Schiffstagebuch zu einem druckreifen Werk (das sich gut liest, gut verkaufte und unter dem Titel *The Voyage of the »Beagle«* in gekürzter Form noch heute im Handel ist); 2. entlockte er dem Schatzkanzler sehr geschickt einen Druckkostenzuschuß in Höhe von 1000 Pfund für die Veröffentlichung von *The Zoology of the Voyage of H.M.S. »Beagle«* und gewann Mitarbeiter für das Sammelwerk; 3. festigte er seine Stellung in der britischen Naturwissenschaft mit einem halben Dutzend Veröffentlichungen – von der

kurzen Beschreibung einer neuen amerikanischen Strau-
ßenart (die von der Zoological Society of London den wissenschaftlichen Namen *Rhea darwinii* erhielt, Vulgärname
Nandu oder Pampasstrauß) bis zu einer neuen Theorie
über die Bildung von Mutterboden (»Jedes Teilchen Erde
in der Bodenoberschicht unter der Grasnarbe von altem
Weideland ist durch die Eingeweide von Würmern gegangen«[18]); 4. unternahm er eine geologische Forschungs-
expedition nach Schottland; 5. pflegte er im exklusiven
Herrenclub »Athenaeum« Freundschaft mit allerhand Ze-
lebritäten; 6. wurde er auf den Posten des Sekretärs der
Geological Society of London berufen (ein Amt, das er nur
zögernd annahm, weil er fürchtete, es könne ihm zuviel
von seiner Arbeitszeit rauben); 7. stellte er wissenschaftliche Notizen zusammen, deren Themen sich von der »Ar-
tenfrage« über die Religion bis zur moralischen Veranlagung des Menschen erstreckten und die von so hoher in-
tellektueller Dichte waren, daß sie in den darauffolgenden
vier Jahrzehnten die Grundlage für seine großen Werke
abgaben; und 8. konzipierte er die Theorie der natürlichen
Selektion.

Die Entscheidung für die Ehe

Gegen Ende dieser Phase seines Lebens – wenige Monate,
bevor ihm das Prinzip der natürlichen Auslese klar zu werden begann – entschloß sich Darwin zu heiraten. Damit
war nicht unbedingt die Entscheidung für eine bestimmte
Frau verbunden. Daß er auch nur entfernt an Emma
Wedgwood gedacht hätte, ist nicht gesichert. Einer ver-
breiteten Auffassung zufolge stand sie durchaus nicht im
Zentrum seiner einschlägigen Überlegungen. In einer bemerkenswerten, anscheinend um den Juli 1838 niederge-
schriebenen Notiz entschied er die Frage einer Eheschließung in *abstracto*.

Das Dokument, ein mit Bleistift beschriebener Zettel, ist in zwei Spalten unterteilt, die eine mit HEIRATEN, die andere mit *Nicht* HEIRATEN überschrieben, und darüber stehen eingekreist die Worte »Das ist die Frage«. In der Pro-Ehe-Rubrik liest man: »Kinder – (wenn es Gott gefällt) – ständige Gesellschaft, (Freund im Alter), der sich für einen interessiert, ein Objekt, das man lieben und mit dem man spielen kann –.« Nach einer Pause des Nachdenkens von heute nicht mehr feststellbarer Dauer setzte er zu dem zuletzt notierten Punkt hinzu: »Jedenfalls besser als ein Hund –.« Dann fuhr er fort: »Ein Heim und jemand, der das Haus versorgt – die Annehmlichkeiten von Musik und weiblichem Geplauder. Diese Dinge gut für die Gesundheit. Zwang, Verwandte zu besuchen und zu empfangen *aber schrecklicher Zeitverlust.*« Unversehens war dem Schreiber mitten in die Pro-Ehe-Kolumne ein gewichtiges Argument *gegen* die Ehe hineingerutscht – so gewichtig, daß er es unterstrich. Diesen Punkt – das Opfer an Zeit, vor allem Arbeitszeit, das die Ehe ihm abverlangen würde – griff er ausführlicher noch einmal an der eigentlich dafür vorgesehenen Stelle, in der Contra-Ehe-Rubrik, auf. Nicht zu heiraten, schrieb er, garantiere ihm die »Freiheit zu gehen, wohin man will – die Wahl der Gesellschaft, auch *möglichst wenig davon.* Unterhaltung mit klugen Männern in Clubs. – Kein Zwang zu Verwandtenbesuchen und zum Nachgeben in jeder Kleinigkeit – die Kosten und Sorgen, die Kinder bedeuten, fallen weg – vielleicht Streitigkeiten. – *Zeitverlust* – kann abends nicht lesen – werde fett und faul – Sorgen und Verantwortung – weniger Geld für Bücher usw. – wenn viele Kinder, dann gezwungen, Brot zu verdienen«.

Dennoch trugen die Pro-Ehe-Strebungen den Sieg davon; am Ende der HEIRATEN-Rubrik heißt es: »Mein Gott, es ist unerträglich, sich vorzustellen, ein Leben lang nur wie eine geschlechtslose Arbeitsbiene zuzubringen, nur Arbeit, Arbeit und nichts sonst. – Nein, nein, das geht nicht. Stell dir vor, den ganzen Tag allein in rauchigem, schmutzigem Londoner Haus zu leben. – Mal dir nur eine nette, sanfte Frau auf einem Sofa aus, ein gutes Feuer im Kamin, Bücher und Musik vielleicht« – und nachdem er dieses Wunschbild mit der »schmuddeligen Realität« in seinen vier Wänden verglichen hatte, zog er die Bilanz »Heirate – heirate – heirate q. e. d. (*quod erat demonstrandum,* »Was zu beweisen war«).«

Darwins Entschluß mußte freilich noch eine Woge von zersetzendem Zweifel überstehen. Die Anfechtung begann ganz harmlos damit, daß Darwin nach gezogener Bilanz notierte: »Da nun erwiesen ist, daß geheiratet werden muß, fragt sich: Wann? Bald oder später?« Indes, diese Frage löste jenen letzten Anfall von Panik aus, mit dem so viele Ehemänner *in spe* kurz vor der Trauung Bekanntschaft machen. Natürlich kennen dergleichen auch angehende Bräute, doch scheinen sich ihre Zweifel meist darauf zu beziehen, ob sie sich bei der Wahl des Ehegefährten für den Richtigen entschieden haben. Die Panik der Männer bezieht sich, wie Darwins Aufzeichnung bezeugt, im wesentlichen nicht um diese oder jene bestimmte prospektive Partnerin, sondern um das *Konzept* der lebenslangen Verbindung mit einer Gefährtin als solches, das auf irgendeiner Ebene Schrecken hervorruft. Schließlich beschneidet es – zumindest in einer monogamen Gesellschaft – die Aussicht auf intime Beziehungen zu all den andern Frauen, nach denen sich umzuschauen und mit denen (für wie kurze Zeit auch immer) eine Bekanntschaft anzuknüpfen ein Mann von seinen Genen gedrängt wird.

Das soll nicht heißen, daß sich die voreheliche Panik mit plumper Direktheit an den Bildern potentieller Geschlechtspartner entzündet; das Unbewußte kennt raffiniertere Schliche. Dessenungeachtet zeigt sich mit einer gewissen Zuverlässigkeit bei Männern vor dem Schritt, mit dem sie sich für den Rest ihres Lebens an eine einzige Frau binden, die Furcht, in eine zuschnappende Falle zu tappen, sowie das Gefühl, daß die Zeit der Abenteuer zu Ende ist.

»Eheu!!« schrieb Darwin mit einem letzten Schauer vor der Aussicht, sich lebenslang zu binden. »Wenn ich morgen heiratete [...] ich könnte nie Französisch lernen – nie den Kontinent sehen – oder nach Amerika fahren oder eine Ballonreise machen oder einsame Wanderungen in Wales – armer Sklave, du wirst schlechter gestellt sein als ein Schwarzer –.« Doch dann fügte er sich schicksalsergeben ins Unabänderliche. »Und wenn schon, alter Junge – nur Mut – dies einsame Leben kann man nicht immer leben, wenn einem ein jämmerliches Alter, freudlos und kalt und kinderlos, ins Gesicht starrt – das Gesicht hat jetzt schon die ersten Falten. Es hilft ja nichts – vertrau auf dein Glück – sieh dich genau um. Es gibt viele glückliche Sklaven –.« Damit endet die Aufzeichnung.[19]

Die Entscheidung für Emma

Schon früher, wahrscheinlich im April 1838, hatte Darwin ähnliche abwägende Überlegungen niedergeschrieben. Dabei ging es um seine berufliche Zukunft – sollte er eine Professur in Cambridge anstreben? In Geologie? Oder in Zoologie? Oder eine »Arbeit über die Vererbung der Arten« in Angriff nehmen? – wie auch um die Frage Heiraten oder Nicht-Heiraten, die freilich offenblieb.[20] Wir wissen nicht, was ihn veranlaßte, sich wenige Monate später erneut dieser Frage zuzuwenden und sie diesmal abschließend zu beantworten.

Interessant ist jedoch, daß es in zwei der sechs Eintragungen, die Darwin in der Zeit von April bis Juli in seinem sporadisch geführten privaten Tagebuch vornahm, heißt, der Schreiber fühle sich »unwohl«.

Unwohlsein sollte für Darwin zu einer Lebensform werden, und es könnte sein, daß er dies damals schon ahnte. Es liegt eine Ironie darin, daß einen Mann die Signale, die ihn an seine Sterblichkeit erinnern, zur Eheschließung motivieren können, denn nicht selten sind es dieselben Signale, die ihn lange Zeit später veranlassen, aus der Ehe auszubrechen, um nach neuen Beweisen seiner Virilität zu suchen. Die Ironie löst sich jedoch auf, wenn man sie bis auf ihre letzte Ursache zurückverfolgt: Beide Antriebe – sowohl der, einer Frau lebenslange Treue zu geloben, als auch der, sie einer andern zuliebe sitzenzulassen – stecken in einem Mann aufgrund der Häufigkeit, mit der sie bei seinen Vorfahren zu Nachkommenschaft geführt haben. So gesehen sind beide ein probates Mittel gegen die Sterblichkeit, wenn auch (außer aus Sicht der Gene) letzten Endes nutzlos und im einen Fall – dem der Treulosigkeit – obendrein destruktiv.

Wie dem auch sei, auf weniger naturwissenschaftlicher Ebene lagen die Dinge wie folgt: Darwin mag gespürt haben, daß er in nicht allzu ferner Zukunft eine treue Helferin und Pflegerin benötigen würde. Möglicherweise hatte er sogar eine undeutliche Vorahnung, daß er viele Jahre in geduldig ertragener und entbehrungsreicher Einsamkeit an einem großen Werk über die Evolution arbeiten würde. Während sich seine Gesundheit verschlechtert hatte, verbesserte sich seine Einsicht in diesen Gegenstand. Sein erstes Notizbuch über die »Transmutation der Arten« legte er im Juni oder Juli 1837 an, das zweite folgte Anfang 1838.[21] Zu der Zeit, als er konsequent über das Heiraten nachdachte, hatte er schon eine gewisse Strecke auf dem gedanklichen Weg zur natürlichen Selektion zurückgelegt. Ein Schlüssel zur Evolution waren seiner Überzeugung nach anfänglich geringfügige Differenzen im Erbgut. Sie waren die Voraussetzung dafür, daß, wenn die Population einer Art durch eine geographische Veränderung ihres Lebensraums – wie die Entstehung eines unüberwindlichen Gewässers – in zwei Teilpopulationen aufgespalten wird, diese zunächst nur Varianten ein und derselben Art darstellenden Populationen sich so weit auseinanderentwickeln, daß sie zuletzt zwei verschiedene Arten bilden.[22] Darwin mußte jetzt nur noch herausfinden – und das war der schwierigste Teil des Problems –, was diese Auseinanderentwicklung steuerte. Im Juli 1838 schloß er sein zweites Notizbuch zum Artenproblem ab und fing mit dem dritten an. Und als er im selben Monat jene schicksalsträchtigen Überlegungen zu Pro und Contra der Ehe niederschrieb, mochte er bereits geahnt haben, daß die Lösung des Problems nahe bevorstand.

Ende September fand er sie. Darwin hatte soeben Thomas Malthus' berühmten *Versuch über das Bevölkerungsgesetz* (1798) gelesen, dessen Verfasser die Ansicht vertrat, daß alle Menschen, würden ihnen keine Schranken gesetzt, dazu neigten, sich stärker zu vermehren, als es die zur Verfügung stehende Nahrungsmenge zuläßt. In seiner Autobiographie erinnerte sich Darwin: »Weil ich durch meine lange Beobachtung der Verhaltensweisen von Tieren und Pflanzen wohl darauf vorbereitet war, anzuerkennen, daß ein Kampf ums Dasein überall stattfindet, wurde mir sofort deutlich, daß unter solchen Bedingungen vorteilhafte Variationen eher erhalten bleiben und unvorteilhafte eher vernichtet werden. Das Ergebnis dieser Tendenz mußte die Bildung neuer Arten sein. Jetzt hatte ich endlich eine Arbeitshypothese.«[23] Unter dem Datum vom 28. September schrieb Darwin in sein Notizbuch einige Zeilen über Malthus, wobei er ohne ausdrückliche Erwähnung der natürlichen Selektion eine Betrachtung über deren Auswirkungen anschloß: »Man könnte sagen, es existiert eine Kraft gleich hunderttausend Keilen, die bemüht ist, jedwede Art angepaßter Form in die Lücken im System der Natur hineinzudrängen, oder vielmehr: die solche Lücken schafft, indem sie schwächere Formen ausmerzt. Der Endzweck all dieses Drängens kann nur sein, zweckmäßige Formen auszusieben und sie Veränderungen anzupassen.«[24]

Für Darwins berufliche Laufbahn war damit die Richtung festgelegt, und nun brachte er auch sein Privatleben auf festen Kurs. Sechs Wochen nach der Niederschrift der zitierten Notizbuchstelle, am Sonntag, dem 11. November 1838 (»Der Tag der Tage!« schrieb er in sein privates Tagebuch), machte er Emma Wedgwood einen Heiratsantrag.

Im Licht einfachster darwinistischer Prinzipien erscheint Darwins Neigung für Emma sonderbar. Er war ein gutsituierter, hochangesehener Mann Ende Zwanzig. Man darf annehmen, daß er eine junge und schöne Ehefrau hätte haben können, wenn er gewollt hätte. Emma war ein Jahr älter als er, und wenn sie auch (zumindest aus Sicht ihres Porträtisten) nicht unattraktiv war, galt sie doch nicht als ausgesprochene Schönheit. Wieso tat Darwin den unter dem Gesichtspunkt der Anpassung unvorteilhaften Schritt, eine unscheinbare Frau zu heiraten, die bereits zehn Jahre ihres reproduktionsfähigen Alters hinter sich hatte?

Zunächst einmal ist zu sagen, daß die erwähnte Zuordnung – hier reicher Mann mit hohem sozialem Status, da schöne junge Frau – in ihrer Eindimensionalität zu kurz greift. Es gibt viele Faktoren, die einen Partner oder eine Partnerin genetisch vielversprechend machen, nicht zuletzt auch Intelligenz, Vertrauenswürdigkeit und eine wechselseitige Ergänzung in vielerlei Hinsicht.[25] Zudem wählt man ja mit dem Ehepartner beziehungsweise der -partnerin zugleich den Vater oder die Mutter für die eigenen Kinder. Emmas Charakterfestigkeit ließ ahnen, mit welcher Fürsorglichkeit sie sich später um ihre Kinder kümmern würde. Eine ihrer Töchter erinnerte sich: »Dank ihrem teilnahmsvollen Wesen und ihrem heiteren Gemüt fühlten sich alle ihre Kinder bei ihr absolut geborgen und waren sich in allen kleinen oder großen Kümmernissen des Trosts gewiß, und dank ihrer Selbstlosigkeit konnten sie sichersein, daß sie ihr mit nichts zur Last würden und daß sie mit all ihren Kleinkinderbedürfnissen nach Beistand und Erklärungen jederzeit zu ihr kommen konnten.«[26]

Außerdem ist bei der Betrachtung der Frage, welche Ansprüche hinsichtlich des »Werts« bei der Auswahl seiner Ehefrau man bei Darwin hätte voraussetzen dürfen, genaugenommen nicht von seinem tatsächlichen Marktwert am Heiratsmarkt auszugehen, sondern von der subjektiven Vorstellung, die er selbst von seinem Marktwert hatte. Spätestens von der Adoleszenz an wird ein Mensch durch soziales Feedback über seinen Marktwert belehrt, was sein Selbstwertgefühl prägt und auf diese Weise auch darüber mitentscheidet, wie hoch die Lebensziele sind, die sich der Betreffende setzt. Darwin scheint aus der Adoleszenz nicht mit dem Gefühl hervorgegangen zu sein, er sei ein Alpha-Männchen. Obgleich von kräftiger Statur, war er sanftmütig, hatte wenig von einem Draufgänger. Und wie eine seiner Töchter überlieferte, fand er sein Gesicht »abstoßend unansehnlich«.[27]

Das alles verlor natürlich durch Darwins spätere Leistungen an Bedeutung. Als Jugendlicher mag er in der Statushierarchie keinen hohen Rang gehabt haben, aber in späteren Jahren hatte er ihn, und in den Augen von Frauen kann Status an und für sich für mittelmäßiges Aussehen und mangelnde Muskelkraft entschädigen. Gleichwohl scheint seine Unsicherheit fortbestanden zu haben (wie dies in Fällen von während der Adoleszenz entstandener Unsicherheit häufig zu beobachten ist). Die Frage ist, warum.

Möglicherweise war der für die Feineinstellung von Darwins Unsicherheit verantwortliche Entwicklungsmechanismus ein evolutionäres Rudiment, eine Anpassung, die in der Ur-Umwelt die Überlebenstüchtigkeit steigerte, es aber heute nicht mehr tut. In vielen Jäger-und-Sammler-Gesellschaften ist der Platz des Individuums in der männlichen Dominanzhierarchie bald nach dem Eintritt ins Erwachsenenalter ziemlich unverrückbar festgelegt; der unterwürfige Subalterne besucht nicht die Universität, klettert nicht emsig auf der Karriereleiter nach oben, um dann die Damenwelt mit seiner neuerrungenen Position maßlos zu beeindrucken. Mithin dürfte in der Ur-Umwelt ein bald nach Abschluß der Adoleszenz sich verfestigendes Selbstwertgefühl zuverlässige Auskunft über den dauerhaft gleichbleibenden Wert der eigenen Person am Heiratsmarkt gegeben haben. Gut möglich, daß es erst in einer moderneren Umwelt zum falsch informierenden Ratgeber wurde.

Andererseits wäre es auch durchaus möglich, daß eine nicht zu erschütternde geringe Meinung von sich selbst in beinahe jeder Umwelt eine Anpassung darstellt. Schließlich ist nicht zu leugnen, daß es Ehefrauen gibt, die ihre Männer betrügen. Und zumindest nach Auskunft der Volksweisheit tun sie das gern mit gutaussehenden, athletisch gebauten Männern. Die geringe Meinung, die Darwin von seinem animalischen Magnetismus hatte, hat ihn vielleicht davon abgehalten, eine Frau von der atemberaubend schönen Sorte zu heiraten, die Herzensbrecher von Weltklasseformat angezogen hätte, welche wiederum der Umworbenen womöglich sexuell attraktiver als ihr Ehemann erschienen wären.

Emma gibt ihr Jawort

Emma nahm Darwins Antrag an und erweckte damit in ihm ein Gefühl »der herzlichsten Dankbarkeit gegen sie, weil sie so einen wie mich genommen hat«. Es gefiel ihr, wie sie später berichtete, daß er sich ihrer Antwort nicht sicher gewesen war.[28] Jeder hat den Wunsch, von seinem Partner nicht als Selbstverständlichkeit betrachtet zu werden, und das ist ganz natürlich, denn wenn das der Fall wäre, würde es für die Zukunft der Neigung nichts Gutes verheißen.

Nichts deutet darauf hin, daß Emmas Entschluß nicht durch und durch aufrichtig gewesen wäre. Sie bewunderte unverhohlen Darwins Intelligenz und hob in der Begründung ihres Jaworts auch seine Ehrlichkeit, seinen Familiensinn und sein »sanftmütiges Wesen« hervor.[29] (Im Klartext heißt das: Er hat wahrscheinlich gute Erbanlagen, und so wie es aussieht, wird er sich als großzügiger und umsichtiger väterlicher Investor erweisen.) Es konnte ihr auch nicht entgangen sein, daß er aus einer wohlhabenden Familie stammte, in seinem beruflichen Werdegang bereits eine hohe Stufe erklommen und weitere Aufstiegsmöglichkeiten vor sich hatte (so daß ihm reichlich materielle wie soziale Ressourcen zum Investieren zur Verfügung stehen würden).

Gewiß, Emma stammte aus einer noch wohlhabenderen Familie als Charles. Ihr Großvater war ein origineller und unglaublich erfolgreicher Kunsttöpfer gewesen, dessen Name noch heute in dem von ihm kreierten Keramikstil fortlebt. Sie hätte einen Bettler heiraten können, ohne befürchten zu müssen, daß ihre Kinder in Armut aufwachsen würden. Aber wie wir gesehen haben, dürfte das Sichhingezogen-Fühlen zu Partnern, die über soziale und materielle Ressourcen verfügen, die Angepaßtheit/Fitneß der Frauen im Lauf der Evolution so durchgängig gefördert haben, daß es zu einem ziemlich festen Bestandteil ihres Wesens geworden ist. Selbst wenn Emma Wedgwood sich das Entree in die Londoner High-Society hätte *kaufen* können – zum Beispiel durch philanthropische Aktivitäten –, hätte Darwins sozialer Status sie wahrscheinlich trotzdem maßlos beeindruckt. Auf jeden Fall tat er das seinerzeit. Während der Verlobungszeit war das Paar einmal bei dem Geologieprofessor der Universität Cambridge Adam Sedgwick zum Essen eingeladen. »Was für eine Ehre für mich, von dem großen Sedgwick in sein Haus eingeladen zu werden«, staunte Emma. »*Ich* – das muß man sich einmal vorstellen! Ich fühle mich danach schon als bedeutendere Persönlichkeit und wie mein Kopf das aushalten wird, wenn ich erst einmal wirklich Mrs. D. bin, das kann ich jetzt noch gar nicht sagen.«[30]

Männer sind natürlich auch nicht ganz gleichgültig gegenüber dem sozialen Status und den Vermögensverhältnissen ihrer künftigen Ehegefährtin. Doch wenn das Empfinden für die Bedeutung dieser Dinge während der meisten Zeit der Evolution sehr ungleich auf die beiden Geschlechter verteilt war, dann ist männliches Hingezogensein zu einer betuchten oder sozial hochstehenden Frau heute vielleicht weniger eine Sache natürlicher Triebe als vielmehr kühler Berechnung. Auf dem Notizzettel zum Thema »Heiraten oder nicht?« vom Juli hatte Darwin an der Stelle, wo er sich über die größten Nachteile der Ehe grämt – »jeden Tag Zeitverlust« und die »schreckliche Armut«, die sie nach sich ziehen kann –, listig hinter jedes der beiden Glieder des Zwillingsübels in Klammern einen einschränkenden Zusatz geschrieben: »Wenn man nicht eine Frau hat, die ein Engel ist und einen zur Arbeit ermuntert«, und: »Wenn man keine Frau hat, die besser als ein Engel ist und Geld mitbringt.«

Gleichgültig, wieviel Darwin von seiner gesundheitlichen und beruflichen Zukunft ahnte oder nicht ahnte – auf seinem Notizzettel hatte er eine differenzierte Skizze der idealen Ehefrau für einen Mann geliefert, der es ohne die Sicherheit eines Universitätspostens im Rücken unternimmt, das bedeutendste wissenschaftliche Werk seines Jahrhunderts zu schreiben. Und gleichgültig, ob er zum fraglichen Zeitpunkt schon die geringste Ahnung hatte, welche Frau er heiraten würde – seine Skizze war ein im großen und ganzen treffendes Porträt von Emma Wedgwood.[31] Rechnet man das Vermögen ihres Vaters, das Vermögen von Darwins Vater und Darwins Anteil am Verkaufserlös seiner Bücher zusammen und nimmt noch Darwins geschickte Hand für solide Geldanlagen hinzu, kommt man zu dem Ergebnis, daß Darwins Haushalt über reichlich Wirtschaftsgeld verfügte.[32] Und was die Gefährtin betraf, die »einen zur Arbeit ermuntert«, so wurde Darwins Erwartung in Emma glänzend erfüllt, denn seine

Frau kümmerte sich energisch um sein Wohlergehen und schirmte ihn ab vor unerwünschten Störungen. In der für ihn typischen indirekten Art machte Darwin ihr von Anfang an klar, daß genau dies die ihr zugedachte Aufgabe war. Drei Wochen waren die beiden verlobt, als er ihr brieflich über die Reaktion einer Bekannten auf die Nachricht von der Verlobung berichtete: »Sie meinte: ›Soso, Mr. Darwin will heiraten. Ich vermute, er wird sich irgendwo auf dem Lande vergraben und für die Geologie verloren sein.‹ Sie weiß eben nicht, was für eine tüchtige strenge Frau ich heiraten werde, die mich an meine Hausaufgaben schicken und mich, wie ich nicht bezweifle, in jeglicher Hinsicht zu einem besseren Menschen machen wird.«[33]

Darwin wird aufgeregt

Daß Darwin sich seine Frau mit Bedacht und nach Vernunftsgesichtspunkten aussuchte, heißt nicht, daß er sie nicht geliebt hätte. Bis zur Hochzeit wurden seine Briefe an Emma so emotional, daß sich die Frage aufdrängt: Wie kam es, daß seine Gefühle sich so rapide steigerten? Noch im Juli standen die Dinge so, daß er – je nachdem, wie man die Indizien interpretiert – entweder a) nicht im Traum daran dachte, gerade sie zu heiraten, oder b) heftig schwankte, ob er sie heiraten solle oder nicht. Ende Juli besuchte er sie, und sie unterhielten sich lange miteinander. Bei seinem nächsten Besuch, dreieinhalb Monate später, rückte er mit einem Heiratsantrag heraus. Jetzt auf einmal geriet er in Ekstase, schilderte ihr in blumigen Briefen, wie er Tag für Tag auf die Post wartete in der Hoffnung, daß ein Brief von ihr dabei wäre, wie er nachts wach lag und sich ihrer beider gemeinsame Zukunft ausmalte, wie sehr »ich mich nach dem Tag sehne, an dem wir zusammen das Haus betreten werden; wie herrlich es sein wird, dich in unserem gemeinsamen Haus am Kamin sitzen zu sehen«.[34] Was ist mit diesem Mann geschehen?

Gefahrlaufend, mich zu wiederholen, möchte ich die Aufmerksamkeit des Lesers noch einmal auf das Thema Gene lenken, speziell auf die unterschiedlichen genetischen Interessen eines Manns und einer Frau, die noch nie sexuellen Kontakt miteinander hatten. Vor dem sexuellen Kontakt bestehen die weiblichen Gene oft auf einer kritischen Begutachtung des Kandidaten. Die Zuneigung ihrer Trägerin darf nicht zu schnell zur überwältigenden Leidenschaft werden. Das genetische Interesse des Manns indessen liegt häufig in der Beschleunigung der Angelegenheit, und zu diesem Zweck wird er Dinge vorbringen, von denen er sich verspricht, daß sie das Eis der weiblichen Zurückhaltung schmelzen lassen. Ganz obenan im Katalog dieser Dinge steht die Bekundung tiefster Zuneigung und ewiger Treue. Und nichts macht solche Bekundungen überzeugender, als wenn sie aus dem *Gefühl* der Zuneigung und treuen Ergebenheit kommen.

Dieser Funktionszusammenhang mag durch verschiedene Faktoren verstärkt werden, und einer davon ist die Zahl der sexuellen Kontakte, die der Mann zuvor in seinem Leben gehabt hat. Wie Martin Daly und Margo Wilson bemerkten, müßte »jedes Wesen, das in bezug auf seine Fortpflanzung ersichtlich auf dem Weg in ein totales Fiasko ist«, zumindest der Theorie nach mit wachsendem Eifer versuchen, diesen Kurs zu ändern.[35] Anders gesagt: Die natürliche Selektion würde wahrscheinlich nicht sehr freundlich mit Genen von Männern verfahren, deren Bemühen um sexuellen Kontakt nicht durch lange Entsagung gesteigert würde. Soweit bekannt, verbrachte Darwin seine Junggesellenzeit, ohne ein einziges Mal Geschlechtsverkehr gehabt zu haben.[36] Es gehört wirklich nicht viel dazu, die Sinnlichkeit eines Manns aufzustacheln, der so lange keusch gelebt hat. Als die »Beagle« in Peru anlegte, sah Darwin elegante Damen, deren Gesichtsschleier nur ein Auge frei ließ. »Andererseits jedoch«, schrieb er, »ist dieses eine Auge so schwarz und glänzend und besitzt solche Beweglichkeit und Ausdruckskraft, daß die Wirkung, die es ausübt, eine sehr starke ist.«[37] Man stelle sich nun vor, wie Emma Wedgwood zum Greifen nahe in Darwins Gesichtskreis tritt, ihr ganzes Gesicht unverschleiert und ihr Körper dazu bestimmt, bald ihm zu gehören – wen kann es da noch wundern, daß ihm das Wasser im Mund zusammenlief? (Und das buchstäblich, wie es scheint: Siehe das zweite Motto am Anfang dieses Kapitels.)

Es ist schwer, das genaue Verhältnis abzuschätzen, in dem Liebe und sexuelles Verlangen sich Darwins Herz teilten, während der Hochzeitstermin näherrückte. Der relative Reproduktionswert der beiden Empfindungen schwankt in unserer Stammesgeschichte von einem Augenblick zum andern (wie er es auch heute noch tut) und von einem Jahrtausend zum andern. Wenige Wochen vor seiner Hochzeit hielt Darwin in einem seiner wissenschaftlichen Notizbücher die folgende Reflexion fest: »Was in einem Mann vorgeht, wenn er sagt, daß er jemanden liebe [...] es ist blindes Empfinden, so etwas wie geschlechtliches Verlangen – hat Liebe als die Emotion, die sie ist, zu tun mit – wird sie beeinflußt von – andern Emotionen?«[38] Gleich vielen anderen Passagen in Darwins Notizbüchern ist auch diese schwer zu deuten, aber mit ihrem Nebeneinanderstellen von Liebe und sexuellem Verlangen ebenso wie mit dem Durchblickenlassen, daß die Liebe unterirdische Wurzeln in anderen Gefühlen haben könnte, scheint sie in die gleiche allgemeine Richtung zu weisen wie moderne darwinistische Auffassungen von der Psyche des Menschen. Und sie deutet (wie auch die als Motto zitierte Äußerung über den Speichelfluß) darauf hin, daß Darwin zum fraglichen Zeitpunkt Gefühle von mehr als einer Art für Emma empfand.

Was empfand Emma? Wenn es tatsächlich so ist, daß

dem intensiven männlichen Interesse an baldigem Geschlechtsverkehr auf der weiblichen Seite zaudernde Vorsicht die Waage hält, müßte man damit rechnen, daß sie nicht die gleiche Glut der Leidenschaft in sich fühlte wie Darwin. Natürlich gibt es alle möglichen Faktoren, aufgrund deren die Lage im Einzelfall eine ganz andere sein kann, im allgemeinen aber gilt: Die Ambivalenz gegenüber der sexuellen Vereinigung ist auf seiten der Frau allemal größer als auf seiten des Manns. Von daher müßte das von der viktorianischen Moral geforderte Aufschieben des Geschlechtsverkehrs bis nach der Hochzeit theoretisch für die Dauer der Verlobung das Machtverhältnis zwischen den Geschlechtern zugunsten der Frau verschoben haben. Während der Mann (zumindest im Vergleich zu den heutigen Männern) Anlaß hatte, den Hochzeitstag herbeizuwünschen, hatte die Frau (zumindest im Vergleich zu den Frauen heute) Grund zum Zögern.

Emmas Verhalten entsprach der Theorie. Einige Wochen nach der Verlobung schlug sie vor, die Hochzeit bis zum Frühjahr aufzuschieben, während Darwin auf einen Termin noch im Winter drängte. Sie meinte, man müsse möglichst taktvoll gegenüber ihrer Schwester Sarah Elizabeth verfahren, die fünfzehn Jahre älter als Emma, aber noch immer ledig war und deshalb diese Heirat ohnehin mit gemischten Gefühlen betrachte. Aber in einem Brief an Darwins Schwester Catherine fügte Emma in aller Offenheit hinzu: »Außerdem wäre es auch mein eigener Wunsch.« Und sie beschwor die Adressatin: »Bitte, bitte, liebe Catty, bremse ein bißchen.«[39]

Unter Aufbietung von einigem stilistischen Pathos in seiner Prosa (»vertagte Hoffnung macht, daß mein Herz sich recht in Sehnsucht danach verzehrt, Dich in Wahrheit die Meine nennen zu können«) verhinderte Darwin, daß die Flitterwochen in die Ferne rückten. Doch selbst nachdem der Hochzeitstermin endgültig feststand, scheint Emmas anfänglicher Widerstand und vielleicht auch ihre ganze Verhaltensweise bei Darwin noch ein wenig Verunsicherung hinterlassen zu haben. Er schrieb ihr: »Ich bete inbrünstig darum, daß Du die große, und ich füge hinzu: überaus gute Tat, die Du an *jenem* Dienstag vollbringen wirst, niemals bereuen mögest.« Emma versuchte ihn zu beruhigen, stand aber nicht unter demselben Zauberbann wie er: »Du brauchst nicht zu befürchten, mein lieber Charles, daß ich nicht ganz genau so glücklich sein werde, wie Du es bist, und das Ereignis am 29. wird in meinen Augen immer eine der glücklichsten Entscheidungen meinerseits sein, wenn auch keine gar so große und gute Tat, wie sie in Deinen Augen ist.«[40]

Nun könnte es sein, daß all dies Licht ausschließlich auf die spezielle Beziehungsdynamik zwischen Charles und Emma wirft und überhaupt nichts damit zu tun hat, daß die viktorianische Moral geschlechtliche Vereinigung an die Ehe band. Emma neigte zu keinem Zeitpunkt ihres Lebens zu Gefühlsduselei.[41] Und unabhängig davon könnten ihr Zweifel an Darwins Gesundheitszustand gekommen sein – Zweifel, die schon damals durchaus berechtigt gewesen wären. Dennoch bleibt alles in allem wohl der entscheidende Punkt: Wenn es heute schwieriger ist als früher, Männer zum Traualtar zu schleifen, so liegt dies unter anderm auch daran, daß der Traualtar keine unumgängliche Station auf dem Weg zum Schlafzimmer mehr ist.

Nach den Flitterwochen

Die geschlechtliche Vereinigung kann die bisherige Balance der Zuneigung verändern. Die Durchschnittsfrau verhält sich zwar wählerischer als der Durchschnittsmann, ehe sie ihrer Leidenschaft freien Lauf läßt, doch sind die Schleusen erst einmal geöffnet, müßte sie theoretisch weniger dazu neigen, sie zu zügeln. Hat sie einen Mann für würdig befunden, bei ihrer heroischen elterlichen Investition mit von der Partie zu sein, hat sie in der Regel ein starkes genetisches Interesse daran, ihn bei der Stange zu halten. Auch hier entsprach Emmas Verhalten wieder dem, was zu erwarten war. Noch in den ersten Monaten der Ehe schrieb sie: »Ich kann ihm gar nicht sagen, wie glücklich er mich macht und wie herzlich ich ihn liebe und ihm dankbar bin für seine Zuneigung, in der ich von Tag zu Tag mehr mein Lebensglück finde.«[42]

Ob die Zuneigung eines Manns durch die geschlechtliche Beziehung wächst, ist nicht ganz so sicher. Es könnte sein, daß die vorausgegangenen Beteuerungen seiner Neigung auf Selbstbetrug beruhten; vielleicht läuft ihm auch ein besseres Schnäppchen über den Weg, kaum daß seine Frau schwanger ist. Doch in Darwins Fall standen die Auspizien von Anfang an gut. Monate nach der Hochzeit (und Wochen nach der Empfängnis seines ersten Kinds) zeichnete er in seinem Notizbuch sein gedankliches Herumtasten nach einer evolutionstheoretischen Erklärung der Tatsache auf, daß eines Manns »Wohltaten an seiner Frau und seinen Kindern ihm Freude gewähren ohne jeden Zusammenhang mit irgendeinem eigenen Vorteil«, was darauf schließen läßt, daß seine Neigung für Emma noch immer ein tiefes Gefühl war.[43]

Vielleicht sollte das nicht überraschen. Die weibliche Sprödigkeit in sexuellen Dingen verdankt ihren taktischen Wert nicht bloß dem Umstand, daß Männer gewaltig auf Sex aus sind und, um ans Ziel ihrer Wünsche zu kommen, nicht nur alles mögliche sagen, sondern sich auch alles mögliche *einreden* würden, sogar: »Ich möchte mein ganzes Leben an deiner Seite verbringen.« Wenn in das männliche Gehirn tatsächlich ein Madonna/Hure-Kippschalter eingebaut ist, kann von Anfang an geübte Zurückhaltung der Frau das Bild, das ein Mann sich von ihr macht, dauerhaft beeinflussen. Er wird ihr am Morgen – und vielleicht noch jahrelang – eher mit Achtung begegnen, wenn sie seinem ersten Drängen nicht nachgibt. Er sagt »Ich liebe dich« vielleicht zu vielen Frauen, die sein Verlangen wekken, und es mag ihm sogar jedesmal Ernst damit sein; aber es wird ihm um so eher *auf Dauer* Ernst damit sein, wenn er die Frau nicht auf Knall und Fall haben kann. Es könnte sein, daß in der viktorianischen Mißbilligung des vorehelichen Geschlechtsverkehrs ein Stück Lebensklugheit steckte.

Auch über diese Mißbilligung hinaus war die viktorianische Kultur fein darauf geeicht, die »Madonna«-Komponente der männliche Psyche zu aktivieren und die »Hure«-Komponente lahmzulegen. Die Viktorianer selbst nannten ihr Verhältnis zur Frau »Anbetung«. Die Frau war für sie eine Erlösergestalt – fleischgewordene Unschuld und Reinheit; sie zähmte das Tier im Mann und rettete seinen Geist aus der todbringenden Welt der Arbeit und der Geschäfte. Doch dieses Werk konnte sie nur in häuslicher Umgebung vollbringen, im heiligen Stand der Ehe, nach langer, keuscher Brautzeit. Das Geheimnis bestand darin, einen »Engel im Hause« zu haben (um es mit dem Titel eines Gedichts aus viktorianischer Zeit zu sagen).[44]

An den Mann richtete dieses Moralsystem nicht etwa nur die Erwartung, daß er irgendwann einmal aufhörte, sich auszuleben, häuslich wurde und seine Frau anbetete. Vielmehr wurde von ihm erwartet, daß er gar nicht erst anfing sich auszuleben. Im Großbritannien des 19. Jahrhunderts wurde zwar die Promiskuität von Mann und Frau genau wie in andern Ländern meist mit zweierlei Maß gemessen, die strengsten viktorianischen Tugendwächter jedoch (unter ihnen der bereits erwähnte Dr. Acton) bekämpften diese Doppelmoral und predigten den Männern nicht nur außereheliche, sondern auch voreheliche sexuelle Enthaltsamkeit. In seinem Buch *The Victorian Frame of Mind* (Die viktorianische Gemütsverfassung) schreibt Walter Houghton: »Auf daß er sich an Leib und Seele unbefleckt erhalte, wurde der Knabe gelehrt, Frauen als Wesen zu betrachten, denen höchste Ehrerbietung, ja Ehrfurcht gebührt.« Alle Frauen hatten Anspruch auf diese Ehrerbietung, aber einer bestimmten Sorte schuldete er noch mehr. »Sittsame Frauen (wie seine Schwester und seine Mutter oder seine zukünftige Braut) hatte er als Wesen zu betrachten, die eher Engeln als Menschen glichen – eine Vorstellung, die aufs trefflichste darauf berechnet war, die Liebe nicht nur von der Sexualität abzutrennen, sondern Liebe zugleich in Anbetung zu verwandeln, und zwar in die Anbetung weiblicher Reinheit.«[45]

Wenn Houghton hier »berechnet« sagt, dann meint er das auch. Ein viktorianischer Autor schilderte 1850 die Vorzüge der vorehelichen Keuschheit des Manns wie folgt: »Woher sollen wir jene Ehrerbietung gegenüber dem weiblichen Geschlecht nehmen, jene Empfindsamkeit für Gefühle und jene Andacht des Herzens für sie, die das Schöne und Läuternde an der Liebe ist? Ist es denn nicht gewiß, daß alle Zartheit und Ritterlichkeit, die auch heute noch unsere Haltung gegenüber Frauen durchwalten, auf *unterdrückte* und daher in Heiligkeit und Edelmut verkehrte Leidenschaft zurückzuführen ist? [...] Und was sonst vermag heutigentags die Keuschheit zu bewahren helfen als ein Rest von ritterlicher Verehrung? Wissen wir denn nicht alle, daß es für einen jungen Mann keinen besseren Schutz vor der Sinnlichkeit und vor ordinären Liebesabenteuern geben kann als eine frühzeitige tugendhafte und leidenschaftliche Bindung?«[46]

Abgesehen von dem Wort »unterdrückt«, das die Psychodynamik, die am Werk ist, nicht ganz adäquat wiedergeben dürfte, vermag die zitierte Textstelle durchaus einzuleuchten. Sie besagt, daß die Leidenschaftlichkeit des männlichen Begehrens, wenn schon nicht allzu leicht erstickt, so doch »in Heiligkeit und Edelmut verkehrt« werden kann – mit anderen Worten, daß eine keusche Brautwerbung und Verlobungszeit mithilft, die Frau in die Madonna-Region der männlichen Psyche zu befördern.

Das ist nicht der einzige Grund, warum keusche Werbung und Brautzeit zum Heiraten beflügeln können. Erinnern wir uns, wie verschieden von der heutigen Umwelt die Ur-Umwelt war. Insbesondere gab es keine Kondome, Pessare oder Antibabypillen. Wenn sich also ein erwachsener Mann und eine erwachsene Frau zusammentaten, ein oder zwei Jahre lang miteinander schliefen und dabei keinen Nachwuchs produzierten, sprach alles dafür, daß (mindestens) einer von beiden unfruchtbar war. Ob er oder sie (oder beide), war natürlich nicht zu sagen, doch hatten sie beide nicht viel zu verlieren, aber möglicherweise viel zu gewinnen, wenn sie auseinandergingen und jeder sich einen neuen Geschlechtspartner suchte. Die Anpassung, die man aufgrund dieser Logik erwarten darf, ist ein »Partnerabstoßungsmodul« – ein mentaler Mechanismus bei Frauen wie bei Männern, der zur Verbitterung über den Partner führt, wenn über lange Zeit geübter Geschlechtsverkehr folgenlos bleibt.[47]

Das ist eine ziemlich spekulative Theorie, für die allerdings einige Indizien sprechen. In Kulturen auf der ganzen Welt ist die Wahrscheinlichkeit des Zerbrechens für kinderlose Ehen am größten.[48] (Allerdings wurde in den Fällen, wo Kinderlosigkeit als Grund des Zerbrechens verstanden wird, der Kern dieser Theorie nicht ganz erfaßt: die in *unbewußten* Motiven wurzelnde Entfremdung vom Partner.) Und wie viele Ehemänner und Ehefrauen bestätigen können, bedeutet die Geburt eines Kinds häufig eine, wenn auch indirekte, Stärkung des Zusammenhalts der Ehe. Die Gattenliebe wird zum Teil auf das Kind umgeleitet und von dort in diffuser Berechnung auf die Familie als ganze, einschließlich des Ehepartners, zurückgeworfen. Es ist eine andere *Art* von Liebe zum Ehegefährten, die so entsteht, indes eine auf ihre Weise sehr robuste. Wo diese Rundum-Neuaufladung der emotionalen Batterien ausbleibt, kann es sein, daß die Gattenliebe dazu tendiert, völlig abzusterben – in Übereinstimmung mit dem genetischen Programm.

Darwin zeigte sich einst besorgt bei dem Gedanken, Empfängnisverhütung mit technischen Hilfsmitteln könnte »auf unverheiratete Frauen übergreifen und die Keuschheit zerstören, von welcher die Familienbindung abhängt; und die Schwächung dieser Bindung wäre das größte aller möglichen Übel für die Menschheit«.[49] Ihm waren sicher nicht sämtliche im darwinistischen Kategoriensystem enthaltenen Gesichtspunkte klar, die dafür sprechen, daß Geburtenkontrolle und die mit ihr einhergehende voreheliche Sexualität tatsächlich die Motivation zum Heiraten mindern könnten. Er ahnte nichts von der tiefliegenden Basis der Madonna/Hure-Dichotomie und nichts von der möglichen Existenz eines »Partnerabstoßungsmoduls«. Selbst heute sind wir von Gewißheit über diese Dinge noch weit entfernt. (Die gesicherte Korrelation zwischen Scheidung und vorehelicher Sexualität einerseits sowie Scheidung und vorehelicher häuslicher Gemeinschaft andererseits will zweifellos etwas besagen — aber was? Eine eindeutige Antwort steht noch aus.[50] Trotzdem ist es heute schwieriger, Darwins Befürchtungen als Geschwafel eines alternden Viktorianers abzutun, als noch vor dreißig Jahren.

Empfängnisverhütung ist nicht die einzige Technik, welche sich auf die Struktur des Familienlebens auswirken könnte. Stillende Mütter berichten häufig von einem Nachlassen des Geschlechtstriebs — und das hat aus darwinistischer Sicht einen guten Grund, denn sie sind gewöhnlich nicht konzeptionsfähig. Ehemänner finden ihrerseits mitunter eine stillende Ehefrau sexuell wenig aufregend, und der tiefere Grund dürfte der gleiche sein. Von daher mag Flaschenernährung Mütter sowohl sexuell begehrlicher als auch begehrenswerter machen. Ob das den Familienzusammenhalt insgesamt stärkt, ist schwer zu sagen. (Verleitet es eher die Frauen zu außerehelichen Affären, oder hält es eher die Männer von solchen Affären ab?) Auf jeden Fall enthüllt sich vor dem Hintergrund dieses Zusammenhangs die Logik in der isoliert betrachtet etwas komisch klingenden Behauptung des Dr. Acton, daß »die besten Mütter, Eheweiber und Hausfrauen wenig bis nichts vom Geschlechtstrieb und seiner Befriedigung wissen. Die einzige Leidenschaft, die sie fühlen, ist die Liebe zu ihrem Heim, ihren Kindern und ihren häuslichen Pflichten«. Im Viktorianischen England, wo so viele Frauen während so vieler Jahre ihrer fruchtbaren Lebensphase entweder schwanger waren oder ihre Säuglinge stillten, dürfte die weibliche Leidenschaft in der Tat die meiste Zeit auf Eis gelegen haben.[51]

Selbst dort, wo eine Serie von Geburten beiden Ehepartnern das Treusein erleichtert, können die Interessen von Mann und Frau mit der Zeit auseinandergehen. Je älter (und damit weniger dringend auf die väterliche Investition angewiesen) die Kinder und je älter die Frau, desto geringer der Rückhalt, den das evolutionäre Erbe des Manns seiner Treue bietet. Die Ernte ist zum allergrößten Teil eingebracht, der Boden verliert an Fruchtbarkeit, vielleicht ist es an der Zeit, weiterzuziehen.[52] Wie stark der Mann diesen Trieb verspürt, kann natürlich davon abhängen, wie groß die Erfolgsaussichten sind. Ein betuchter alternder Beau mag mehr jener Art Blicke auf sich ziehen, die ihn anfachen, als ein armer Schlucker von trauriger Gestalt. Doch wird der Impuls zum Ausbrechen aus der Ehe in aller Regel beim Mann stärker sein als bei der Frau.

Die wechselnde Balance der Zuneigung zwischen Eheleuten wird zwar selten so explizit beschrieben wie hier, dafür aber um so häufiger auf indirekte Weise – in Romanen, Aphorismen und Bonmots zum Beispiel, aber auch in volkstümlichen Lebensweisheiten, die Braut und Bräutigam auf den Weg in die Lebensgemeinschaft mitgegeben werden. Professor Henslow, selbst seit fünfzehn Jahren im heiligen Stand der Ehe, schrieb Darwin kurz vor dessen Hochzeit: »Mein Rat an Sie kann sich auf das folgende beschränken: Wenn Sie jetzt eine Frau auf Glück und Unglück ehelichen, dann seien Sie stets sorgsam darauf bedacht, sich der glücklichen Momente dankbar zu erfreuen und der unglücklichen nicht zu achten.« Und er fügte hinzu: »Die Vernachlässigung dieser Kleinigkeit ist es, was den Ehestand für so viele Männer schwerer zu ertragen macht als das Junggesellendasein.«[53] Mit anderen Worten: Halten Sie sich immer nur an die eine, simple Regel und hören Sie niemals auf, ihre Frau zu lieben, wie Männer das offenbar gern tun.

Unterdessen erhielt Emma wohlgemeinten Zuspruch, in dem ihr weniger geraten wurde, die Mängel ihres künftigen Ehemanns zu übersehen, als vielmehr ihre eigenen Fehler zu verbergen, vor allem jene, die eine Frau alt und ungepflegt erscheinen lassen. Eine Tante schrieb ihr (vielleicht eingedenk des Umstands, daß Emma ein notorischer Modemuffel war): »Achte darauf, daß Du Dich immer geschmackvoll anziehst, selbst wenn das etwas teurer ist. Verschmähe nicht die Sorgfalt in jenen kleinen Dingen, die jedermann zu einem angenehmeren Anblick machen, weil Du meinst, daß Du mit einem Mann verheiratet bist, der sich für solche Kleinigkeiten nicht interessiert. Den Mann, der sich für so etwas nicht interessiert, gibt es nicht. [...] Sogar an meinem eigenen, halb blinden Mann habe ich das beobachtet.«[54]

Die Logik männlicher Unduldsamkeit bleibt in der Regel allen Beteiligten verborgen. Ein Mann, der seiner Frau überdrüssig wird, sagt sich nicht: »Meinem Fortpflanzungspotential ist am besten gedient, wenn ich aus dieser Ehe aussteige, also werde ich das aus ganz und gar egoistischen Gründen auch tun.« Seinen Egoismus klar zu erkennen, würde es ihm nur erschweren, dessen Drängen nachzugeben. Alles geht viel leichter, wenn die Gefühle, die ihn in die Ehe gelotst haben, einfach auf breiter Front langsam aber sicher den Rückzug antreten.

Die zunehmend kritische Haltung, die ein Ehemann unter Umständen seiner alternden Frau gegenüber einnimmt, beschrieb treffend Charles Dickens, einer der wenigen Viktorianer der Oberschicht, die es tatsächlich schafften, die Fesseln der Ehe abzustreifen (in seinem Fall durch Trennung, nicht durch Scheidung). Dickens, der am selben Tag wie Darwin in den exklusiven Londoner Athenaeum Club aufgenommen wurde, war zu diesem Zeitpunkt seit zwei Jahren mit der Frau verheiratet, die er seine »bessere Hälfte« nannte. Zwei Jahrzehnte später – er war inzwischen sehr viel berühmter geworden und erregte entsprechend viel Aufmerksamkeit bei jungen Frauen – fiel es ihm schwer, die besseren Seiten seiner Frau zu sehen. Sie lebte, so kam es ihm jetzt vor, in einem »verhängnisvollen Dunstkreis, der alle tötet, denen sie das Liebste ist«. Einem Freund schrieb Dickens: »Ich glaube, daß niemals zwei Menschen geschaffen wurden, zwischen denen geteilte Interessen und Neigungen, Vertrauen, Austausch von Gefühlen und eine wie immer geartete zärtliche Harmonie so unmöglich waren, wie sie es zwischen mir und meiner Frau sind.« (Wenn dem so war, hätte er das nicht mir ihr bereden können, *bevor* sie ihm zehn Kinder gebar?) »In seinen Augen«, schrieb eine Chronistin dieser Ehe, »war [seine Frau] kalt, mißgünstig, träge, beinah schon nicht mehr menschlich geworden.«[55]

Wie Catherine Dickens alterte auch Emma Darwin und ging aus der Form. Und wie Charles Dickens gewann auch Charles Darwin nach seiner Heirat im Bewußtsein der Öffentlichkeit kräftig an Rang und Bedeutung. Nichts aber deutete darauf hin, daß Darwin Emma je als beinah nicht mehr menschlich betrachtet hätte. Wie erklärt sich der Unterschied?

Sechstes Kapitel
DER DARWIN-PLAN FÜR EHEGLÜCK

> *Sie war mein größter Segen, und ich kann nur bestäti-*
> *gen, daß ich sie in meinem ganzen Leben nicht ein einzi-*
> *ges Wort habe sagen hören, das besser ungesagt geblie-*
> *ben wäre. [...] Sie ist mir mein Leben lang kluge Ratge-*
> *berin und heitere Trösterin gewesen; ohne sie wäre dieses*
> *Leben über lange Zeit hin wegen meines miserablen Ge-*
> *sundheitszustands jämmerlich gewesen. Sie verdient Lie-*
> *be und Bewunderung von allen, die ihr nahestehen.*
>
> Darwin, *Mein Leben* (1876)[1]

Daß Darwin eine dauerhafte und erfüllende Ehe führte,
wurde durch eine Reihe von Umständen entschieden begünstigt.

Da war erstens Darwins chronisch schlechter Gesundheitszustand. Nach neun Ehejahren schrieb er von einem
Besuch bei seinem kränkelnden Vater, selber kränkelnd,
an Emma, wie sehr er sich nach ihr »sehnt«, weil »ich
mich ohne Dich, wenn ich krank bin, denkbar trostlos fühle«. Den Brief schloß er mit den Worten: »Ich wünschte,
ich wäre bei Dir und in Deiner Obhut, denn da fühle ich
mich geborgen.«[2] Nach drei Jahrzehnten Ehe ließ Emma
die Bemerkung fallen, daß »nichts einen so vollkommen
miteinander verheiratet wie Krankheit«.[3] Es könnte sein,
daß sich in den Worten mehr Leid als Freud des Lebens
spiegelt. Darwins schlechter Gesundheitszustand war für
sie ihr Leben lang eine Bürde, und deren ganzes Gewicht
vermochte sie erst lange nach der Heirat richtig zu ermessen. Doch einerlei, ob der Sachverhalt sie nun an der Richtigkeit ihrer Entscheidung für diesen Ehemann zweifeln
ließ oder nicht, er bedeutete, daß der Ehemann Darwin
die meiste Zeit ein am Heiratsmarkt nicht sonderlich ge-
fragter Artikel war. Und ein verheirateter Ladenhüter –

gleichviel, ob männlich oder weiblich – ist häufig ein zufriedener Ehepartner, dessen sexuelle Flatterhaftigkeit, sofern überhaupt vorhanden, sich in engen Grenzen hält.

Ein weiterer Umstand, der Darwins Ehe zum Vorteil gereichte, war das aufrichtige Bekenntnis des Ehemanns zum viktorianischen Ideal der Frau als spiritueller Erlöserin. In seinen vorehelichen Selbstgesprächen über das Für und Wider des Ehestands hatte er sich einen »Engel« erträumt, der ihn zur Arbeit anspornt und zugleich davor bewahrt, in der Arbeit zu ertrinken. Diesen Engel hat er bekommen – und eine Krankenschwester obendrein. Die keusche Verlobungszeit dürfte zusätzlich dafür gesorgt haben, daß Emma in Darwins seelischer Registratur ihren Platz in der Kategorie »Madonna« behielt. Jedenfalls behielt sie ihn sein Leben lang. »Ich frage mich verwundert«, schrieb er wenige Jahre vor seinem Tod, »warum ich das Glück hatte, daß sie, die mir in allen moralischen Qualitäten so turmhoch überlegen ist, eingewilligt hat, meine Frau zu werden.«[4]

Ein dritter Vorteil für die Ehe der Darwins war der Wohnort des Paars. Charles und Emma lebten gibbonartig auf einem reichlich sieben Hektar großen Anwesen, zwei Kutschenstunden entfernt von London und seinen Männerköpfe verdrehenden jungen Frauen. Die sexuellen Phantasien des Manns pflegen im wesentlichen visueller Art zu sein, während die der Frau des öfteren Liebkosungen, zärtliche Worte und andere Andeutungen künftiger Investitionsbereitschaft einschließen. Dazu paßt, daß männliches Phantasieren und männliches Begehren leichter durch rein visuelle Reize, durch den bloßen Anblick anonymen Fleisches ausgelöst werden.[5] Visuelle Isolation ist also eine besonders gute Methode, zu verhindern, daß ein Mann auf Gedanken kommt, die zu ehelicher Unzufriedenheit, Untreue oder beidem führen.

Isolation ist in unserer Zeit schwer zu erreichen, und das nicht nur, weil attraktive junge Frauen heute nicht mehr barfuß und schwanger das Haus hüten. Überall sieht man heute Bilder von schönen Frauen. Daß sie nur zweidimensional sind, bedeutet nicht, daß sie keine Wirkungen zeitigten. Die Erfindung der Fotografie hat die natürliche Selektion nicht »voraussehen« können. In der Ur-Umwelt hätten klare Bilder von vielen schönen jungen Frauen eine (genetisch) profitable Alternative zur Einehe signalisiert. Ein Wandel des Denkens und Empfindens in Richtung Polygynie wäre unter solchen Umständen eine Anpassungsleistung gewesen. Ein Evolutionspsychologe registrierte, daß Männer, denen man Bilder von »Gespielinnen« aus dem Magazin *Playboy* zu Betrachten gegeben hatte, weniger intensive Liebe zu ihren Ehefrauen zu Protokoll gaben als Männer, denen Bilder anderer Art vorgelegt worden waren. (Bei Frauen, denen Bilder aus *Playgirl* gezeigt worden waren, zeigte sich keine derartig veränderte Einstellung gegenüber dem Ehepartner).[6]

Das Ehepaar Darwin war zudem mit Fruchtbarkeit gesegnet. Bringt eine Ehe eine stattliche Kinderschar hervor, und haben überdies die Eltern die Mittel, ausreichend für ihren Nachwuchs zu sorgen, kann das beim Mann wie bei der Frau die Wanderlust dämpfen. Wandern braucht Zeit und Energie, und beides kann man doch sehr gut auch gleich in diese reizenden kleinen Vehikel der Genübertragung investieren. Die Tatsache, daß mit wachsender Kinderzahl die Wahrscheinlichkeit einer Scheidung abnimmt, wird manchmal als Beweis dafür gedeutet, daß Verheiratete die Mühsal des Ehestands »um des Kindersegens willen« auf sich zu nehmen. Daß dies vorkommt, ist nicht zu bestreiten. Es ist jedoch zumindest möglich, daß die Evolution uns die Neigung einprogrammiert hat, unseren Ehepartner mehr zu lieben, wenn sich die Ehe als fruchtbar erweist.[7] So oder so ist die Wahrscheinlichkeit groß, daß Ehepaare, die sagen, sie würden kinderlos bleiben, trotzdem aber werde ihre Ehe halten, entweder in dem einen oder dem anderen Punkt eines andern belehrt werden.[8]

Wir sind nunmehr in der Lage, in groben Zügen einen Charles-Darwin-Plan für Eheglück zu skizzieren: Habe eine keusche Verlobungszeit, heirate einen Engel, ziehe nicht allzu lange nach der Eheschließung aufs Land, setze eine Menge Kinder in die Welt und lege dir ein an deinen Lebenskräften zehrendes chronisches Leiden zu. Als flankierende Maßnahme ist es wahrscheinlich hilfreich, dich tief in deine Arbeit zu versenken, zumal wenn diese Arbeit keiner Geschäftsreisen bedarf.

Ehetips für Männer

Aus der Sicht des durchschnittlichen männlichen Zeitgenossen des ausgehenden 20. Jahrhunderts verdient der Darwin-Plan *in puncto* Praktikabilität keine sonderlich gute Note. Vielleicht lassen sich in Darwins Biographie doch noch etwas praktikablere Schlüssel zur lebenslangen Monogamie finden. Wenden wir uns zuerst seiner Drei-Stufen-Technik der Eheschließung zu:
1. Entschließe dich zur Heirat aufgrund rationaler und systematischer Erwägungen, 2. finde eine Frau, die möglichst viele deiner praktischen Bedürfnisse erfüllt, 3. heirate sie.

Einer seiner Biographen geißelte Darwin ob dieser schematischen Vorgehensweise und monierte die »Gefühlsleere seiner Überlegungen zur Frage des Heiratens«.[9] Mag sein, daß er recht hat. Es verdient jedoch festgehalten zu werden, daß Darwin rund ein halbes Jahrhundert lang ein liebender Ehemann und Vater war. Alle Männer, die es ihm nachtun möchten, täten vielleicht gut daran, sich Darwins »emotionslose« Gedanken über das Heiraten einmal genau anzusehen. Vielleicht enthalten sie eine Lehre, die sich in die heutige Zeit übertragen läßt.

Namentlich: Dauerhafte Liebe ist etwas, das zu fühlen ein Mensch sich *entschließen* muß. Lebenslange Monogamie ist einfach nicht natürlich – nicht einmal für Frauen und ganz entschieden nicht für Männer. Vielmehr gehört dazu etwas, das wir in Ermangelung eines besseren Ausdrucks als Willensakt bezeichnen können. Daher war es angemessen, daß Darwin offenbar die Heiratsfrage von der Frage der möglichen Ehepartnerin trennte. Daß er den – am Ende unerschütterlichen – Entschluß faßte, zu heiraten und seine Ehe nach Möglichkeit zu einem Erfolg zu machen, war nicht weniger wichtig als die Wahl der Partnerin.

Das soll nicht heißen, daß ein junger Mann nicht hoffen könnte, sich restlos zu verlieben. Darwin selbst war bis zu seinem Hochzeitstag ziemlich entflammt. Eine andere Frage jedoch ist, ob die reine Raserei des männlichen Gefühls zuverlässige Auskunft über dessen zu erwartende Dauer gibt. Die Leidenschaft wird mit Sicherheit früher oder später abklingen, und dann ist Gelingen oder Scheitern der Ehe ganz auf wechselseitige Achtung, gegenseitiges Ergänzen in praktischer Hinsicht, simple Zuneigung und (besonders in heutiger Zeit) Entschlossenheit gestellt. Mit Hilfe dieser Dinge kann etwas, das die Bezeichnung »Liebe« verdient, bis zum Lebensende Bestand haben. Es wird freilich eine andere Art Liebe sein als die, mit der die Ehe begann. Wird es auch eine gehaltvollere, tiefere, geistigere Liebe sein? Da gehen die Meinungen auseinander. Aber auf jeden Fall ist es eine beeindruckendere Liebe.

Aus dem Gesagten ergibt sich von selbst, daß die Ehen nicht im Himmel geschlossen werden. Ein starker Ansporn zur Scheidung ist der Glaube vieler Männer (und nicht weniger Frauen), sie hätten aus irgendeinem Grund einfach die/den »Falsche(n)« geheiratet und beim nächsten Mal werde man schon die/den »Richtige(n)« erwischen. Die Wahrscheinlichkeit, daß es so sein wird, ist gering. Die Scheidungsstatistik bestätigt, daß Samuel Johnson recht hatte, als er den Entschluß eines Manns, ein zweites Mal zu heiraten, als »Sieg der Hoffnung über die Erfahrung« bezeichnete.[10]

Ähnlich nüchtern sah John Stuart Mill die Sache. Er trat zwar für *Toleranz* gegenüber unterschiedlichen Moralvorstellungen ein und unterstrich den Wert, den die Experimente gesellschaftlicher Abweichler in seinen Augen auf lange Sicht haben mußten; moralisches Abenteurertum als Lebensstil zu empfehlen aber lag keineswegs in seiner Absicht. Hinter dem Radikalismus seines Essays *Über die Freiheit* stand Mills Glaube an die Notwendigkeit strenger Kontrolle unserer Gefühle durch unseren Verstand. »Die meisten Menschen besitzen nur eine sehr mäßige Fähigkeit zum Glücklichsein«, schrieb er in einem Brief. »Da sie sich von der Ehe [...] ein weitaus größeres Maß an Glück versprechen, als sie insgemein in ihr finden, und da sie nicht wissen, daß der Fehler bei ihnen selbst, nämlich in ihrem unzureichenden Talent zum Glücklichsein liegt: so wähnen sie, sie hätten mit jemand anderem glücklicher werden können.« Sein Ratschlag für die Unglücklichen: Nichts unternehmen, sondern in aller Ruhe abwarten – das Gefühl wird sich dann von allein wieder legen. »Wenn sie beieinander bleiben, klingt die Unzufriedenheit nach einiger Zeit wieder ab, und ohne daß sie sich erst die Strapaze wiederholten fehlgeschlagenen Ausprobierens hätten unterziehen müssen, verbringen sie ihr weiteres Leben zusammen in ebensoviel Glück, als jeder von ihnen allein oder in einer anderen Verbindung finden könnte.«[11]

Vielen Männern und auch einigen – wenngleich weniger – Frauen würde die Anfangsphase solchen Ausprobierens Spaß machen. Am Ende aber dürften sie dahinterkommen, daß die flüchtige Vision vom dauerhaften Glück im zweiten Anlauf wieder nur eine Fata Morgana war, vorgegaukelt von ihren Genen, deren Hauptziel es, wie wir uns erinnern, nicht ist, uns dauerhaft glücklich zu machen, sondern uns möglichst viele Nachkommen zu bescheren. (Wobei die Gene nicht mehr in der Umwelt operieren, auf die hin wir entworfen wurden. In einer modernen Gesellschaft, in der die Polygamie gesetzlich geächtet ist, kann ein polygamer Impuls allen in Mitleidenschaft gezogenen Personen – namentlich Kindern – mehr emotionalen Schaden zufügen als von der natürlichen Selektion »beabsichtigt«.) So stellt sich die Frage, ob der vergängliche Genuß, wieder auf (noch) frischem Grün zu grasen, das Leid aufwiegt, welches das Verlassen des schon leicht herbstlich angehauchten Weidegrunds verursacht. Sie ist nicht leicht zu beantworten, und noch weniger leicht ist es, die Antwort der eigenen Sehnsucht als Richtschnur aufzuzwingen. Öfter, als viele Menschen (vor allem Männer) zuzugeben bereit sind, jedoch lautet sie »Nein«.

Jedenfalls läßt sich darüber streiten, ob eine minutenweise Aufrechnung von Lust und Schmerz die Frage abschließend zu beantworten vermag. Es könnte sein, daß die stetig wachsende innere Kohärenz eines Lebens mit ins Gewicht fällt. Männer vieler Generationen haben bezeugt, daß ein mit einer Gefährtin und mehreren Sprößlingen geteiltes Leben ungeachtet aller diversen Frustrationen mit einem Lohn vergolten wird, der auf keine andere Weise zu gewinnen ist. Natürlich sollten wir dem Zeugnis hochbetagter Ehemänner kein grenzenloses Gewicht beimessen. Für jeden einzelnen von ihnen, der sich eines erfüllten Lebens rühmt, kann sich auf der anderen Waagschale mindestens *ein* Junggeselle seines Vergnügens bei seinen reihenweisen Eroberungen brüsten. Es verdient jedoch festgehalten zu werden, daß eine ganze Menge dieser alten Herren in jungen Jahren eine Phase sexueller Freiheit durchlaufen haben und bekennen, daß dies seinerzeit für sie ein Vergnügen war. Demgegenüber kann auf der andern Waagschale keiner von sich behaupten, er wisse, was es heißt, eine Familie zu gründen und bis zum Schluß bei ihr auszuharren.

Entsprechend argumentierte John Stuart Mill in einem größeren Zusammenhang. Selbst er, der als einer der wichtigsten Propagatoren des Utilitarismus die Ansicht vertrat, »daß Lust und das Freisein von Unlust die einzigen

Dinge sind, die als Endzwecke wünschenswert sind«, meinte das nicht so, wie es klingt. Seiner Ansicht nach waren in das moralische Kalkül eines Menschen auch Lust und Unlust all jener einzubeziehen, die von seinem Tun betroffen wurden (und ganz entschieden galt das für die Menschen, die man im Rahmen einer Ehe in die Welt gesetzt hatte). Überdies hielt Mill es für unsinnig, Lust allein quantitativ zu messen; indem er besonderen Wert jenen Vergnügungen beimaß, welche die »höheren Fähigkeiten« involvierten: »Nur wenige Menschen würden darein einwilligen, sich in eines der niederen Tiere verwandeln zu lassen, wenn man ihnen verspräche, daß sie die Befriedigungen des Tiers im vollen Umfang auskosten dürften. [...] Es ist besser, ein unzufriedener Mensch zu sein als ein zufriedenes Schwein; besser ein unzufriedener Sokrates als ein zufriedener Narr. Und wenn der Narr oder das Schwein anderer Ansicht sind, dann deshalb, weil sie nur die eine Seite der Angelegenheit kennen. Die andere Partei hingegen kennt beiden Seiten.«[12]

Scheidung – damals und heute

Seit den Tagen Darwins hat sich die Struktur der Anreize zur Eheschließung gewandelt, ja geradezu umgekehrt. Damals gab es für den Mann eine Reihe triftiger Gründe zum Heiraten (Zugang zu einem normalen Sexualleben, Liebe, gesellschaftlicher Druck) und einen triftigen Grund, verheiratet zu bleiben (er hatte keine andere Wahl). Heute kann ein unverheirateter Mann sexuelle Kontakte haben, mit oder ohne Liebe, regelmäßig und ohne daß dies anstößig wäre. Und falls er irgendwie doch in eine Ehe hineinstolpert, dann ist das noch lange kein Grund zur Panik. Wenn der Reiz verflogen ist, kann er aus der Wohnung ausziehen und anderswo ein neues aktives Sexualleben beginnen, ohne deswegen von seinen Mitbürgern schief angesehen zu werden. Die nachfolgende Scheidung macht nicht viel Umstände. War die viktorianische Ehe eine Verlockung und letzten Endes eine Falle, so ist die heutige Ehe überflüssig und man kann ihr überaus leicht entfliehen.

Dieser Wandel setzte um die Jahrhundertwende ein und erreichte nach der Jahrhundertmitte dramatische Ausmaße. Die Scheidungsrate in den USA, die in den fünfziger und frühen sechziger Jahren gleichgeblieben war, verdoppelte sich von 1966 bis 1978 auf ihren derzeitigen Stand. Während bei dieser Entwicklung die Flucht aus der Ehe einfach und allgemein üblich wurde, verlor es für Männer (und in wahrscheinlich nicht ganz so dramatischem Umfang auch für Frauen) an Reiz, überhaupt eine Ehe einzugehen. Von 1970 bis 1988 stieg zwar das Durchschnittsalter der Frauen beim Eintritt in die (erste) Ehe, gleichzeitig aber auch der Anteil junger Mädchen, die angaben, Geschlechtsverkehr gehabt zu haben, und zwar in der Gruppe der 18jährigen von 39 auf 70 Prozent und in der Gruppe der 15jährigen von 5 auf 25 Prozent.[13] Die Zahl der unverheiratet zusammenlebenden Paare erhöhte sich in den USA im Zeitraum von 1970 bis 1990 von einer halben Million auf fast drei Millionen.

Man hat es also mit einem doppelten Dilemma zu tun: Während erleichterte Scheidung ein wachsendes Heer von Ex-Ehefrauen schafft, schafft erleichterter Sex ein wachsendes Heer von nie verheirateten Frauen. Von 1970 bis 1990 stieg in den USA der Anteil der Frauen, die nie verheiratet waren, in der Altersgruppe der 35- bis 39jährigen von 5 auf 10 Prozent.[14] Und von den Frauen derselben Altersgruppe, die geheiratet *hatten*, war etwa ein Drittel inzwischen wieder geschieden.[15]

Beim andern Geschlecht sind die Zahlen noch dramatischer. Ein Siebtel aller Männer in der Altersgruppe zwischen 35 und 39 Jahren hat nie geheiratet. Wie wir an früherer Stelle gesehen haben, wirkt sich serielle Monogamie eher bei Männern als bei Frauen in dieser Richtung aus.[16]

Trotzdem dürften es die Frauen sein, die von den Nachteilen der Entwicklung härter getroffen sind. Es sind eher sie als die Männer, die gern Kinder hätten, und anders als ihr männlicher Gegenpart sieht eine 40jährige ledige, kinderlose Frau ihre Aussichten auf Elternglück rapide sinken. Und was die relative Vermögenslage *gewesener* Ehemänner und Ehefrauen angeht: In den USA bringt die Scheidung für den Mann eine merkliche Verbesserung seines Lebensstandards, für die Frau wie die bei ihr lebenden Kinder das Gegenteil.[17]

Das englische Ehescheidungsgesetz von 1857, das eine Rechtsgrundlage für die Auflösung des Lebensbunds schuf, wurde von vielen Frauenrechtlerinnen begrüßt. Unter den Befürworterinnen war auch Harriet Taylor Mill, John Stuart Mills Ehefrau, die bis zum Tod ihres ersten Manns in den Käfig einer Ehe gesperrt gewesen war, für die sie zuletzt nur noch Abscheu empfand. Mrs. Mill, die sich offenbar nie groß für den Geschlechtsverkehr begeistern konnte, war durch leidvolle Erfahrung zu der Überzeugung gelangt, »daß die Männer bis auf einige wenige Hochgesinnte allesamt mehr oder minder Lüstlinge sind« und daß »die Frauen hingegen dieses Charakterzugs gänzlich ermangeln«. Jeder Ehefrau, die ihren Widerwillen gegen sexuelle Kontakte teilte, mochte die viktorianische Ehe als eine Folge von Vergewaltigungen erscheinen, zwischen denen Phasen von Furcht und Schrecken lagen. Um der Frauen willen trat Mrs. Mill für die Scheidung auf Antrag ein.

Auch John Stuart Mill war für die Scheidung auf Antrag (*vorausgesetzt*, das Paar war kinderlos). Indes sah er die Sache anders als seine Frau. In seinen Augen war das Ehegelübde ein Zwang weniger für die Frau als für den Mann. Die rigiden Ehegesetze der Zeit waren, wie Mill mit bemerkenswerter Einsicht in die wahrscheinlichen Ursprünge der institutionalisierten Monogamie notierte, aufgestellt worden »von Lüstlingen *für* Lüstlinge, und um Lüstlinge *zur Vertragstreue zu verpflichten«.*[18] Mit dieser Ansicht stand Mill nicht allein. Hinter dem Widerstand gegen das Scheidungsgesetz von 1857 steckte die Furcht, es könne den Männern das Tor zur seriellen Monogamie aufstoßen. Gladstone sprach sich gegen die Verabschiedung des Gesetzes aus, weil es, wie er sagte, »zu einer Zurücksetzung der Frau führen würde«.[19] (Oder wie eine Irin es über hundert Jahre später ausdrücken sollte: »Eine Frau, die für die Scheidung votiert, ist wie eine Mastgans, die für das Weihnachtsfest votiert.«[20]) Die Auswirkungen der erleichterten Scheidung sind komplex, die Fakten aber scheinen Gladstone in vielem recht zu geben. Scheidung erweist sich für Frauen sehr oft als ein schlechtes Geschäft.

Die Uhr läßt sich nicht zurückstellen, Ehen lassen sich nicht dadurch erhalten, daß man den Ausstieg per Gesetz praktisch unmöglich macht. Wissenschaftliche Studien haben erwiesen, daß für Kinder nur eines noch schlimmer ist als die Scheidung der Eltern: daß Eltern, die einander mit tödlichem Haß bekämpfen, beieinanderbleiben. Gewiß aber sollte es für den Mann keinen finanziellen *Anreiz* geben, sich scheiden zu lassen; die Scheidung sollte keine *Verbesserung* seines eigenen Lebensstandards bedeuten, wie das heute gewöhnlich der Fall ist. Tatsächlich wäre es nur gerecht, wenn er an seinem Lebensstandard Abstriche hinnehmen müßte – nicht etwa zur Strafe, sondern weil in Anbetracht des wirtschaftlichen Unsinns, den die Ersetzung eines einzelnen Haushalts durch zwei darstellt, in vielen Fällen anders nicht zu vermeiden ist, als daß der Lebensstandard seiner Frau und seiner Kinder sinkt. Eine finanziell abgesicherte Frau könnte sehr wohl glücklich und zufrieden damit sein, ihre Kinder ohne ihren Mann großzuziehen – in manchen Fällen glücklicher und zufriedener, als sie mit ihm war, und sogar glücklicher, als er sein wird, wenn er sich erst einmal an die Weidegründe auf der andern Seite des Zauns gewöhnt hat.

R-E-S-P-E-K-T

Darüber, wieviel »Respekt« Frauen im heutigen moralischen Klima genießen, gibt es unterschiedliche Meinungen. Männer denken, es ist eine ganze Menge. Der Anteil
der amerikanischen Männer, die meinen, daß Frauen heute geachteter sind als früher, kletterte im Zeitraum von
1970 bis 1990 von 40 auf 72 Prozent. Die Frauen sind anderer Meinung. Bei einer 1970 durchgeführten Erhebung
charakterisierte die Mehrzahl der befragten Frauen die
Männer als »im wesentlichen freundlich, liebenswürdig
und rücksichtsvoll«, bei einer vom selben Meinungs-
forschungsinstitut 1990 durchgeführten Umfrage indessen
äußerten die meisten Frauen die Ansicht, Männer ließen
nur ihre eigene Meinung gelten, versuchten die Frauen
niederzuhalten, seien vor allem darauf aus, sie ins Bett zu
bekommen, und kümmerten sich im Haushalt um rein gar
nichts.[21]
»Respekt« ist ein vieldeutiges Wort. Mag sein, daß Männer, die finden, daß Frauen heute durchaus »respektiert«
werden, dabei an den Umstand denken, daß sie am Arbeitsplatz als vollwertige Kolleginnen akzeptiert werden.
Vielleicht sind Frauen, was diese Art Achtung angeht, heute tatsächlich besser dran als früher. Falls »Respekt« jedoch
bedeuten soll, was die Viktorianer meinten, wenn sie Achtung vor den Frauen verlangten – nämlich daß Frauen
nicht zum Objekt sexueller Eroberungslust gemacht werden –, dann ist es damit seit 1960 wahrscheinlich bergab
gegangen (ganz gewiß jedoch seit 1970). Möglicherweise
sind die im vorigen Absatz genannten Umfrageergebnisse
so zu interpretieren, daß Frauen sich etwas mehr Respekt
dieser zweiten Art wünschen.
Es ist kein Grund ersichtlich, warum die eine Art von
Respekt der andern geopfert werden müßte; es gab keinen
Grund dafür, daß die Feministinnen der späten sechziger
und frühen siebziger Jahre mit der Forderung nach jener

ersten Art von Respekt die zweite (die sie nach eigenem Bekunden ja ebenfalls forderten) zwangsläufig untergruben. Doch so wie die Dinge sich nun einmal entwickelten, haben sie genau das getan. Sie predigten die angeborene Symmetrie der Geschlechter in allen wichtigen Bereichen einschließlich der Sexualität. Viele junge Frauen verstanden die Symmetriedoktrin als Lizenz, unter Mißachtung aller dumpfen Warnungen aus dem Bauch jeder flüchtigen sexuellen Neigung nachzugeben: mit jedem Mann zu schlafen, der ihnen gefiel, ohne sich von dem Gedanken schrecken zu lassen, daß sexuelles Interesse des Manns keineswegs eine vergleichbar starke emotionale Beteiligung zu signalisieren pflegt und daß die sexuelle Beziehung für sie eine stärkere Gefühlsverstrickung bedeuten würde als für ihn. (Manche Feministinnen praktizieren Gelegenheitssex fast schon wie eine ideologische Pflichtübung.) Den Männern wiederum diente die Symmetriedoktrin als willkommene Rechtfertigung, alle moralischen Skrupel über Bord zu werfen. Nun konnten sie reihum und querbeet mit jeder schlafen, ohne sich wegen der dabei auftretenden emotionalen Nebenwirkungen Gedanken machen zu müssen: Die Frauen waren ja genau wie sie selber, besondere Rücksichtnahme war also nicht nötig. In dieser Ansicht wurden – und werden sie noch heute – bestärkt von Frauen, die sich einer besonderen moralischen Rücksichtnahme gegenüber dem weiblichen Geschlecht aktiv widersetzen, weil sie in ihr nur gönnerhafte Herablassung zu erkennen vermögen (was sie manchmal auch tatsächlich ist und mit Sicherheit im viktorianischen England durchweg war).

Der Gesetzgeber unterdessen entnahm der Symmetriedoktrin, daß Frauen keines besonderen rechtlichen Schutzes bedürften.[22] In vielen US-Bundesstaaten wurde in den siebziger Jahren die Scheidung »ohne Schuldspruch« und die automatische Aufteilung des Vermögens des Paares zu gleichen Teilen eingeführt, und das selbst dann, wenn einer der Ehepartner – in der Regel der weibliche Teil – nicht berufstätig ist und folglich düstere Zukunftsaussichten hat. Die lebenslange Unterhaltszahlung, mit der eine geschiedene Frau früher rechnen konnte, ist nun womöglich durch einen auf ein paar Jahre befristeten »Rehabilitationsunterhalt« ersetzt, der als Überbrückungshilfe für die Zeit dienen soll, die sie braucht, um ihre Rückkehr beziehungsweise ihren Einstieg ins Berufsleben zu bewerkstelligen – was in Wirklichkeit länger als ein paar Jahre dauert, wenn sie kleine Kinder hat, um die sie sich kümmern muß. Es nützt ihr nichts, wenn sie, um eine gerechtere Vereinbarung zu erzielen, darauf hinweist, daß ihr Mann es war, der mit seiner Untreue oder groben Unduldsamkeit, die er ihr gegenüber auf einmal an den Tag legte, die Ehe ruiniert hat. Dergleichen kommt eben vor und begründet keine Schuldzuweisung. Das Prinzip der »Scheidung ohne Schuldspruch« ist einer von zwei Faktoren, die verantwortlich dafür sind, daß die Scheidung für den Mann ein im Wortsinn lohnendes Geschäft ist. (Der zweite ist die Laxheit, mit der die Behörden dafür sorgen, daß der geschiedene Mann seinen finanziellen Verpflichtungen nachkommt.) Die Welle der Scheidungen ohne Schuldspruch hat inzwischen ihren Höhepunkt überschritten, und die gesetzgebenden Organe der Bundesstaaten haben einen Teil des Schadens behoben – aber eben nur einen Teil.

Die feministische Doktrin von der natürlichen Symmetrie der Geschlechter trug nicht die alleinige Schuld, ja anfangs nicht einmal die Hauptschuld. Im Bereich von Sexualität und Ehe war schon seit langem ein Wandel der gesellschaftlichen Normen und Einstellungen im Gang, dessen vielfältige Ursachen von den Fortschritten in der Techniken der Empfängnisverhütung bis zu den Fortschritten in der Kommunikationstechnik, von neuen Trends beim Wohnen bis zu neuen Trends bei der Freizeitgestaltung reichten. Warum sich also länger mit dem Feminismus befassen? Teils wegen der blanken Ironie, die darin liegt, daß (absolut lobenswerte) Bemühungen, einer bestimmten Form von Ausbeutung der Frau ein Ende zu machen, einer anderen Form von Ausbeutung der Frau Vorschub leisteten. Teils auch, weil zwar die Feministinnen das Problem nicht allein geschaffen haben, einige von ihnen jedoch kräftig mithelfen, daß es erhalten bleibt. Bis vor kurzem war die Furcht vor feministischen Gegenreaktionen mit Abstand das Haupthindernis für eine offene Diskussion über Unterschiede zwischen den Geschlechtern. Feministinnen veröffentlichen Bücher und Artikel, in denen sie den »biologischen Determinismus« angriffen, ohne daß sie sich zuvor die Mühe gemacht hätten, sich über Biologie oder Determinismus sachkundig zu machen. Und in der zunehmenden, wenn auch verspäteten Diskussion unter Feministinnen über Unterschiede zwischen den Geschlechtern wird zuweilen so ungenau wie unredlich argumentiert. Dabei gibt es eine Tendenz, sich bei der Behandlung von Unterschieden, die mit darwinistischen Kategorien vollkommen plausibel erklärbar sind, einfach vor der Frage zu drücken, ob man es da mit angeborenen Merkmalen zu tun hat.[23]

Die unglücklich verheiratete Frau

Der »Darwin-Plan« zur Aufrechterhaltung der Ehe – wie überhaupt der bisherigen Tenor dieses Kapitels –, so mag es scheinen, geht von einer recht einfachen Vorstellung aus: Frauen lieben die Ehe, Männer nicht. Offenbar ist das Leben aber komplizierter. Manche Frauen verspüren keinerlei Wunsch zu heiraten, und noch viel mehr Frauen sind in der Ehe alles andere als glücklich. Wenn ich in diesem Kapitel bisher das Spannungsverhältnis zwischen *männlicher* Psyche und Einehe betont habe, so nicht etwa, weil ich der Meinung wäre, die weibliche Psyche sei ein unerschöpflicher Born der Treue und Vergötterung. Der Grund ist vielmehr, daß ich unter allen Hindernissen für die lebenslange Monogamie die männliche Psyche für das größte halte – jedenfalls ist es das größte derartige Hindernis, das sich aufgrund des neuen darwinistischen Paradigmas ergibt.

Das Spannungsverhältnis zwischen der *weiblichen* Psyche und der Ehe in ihrer heutigen Form ist nicht ganz so simpel und klar (und letztlich auch weniger zerstörerisch). Das Konfliktpotential erwächst hier nicht aus der Monogamie selbst, sondern aus ihren gegenwärtigen gesellschaftlichen und ökonomischen Rahmenbedingungen. In der typischen Jäger-und-Sammler-Gesellschaft haben Frauen sowohl ein Arbeitsleben als auch ein häusliches Dasein, und beide miteinander zu vereinbaren, fällt ihnen nicht schwer. Auch wenn sie zum Nahrungsammeln ausziehen, wird die Sorge für die Kinder nicht zum Problem. Die Kinder kommen entweder mit oder bleiben zurück in der Obhut von Tanten, Onkeln, Großeltern oder Vettern. Und wenn die Mutter nach der Heimkehr von der Arbeit ihre Kinder versorgt, geschieht das in einem gesellschaftlichen, ja gemeinschaftlichen Kontext. Nach einem Aufenthalt in einem afrikanischen Jäger-und-Sammler-Dorf schrieb die Ethnologin Marjorie Shostak: »Die sozial abgekapselte Mutter mit ihrer Last von kleinen Kindern am Hals ist ein Bild, das im Alltagsleben der !Kung keine Parallele hat.«[24]

Die meisten heutigen Mütter finden sich beträchtlich weit entfernt von beiden Seiten des (leidlich) goldenen Mittelwegs, den Jäger-und-Sammler-Frauen ganz natürlicherweise einschlagen. Entweder arbeiten sie bis zu 40 oder 50 Wochenstunden in einem Beruf, sorgen sich über die Qualität der Tagesmutter oder des Horts, und werden nie ein dumpfes Schuldgefühl los. Oder sie sind Vollzeit-Hausfrau, die ihre Kinder ohne fremde Hilfe versorgt und in ihren vier Wänden fast umkommt vor Langeweile. Gewiß, einigen Hausfrauen gelingt es sogar in einem typischen modernen Wohngebiet mit seiner Kontaktarmut und Anonymität, eine tragfähige soziale Infrastruktur zu schaffen. Aber für die vielen, denen das nicht gelingt, ist die seelische Verelendung praktisch unvermeidlich. Es kann nicht verwundern, daß der moderne Feminismus einen Großteil seiner Stoßkraft in den sechziger Jahren gewann, unmittelbar nachdem (neben soviel anderem) die in der Nachkriegszeit vollzogene Entstehung der Vorstädte den Sinn für nachbarschaftliche Gemeinschaft ausgelöscht und die Großfamilie zersprengt hatte: Frauen wurden von der Evolution nicht auf eine Existenz als grüne Witwen entworfen.

Für Männer war die typische Satellitenstadt-Umgebung der fünziger Jahre ein »natürlicherer« Lebensraum. Gleich vielen Vätern in Jäger-und-Sammler-Völkern verbrachten altgediente Vorstadtehemänner einen kleinen Teil ihrer Zeit mit ihren Kindern und einen großen Teil in »Männerbindungen« außer Haus mit Arbeit, Zeitvertreib und zeremoniellen Obliegenheiten.[25] Übrigens war die Konstellation für viele viktorianische Ehemänner die gleiche (wenn auch nicht für Darwin). Obschon lebenslange Monogamie an sich für Männer weniger natürlich ist als für Frauen, dürfte eine bestimmte Form, welche die Einehe oft angenommen hat und noch heute oft annimmt, für Frauen eine größere Belastung darstellen als für Männer.

Das heißt jedoch nicht, daß die Monogamie heute durch die weibliche Psyche stärker oder auch nur in gleichem Maß gefährdet wäre wie durch die männliche. Die Unzufriedenheit einer Mutter scheint nicht so natürlich zum Bruch zu führen wie die eines Vaters. Das hat seinen eigentlichen Grund darin, daß in der Ur-Umwelt eine Frau, sobald sie Kinder hatte, auf der Suche nach einem neuen Dauerpartner auf genetischer Ebene selten eine bestechende Offerte verkörperte.

Die Voraussetzungen dafür zu schaffen, daß die moderne Monogamie »funktioniert« – soll heißen: sowohl Bestand hat als auch den Mann wie die Frau einigermaßen glücklich macht –, ist eine Aufgabe von überwältigender Komplexität. Es könnte durchaus sein, daß eine erfolgreiche Generalüberholung der Institution es nötig macht, sogar an den heutigen Strukturen des Wohnens und Arbeitens zu rütteln. Alle die daran rütteln möchten, täten gut daran, genau zu bedenken, in welcher gesellschaftlichen Umwelt die Evolution des Menschen stattfand. Natürlich waren die Menschen in der Ur-Umwelt nicht dazu gemacht, ohne Unterlaß glücklich zu sein; nicht 'anders als heute war damals Angst ein allzeit gegenwärtiger Antrieb und Glück ein allzeit gejagtes, oft entfliehendes Wild. Allerdings waren die Menschen dazu gemacht, in der Ur-Umwelt nicht verrückt zu werden.

Der Emma-Plan

Ungeachtet der Unzufriedenheit mit der modernen Ehe möchten viele Frauen gern einen Mann fürs Leben finden und Kinder haben. Das derzeitige Klima ist für ihr Vorhaben nicht gerade günstig – was sollen sie in Anbetracht dieses Umstands tun? Wir haben darüber gesprochen, was Männer tun können, um die Institution Ehe auf ein sichereres Fundament zu stellen. Aber Männern Tips für die Ehe zu geben, ist ein bißchen so, als verteilte man an eine Wikingerhorde eine Gratisbroschüre mit Ratschlägen zum Thema »Wie entwöhne ich mich des Plünderns«. Wenn Frauen von Natur aus stärker zur Monogamie neigen als Männer und bei Scheidungen häufig die Leidtragenden sind, dann sind sie womöglich auch die »natürlicheren« Ansatzpunkte für eine Reform. Wie George Williams und Robert Trivers herausfanden, erklärt sich die Sexualpsychologie des Menschen zu einem Gutteil aus der relativen Knappheit der weiblichen gegenüber den männlichen Geschlechtszellen. Diese Knappheit verleiht den Frauen sowohl auf der Ebene der persönlichen Beziehungen als auch bei der Gestaltung des Moralsystems mehr Macht, als ihnen zuweilen bewußt ist.

Zuweilen *ist* ihnen ihre Macht bewußt. Von Frauen, die einen Mann und Kinder haben wollten, weiß man, daß sie zum Emma-Wedgwood-Plan griffen, um sich einen Mann zu angeln. In seiner radikalsten Form stellt sich dieser Plan folgendermaßen dar: Wenn du bis zur Hochzeit die heißesten Schwüre ewiger Treue hören willst – und vor allem sicherstellen willst, daß es zur Hochzeit *kommt* –, dann schlafe mit deinem Freund nicht vor der Hochzeitsnacht.

Dahinter steckt nicht nur die Überlegung, daß ein Mann, wie das Sprichwort sagt, nicht die Kuh kaufen wird, wenn er die Milch umsonst haben kann. Wenn die Madonna/Hure-Dichotomie tatsächlich tief in der männlichen Psyche verwurzelt ist, dürfte frühzeitiger Geschlechtsverkehr beim Mann ein eventuell aufkeimendes Liebesgefühl eher ersticken. Und wenn es in der menschlichen Psyche so etwas wie ein »Partnerabstoßungsmodul« gibt, führt fortgesetzter Geschlechtsverkehr ohne Resultat womöglich – beim Mann *oder* bei der Frau – zur Abkühlung der Zuneigung.

Vielen Frauen ist die Emma-Strategie zuwider. Sich einen Mann »einzufangen«, halten sie für unter ihrer Würde. Wenn er nur mit Zwang zum Heiraten zu bewegen ist, verzichten sie lieber ganz auf ihn. Andere erklären die Emma-Methode für reaktionär und sexistisch. Sie sehen in ihr eine Wiederbelebung der obsoleten Forderung, die Frau müsse im Interesse geordneter sozialer Verhältnisse die moralische Bürde der Selbstbeherrschung auf sich nehmen. Wieder andere sagen, diese Methode setze offenbar voraus, daß einer Frau sexuelle Zurückhaltung leichtfalle, und das treffe oft nicht zu. Das alles sind stichhaltige Einwände.

Doch es gibt einen weiteren Einwand gegen die Emma-Strategie, und der lautet: Sie funktioniert nicht. Heutzutage finden Männer leicht Gelegenheit zu sexuellen Kontakten, ohne sich deshalb zu viel verpflichten zu müssen. Auch wenn vielleicht nicht mehr so leicht wie noch vor wenigen Jahren, reichen die Gelegenheiten noch immer aus, sollte einmal eine Frau nicht mitmachen. Spröde Frauen sitzen allein zu Hause und sonnen sich im Glanz ihrer Reinheit. Kurz vor dem Valentinstag 1992 brachte die *New York Times* ein Interview mit einer 28jährigen, »die über den Mangel an romantischem Empfinden und Liebeswerben klagte«. Sie sagte: »Die Typen sagen sich doch immer: Wenn's mit der nicht gleich zur Sache geht, dann eben mit einer andern. So als käm's überhaupt nicht mehr darauf an, daß man so lange wartet, bis man sich besser kennengelernt hat.«[26]

Auch das ist ein stichhaltiger Punkt und eine gute Erklärung dafür, warum ein Enthaltsamkeitskreuzzug einer einzelnen Frau nicht viel Erfolg verspricht. Dennoch haben manche Frauen herausgefunden, daß es unter Umständen durchaus sinnvoll sein kann, sich *ein Stück weit* in Richtung Enthaltsamkeit zu bewegen.[27] Ein Mann, der nicht einmal soviel Interesse für eine Frau als menschliches Wesen aufbringt, daß er, sagen wir mal zwei Monate lang zu rein freundschaftlichem Kontakt mit ihr bereit ist, bevor es zu sexuellen Beziehungen kommt, ist ohnehin nicht der Typ, auf dessen Treue man bauen könnte. Manche Frauen sagen sich, daß sie besser daran tun, mit so einem keine Zeit zu verschwenden – die ja, überflüssig zu sagen, für sie eine kostbarere Ressource darstellt als für einen Mann.

Diese mildere Version der Emma-Methode kann eine sich selbst verstärkende Wirkung entfalten. Je mehr Frauen den Wert einer kurzen Abkühlungsphase erkennen, desto leichter wird es für jede einzelne, eine längere durchzusetzen. Ist erst einmal eine achtwöchige Wartezeit die Norm, handelt sich eine Frau mit dem Bestehen auf einer Wartezeit von zehn Wochen keinen nennenswerten Wettbewerbsnachteil ein. Man darf allerdings nicht erwarten, daß dies zu viktorianischen Verhältnissen führen würde. Schließlich mögen Frauen Sex. Es ist jedoch zu erwarten, daß der Trend, der sich bereits abzuzeichnen scheint, anhalten wird. Das derzeit auf dem Gebiet der Sexualität aufkommende konservative Klima ist großenteils auf die Furcht vor sexuell übertragenen Krankheiten zurückzuführen. Nach der zunehmend deutlicher hervortretenden Meinung vieler Frauen zu urteilen, daß Männer im Grunde Schweine sind, mag der Klimawechsel zum Teil von Frauen ausgelöst sein, die ihre eigenen Interessen in Anerkennung harter Wahrheiten über die menschliche Natur verfolgen. Man kann im allgemeinen sicher sein, daß Menschen fortfahren, ihren eigenen Vorteil zu suchen, so wie sie ihn verstehen. In diesem Fall hilft ihnen die Evolutionspsychologie, ihn zu erkennen.

Eine Theorie des Wandels der Moral

Trends der Sexualmoral – einerlei, ob zu größerer oder geringerer sexueller Zurückhaltung – erhalten sich vielleicht noch aus einem anderen Grund selbst aufrecht. Wenn Männer und Frauen tatsächlich so angelegt sind, daß sie ihre sexuelle Strategie auf die lokalen Marktbedingungen abstellen, dann besteht Interdependenz zwischen den Normen der Geschlechter. Den Studien von David Buss und anderen haben wir bereits entnommen, daß Männer, die eine Frau für promiskuitiv halten, diese dementsprechend behandeln, nämlich als flüchtige Eroberung und nicht als dauerhaften Gewinn. Von Elizabeth Cashdan haben wir zudem erfahren, daß Frauen, in deren Augen Männer im allgemeinen auf kurzzeitige Abenteuer aus sind, ihrerseits eher dazu neigen, promiskuitiv zu erscheinen und sich entsprechend zu verhalten, indem sie sich »sexy« kleiden und häufiger sexuelle Kontakte haben.[28] Es ist nicht schwer, sich vorzustellen, wie diese beiden Tendenzen sich zu einer Spirale mit positivem Feedback verschränken, die etwas hervorbringt, was die Viktorianer als moralischen Niedergang bezeichnet hätten. Die starke Zunahme von Kleidern mit tiefem Ausschnitt und von einladenden Blicken könnte visuelle Signale aussenden, welche die Männer entmutigen, sich dauerhaft zu engagieren. Und indem die solcherart entmutigten Männer Frauen gegenüber weniger respektvoll und sexuell draufgängerischer werden, könnte dies wiederum das entsprechende Verhalten der Frauen fördern. (Selbst die einladenden Blicke auf Plakaten und im *Playboy* könnten zu diesem Effekt beitragen.[29])

Sollten sich aus irgendeinem Grund die Dinge in die entgegengesetzte Richtung zu entwickeln beginnen, also *hin* zur elterlichen Investition von seiten des Manns, könnte sich auch dieser Trend durch positives Feedback selbst verstärken. Je madonnenhafter die Frauen, desto häuslicher und weniger flatterhaft die Männer, was wiederum auf der weiblichen Seite den Trend zur Madonnenhaftigkeit verstärkt, und so weiter.

Diese Theorie als spekulativ zu bezeichnen, wäre fast eine Untertreibung. Zusätzlich besitzt sie (gleich vielen Theorien des kulturellen Wandels) den Nachteil, daß sie schwer unmittelbar zu überprüfen ist. Sie basiert jedoch auf ihrerseits überprüfbaren individualpsychologischen Theorien. Die Studien von Buss und von Cashdan kommen einem vorläufigen Test gleich, und bis jetzt sind die zwei Grundpfeiler der Theorie unerschüttert. Die Theorie hat zudem den Vorteil, daß sie erklären hilft, warum die Trends der Sexualmoral so dauerhaft sind. Ebenso wie die extreme viktorianische Prüderie der Kulminationspunkt einer jahrhundertelangen Entwicklung war, scheint ihr Verschwinden ein Abschied für sehr, sehr lange Zeit gewesen zu sein.

Warum kehrt das Pendel nach langdauerndem, langsamem Ausschlag seine Richtung um? Das Spektrum der möglichen Gründe reicht von technischen Neuerungen

(z. B. auf dem Gebiet der Geburtenkontrolle) bis zu demographischen Verschiebungen.[30] Nicht auszuschließen ist auch die Möglichkeit, daß die Pendelbewegung zur Umkehr tendiert, wenn ein großer Teil des einen oder des andern Geschlechts (oder beider) sich in seinen tiefsten Interessen getäuscht fühlt und zu einer bewußten Neueinschätzung seines Lebensstils ansetzt. Lawrence Stone bemerkte 1977: »Die Wahrscheinlichkeit, daß die derzeitige Periode extremer sexueller Permissivität noch sehr lange anhält, ohne eine starke Gegenströmung zu erzeugen, ist nach aller geschichtlichen Erfahrung nicht sehr groß. Welche Ironie, zu denken, daß just zu dem Zeitpunkt, wo einige Denker die Heraufkunft der vollkommenen, auf vollständiger Befriedigung der sexuellen, emotionalen und kreativen Bedürfnisse der Frau wie des Mannes gründenden Ehe vermelden, der Anteil scheiternder Ehen, ausgedrückt in der Scheidungsrate, rapide ansteigt.«[31] Seit der Zeit, als diese Sätze zu Papier gebracht wurden, stellen sich die Frauen – deren Einfluß auf die Sexualmoral ja keineswegs gering ist – offenbar in wachsender Zahl die fundamentale Frage, wie klug es eigentlich ist, sich auf flüchtige sexuelle Beziehungen einzulassen. Ob wir im Begriff sind, in eine Wachstumsperiode des moralischen Konservatismus einzutreten, ist derzeit nicht zu sagen. Sicher ist jedoch, daß die heutige Gesellschaft nicht gerade überwältigende Zufriedenheit mit dem Status quo ausstrahlt.

Viktorias Geheimnis

Über die viktorianische Sexualmoral wurden schon viele Urteile gefällt. Eines nennt sie schrecklich und quälend repressiv. Ein anderes lautet, sie sei hervorragend geeignet, Ehen zu erhalten. Der Darwinismus bestätigt die Richtigkeit beider Urteile und bringt sie auf einen Nenner. Wenn man erst einmal begriffen hat, wie schlecht – zumal in einer ökonomisch geschichteten Gesellschaft – die Chancen für eine lebenslange monogame Ehe stehen, oder anders gesagt: wenn man erst einmal begriffen hat, wie es um die menschliche Natur bestellt ist, kann man sich kaum noch vorstellen, daß der Fortbestand der Institution Ehe anders als mit harter Repression zu sichern wäre.

Der Viktorianismus ging jedoch ein gutes Stück über simple, allgemeine Repression hinaus. Seine speziellen Unterdrückungsmethoden waren auf die zu bewältigende Aufgabe bemerkenswert gut zugeschnitten.

Die vielleicht größte Gefahr für den Bestand der Ehe – die Versuchung alternder Männer mit Vermögen und/oder hohem Status, die ihnen angetraute Frau einem jüngeren Modell zuliebe zu verlassen – wurde mit einem gewaltigen gesellschaftlichen Sperrfeuer belegt. Gewiß, Charles Dickens schaffte es, seine Frau zu verlassen – ein heftig umstrittener und für ihn mit realen gesellschaftlichen Kosten verbundener Schritt –, war in der Folge jedoch genötigt, den Umgang mit seiner Geliebten auf heimliche Zusammenkünfte zu beschränken. Zuzugeben, daß er seine Frau tatsächlich aus Untreue verlassen hat, hätte ihm ein Maß an öffentlichem Tadel eingebracht, dem sich zu stellen er nicht bereit war.

Es ist richtig, daß manche Ehemänner das eine oder andere der zahlreichen Londoner Bordelle besuchten (zuweilen war es auch das Hausmädchen, das Männern der Oberschicht als sexuelles Ventil diente). Richtig ist aber auch, daß männliche Untreue unter Umständen keine Gefährdung der Ehe darstellt, solange sie nicht zum Verlassen der Ehe führt. Frauen finden sich leichter als Männer damit ab, mit einem Partner zusammenzuleben, der sie betrogen hat. Eine Methode, dafür zu sorgen, daß männliche Seitensprünge nicht zum Verlassen der Ehefrau führen, besteht darin, sie auf – nun ja – Huren zu beschränken. Wir können ruhig darauf wetten, daß recht wenige viktorianische Ehemänner morgens am Frühstückstisch davon träumten, der Prostituierten wegen, mit der sie sich in der Nacht vergnügt hatten, ihrer Frau davonzulaufen. Und wir können mit einiger Sicherheit annehmen, daß mit ein Grund dafür die tief in der männlichen Psyche verankerte Madonna/Hure-Dichotomie war.

Eine direktere Gefährdung der institutionalisierten Monogamie bedeutete es, wenn ein Viktorianer mit einer »ehrbaren« Frau Ehebruch beging. Darwins Arzt Edward Lane wurde von dem Ehemann einer seiner Patientinnen vor Gericht wegen Ehebruchs mit dieser Patientin belangt. Ein Fall dieser Art war damals ein solcher Skandal, daß die Londoner *Times* täglich über den Fortgang des Prozesses berichtete. Darwin verfolgte die Sache mit größter Aufmerksamkeit. Er zweifelte – vielleicht um sich nicht zu belasten – an Lanes Schuld (»Ich habe niemals eine Schlüpfrigkeit von seinen Lippen kommen hören«) und zeigte sich besorgt über Lanes Zukunft: »Ich fürchte, die Geschichte wird ihn ruinieren.«[32] Das hätte sie wahrscheinlich auch getan, wenn der Richter ihn nicht freigesprochen hätte.

Zur Doppelmoral jener Zeit gehörte es natürlich auch, daß die gesellschaftliche Ächtung von Ehebrecherinnen stärker war als die von Ehebrechern. Ebenso wie seine Patientin war auch Lane verheiratet gewesen, indes verzeichnet ihr Tagebuch ein Gespräch, das nach einem Schäferstündchen zwischen den beiden stattgefunden haben soll und in dem die Schuld wie folgt verteilt wurde: »Ich flehte ihn an, mir zu glauben, daß ich mir seit meinem Hochzeitstag nie auch nur die kleinste Verfehlung hatte zuschulden kommen lassen. Er tröstete mich über meine Tat und beschwor mich, mir selbst zu verzeihen.«[33] (Lanes Anwalt konnte dem Gericht glaubhaft machen, daß es sich bei den Tagebuchaufzeichnungen der Patientin um Wahnphantasien handele; doch selbst wenn sie das waren, spiegeln sie die damals herrschende Moral.)

Die doppelten Maßstäbe mögen ungerecht sein, entbehren jedoch nicht einer gewissen logischen Grundlage. Ehe-

bruch an sich ist eine stärkere Gefährdung der Monogamie, wenn er von der Frau begangen wird. (Um es noch
einmal zu sagen: Dem Durchschnittsmann fällt es sehr viel
schwerer als der Durchschnittsfrau, die Ehe mit einem/ei-
ner Partner/Partnerin fortzusetzen, dessen/deren Seitensprung bekanntgeworden ist.) Und wenn der Mann einer
Ehebrecherin aus irgendeinem Grund die Ehe aufrechter-
hält, könnte es sein, daß er fortan die Kinder durch un-
freundlichere Behandlung seine Zweifel an seiner Vaterschaft spüren läßt.

Eine solche klinisch kühle Begutachtung der viktorianischen Moral läuft ein gewisses Risiko, vom Leser falsch
verstanden zu werden. Deshalb sei klargestellt: Klinische
Kühle ist nicht gleichbedeutend mit Befürwortung; hier
wird *nicht* doppeltem Maßstab oder irgendeinem andern
Aspekt der viktorianischen Moral das Wort geredet.

Keine Frage: Was immer ein doppelter Maßstab einst für
die Stabilität der Ehe geleistet haben mag, indem sie dem
männlichen Sexualtrieb die Möglichkeit bot, sich Luft zu
machen, die Zeiten haben sich geändert. Heutzutage beschränkt sich ein dynamischer Geschäftsmann bei seinen
außerehelichen Affären nicht auf Prostituierte oder Haus-
angestellte und Sekretärinnen, auf Frauen also, deren Bil-
dungsstand sie in seinen Augen kaum für eine Ehe mit
ihm qualifiziert. Mit der wachsenden Zahl an Frauen in
der Arbeitswelt steigt auch die Wahrscheinlichkeit, daß er
im Büro oder auf einer Geschäftsreise genau der ledigen
jungen Frau begegnet, die er heiraten würde, wenn er sich
noch einmal zu entscheiden hätte – und er *kann* sich ja
noch einmal entscheiden. War ein Seitensprung im
19. Jahrhundert und in vielen Fällen auch noch bis in die
fünfziger Jahre des 20. Jahrhunderts lediglich ein Ventil
für die überschüssige Libido eines anderweitig fest gebun-
denen Manns, so ist er nun häufig der erste Schritt auf einem oft schlüpfrigen, abschüssigen Weg, der aus der Ehe
hinausführt. Mag auch der doppelte Maßstab früher eine

Stütze der Monogamie gewesen sein – heute begünstigt er die Scheidung.

Selbst wenn man von der Frage absieht, ob die viktorianische Moral heute noch »funktionieren« würde, fragt es sich, ob der Nutzen, den sie allenfalls bringen könnte, ihre zahlreichen spezifischen Kosten aufwiegen würde. Manche viktorianischen Männer und Frauen empfanden sich in ihrer Ehe als ausweglos Gefangene. (Allerdings ist zu bedenken, daß Menschen vielleicht weniger dazu neigen, über die Unzulänglichkeiten ihrer Ehe nachzugrübeln, wenn ihnen ein Ausweg verbaut, ja fast unmöglich erscheint.) Die herrschende Moral macht es manchen Frauen schwer, selbst die eheliche Sexualität ohne Schuldgefühle zu genießen – ganz zu schweigen davon, daß die viktorianischen Männer nicht gerade in dem Ruf standen, besonders feinfühlige Liebhaber zu sein. Nicht einfach hatten es auch Frauen, die mehr sein wollten als bloß Schmuckstück, mehr als bloß »Engel des Hauses«. Darwins Schwestern berichteten Charles mit einiger Sorge von der aufkeimenden, wenn nicht zweifelhaften Freundschaft zwischen ihrem Bruder Erasmus und der Schriftstellerin Harriet Martineau, die so gar nicht in das Schema viktorianischer Weiblichkeit paßte. Darwin notierte nach einer Begegnung mit ihr folgenden Eindruck: »Sie war ungemein liebenswürdig und schaffte es, über eine in Anbetracht der Kürze der Zeit höchst erstaunliche Anzahl von Gegenständen zu sprechen. Ich war erstaunt, daß sie gar nicht so häßlich ist, aber mir scheint, sie ist selbst ganz überwältigt von ihren Plänen, Gedanken und Fähigkeiten. Erasmus entschuldigte das alles mit der Bemerkung, man dürfe sie eben nicht als Frau betrachten.«[34] Eine solche Bemerkung ist einer von vielen Gründen, warum wir nicht den Versuch einer pauschalen Wiederbelebung der viktorianischen Sexualmoral machen sollten.

Es gibt zweifellos andere Moralsysteme, die der monogamen Ehe wirksamen Rückhalt bieten könnten. Doch dürfte jedes derartige System, nicht anders als das viktorianische, mit realen Kosten verbunden sein. Und obzwar wir uns sicherlich um eine Moral bemühen können, welche die Kosten zwischen Männern und Frauen (und ebenso auch *unter* den Männern und *unter* den Frauen) *gerecht* verteilt, ist es wenig wahrscheinlich, daß es jemals zu einer absolut *gleichmäßigen* Kostenverteilung kommen wird. Männer und Frauen sind verschieden, und aufgrund der unterschiedlichen Psychostruktur, die ihnen die Evolution mitgegeben hat, gefährden sie die Ehe auf unterschiedliche Weise. Deswegen wird eine auf wirksamen Schutz der Ehe abzielende Moral diese Gefährdungen stets so bekämpfen, daß sie unterschiedliche Sanktionen über die beiden Geschlechter verhängt.

Falls es uns wirklich ernst ist mit der Erneuerung der Institution Monogamie, dann ist »bekämpfen« für die Zukunft in der Tat das wirksamste Wort. Im Jahr 1966 konstatierte ein amerikanischer Wissenschaftler beim Rückblick auf das Schamgefühl, das sexuelle Triebregungen des viktorianischen Manns begleitete, »bei einer ganzen Kaste von Männern ein bedauerliches Entfremdetsein von der eigenen Sexualität«.[35] Was das Entfremdetsein anlangt, hatte er sicherlich recht. Ob es so »bedauerlich« war, steht allerdings auf einem andern Blatt. Der Gegenpol zum »Entfremdetsein« ist auf der Skala der sexuellen Verhaltensformen das »Sich-Ausleben« – Gehorsam gegenüber unseren sexuellen Triebregungen, als ob sie die Stimme des Edlen Wilden in uns wären, die uns in einen Zustand ursprünglicher Glückseligkeit zurückzuversetzen vermöchte (ein Zustand, den es in Wahrheit nie gegeben hat). Ein Vierteljahrhundert des Sich-Auslebens dieser Triebe hat mitgeholfen, uns eine Welt zu bescheren, die unter anderem gekennzeichnet ist durch Massen von Kindern ohne Vater, Massen von verbitterten Frauen, massenhaften Klagen über Vergewaltigung beim Rendezvous und sexuelle Belästigung, dazu das häufig anzutreffende Bild, daß einsame Männer sich Porno-Videos ausleihen, während es zugleich Massen einsamer Frauen gibt. Heute scheint es nicht mehr so einfach zu sein, den viktorianischen Kampf gegen die männliche Lust als »bedauerlich« zu bezeichnen. Bedauerlich, verglichen womit? Vielleicht erscheint es manchem so, als habe Samuel Smiles sehr viel verlangt, als er davon sprach, man müsse sein Leben lang »gegen die Verführungskraft niedriger Leidenschaften gewappnet« sein, aber die Alternative dazu ist ganz offenkundig nicht vorzuziehen.

Wie entsteht ein Moralkodex?

Der streckenweise moralisierende Ton dieses Kapitels ist in gewisser Weise eine Ironie. Gewiß, einerseits gibt das neue darwinistische Paradigma zu bedenken, daß jedwede Institution von solcher »Unnatürlichkeit« wie die monogame Ehe ohne strengen (d. h. repressiven) Moralkodex schwerlich aufrechtzuerhalten sein dürfte. Doch das neue Paradigma hat zugleich einen gegenläufigen Effekt, indem es einen gewissen moralischen Relativismus nährt – wenn es nicht gar einer geradezu zynischen Sicht von Moralkodizes im allgemeinen Vorschub leistet.

Die darwinistische Auffassung von der Genealogie der Moralkodizes läßt sich am besten so wiedergeben: Moralisch nennen Menschen vorzugsweise das, was ihnen hilft, ihre Gene in die nächste Generation hinüberzuschaffen (oder zumindest das, was diesen Zweck in der Umwelt erfüllte, in der unsere Stammesgeschichte ablief). Mithin ist ein Moralkodex ein pragmatischer Kompromiß zwischen konkurrierenden Sphären genetischen Eigennutzes, deren jede unter Einsatz aller verfügbaren Mittel darauf hinarbeitet, den Kodex speziell für ihre eigenen Zwecke zurechtzubiegen.[36]

Nehmen wir als Beispiel den doppelten Maßstab in sexuellen Dingen. Die nächstliegende darwinistische Erklärung dafür besagt, daß der Mann von der Evolution daraufhin entworfen wurde, einerseits sich selbst sexuelle Freizügigkeit zuzubilligen, andererseits jedoch eine sexuell freizügige Frau als moralisch niedrigstehend (»Hure«) einzustufen – und das bemerkenswerterweise selbst dann, wenn es ebendieser Mann war, der ebendiese Frau zu sexueller Freizügigkeit ermunterte. Insoweit also der Moralkodex durch männlichen Einfluß gestaltet wurde, mißt er womöglich mit zweierlei Maß. Bei genauerer Betrachtung zeigt sich allerdings, daß diese im Kern typisch männliche Moralauffassung natürliche Parteigänger in andern Personenkreisen hat: in den Eltern hübscher junger Mädchen, die ihre Töchter ermahnen, sich nicht auf den »Fehltritt« einer Liebelei mit einem unsicheren Kantonisten einzulassen, sondern auf den »Richtigen« zu warten (d. h. sich ihre Attraktivität als Objekt der Investition von männlicher Seite zu bewahren); in den Töchtern selbst, die sich ihre Unberührtheit für den kapitalkräftigsten und investitionswilligsten Bewerber erhalten und unterdessen von der hohen moralischen Warte herab scheinbar interesselos über die billigere Konkurrenz die Nase rümpfen; in glücklich verheirateten Frauen, die ein Klima der Promiskuität als eindeutige, akute Bedrohung ihrer Ehe (d. h. der weiteren hohen Investition in ihre Nachkommenschaft) empfinden. Es gibt quasi eine genetische Verschwörung, sexuell freizügige Frauen als Inkarnationen des Bösen zu verteufeln. Schürzenjäger und Schwerenöter indessen werden relativ tolerant behandelt, und das nicht nur, weil vielleicht nicht wenige Männer (zumal gutaussehende und/oder reiche) selbst schon mit dem Gedanken an einen Seitensprung geliebäugelt haben. Auch Ehefrauen leisten der Doppelmoral Vorschub, indem sie die Untreue ihres Manns bei weitem nicht als eine solche Katastrophe empfinden wie die, von ihm verlassen zu werden.

Wem diese Betrachtungsweise von Moralkodizes einleuchtet, der wird nicht erwarten, daß die Moral den Interessen der Gesellschaft als ganzer dient. Ein Moralkodex erwächst aus einem informellen politischen Prozeß, in dem der größte Einfluß den Mächtigen zufallen dürfte, und daß die Mächtigen die Interessen der Allgemeinheit vertreten, ist recht unwahrscheinlich (wenngleich weniger unwahrscheinlich in einer Gesellschaft mit Redefreiheit und ökonomischer Chancengleichheit). Und es gibt absolut keinen Grund zu der Annahme, daß sich in einem Moralkodex irgendwelche höheren – in göttlicher Eingebung oder unvoreingenommen philosophischen Überlegungen gründenden – Wahrheiten spiegeln.

In der Tat kann der Darwinismus helfen, die Gegensätze zwischen den real existierenden Moralkodizes und dem Moralkodex, den uns ein unparteiischer Philosoph vielleicht anzubieten hätte, scharf auszuleuchten. Ein Beispiel: Mag die Härte, mit der der doppelte Maßstab weibliche Promiskuität behandelt, noch sosehr ein natürliches Nebenprodukt der menschlichen Natur sein – ein philosophischer Ethiker mag trotzdem die Ansicht vertreten, daß sexuelle Freizügigkeit eher bei den Männern *moralisch* fragwürdig ist. Stellen wir uns einen unverheirateten Mann und eine unverheiratete Frau beim ersten Rendezvous vor, dann ist es eher der Mann, der (bewußt oder unbewußt) dazu neigt, den Grad seines emotionalen Engagements zu übertreiben, um so sexuellen Kontakt zu bekommen. Wenn es ihm gelingt, ist die Wahrscheinlichkeit, daß die vorhandene Zuneigung für den Geschlechtspartner später abflaut, für ihn erheblich größer als für die Frau. Das Ganze ist freilich alles andere als eine starre und feste Regel: Menschliches Verhalten ist überaus komplex, die Umstände und die beteiligten Individuen sind sehr unterschiedlich, und Männer wie Frauen werden von ihren Gefühlen auf alle mögliche Art und Weise gebeutelt. Trotzdem kann man wohl mit Recht behaupten, daß alleinstehende Männer kurzzeitigen Partnern im allgemeinen durch Unehrlichkeit mehr Leid zufügen, als alleinstehende Frauen dies tun. Solange eine ledige Frau nicht mit einem verheirateten Mann schläft, kann ihre sexuelle Freizügigkeit im Normalfall einem andern Menschen allenfalls auf sehr indirekte und unbestimmte Weise schaden. Wer also – wie scheinbar die meisten Menschen – der Überzeugung ist, daß es unmoralisch ist, einem andern mittels offener oder versteckter Irreführung Leid zuzufügen, der dürfte auch dazu neigen, sexuelle Freizügigkeit eher beim Mann als bei der Frau zu verurteilen.

So jedenfalls geht es mir selbst. Wo immer ich in diesem Kapitel den Eindruck erweckt habe, daß ich Frauen sexuelle Zurückhaltung nahelege, war diese Empfehlung nicht als Verpflichtung gemeint. Nicht Moralphilosophie, sondern Selbsthilfe war es, worum es ging.

Es mag paradox klingen, daß man von einem darwinistischen Standpunkt aus Frauen – auf eine mehr oder weniger an Moralpredigten früherer Zeiten erinnernde Art und Weise – sexuelle Zurückhaltung anrät und zugleich die moralische Verurteilung von Frauen bedauert, die sich an diesen Rat nicht halten mögen. Aber vielleicht tut man gut daran, sich möglichst rasch an dieses Paradox zu gewöhnen, denn es ist Teil einer umfassenderen darwinistischen Optik in Sachen Moral.

Einerseits kann es vorkommen, daß ein Darwinist die bestehende Moral mit Argwohn betrachtet. Andererseits verkörpert die traditionelle Moral eine gewisse utilitaristische Weisheit. Schließlich deckt sich das Streben nach der Durchsetzung genetischer Interessen manchmal, wenn auch nicht immer, mit dem Streben nach Glück. Eine Mutter, die ihrer Tochter einschärft, sich »nicht leichtsinnig wegzuwerfen«, mag ihren Rat auf einer Ebene im Sinne rücksichtslosen genetischen Eigennutzes geben, auf anderer Ebene jedoch gilt ihre Sorge dem dauerhaften Glück ihres Kinds. Gleiches gilt für die Tocher, die den mütterlichen Rat beherzigt, weil sie überzeugt ist, daß er sie auf dem sichersten Weg zum Ziel führen wird, einen Mann fürs Leben zu heiraten und Kinder zu haben: Keine Frage, Kinder will sie haben, weil ihre Gene »wollen«, daß sie das will; das ändert jedoch nichts an der Tatsache, *daß* sie sich Kinder wünscht und daß sie vielleicht ein erfüllteres Leben hat, wenn sie welche bekommt. Genetischer Eigennutz ist zwar nicht von vornherein gut, aber auch nicht von vornherein schlecht. Wo er zum Glücklichsein führt (was er nicht immer tut) und dabei niemand anderem ernstlich schadet, warum sollte man ihn da bekämpfen?

Dem zur Moralphilosphie neigenden Darwinisten geht es darum, traditionelle Moralvorstellungen unter der Annahme zu untersuchen, daß sie voller lebensfördernder Weisheit stecken, zugleich aber auch eigennützige und philosophisch unhaltbare Urteile über die absolute »Unmoral« von diesem oder jenem enthalten. Es mag von einer Mutter durchaus klug sein, ihre Tochter zur Sprödigkeit zu raten – und nicht minder klug, weniger spröde Konkurrentinnen ihrer Tochter zu verdammen. Doch der Anspruch, diese Verdammungsurteile hätten *moralische* Kraft, ist womöglich nichts weiter als genetisch inspirierte Sophistik.

Die Weisheit von der Sophistik zu scheiden, wird die große und schwere Aufgabe der Moralphilosophen in den kommenden Jahrzehnten sein – vorausgesetzt, daß sich mehr als nur eine Handvoll auf das neue Paradigma einlassen. Wir werden jedenfalls auf diese Aufgabe gegen Ende des Buchs, nachdem die Ursprünge unserer fundamentalsten moralischen Antriebe aufgedeckt sind, zurückzukommen haben.

Verzuckernde Wissenschaft

Eine verbreitete Reaktion auf die Erörterung von Moralvorstellungen im Licht des neuen Darwinismus ist der Einwurf: Eilen wir damit nicht dem Gang der Geschichte voraus? Die Evolutionspsychologie steht gerade erst am Anfang. Was sie bis jetzt hervorgebracht hat, sind etliche gut fundierte Theoreme (z. B. das über den angeborenen Unterschied im Eifersuchtsverhalten von Mann und Frau), etliche halbwegs bis leidlich fundierte Theoreme (z. B. das über die Madonna/Hure-Dichotomie) und eine sehr viel größere Zahl von Theoremen, die vorerst noch reine, wenn auch plausible Spekulationen sind (z. B. das über ein mögliches »Partnerverstoßungsmodul«). Bietet dieses Repertoire an Theoremen wirklich schon eine tragfähige Grundlage für eine umfassende Beurteilung der viktorianischen – oder irgendeiner andern – Moral?

Philip Kitcher, ein Philosoph, der sich in den achtziger Jahren als prominenter Kritiker der Soziobiologie hervortat, hat diesen Zweifel noch einen Schritt weitergetrieben. Seiner Ansicht nach sollten Darwinisten nicht nur vorsichtig sein mit Extrapolationen von ihrer noch unausgereiften Wissenschaft auf moralische und politische Fragen (Extrapolationen, vor denen sich die meisten Darwinisten ohnedies hüten, seit einige von ihnen in den siebziger Jahren für Vorstöße in diese Richtung scharf angegriffen worden waren), sondern auch bei der Entwicklung ihrer Wissenschaft selbst. Denn auch wenn sie selbst die Grenze zwischen wissenschaftlicher Objektivität und Werturteil nicht überschritten – irgendwer würde es schon tun: Theorien über die menschliche Natur würden unweigerlich dazu herangezogen, diese oder jene moralische Doktrin, dies oder jene sozialpolitische Richtung zu stützen. Und falls die Theorien sich später als falsch erwiesen, sei bis dahin unter Berufung auf sie womöglich großer Schaden angerichtet worden. Sozialwissenschaften, so Kitcher, seien etwas anderes als Physik oder Chemie. Wenn wir uns »eine falsche Ansicht von der Entstehung eines fernen Sonnensystems« zu eigen machen, dann »hat dieser Irrtum keine tragischen Folgen. Wenn wir uns hingegen in bezug auf die Grundlagen des menschlichen Sozialverhaltens einer Täuschung hingeben, wenn wir das Ziel der gerechten Verteilung von Wohl und Wehe des Soziallebens aufgeben, weil wir fehlerhafte Hypothesen über uns selbst und unsere Stammesgeschichte für wahr halten, dann können die Folgen eines wissenschaftlichen Irrtums in der Tat gravierend sein«. Mithin gilt: »In Fällen, wo eine wissenschaftliche Behauptung Relevanz für sozialpolitische Fragen besitzt, müssen extrem hohe Ansprüche an die Beweisführung und die Selbstkritik gestellt werden.«[37]

Zweierlei ist an diesen Ausführungen problematisch. Erstens: »Selbstkritik« ist nicht *per se* ein wesentliches Element von Wissenschaftlichkeit. Kritik von Fachgenossen, eine Art *kollektive* Selbstkritik – ja, die gehört dazu. Sie sorgt für »extrem hohe Ansprüche an die Beweisführung«. Aber diese kollektive Selbstkritik kann überhaupt nicht einsetzen, solange keine Hypothese formuliert und vorgetragen wurde. Kitcher kann uns kaum empfehlen wollen, daß wir diesen Algorithmus des wissenschaftlichen Fortschritts per Kurzschluß lahmlegen, indem wir es uns in Zukunft versagen, »weiche« Hypothesen vorzutragen. Denn »harte« Hypothesen pflegen aus »weichen« zu entstehen, die vorgetragen und dann in schonungsloser Erprobung erhärtet werden. Falls Kitcher uns jedoch lediglich rät, spekulative Hypothesen auch als solche kenntlich zu machen, dann rennt er damit offene Türen ein. In der Tat ist es Leuten wie Kitcher (und das sage ich ohne jeglichen Sarkasmus) zu verdanken, daß viele Darwinisten heute wahre Meister sind in der Kunst der gewissenhaften Relativierung und Beschränkung der Gültigkeit von Aussagen.

Womit wir beim zweiten problematischen Punkt von Kitchers Argumentation wären: Der Rat, mit größter Vorsicht zu Werke zu gehen, ist nämlich nur an darwinistische Sozialwissenschaftler, nicht aber an Sozialwissenschaftler im allgemeinen gerichtet. Dem liegt die unausgesprochene Voraussetzung zugrunde, daß irrige darwinistische Theo-

rien über das menschliche Verhalten tendenziell schädli-
cher sind als irrige *nicht*-darwinistische Verhaltenstheorien.
Aber warum sollte das so sein? Eine lange Zeit maßgeben-
de, völlig undarwinistische psychologische Doktrin – derzufolge es in bezug auf Partnerwerbung und Sexualität
zwischen Mann und Frau keine angeborenen mentalen
Unterschiede von Bedeutung gibt – hat in den letzten Jahrzehnten, wenn nicht alles täuscht, eine ganz hübsche Menge seelischen Leids verursacht. Und die »Ansprüche an die
Beweisführung« waren in ihrem Fall denkbar niedrig – nie
wurde auch nur ein einziger wirklicher Beweis genannt,
ganz zu schweigen von der schamlos arroganten Mißachtung der Volksweisheit aller Kulturen auf diesem Planeten.
Aber aus irgendeinem Grund fühlt Kitcher sich durch dergleichen nicht beunruhigt. Anscheinend ist er der Meinung, daß Theorien, in denen die Gene eine Rolle spielen,
Schlimmes bewirken können, hält jedoch Theorien, die
ohne Gene auskommen, für vollkommen harmlos.

Demgegenüber schein mir eine verläßlichere Annahme
zu sein, daß es falsche Theorien gleich welcher Art sind, die
sich eher als richtige Theorien gleich welcher Art schädlich
auswirken. Und wenn wir, wie es häufig der Fall ist, nicht
mit Sicherheit sagen können, welche Theorie richtig und
welche falsch ist, dann setzen wir am besten auf die, die
höchstwahrscheinlich richtig ist. In diesem Buch gehe ich
von der Prämisse aus, daß die Evolutionspsychologie, so
jung sie noch ist, die mit Abstand größte Wahrscheinlichkeit dafür bietet, uns Theorien über die menschliche Natur
zu liefern, die sich als richtig erweisen werden – und daß
in der Tat bereits viele spezifische Theoreme, die sie uns
geliefert hat, recht solide untermauert sind.

Es sind nicht nur die Gegner des Darwinismus, die einer
ernsthaften Erforschung der menschlichen Natur Steine in
den Weg legen. Auch unter den Verfechtern des neuen
darwinistischen Paradigmas wird die Wahrheit bisweilen
beschönigt – als sei sie die sprichwörtliche bittere Pille, die

verzuckert werden muß, um geschluckt werden zu können. So ist man oft versucht, die Bedeutung der Unterschiede zwischen Mann und Frau herunterzuspielen. In bezug auf die stärker zur Polygamie neigende Natur des Manns bekommt man von politisch sensiblen darwinistischen Sozialwissenschaftlern unter Umständen Dinge zu hören wie: »Aber Sie müssen bedenken, daß dies alles nur statistische Generalisierungen sind und jeder Einzelmensch erheblich von der für sein Geschlecht errechneten Norm abweichen kann.« Wohl wahr – aber in den wenigsten Fällen kommen diese Abweichungen der Norm des andern Geschlechts besonders nahe. (Zudem ist zu bedenken, daß die Hälfte der Abweichungen *weiter* weg liegt von der Norm des andern Geschlechts.) Oder es heißt: »Man muß bedenken, daß das Verhalten durch Milieu und bewußte Wahl beeinflußt wird. Männer *müssen* nicht Schürzenjäger sein.« Richtig – und entscheidend wichtig. Aber viele unserer Antriebe sind unserer naturgewollten Anlage nach sehr stark, so daß sie unter Umständen nicht durch ziemlich harte Maßnahmen zu unterdrücken sind. Es ist eine gewaltige Irreführung, so zu tun, als sei Selbstbeherrschung so einfach wie das Zappen mit der Fernbedienung.

Es ist zudem gefährlich. George Williams, der vielleicht am ehesten als Begründer des neuen Paradigmas gelten kann, geht möglicherweise zu weit, wenn er die natürliche Selektion als »böse« bezeichnet. Schließlich hat sie nicht nur alles Destruktive in der Natur des Menschen geschaffen, sondern auch alles, was diese zu Liebe und Güte befähigt. Dennoch ist es sicher richtig, daß man die natürliche Selektion als Wurzel allen Übels betrachten kann und daß sich die Schößlinge aus dieser Wurzel (zusammen mit vielem andern, das gut ist) in der menschlichen Natur entfalten. Den ärgsten Feind von Gerechtigkeit und Anstand tragen wir in der Tat in unseren Genen mit uns herum. Wo immer ich in diesem Buch von der Public-Relations-Strategie abgehe, die manche Darwinisten praktizieren, und die üblen Seiten der menschlichen Natur stärker hervorhebe als ihre guten, geschieht das aus der Überzeugung heraus, daß wir eher in Gefahr sind, den Feind zu unter- als zu überschätzen.

II
SOZIALKITT

Siebtes Kapitel
FAMILIEN

In der Arbeiterameise aber haben wir ein Insekt, welches bedeutend von seinen Eltern verschieden, aber absolut unfruchtbar ist, welches daher sukzessiv erworbene Abänderungen des Baues oder Instinktes nie auf eine Nachkommenschaft weitervererben kann. Man kann daher wohl fragen, wie es möglich sei, diesen Fall mit der Theorie natürlicher Zuchtwahl in Einklang zu bringen.
Darwin, *Die Entstehung der Arten* (1859)

[Gestern] bewies Doddy [Darwins Sohn William] die Großzügigkeit, Annie den letzten Bissen von seinem Pfefferkuchen abzulassen, und heute [...] legte er wiederum das letzte Stückchen auf das Sofa, damit Annie es sich holen konnte, um anschließend in ziemlich selbstgefälligem Ton auszurufen: »Oh, der liebe Doddy, oh, der liebe Doddy!«.
Beobachtung von Darwins Kindern (1842)[1]

Wir alle gefallen uns in der Vorstellung, wir seien uneigennützig. Und gelegentlich sind wir es auch. Aber im Vergleich zu den staatenbildenden Insekten sind wir wahre Monster an Selbstsucht. Bienen opfern ihr Leben für ihre Artgenossinnen, denn der Stich, den sie dem Eindringling in den Stock versetzen, bringt ihnen den Tod. Manche Ameisen sprengen sich bei der Verteidigung des Baus auseinander. Andere verbringen ihr ganzes Leben in der Rolle von Türen, die Insekten ohne »Zugangsberechtigungsausweis« den Weg in den Bau versperren, oder in der Rolle von Futtersäcken, die für den Fall einer Nahrungsmittelknappheit vollgefressen von der Decke hängen.[2] Diese lebenden Einrichtungsgegenstände erzeugen keine Nachkommen. Darwin zerbrach sich mehr als zehn Jahre lang den Kopf über die Frage, wie die natürliche Selektion es schaffte, ganze Kasten von unfruchtbaren Ameisen hervorzubringen. Unterdessen setzte er selbst eine Menge Nachkommen in die Welt. Das Rätsel der sterilen Ameisen begann ihn um die Zeit der Geburt seines vierten Kindes, Henrietta, im Spätjahr 1843 zu beschäftigen, und als 1856 sein zehnter und letzter Sprößling, Charles, auf die Welt kam, rang er noch immer um die Lösung. Während der ganzen Zeit hielt er seine Theorie der natürlichen Auslese geheim, und es könnte sein, daß mit ein Grund dafür war, daß die Ameisen mit ihr unvereinbar schienen. Die »geschlechtlosen Individuen oder unfruchtbaren Weibchen der Insektenkolonien« konfrontierten ihn mit einer »Schwierigkeit [...], welche mir [...] unübersteiglich und meiner ganzen Theorie wirklich verderblich zu sein schien.«[3]

Während er über dem Rätsel der Insekten grübelte, ahnte Darwin wahrscheinlich nicht, daß dessen Lösung auch Strukturen des Alltagslebens seiner sich ständig vergrößernden Familien zu erklären vermochte: warum seine Kinder Zuneigung füreinander zeigten, und warum sie sich manchmal stritten; warum er sich gedrängt fühlte, sie zu Freundlichkeit, Güte und ähnlichen Tugenden zu erziehen, und warum sie sich zuweilen dagegen sperrten; ja sogar warum der Tod eines ihrer Kinder ihn und Emma tiefer betrübte als der eines andern. Die evolutionstheoretische Erklärung der Selbstaufopferung der Insekten sollte sich als Schlüssel zum Verständnis der Dynamik des Familienlebens der Säugetiere einschließlich des Menschen erweisen.

Darwin fand am Ende zwar die – zumindest im großen und ganzen – richtige Lösung für das Problem der Sterilität bei Insekten und ahnte auch etwas von ihrer möglichen Relevanz für das menschliche Verhalten, doch absolut nichts von ihrer Weite und Vielfalt. Davon ahnte ein Jahrhundert lang auch sonst niemand etwas.

Das mag nicht zuletzt daran gelegen haben, daß die Lösung des Rätsels in der Formulierung, die Darwin ihr gab, schwer zu verstehen war. In *Die Entstehung der Arten* schrieb er in bezug auf das Paradox stammesgeschichtlich entwickelter Unfruchtbarkeit: »Diese anscheinend unüberwindliche Schwierigkeit [für die Theorie der natürlichen Auslese] wird aber bedeutend geringer oder verschwindet, wie ich glaube, gänzlich, wenn wir bedenken, daß Zuchtwahl ebensowohl auf die Familie als auf die Individuen anwendbar ist und daher zum erwünschten Ziele führen kann. Ein wohlschmeckendes Gemüse landete im Kochtopf, und damit ist das Individuum vernichtet worden, aber der Gärtner sät Samen derselben Sorte und erwartet mit berechtigter Zuversicht, aus ihm wieder dieselbe Varietät zu erhalten. Rindviehzüchter wünschen das Fleisch vom Fett gut durchwachsen; ein durch solche Merkmale ausgezeichnetes Tier ist geschlachtet worden, aber der Züchter wendet sich mit Vertrauen und Erfolg wieder zur nämlichen Familie.«[4]

So sonderbar es erscheinen mag, daß hier Pflanzen- und Tierzüchter aufs Tapet gebracht werden – wie berechtigt es war, zeigte sich, als im Jahr 1963 ein junger britischer Biologe namens William D. Hamilton die Theorie der Verwandtschaftsselektion formulierte.[5] Hamiltons Theorie übersetzt Darwins Einsicht in erweiterter Form in die Sprache der Genetik – eine Sprache, die zur Zeit Darwins noch nicht existierte.

Der Ausdruck »Verwandtschaftsselektion« als solcher verweist auf einen Zusammenhang mit Darwins Feststellung, »daß Zuchtwahl ebensowohl auf die Familien« wie auf die einzelnen Organismen wirkt. Der Hinweis ist berechtigt, aber irreführend. Die Schönheit von Hamiltons Theorie liegt darin, daß sie den Wirkungsbereich der Selektion nicht auf der Ebene der Individuen *und auch nicht* auf der Ebene der Familien, sondern in einer wichtigen Hinsicht auf der Ebene der Gene lokalisiert. Hamilton schlug als erster das zentrale Thema des neuen darwinistischen Paradigmas an: das Überleben aus der Perspektive des Gens zu sehen.

Nehmen wir beispielsweise ein junges Backenhörnchen, das noch keine Nachkommen hat und das sich beim Anblick eines Freßfeinds auf die Hinterbeine stellt und ein lautes Alarmsignal ausstößt: Damit zieht es unter Umständen die Aufmerksamkeit des Räubers auf sich, und das ist dann sein Tod. Versteht man die natürliche Selektion so, wie sie bis in die Mitte des 20. Jahrhunderts von fast allen Biologen verstanden wurde – als einen Vorgang, bei dem es um das Überleben und die Fortpflanzung von Lebewesen und ihrem Nachwuchs geht –, dann ergibt dieser Warnruf keinen Sinn. Wenn das Backenhörnchen, das ihn ausstößt, keine Nachkommen hat, um deren Rettung es ihm zu tun sein könnte, ist das Signal evolutionstheoretisch gesehen der reine, sinnlose Selbstmord. Oder etwa nicht? Diese Frage war es, die Hamilton bedeutungsvoll verneinte.

Nach Hamiltons Auffassung wendet sich die Aufmerksamkeit von dem Backenhörnchen, das den Warnruf ausstößt, ab und hin auf das für den Warnruf verantwortliche Gen (in Wirklichkeit handelt es sich um eine Genkonstellation). Schließlich erfreuen sich Backenhörnchen ebenso wenig eines ewigen Lebens wie andere Tiere. Die einzige potentiell unsterbliche organische Entität ist das Gen (oder, um es genau zu sagen, die in dem Gen kodierte Information, denn als physikalisches Etwas geht auch das Gen unter, nachdem es seine Information per Replikation weitergegeben hat). In stammesgeschichtlichen Zeiträumen, die sich nach Hunderten, Tausenden oder Millionen von Generationen bemessen, ist die Frage nicht, wie es den einzelnen Lebewesen ergeht. (Die grausame Antwort auf *diese* Frage kennen wir alle.) Die Frage ist vielmehr, wie es den einzelnen *Genen* ergeht. Ein Teil von ihnen geht unter, ein anderer Teil floriert, und welche Gene was tun, ist eine Angelegenheit, die Folgen hat. Wie wird es einem »selbstmörderischen Warnruf-Gen« ergehen?

Die einigermaßen überraschende Antwort, der Kern

von Hamiltons Theorie, lautet: Ganz gut, die richtigen Bedingungen vorausgesetzt. Der Grund: Das Backenhörnchen, das Träger des Gens ist, hat möglicherweise nahe Verwandte, die sich dank seines Warnrufs retten können, und manche dieser Verwandten sind wahrscheinlich ebenfalls Träger des Gens. So kann man davon ausgehen, daß die Hälfte aller Geschwister aus demselben Wurf das gleiche Gen haben (bei Halbgeschwistern aber immer noch ein alles andere als insignifikantes Viertel). Falls der Warnruf vier Vollgeschwister, von denen zwei der statistischen Wahrscheinlichkeit entsprechend das Warnruf-Gen besitzen, vor dem sicheren Tod rettet, schneidet das Gen bei dem Vorfall unterm Strich gut ab, selbst wenn der aufmerksame Wächter, der es ebenfalls besitzt, seine Uneigennützigkeit mit dem Leben bezahlt. Dieses oberflächlich uneigennützige Gen wird sich im Lauf der Zeiten weit besser behaupten als ein oberflächlich egoistisches Gen, das seinen Träger veranlaßt, lautlos in ein sicheres Versteck zu flitzen, während vier seiner Geschwister – und damit im Durchschnitt zwei Kopien des Gens – umkommen.* Das gleiche gilt für den Fall, daß nur ein Vollgeschwister gerettet wird, die Wahrscheinlichkeit, daß der Warner zu Tode kommt, aber lediglich 25 Prozent beträgt. In der Langzeitbilanz stehen jedem untergegangenen Gen zwei gerettete gegenüber.

---

* *Genaugenommen hat ein Backenhörnchen (oder ein Mensch) mehr als die Hälfte seiner Genausstattung mit einem Vollgeschwister – und sogar mit anderen Artgenossen – gemeinsam. Ziemlich junge Gene indessen – solche, die erst seit kurzem in einer Population existieren – sind im Durchschnitt bei 50 Prozent der Vollgeschwister eines Organismus vorhanden. Und bei der Evolution neuer Merkmale sind es die jungen Gene, auf die es ankommt.*

Gene für brüderliche Liebe

Hier läuft nichts Geheimnisvolles ab. Gene besitzen keinen magischen Spürsinn für das Vorhandensein von Kopien ihrer selbst in anderen Organismen, der sie zu Rettungsanstrengungen veranlassen würde. Sie besitzen weder hellseherische Fähigkeiten noch so etwas wie ein Bewußtsein. Was sie tun und leisten, tun und leisten sie nicht, »um« dies oder das zu bewirken. Falls jedoch *zufällig* ein Gen auftritt, das seinen Träger zu Aktionen veranlaßt, welche die Überlebens- oder Fortpflanzungschancen etwaiger Träger von Kopien des Gens steigern, dann ist es möglich, daß dieses Gen sich durchsetzt, selbst wenn die Chancen *des Akteurs* im Einzelfall sinken. Dies ist Verwandtschaftsselektion.

Diese Logik gilt in unserem Beispiel für ein Gen, das ein Säugetier veranlaßt, ein Warnsignal abzugeben, wenn es in der Nähe des heimatlichen Baus, in dem es zusammen mit Verwandten haust, eine Bedrohung wahrnimmt. Auch für ein Gen, das bei einem Insekt Unfruchtbarkeit bewirkt, könnte diese Logik gelten, wenn die Lebensaufgabe des unfruchtbaren Individuums darin besteht, fruchtbaren Verwandten (die das Gen in »nichtexprimierter« Form in sich tragen) das Überleben oder die Reproduktion zu erleichtern. Dieselbe Logik könnte auch für Gene gelten, die bewirken, daß Individuen der Spezies Mensch frühzeitig einen Sinn dafür entwickeln, wer ihre Geschwister sind, und dann ihr Essen mit ihnen teilen, ihnen zur Seite stehen, sie beschützen usw. – anders gesagt, für Gene, die Zuneigung, Einfühlsamkeit, Mitgefühl, mit einem Wort: Liebe bedingen.

Mitschuldig daran, daß das Prinzip der Verwandtschaftsselektion vor Hamilton nicht klar gesehen wurde, war es, daß die Bedeutung innerfamiliärer Liebe nicht erkannt wurde. In einem bekannten 1955 veröffentlichen Aufsatz konstatierte der britische Biologe J. B. S. Haldane, daß ein

Gen sich durchsetzen kann, das Menschen veranlaßt, bei
einem Todesrisiko von 10 Prozent in einen Fluß zu springen, um ein ertrinkendes Kind zu retten, solange es sich
bei dem Kind um einen Verwandten ersten Grads handelt,
das heißt, das eigene Kind oder ein Vollgeschwister des
Retters. Das Gen könne sich, wenn auch langsamer, sogar
dann noch in der Population ausbreiten, wenn das Kind
ein Cousin oder eine Cousine ersten Grads des Retters sei,
denn Cousins und Cousinen ersten Grads stimmen im
Durchschnitt immerhin noch in einem Achtel ihrer Gene
überein. Doch statt diesen Gedankengang weiterzuverfol-
gen, brach Haldane ihn mit der Bemerkung ab, daß Menschen in Notsituationen keine Zeit dafür haben, Rechen-
aufgaben zu lösen, und ganz bestimmt seien unsere Urah-
nen nicht mit Fragen der Verwandtschaftsrechnung im
Kopf durch die Steinzeit gelaufen. Mithin, so Haldane,
müsse die Ausbreitung von Genen für Heroismus auf
»eher kleine Populationen, in denen die meisten Kinder
ziemlich nahe Verwandte des Manns waren, der sein Leben für sie riskierte«, beschränkt gewesen sein.[6] Mit andern Worten: Wahlloser Heroismus, in dem der *durchschnittliche Grad* der Verwandschaft eines heroischen Menschen mit jedermann in seiner näheren Umgebung spie-
gelte, konnte sich nur entwickeln, wenn dieser durchschnittliche Verwandtschaftsgrad ziemlich hoch war.

Trotz aller Einsicht, die Haldane bewies, als er die Dinge
aus der Sicht des Gens und nicht des Individuums betrachtete, kann man die Tatsache, daß er den logischen Gedankengang nicht zu Ende führte, nicht anders als sonderbar
finden. Es scheint fast, als sei er der Ansicht gewesen, die
natürliche Selektion realisiere ihre Berechnungen, indem
sie diese von den Organismen bewußt nachvollziehen lasse, statt den Organismen Empfindungen einzupflanzen,
die mit ihrer feinen Abstufung als Äquivalente von Berechnungen fungieren. Hatte Haldane nicht bemerkt, daß
die innigsten Empfindungen der Menschen den Menschen

gelten, mit denen sie die meisten Gene gemeinsam haben? Und daß die Menschen ihr Leben am ehesten für Menschen aufs Spiel setzen, für die sie innige Gefühle hegen? Was besagte es schon, daß die Steinzeitmenschen keine genialen Mathematiker waren? Sie waren lebende Wesen; sie hatten Empfindungen.

Rein formal gesehen hatte Haldane innerhalb der Grenzen, die er seinen Überlegungen setzte, recht. In einer kleinen Population mit engen Verwandtschaftsverhältnissen könnte sich in der Tat ein wahlloser Heroismus entwickeln. Das gilt auch bei Berücksichtigung des Umstands, daß ein Teil dieses Altruismus Nichtverwandten zugute käme. Schließlich ist Altruismus unter dem Aspekt der Evolution selbst dann teilweise fehlplaziert, wenn er bewußt ausschließlich Vollgeschwistern vorbehalten wird, da auch zwischen Geschwistern keine vollständige Übereinstimmung in der Erbinformation besteht, so daß im konkreten Fall der Nutznießer altruistischen Verhaltens jemand sein könnte, der gar nicht Träger des Altruismus-Gens ist. Egal: Worauf es ankommt, ist der Umstand, daß das Altruismus-Gen die Erfolgschancen *tendenzieller* Träger von Kopien seiner selbst *tendenziell* verbessert; worauf es ankommt, ist der Umstand, daß das Gen auf lange Sicht mehr für als gegen seine eigene Ausbreitung arbeitet. Alles Verhalten ist mit Ungewißheiten belastet, und die natürliche Selektion kann nichts weiter tun, als die vorhandenen Chancen auszuschöpfen. Im Haldane-Szenario besteht das Ausschöpfen darin, den Individuen einen maßvollen generalisierten Altruismus beizubringen, dessen exaktes Maß von dem durchschnittlichen Grad der Verwandtschaft des einzelnen mit den Individuen in seiner Umgebung abhängt. Ein solches Szenario ist durchaus denkbar.

Wie jedoch Hamilton 1964 anmerkte, wird die natürliche Selektion, wenn sich die Gelegenheit bietet, durch Ausschaltung von Unsicherheitsfaktoren die Chancen verbessern. Gene, die die Treffsicherheit altruistischer Aktionen erhöhen, werden erfolgreicher sein als andere. Ein Gen, das einen Schimpansen veranlaßt, bei der Verteilung von Beute einem Geschwister ein 100-Gramm-Stück Fleisch zukommen zu lassen, wird mit der Zeit ein Gen verdrängen, das den Verteiler veranlaßt, einem Geschwister und einem nicht verwandten Artgenossen je ein 50-Gramm-Stück zuzuteilen. Ausgenommen in Fällen, in denen die Identifikation eines nahen Verwandten außerordentlich schwierig ist, müßte demnach die Evolution nicht eine mäßige und diffuse, sondern eine starke und präzis gezielte praktische Hilfsbereitschaft als Artmerkmal hervorbringen. Genau das hat sie getan. Sie hat es zumindest in gewissem Umfang im Fall der Backenhörnchen getan, die eher dazu neigen, ihren Warnruf auszustoßen, wenn nahe Verwandte in der Nähe sind.[7] Sie hat es in höherem Maß im Fall der Schimpansen und anderer nichtmenschlicher Primatenarten getan, bei denen sich häufig außergewöhnlich solidarische Beziehungen zwischen Geschwistern herausbilden. Und sie hat es in sehr hohem Maß im Fall unserer eigenen Spezies getan.

Vielleicht wäre die Welt ein besser Ort, wenn sie es nicht getan hätte, denn die brüderliche Liebe im buchstäblichen Wortsinn geht auf Kosten der brüderlichen Liebe im biblischen Sinn: Je treffsicherer wir unser vorbehaltloses Wohlwollen auf Verwandte richten, desto weniger bleibt für andere übrig. (Daß dies so ist, hat nach Ansicht mancher Beobachter den Marxisten Haldane davon abgehalten, der Wahrheit ins Auge zu sehen.) Aber ob es uns behagt oder nicht – unsere Art von brüderlicher Liebe ist nun einmal die im buchstäblichen Sinn.

Bei vielen staatenbildenden Insektenarten erkennen Verwandte einander mittels chemischer Signale, sogenannter Pheromone. Nicht ganz so klar ist, wie Menschen und andere Säugetiere (bewußt oder unbewußt) merken, wer mit ihnen verwandt ist. Ein deutlicher Wink ist es gewiß, wenn man Tag für Tag miterlebt, wie eine Mutter ein kleines Kind nährt und pflegt. Durch Beobachtung der gesellschaftlichen Verbindungen unserer Mutter entwickeln wir vielleicht auch ein Gespür dafür, wer ihre Schwester ist, und in der Folge dafür, wer deren Kinder sind. Überdies können Mütter seit dem Aufkommen der Sprache ihren Sprößlingen mit Worten sagen, wie sie mit dieser oder jener Person verwandt sind – eine Unterweisung, die zu geben im genetischen Interesse der Mutter und die zu beachten in dem der Kinder liegt. (Soll heißen: Gene, die eine Mutter veranlassen, ihren Kindern die Identifizierung von Verwandten zu erleichtern, werden ihre »Frequenz« – d.h. ihre Vorkommenshäufigkeit in der Population – steigern; desgleichen Gene, die Kinder veranlassen, darauf zu achten.) Ob noch weitere Mechanismen zur Identifizierung von Verwandten am Werk sind, und wenn ja, welche, ist schwer festzustellen, da man sich bei Experimenten, mit deren Hilfe sich die Frage beantworten ließe, ethisch unvertretbarer Mittel wie der Trennung von Kindern von ihren Eltern bedienen müßte.[8]

Außer Zweifel steht, daß es solche Mechanismen gibt. Alle Menschen – gleich welcher Kulturzugehörigkeit –, die Geschwister haben, kennen das Mitgefühl für einen Bruder oder eine Schwester in großer Not, die Befriedigung, die sich nach ausgeübter, und das Schuldgefühl, das sich nach unterlassener Hilfeleistung einstellt. Jeder, dem ein Bruder oder eine Schwester gestorben ist, kennt den Schmerz, den das verursacht. Diese Menschen wissen, was Liebe ist, und das verdanken sie der Verwandtschaftsselektion.

Das gilt zweifach für den männlichen Teil der Menschheit, der ohne die Verwandtschaftsselektion das Gefühl der leidenschaftlichen Liebe womöglich niemals kennengelernt hätte. In jener fernen Vergangenheit, bevor es in unserer Spezies zu hoher elterlicher Investition von der männlichen Seite kam, gab es für Männer keinen Grund, sich ihrer Nachkommenschaft gegenüber sonderlich altruistisch zu verhalten. Diese Form der Zuneigung war allein Domäne der Frauen, und das nicht zuletzt, weil nur sie Gewißtheit hatten, welche Kinder die ihren waren. Männer konnten sich allerdings ziemlich sicher sein, wer unter ihren Genossen ihre Geschwister waren, und so stahl sich die Liebe auf dem Weg über die Verwandtschaftsselektion in ihr Innenleben. Hätten die Männer auf diese Weise nicht die Fähigkeit zur Geschwisterliebe erworben, wären sie womöglich nicht so bereitwillig auf hohe väterliche Investitionen und die mit ihr einhergehende, noch innigere Liebe zugesteuert. Die Evolution kann sich für ihr Werk immer nur der Rohmaterialien bedienen, die zufällig gerade herumliegen. Wäre die Liebe zu einem bestimmten Typ von Kindern – den eigenen Geschwistern – vor Millionen Jahren nicht Teil des männlichen Innenlebens gewesen, wäre der Weg zu hohem MPI – zur Vaterliebe – womöglich zu windungsreich gewesen, um beschritten werden zu können.

Die neue Mathematik

Vor dem Hintergrund der Teorie Hamiltons ist leichter zu verstehen, welchen Zusammenhang Darwin zwischen einem Rind mit »von Fett gut durchwachsenem« Fleisch, das geschlachtet und verzehrt wird, und einer fortpflanzungsunfähigen Arbeiterameise sah. Gewiß, das Gen, das für das gut durchwachsene Fleisch verantwortlich ist, leistet nichts für seine Träger – der wird ja seines Fleischs wegen geschlachtet – und vielleicht auch nichts für die direkte Weitervererbung der Gene seines Trägers. Sind sie erst einmal geschlachtet, pflegen Rinder schließlich keine Nachkommen mehr zu produzieren. Indessen leistet das Gen viel für die indirekte Weitervererbung der Gene seines Trägers, denn indem es gut durchwachsenes Fleisch hervorbringt, veranlaßt es den Rinderzüchter, die nächsten Verwandten seines Trägers zu halten und weiterzuzüchten, von denen ein Teil eine Kopie des Gens im Erbgut trägt. Gleiches gilt für die unfruchtbare Arbeiterameise. Sie hinterläßt kein unmittelbares Erbe, den dafür verantwortlichen Genen aber geht es ausgezeichnet, solange Zeit und Energie, die ein fruchtbares Tier für die Fortpflanzung aufgebracht hätte, nutzbringend dazu verwendet werden, den nächsten Verwandten bei der Erzeugung zahlreicher Nachkommenschaft zu helfen. Das Sterilität verursachende Gen ist – freilich in »abgeschaltetem« Zustand – auch bei diesen Verwandten vorhanden und gelangt über sie in die nächste Generation, in der es wieder Scharen von fortpflanzungsunfähigen Altruisten schaffen wird, deren Lebensinhalt darin besteht, die Bedingungen für seine Weitervererbung zu optimieren. Und genau dies ist der Punkt, in dem Arbeiterameisen oder Arbeiterbienen und Rinder mit schmackhaftem Fleisch übereinstimmen: Indem manche Gene eine Leitung, durch die sie in die nächste Generation gelangen könnten, schließen, erleichtern sie die Übertragung durch eine andere Leitung, so daß unterm Strich ein verstärkter Genfluß herauskommt.

Daß Darwin, der noch nichts von Genen wußte und dem keine brauchbare Vererbungstheorie zur Verfügung stand, dennoch bereits hundert Jahre vor Hamilton etwas von dieser Parallele ahnte, ist einer der besten Beweise für die Sorgfalt und Genauigkeit seines Denkens.

Freilich gibt es keinen Zweifel daran, daß die Theorie der Verwandtschaftsselektion in Hamiltons Fassung der Version Darwins weit überlegen ist. Es ist zwar nicht falsch, wenn man wie Darwin sagt, daß die natürliche Selektion manchmal auf der Ebene der Familie (so im Fall der sterilen Insekten) und manchmal auf der Ebene der einzelnen Organismen wirkt. Doch warum die Dinge schwieriger machen, als sie sind? Warum nicht einfach sagen, daß die Selektion in beiden Fällen letztlich auf der Ebene der Gene stattfindet, daß also die Einheit der Selektion das Gen ist? Warum das Ganze nicht auf eine knappe Formel bringen, die sämtliche Erscheinungsformen der natürlichen Selektion abdeckt? Sie lautet: Gene, die das Überleben und die Reproduktion *von Kopien ihrer selbst* fördern, setzen sich durch. Sie können ihr Ziel auf direktem Weg anstreben, indem sie ihren Träger zum Überleben und zur Erzeugung von ihrerseits überlebens- und fortpflanzungsfähigen Nachkommen befähigen. Oder sie können es auf Umwegen erreichen – etwa indem sie ihren Träger unfruchtbar machen und ihn zu lebenslanger unermüdlicher »uneigennütziger« Arbeit veranlassen, dank der eine Ameisenkönigin eine zahlreiche Nachkommenschaft mit ebendiesen Genen produzieren kann. Einerlei, wie die Gene zu Werk gehen, von *ihrem* Standpunkt aus sind sie immer egoistisch, selbst wenn sie auf der Ebene der Organismen altruistisch zu sein scheinen. Das ist der Grund, warum Richard Dawkins seinem bekanntesten Buch den Titel *Das egoistische Gen* gab. (Der Titel wurde heftig angegriffen von Leuten, die darauf hinwiesen, daß Gene nicht intentional handeln und folglich auch nicht »egoistisch« sein können. Das ist natürlich richtig, aber die Formulierung war nicht wörtlich gemeint.)

Da Menschen selbst Organismen sind, richtet sich ihr Interesse naturgemäß in erster Linie auf die Ebene der Organismen. Für die natürliche Selektion ist diese allerdings von untergeordneter Bedeutung. Wenn man in irgendeinem Sinn davon sprechen kann, daß die natürliche Selektion sich für etwas »interessiere« – und man kann es im übertragenen Sinn –, dann sind mit Sicherheit nicht wir der Gegenstand ihres Interesses, sondern es ist die in unseren Geschlechtszellen, den Eiern und Spermien enthaltene Information. Gewiß »will« die natürliche Selektion, daß wir uns auf diese und jene bestimmte Weise verhalten. Aber das ist auch alles, und es ist ihr vollkommen gleichgültig, ob wir uns dabei glücklich oder unglücklich fühlen, ob wir dabei physisch zu Krüppeln werden oder sogar zu Tode kommen. Das einzige, was die natürliche Selektion in guter Verfassung erhalten »will«, ist letzten Endes die in unseren Genen kodierte Information, und sie nimmt alles Leid in Kauf, das diesem Zweck dient.

Das war der philosophische Gehalt der einfachen These, die Hamilton 1963 abstrakt und skizzenhaft in einem Leserbrief an die Zeitschrift *The American Naturalist* zusammenfaßte. Er ging von der Vorstellung eines Gens G aus, das eine Art altruistischen Verhaltens bewirkt, und stellte dazu fest: »Unbeschadet des Prinzips des ›Überlebens der Bestangepaßten‹ ist das entscheidende Kriterium dafür, ob G sich in der Population ausbreitet, nicht der Nutzen, den das Verhalten dem Akteur bringt, sondern der Nutzen, den es dem Gen G bringt. Und dem Gen G bringt jedes Verhalten Nutzen, dessen durchschnittliches Nettoergebnis darin besteht, dem Genpool eine Handvoll Gene hinzuzufügen, die G in höherer Konzentration als der Genpool selbst enthalten.«[9]

Im Jahr darauf veröffentlichte Hamilton in *The Journal of Theoretical Biology* einen Artikel, der dieses theoretische Skelett mit Fleisch umhüllte. In ihrer Bedeutung lange Zeit verkannt, ist die Veröffentlichung mit dem Titel *The Genetical Evolution of Social Behaviour* (Die genetische Evolution des Sozialverhaltens) inzwischen zu einer der meistzitierten Arbeiten in der Geschichte des darwinistischen Denkens geworden und hat das mathematische Gerüst der Evolutionsbiologie revolutioniert. Bevor die Theorie der Verwandtschaftsselektion aufkam, war die höchste Entscheidungsinstanz in der Evolution nach allgemeiner Sprachregelung die Bestangepaßtheit (»Fitneß«) zum Fortpflanzungserfolg, die sich, wie es schien, letzten Endes in der Summe des direkten biologischen Erbes eines Organismus dokumentierte. Gene, die einem Organismus zu mehr »Fißneß« verhalfen – d. h. die Zahl seiner Nachkommen einschließlich aller Nachkommen seiner Nachkommen und aller Nachkommen der Nachkommen seiner Nachkommen usw. in die Höhe trieben – mußten die erfolgreichsten Gene sein. Demgegenüber denkt man sich

heute die höchstrichterliche Instanz der Evolution als
»übergreifende Fitneß«, bei der auch die indirekte, in Geschwistern, Vettern usw. realisierte Hinterlassenschaft eines Gens mitgezählt wird. Dazu schrieb Hamilton 1964:
»In der ›übergreifenden Fitneß‹ haben wir also eine Größe
entdeckt, die unter den Bedingungen des Modells in ganz
ähnlicher Weise zur Maximierung tendiert wie die ›Fitneß‹
in dem einfacheren klassischen Modell.«

Hamiltons Mathematik arbeitet mit einer Größe v, die
schon vor längerer Zeit von dem Biologen Sewall Wright
eingeführt wurde, jetzt aber neues Gewicht erhält. Sie gibt
den Verwandtschaftsgrad von Organismen an: $v = \frac{1}{2}$ bei
Vollgeschwistern, $v = \frac{1}{4}$ bei Halbgeschwistern sowie im
Verhältnis zwischen Neffen und Nichten zu Tanten und
Onkeln, $v = \frac{1}{8}$ bei Cousins und Cousinen ersten Grads.
Nach dieser neuen Mathematik ist opfermütiges Verhalten
so lange genetisch profitabel, wie die Kosten für den Altruisten (ausgedrückt in der Beeinträchtigung von dessen
künftigem Fortpflanzungserfolg) geringer sind als das Produkt aus dem Nutzen für den Begünstigten (ausgedrückt
in der Förderung von dessen künftigem Fortpflanzungserfolg) und dem Verwandtschaftsgrad der zwei Individuen.
Anders formuliert: wenn $k < n \cdot v$.

Bei der Einführung des Konzepts der Verwandtschaftsselektion hatte Hamilton dieselbe Gruppe von Organismen
im Auge, die bereits Darwin Kopfzerbrechen gemacht hatte. Wie Darwin war auch Hamilton beeindruckt von dem
bis zur Selbstaufopferung gehenden außerordentlichen Altruismus bei manchen Arten der Ordnung Hautflügler
(*Hymenoptera*), namentlich bei den hochgradig vergesell-
schafteten Ameisen, Bienen und Wespen. Warum begegnete man einem so hochgradigen Altruismus und der damit verbundenen Vergesellschaftung anderswo in der In-
sektenwelt so selten? Das hätte viele stammesgeschichtliche Ursachen haben können, doch aus dieser Vielfalt griff
sich Hamilton die am wichtigsten erscheinende heraus. Er

konstatierte, daß infolge einer merkwürdigen Fortpflanzungsweise der Grad der Verwandtschaft (v) unter den Individuen dieser Spezies außerordentlich hoch ist. Verschwisterte Ameisen haben nicht die Hälfte, sondern drei Viertel ihrer Genausstattung gemeinsam ($v = \frac{3}{4}$). Mithin ist ein besonders hoher Grad von Altruismus in solchen Gemeinschaften aus der Sicht der natürlichen Selektion vollkommen logisch.

Wo der Faktor v noch größer als $\frac{3}{4}$ ist, spricht in den Augen der Evolution noch mehr für Altruismus und sozialen Zusammenhalt. Betrachten wir den Schleimpilz, dessen dicht zusammenhängende Zellmasse mit Recht zu einer Diskussion darüber Anlaß gegeben hat, ob man es bei ihm mit einem Zellverband oder einem individuellen Lebewesen zu tun habe. Da Schleimpilzzellen sich ungeschlechtlich vermehren, ist ihr Verwandtschaftsgrad v gleich 1: Sie sind sämtlich identische Mehrlinge. Aus der Sicht des Gens besteht also kein Unterschied zwischen dem Schicksal der eigenen Zelle und dem irgendeiner benachbarten Zelle. Es kann demnach nicht überraschen, daß viele Schleimpilzzellen auf Vermehrung verzichten und sich statt dessen als Schutzmantel gegen die Einwirkungen der Elemente um ihre sich reproduzierenden Genossen legen. Aus der Sicht der Evolution ist das Wohlergehen ihrer Nachbarn identisch mit ihrem eigenen. *Das* ist Altruismus!

Beim Menschen ist es ähnlich – nicht bei Gruppen von menschlichen Individuen, sondern bei den Zellgruppen, die das Individuum *sind*. Zu irgendeinem Zeitpunkt vor Hunderten von Millionen Jahren entstanden vielzellige Lebewesen. Die Integration von Zellverbänden erreichte einen Grad, der es uns heute erlaubt, von ihnen als »Organismen« zu sprechen, und aus diesen Ur-Organismen sind letzten Endes auch wir selbst hervorgegangen. Indes ist, wie das Beispiel der Schleimpilze lehrt, die Grenze zwischen Zellverband und Organismus fließend. Aus wissenschaftlicher Sicht ist es nicht abwegig, selbst einen so kohärenten Organismus wie den Menschen als einen eng verschränkten Sozialverband einzelliger Organismen zu betrachten. Diese Einzeller zeigen ein Maß an Kooperation und Selbstaufopferung, neben dem selbst die maschinenähnliche Effizienz eines Insektenstaats stümperhaft wirkt. Fast alle Zellen des menschlichen Körpers sind unfruchtbar. Nur die Geschlechtszellen – unsere »Bienenköniginnen« – produzieren Kopien ihrer selbst für die Nachwelt. Daß die Millionen und Abermillionen von unfruchtbaren Zellen sich so verhalten, als seien sie vollkommen glücklich und zufrieden mit dieser Sachlage, ist fraglos dem Umstand zu verdanken, daß zwischen ihnen und den Geschlechtszellen das Verhältnis $v = 1$ besteht. Die Gene der unfruchtbaren Zellen werden auf dem Weg über Spermium und Eizelle mit derselben Zuverlässigkeit in die nächste Generation befördert, wie wenn die Körperzellen selbst den Transport erledigten. Noch einmal: Wo die Gleichung $v = 1$ gilt, hat der Altruismus sein Höchstmaß erreicht.

Die Grenzen der Liebe

Die Kehrseite der Medaille ist, daß überall da, wo die Ungleichung $v < 1$ gilt, kein Höchstmaß an Altruismus herrscht. Selbst reine Geschwisterliebe – brüderliche Liebe – ist keine totale Liebe. Von J. B. S. Haldane ist der Ausspruch überliefert, er würde nie sein Leben für einen Bruder opfern – allenfalls für »zwei Brüder oder acht Vettern«. Das war vermutlich im Spaß gesagt und als Persiflage der von ihm fälschlich der Haarspalterei verdächtigten Differenzierungen der darwinistischen Logik gemeint. In dem Scherz aber steckt ein wahrer Kern, denn wenn ich den Grad meiner Einsatzfreudigkeit für irgendeinen Blutsverwandten definiere, definiere ich zugleich den Grad meiner Indifferenz, ja potentiellen Gegnerschaft ihm gegenüber. Die Schale der Geschwistern gemeinsamen Interessen ist sowohl halb leer als auch halb voll. Aus Sicht der Gene ist es zwar sinnvoll, einem Bruder oder einer Schwester selbst unter großen Opfern beizustehen; doch heißt das nicht, daß die Opfer ins Unermeßliche wachsen könnten, ohne ihren Sinn zu verlieren.

So würde einerseits kein moderner Darwinist erwarten, daß ein Kind alles Essen, das auf den Tisch kommt, selbst auf die Aussicht hin, daß ein Bruder oder eine Schwester von Unterernährung ausgezehrt wird, an sich zu reißen sucht. Andererseits sollte man aber auch nicht damit rechnen, daß zwei kleine Geschwister sich ein einziges Sandwich ganz gerecht und in aller Freundschaft teilen. Es mag nicht schwer sein, Kindern beizubringen, mit ihren Brüdern und Schwestern (zumindest unter gewissen Umständen) zu teilen, doch ist es schwer, ihnen beizubringen, *gerecht* zu teilen, denn das widerspricht ihrem genetischen Interesse. Auf jeden Fall ergibt sich diese Vermutung aus der Theorie der natürlichen Selektion. Wir können die Entscheidung über die Richtigkeit der Voraussage erfahrenen Eltern überlassen.

Die Divergenz der genetischen Interessen von Geschwistern schafft ein einen oft zur Verzweiflung treibendes, manchmal allerdings auch entzückendes Paradox. Mit allen zur Verfügung stehenden Mitteln führen Geschwister einen Kampf um Zuneigung und Zuwendung der Eltern, wobei sie eine dermaßen kleinliche Eifersucht an den Tag legen, daß man ihnen kaum Liebe füreinander zutrauen mag. Doch es braucht nur eines richtig in die Klemme oder ernsthaft in Gefahr zu geraten, und schon kommt die Liebe zum Vorschein. Darwin beobachtete einmal bei seinem damals knapp fünfjährigen Sohn Willy einen solchen Wechsel der Einstellung gegenüber seiner jüngeren Schwester Annie. »Jedesmal, wenn Annie sich in unserer Gegenwart weh tut, scheint Willy das nicht im geringsten zu kümmern, und manchmal veranstaltet er bei solchen Gelegenheiten einen Mordslärm, so als wolle er unsere

Aufmerksamkeit von Annie ablenken«, notierte Darwin. Doch eines Tages verletzte sich Annie, ohne daß Erwachsene in Sichtweite waren, so daß Willy nicht davon ausgehen konnte, daß im Fall einer ernsthaften Gefahr die Hilfe schon unterwegs war, und da reagierte er »ganz anders. Zuerst versuchte er sie sehr freundlich zu trösten, und sagte dann, er würde Betty herbeiholen, und als er sie nirgendwo sah, war es mit seiner Gefaßtheit aus, und er begann ebenfalls zu weinen«.[10] Darwin kam nicht auf den Gedanken, die Erklärung für dieses und andere Beispiele von Geschwisterliebe in der Verwandtschaftsselektion oder, wie er es nannte, »Familienselektion« zu suchen; der Zusammenhang zwischen der Selbstaufopferung von Insekten und der Zuneigung zwischen Säugetieren scheint ihm nie zu Bewußtsein gekommen zu sein.[11]

Robert Trivers ist der Biologe, der als erster die partielle Leere der Schale der gemeinsamen genetischen Interessen unterstrich. Insbesondere ist ihm die Beobachtung zu verdanken, daß die genetische Interessenlage eines Kinds nicht nur von der seiner Geschwister, sondern auch von der seiner Eltern abweicht. Ein Kind muß theoretisch seinen eigenen Wert doppelt so hoch veranschlagen wie den eines Geschwisters. Für die Eltern hingegen, die mit allen ihren Kindern im gleichen Grad verwandt sind, besitzen alle den gleichen Wert. Aus diesem Sachverhalt läßt sich eine weitere darwinistische Voraussage ableiten: Nicht nur müssen Geschwister *lernen*, untereinander gerecht zu teilen, sondern ihre Eltern werden sich auch Mühe geben, sie dieses Teilungsprinzip zu *lehren*.

1974 veröffentliche Trivers eine Analyse des Eltern-Kind-Konflikts. In diesem Zusammenhang erörterte er auch die unter Mammalogen umstrittene Frage, wann spätestens ein Junge entwöhnt sein sollte. Ein Karibukalb, bemerkte er, pflegt weit über den Zeitpunkt hinaus, bis zu dem die Milch für es lebensnotwendig ist, bei der Mutter zu saugen, obwohl es damit die Konzeption der Mutter mit einem weiteren Kalb verhindert, das teilweise die gleichen Gene besäße wie es selbst. Denn schließlich ist »das Kalb zu hundert Prozent mit sich selbst, aber lediglich zu einem Teil mit zukünftigen Geschwistern verwandt«.[12] Irgendwann kommt dann der Zeitpunkt, von dem an der Nutzen des Saugens für die Ernährung so unbedeutend ist, daß die genetische Interessenlage gegen eine weitere Verlängerung der Stillperiode und für ein neues Kalb spricht. Allerdings kommt dieser Zeitpunkt für die Mutter, die beide Nachkommen (implizit) gleich hoch bewertet, früher als für das saugende Kalb. Aus der (um das Konzept der übergreifenden Fitneß erweiterten) Theorie der natürlichen Selektion folgt demnach, daß Streit um das Entwöhnen und Entwöhntwerden im Leben der Säugetiere zur Normalität gehört – und das ist offenbar auch tatsächlich der Fall. Der Konflikt kann Wochen dauern und mit nach Milch schreienden und sogar auf die Mutter einschlagenden Jungen recht wild ablaufen. Erfahrene Beobachter von Pavianen kennen eine einfache Methode, eine Pavianhorde ausfindig zu machen: Man braucht nur in der Früh auf den Lärm zu achten, der die Auseinandersetzung zwischen Pavianmüttern und entwöhnungsunwilligen Jungtieren begleitet.[13]

Wie zu erwarten, setzen Kinder beim Kampf um Ressourcen alle ihnen zu Gebote stehenden Mittel ein – einschließlich Unehrlichkeit. Diese kann recht plumper Art sein und sich gegen Geschwister richten. (»Willy versucht manchmal, Annie mit einer kleinen List den Appetit auf seinen Apfel auszutreiben. [...] ›Deiner ist größer als meiner, Annie.‹«) Raffinierter mag die List sein, wenn sie auf ein größeres Publikum zielt, zu dem unter Umständen auch die Eltern gehören. Eine beliebte Methode, elterliche Forderungen nach mehr Opferbereitschaft die Spitze zu nehmen, ist es, bereits geleistete Opfer zu übertreiben, oder vielleicht sollten man besser sagen: selektiv zu betonen. Ein Beispiel wurde eingangs dieses Kapitels als Motto zitiert: Willy, zur fraglichen Zeit zwei Jahre alt und Doddy genannt, hatte seiner kleinen Schwester den letzten Bissen von seinem Pfefferkuchen gelassen und dann laut gerufen, damit es ja alle hörten: »Oh, der liebe Doddy, oh, der liebe Doddy.«[14] Derlei demonstrativen Konsumverzicht dürften viele Eltern kennen.

Ein weiterer Kunstgriff, durch den Kinder von ihren Eltern Ressourcen zu ergattern suchen, besteht darin, ihre Bedürfnisse zu übertreiben. Emma Darwin protokollierte, wie ihr dreijähriger Sohn Leonard sich verhielt, nachdem er sich am Handgelenk zwei kleine Stückchen Haut abgeschürft hatte: »Seines Erachtens bemitleidete der Papa ihn nicht genügend, und so nickte er mit dem Kopf energisch in seine Richtung. ›Die Haut ist abgegangen – und ist weg – und da kommt Blut raus.‹« Ein Jahr später ließ Leonard sich so vernehmen: »Papa, ich habe arg gehustet – ganz ganz arg – fünfmal, ganz arg – und noch mehr – kann ich da nicht was von dem Schwarzen [Lakritze] bekommen?«[15]

Um den Eindruck zu verstärken, daß ihnen etwas zu Recht zusteht, betonen Kinder gern die Grausamkeit und Ungerechtigkeit seitens der Eltern. Ihren Höhepunkt erreichen solche Anstrengungen, ihren Forderungen Nachdruck zu verleihen, bekanntlich in einem Wutanfall – und das nicht nur bei den Jungen unserer eigenen Spezies, sondern auch bei Schimpansen, Pavianen und anderen Primaten. Bei nicht wenigen jungen Schimpansen wurde beobachtet – wie ein Primatenforscher vor einem halben Jahrhundert schrieb – daß sie oft noch mitten im schönsten Koller »verstohlen zu ihrer Mutter oder ihrem Wärter hinblicken, wie um festzustellen, ob ihre Darbietung auch die gebührende Beachtung findet«.[16]

Zum Glück für junge Primaten sind ihre Eltern dazu geschaffen, ausgebeutet zu werden. Daß ein schreiendes oder quengelndes Kind Beachtung findet, liegt im Interesse der elterlichen Gene, denn Geschrei und Gequengel signalisieren unter Umständen, daß ein Träger von Kopien ihrer selbst echte Bedürfnisse hat. Mit anderen Worten: Eltern lieben ihre Kinder und lassen sich von dieser Liebe gelegentlich auch blenden.

Gleichwohl dürfte der Einfall, sie mittels eines Wutausbruchs manipulieren zu wollen, bei den meisten Eltern nicht die erwünschte Wirkung haben, was darauf deutet, daß sie nicht völlig blind sind. Obschon die natürliche Selektion Eltern zunächst manipulierbar gemacht hat, müßte sie ihnen, wenn die Theorie stimmt, anschließend Manipulationsabwehreinrichtungen wie ein Gespür für gespieltes Kindergeheule eingebaut haben. Sobald jedoch seitens der Eltern ein solches Unterscheidungsvermögen existiert, dürfte die natürliche Selektion bei den Kindern eine Technik noch herzzerreißenden Wimmerns hervorbringen, mit der dieses Sensorium wiederum getäuscht wird. Das Wettrüsten hört niemals auf.

Wie Trivers in seinem Ansatz aus dem Jahr 1974 unterstrich, führt die Sicht der Dinge aus der Perspektive der Gene zu der Erkenntnis, daß Eltern ihrerseits manipulieren. Sie wollen – oder zumindest »wollen« ihre Gene – dem Kind mehr Altruismus und Opferbereitschaft gegenüber seinen Verwandten beibringen und ihm somit mehr Liebe einträufeln, als in seinem eigenen genetischen Interesse liegt. Dabei geht es nicht nur um Geschwisterliebe, sondern auch um die Liebe zu Onkeln und Tanten, Vettern und Basen, die allesamt (im Durchschnitt) doppelt so viele Gene mit den Eltern gemeinsam haben wie mit den Kindern. Aus diesem Grund sind Dispute zwischen Eltern und Kindern so selten, bei denen vom Kind verlangt wird, es möge den Geschwistern oder Neffen oder Nichten des einen oder des andern Elternteils *weniger* rücksichtsvoll begegnen.

Wie Eltern für Beeinflussungen durch ihre Kinder empfänglich sind, sind Kinder biologisch empfänglich für Beeinflussungen durch ihre Eltern. Der Grund dafür ist, daß es aus darwinistischer Sicht oft sinnvoll ist, den Eltern zu folgen. Obwohl die genetischen Interessen von Eltern und Kindern divergieren, überlappen sie sich jedoch immerhin zu 50 Prozent, und das bedeutet, daß niemand ein stärkeres genetisches Motiv hat als Vater und Mutter, den Kopf des Kinds mit nützlichen Wahrheiten und Maximen zu füllen. Folglich gibt es niemanden, auf den ein Kind mehr hören sollte. Die Gene eines Kinds müßten »wollen«, daß sich das Kind die einzigartig aufopfernden Datenbanken zu Nutze macht, die in seinen Eltern untergebracht sind.

Und offensichtlich erreichen die Gene, was sie »wollen«. Als Kinder sind wir in Gegenwart unserer Eltern von Ehrfurcht und gläubigem Vertrauen erfüllt. Eine von Darwins Töchtern erinnerte sich: »Alles, was er sagte, war für uns absolute Wahrheit und unverbrüchliches Gesetz.« Das ist gewiß übertrieben. (Als Darwin einmal seinen fünfjährigen Sohn Leonard im Wohnzimmer beim Herumtanzen auf dem Sofa ertappte und sagte: »O Lenny, Lenny, das geht gegen alle Regeln«, erhielt er zur Antwort: »Dann glaube ich, ist's besser, wenn du aus dem Zimmer gehst.«[17]) Tatsache jedoch ist, daß Kinder wenn schon kein totales, so doch ein elementares Vertrauen zu ihren Eltern haben, und theoretisch müßten Eltern dieses Vertrauen mißbrauchen.

Insbesondere müßten Eltern etwas tun, was Trivers als »Modeln« unter dem Deckmantel »Unterrichtens« oder »Unterweisens« bezeichnet. Er schreibt: »Da zu erwarten ist, daß Unterrichten (zum Unterschied vom Modeln) vom Nachwuchs als dem eigenen Interesse dienlich registriert wird, ist zu erwarten, daß Eltern ihre Lehrerrolle überakzentuieren, um den Widerstand auf seiten der Kinder gegen Null zu drücken.«[18] Nur ein zynisches Lächeln dürfte Trivers für die folgende Erinnerung Darwins an seine Mutter übrig haben: »Ich erinnere mich an ihre Worte, ›wenn sie mich um etwas bäte [...] sei es nur zu meinem eigenen Besten‹.«[19]

Eltern haben einen zweiten, spezifischen Vorteil bei ihrem Bemühen, die Gene ihrer Kinder (partiell) zu enttäuschen. Die Verwandtschaftsselektion hat dafür gesorgt, daß sich das Gewissen eines Menschen auf seine Geschwister richtet und in ihm Schuldgefühle hervorruft, wenn er sie stark vernachlässigt. Die Eltern können sich also eines Schuldzentrums im Kind bedienen, und die natürliche Selektion dürfte sie sehr geschickt darin gemacht haben. Andererseits, so Trivers, müßte die natürliche Selektion daraufhin Gegenkurs steuern und die Kinder mit einem Anti-Ausbeutungs-Instrumentarium ausstatten — unter anderem etwa mit einer gehörigen Portion Skepsis gegenüber elterlichen Behauptungen über Geschwisterpflichten. Ein weiteres Wettrüsten.

Das Resultat ist ein regelrechter Kampf um die Seele jedes Kinds. Trivers schreibt: »Persönlichkeit und Gewissen des Kinds werden in der Arena des Konflikts geformt.«[20]

Die herrschende Auffassung von der Kindererziehung als einem Prozeß der »Enkulturation«, in dessen Verlauf die Eltern den Kindern pflichtschuldigst lebenswichtige Kenntnisse und Fähigkeiten beibringen, ist in Trivers' Augen hoffnungslos naiv. »Nichts berechtigt zu der Annahme, daß Eltern, die sich um die Vermittlung von Tugenden wie Verantwortungsbewußtsein, Anstand, Ehrlichkeit, Vertrauenswürdigkeit, Großzügigkeit und Selbstlosigkeit bemühen, ihren Nachwuchs lediglich mit nützlichem Wissen über das angemessene Verhalten in der heimischen Kultur ausstaffieren, denn alle derartigen Tugenden beeinflussen mit hoher Wahrscheinlichkeit die quantitativen Anteile von Altruismus und Egoismus im Verhalten gegen die Verwandten von Vater und Mutter, und es ist zu erwarten, daß Eltern und Kinder verschiedener Meinung sind, wie hier zu gewichten sei.« Es scheint fast so, als sehe Trivers schon in der Vorherrschaft des Konzepts der »Enkulturation« das Werk einer stillen Verschwörung von Unterdrückern. »Das vorherrschende Sozialisierungskonzept«, konstatiert er, »ist bis zu einem gewissen Grad von der Art, wie man es von Erwachsenen vertreten und propagiert zu finden erwartet.«[21]

Dies deutet darauf, in welchem Sinn der lange als Weltanschauung der politischen Rechten abgestempelte Darwinismus Auswirkungen ganz anderer Art haben kann. Im Licht des neuen Paradigmas können sich moralische und ideologische Auseinandersetzungen als ein ständiger Machtkampf erweisen, bei dem nur allzu oft die ohnehin Mächtigen alle Trümpfe in der Hand haben und die Schwachen die Ausgebeuteten sind. »Die herrschenden Ideen einer Zeit waren stets nur die Ideen der herrschenden Klasse«, schrieben Karl Marx und Friedrich Engels.[22]

Du warst immer Mamas Liebling

Bis jetzt haben wir simple Modelle der Verwandtschaftsselektion und des Eltern-Kind-Konflikts betrachtet, die auf einfach zu handhabenden, freilich nicht ausnahmslos in allen Fällen zutreffenden Prämissen beruhen. Eine dieser Prämissen besagt, daß Geschwister im Lauf der menschlichen Evolution stets denselben Vater und dieselbe Mutter hatten. Insoweit diese Voraussetzung mangelhaft ist – und in einem gewissen Maß ist sie das sicher –, beträgt das »natürliche« Altruismusverhältnis unter Geschwistern nicht 1:2, sondern irgendeinen Wert zwischen 1:2 und 1:4. (Diese ergänzende Bemerkung dürfte die Bedenken von Eltern zerstreuen helfen, die festgestellt haben, daß der Antagonismus unter ihren Kindern größer ist, als er offenbar nach Hamiltons Mathematik »natürlicherweise« sein dürfte.) Natürlich wäre es denkbar, daß Kinder sogar (unbewußt) die Wahrscheinlichkeit taxieren, daß ein Geschwister denselben Vater und dieselbe Mutter hat wie sie selbst, und ihr Verhalten entsprechend einrichten. So wäre es interessant, festzustellen, ob Geschwister, deren beide

Elternteile ausgesprochen häuslich sind, sich unter einander großzügiger verhalten als Geschwister mit Eltern, die häufig getrennt sind.

Eine zweite übertriebene Vereinfachung stellt die Annahme dar, daß v – der Verwandtschaftsgrad – für sich genommen die genetisch optimale Einstellung des Menschen zu seiner Mitwelt bestimmt. Die von William Hamilton aufgeworfene mathematische Frage, ob die Ungleichung $k < n \cdot v$ zutrifft, enthält zwei weitere Variablen: die Kosten k des altruistischen Verhaltens für den Altruisten und den Nutzen n, den es dem Nutznießer bringt. Das Maß für beide Faktoren ist die »Fitneß« im darwinistischen Sinn: In welchem Maß opfert der eine durch altruistisches Handeln seine Chancen, lebens- und fortpflanzungsfähigen Nachwuchs hervorzubringen, und in welchem Maß steigert sein Tun die entsprechenden Chancen des andern? Beide Größen hängen im Einzelfall evidentermaßen von der gegebenen Ausgangslage ab, das heißt von dem bei den beteiligten Personen jeweils vorhandenen Reproduktionspotential. Und das Reproduktionspotential ist unter Verwandten wie beim einzelnen von Jahrzehnt zu Jahrzehnt starken Schwankungen unterworfen.

Ein Beispiel: Ein hochgewachsener, kräftiger, gescheiter, gutaussehender, ehrgeiziger Mann hat bessere Aussichten sich fortzupflanzen als sein einzelgängerischer, temperamentloser, geistig beschränkter Bruder. Und dies muß besonders in der sozialen Umwelt der menschlichen Evolution so gewesen sein, wo Männer mit hohem sozialem Status mehr als eine Frau haben konnten oder – andernfalls – häufig außereheliche Beziehungen hatten. Theoretisch sollten Eltern (bewußt oder unbewußt) auf solche Unterschiede achten. Immer das Ziel vor Augen, mit jeder einzelnen Investitionsleistung, gemessen am Reproduktionserfolg, die Durchschnittsrendite zu erhöhen, müßten sie bei der Verteilung ihres Investitionskapitals auf die einzelnen Kinder mit einer Umsicht zu Werke gehen,

die selbst ein Portfolio-Manager der Wall Street nicht über-
bieten könnte. Es könnte also durchaus sein, daß die Klage
»Du warst immer Mamas [oder Papas] Liebling« eine
stammesgeschichtliche Grundlage hat. Das Komiker-Duo
The Smothers Brothers machte den Spruch in den sechziger
Jahren populär: Immer war es der doofe, mondgesichtige
Dämlack Tommy, der seinem aufgeweckteren, dynami-
scheren Bruder Dick diese Worte an den Kopf warf.[23]

Das relativ Reproduktionspotential zweier Nachkommen hängt unter Umständen von mehr ab als nur von den
in diesen Nachkommen selbst verkörperten Faktoren. Ein
zusätzlicher Faktor kann die soziale Stellung der Familie
sein. Haben arme Eltern eine hübsche Tochter und einen
gutaussehenden, ansonsten aber nicht sonderlich begabten Sohn, dann ist die Wahrscheinlichkeit, daß die nächste
Generation ihr Leben in besseren materiellen Verhältnissen beginnt, für die Kinder der Tochter höher als für die
des Sohns. Bei jungen Frauen kommt es häufiger vor als
bei jungen Männern, daß sie die soziale Stufenleiter »hinauf heiraten«.[24] Bei reichen und gesellschaftlich hochstehenden Familien indessen haben bei ansonsten gleichen
Voraussetzungen die Söhne das höhere Reproduktionspotential. Anders als eine Frau kann ein Mann Reichtum
und sozialen Status für die Erzeugung einer zahlreichen
Nachkommenschaft einsetzen.

Sind die Menschen darauf programmiert, ihr Handeln
nach dieser wenig erfreulichen Logik zu richten? Entscheiden sich materiell oder gesellschaftlich bessergestellte
Eltern unbewußt dafür, ihre Söhne auf Kosten der Töchter
mit Zuwendung zu überhäufen, weil Söhne besser befähigt sind (beziehungsweise während der Evolution besser
befähigt waren), sozialen Status oder materielle Ressourcen in Nachkommenschaft umzumünzen? Verfahren in
ärmlichen Verhältnissen lebende Eltern im umgekehrten
Sinn? Das klingt unheimlich, aber das besagt nicht, daß es
nicht vorkäme.

Die Logik gründet in einem allgemeineren Zusammenhang, den Robert Trivers 1973 in einem gemeinsam mit dem Mathematiker Dan E. Willard verfaßten Artikel aufzeigte.[25] Bei allen polygynen Arten zeigt ein Teil der Männchen ein reges und produktives Paarungsverhalten, während andere völlig ohne Nachkommen bleiben. Mütter in schlechter körperlicher Verfassung dürften mithin (genetisch) davon profitieren, Töchter als rentablere Investitionsobjekte zu behandeln denn Söhne. Denn angenommen, der schlechte Gesundheitszustand der Mutter bedingt – etwa bei nicht ausreichender Produktion von Muttermilch – die gesundheitliche Schwächung des Nachwuchses, dann wird dies bei den Söhnen besonders verhängnisvolle Auswirkungen zeitigen. Unterernährte Männchen bleiben unter Umständen bei dem Konkurrenzkampf um Gelegenheiten zur Fortpflanzung zur Zuschauerrolle verurteilt, während fruchtbare Weibchen gewöhnlich fast völlig unabhängig von ihrer physischen Verfassung Geschlechtspartner anzulocken vermögen.

Einige nichtmenschliche Säugetierarten scheinen dieser Logik zu genügen. Haben Muttertiere der Florida-Packratten nur wenig zu fressen, halten sie männliche Junge vom Gesäuge fern, während die Weibchen des Wurfs ungehindert trinken dürfen. Bei anderen Arten zeigen sich Auswirkungen sogar in der *Sexualproportion* der Neugeborenen: Je besser es den Müttern geht, desto mehr Söhne, je schlechter es ihnen geht, desto mehr Töchter bringen sie zur Welt.[26]

Bei der über weite Strecken ihrer Stammesgeschichte bis zu einem gewissen Grad polygynen Spezies Mensch können Reichtum und sozialer Status eine ebenso wichtige Rolle spielen wie bei andern Arten der Faktor Gesundheit. Besitz und Status sind Waffen, die von Männern im Konkurrenzkampf um Frauen eingesetzt werden – und das, zumindest was den Status anlangt, schon seit Jahrmillionen. Mithin handeln gesellschaftlich und materiell bessergestellte Eltern (darwinistisch gesehen) sinnvoll, wenn sei stärker in Söhne investieren als in Töchter. Es ist ein gutes Beispiel für eine Logik, die man vielfach für etwas zu macchiavellistisch hält, um sie für eine Komponente der menschlichen Natur halten zu können. Für einen Darwinisten hingegen steigert die macchiavellistische Kälte allenfalls die Glaubwürdigkeit. (Eine allgemein als obszön empfundene Hypothese Darwins über die Fortpflanzung der Quallen kommentierte Thomas Huxley mit der Bemerkung: »Die Obszönität des Vorgangs spricht bis zu einem gewissen Maß für seine Wahrscheinlichkeit.«[27] Das bisher vorliegende Beweismaterial spricht sehr viel mehr für als gegen die darwinistische Sicht.

Ende der siebziger Jahre kam die Ethnologin Mildred Dickemann beim Studium der Verhältnisse im Indien und China des 19. Jahrhunderts sowie im mittelalterlichen Europa zu dem Ergebnis, daß der weibliche Infantizid – die Tötung neugeborener Mädchen nur deshalb, weil sie Mädchen waren – am intensivsten in den oberen Gesellschaftsschichten praktiziert wurde.[28] Überdies ist aus vielen Kulturen – einschließlich derjenigen, der Darwin angehörte – die bei wohlhabenden Familien verbreitete Tendenz bekannt, den Löwenanteil des Vermögens an die Söhne zu vererben und die Töchter mit weniger abzuspeisen. (Der im frühen 20. Jahrhundert wirkende Wirtschaftswissenschaftler Josiah Wedgwood, ein Verwandter Darwins, konstatierte in einer Studie zur Praxis der Nachlaßregelung: »In meiner Stichprobe schien es bei wohlhabenderen Erblassern üblich, Söhnen ein größeres Erbteil zu vermachen als Töchtern. Aufteilung zu gleichen Teilen ist viel eher bei geringerer Erbmasse die Regel.«[29]) Die Bevorzugung von Söhnen oder Töchtern kann auch eine subtilere Form annehmen. Bei der Feldforschung in Mikronesien stellten die Ethnologen Laura Betzig und Paul Turke fest, daß Eltern mit hohem Status die meiste Zeit ihren Söhnen, Eltern mit niedrigem Status die meiste Zeit ihren Töchtern widmen.[30]

All diese Befunde stehen im Einklang mit der von Trivers und Willard formulierten Logik: In Familien am oberen Ende des sozioökonomischen Spektrums sind Söhne (genetisch) rentablere Investitionsobjekte als Töchter.[31]

Die vielleicht faszinierendsten Argumente für die Richtigkeit der Trivers-Willard-Hypothese sind zugleich mit die neuesten. Bei einer Untersuchung nordamerikanischer Familien zeigten sich bei Eltern verschiedener sozialer Schichten deutliche Unterschiede in der relativen Erwünschtheit männlicher und weiblicher Nachkommen. In den unteren Einkommensschichten wurden mehr als die Hälfte der weiblichen Neugeborenen, aber weniger als die Hälfte der männlichen Neugeborenen von der Mutter gestillt; in den begüterten Schichten waren es etwa 60 Prozent der neugeborenen Töchter, aber fast 90 Prozent der neugeborenen Söhne, die an der Mutterbrust gestillt wurden. Noch dramatischer ist der folgende Befund: Frauen der unteren Einkommensschichten bekamen ihr nächstes Kind im Durchschnitt innerhalb von 3,5 Jahren nach der Geburt eines Sohns und innerhalb von 4,3 Jahren nach der Geburt einer Tochter. Mit anderen Worten: Bei der Abwägung der Frage, wann ihr Kind ein Geschwister haben soll, räumen die Frauen der unteren Einkommensschichten den Interessen einer Tochter höhere Priorität ein als denen eines Sohns; haben sie ein Mädchen, warten sie länger, bis sie dem vorhandenen Kind ein rivalisierendes Investitionsobjekt an die Seite stellen. Umgekehrt verhält es sich in den besserverdienenden Schichten: Hier bekommt ein Mädchen im Durchschnitt bereits 3,2 Jahre, ein Junge erst 3,9 Jahre nach seiner Geburt ein rivalisierendes Geschwister.[32] Vermutlich waren sich wenige bis gar keine der im Rahmen der Untersuchung befragten Mütter bewußt, daß und wie sozialer Status den geschlechtsspezifischen Fortpflanzungserfolg beeinflussen kann (strenggenommen müßte man wieder sagen: in der Umwelt, in der unsere Evolution stattgefunden hat, beeinflussen konnte). Das erinnert uns neuerlich daran, daß die natürliche Selektion eher untergründig durch Regulierung des menschlichen Affekthaushalts wirkt, nicht durch Einführung ihrer Logik in das menschliche Bewußtsein.[33]

Wenngleich die erwähnten Studien sämtlich die *elterliche* Investition zum Gegenstand haben, müßte die Investition unter Geschwistern derselben Logik gehorchen. Wer arm ist, müßte sich theoretisch einer Schwester gegenüber altruistischer verhalten als gegenüber einem Bruder, und wer reich ist, altruistischer gegenüber einem Bruder als gegenüber einer Schwester. Es ist sicherlich richtig, daß in der gutsituierten Familie, in die Charles Darwin hineingeboren wurde, die Töchter viel Zeit dafür opferten, ihre Brüder zu umhegen und zu umsorgen. Doch dieser Trend dürfte zur damaligen Zeit, als die untergeordnete Stellung der Frau noch das soziale Leitbild war, in der Unterschicht in nicht minder ausgeprägter Form bestanden haben (was uns daran erinnern soll, daß die Kultur unser Verhalten in Bahnen zu lenken vermag, die gegen den Strich der darwinistischen Logik gehen.)

Zudem gibt es für ein außergewöhnlich hohes Maß weiblicher Hilfsbereitschaft auch darwinistische Erklärungen anderer Art. Das Reproduktionspotential ändert sich im Lauf des Menschenlebens, und zwar bei Mann und Frau in unterschiedlicher Weise. In seinem Artikel aus dem Jahr 1964 konstatierte Hamilton in abstrakter Form: »Bei Lebewesen in der postreproduktiven Phase [d. h. in dem Lebensabschnitt nach Erlöschen der Fortpflanzungsfähigkeit] ist mit gänzlich altruistischem Verhalten zu rechnen.«[34] Denn sobald ein Organismus seine Gene nicht mehr in die nächste Generation zu transportieren vermag, handeln diese Gene am klügsten, wenn sie ihren Träger dazu bringen, alle Energie, die er erübrigen kann, Trägern zugute kommen zu lassen, die zur Genweitergabe in der Lage sind. Aus der Tatsache, daß die postreproduktive Phase nur bei Frauen einen längeren Lebensabschnitt umfaßt, folgt logischerweise, daß in weit mehr Fällen ältere Frauen als ältere Männer ihre Angehörigen mit Wohltaten bedenken müßten. Und so ist es in der Tat. Der alleinstehenden Tante, die ihr Leben ihren Verwandten widmet, begegnet man viel häufiger als einem alleinstehenden Onkel in derselben Rolle. Darwins Schwester Susan und sein Bruder Erasmus waren beide in den mittleren Jahren und ledig, als ihre Schwester Marianne starb, aber nicht Erasmus, sondern Susan adoptierte Mariannes Kinder.[35]

Gesetzmäßigkeiten von Kummer und Gram

Auch beim Mann ändert sich das Reproduktionspotential mit der Zeit *in gewissem Umfang*. Tatsächlich ändert es sich von Jahr zu Jahr bei *jedem* Menschen. Ein 50jähriger Mann oder eine 50jährige Frau können in der Regel mit viel weniger potentiellem Nachwuchs rechnen als 30jährige, deren Potential bereits vermindert ist gegenüber 15jährigen. Andererseits hat ein 15jähriger normalerweise mehr Nachwuchs zu erwarten als ein einjähriges Kind, denn es könnte noch vor Erreichen der Geschlechtsreife aus dem Leben scheiden – ein in der menschlichen Stammesgeschichte lange Zeit ganz gewöhnlicher Fall.

Hier begegnen wir einer weiteren allzu starken Vereinfachung im simplifizierten Modell der Verwandtschaftsselektion. Da in der Altruismus-Ungleichung sowohl auf der Kosten- wie auf der Nutzenseite das Reproduktionspotential als Größe enthalten ist, entscheidet das Alter sowohl des Altruisten wie des Nutznießers mit darüber, ob das altruistische Handeln geeignet ist, die übergreifende Fitneß zu steigern, und folglich von der natürlichen Selektion begünstigt wird. Mit andern Worten: Mit welchem Gefühl von Herzlichkeit und Edelmut wir einem Anverwandten begegnen, hängt theoretisch sowohl von unserem eigenen Alter ab wie von dem des betreffenden Verwandten. So müßte sich beispielsweise der Wert, den das Leben eines Kinds in den Augen der Eltern darstellt, fortwährend ändern.[36]

Genau gesagt müßte die elterliche Zuneigung und Liebe zunehmen bis ungefähr zur Frühphase der Adoleszenz, in der das Reproduktionspotential des Kinds seinen Kulminationspunkt erreicht, und danach zurückgehen. So wie die Betrübnis eines Rennstallbesitzers größer ist, wenn der Tod ihm ein Vollblut einen Tag vor dessen erstem großen Rennen raubt, als wenn ein solches Tier kurz nach der Geburt verendet, müßte der Tod eines Kinds während der Adoleszenz den Eltern tiefer in die Seele schneiden als der Tod eines Kinds im Säuglingsalter. Der jugendliche Mensch wie das ausgewachsene Rennpferd sind Anlagekapital kurz vor der Ertragsreife. In beiden Fällen kostet es viel Zeit und Mühe, von Null beginnend ein neues Investitionsobjekt in dasselbe Stadium zu bringen. (Das heißt nicht, daß es ausgeschlossen wäre, daß ein Vater oder eine Mutter für einen Säugling oder ein Kleinkind unter Umständen zärtlichere oder fürsorglichere Gefühle empfindet als für ein Kind in der Adoleszenz. So wird, wenn sich eine marodierende Bande nähert, eine Mutter einem ganz natürlichen Impuls folgen und ihren Säugling an sich reißen, ehe sie selbst die Flucht ergreift, während sie es ihrem Kind im Jugendalter überläßt, sich allein durchzuschlagen; aber dieser Impuls existiert, weil Jugendliche *in der Lage sind*, für sich selbst zu sorgen, nicht weil sie weniger kostbar wären als ein Säugling.)

Wie vorausgesagt grämen sich Eltern mehr über den Verlust eines Kinds im Jugendalter als über den Tod eines drei Monate alten Säuglings oder – und auch das steht im Einklang mit der Theorie – eines 40jährigen Nachkommen. Man ist versucht, derlei Befunde als belanglos abzutun: *Selbstverständlich* bedauern wir den Tod eines jungen Menschen mehr als den eines älteren, liegt doch eine offenkundige Tragik darin, mit soviel ungelebtem Leben vor sich zu sterben. Darauf entgegnet der Darwinist: Richtig – aber wir wollen nicht vergessen, daß ebendiese »Selbstverständlichkeit« des Verhaltensmusters genauso ein Werk der Gene ist wie, so unsere Annahme, diese selbst. Die natürliche Selektion setzt ihren Willen durch, indem sie manche Dinge als »selbstverständlich«, »richtig« und »wünschenswert«, andere als »absurd«, »falsch« und »verabscheuungswürdig« erscheinen läßt. Solange wir die Reaktionen unseres »gesunden Menschenverstands« auf evolutionstheoretische Theorien nicht gründlich untersucht haben, sollten wir nicht davon ausgehen, daß der gesunde Menschenverstand nicht selbst eine von der Evolution geschaffene Verformung unseres Erkenntnisvermögens ist.

Im genannten Fall sollten wir uns fragen: Wenn es das lange ungelebte Leben ist, das den Tod eines Jugendlichen zu einem so traurigen Ereignis macht, warum stimmt uns dann der Tod eines Säuglings nicht noch viel trauriger? Weil – so könnte eine Antwort lauten – wir mehr Zeit hatten, den Jugendlichen genauer kennenzulernen, und deswegen sein ungelebtes Leben deutlicher vor Augen haben. Doch welch ein Zufall, daß sich die einander entgegenwirkenden Veränderungen der beiden Größen – zum einen die im Lauf der Zeit wachsende Vertrautheit mit einem Menschen, zum andern dessen sich verringernde Lebenserwartung – in der Zeit der Adoleszenz zu einem maximalen Trauerwert addieren, also eben dann, wenn das Reproduktionspotential seinen Höchststand erreicht hat. Warum liegt dieser Kulminationspunkt nicht im, sagen wir mal, 25. Lebensjahr, in dem die Konturen des noch nicht gelebten Lebens sich *wirklich* deutlich abzeichnen? Oder im 5. Lebensjahr, in dem das Maß des ungelebten Lebens noch so *groß* ist?

Bisher sprechen alle Anzeichen dafür, daß Kummer und Gram außerordentlich genau mit den Erwartungen der darwinistischen Theorie übereinstimmen. Im Rahmen einer 1989 in Kanada durchgeführten Untersuchung wurden Erwachsene aufgefordert, sich den Tod von Kindern verschiedenen Alters vorzustellen und anzugeben, welche Todesfälle nach ihrer Einschätzung für die Eltern emotional den größten Verlust bedeuten würde. Die graphische Darstellung des Befragungsergebnisses zeigte, daß Kummer und Gram bis kurz vor der Adoleszenz anstiegen und dann abzunehmen begannen. Beim Vergleich dieser Kurve mit einer andern, die (aufgrund von den in Kanada erhobenen demographischen Daten) den Wandel des Reproduktionspotentials im Lebenszyklus wiedergab, zeigte sich eine weitgehende Übereinstimmung. Aber noch viel größere, ja fast vollständige Übereinstimmung erreichte die Kummer-und-Gram-Kurve der Menschen in der modernen Industriegesellschaft Kanadas und der Reproduktionspotential-Kurve der !Kung, eines Jäger-und-Sammler-Volks im südlichen Afrika. Mit andern Worten: Bezogen auf die demographischen Gegebenheiten der Ur-Umwelt, wies die Variation der Trauerreaktion fast exakt die von der darwinistischen Theorie prognostizierte Gesetzmäßigkeit auf.[37]

In Theorie und Praxis ändert sich mit der Zeit auch die Wertschätzung, die Eltern bei ihren Kindern genießen. In der gnadenlosen Optik der natürlichen Selektion nimmt von einem bestimmten Punkt an die Nützlichkeit unserer Eltern für uns noch schneller ab als die unsere für sie. Je weiter wir im Reifungsprozeß fortschreiten, desto mehr verlieren sie ihre Funktion als unentbehrliche Datenbanken, Versorger und Beschützer. Und je mehr sie sich dem Ende des mittleren Lebensabschnitts nähern, desto unwahrscheinlicher wird es, daß von ihrer Seite noch ein Beitrag zur Verbreitung unserer Gene kommt. Sind sie dann alt und gebrechlich, ist ihr genetischer Wert für uns, sofern überhaupt noch vorhanden, auf ein Minimum geschrumpft. Selbst wenn wir uns um ihre Lebensbedürfnisse kümmern (oder andere dafür bezahlen, daß sie es tun), verspüren wir unter Umständen Anwandlungen von Unmut und Ungeduld. Unsere Eltern sind zuletzt so abhängig von uns, wie wir es einst von ihnen waren, aber wir kümmern uns um ihre Bedürfnisse nicht mit derselben Hingabe, mit der sie sich der unseren annahmen.

Das sich unentwegt verschiebende, aber fast ständig vorhandene Ungleichgewicht zwischen Pflicht und Neigung von Eltern und Kind gehört zu den tiefsten und ambivalentesten Lebenserfahrungen. Und es zeigt, wie ungenau unsere Gene unsere Gefühle regulieren können. Obwohl es keinen vernünftigen darwinistischen Grund dafür zu geben scheint, einem alten, sterbenden Vater sonderlich viel Zeit und Energie zu widmen, wären die wenigsten von uns willens oder imstande, sich einfach abzuwenden. Der harte Kern innerfamiliärer Liebe überdauert seine eigene evolutionäre Nützlichkeit. Die meisten von uns dürften diese mangelnde Genauigkeit des genetischen Steuerungsmechanismus als erfreulich empfinden – wenngleich wir natürlich nicht wissen können, was wir dächten, wenn die Steuerung präziser funktionierte.

Darwin und der Gram

Darwin hatte Anlaß zu Kummer und Gram, so beim Tod seines Vaters und von dreien seiner Kinder. Im großen und ganzen stimmte sein Verhalten mit der Theorie überein.

Darwins drittes Kind, Mary Eleanor, 1842 geboren, lebte nur drei Wochen. Charles und Emma waren unleugbar tief betrübt, und das Begräbnis nahm Charles sehr mit. Doch gibt es keinerlei Anzeichen dafür, daß der Schmerz überwältigend oder von langer Dauer gewesen wäre. Emma schrieb ihrer Schwägerin: »Unser Kummer ist lange nicht so groß, wie er gewesen wäre, wenn sie länger gelebt und schwerer gelitten hätte«, und sie versicherte der Adressatin, angesichts der Ablenkung, welche die zwei andern Kinder für Charles und sie bedeuteten, »brauchst Du nicht zu befürchten, daß unser Kummer von langer Dauer sein wird«.[38]

Der Tod von Charles Waring, des als letztes geborenen Kinds der Darwins, müßte theoretisch ebenfalls ein weniger schwerer Schlag gewesen sein. Der Kleine war noch sehr jung – erst eineinhalb Jahre alt – und obendrein geistig zurückgeblieben. Nun ist es eine der einfachsten darwinistischen Voraussagen, daß Eltern verhältnismäßig wenig an Kindern gelegen ist, deren Fortpflanzungswert infolge eines Defekts gering ist. (In vielen traditionellen Gesellschaften war es üblich, Neugeborene mit einem offenkundigen Defekt sofort zu töten, und selbst in den Industriegesellschaften sind behinderte Kinder besonders gefährdet, mißhandelt zu werden.[39]) Darwin verfaßte einen kurzen Nachruf auf seinen verstorbenen Sohn, der stellenweise von klinisch kühler Sachlichkeit war (»Wenn er erregt war, schnitt er oft sonderbare Grimassen und zitterte [...]«) und fast keinen Schmerz verriet.[40] Eine von Darwins Töchtern meinte später mit Bezug auf ihren toten kleinen Bruder: »Beide Eltern waren unendlich zärtlich mit ihm, aber als er im Sommer 1858 starb, vermochten sie, als der erste Schmerz vorüber war, nichts als Dankbarkeit zu empfinden.«[41]

Auch der Tod von Darwins Vater im Jahr 1848 dürfte nicht als Katastrophe empfunden worden sein. Charles war inzwischen wirtschaftlich völlig selbständig, und mit 83 Jahren war Robert Waring Darwins Reproduktionspotential erschöpft. In den Tagen nach dem Tod seines Vaters ließ Charles Zeichen tiefen Kummers erkennen. Natürlich können wir nicht sicher wissen, ob sein Schmerz nicht noch Monate währte, doch in seinen Briefen hat er an keiner Stelle mehr dazu vermerkt als: »Niemand, der ihn nicht kannte, würde glauben, daß ein über 83jähriger [sic!] Mann sich bis zum Schluß bei vollkommen ungetrübtem Verstand ein so zartfühlendes und liebevolles Wesen hätte bewahren können.« Drei Monate nach dem Tod seines Vaters schrieb Darwin: »Als ich ihn das letzte Mal besuchte, fühlte er sich sehr wohl und machte einen ruhigen und heiteren Eindruck, und den habe ich in meiner Erinnerung von ihm zurückbehalten.«[42]

Von den drei genannten Fällen unterschied sich deutlich der Tod von Darwins Tochter Annie, die 1851 einer anfallweise auftretenden Erkrankung erlag, die im Vorjahr eingesetzt hatte. Annie starb im Alter von zehn Jahren – als ihr Reproduktionspotential nur wenige Jahre von seinem Kulminationspunkt entfernt war.

In den Tagen unmittelbar vor Annies Tod wechselten Charles, der mit der Kranken zu einem auswärtigen Arzt gereist war, und Emma Briefe voller Angst und quälender Besorgnis. Wenige Tage nach dem Tod schrieb Charles einen Nachruf, dessen Ton in auffälliger Weise von dem des später verfaßten Gedenkblatts für Charles Waring abweicht. »Ihre Heiterkeit und ihre Lebendigkeit strahlten aus ihrem ganzen Wesen hervor und machten jede ihrer Bewegungen elastisch und voller Leben und Kraft. Es war entzückend und wohltuend, sie anzusehen. Ich sehe jetzt ihr liebes Gesicht vor mir, wie sie zuweilen die Treppe herabgelaufen kam mit einer heimlich gestohlenen Prise Tabak für mich, ihre ganze Erscheinung strahlte vor Freude, Freude machen zu können. [...] In ihrer letzten Krankheit war ihr Benehmen in einfacher Wahrheit engelgleich. Sie hat nicht ein einziges Mal geklagt, sie wurde niemals eigensinnig, war immer rücksichtsvoll gegen andere und war dankbar in der sanftesten, ergreifendsten Art und Weise für alles, was man ihr tat. [...] Als ich ihr etwas Wasser gab, sagte sie: ›Ich danke dir innig‹; und dies waren, glaube ich, die letzten teuren Worte, welche von ihren lieben Lippen je an mich gerichtet worden sind.« Anschließend schrieb er: »Wir haben die Freude unserers Hauses und den Trost unseres Alters verloren. Sie muß es gewußt haben, wie sehr wir sie geliebt haben. Oh, daß sie jetzt wissen könnte, wie tief und wie zärtlich wir jetzt noch ihr teures heiteres Gesicht lieben und immer lieben werden! Sie sei gesegnet!«[43]

Unsere Ausführungen über Darwin und seinen Gram können (man mag es glauben oder nicht) durchaus einen kleinen Schuß Zynismus vertragen. Allem Anschein nach war Annie das Lieblingskind des Ehepaars Darwin. Sie war intelligent und begabt (»ein zweiter Mozart«, wie Darwin einmal sagte) – Punkte, die zu gegebener Zeit ihren Wert am Heiratsmarkt und damit ihr Reproduktionspotential gesteigert hätten. Und sie war ein mustergültiges Kind, ein Inbild an Großmut, Sittsamkeit und Wohlerzogenheit.[44] Oder, wie Trivers es vielleicht formuliert hätte: Emma und Charles war der Trick gelungen, sie soweit zu bringen, daß sie auf Kosten ihrer eigenen Fitneß die übergreifende Fitneß ihrer Eltern zu ihrem Lebenszweck gemacht hatte. Vielleicht würde eine genauere Analyse des Phänomens des »Lieblingskinds« die Bestätigung dafür erbringen, daß diese Wesen in besonderem Maße jene spezielle Sorte wertvoller Eigenschaften aufweisen – wertvoll aus der Sicht der elterlichen Gene, was Werthaltigkeit auch aus der Sicht der Gene des Kinds einschließen kann, aber nicht unbedingt muß.

Es dauerte nur Monate, bis Darwin die Trauer über den Tod seines Vaters für beendet erklärte, indem er in einem Brief von seinem »lieben Vater« sprach, »an den ich mich mit innigster Freude erinnere«.[45] Was Annie betraf, erreichte weder er noch Emma jemals diesen Punkt. Eine andere Tochter, Henrietta, sollte später schreiben: »Man kann fast sagen, daß meine Mutter diesen Kummer nie wirklich überwunden hat. Sie sprach nur sehr selten von Annie, doch wenn sie es tat, war das Gefühl des Verlusts jedesmal wieder ungelindert da. Mein Vater hätte es nicht ertragen, den Schmerz neu aufbrechen zu fühlen, und er sprach meines Wissens niemals von ihr.« 25 Jahre nach Annies Tod bekannte Charles Darwin in seiner Autobiographie, daß der Gedanke an sie ihm noch immer die Tränen in die Augen treibe. Die Familie habe »nur ein sehr schweres Leid erfahren«, schrieb er: »Annies Tod am 24. April 1851 [...], als sie gerade zehn Jahre alt war.«[46]

Wenige Tage nach dem Tod seines Bruders Erasmus im Jahr 1881 – und nicht ganz ein Jahr vor seinem eigenen Tod – sah Darwin sich veranlaßt, in einem Brief an seinen Freund Joseph Hooker den Unterschied zwischen dem »Tod der Alten und der Jungen« klarzustellen: »Tod im letzteren Falle, wo noch eine helle Zukunft vorliegt, verursacht Kummer, der niemals verwischt werden kann.«[47]

Achtes Kapitel
DARWIN UND DIE WILDEN

J. S. Mill spricht in seinem berühmten Buch über »Uti-
litarianism« [...] von den sozialen Gefühlen als einer
»kraftvollen natürlichen Empfindung« und als »dem
natürlichen Grunde des Gefühls für utilitäre Moralität«.
Auf der vorhergehenden Seite sagt er aber: »Wenn nun,
wie das meine eigene Überzeugung ist, die moralischen
Gefühle nicht angeboren sind, sondern erlangt, so sind
sie doch aus diesem Grunde nicht weniger natürlich.«
Nur mit Zögern wage ich von einem so tiefen Denker
abzuweichen; doch läßt sich kaum bestreiten, daß die
sozialen Gefühle bei den niederen Tieren instinktiv oder
angeboren sind; und warum sollten sie dann beim Men-
schen nicht ebenso sein?
Darwin, Die Abstammung des Menschen (1871)[1]

Bei seiner ersten Begegnung mit einem Naturvolk reagierte Darwin im großen und ganzen genauso, wie man es
von einem britischen Gentleman des 19. Jahrhunderts erwarten durfte. Als die »Beagle« in die Good Success Bay
an der feuerländischen Küste einlief, bemerkte er am Ufer
eine Gruppe von Indios, die ein lautes Geschrei ausstießen
und »ihre Arme wie wild über dem Kopfe schwenkten«.
Mit »ihrem wallenden langen Haar«, schrieb er an seinen
Mentor John Henslow, »wirkten sie wie Gespenster aus
dem Jenseits, die keine Ruhe finden können«. Der nähere
Augenschein verstärkte den Eindruck des Barbarischen.
»Die Sprache dieser Leute verdient nach unseren Begriffen
kaum, artikuliert genannt zu werden«; ihre Behausung
»besteht einfach aus einigen wenigen abgebrochenen in
die Erde gesteckten Ästen [...] an der einen Seite sehr not-
dürftig mit Gras- und Binsenschichten bedeckt«, und bietet »absolut nicht mehr Schutz [...] als das Lager eines Ha-

sen«. Und diese Behausungen waren auch nicht die Heim-
statt inniger Liebe zwischen Mann und Frau, »es sei denn,
man wollte die Behandlung einer mühselig schuftenden
Sklavin durch den Sklavenhalter als solche gelten lassen«.[2]

Was aber allem die Krone aufsetzte, war der – von Darwin nach dem Hörensagen berichtete – Umstand, »daß,
wenn sie im Winter vom Hunger geplagt werden, sie eher
ihre alten Weiber töten und verzehren, ehe sie ihre Hunde
schlachten«. Ein Junge, so hatte Darwin von einem ihm
vollkommen vertrauenswürdig erscheinenden Gewährs-
mann erfahren, hatte auf die Frage, warum sie denn nicht
lieber ihre Hunde äßen, geantwortet: »Hunde fangen Ot-
tern, alte Weiber zu nichts nütze, Mann haben viel Hunger.« An seine Schwester Caroline schrieb Darwin: »Hat
man je etwas so Abscheuliches gehört: Den ganzen Sommer über läßt man sie sich abrackern wie Sklavinnen, damit sie Nahrung herbeischaffen, um sie dann im Winter
womöglich aufzufressen, wenn es sich gerade trifft. – Ich
empfinde richtiggehend Ekel, wenn ich nur die Stimmen
dieser elenden Wilden höre.«[3]

Die Sache mit den als Nahrungsreserve dienenden feuerländischen Frauen hat sich inzwischen als Hirngespinst
entpuppt. Doch lernte Darwin bei den diversen schriftlosen
Völkern, die er im Lauf der Reise besuchte, zahlreiche andere Beispiele von Roheit kennen. Jahrzehnte später charakterisierte er in *Die Abstammung des Menschen* den »Wilden« als einen Menschen, »welcher ein Entzücken an den
Martern seiner Feinde fühlt, blutige Opfer darbringt, Kindesmord ohne Gewissensbisse begeht«.[4] Deshalb ist zu bezweifeln, daß Darwin – selbst wenn er gewußt hätte, daß
überhaupt nichts dran war an der Geschichte von den ihre
älteren Stammesmitglieder verspeisenden Feuerländern –
von seiner Ansicht über die Naturvölker, die er in seinem
populären Bericht über die Fahrt der »Beagle« geäußert
hatte, viel zurückgenommen hätte: »Ich hätte kaum ge-
glaubt, wie groß die Verschiedenheit zwischen wilden und

zivilisierten Menschen sei: sie ist größer als zwischen einem wilden und einem domestizierten Tier [...].«[5]

Gleichwohl wies auch das Leben der Feuerländer einige der Züge auf, die im Viktorianischen England zum Kernbestand der Zivilisiertheit gerechnet wurden, beispielsweise Freundschaftsbeziehungen, die mit wechselseitigen Beweisen von Großzügigkeit angebahnt und mit zeremoniellen Solidaritätsbekundungen besiegelt wurden. Wie das in Feuerland aussah, beschreibt Darwin so: »Nachdem wir sie mit etwas rotem Tuch beschenkt hatten, welches sie sofort um ihren Hals banden, wurden wir gute Freunde. Dies drückten sie so aus, daß der alte Mann uns auf die Brust klopfte und eine Art glucksendes Geräusch machte, wie die Leute tun, wenn sie Hühnchen füttern. Ich ging mit dem alten Mann weiter, während diese Beweise von Freundschaft mehrere Male wiederholt wurden. Sie wurden von drei derben Schlägen beschlossen, welche mir gleichzeitig auf die Brust und den Rücken gegeben wurden. Er entblößte dann seinen Busen, damit ich das Kompliment erwidern könne, und nachdem das erledigt war, schien er höchlich vergnügt zu sein.«[6]

Darwins Bewußtsein von der Menschlichkeit der »Wilden« wurde durch ein Akkulturationsexperiment weiter geschärft. Von einer früheren Reise hatte Kapitän Fitz-Roy vier Feuerländer nach England mitgebracht, und drei von ihnen beförderte man jetzt in ihr Heimatland zurück, damit sie, frisch gebildet und zivilisiert, wie sie waren (mit allem Drum und Dran einschließlich anständiger Kleidung), bei der Verbreitung aufgeklärten Denkens und christlicher Moral in der Neuen Welt mithülfen. Das Experiment wurde in mehrfacher Hinsicht zum Fehlschlag, besonders schmählich jedoch, als einer der frisch zivilisierten Feuerländer einem andern frisch zivilisierten Feuerländer eines Nachts seine gesamte Habe stahl und sich mit ihr im Schutz der Dunkelheit ins Landesinnere absetzte.[7] Aber immerhin brachte das Unternehmen drei Englisch sprechende Feuerländer hervor, die Darwin Gelegenheit zur Kommunikation mit Landesbewohnern verschafften, die über bloßes ungläubiges Anstarren hinausging. Später schrieb er: »Amerikanische Ureinwohner, Neger und Europäer unterscheiden sich in ihrer Geistesart so sehr, wie drei Menschenrassen sich überhaupt nur unterscheiden können. Dennoch war ich während der Zeit meines Zusammenlebens mit drei Feuerländern an Bord der ›Beagle‹ in einem fort verblüfft über die zahlreichen kleinen Charakterzüge, in denen sich ihre Geistesart der unsrigen so ähnlich zeigte, und das gleiche widerfuhr mir mit einem reinblütigen Neger, dessen nähere Bekanntschaft ich einmal machte.«[8]

Diese Wahrnehmung eines fundamental Gemeinsamen menschlicher Wesen – eines menschlichen Wesens – ist der erste Schritt auf dem Weg zur Entwicklung zum Evolutionspsychologen. Mit dem Versuch, einzelne Elemente jenes menschlichen Wesen im Sinn der natürlichen Selektion zu erklären, unternahm Darwin auch den zweiten Schritt in diese Richtung. Insbesondere mühte er sich um die Erklärung zweier psychischer Größen, von denen man, nach seinen Briefen von der »Beagle« zu schließen, hätte annehmen können, daß sie bei den Feuerländern und anderen »Wilden« gar nicht vorhanden seien – »des moralischen Gefühls, welches uns sagt, was wir tun sollen, und des Gewissens, welches uns tadelt, wenn wir jenem nicht gehorcht [haben]«[9].

Wieder einmal hatte sich Darwin, ähnlich wie im Fall der unfruchtbaren Insekten, daran gemacht, einen der für seine Theorie gefährlichsten Stolpersteine aus dem Weg zu räumen. Die moralischen Gefühle sind schließlich nicht ohne weiteres als Produkte der natürlichen Selektion zu erkennen.

In gewissem Umfang hatte Darwin mit der Lösung des Unfruchtbarkeitsproblems *auch* die Lösung des Moralproblems gefunden. Sein Konzept der Familien- oder Verwandtschaftsselektion bietet eine Erklärung für altruistisches Verhalten bei Säugetieren und damit auch für das Phänomen des Gewissens. Allerdings erklärt die Verwandtschaftsselektion lediglich vom Gewissen geleitete Handlungen innerhalb der Familie. Doch Sympathie und Mitgefühl reichen beim Menschen weit über die Grenzen der eigenen Sippe hinaus; er verspürt den Drang, auch Nichtverwandten zu helfen, und empfindet Schuld, wenn er es unterläßt. Bronislaw Malinowski machte in den zwanziger Jahren bei den Trobriandern die Beobachtung, daß sie zwei Wörter für »Freund« hatten, je nachdem, ob der Freund dem eigenen oder einem anderen Clan angehörte. Er übersetzte sie mit »Freund diesseits der Schranke« und »Freund jenseits der Schranke«.[10] Selbst die Feuerländer, diese »elenden Wilden«, wie Darwin sie nannte, waren in der Lage gewesen, mit einem jungen Mann weißer Hautfarbe, der von jenseits des Ozeans zu ihnen gekommen war, Freundschaft zu schließen. Auch vor dem Hintergrund der Theorie der Verwandtschaftsselektion bleibt die Frage: Wieso haben wir Freunde jenseits der Schranke?

Die Frage reicht sogar noch weiter. Menschen empfinden Mitgefühl auch für Mitmenschen »jenseits der Schranke«, mit denen sie gar nicht befreundet, ja nicht einmal bekannt sind. Wieso? Wieso gibt es barmherzige Samariter? Warum fällt es den meisten Menschen schwer, ohne zumindest einen Anflug von Unbehagen an einem Bettler vorbeizugehen?

Darwin fand eine Antwort auf diese Fragen, eine verfehlte Antwort, wie es heute scheint. Doch sie ist verfehlt auf ungemein aufschlußreiche Weise. Sie beruht auf einer Unklarheit, unter der, bis sie Ende dieses Jahrhunderts endgültig ausgeräumt und der Weg für die Evolutionspsychologie frei gemacht wurde, die Biologie in regelmäßigen Abständen zu leiden hatte. Noch wichtiger ist: Darwins Analyse der menschlichen Moral hat bis zu dem Punkt, wo sein großer Irrtum liegt, in mancher Beziehung exemplarischen Wert; stellenweise ist sie selbst nach heutigen Maßstäben ein Musterbeispiel evolutionspsychologischer Methodik.

Moral-Gene?

Wer immer Moral in evolutionstheoretischen Kategorien zu begreifen sucht, sieht sich zunächst mit dem Problem der ungeheuren Vielfalt moralischer Grundsätze konfrontiert. Da ist auf der einen Seite die Prüderie und Geziertheit der Viktorianer, auf der andern die moralisch sanktionierte Zügellosigkeit der »Wilden«, und dazwischen liegt ein in unendlichem Nuancenreichtum schillerndes Spektrum. Darwin schrieb einmal mit einiger Ratlosigkeit über die »absurde[n] Gesetze des Benehmens«, die erkennbar würden »in dem Entsetzen, welches ein Hindu fühlt, der seine Kaste verläßt, in der Scham einer Mohamedanerin, wenn sie ihr Gesicht zeigt«.[11]

Wenn die Moral in der biologischen Beschaffenheit des Menschen wurzelt, woher dann diese krassen Unterschiede der Moralsysteme? Besitzen Araber, Afrikaner und Engländer vielleicht unterschiedliche »Moral-Gene«?

Eine Erklräung dieser Art liegt nicht auf der Linie der modernen Evolutionsbiologie und lag auch nicht auf der Linie von Darwins Denken. Zwar bestanden nach seinem Darfürhalten zwischen den Rassen angeborene Mentalitätsunterschiede, die sich zum Teil auch in der Moral niederschlugen.[12] Diese Ansicht war im 19. Jahrhundert die Norm, in einer Zeit, als manche Gelehrte (nicht Darwin) energisch darauf bestanden, die verschiedenen Menschenrassen seien keine *Rassen* (Subspezies), sondern *Spezies*. Dessenungeachtet war es Darwins Überzeugung, daß die mannigfaltigen Formen menschlicher Sitte und Moral — zumindest in einem sehr allgemeinen Sinn — in einem gemeinsamen menschlichen Wesen wurzelten.

Zunächst einmal konstatierte er bei allen Menschen eine starke Abhängigkeit von der Meinung der andern. »Die Sucht nach Anerkennung und die Furcht vor Beschimpfung ebenso wie die Aussprache von Lob und Tadel« sah er in den »sozialen Instinkten« des Menschen gegründet. Ein Abweichen von den sozialen Normen kann einen Menschen in der Folge in »Scham und Zerknirschung« stürzen, und selbst ein zufälliger Verstoß gegen irgendeine triviale Regel der Etikette kann noch Jahre später, wenn man sich an ihn erinnert, ein »brennende[s] Gefühl der Scham« hervorrufen.[13] So gesehen hat das Festhalten an moralischen Normen als solches eine ererbte Basis. Nicht erbbedingt ist lediglich der spezifische Inhalt der einzelnen Moralsysteme.

Woher aber rührt nun diese Variationsbreite bezüglich des Gehalts der Moralvorschriften? Darwin glaubte, verschiedene Völker hätten unterschiedliche moralische Regeln, weil diese – aus jeweils eigenen historischen Gründen – meinten, unterschiedliche Normen seien den Interessen des Gemeinwesens dienlich.

Darwin zufolge waren diese Auffassungen häufig verfehlt und führten zu abstrusen Verhaltensformen, wenn nicht sogar zu solchen, die »im vollen Gegensatz zur wahren Wohlfahrt und Glückseligkeit der Menschheit« standen. Man kann sich des Eindrucks nicht erwehren, daß in Darwins Augen England oder allenfalls Europa als Ganzes die Weltgegenden waren, wo in dieser Beziehung die wenigsten Fehlurteile aufgetreten waren. Die »Wilden« hatten sich jedenfalls mehr als genug Irrtümer geleistet. Ihr »unzureichendes Vermögen des Nachdenkens« hinderte sie offenbar daran, die nicht unmittelbar auf der Hand liegenden Zusammenhänge zwischen Moralgesetzen und Gemeinwohl zu begreifen; zudem mangelte es ihnen – möglicherweise aus konstitutionellen Gründen – an Selbstdisziplin: »Extreme Unmäßigkeit ist für Wilde nichts Verwerfliches; die extreme Zügellosigkeit derselben, ihrer unnatürlichen Verbrechen gar nicht zu gedenken, ist etwas Staunenerregendes.«[14]

Freilich sollte derlei »Wildheit« nach Darwins Meinung nicht den Blick auf das zweite universelle Element menschlicher Moralität verstellen. Im Feuerländer wie im Engländer wirkten »soziale Instinkte«, an erster Stelle Mitgefühl (oder »Sympathie«, wie es in der Sprache der Zeit hieß) für ihre Mitmenschen: »Nichtsdestoweniger finden sich Gefühle der Sympathie und des Wohlwollens, besonders während Krankheiten, zwischen den Gliedern eines und desselben Stammes [...].« Und in der ethnographischen Literatur, so Darwin an anderer Stelle, sind »viele Beispiele von Barbaren mitgeteilt worden, welche jeden Gefühls eines allgemeinen Wohlwollens gegen die Menschheit bar und nicht durch irgendwelches religiöse Motiv geleitet mit völliger Überlegung in der Gefangenschaft eher ihr Leben opferten, als ihre Kameraden verrieten; und sicherlich ist ihr Benehmen als ein moralisches zu betrachten.«[15]

Gewiß, Barbaren besaßen eine fatale Neigung, jedermann außerhalb der Stammesgrenzen als moralisch wertlos zu betrachten. Ja, »man hat berichtet, daß ein indischer Thug es in seinem Gewissen bedauerte, daß er nicht ebenso viele Reisende stranguliert und beraubt habe, als sein Vater vor ihm getan hatte«[16]. Doch das war eine Frage des Aktionsradius der »Sympathie«, kein Grund, an ihrer Existenz als solcher zu zweifeln. Solange alle Völker über einen Kernbestand an Moralität verfügen, ist kein Volk für eine Höherentwicklung seiner Moralprinzipien verloren. In *Reise eines Naturforschers um die Welt* schrieb Darwin über Bewohner einer der chilenischen Küste vorgelagerten Insel: »Es ruft ein angenehmes Gefühl hervor, die Ureinwohner auf denselben Zivilisationsgrad vorgeschritten zu sehen, wie niedrig der auch immer sein mag, welchen ihre weißen Eroberer erlangt haben.«[17]

Wer als Wilder sich jetzt geschmeichelt fühlt, daß Darwin ihm den Vollbesitz mitfühlender Regungen und die diesen zugrundeliegenden sozialen Instinkte zusprach, sollte sich darüber klar sein, daß er auch einige nicht-menschliche Lebewesen dieser Ehre teilhaftig werden ließ. »Es sympathisieren sicher viele Tiere mit dem Unglück oder der Gefahr ihrer Genossen«, schrieb er und zitierte zum Beleg Berichte anderer Naturforscher über Paviane, die unter heldenmütigem Einsatz Jungtiere vor einem Rudel Wildhunde retteten, sowie über Pelikane, Krähen und Haushühner, die blinde Artgenossen durchfütterten. Auch Kühen mochte er die Fähigkeit zu sympathetischen Regungen nicht absprechen: »Wer kann sagen, was Kühe fühlen, wenn sie um einen sterbenden oder toten Genossen herumstehen und ihn anstarren?«[18] Er schilderte den Austausch von Zärtlichkeiten zwischen zwei Schimpansen, wie er ihm von einem Tierpfleger, der die erste Begegnung der beiden Zootiere überwacht hatte, berichtet worden war: »Sie saßen einander gegenüber, berührten einander mit ihren weit vorgestreckten Lippen, und der eine legte seine Hand auf die Schulter des andern. Dann schlossen sie sich gegenseitig in ihre Arme ein. Später standen sie auf, ein jeder mit einem Arm auf der Schulter des andern, hoben ihren Kopf in die Höhe, öffneten den Mund und schrien vor Entzücken.«[19]

Ein Teil der genannten Beispiele mögen einfach durch Verwandtschaftsselektion zu erklärende Fälle von Altruismus unter nahen Verwandten sein. Und was die Geschichte von den Schimpansen betrifft, die miteinander Bekanntschaft anknüpften, so mag sie von einem Tierpfleger anthropomorphisierend ausgeschmückt worden sein. Indes ist es tatsächlich so, daß Schimpansen echte Freundschaft schließen, und das allein reicht aus, um Darwins These zu untermauern: Auch wenn wir die Spezies Mensch für etwas noch so Besonderes halten, wir sind nicht die einzigen zu – selbst Familien-, Clan- und Sippengrenzen überschreitenden – »Gefühlen der Sympathie und des Wohlwollens« befähigten Wesen.

Gewiß, stellte Darwin fest, gehe der Mensch, was sein moralisches Verhalten anlangt, weiter als jedes andere Lebewesen. Vermittels seiner komplexen Sprache vermöge er sich ein genaues Bild davon zu verschaffen, welches Verhalten im Interesse des Gemeinwohls von ihm erwartet werde. Überdies sei er zum Rückblick in die Vergangenheit befähigt, vermöge sich der letzten Endes schmerzlichen Folgen zu erinnern, die es gehabt habe, als er es zugelassen hatte, daß seine »sozialen Instinkte« von niedrigeren Instinkten besiegt wurden, und könne sich entschließen, sich zu bessern. Darwin meint sogar, aus diesen und ähnlichen Gründen müsse man das Attribut »moralisch« im eigentlichen Sinn ausschließlich der Spezies Mensch vorbehalten.[20] Nichtsdestoweniger sah er als Wurzel dieser hochentwickelten Moral einen sozialen Instinkt, der – mochte ihn die menschliche Evolution auch gesteigert haben – stammesgeschichtlich weit älter war als die Menschheit.

Wer herausfinden will, wie die Evolution moralische (oder andere) Impulse begünstigt hat, kann nicht umhin, die Verhaltensweisen unter die Lupe zu nehmen, die sie bewirken. Schließlich fällt die natürliche Selektion ihr Urteil über Verhalten, nicht über Gedanken oder Gefühle; Handlungen, nicht die Gefühle lenken unmittelbar den Gentransport. Darwin war sich über dieses Prinzip vollkommen im klaren. »Es ist oft angenommen worden, daß die Tiere an erster Stelle gesellig gemacht wurden, und daß sie als Folge hiervon sich ungemütlich fühlten, wenn sie voneinander getrennt wurden, und gemütlich, solange sie zusammen waren. Eine wahrscheinlichere Ansicht ist aber die, daß diese Empfindungen zuerst entwickelt wurden, damit diejenigen Tiere, welche durch das Leben in der Gesellschaft Nutzen hätten, veranlaßt würden, zusammenzuleben [...]. Denn bei denjenigen Tieren, welche durch das Leben in enger Gemeinschaft bevorzugt wurden, werden diejenigen Individuen, welche das größte Vergnügen an der Gesellschaft empfanden, am besten verschiedenen Gefahren entgehen, während diejenigen, welche sich am wenigsten um ihre Kameraden kümmerten und einzeln lebten, in größerer Anzahl untergehen werden.«[21]

Die Gruppenselektionstheorie

Bei der Ausarbeitung seines im wesentlichen fundierten evolutionspsychologischen Ansatzes tappte Darwin in die als Gruppenselektionstheorie bekannte Denkfalle. Nehmen wir das Kernstück seiner Erklärung für die Evolution des moralischen Gefühls: »Es darf nicht vergessen werden, daß, wenn auch eine hohe Stufe der Moralität nur einen geringen oder gar keinen Vorteil für jeden individuellen Menschen und seine Kinder über die andern Menschen in einem und demselben Stamme darbietet, doch ein Fortschritt in dem allgemeinen Maße der Moralität und eine Zunahme in der Zahl gut begabter Menschen sicher dem einen Stamm einen unendlichen Vorteil über einen andern verleiht. Es läßt sich nicht zweifeln, daß ein Stamm, welcher viele Glieder umfaßt, die in einem hohen Grade den Geist des Patriotismus, der Treue, des Gehorsams, Muts und der Sympathie besitzen und daher stets bereit sind, einander zu helfen und sich für das allgemeine Beste zu opfern, über die meisten andern Stämme den Sieg davontragen wird, und dies würde natürliche Zuchtwahl sein.«[22]

Ja, dies würde natürliche Zuchtwahl sein, wenn es tatsächlich so wäre. Daß es so sein könnte, ist zwar nicht grundsätzlich unmöglich, aber je länger man darüber nachdenkt, desto unwahrscheinlicher wird es. Darwin selbst hatte in *Die Abstammung des Menschen* wenige Seiten vor der zitierten Stelle bereits die Schwachstelle seines Gedankengangs aufgedeckt: »Es ist äußerst zweifelhaft, ob die Nachkommen der sympathischeren und wohlwollenderen Eltern oder derjenigen, welche ihren Kameraden am treuesten waren, in einer größeren Anzahl aufgezogen wurden als die Kinder selbstsüchtiger und verräterischer Eltern desselben Stammes.« Das Gegenteil dürfte viel eher der Fall gewesen sein, denn »wer bereit war, sein Leben eher zu opfern, als seine Kameraden zu verraten, wie es gar mancher Wilde getan hat, der wird oft keine Nachkommen hinterlassen, seine edle Natur zu vererben. Die tapfersten Leute, welche stets sich willig fanden, sich im Krieg an die Spitze ihrer Genossen zu stellen, und welche ihr Leben für andere in die Schanze schlugen, werden im Mittel in einer größeren Zahl umkommen als andere Menschen.«[23]

So ist es. Selbst wenn man davon ausgehen kann, daß ein Stamm von mehrheitlich uneigennützigen Menschen einem Stamm von Egoisten überlegen ist, bleibt die schwer zu beantwortende Frage, wie denn ein solcher Stamm voller selbstloser Leute überhaupt zustande kommen soll. Im prähistorischen Alltag mit seinem üblichen Maß an Not waren vermutlich die Gene der Leute begünstigt, die, sagen wir mal, lieber Nahrungsmittel für sich selber horteten, als sie mit anderen zu teilen, oder die sich aus den Streitigkeiten ihrer Nachbarn heraushielten, statt Freunden zu helfen und dabei Gefahr zu laufen, selbst zu Schaden zu kommen. Und dieser Vorteil im Verhältnis der Mitglieder eines Stamms untereinander hätte sich in Zeiten der – in Darwins Gruppenselektionstheorie eine Schlüsselrolle spielenden – gesteigerten Rivalität zwischen verschiedenen Stämmen, zum Beispiel während Kriegen oder Hungersnöten, allenfalls noch vergrößert (es sei denn, die Gemeinschaft hätte die Angehörigen gefallener Kriegshelden außerordentlich gut versorgt). Folglich ist nicht zu sehen, wie biologisch gegründete Impulse zur Selbstlosigkeit sich in einer Gruppe hätten durchsetzen sollen. Selbst wenn wie durch Zauberhand 90 Prozent einer Population »Edelmut-Gene« implantiert würden, würden diese im Lauf der Zeit von ihren weniger adelnden Gen-Rivalen verdrängt.

Nehmen wir an, Darwin hätte recht, daß der daraus resultierende zügellose Egoismus innerhalb des Stamms für den betreffenden Stamm im Wettbewerb mit einem andern Stamm den Untergang bedeuten könnte. Das ändert aber nichts daran, daß für alle Stämme die gleiche inhärente Logik gilt und also auch die Sieger selber keine Tugendhelden wären. Und das bedeutet theoretisch, daß das bißchen Selbstlosigkeit, das sie besaßen und das sie so geschickt zu nutzen wußten, bereits im Schwinden begriffen ist, während sie noch die Früchte des Siegs genießen.

Darwins Theorie krankt an einer allen Gruppenselektionstheorien gemeinsamen Problematik: Es ist schwer vorstellbar, daß Gruppenselektion für die Verbreitung von Merkmalen sorgt, welche die Individualselektion von sich aus nicht begünstigt; es ist schwer vorstellbar, daß die natürliche Selektion einen unmittelbaren Konflikt zwischen dem Wohl des Individuums und dem Gemeinwohl zugunsten des Gemeinwesens löst. Natürlich kann man sich Szenarios ausdenken – mit besonderen Migrationsraten zwischen Gruppen und besonderen Gruppen-Extinktionsraten –, deren Ergebnis eine individuelle Opferbereitschaft begünstigende Gruppenselektion ist. Einige wenige Biologen sind denn auch tatsächlich der Ansicht, daß Gruppenselektion in der menschlichen Evolution eine wichtige Rolle gespielt habe.[24] Allein, es läßt sich nicht leugnen, daß gruppenselektionstheoretische Szenarios dazu neigen, ein bißchen arg verwickelt auszufallen. George Williams fand sie denn auch im allgemeinen so lästig, daß er in *Adaptation and Natural Selection* ein – der als »Ockhams Rasiermesser« (*Ockham's razor*) berühmt gewordenen Grundregel *entia non sunt multiplicanda praeter necessitatem* des mittelalterlichen Philosophen Wilhelm von Ockham nachempfundenes – gegen sie gerichtetes Ausschlußprinzip vorschlug: »Man sollte keine Anpassung höherer Ebene postulieren als durch die Faktenlage zwingend geboten.«[25] Mit andern Worten: Man hat zuallererst einmal sehr gründlich nach einem Weg suchen, wie die einem Merkmal zugrundeliegenden Gene in der alltäglichen Mann-gegen-Mann-Konkurrenz begünstigt werden könnten. Erst wenn diese Suche ergebnislos verlaufen ist, sollte man bei der Vorstellung eines Wettbewerbs separater Populationen Zuflucht suchen, und das mit großer Vorsicht. Diese Verfahrensregel ist inzwischen zum offiziösen Credo des neuen Paradigmas geworden.

In dem erwähnten Buch machte Williams von seiner Doktrin kräftig Gebrauch. Ohne Rückgriff auf die Idee der Gruppenselektion formulierte er die heute allgemein akzeptierte Erklärung für das Vorkommen menschlichen Moralempfindens. Mitte der sechziger Jahre hatte Hamilton die Entstehung des Altruismus unter Verwandten erklärt. Wenig später zeigte Williams einen Weg auf, wie die Evolution den Altruismus über die Verwandtschaftsschranke hinaus hatte ausdehen können.

Neuntes Kapitel
FREUNDE

> *[Es] ist [...] nicht wenig merkwürdig, daß Sympathie mit der Not andrer reichlicher Tränen erregt als unsre eigene Trübsal. Und dies ist sicherlich der Fall. Bei dem Leiden eines geliebten Freundes hat so mancher Mann Tränen vergossen, aus dessen Augen keines seiner eignen Leiden Tränen auspressen würde.*
>
> Darwin, *Der Ausdruck der Gemüthsbewegungen bei dem Menschen und den Thieren* (1872)[1]

Es ist nicht ausgeschlossen, daß Darwin die Schwäche seines Haupttheorems über die Entstehung der Moralempfindungen geahnt hat; jedenfalls schickte er ein zweites Theorem als Zugabe nach. In dem Maß, wie im Lauf der Evolution »die Verstandeskräfte und die Voraussicht der einzelnen Glieder [einer Gemeinschaft] sich bessern«, schrieb er in *Die Abstammung des Menschen*, wird »jeder Mensch bald aus Erfahrung lernen, daß, wenn er seine Mitmenschen unterstützt, er auch gewöhnlich in Erwiderung Hilfe von ihnen erfahren wird. Aus diesem niedrigen Motiv kann er die Gewohnheit, seinen Genossen zu helfen, erlangen; und die Gewohnheit, wohlwollende Handlungen auszuüben, kräftigt sicherlich das Gefühl der Sympathie, welches den ersten Antrieb zu wohlwollenden Handlungen abgibt. Überdies neigen Gewohnheiten, welchen mehrere Generationen hindurch die Menschen gefolgt sind, wahrscheinlich zur Vererbung.«[2]

Der letzte Satz ist natürlich falsch. Wir wissen heute, daß Gewohnheiten ausschließlich durch Unterweisung oder beispielgebendes Verhalten und Nachahmung von den Eltern an die Kinder weitergegeben werden. Tatsächlich schlägt sich im Erbgut nichts von den Erfahrungen nieder, welche die Eltern in ihrem Leben gemacht haben (sieht man von Einflüssen wie Strahlenschäden ab). Das Schöne an Darwins Theorie der natürlichen Auslese in ihrer strengen Form war ja gerade, daß sie im Gegensatz zu früheren Evolutionstheorien wie der von Jean-Baptiste de Lamarck nicht die Vererbung erworbener Eigenschaften voraussetzen mußte. Darwin war sich dieses Vorzugs durchaus bewußt und arbeitete deswegen in erster Linie mit der unverwässerten Version seiner Theorie. Doch zeigte er sich zumal in späteren Jahren nicht abgeneigt, zur Lösung besonders verzwickter Probleme – und ein solches war die Frage nach der Entstehung der Moralempfindungen – auch Mechanismen fragwürdigerer Art in Erwägung zu ziehen.

Im Jahr 1966 machte George Williams einen Vorschlag, wie man aus Darwins Gedanken über den Wert wechselseitiger Hilfe für die Evolution mehr Nutzen ziehen könne: Man streiche nicht nur den letzten Satz, sondern auch alles, was mit »Verstandeskräften«, »Voraussicht« und »Lernen« zu tun hat. In *Adaptation and Natural Selection* erinnerte Williams an das von Darwin angesprochene »niedrige Motiv« der guten Tat, nämlich die Erwartung, daß sie bei passender Gelegenheit erwidert werde. Dazu meinte er: »Ich sehe keinen Grund, warum hier ein bewußtes Motiv mitspielen müßte. Damit anderen geleistete Hilfe von der natürlichen Selektion begünstigt wird, ist es notwendig, daß sie dann und wann erwidert wird. Es ist nicht notwendig, daß sich der Hilfeleistende oder der Empfänger der Hilfe dessen bewußt sind.« Er fuhr fort: »In einfachen Worten: Ein Individuum, das Freundschaftsbeziehungen maximiert und Zwistigkeiten minimiert, genießt einen Evolutionsvorteil, und die Selektion müßte Charaktereigenschaften begünstigen, die der Optimierung der persönlichen Beziehungen zuträglich sind.«[3]

Dem Grundgedanken von Williams' Ausführungen (der ohne Frage auch Darwin nicht fremd und von ihm in anderen Zusammenhängen herausgestellt worden war[4]) be-

gegnen wir hier nicht zum erstenmal. Animalische Lebe-
wesen, der Mensch nicht ausgenommen, gehorchen der
Logik der Evolution häufig nicht auf dem Weg bewußten
Kalküls, sondern indem sie ihrem Gefühl folgen, das als
Vollzugsorgan dieser Logik konstruiert wurde. In diesem
Fall, so Williams, könnten Mitgefühl und Dankbarkeit im
Gefühlshaushalt mitspielen. Dankbarkeit kann einen
Menschen veranlassen, sich für erwiesene Wohltaten oder
Gefälligkeiten zu revanchieren, ohne daß damit langes
Nachdenken über das Was und Warum des Tuns verbun-
den wäre. Und wenn unser Mitgefühl für bestimmte
Gruppen von Menschen – beispielsweise für Menschen,
denen wir zu Dank verpflichtet sind – größer ist als für an-
dere, kann dies ebenfalls bewirken, daß wir uns, wieder-
um ohne uns der Hintergründe unseres Tuns sonderlich
bewußt zu sein, für gute Taten erkenntlich zeigen.

Zur voll ausgeformten Theorie wurden Williams' knappe Spekulationen von Robert Rivers weiterentwickelt.
1971, genau 100 Jahre nachdem Darwin in *Die Abstammung des Menschen* das Prinzip des wechselseitigen Altruismus erwähnt hatte, veröffentlichte Trivers in dem Fachjo-
urnal *The Quarterly Review of Biology* einen Aufsatz mit dem
Titel *The Evolution of Reciprocal Altruism* (Die Evolution des
wechselseitigen [oder reziproken] Altruismus). In der Syn-
opse schrieb er: »Freundschaft, Abneigung, moralisieren-
des Eifern, Dankbarkeit, Sympathie, Vertrauen, Argwohn,
Vertrauenswürdigkeit, Dimensionen des Schuldgefühls sowie manche Formen der Unaufrichtigkeit und Heuchelei
lassen sich als wichtige Anpassungen zur Regulierung des
altruistischen Systems erklären.« Heute, über zwei Jahrzehnte nach dieser dreisten Behauptung, mehren sich
noch immer die inzwischen vorliegenden Beweise für ihre
Richtigkeit.

Spieltheorie und reziproker Altruismus

Müßte Darwin sich heute vor Gericht dafür verantworten, daß er es unterlassen hat, die Theorie des wechselseitigen Altruismus zu konzipieren und auszuarbeiten, könnte man zu seiner Verteidigung vorbringen, daß er einer intellektuell im Nachteil befindlichen Kultur entstammte. Dem Vikorianischen England fehlten noch zwei Instrumente, die zusammen ein einzigartig wirksames Hilfsmittel der Analyse bilden: Spieltheorie und Computer.

Die Spieltheorie wurde in den zwanziger und dreißiger Jahren dieses Jahrhunderts als allgemeine Methode zur Untersuchung und Optimierung von Planungs- und Entscheidungsprozessen entwickelt.[5] In den Wirtschafts- und anderen Sozialwissenschaften erfreut sie sich inzwischen großer Beliebtheit, doch ist sie als ein bißchen »überschlau« verrufen. Spieltheoretiker verstehen es geschickt, das Studium menschlichen Verhaltens fein säuberlich zu gestalten, wofür sie jedoch einen hohen Preis an Realitätsverlust zahlen. Nicht selten gehen sie von der Voraussetzung aus, daß die von den Menschen im Leben angestrebten Ziele sich auf den Nenner einer einzigen psychologischen Währung bringen lassen: Lust, Glück oder »Nutzen«; ferner setzen sie voraus, daß die Menschen ihre Ziele auf unbeirrbar rationale Weise verfolgen. Für jeden, der etwas von Evolutionspsychologie versteht, liegt die Fehlerhaftigkeit dieser Voraussetzung auf der Hand. Menschen sind keine Rechenmaschinen; sie sind lebende Wesen, die sich in gewissem Umfang von vernünftigen Überlegungen, daneben aber auch von allerhand andern Motiven leiten lassen. Und die Aussicht auf Glück in einer fernen Zukunft mag ihnen noch so reizvoll erscheinen – sie ist trotzdem nicht das, dem nachzujagen sie geschaffen sind.

Andererseits werden die Menschen *von* einer Rechenmaschine konstruiert – einem in hohem Maße rationalen, kühl und unparteiisch ablaufenden Prozeß. Und diese Maschine konstruiert sie so, daß sie eine einzige Währung maximieren: totale Genverbreitung, umfassende Fitneß.[6]

Manchmal funktionieren die so konstruierten Lebewesen jedoch nicht wie sie sollten. Aus verschiedenerlei Gründen gelingt es einzelnen Individuen oft nicht, ihre Gene weiterzugeben. (Manche versagen zwangsläufig. Das ist der Grund dafür, daß es mit solcher Sicherheit zur Evolution kommt.) Beim Menschen kommt hinzu, daß sein Konstruktionsplan in einer sozialen Umwelt entwickelt wurde, die sich von der heutigen stark unterscheidet. Wir leben in Groß- und Vorstädten, sitzen vor dem Fernseher und trinken Bier und werden dabei ständig von Gefühlen getrieben, die für die Verbreitung unserer Gene in einer kleinen Jäger-und-Sammler-Population entworfen sind. Kein Wunder, daß Menschen oft den Eindruck erwecken, als seien sie bei ihrem Streben nach egal welchem speziellen Ziel – nach Glück, umfassender Fitneß oder was immer – nicht sonderlich erfolgreich.

Für Vertreter der Spieltheorie dürfte es also ratsam sein, bei der Anwendung ihrer Methoden auf die menschliche Evolution einige einfache Grundsätze zu beachten. 1. Ziel des Spiels ist die Maximierung der Genverbreitung. 2. Der Rahmen des Spiels sollte die Realität der Ur-Umwelt widerspiegeln, einer Umwelt, die im großen ganzen der einer Jäger-und-Sammler-Gesellschaft gleicht. 3. Ist die optimale Strategie gefunden, ist das Experiment noch nicht beendet. Der letzte Schritt – das Einfahren des Gewinns – besteht darin, herauszufinden, welche Gefühle Menschen dazu bringen würden, die betreffende Strategie zu verfolgen. Diese Gefühle müßten theoretisch Bestandteil der menschlichen Natur sein; sie müßten sich im Spiel der Evolution von Generation zu Generation entwickelt haben.

Hamiltons Beispiel folgend, benutzte Trivers die als »Gefangenendilemma« bekannte klassische Spielkonstellation: Zwei Komplizen eines Verbrechens werden in getrennten Verhören jeweils vor eine schwierige Entscheidung gestellt. Das vorliegende Belastungsmaterial reicht für einen Schuldspruch wegen der zur Verhandlung stehenden schweren Straftat nicht aus, der Staatsanwalt verfügt jedoch über genügend Beweismaterial, um die beiden eines geringfügigereren Vergehens wegen, sagen wir für ein Jahr, hinter Gitter zu bringen. Der Staatsanwalt strebt ein höheres Strafmaß an und drängt deshalb in Einzelverhören jeden der beiden, ein Geständnis abzulegen und seinen Komplizen mitzubelasten. Er sagt zu jedem der beiden: Wenn Sie gestehen und Ihr Komplize gesteht nicht, dann kommen Sie hier straffrei raus, während ich Ihren Komplizen mit Hilfe Ihres Geständnisses zehn Jahre einsperren lasse. Die Kehrseite des Angebots ist eine Drohung: Wenn Sie *nicht* gestehen, aber Ihr Komplize tut es, dann wandern *Sie* für zehn Jahre in den Knast. Und wenn Sie beide ein Geständnis ablegen, dann lasse ich Sie alle beide einbuchten, aber nur für jeweils drei Jahre.[7]

Würde man in der Haut eines der beiden Gefangenen stecken und seine Chancen abwägen, würden man sich höchstwahrscheinlich für das »Singen« entscheiden – für den Verrat am Komplizen. Nimmt man zum ersten an, der Komplize verrät einen, dann kommt man mit dem Verrat besser weg, nämlich mit drei statt zehn Jahren Haft, die man bekäme, würde man dichthalten, während der andere singt. Nimmt man zum zweiten an, der Komplize verrät einen nicht, dann kommt man immer noch besser weg, wenn man ihn verrät: Wenn man singt, während der andere dichthält, geht man straffrei aus, aber würde man ebenfalls dichthalten, bekäme man immerhin ein Jahr aufgebrummt. Die Logik scheint also zwingend zu gebieten: Verrate deinen Komplizen!

Dennoch: Wenn beide Komplizen dieser nahezu zwingenden Logik folgen und sich gegenseitig hereinlegen, endet das Ganze für jeden von ihnen mit einer Haftstrafe von drei Jahren, wiewohl sie beide mit einem Jahr hätten davonkommen können, wenn sie loyal geblieben wären und den Mund gehalten hätten, hätten sie Gelegenheit, miteinander zu kommunizieren und sich abzusprechen, wäre die Sache einfach – sie könnten zusammenarbeiten und würden damit alle beide besser fahren. Aber just diese Gelegenheit zur Kommunikation ist ihnen genommen – wie kann es da zur Zusammenarbeit kommen?

Die Frage entspricht im großen ganzen der, wie Tiere, die nicht sprechen und folglich einander auch nicht versprechen können, etwas zu vergelten, ja nicht einmal fähig sind, Vorstellung von dem zu entwickeln, was Vergeltung ist, im Lauf ihrer Evolution zu wechselseitigem Altruismus gelangen konnten. Verrat zu üben an einem Komplizen, während dieser loyal bleibt, entspricht dem Verhalten eines Tiers, das vom altruistischen Handeln seiner Artgenossen profitiert, dafür aber nie eine Gegenleistung erbringt. Wechselseitiger Verrat entspricht einer Situation, in der kein Tier einem andern einen Gefallen erweist: Reziproker Altruismus wäre zwar für alle von Nutzen, aber keines geht das Risiko ein, vom andern übers Ohr gehauen zu werden. Wechselseitige Loyalität entspricht einem vollendeten Zyklus reziproken Altruismus – ein Gefallen wird erwiesen und vergolten. Aber noch einmal gefragt: Warum einen Gefallen tun, wenn es keine Gewähr für eine Gegenleistung gibt?

Die strukturelle Analogie zwischen Modell und Wirklichkeit ist nicht vollkommen.[8] Beim reziproken Altruismus liegt zwischen der altruistischen Handlung und der Gegenleistung eine Zeitspanne, während die Betroffenen beim Gefangenendilemma gleichzeitig agieren. Der Unterschied ist jedoch ziemlich belanglos. Insofern die Gefangenen sich über ihre zeitgleichen Entscheidungen nicht verständigen können, befinden sie sich in der gleichen Lage wie ein vor der Entscheidung für oder gegen altruistisches Handeln stehendes Tier, nämlich in Ungewißheit darüber, ob einem freundlichen Zug der eigenen Seite ein entsprechender Zug der Gegenseite gegenübersteht. Hinzu kommt, daß es eine andere Variante des Spiels mit der Bezeichnung »wiederholtes Gefangenendilemma« gibt, die man als Modell heranziehen kann. Sie besteht darin, das Spiel *mit denselben Teilnehmern* immer und immer wieder zu spielen – so daß sich jeder bei seinen Entscheidungen an seinen Erfahrungen hinsichtlich des Verhaltens des Gegners in den vorhergehenden Spielen orientieren kann. So hat jeder Spieler die Möglichkeit, in späteren Spielrunden zu ernten, was er in früheren gesät hat – ganz so wie beim reziproken Altruismus.

Alles in allem gibt das Modell die Wirklichkeit recht gut wieder. Die Logik, die beim wiederholten Gefangenendilemma zur Zusammenarbeit führen müßte, ist ziemlich genau dieselbe Logik, die in der Natur zu reziprokem Altruismus führen müßte. Das Wesentliche an dieser Logik ist in beiden Fällen, daß das Ergebnis keine Nullsumme ist.

Nicht-Nullsummen-Spiele

Nehmen wir an, Sie seien ein Schimpanse, der gerade einen Roten Kolobusaffen gejagt und getötet hat und jetzt einem Artgenossen, der in letzter Zeit wenig zu fressen hatte, etwas vom Fleisch der Beute abgibt. Sagen wir, Sie geben ihm vier Happen zu je 50 Gramm, und zählen wir das als vier Verlustpunkte für Sie. Nun ist der Gewinn Ihres Artgenossen in entscheidender Hinsicht größer als Ihr Verlust. Er befand sich in einer außerordentlichen Notlage, so daß der reale Wert der Nahrung – ausgedrückt in Nützlichkeit für die Verbreitung seiner Gene – außerordentlich hoch war. Wäre er ein Mensch und in der Lage, sich seine Misere vor Augen zu führen, und müßte er einen Schuldschein ausstellen, würde er sich bei völlig nüchterner Überlegung vielleicht sogar verpflichten, sobald er am nächsten Zahltag seinen Lohn erhalten hat, für die erhalte-

nen 200 Gramm Fleisch 250 Gramm zurückzuerstatten.
Sein Gewinn bei der Transaktion beträgt also fünf Punkte,
obwohl Ihre Kosten nur vier Punkte betrugen.

Diese Asymmetrie verleiht dem Spiel Nicht-Nullsummen-Charakter. Der Gewinn des einen ist nicht gleich dem
Verlust des andern. Charakteristisch für das Nicht-Nullsummen-Spiel ist, daß der Spieler, der bestrebt ist, seinen
Anteil am Spiel zu maximieren, dabei nicht selbstverständlich danach trachtet, den Anteil des Mitspielers zu mini-
mieren: *Beide* Spieler können durch Zusammenarbeit oder
Entgegenkommen und Erkenntlichkeit am Ende besser
dastehen.[9] Wenn der andere Schimpanse Ihnen Ihre Gefälligkeit zu einem Zeitpunkt vergilt, wo er Fleisch im Überfluß hat, Sie jedoch am Hungertuch nagen, dann opfert er
vier Punkte, aber sie gewinnen fünf. Beide schneiden Sie
bei dem Geschäft mit einem Gewinn von je einem Punkt
ab. Tennis-, Golf- oder Reitturniere enden zwangsläufig jeweils mit nur einem Gewinner. Beim Gefangenendilemma
ist das anders, weil es ein Nicht-Nullsummen-Spiel ist. Beide Spieler können gewinnen, wenn sie zusammenarbeiten. Wenn Höhlenmensch A und Höhlenmensch B sich
zusammentun, um Jagd zu machen auf ein Wild, das zu
erlegen einem einzelnen Jäger nie gelingen könnte, haben
am Ende die Familien beider Höhlenmenschen reichlich zu
essen. Ohne eine solche Zusammenarbeit müssen sich beide Familien mit weniger bescheiden.

Die Arbeitsteilung ist der Humus alltäglicher Nicht-Null-
summen-Spiele: Du entwickelst dich zum Meister im Ver-
nähen von Fellen und lieferst mir Kleidung, ich bearbeite
Holz und liefere dir Speerschäfte. Der springende Punkt ist
dabei – wie auch bei dem Schimpansenbeispiel –, daß der
Überschuß des einen Lebewesens für ein anderes ein
knappes und kostbares Gut sein kann. Dergleichen gab es
zu allen Zeiten. Über einen Warentausch mit Feuerland-
Indios schrieb Darwin im Rückblick: »Beide Teile lachten,
wunderten sich und starrten einander an. Wir bemitleide-

ten sie, daß sie uns gute Fische und Krabben gegen Plunder gaben. Sie griffen zu und benutzten den Zufall, daß sie Leute so närrisch fanden, so glänzenden Schmuck gegen ein Abendessen einzutauschen.[10]

Nach den Verhältnissen in heutigen Jäger-und-Sammler-Gesellschaften zu urteilen, war es mit der ökonomischen Arbeitsteilung in der Ur-Umwelt nicht weit her. Die gängigste Tauschware dürften ohne Frage Informationen gewesen sein. Zu wissen, wo üppige Nahrungsvorräte zu finden sind oder wo jemand eine Giftschlange gesehen hat, kann unter Umständen über Leben und Tod entscheiden. Und das Wissen, wer mit wem schläft, wer auf wen wütend ist, wer wen betrogen hat usw., kann das soziale Taktieren um den Gewinn sexueller Chancen und anderer lebenswichtiger Ressourcen bestimmen. Tatsächlich hat die Art Klatsch, nach der Menschen aller Kulturen von Natur aus gierig zu sein scheinen – Geschichten von Triumph und Niederlage, Glück und Unglück, außergewöhnlicher Treue und niederträchtigem Verrat –, viel zu tun mit der Art Informationen, welche die Angepaßtheit zu steigern vermögen.[11] Der Austausch von Klatschgeschichten (und »Austausch« ist in diesem Fall ein Ausdruck, wie er treffender gar nicht sein könnte) ist eine der Hauptbeschäftigungen unter Freunden und vielleicht sogar ein Hauptmotiv für die Existenz von Freundschaften überhaupt.

Im Gegensatz zu Nahrungsmitteln, Speerschäften oder Fellen werden Informationen weitergegeben, ohne daß sie dadurch dem Geber verlorengehen, was für einen extremen Nicht-Nullsummen-Charakter der Transaktion sorgt.[12] Keine Frage, manchmal ist eine Information nur so lange von Wert, wie sie für sich behalten wird. Aber oft verhält es sich anders. Ein Darwin-Biograph schrieb, daß nach wissenschaftlichen Gesprächen zwischen Darwin und dessen Freund Joseph Hooker »einer den anderen in Beteuerungen überbot, sein eigener Gewinn aus dem Gedankenaustausch [...] überwiege bei weitem die Gegenleistung, die er selbst habe allenfalls erbringen können.«[13]

Mit dem Nicht-Nullsummen-Charakter von Transaktionen allein ist die Evolution des reziproken Altruismus nicht zu erklären. Auch in Nicht-Nullsummen-Spielen ist Zusammenarbeit nicht *zwangsläufig* sinnvoll. Nehmen wir als Beispiel das Teilen von Nahrung: Nach einer Runde wechselseitigen Altruismus hat man zwar einen Punkt gutgemacht, aber wenn man betrügt – ein großzügiges Entgegenkommen annimmt, es jedoch nie vergilt –, macht man *sechs* Punkte gut. Daraus wäre also scheinbar die Lehre zu ziehen: Wenn man die Möglichkeit hat, sein Leben lang seine Mitmenschen auszubeuten, dann sollte man das unbedingt tun; der Wert der Zusammenarbeit verblaßt neben dieser Option. Auch wenn man niemanden zum Ausbeuten findet, ist Zusammenarbeit unter Umständen *trotzdem* nicht die optimale Strategie. Wenn man in einem sozialen Umfeld lebt, wo jeder einen ständig auszubeuten sucht, dann ist reziproke Ausbeutung das gegebene Mittel, die eigenen Verluste zu mindern. Ob Nicht-Nullsummen-Charakter tatsächlich die Evolution reziproken Altruismus vorantreibt, hängt in hohem Maß von den Verhältnissen ab, die in der betreffenden gesellschaftlichen Umwelt vorherrschen. Das Gefangenendilemma muß schon mehr bieten als nur ein anschauliches Beispiel für ein Nicht-Nullsummen-Spiel, wenn es uns in diesem Zusammenhang von Nutzen sein soll.

Die Überprüfung von Theorien ist für Evolutionsbiologen natürlich ein generelles Problem. Chemiker und Physiker überprüfen eine Theorie in sorgfältig kontrollierten Experimenten, die entweder so ausgehen wie vorausgesagt – und damit die Theorie bestätigen – oder nicht. Manchmal sind auch Evolutionsbiologen in der Lage, so zu verfahren. Wir haben das am Beispiel der Forscher gesehen, die Packrattenmütter einem Nahrungsentzug unterwarfen, um festzustellen, ob sie daraufhin, wie vorausgesagt, weibliche Junge begünstigen. Nun können Biologen aber mit Menschen nicht experimentieren wie mit Packratten, und vor allem können sie das perfekte Experiment nicht durchführen: das Band zurückspulen und die ganze Evolution noch einmal von vorn laufen lassen.

Biologen gelingt es jedoch zunehmend, Evolutionsvorgänge näherungsweise zu simulieren. Als Trivers 1971 die Theorie des reziproken Altruismus formulierte, waren Computer noch exotische, von Spezialisten gebrauchte Apparate. Noch nicht einmal PCs gab es. So konnte sich Trivers zwar das Gefangenendilemma als eines nützlichen analytischen Hilfsmittels bedienen, aber gar nicht auf die Idee kommen, es allen Ernstes zu *verlebendigen* – per Computersimulation eine Spezies zu erschaffen, deren Mitglieder regelmäßig auf Leben oder Tod mit dem Dilemma konfrontiert werden, und dann der natürlichen Selektion freien Lauf lassen.

Ende der siebziger Jahre simulierte der amerikanische Politologe Robert Axelrod eine Welt des »wiederholten Gefangenendilemmas« im Computer und machte sich auf höchst originelle Weise daran, sie zu bevölkern. Ohne die natürliche Selektion zu erwähnen – sie lag anfangs außerhalb seines Interessenhorizonts – forderte er per Anzeige Experten der Spieltheorie auf, Computerprogramme einzureichen, die eine Umsetzung der nach Meinung des Programmierers optimalen Strategie zur Bewältigung des wiederholten Gefangenendilemmas darstellten, das heißt, einen Algorithmus enthielten, nach dem das Programm bei der Konfrontation mit den Spielzügen eines andern Programms sich entweder für die Option »Zusammenarbeit« oder für die Option »Zusammenarbeit verweigern« entschied. Axelrod übersetzte alle eingereichten Strategien in eine gemeinsame Computersprache und ließ sie dann gegeneinander antreten. Die simulierte Wettbewerbssituation war somit ein ausgezeichnetes Modell für den gesellschaftlichen Kontext der menschlichen – wie der vormenschlichen – Evolution: einer ziemlich kleinen (in diesem Fall etliche Dutzend Mitglieder zählenden) Gemeinschaft von regelmäßig miteinander interagierenden Individuen. Jedes Programm war in der Lage, »sich zu erinnern«, ob die einzelnen andern Programme bei vorausgegangenen Begegnungen für Zusammenarbeit optiert hatten oder nicht, und sein eigenes Verhalten entsprechend anzupassen.

Nachdem jedes Programm 200mal jedem andern Programm (einschließlich einer Kopie seiner selbst) begegnet war, addierte Axelrod ihre Punkte und bestimmte den Gewinner. Dann ließ er eine zweite Runde des Wettbewerbs folgen, der eine systematische Siebung vorausgegangen war: An den Aktivitäten dieser Runde wurde jedes Programm entsprechend seines Erfolgs in der ersten Runde beteiligt – die Bestangepaßten hatten überlebt. Und so ging das Spiel Generation um Generation weiter. Wenn die Theorie des reziproken Altruismus zutrifft, ist die Erwartung berechtigt, daß die »Evolution« in Axelrods Computer reziproken Altruismus hervorbringt und ihn nach und nach in der Population verbreitet.

So war es. Die siegreiche Strategie, entworfen von dem kanadischen Psychologen und Spieltheoretiker Anatol Rapoport (er war Verfasser eines Buchs mit dem Titel *Prisoner's Dilemma* [Das Gefangenendilemma]), erhielt die Bezeichnung »Wie du mir, so ich dir«.[14] »Wie du mir, so ich dir« funktioniert nach einer denkbar einfachen Regel: In dekompilierter Form umfaßt das Programm nur fünf Zeilen. (Wären die konkurrierenden Programme nicht geschrieben, sondern per Zufallsgenerator im Computer erzeugt worden, wäre »Wie du mir, so ich dir« wahrscheinlich unter den ersten Resultaten gewesen.) »Wie du mir, so ich dir« ist genau die Strategie, die der Name beschreibt: Sie beginnt beim ersten Zug mit »Zusammenarbeit«, um in der Folge nur mehr den vorangegangenen Zug des Gegenspielers zu kopieren. Eine gute Tat ist der andern wert, und für eine böse Tat gilt das gleiche.

Die Wirkungsweise der Wie-du-mir-so-ich-dir-Strategie ist so einfach wie die Strategie selbst. Läßt der Gegenspieler die Tendenz zur Zusammenarbeit erkennen, schließt »Wie du mir, so ich dir« sofort Freundschaft, und beide genießen die Vorteile der Zusammenarbeit. Zeigt der Gegenspieler die Neigung zu betrügen, kontert »Wie du mir, so ich dir« mit Verweigerung der Zusammenarbeit und reduziert so seine Verluste; indem es bis zur Besserung des Gegenspielers auf Verweigerungskurs bleibt, vermeidet es die hohen Kosten, welche die Rolle des ewig gutmütigen Trottels mit sich bringen würde. »Wie du mir, so ich dir« läßt sich nie wiederholt hereinlegen, wie es undifferenziert kooperationsbereiten Programmen passieren kann. Aber zugleich entgeht »Wie du mir, so ich dir« auch dem Los undifferenziert *nicht*-kooperativer Programme, die auf Ausbeutung des Gegenspielers aus sind: Sie verfangen sich in dem Augenblick in einer für beide Seiten kostenträchtigen Spirale wechselseitigen Betrugs, wo sie an einen Gegenspieler geraten, der zwar prinzipiell zu uneingeschränkter Zusammenarbeit bereit ist, jedoch im Einzelfall ein Zeichen des Entgegenkommens verlangt. Natürlich verzichtet »Wie du mir, so ich dir« von vornherein auf Riesengewinne, wie sie sich durch gelungene Ausbeutung des Mitspielers auf einen Sitz erzielen lassen. Aber es hat sich gezeigt, daß auf Ausbeutung zielende Strategien – ob sie nun mit unablässig oder in Intervallen »überraschend« wiederholten Übervorteilungsversuchen arbeiten – mit zunehmender Spieldauer immer schlechter abschnitten. Die andern Spieler stellten ihnen gegenüber ihre »Nettigkeit« ein, so daß ihnen nicht nur die großen Gewinne der Ausbeutung, sondern auch die bescheideneren Gewinne der Zusammenarbeit entgingen. Mehr als alle gleichbleibend »miesen«, mehr als alle gleichbleibend »netten« und mehr als die diversen »ausgekochten« Strategien – letztere arbeiteten nach so komplizierten Regeln, daß sie für die Mitspieler schwer zu durchschauen waren – wirkte sich die einfach auf Gegenseitigkeit pochende Wie-du-mir-so-ich-dir-Strategie zum Vorteil ihres Träger-Programms aus.

Das Wie-du-mir-so-ich-dir-Gefühl

Das Programm mit der Wie-du-mir-so-ich-dir-Strategie hat viel mit dem Durchschnittsmenschen gemein. Es besitzt allerdings, im Gegensatz zum Menschen, nicht die Fähigkeit zur Voraussicht. Es *versteht* nichts von Sinn und Wert der Vergeltung. Es vergilt einfach nur. So gesehen ähnelt es vielleicht doch mehr dem Australopithecus, unserem Vorfahren mit der noch sehr geringen Gehirnkapazität.

Welche Gefühle müßte die natürliche Selektion einem Australopithecus eingepflanzt haben, damit diese verstandesschwache Kreatur eine so clevere Strategie wie den reziproken Altruismus anwendet? Die Antwort kann sich nicht mit der von Darwin erwähnten schlichten, undifferenzierten »Sympathie« bescheiden. Zwar würde diese Art Sympathie sich anfangs insofern als zweckmäßig erweisen, als sie »Wie du mir, so ich dir« prinzipiell zu einem wohlwollenden, Kooperationsbereitschaft signalisierenden Eröffnungszug veranlaßt. In der Folge muß das Wohlwollen jedoch selektiv verteilt und durch andere Gefühle ergänzt werden. Das von »Wie du mir, so ich dir« eingehaltene Handlungsprinzip, eine Gefälligkeit zuverlässig zu erwidern, ließe sich vielleicht mit Hilfe von Gefühlen wie Dankbarkeit und Verpflichtung zur Gegenleistung realisieren. Zorn und Abneigung könnten dafür sorgen, daß es einem miesen Australopithecus gegenüber mit dem Entgegenkommen ein Ende hat. Und die Neigung, zu ehemaligen Mieslingen, die tätige Reue praktizieren, wieder nett zu sein, würde sich aus Gefühlen wie Versöhnlichkeit und Nachsicht ergeben – die eine durch die unveränderten Umstände plötzlich kontraproduktiv gewordene Feindseligkeit auslöschen würden. All diese Gefühle finden sich in allen menschlichen Kulturen.

Im wirklichen Leben ist Zusammenarbeit keine Alles-oder-nichts-Angelegenheit. Wenn man irgendwo zufällig einem Bekannten begegnet, versucht man nicht, nützliche Informationen aus ihm herauszuholen und hat damit entweder Erfolg oder nicht. Vielmehr ist es meist so, daß beide sich über alles mögliche austauschen, wobei beide Seiten Informationen liefern, die für die andere Seite eventuell von Nutzen sein könnte. Dabei halten sich die Beiträge beider nicht genau die Waage. Folglich erschöpfen sich die Regeln des wechselseitigen Altruismus beim Menschen wohl etwas weniger in einer einfachen Alternative als bei dem Wie-du-mir-so-ich-dir-Programm. Wenn der Mensch F bei mehreren Gelegenheiten ausgesprochen nett zu einem war, ist man nicht mehr sosehr auf der Hut und tut F auch mal einen Gefallen, ohne ihn ständig mißtrauisch zu beobachten. Die Wachsamkeit beschränkt sich auf starke Anzeichen aufkommender Gemeinheit sowie – bewußt oder unbewußt – auf eine periodische Überprüfung der Gesamtbilanz. Umgekehrt, wenn der Mensch G sich monatelang ungefällig gezeigt hat, schreibt man ihn am besten wohl ganz ab. Die Gefühle, die einen zu diesen zeit- und energiesparenden Verhaltensweisen treiben, sind im einen Fall Zuneigung und Vertrauen (was zur Vorstellung »Freund« führt), im andern Fall Feindseligkeit und Mißtrauen (was zur Vorstellung »Feind« führt).

Freundschaft, Zuneigung, Vertrauen – das ist es, was menschliche Gesellschaften zusammenhielt, lange bevor die Leute Verträge schlossen, lange bevor sie Gesetze niederschrieben. Noch heute sind diese Kräfte mit die Gründe dafür, daß menschliche Gesellschaften Ameisenkolonien an Zahl der Mitglieder und an Komplexität weit übertreffen, obwohl der Verwandtschaftsgrad kooperativ zusammenwirkender Menschen gewöhnlich nahe Null liegt. Betrachtet man, wie sich das freundliche aber strenge »Wie du mir, so ich dir« in der Population ausbreitete, gewinnt man einen Eindruck davon, wie aus zufälligen Genmutationen der einzigartig subtile Sozialkitt der menschlichen Spezies hervorgehen konnte.

Noch bemerkenswerter aber ist vielleicht, daß diese zufälligen Mutationen sich ohne »Gruppenselektion« im Genpool verbreiten. Das war der zentrale Punkt, auf den Williams' Argumentation vom Jahr 1966 hinauslief: Altruismus gegenüber Nichtverwandten, so wichtig er für den Gruppenzusammenhalt auch ist, muß nicht notwendig zum »Wohl des Stamms«, ja noch viel weniger zum »Wohl der Art« geschaffen worden sein. Er scheint aus dem einfachen, alltäglichen Wettbewerb zwischen Individuen hervorgegangen zu sein. Williams schrieb 1966: »Dem Ausmaß und der Komplexität des durch diesen Faktor produzierten gruppenbezogenen Verhaltens ist theoretisch keine Grenze gesetzt, und das unmittelbare Ziel solchen Verhaltens wird immer das Wohl irgendeines anderen Individuums sein, und zwar häufig eines, mit dem keine genetische Verwandtschaft besteht. Im Grunde ist dies jedoch keine Anpassung im Interesse der Gruppe. Sie entwickelt sich aufgrund des differentiellen Überlebens der Individuen und bezweckt den Fortbestand der Gene des Individuums, das die Interessen eines anderen Individuums bedient.«[15]

Ein Schlüssel zu diesem Hervorwachsen von Harmonie im makroskopischen Bereich aus Egoismus im mikroskopischen Bereich ist das Feedback zwischen den beiden Bereichen. Mit zunehmender Zahl von Wie-du-mir-so-ich-dir-Individuen – das heißt mit wachsender sozialer Harmonie – bessert sich die Lage jedes einzelnen dieser Individuen, denn eines ist für das andere der ideale Nachbar. Die beiden entwickeln rasch und mühelos eine dauerhafte, fruchtbare Beziehung. Keiner wird je übers Ohr gehauen, und keiner braucht je Strafen austeilen, die beide teuer zu stehen kommen. Ergo: Je größer die gesellschaftliche Harmonie, desto besser geht es jedem einzelnen, was wiederum die Harmonie steigert usw. usf. Durch natürliche Selektion kann einfache Zusammenarbeit sich faktisch selbst verstärken.

Pionier auf dem modernen Gebiet der Erforschung derartigen sich selbst verstärkenden gesellschaftlichen Zusammenhalts wie bei der Anwendung der Spieltheorie auf evolutionstheoretische Probleme war John Maynard Smith. Wir haben bereits gesehen, wie er mit Hilfe des Begriffs der »frequenzabhängigen Selektion« das demographische Gleichgewicht zweier verschiedener Typen von Blauen Sonnenfischen innerhalb einer Population erklärte: Wann immer das zahlenmäßige Verhältnis von »Vagabunden« zu »Biedermännern« sich zugunsten der »Vagabunden« verschiebt, werden die »Vagabunden« genetisch weniger produktiv und ihre Zahl verringert sich auf den Normalstand. Auch Wie-du-mir-so-ich-dir-Organismen unterliegen frequenzabhängiger Selektion, allerdings wirkt die Dynamik hier in umgekehrter Richtung mit einem positiven, nicht negativen Feedback: Je zahlreicher die Wie-du-mir-so-ich-dir-Organismen werden, desto größer wird ihr Reproduktionserfolg. Bewirkt negatives Feedback zuweilen einen »evolutionär stabilen Zustand« – ein Gleichgewicht verschiedener Strategien –, so kann positives Feedback eine »evolutionär stabile *Strategie*« (ESS) hervorbringen: eine Strategie, die – hat sie sich erst einmal bei der Mehrzahl der Individuen einer Population durchgesetzt – gegen kleinere Angriffe gefeit ist. Keine durch ein mutantes Gen aufkommende alternative Strategie hätte auch nur die geringste Chance. Nachdem Axelrod den Siegszug der Wie-du-mir-so-ich-dir-Strategie beobachtet und die Gründe ihres Erfolgs analysiert hatte, erklärte er sie evolutionär stabil.[16]

Zusammenarbeit kann schon in einer frühen Spielphase beginnen, sich selbst zu verstärken. Wenn auch nur eine kleine Splittergruppe einer Population die Wie-du-mir-so-ich-dir-Strategie anwendet und alle andern Individuen beharrlich jede Zusammenarbeit verweigern, wird Kooperationsbereitschaft im Lauf der Generationen das Übergewicht gewinnen. Das Umgekehrte trifft nicht zu. Selbst wenn in einer Population von Wie-du-mir-so-ich-dir-Individuen mehrere Ausbeuter gleichzeitig auftauchen, können sie das demographische Verhältnis nicht umkehren. Einfache, an Bedingungen geknüpfte Kooperationsbereitschaft ist ansteckender als bedingungslose Gemeinheit. In einem gemeinsam verfaßten Kapitel von Axelrods 1984 veröffentlichtem Buch *The Evolution of Cooperation* (dt. *Die Evolution der Kooperation*) schrieben Robert Axelrod und William Hamilton: »[D]ie Zahnräder der sozialen Evolution haben eine Sperre.«[17]

Leider wirkt diese Sperre nicht schon von allem Anfang an. Wenn ein *einziges* Wie-du-mir-so-ich-dir-Wesen in einem Klima purer Gemeinheit auftaucht, ist es dem Untergang geweiht. Standhafte Verweigerung von Zusammenarbeit ist allem Anschein nach ihrerseits eine evolutionär stabile Strategie. Hat sie sich in einer Population durchgesetzt, ist diese gegen das Eindringen eines einzelnen Mutanten, der eine andere Strategie anwendet, immun, obwohl sie von einer kleinen Gruppe bedingt kooperationswilliger Mutanten angreifbar ist.

So gesehen war die Wie-du-mir-so-ich-dir-Strategie bei Axelrods Computer-Turnier eine Vorgabe eingeräumt. Zwar standen dem Programm zunächst noch keine identischen Kopien zur Seite, doch waren die meisten konkurrierenden Programme so angelegt, daß sie sich zumindest unter einigen Bedingungen kooperationsbereit zeigten. Hätte »Wie du mir, so ich dir« gegen 49 unerschütterliche Mieslinge antreten müssen, wären 49 Spieler mit gleicher Punktzahl auf Platz 1 gelandet und es hätte einen einzigen klaren Verlierer gegeben. Wie überwältigend der Erfolg von »Wie du mir, so ich dir« auf dem Computerbildschirm auch erscheint – vor vielen Millionen Jahren, als unsere evolutionäre Abstammungslinie noch von Gemeinheit durchdrungen war, sah es noch keineswegs so aus, als ob einmal wechselseitiger Altruismus die Oberhand gewinnen würde.

Wie schaffte der reziproke Altruismus überhaupt den Start? Wenn jedes neue kooperationsbereite Gen niedergemacht wurde, wie konnte dann je die kleine Population aus wechselseitigen Altruisten entstehen, die nötig war, um die Aussichten für die Zusammenarbeit zu verbessern?

Die einleuchtendste Antwort auf diese Frage haben Hamilton und Axelrod gegeben: Die Verwandtschaftsselektion gab dem wechselseitigen Altruismus ein wenig Starthilfe. Wie wir gesehen haben, vermag die Verwandtschaftsselektion alle Gene zu begünstigen, welche die Treffgenauigkeit des auf Verwandte zielenden Altruismus steigern. Mithin dürfte ein Gen zum Erfolg bestimmt sein, das Affen rät, andere Affen zu lieben, die an der selben Mutterbrust gesaugt haben wie sie – ihre jüngeren Geschwister also. Doch was sollen die jüngeren Geschwister tun? Sie sehen ja nie ihre älteren Geschwister saugen. Woran können sie sich halten?

Eine Orientierungshilfe ist das altruistische Verhalten selbst. Wenn sich erst einmal Gene, die Säuglingen gegenüber altruistisches Verhalten bewirken, durch den Vorteil, den dies den jüngeren Geschwistern brachte, festgesetzt hatten, mußten Gene, die Altruisten gegenüber altruistisches Handeln bewirken, zum Vorteil der älteren Geschwister ausschlagen. Diese Gene – Gene für wechselseitigen Altruismus – mußten sich folglich ausbreiten, und zwar anfangs auf dem Weg der Verwandtschaftsselektion. Wo immer zwei Verwandte ein derartiges Ungleichgewicht an Information über ihr Verwandtschaftsverhältnis aufweisen, fällt ein zum reziproken Altruismus veranlagendes Gen auf fetten Nährboden. Ein solches Informationsungleichgewicht hat es in unserer Stammesgeschichte wahrscheinlich recht häufig gegeben. Vor dem Aufkommen der Sprache gab es zwar für Tanten, Onkel und selbst Väter häufig deutliche Anhaltspunkte dafür, wer ihre jüngeren Verwandten waren. Gleiches galt jedoch nicht in umgekehrter Richtung. Die natürliche Folge müßte gewesen sein, daß Altruismus meist von den Älteren ausging und den Jüngeren zugute kam. Allein schon dieses Ungleichgewicht dürfte für die Jüngeren eine verläßliche Orientierungshilfe gewesen sein, wenn es darum ging, sich Verwandten gegenüber altruistisch zu verhalten – verläßlicher zumindest als andere einfache Orientierungshilfen, und das ist das einzige, was zählt. Ein Gen, das Freundlichkeit mit Freundlichkeit vergalt, könnte sich so innerhalb der gesamten eigenen Sippe verbreiten und durch Exogamie auch in andere Sippen gelangt sein, wo es sich dann derselben Logik folgend durchgesetzt hat.[18] Irgendwann war die Wie-du-mir-so-ich-dir-Strategie dann so verbreitet, daß sie ihren Siegeszug ohne die Hilfe der Verwandtschaftsselektion fortsetzen konnte. Die Sperre der sozialen Evolution war nun geschaffen.

Die Verwandtschaftsselektion ebnete Genen für reziproken Altruismus wahrscheinlich noch auf andere Weise den Weg: indem sie ihnen praktische psychologische Wirkelemente zur Verfügung stellte. Lange bevor unsere Vorfahren wechselseitige Altruisten waren, kannten sie unter Verwandten Zuneigung, Großmut und Vertrauen, aber auch Schuld. Diese und andere Elemente des Altruismus lagen im Seelenleben der Menschenaffen für neue Verdrahtungen bereit. Das muß der natürlichen Selektion, die sich als sparsame Wirtschafterin gern vorhandener Materialien bedient, die Arbeit wohl erleichtert haben.

Angesichts dieser wahrscheinlichen Verquickung von Verwandtschaftsselektion und reziprokem Altruismus kann man diese beiden Phasen der Evolution fast als einen einzigen kreativen Schub betrachten, in dessen Verlauf die natürliche Auslese aus rücksichtslosem genetischen Eigennutz ein sich ständig ausweitendes Netz von Zuneigung, Verpflichtung zu Gegenleistung und Vertrauen schuf. Die

Ironie, die in der Konstellation von Ausgangsmaterial und Endprodukt liegt, muß der Betrachter dieses Prozesses allein schon als reizvoll empfinden, selbst wenn jenes Netz, das er hervorgebracht hat, nicht so viele jener Erfahrungen beinhalten würde, die das Leben lebenswert machen.

Aber ist das Wissenschaft?

Spieltheorie und Computersimulationen sind tolle Dinge und machen Spaß, aber was bringen sie unter dem Strich? Ist die Theorie des reziproken Altruismus echte Wissenschaft? Kann sie tatsächlich erklären, was zu erklären sie sich zur Aufgabe gemacht hat?

Eine mögliche Antwort ist eine Gegenfrage: Echte Wissenschaft – verglichen womit? Es herrscht nicht gerade Überfluß an wetteifernden Theorien. Die Biologie hat als Alternativen einzig Gruppenselektionstheorien anzubieten, und die stehen alle früher oder später vor einem ähnlichen Problem wie das, dem sich bereits die Gruppenselektionstheorie Darwins gegenübersah. Und innerhalb der Sozialwissenschaften bietet sich zu diesem Thema nichts als gähnende Leere.

Sicherlich, spätestens seit Edward Westermarck, einem Ethnologen der Jahrhundertwende, ist man sich in der sozialwissenschaftlichen Zunft im klaren darüber, daß reziproker Altruismus in allen Kulturen ein Fundametalaspekt des Lebens ist. Die Literatur zur »Theorie des sozialen Austauschs«, die sorgfältig das Was und Wie des alltäglichen Austauschs von mitunter immateriellen Ressourcen – Informationen, sozialem Rückhalt usw. – erkundet, füllt mittlerweile ganze Regale.[19] Aber weil so viele Sozialwissenschaftler sich schon gegen den bloßen Gedanken eines dem Menschen angeborenen Wesens sperren, hat man Reziprozität häufig als kulturelle »Norm« begriffen, die zufällig eine universale ist (vermutlich, weil die einzelnen Völker unabhängig voneinander ihre Nützlichkeit entdeckten). Nur wenigen ist aufgefallen, daß das Alltagsleben aller menschlichen Gesellschaften nicht nur auf Wechselseitigkeit beruht, sondern auch auf einer gemeinsamen Basis von Gefühlen – Mitgefühl, Dankbarkeit, Zuneigung, Verpflichtung zur Gegenleistung, Schuld, Abneigung usw. Und noch weniger haben eine Erklärung für diese Universalität. Aber *irgendeine* Erklärung muß es für sie geben. Hat irgend jemand eine Alternative zur Theorie des reziproken Altruismus?

Die Theorie gewinnt also, weil es keine andere gibt. Aber sie gewinnt nicht nur, weil es keine andere gibt. Seit Trivers 1971 seinen wegweisenden Aufsatz veröffentlichte, wurde die Theorie auch Tests unterzogen, und dabei hat sie bisher gut abgeschnitten.[20]

Axelrods Computer-Turnier war ein solcher Test. Hätten hier auf Kooperationsverweigerung abgestellte Strategien den Sieg davongetragen, oder hätten kooperative Strategien sich nur unter der Voraussetzung ausgezahlt, daß sie in einem großen Teil der Population verbreitet waren, hätte es für die Theorie nicht besonders gut ausgesehen. Statt dessen ergab sich der Nachweis, daß bedingte Nettigkeit die Oberhand über Gemeinheit behält, ja sich als nahezu unschlagbare evolutionäre Kraft bewährt, sobald ihr auch nur eine schmale Operationsbasis zur Verfügung steht.

Auch im Reich der Natur hat die Theorie Rückhalt gefunden; was beweist, daß reziproker Altruismus sich auch bei Lebewesen entwickelt, die sich, anders als der Mensch, keine abstrakte Vorstellung von der Logik der Sache machen können. Voraussetzung ist lediglich, daß die betreffenden Tiere intelligent genug sind, um individuelle Artgenossen identifizieren und – bewußt oder unbewußt – ein Protokoll über deren früheres Verhalten führen zu können. Williams wies 1966 auf die Existenz langdauernder Bündnisse zu gegenseitiger Hilfe zwischen Rhesusaffen hin. Und er äußerte die Vermutung, daß die »Besorgtheit«

von Tümmlern um Artgenossen auf Reziprozität beruhen könnte – eine Vermutung, die sich später bestätigen sollte.[21]

Weder Trivers noch Williams erwähnen die Vampire, die gleichfalls zu den reziprok altruistischen Säugern zählen. Bekanntlich ernähren sich diese Fledermäuse von Blut. Die einzelnen Vampire beenden ihre nächtliche Suche nach Rindern, Pferden oder anderen Opfern, denen sie Blut aussaugen können, mit sehr unterschiedlichem Erfolg: Wer Glück hatte, hat sich vollgetrunken, andere kehren mit völlig leerem Magen von dem Streifzug an den Schlafplatz der Gruppe zurück. In der nächsten oder übernächsten Nacht kann das Glück wechseln oder auch nicht. Blut ist eine schnell verderbliche Substanz, und Vampire verfügen nicht über Kühlschränke, in denen sie einen Nahrungsvorrat anlegen könnten: Je öfter ein Individuum bei der Nahrungssuche erfolglos ist, desto näher rückt es dem Hungertod – was bei Vampiren ziemlich häufig geschieht. Und periodisch auftretende individuelle Not ist, wie wir gesehen haben, das Medium des Nicht-Nullsummen-Spiels. Tatsächlich werden Vampire, die mit leerem Magen von der Nahrungssuche heimkehren, häufig von Kameraden mit ausgewürgtem Blut gefüttert – und sie tendieren dazu, den Gefallen bei sich bietender Gelegenheit zu vergelten. Am häufigsten ist diese Nahrungsteilung verständlicherweise unter Verwandten, aber oft findet sie auch innerhalb von Partnerschaften zweier oder mehrerer genetisch nicht verwandter Individuen statt, die einander mittels unverwechselbarer »Kontaktrufe« identifizieren und häufig auch wechselseitig »Körperpflege« betrieben – Fledermausfreundschaften.[22]

Die beste zoologische Bestätigung für die Evolution des reziproken Altruismus beim Menschen findet sich bei unseren nächsten Verwandten, den Schimpansen. Zu der Zeit, als Williams und Trivers erstmals über Reziprozität schrieben, begann sich ein klares Bild vom Sozialleben der

Schimpansen gerade erst abzuzeichnen. Hinweise darauf, in welch hohem Maße es von reziprokem Altruismus geprägt ist, kannte man erst wenige. Heute wissen wir, daß Schimpansen auf der Basis von Gegenseitigkeit Nahrung miteinander teilen und sich zu einigermaßen haltbaren Allianzen zusammenschließen. Freunde betreiben wechselseitig Fellpflege und stehen einander, sei's im Angriff, sei's in der Abwehr, gegen Gegner bei. Sie tauschen beruhigende Zärtlichkeiten und herzhafte Umarmungen aus. Wenn ein Freund den andern betrügt, führt das unter Umständen zu einem, wie es scheint, tief empfundenen Gekränktsein.[23]

Die Theorie des reziproken Altruismus hält zudem einer sehr elementaren, im wesentlichen mit ästhetischen Kriterien arbeitenden Prüfung wissenschaftlicher Theorien stand: der Prüfung in bezug auf Eleganz beziehungsweise »Denkökonomie«. Je einfacher eine Theorie und je breiter und vielfältiger die Palette der Phänomene ist, die sie erklärt, desto »ökonomischer« ist sie. Es ist schwer vorstellbar, daß irgend jemand eine einzelne und noch dazu relativ einfache evolutionäre Kraft definieren könnte, die so vielfältige Erscheinungen wie Sympathie, Antipathie, Freundschaft, Feinschaft, Dankbarkeit, das nagende Gefühl, jemandem verpflichtet zu sein, das feine Empfinden für Verrat und vieles andere mehr ebenso plausibel zu erklären vermöchte wie die von Williams und Trivers definierte Kraft.[24]

Der reziproke Altruismus hat vermutlich nicht nur die Affektstruktur des Menschen, sondern auch die Struktur seiner Erkenntnisfähigkeit mitgeprägt. Wie Leda Cosmides gezeigt hat, können Menschen eine Denkaufgabe, an der sie sich sonst die Zähne ausbeißen, in dem Moment lösen, wenn sie ihnen in Form eines Problems des sozialen Austauschs gestellt wird – insbesondere wenn die Frage lautet, ob einer der Beteiligten betrügt. Das legt nach Meinung von Cosmides die Vermutung nahe, daß sich unter den mentalen Organen, die den reziproken Altruismus steuern, auch ein »Betrügerdetektionsmodul« befindet.[25] Fraglos harren noch weitere derartige Module ihrer Entdeckung.

Was bedeutet reziproker Altruismus?

Eine übliche Reaktion auf die Theorie des reziproken Altruismus ist Unbehagen. Manchen Menschen ist nicht wohl bei dem Gedanken, daß ihre edelsten Regungen den gerissensten Listen ihrer Gene entstammen. Es ist wohl kaum eine zwangsläufige Reaktion, doch wer sie wählt, gibt sich ihr fast mit Sicherheit vollständig hin. Wenn die Tatsache, daß Mitgefühl und Wohlwollen im Egoismus der Gene wurzeln, ein Grund zur Verzweiflung ist, dann ist schon ein extremer Grad von Verzweiflung am Platze. Denn je tiefer man in die Feinheiten des reziproken Altruismus eindringt, um so selbstsüchtiger erscheinen die Gene.

Wenden wir uns noch einmal dem Mitgefühl zu – insbesondere seiner Tendenz, mit der Schwere der Notlage, in der ein Mitmensch sich befindet, zu wachsen. Warum tut uns ein dem Hungertod naher Mensch mehr leid als einer, der nur mäßig Hunger hat? Weil der Mensch, erhabener Geist, der er ist, immerfort daran denkt, wie er das Leiden seiner Mitmenschen lindern kann? Sie dürfen noch einmal raten.

Trivers ging die Frage in der Weise an, daß er sie im Licht einer anderen Frage betrachtete: Warum variiert die Dankbarkeit des zu Dankbarkeit Verpflichteten mit dem Grad der Misere, aus der man ihn errettet? Warum ist man so unendlich dankbar für das Butterbrot, das einen, nachdem man drei Tage in der Wildnis umhergeirrt ist, vor dem Hungertod rettet, und nur in Maßen dankbar für die Einladung zum Essen neulich abend? Trivers' Antwort ist simpel, glaubhaft und nicht sonderlich überraschend: Dankbarkeit spiegelt den Wert der erwiesenen Wohltat und bemißt somit die angemessene Gegenleistung. Dankbarkeit ist ein Schuldschein, den jemand unterschreibt, und als solcher gibt sie naturgemäß die Höhe der Schuld wieder.

Für den Wohltäter ist die Moral der Geschichte klar: Je verzweifelter die Lage des Empfängers, desto höher der Betrag auf dem Schuldschein. Besonders tiefes Mitgefühl ist lediglich hochdifferenzierte Anlageberatung. Unsere am tiefsten empfundene Anteilnahme verhilft uns zu den besten Schnäppchen. Die meisten von uns hätten nur Verachtung übrig für einen Notarzt, der für die Behandlung eines in Lebensgefahr schwebenden Patienten das Fünffache des üblichen Honorarsatzes verlangte. So jemand wäre in unseren Augen ein hartherziger Ausbeuter. Wir würden ihn fragen: »Haben Sie denn überhaupt kein *Mitgefühl*?« Und wenn er Trivers gelesen hätte, könnte er antworten: »O doch, sehr viel sogar. Ich mache nur mir und andern nichts vor in bezug auf das, was Mitgefühl ist.« Das würde unserer moralischen Entrüstung vielleicht einen Dämpfer aufsetzen.

Apropos moralische Entrüstung: Wie das Mitgefühl spielt auch sie im Licht des reziproken Altruismus eine neue Rolle. Sich gegen Ausbeutung zu schützen, so Trivers, ist eine wichtige Sache. Selbst in der einfachen Welt von Axelrods Computersimulation mit ihren klar voneinander abgegrenzten binären Interaktionen mußte das Programm »Wie du mir, so ich dir« Gegenspieler bestrafen, die es schröpfen wollten. In der wirklichen Welt, wo Menschen unter dem Deckmantel der Freundschaft einen gewaltigen Schuldenberg anhäufen und, wenn's ans Zurückzahlen geht, sich ihren Verpflichtungen entziehen wollen – oder einfach Diebstahl begehen –, sollte Ausbeutung um so nachdrücklicher verurteilt werden. Vielleicht ist das der Grund dafür, daß in solchen Fällen die Angeschmierten vor moralischer Entrüstung förmlich kochen und nicht im

Kopf, sondern im Bauch die Gewißheit spüren, daß ihnen ein *Unrecht* angetan wurde und der Übeltäter *Strafe* verdient hat. Die intuitiv einleuchtende Idee der wohlverdienten Vergeltung, der eigentliche Kern des menschlichen Gerechtigkeitssinns, ist so gesehen ein Nebenprodukt der Evolution, nichts weiter als ein genetisches Stratagem.

Was zunächst rätselhaft erscheint, ist die extreme Heftigkeit, zu der berechtigte Empörung sich aufschaukeln kann. Sie kann Fehden in Gang setzen, neben denen der Anlaß zur Lappalie verblaßt und in deren Verlauf nicht selten der moralisch Gekränkte sein Leben verliert. Wieso motivieren uns die Gene einer so ungreifbaren Sache wegen, wie die »Ehre« es ist, auch nur das geringste Risiko für unser Leben einzugehen? Weil, antwortet Trivers, »kleine Ungerechtigkeiten, wenn sie im Lauf eines Lebens viele Male hingenommen werden, sich zu einem gravierenden Tribut summieren können, der einem da abverlangt wird«, so daß es durchaus gerechtfertigt sei, »sobald eine Betrugstendenz aufgedeckt wird, mit einer nachdrücklichen Demonstration von Kampfeswillen zu reagieren«.[26]

Was von Trivers zwar noch nicht erwähnt, in der Zwischenzeit aber festgestellt wurde, ist, daß Empörung sich noch mehr lohnt, wenn von ihr öffentlich Notiz genommen wird. Wenn sich herumspricht, daß man seine Ehre wütend verteidigt, so daß ein einziger blutiger Faustkampf Dutzende von Mitmenschen von − und sei's von noch so kleinen und gelegentlichen − Betrugsversuchen abschreckt, dann hat sich der Einsatz gelohnt. Und in einer Jäger-und-Sammler-Gesellschaft, in der fast alles, was die Menschen tun, öffentlich getan wird und Klatsch sich wie ein Lauffeuer ausbreitet, ist im Endeffekt bei jedem Faustkampf das gesamte Gemeinwesen Publikum. Es verdient Beachtung, daß selbst in modernen Industriegesellschaften meist Publikum dabei ist, wenn ein Mann einen ihm bekannten Mann umbringt.[27] Dieses Verhaltensmuster erscheint als unbegreifliche Perversion − wie kommt man auf die Idee, jemanden vor Zeugen umzubringen? –, sofern man es nicht im evolutionspsychologischen Kontext betrachtet.

Trivers zeigte, wie verwickelt und abwegig die im wirklichen Leben stattfindenden Gefangenendilemma-Spiele werden können, wenn Gefühle, die sich zu einem bestimmten Zweck entwickelt haben, für andere Zwecke umfunktioniert werden. So kann berechtigte Empörung zur Pose werden, deren sich ein Betrüger – bewußt oder unbewußt – bedient, um sich einem Verdacht zu entziehen (»Wie können Sie es wagen, meine Integrität anzuzweifeln?«). Und das Schuldgefühl, das ursprünglich vielleicht nur dazu da war, zur Begleichung überfälliger Schulden zu bewegen, kann nun zusätzlich eine zweite Funktion bekommen: jemanden dazu zu bringen, der drohenden Aufdeckung eines Betrugs durch ein Geständnis zuvorzukommen. (Ist Ihnen noch nie aufgefallen, daß zwischen Schuldgefühl und der Wahrscheinlichkeit, ertappt zu werden, eine gewisse Korrelation besteht?)

Es gehört zu den Kennzeichen einer eleganten Theorie, daß sie mit spielerischer Leichtigkeit altbekannte, aber bislang rätselhafte Dinge begreiflich macht. Bei einem im Jahr 1966 durchgeführten Versuch zeigten Probanden, denen vorgespiegelt worden war, sie hätten eine teure Maschine kaputt gemacht, eine erhöhte Bereitschaft, sich als freiwillige Versuchspersonen für ein schmerzhaftes Experiment zur Verfügung zu stellen – allerdings erst, nachdem der Schaden entdeckt worden war.[28] Wäre Schuldgefühl das, wofür Idealisten es halten – ein Leitstern zur moralischen Orientierung –, dann hinge seine Leuchtkraft nicht davon ab, ob die Missetat entdeckt wurde oder nicht. Das gleiche gilt, wenn Schuldgefühle das wären, wofür die Vertreter der Gruppenselektionstheorie sie halten: Ansporn zu Wiedergutmachungsleistungen, die dem Wohl der Gruppe nützen. Wenn jedoch Schuldgefühl, wie Trivers sagt, lediglich ein Mittel ist, jedermann mit dem eigenen Grad an Reziprozität zufrieden sein zu lassen, dann hängt die Intensität der Schuldgefühle nicht von den Missetaten ab, die man begangen hat, sondern davon, ob jemand von ihnen weiß oder bald von ihnen wissen wird.

Mit dieser Logik sind auch bestimmte Phänomene des Großstadtalltags zu erklären. Wenn wir an einem Obdachlosen vorbeigehen, fühlen wir uns vielleicht unwohl, weil wir ihm nicht helfen. Echte Gewissensbisse verspüren wir jedoch erst, wenn wir Blickkontakt haben und dennoch nicht helfen. Nichts zu geben scheint uns viel weniger auszumachen, als gesehen zu werden, wie wir nichts geben. (Und was die Frage betrifft, warum uns an der Meinung eines andern über uns gelegen ist, obwohl wir ihm nie wieder begegnen werden, so könnte es sein, daß der Grund dafür ist, daß man in unserer Ur-Umwelt so gut wie jedem wieder begegnete.[29])

Das Verschwinden der Logik des »Gruppenwohls« sollte man nicht überbewerten oder mißdeuten. Das klassische Objekt für das Studium des reziproken Altruismus sind seit jeher Zweierbeziehungen, und höchstwahrscheinlich ist der reziproke Altruismus auch in Zweierbeziehungen entstanden. Indes könnte die Evolution der Opferbereitschaft im Lauf der Zeit zu komplexeren Strukturen und einem Sinn für Verpflichtung gegenüber der Gruppe geführt haben. Lassen Sie uns die Möglichkeit der Existenz eines (nicht allzu wörtlich zu verstehenden) »Kollektivierungs-Gens« erwägen, das Sie befähigt, sich zusammen mit zwei oder drei andern Menschen als eine gegliederte Einheit zu begreifen. In Gegenwart dieser andern zielt Ihr Altruismus nicht mehr punktgenau, sondern mit einer gewissen Streuung: Sie bringen Opfer für das Kollektiv als Ganzes. So könnten Sie bei der gemeinsamen Großwildjagd einmal ein besonderes Risiko übernehmen und anschließend (bewußt oder unbewußt) erwarten, daß jeder der andern bei künftigen Unternehmungen dieser Art in gleicher Münze zurückzahlt. Allerdings erwarten Sie keine unmittelbare

Rückzahlung an Sie selbst, sondern ein Opfer im Interesse der »Gruppe«, so wie Sie selbst es ja auch gebracht haben. Die andern Mitglieder des Kollektivs hegen die gleichen Erwartungen, und möglicherweise wird, wer sie nicht erfüllt, aus dem Kollektiv ausgestoßen, sei es allmählich und stillschweigend oder plötzlich und explizit.

Daß Gruppenbildung eine genetische Grundlage haben könnte, klingt weniger wahrscheinlich, da eine solche komplexer sein müßte als die des Altruismus in der Zweierbeziehung. Indes, ist der Altruismus der Zweierbeziehung erst einmal fest verankert, scheinen die zusätzlich notwendigen Evolutionsschritte durchaus nicht mehr so schwierig. Das gleiche gilt für anschließende weitergehende Schritte, die noch größere Solidargemeinschaften ermöglichen könnten. Ja, der wachsende Erfolg einer zunehmenden Zahl kleiner solidarischer Gruppen in einem Jäger-und-Sammler-Dorf wäre aus darwinistischer Sicht ein Anreiz zur Kollektivbildung in größerem Maßstab mit einem daraus resultierendem Wettbewerbsvorteil. Mutante Gene, die solche Kollektivbildungen begünstigen, hätten Chancen, sich durchzusetzen. Als Endergebnis durchaus denkbar ist eine Befähigung zu Loyalität und Opferbereitschaft gegenüber einer Gruppe von der Größe der Stämme in Darwins Gruppenselektionstheorie der Moralempfindungen. Doch dieses Szenario ist frei von den Komplikationen, die das Darwinsche Szenario belasteten. Es beinhaltet nicht Opferbereitschaft gegenüber jedem, auch wenn dieser letztlich nichts zurückzahlt.[30]

Genau genommen kann sogar der klassische Typ des reziproken Altruismus bei Zweierbeziehungen ganz allein ein scheinbar gruppensolidarisches Verhalten hervorbringen. In einer Spezies, die über die Gabe der Sprache verfügt, gibt es ein wirksames und fast mühelos anwendbares Mittel, nette Artgenossen zu belohnen und gemeine zu bestrafen: Man braucht nur ihr Ansehen entsprechend zu manipulieren. Zu verbreiten, man sei von jemandem betrogen worden, ist ein massiver Vergeltungsschlag, weil man dadurch bei andern die Furcht weckt, sie könnten ihrerseits von dem Übeltäter betrogen werden, und sie so von altruistischem Verhalten ihm gegenüber abschreckt. Das ist vielleicht mit ein Grund für die Evolution des »Grolls«, der nicht nur das Gefühl beinhaltet, daß einem Unrecht und Kränkung widerfahren sei, sondern auch den Drang, diesem Gefühl öffentlich Ausdruck zu verleihen. Menschen verbringen eine Menge Zeit damit, andere an ihrem Groll teilhaben zu lassen, den Klagen anderer zuzuhören, darüber zu befinden, ob die Klagen berechtigt sind und ihre eigene Einstellung dem Betroffenen gegenüber entsprechend zu korrigieren.

Es könnte sein, daß Trivers mit der Deutung der »moralischen Entrüstung« als Treibstoff von Vergeltungsangriffen über das Ziel hinausschoß. Wie Martin Daly und Margo Wilson dazu anmerkten, ist es nicht nötig, sich *moralisch* zu empören, um eine Motiv zu haben, jemandem eins auszuwischen; pure Feindseligkeit genügt völlig. Aber der Mensch entwickelte sich im Lauf seiner Stammesgeschichte im Beisein von Mitmenschen – Mitmenschen, auf deren Meinung es ankam –, und das ist vermutlich der Grund dafür, daß sich eine moralische Dimension herausbildete, man sich über andere beschwert.

Eine andere Frage ist, *warum* es eigentlich auf die Meinung der andern ankommt. Möglich, daß sie – wie Daly und Wilson meinen – im Rahmen eines »Gesellschaftsvertrags« (oder zumindest eines »Körperschaftsvertrags«) »kollektive Sanktionen« verhängen. Möglich, daß sie, worauf ich hinwies, einfach nur aus eigennützigen Motiven mögliche Übeltäter schneiden und so *de facto* soziale Sanktionen verhängen. Möglich auch, daß sie etwas von dem und etwas von jenem tun. Wie dem auch sei, seinem Groll öffentlich Luft machen, kann zu weitreichenden Reaktionen führen, die als kollektive Sanktionen *wirken*, und das wiederum wurde zu einem wesentlichen Bestandteil der

Moralsysteme. Kaum ein Evolutionspsychologe würde der Elementarformel von Daly und Wilson widersprechen, die da lautet: »Moral ist das Instrument eines Tieres von außergewöhnlicher kognitiver Komplexität, das seine Interessen in einem außergewöhnlich komplexen sozialen Universum verfolgt.«[31]

Was man am reziproken Altruismus vielleicht mit größter Berechtigung als deprimierend empfinden kann, ist der Etikettenschwindel, den sein Name darstellt. Während unsere Gene bei der Verwandtschaftsselektion »sich zum Ziel setzen«, einem andern Organismus wirklich zu helfen, besteht das Ziel beim reziproken Altruismus lediglich darin, dem anderen Organismus den Eindruck zu vermitteln, ihm sei geholfen worden. Der Eindruck allein genügt schon, die Gegenleistung zu bewirken. In Axelrods Computersimulation war das eine Ziel (Eindruck von Hilfe) unauflöslich an das andere (reale Hilfe) gebunden, und auch im menschlichen Sozialleben ist es oft nicht anders. Aber wenn es nicht so ist – wenn wir einen netten Eindruck machen können, ohne wirklich nett zu sein, oder mit Gewinn fies sein können, ohne dabei erwischt zu werden –, sollte man sich nicht wundern, wenn sich eine häßliche Seite der menschlichen Natur zeigt. Von daher kommt der hinterlistige Verrat, angefangen von alltäglichen Schäbigkeiten bis hin zu Schurkereien vom Ausmaß Shakespearescher Bühnenintrigen. Von daher also die weitverbreitete Neigung des Menschen, die eigene moralische Reputation aufzupolieren; Reputation ist es, worum es beim Spiel dieses »moralischen« Tiers eigentlich geht. Von daher auch die Heuchelei, die zwei naturgegebenen Triebkräften zu entspringen scheint: der Neigung, seinem Groll Luft zu machen – also die Sünden anderer hinauszuposaunen –, und dem Bestreben, die eigenen Sünden zu vertuschen.

Die Fortentwicklung der Gedanken über reziproke Hilfe, die George Williams 1966 vorgetragen hatte, zu einem schlüssigen theoretischen System ist eine der großen wissenschaftlichen Leistungen des 20. Jahrhunderts. Sie gelang mit Hilfe eines ingeniös konzipierten, ausgesprochen modernen analytischen Instrumentariums und erbrachte bedeutsame Resultate. Die Theorie des reziproken Altruismus ist zwar nicht im selben Sinn *bewiesen*, wie physikalische Theorien bewiesen werden können, genießt in der Biologie aber trotzdem mit Recht großes Vertrauen, und dieses Vertrauen dürfte in den kommenden Jahrzehnten im selben Maß zunehmen, wie die Verbindung zwischen den Genen und dem Gehirn des Menschen klarer zutage tritt. Obschon diese Theorie längst nicht so geheimnisvoll ist und alle normalen Verstandeskräfte übersteigt wie die Relativitätstheorie oder die Quantenmechanik, dürfte sie im Endeffekt das Weltbild der Spezies Mensch auf einschneidendere und problematischere Weise verändern als jene beiden.

Zehntes Kapitel
DARWINS GEWISSEN

Zuletzt wird sich denn unser moralisches Gefühl oder Gewissen gebildet haben, jene äußerst komplizierte Empfindung, die ihren ersten Ursprung in den sozialen Instinkten hat, die in großem Maße von der Anerkennung unserer Mitmenschen geleitet, von dem Verstand, dem eigenen Interesse und in späteren Zeiten von tiefreligiösen Gefühlen beherrscht, durch Unterricht und Gewohnheit befestigt und durch alle die genannten Momente im Verein zur Äußerung gebracht wird.

Darwin, *Die Abstammung des Menschen* (1871)[1]

Darwin erscheint gelegentlich als ein übertrieben moralischer Mensch. Erinnern wir uns an das Urteil eines seiner Biographen, des Psychiaters John Bowlby. Darwins Gewissen sei »überaktiv« und »tyrannisch« gewesen, meinte Bowlby. Er bewunderte zwar Darwins unprätentiöses Wesen und seine »moralische Prinzipienfestigkeit«, doch seien »diese Eigenschaften in frühreifer Form und im Übermaß entwickelt« gewesen, so daß sie eine »Neigung zu Selbstvorwürfen« sowie zu »Perioden chronischer Angst und Anfällen von schwerer Depression« bedingt hätten.[2]

Selbstvorwürfe waren Darwin in der Tat zu zweiter Natur geworden. Er erinnerte sich an Fälle, wo er als kleiner Junge »dachte, die Leute würden mich bewundern, im einen Fall meiner Ausdauer wegen, im anderen Fall der Kühnheit wegen, die ich bewies, indem ich einen kleinen Baum erkletterte«, und gleichzeitig das Gefühl hatte, »daß ich eitel war, wofür ich mich verachtete«.[3] Mit dem Erwachsenwerden wurde die Selbstkritik bei ihm zu einer Art Tick, einer reflektorischen Demutshaltung. Sein umfangreicher Briefwechsel besteht zu einem bemerkenswerten Teil aus Entschuldigungen für das Geschriebene. »Was für ein furchtbar unordentlicher Brief das geworden ist«, schrieb er als Teenager. »Ich stelle fest, ich schreibe gewaltigen Unsinn«, schrieb er in seinen Zwanzigern. »Nach diesem unmäßig langen und langweiligen Brief sage ich Lebewohl«, schrieb er in seinen Dreißigern[4] – usw.

Nachts blühten Darwins Selbstzweifel richtig auf. Dann, so sein Sohn Francis, »verfolgte ihn [...] alles, was ihn den Tag über geärgert oder beunruhigt hatte«. Vergeblich auf den Schlaf wartend, ging er in der Erinnerung wieder und wieder ein Gespräch mit einem Nachbarn durch, das er am Tag geführt hatte und bei dem er, wie er jetzt befürchtete, eine verletzende Äußerung getan haben könnte. Oder er grübelte angestrengt nach, ob er auch alle erhaltenen Briefe pünktlich beantwortet habe. »Er pflegte zu sagen, daß, wenn er [...] nicht antwortete, sie ihm später auf dem Gewissen lägen«, erinnerte sich Francis.[5]

Darwins Moralempfindungen erstreckten sich auf weit mehr als nur gesellschaftliche Verpflichtungen. Noch viele Jahre nach der Fahrt der »Beagle« plagte ihn die Erinnerung an die Quälerei eines Sklaven, die er in Brasilien miterlebt hatte, ohne einschreiten zu können. (Dem Kapitän der »Beagle« verpaßte er einmal einen sarkastischen Seitenhieb wegen dessen Befürwortung der Sklaverei.) Auch Tiere konnte Darwin nicht leiden sehen. »Eines Tages«, so berichtete Francis über seinen Vater, »kam er von seinem Spaziergang blaß und ermattet nach Hause, weil er gesehen hatte, wie ein Pferd mißhandelt wurde, und infolge der Aufregung einer heftigen Auseinandersetzung mit dem Manne.«[6] Es ist schlechterdings nicht zu leugnen, daß Bowlby recht hat: Darwins Gewissen war eine sehr schmerzende Sache.

Aber andererseits hat uns die natürliche Selektion nie den Himmer auf Erden versprochen. Sie »will« uns nicht glücklich sehen. Sie »will«, daß wir unsere Gene verbreiten. Und in Darwins Fall war sie ja auch ganz erfolgreich. Er hatte zehn Kinder, von denen sieben das Erwachsenen-

alter erreichten. Wenn wir also nach Feinstrukturen suchen, welche die natürliche Selektion in das Gewissen eingebaut hat, spricht absolut nichts dagegen, daß wir Darwins Gewissen als Modellfall einer im großen und ganzen
gelungenen Anpassung betrachten und als Musterbeispiel
benutzen. Wenn es ihn dazu brachte, sich so zu verhalten,
daß er ein reiches genetisches Erbe hinterließ, dürfte es
nach Plan funktioniert haben, selbst wenn es sich vom Betroffenen als schmerzhaft empfundener Mittel bediente,
um sein Ziel zu erreichen.[7]

Natürlich ist Glück eine feine Sache. Wir haben allen
Grund, es zu suchen. Und Psychotherapeuten haben allen
Grund, bei der Suche zu helfen, und nicht den geringsten
Grund, die Menschen so zu formen, wie die natürliche Selektion sie haben »will«. Aber die Seelenärzte sind besser
gerüstet, andere Menschen glücklich zu machen, wenn sie
verstanden haben, was die natürliche Selektion »will« und
auf welchen Wegen sie beim Menschen ihr Ziel »anstrebt«.
Mit welchen lästigen psychischen Mechanismen sind wir
behaftet? Lassen sie sich überhaupt abstellen, und wenn
ja, wie? Und zu welchem Preis – für uns wie für andere?
Verständnis dafür, was vom Gesichtspunkt der natürlichen
Selektion aus gesehen pathologisch ist und was nicht,
kann uns die Lösung der Aufgabe erleichtern, Dinge zu
unterbinden, die aus *unserer* Sicht pathologisch sind. Zu
diesem Verständnis kann man unter anderem auch in der
Weise finden, daß man sich klarzumachen versucht, wann
Darwins Gewissen richtig und wann es falsch funktionierte.

Ein schamloser Trick

Ein auffallendes Merkmal der Belohnungen und Strafen,
die das Gewissen vergibt, ist deren unsinnlicher Charakter.
Das Gewissen beschert uns keine unangenehmen Empfin-

dungen der Art, wie der Hunger sie erweckt, und keine angenehmen Empfindungen der Art, wie sie bei sexuellen Aktivitäten auftreten. Die Empfindung, die es erregt, ist die, etwas Böses oder etwas Gutes getan zu haben. Man fühlt sich schuldig oder nicht schuldig. Das Erstaunliche daran ist, daß ein so moralfreier Prozeß, ein Prozeß von so eiskalter Sachlichkeit wie die natürliche Auslese, ein mentales Organ zu entwerfen vermochte, das uns das Gefühl des Kontakts mit einer Welt höherer Wahrheiten gibt. Wahrscheinlich ein schamloser Trick.

Allerdings auch ein wirkungsvoller – und zwar auf der ganzen Welt. Die Verwandtschaftsselektion hat dafür gesorgt, daß sich Menschen, einerlei wo auf diesem Planeten sie zu Hause sind, tief schuldig fühlen, wenn sie beispielsweise einen Bruder oder eine Schwester, einen Sohn oder eine Tochter, ja selbst wenn sie einen Neffen oder eine Nichte schwer schädigen oder schlecht behandeln. Und der reziproke Altruismus hat dieses Gefühl des Verpflichtetseins – selektiv – über den Verwandtenkreis hinaus ausgedehnt. Gibt es auch nur eine einzige Kultur, in der die schlechte Behandlung eines Freunds kein anstößiges, sondern breite Billigung findendes Verhalten ist? Jeder von uns wäre äußerst skeptisch, wenn ein Ethnologe behauptete, er habe eine solche Kultur entdeckt.

Der reziproke Altruismus könnte das Gewissen überdies auf nicht ganz so klar einzugrenzende Weise mitgeprägt haben. Vor einigen Jahrzehnten versuchte der Psychologe Lawrence Kohlberg die natürliche Stufenfolge in der Entwicklung der menschlichen Moral zu rekonstruieren, angefangen von der einfachen Vorstellung von »böse« eines Kinds im Krabbelalter (»böse« ist, wofür man von den Eltern bestraft wird), bis hin zur objektiven Prüfung abstrakter Moralgesetze. Die obersten Sprossen auf Kohlbergs Stufenleiter, die für die Vertreter der philosophischen Ethik (und vermutlich auch Kohlberg selbst) reserviert waren, sind bei weitem alles andere als artspezifisch.

Das Durchlaufen der Kohlbergschen »Stufe 3« indessen scheint bei unterschiedlichen Kulturen Gemeingut zu sein.[8] Typisch für diese Stufe ist der Wunsch, sich den Ruf eines »netten« und »redlichen« Menschen zu erwerben. Will sagen: der Wunsch, sich den Ruf eines verläßlichen reziproken Altruisten zu erwerben, eines Menschen, mit dem man sich vorteilhaft zusammentun kann. Nicht zuletzt dieser Antrieb verleiht den allgemein akzeptierten Moralvorschriften ihre enorme Macht. Wir alle möchten so handeln – genauer gesagt, in den Augen der andern als Menschen gelten, die so handeln –, wie jedermann es für redlich und gut hält.

Jenseits der Grenzen solch elementarer und allem Anschein nach universaler Dimensionen der Moralempfindung erweisen sich die Inhalte des Gewissens als wandelbar. Nicht nur sind die mittels kollektiven Lobs und Tadels durchgesetzten Normensysteme von Kultur zu Kultur verschieden (was wieder einmal daran erinnert, für welch enorme Vielfalt die menschliche Natur Raum läßt), sondern auch innerhalb der einzelnen Kultur unterscheiden sich die Individuen im Grad der Strenge, mit der sie die Normen einhalten. Manche Menschen haben wie Darwin ein so übermächtiges und reizbares Gewissen, daß sie nachts wach liegen und über ihre Missetaten nachgrübeln. Andern ist dergleichen völlig fremd.

Nun hatten Darwins besonders starke Skrupel in mancher Beziehung zweifellos mit bestimmten Genen zu tun. Erkenntnissen von Verhaltensgenetikern zufolge liegt der Erblichkeitsindex des innerhalb der Zunft als »Gewissenhaftigkeit« bezeichneten Bündels von Merkmalen zwischen den Werten 0,30 und 0,40.[9] Das heißt: Ungefähr ein Drittel der hier auftretenden Unterschiede zwischen den Menschen läßt sich auf genetische Unterschiede zurückführen. Das heißt, daß etwa zwei Drittel der Unterschiede zwischen den Menschen auf Umwelteinflüsse zurückgeführt werden können. Das Gewissen scheint weitgehend ein Beispiel zu sein für die im Erbgut mitgelieferten »Reglerknöpfe der menschlichen Natur«, die durch äußere Einflüsse auf die innerhalb einer weiten Spannbreite variierenden Gegebenheiten eingestellt werden. Jeder Mensch ist befähigt, Schuld zu empfinden. Doch nicht jeder empfindet sie in bezug auf Alltagsgespräche so intensiv wie Charles Darwin. Jeder Mensch verspürt manchmal Mitgefühl angesichts menschlichen Leids, in andern Fällen jedoch hat er (und sei es nur flüchtig) das Gefühl, Leiden sei gerechtfertigt, Vergeltung sei angebracht. Allein schon der Umstand, daß in Brasilien zur Zeit von Darwins Besuch Sklaven brutal gezüchtigt wurden, deutet darauf hin, daß in der Frage, wann Einfühlung und wann mitleidlose Vergeltung angezeigt ist, nicht alle Welt genauso empfand wie Darwin.

Zu fragen ist: Warum hat die natürliche Selektion uns ein ziemlich formbares Gewissen mitgegeben, anstatt dessen Inhalt genetisch festzulegen? Welche Vorkehrungen hat die natürliche Selektion in bezug auf die Formung des Gewissens getroffen? Warum und wie sind die für die Moral zuständigen »Reglerknöpfe der menschlichen Natur« einstellbar?

Was die Frage des »Wie« anlangt, so hatte schon Darwin erkannt, daß die moralische Feineinstellung des Menschen zu einem sehr frühen Zeitpunkt in seinem Leben beginnt, und zwar gesteuert von seinen nächsten Angehörigen. Daß er sich in seinem Lebensrückblick als einen im ganzen »menschenfreundliche[n] Junge[n]« bezeichnen konnte, erschien ihm ganz und gar das Verdienst seiner Schwestern, »weil sie mir Unterweisung und Beispiel gaben. Mir ist durchaus nicht klar, ob Menschenfreundlichkeit eine natürliche oder angeborene Eigenschaft ist«. Als er noch während seiner Schulzeit den Plan faßte, eine Insektensammlung anzulegen, stieß er damit auf unverhoffte Schwierigkeiten, »denn nach einer Beratung mit meiner Schwester kam ich zu dem Schluß, daß es nicht recht war,

Insekten zu töten, nur um eine Sammlung zustande zu bringen«.[10]

Charles' neun Jahre ältere Schwester Caroline, die als seine Ersatzmutter fungierte, seit er 1817, etwas über acht Jahre alt, seine Mutter verloren hatte, war zugleich seine wichtigste Moralpädagogin. »Caroline war außerordentlich freundlich, klug und eifrig«, erinnerte sich Darwin später, »aber sie bemühte sich allzu eifrig, mich zu erziehen; obwohl das alles so lange zurückliegt, weiß ich noch ganz genau, wie mir zumute war, wenn ich in ein Zimmer gehen mußte, in dem sie auf mich wartete: schon an der Tür fragte ich mich: ›Was wird sie nun wieder an mir auszusetzen haben?‹«[11]

Eine andere Instanz, mit der Charles zu rechnen hatte, war sein Vater, ein großer, breitschultriger Mann von beeindruckender Körperfülle, der oft Strenge bewies. Sein harsches Wesen hat zu einer Fülle von Theorien über die Psychodynamik zwischen Vater und Sohn Anlaß gegeben, die den Vater nicht selten in einem wenig schmeichelhaften Licht zeigen. Einer von Darwins Biographen faßte die landläufige Ansicht über die Persönlichkeit Robert Darwins folgendermaßen zusammen: »Sein Kaliber ist das eines Haustyrannen, und sein Einfluß auf seinen Sohn schlug sich bei diesem in einer Dauerkatastrophe von Neurose und Kränklichkeit nieder.«[12]

Der Nachdruck, mit dem Darwin die Bedeutung des moralischen Einflusses der nächsten Angehörigen betont, wurde inzwischen von den Verhaltenswissenschaften als berechtigt bestätigt. Eltern und andere Autoritätspersonen einschließlich älterer Familienangehöriger fungieren als Rollenvorbilder und Moralpädagogen, die mittels Lob und Tadel das kindliche Gewissen formen. Auf im großen und ganzen gleiche Weise sah Freud das Über-Ich entstehen – das in seinem System das Gewissen einschließt –, und im wesentlichen scheint er die Sache richtig erfaßt zu haben. Auch von seinen Altersgenossen empfängt ein Kind positives wie negatives Feedback und wird dadurch in die auf dem Spielplatz geltenden Verhaltensnormen eingewiesen.

Es hat natürlich seinen Sinn, daß Familienangehörige die moralische Entwicklung kritisch lenken. Da sie zu einem großen Teil das gleiche Erbgut haben wie das Kind, besitzen sie ein zwar nicht schrankenloses, aber doch starkes Motiv, mit nützlichen Handreichungen und Hilfestellungen nicht zu geizen. Aus dem gleichen Grund hat das Kind Anlaß, ihre Orientierungshilfen und Wegweisungen anzunehmen. Zwar besteht, wie wir von Trivers erfahren haben, für das Kind ebenso Anlaß zur Skepsis gegenüber den Lehren von Verwandten – etwa wenn die Eltern ihm einschärfen wollen, daß es stets paritätisch mit seinen Geschwistern zu teilen habe. Auf andern Gebieten – wenn es um den Umgang mit nichtverwandten Bekannten und mit Fremden geht – haben die Eltern indes weniger Grund zu manipulieren und die Nachkommenschaft um so mehr Grund zu gehorchen. Auf jeden Fall steht außer Frage, daß die Stimme der nächsten Angehörigen ganz besondere Resonanz findet. Darwin berichtet, daß er sich eine Immunisierungsstrategie gegen die pedantischen Nörgeleien seiner Schwester Caroline zulegte: »Und dann wappnete ich mich und nahm mir vor, ihren Tadel an mir abprallen zu lassen.«[13] Ob es ihm gelang, ist eine andere Frage. In den Briefen, die er als Student an Caroline schreibt, entschuldigt er sich für seine Klaue, bemüht sich angestrengt, die Adressatin von seiner Religiosität zu überzeugen, und zeigt sich durchweg interessiert an dem, was sie zu sagen haben mochte.

Auch für den väterlichen Einfluß scheint Darwin sein Gehirn stets empfänglich gehalten zu haben. Der junge Darwin verklärte den Vater zum Abgott und behielt sowohl seine weisen Ratschläge als auch seine schärfsten Rügen zeitlebens in Erinnerung, so auch diesen Rüffel: »Außer Schießen, Hunden und Rattenfangen hast du nichts im Kopf; du wirst noch zur Schande für dich selbst und deine ganze Familie.«[14] Charles sehnte sich nach Anerkennung von seiten seines Vaters und gab sich größte Mühe, sie zu erlangen. »Ich glaube, daß, ich als ich jung war, mein Vater ein wenig ungerecht gegen mich war«, sagte er einmal zu einer seiner Töchter, »später aber erfüllte es mich mit Dank, denken zu dürfen, daß ich sein größter Liebling wurde.« Und die Zuhörerin – Henrietta Darwin, verheiratete Litchfield – behielt »eine lebendige Erinnerung an den Ausdruck eines glücklich träumerischen Sinnens, welcher diese Worte begleitete, als wenn er sein ganzes Verhältnis überblickt habe«, und als habe dieser Rückblick in ihrem Vater »eine tiefe Empfindung von Friede und Dankbarkeit zurückgelassen«.[15] Die vielen Menschen, die diese Empfindung von Frieden und Dankbarkeit kennen, nicht minder als die vielen andern, die bis weit ins Erwachsenenalter hinein an dem brennenden Gefühl elterlicher Mißbilligung leiden, bezeugen die Kraft der emotionalen Mechanismen, die hier am Werk sind.

Nun zur Frage des »Warum«. Warum hat die natürliche Selektion ein formbares Gewissen geschaffen? Nehmen wir es einmal als erwiesen, daß Darwins nächste Angehörigen von Natur aus dazu berufen waren, ihm nützliche moralische Orientierungshilfen zu geben – worin lag deren Nützlichkeit? Was verleiht dem weiten Schuldgefühl, das dem kleinen Charles beigebracht wurde, aus der Sicht der Gene so großen Wert? Und überhaupt: Wenn ein übermächtiges Gewissen einen solchen Wert darstellt – warum bauen die Gene es nicht einfach fest verdrahtet ins Gehirn ein?

Die Antwort beginnt mit der Feststellung, daß die Wirklichkeit komplexer ist als Robert Axelrods Computersimulation. Aus dem Turnier, das Axelrod veranstaltete, ging eine Reihe elektronischer Wie-du-mir-so-ich-dir-Organismen als Sieger hervor, die von da an in auf Zusammenarbeit gegründeter Harmonie glücklich und zufrieden lebten. Die Veranstaltung war insofern von Nutzen, als sie aufzeigte, wie sich reziproker Altruismus entwickeln konnte, und damit auf die Gründe hindeutete, warum wir alle mit dem dazugehörigen Gefühlshaushalt ausgestattet sind. Natürlich funktionieren unsere Gefühle aber nicht mit der gleichen simplen Einsinnigkeit wie die Reaktionen des Programms »Wie-du-mir-so-ich-dir«. Menschen lügen, betrügen und stehlen mitunter, auch solche, von denen man es nicht erwarten würde – und im Gegensatz zu »Wie-du-mir-so-ich-dir« belügen, betrügen und bestehlen sie auch Artgenossen, die vorher nett zu ihnen waren. Und was noch wichtiger ist: Menschen, die sich so verhalten, fahren manchmal ganz gut dabei. Der Umstand, daß wir diese Fähigkeit zur Ausbeutung anderer besitzen und sie sich zuweilen auch auszahlt, läßt den Rückschluß zu, daß es im Lauf unserer Evolution Perioden gab, in denen es keine genetisch optimale Strategie war, zu netten Artgenossen nett zu sein. Wir mögen zwar alle die Wie-du-mir-so-ich-dir-Mechanik ins uns haben, aber wir tragen auch eine innere Mechanik weniger bewunderungswürdiger Art mit uns herum. Und die Frage, vor der wir immer wieder stehen, lautet: Von welcher mache ich jetzt Gebrauch? Diese Sachlage begründet den Anpassungswert eines formbaren Gewissens.

So jedenfalls meint Trivers in seinem Aufsatz aus dem Jahr 1971 über den reziproken Altruismus. Ob und in welchem Maß es sich lohnt, andern zu helfen – oder andere zu betrügen –, hängt ihm zufolge vom gesellschaftlichen Umfeld ab, in dem man sich befindet. Und das Umfeld ändert sich mit der Zeit. Folglich »ist damit zu rechnen, daß die Selektion ontogenetische Plastizität derjenigen Merkmale begünstigt, welche altruistische und betrügerische Tendenzen des Individuums sowie die Reaktionen auf solche Tendenzen bei anderen Individuen regulieren«. Und somit kann »das Schuldbewußtsein des heranwachsenden Organismus [...], eventuell zum Teil von den nächsten Angehörigen, durch Erziehung so geformt werden, daß es

Formen des Betrugs, die unter den am Ort vorherrschenden Bedingungen Anpassungswert besitzen, toleriert und solche mit eher gefährlichen Folgen mit negativem Vorzeichen versieht«.[16] Mit einem Wort: »Moralische Orientierungshilfe« ist ein Euphemismus. Eltern lenken gemäß ihrer Veranlagung ihre Kinder nur so weit hin zu »moralischem« Verhalten, als diese Verhaltensformen eigennützig sind.

Es ist schwierig, die genauen Umstände anzugeben, die im Lauf der Evolution die Nützlichkeit einzelner moralischer Strategien erhöhten oder verringerten. Mag sein, daß es wiederholt zu Änderungen in der Größe der Dörfer oder in der Populationsdichte von jagdbarem Großwild oder gefährlichen Raubtieren kam.[17] All diese Faktoren konnten Zahl und Nützlichkeitsgrad der örtlich geübten kooperativen Praktiken beeinflussen. Hinzu kommt, daß jeder Mensch in eine Familie hineingeboren wird, die eine ganz spezielle Nische im sozialen Ökosystem besetzt, und daß jeder Mensch ganz spezielle soziale Stärken und Schwächen hat. Manche haben ohne riskante Betrügereien Erfolg, andere nicht.

Aus welchem Grund auch immer die natürliche Auslese unsere Spezies zunächst mit flexiblen reziprok altruistischen Strategien ausstattete – indem Flexibilität hinzukam, mußte sich ihr Anpassungswert noch steigern. Sobald sich die vorherrschende Art der Zusammenarbeit ändert – von Generation zu Generation, von Dorf zu Dorf oder von einer Familie zur andern –, werden diese Änderungen zu einer Kraft, mit der gerechnet werden muß, und dies geschieht vermittels einer flexiblen Strategie. Wie Axelrod zeigen konnte, hängt der Wert dieser oder jener konkreten Strategie völlig von den im jeweiligen sozialen Umfeld geltenden Normen ab.

Wenn Trivers recht hat und die Formung des Gewissens eines jungen Menschen tatsächlich zum Teil auf eine Belehrung über einträgliches Betrügen (und über vorteilhaften Verzicht auf Betrug) hinausläuft, dann sollte man erwarten, daß kleinen Kindern das Erlernen von Täuschungsmanövern leichtfällt. Beim Blick auf die tatsächlichen Verhältnisse erscheint dies nachgerade als Untertreibung. In seiner 1932 veröffentlichten Studie über die moralische Entwicklung des Kinds schrieb Jean Piaget, daß beim Kind »die Neigung zur Lüge eine ganz natürliche ist. Ihre Spontaneität und Allgemeinheit zeigen, wie sehr sie dem egozentrischen Denken des Kindes zu Grunde liegt.«[18] Piagets Befund wurde in der Folgezeit durch andere Untersuchungen bestätigt.[19]

Darwin jedenfalls scheint ein geborener Lügner gewesen zu sein: »Ich sollte hier gleich bekennen«, schreibt er in seinen Lebenserinnerungen, »daß ich als kleiner Junge überhaupt einen Hang dazu hatte, absichtlich falsche Angaben zu machen.« So hatte er einmal, wie er sich erinnerte, »viel schönes Obst von den Obstbäumen meines Vaters gepflückt und im Schuppen versteckt und bin dann losgerannt und habe ganz außer Atem verkündet, ich hätte ein Versteck mit einem ganzen Vorrat an gestohlenem Obst entdeckt«. (Was ja in gewisser Weise auch der Fall war.) Selten kehrte er von einem Spaziergang zurück, auf dem er nicht »einen Fasan oder irgendeinen seltsamen Vogel« gesehen haben wollte, gleichgültig, ob es so war oder nicht. Und einem andern kleinen Jungen erzählte er einmal, er »könne Primeln und Schlüsselblumen durch Begießen mit bestimmten farbigen Flüssigkeiten verschieden einfärben; das war natürlich reine Erfindung; versucht hatte ich es nie«.[20]

Dahinter steht die Vorstellung, daß kindliche Lügenhaftigkeit nicht einfach eine Phase harmloser Unart ist, die wir ohne Schwierigkeiten durchlaufen, sondern der erste in einer Reihe von Probeläufen eigennütziger Unehrlichkeit. Durch positive Bestärkung (bei unentdeckter und gewinnbringender Lügenhaftigkeit) und negative Bestärkung (entweder weil Altersgenossen hinter unsere Schliche kommen oder Angehörige uns Vorhaltungen machen) lernen wir, womit wir ungestraft davonkommen können und womit nicht und was unsere Angehörigen als kluge Täuschung betrachten und was nicht.

Daß Eltern ihrem Nachwuchs wohl nur in den seltensten Fällen Vorträge über den Nutzen des Lügens halten, heißt nicht, daß sie ihren Kinder nicht beibrächten zu lügen. Wie es scheint, fahren Kinder mit dem Lügen fort, wenn es ihnen nicht gründlich ausgetrieben wird. Nicht nur Kinder, deren Eltern selbst häufig lügen, sondern auch solche, die von den Eltern in dieser Hinsicht nicht streng überwacht werden, werden mit größerer Wahrscheinlichkeit chronische Lügner.[21] Eltern, die es unterlassen, ihren Kindern Lügen zu verweisen, die sich für die Kinder als hilfreich herausgestellt haben, und Eltern, die sich in Gegenwart ihrer Kinder selbst solcher hilfreichen Lügen bedienen, erteilen ihren Kindern damit Unterricht im Lügen für Fortgeschrittene.

Bei einem Psychologen kann man lesen: »Lügen ist zweifelsohne aufregend. Das bedeutet, daß eher das Manöver selbst als der Nutzen, der daraus entspringt, das Kind zum Lügen motivieren dürfte.«[22] Diese Unterscheidung ist irreführend. Vermutlich ist es so, daß die natürliche Selektion *gerade wegen* des Nutzens, den gekonntes Lügen bringt, das versuchsweise Lügen so aufregend gemacht hat. Noch einmal: Die natürliche Selektion besorgt das »Denken« für uns; wir sind die Ausführenden.

Darwin erinnerte sich, daß er sich im Kindesalter »um der schieren Lust willen, die es bereitete, Aufsehen und Überraschung zu erregen«, Lügengeschichten ausdachte. Einerseits »vermute ich, daß diese Lügen, wenn sie nicht aufgedeckt wurden, Spannung in mir erregten [und] durch die große Wirkung, die sie in meinem Inneren taten, Lust bereiteten wie eine Bühnentragödie«.[23] Andererseits schämte er sich ihrer zuweilen. Warum, verriet er nicht, aber zwei Vermutungen liegen auf der Hand: zum einen, daß ein Teil seiner Lügen von andern Kindern als solche entlarvt wurden, zum andern, daß ihm das Lügen von seiten älterer Familienmitglieder Bestrafung eintrug.

So oder so erhielt Darwin ein Feedback in bezug auf die Vor- oder Nachteile des Lügens in seinem eigenen gesellschaftlichen Umfeld. Und dieses Feedback zeitigte Wirkung. Spätestens mit Erreichen des Erwachsenenalters war er gemessen an vernünftigen Maßstäben ein ehrlicher Mensch.

Die Weitergabe moralischer Belehrung von alt an jung steht in Parallele zur Weitergabe der Erbinformation und ist in ihren Wirkungen von dieser zuweilen nicht zu unterscheiden. Samuel Smiles schrieb in *Selbsthilfe*: »Der Charakter der Eltern wird dergestalt beständig in ihren Kindern nachgebildet, und die Akte der Zuneigung, der Disziplin, des Fleißes und der Selbstbeherrschung, mit welchen sie alle Tage ein lebendiges Beispiel geben, leben und wirken weiter, wenn alles andere, was vielleicht durch Zuhören gelernt wurde, längst vergessen ist. [...] Wer kann sagen, wie viele schlimme Vorsätze unausgeführt blieben, nur weil der Gedanke an einen vortrefflichen Vater oder eine vortreffliche Mutter dazwischentrat, deren Andenken die Kinder nicht durch eine böse Tat oder unsaubere Gedanken beschmutzen möchten?«[24]

Diese Treue zum moralischen Erbe ist bei Darwin offenkundig. Jedes Wort, mit dem er in seinen Lebenserinnerungen den Vater – seine Großzügigkeit, sein Mitgefühl – in den Himmel hebt, trifft genausogut auch auf ihn selbst zu. Und seinerseits setzte Darwin wiederum alles daran, seine Kinder mit reziprok-altruistischen Fähigkeiten auszustatten, von moralischer Rechtschaffenheit bis zu seinem gesellschaftlichen Benehmen. Einem seiner Söhne schrieb er ins Internat: »Du mußt noch an Mr. Wharton schreiben. Deinen Brief solltest Du mit der Anrede ›Hochverehrter Herr‹ beginnen. [...] Schließen solltest Du mit »Ich danke Ihnen und Ihrer verehrten Frau Gemahlin für all die Wohltaten, die Sie mir stets erwiesen haben. Ihr Ihnen aufrichtig ergebener‹.«[25]

Das viktorianische Gewissen

Die natürliche Selektion konnte nicht vorausahnen, in welches gesellschaftliche Umfeld Darwin hineingeboren werden würde. Das menschliche Genprogramm für das Maßschneidern des Gewissens enthält keine Option »Wohlhabender Viktorianer«. Aus diesem Grund (unter anderen) sollten wir nicht erwarten, daß Darwins Kindheitserlebnisse sein Gewissen ganz im Sinn vollständiger Angepaßtheit formten. Manches freilich, was die natürliche Selektion nun doch »vorausahnte« – zum Beispiel, daß allein schon der Grad lokaler Kooperation von Umfeld zu Umfeld unterschiedlich sein würde –, ist immer und überall von Belang. Es lohnt sich, zu untersuchen, ob Darwins moralische Entwicklung ihn einigermaßen tauglich gemacht hat, um im Leben Erfolg zu haben.

Wer fragt, wie Darwins Gewissen sich auszahlte, fragt im Grunde danach, wie das viktorianische Gewissen als solches sich auszahlte. Denn Darwins moralischer Kompaß war ja lediglich eine empfindlichere Variante des viktorianischen Grundmodells. Die Viktorianer sind bekannt dafür, daß sie Wert auf »Charakter« legten, und die meisten von ihnen würden uns, wenn wir unversehens unter sie versetzt würden, sehr wunderlich anmuten mit ihrem Ernst und ihrer Gewissenhaftigkeit, selbst wenn diese Eigenschaften bei ihnen längst nicht so stark ausgeprägt waren wie bei Darwin.

Den Wesenskern des viktorianischen Charakters bildeten laut Samuel Smiles »Wahrheitsliebe, Rechtschaffenheit und Vortrefflichkeit«. »Rechtschaffenheit in Wort und Tat ist das Rückgrat des Charakters«, schrieb Smiles in *Selbsthilfe*, »und standhafte Warheitstreue sein vornehmstes Kennzeichen.«[26] Man beachte den Gegensatz zur »Persönlichkeit«, jener Mischung aus Charme, Glamour und anderen sozialen Attributen, die, wie es heißt, im 20. Jahrhundert den Charakter als Maßstab für ein menschliches Wesen weitgehend verdrängt hat. Die Feststellung, daß dieser Wechsel stattgefunden hat, wird zuweilen mit dem wehmütigen Hinweis verbunden, das gegenwärtige Jahrhundert sei eine Zeit des Niedergangs der Moral und des zügellosen Egoismus.[27] »Persönlichkeit« messe schließlich Ehrlichkeit und Ehre nur geringen Wert bei und sei ganz offensichtlich ein Vehikel der Selbstbeförderung.

In der Kultur der Persönlichkeit steckt ein Gefühl der Sicherheit, und man kann leicht nostalgisch werden in Erinnerung an die Zeit, als Gewandtheit allein einen Menschen noch nicht so weit brachte im Leben. Doch das heißt nicht, daß die Zeit, in der der Charakter herrschte, eine Ära der lautersten, von jeglichem Eigennutz unbefleckten Rechtschaffenheit gewesen wäre. Wenn Trivers mit seiner Ansicht über die Gründe der Formbarkeit des Gewissens recht hat, dann dürfte »Charakter« eine durchaus eigennützige Sache gewesen sein.

Die Viktorianer selbst scheuten sich nicht, darüber zu sprechen, wozu der Charakter dient. Samuel Smiles zitierte zustimmend einen Mann von »wahrer Prinzipienfestigkeit und peinlichster Wahrheitstreue« mit der Bemerkung, der Stimme des Gewissens zu gehorchen sei »der Weg zu Erfolg und Reichtum«. Smiles selbst gab die Devise aus: »Charakter ist Macht« (»in weit höherem Sinn als Wissen Macht ist«). Er zitierte das bewegende Wort des Staatsmanns George Canning: »Mein Weg kann nur der über Charakter zur Macht sein, einen anderen will und werde ich nicht gehen; und ich glaube zuversichtlich, daß dieser Weg, wenn auch vielleicht nicht der schnellste, so doch der sicherste ist.«[28]

Wenn es damals so vorteilhaft für das eigene Fortkommen war, Charakter zu besitzen, wieso ist dies heute nicht mehr im gleichen Maß der Fall? Hier ist nicht der Ort für eine Abhandlung über die Geschichte der Moral aus darwinistischer Sicht, einer der möglichen Faktoren aber ist klar: Im Viktorianischen England lebten die meisten Menschen in einer im wesentlichen kleinstädtischen Welt. Gewiß, die Verstädterung war bereits in vollem Gang, und mit ihr näherte sich die Ära der Anonymität. Doch verglichen mit heute waren selbst städtische Nachbarschaften stabil. Die neigten dazu, zu bleiben, wo sie waren, und jahraus jahrein derselben kleinen Gruppe von Leuten zu begegnen. Das gilt besonders für Darwins Geburtsort, den malerischen Flecken Shrewsbury. Wenn Trivers recht hat – wenn das kindliche Gewissen unter tätiger Mithilfe der Familienangehörigen so geformt wird, daß es in das örtliche gesellschaftliche Umfeld paßt –, dann ist Shrewsbury ein solcher Ort, wo man erwarten kann, daß sich Darwins Skrupel auszahlen.

Es gibt mindestens zwei Gründe, warum Rechtschaffenheit und Ehrlichkeit in einem überschaubaren und stabilen sozialen Milieu besonders sinnvoll sind. Der erste: Hier gelingt es niemandem, seine Vergangenheit abzuschütteln (wie jeder weiß, der einmal in einer Kleinstadt gewohnt hat). In einem Abschnitt mit der Überschrift »Bringe Sein und Schein bei dir zur Deckung« schrieb Smiles in *Selbsthilfe*: »Ein Mann muß wirklich das sein, was zu sein er sich den Anschein gibt oder sich vornimmt. [...] Männer, deren Handeln ihren Worten rundheraus widerspricht, gebieten keinen Respekt, und was sie sagen, hat nur wenig Gewicht.« Smiles kolportierte die Anekdote von einem Mann, der zu einem andern sagt: »Ich würde tausend Pfund für Ihren guten Namen geben.« – »Warum denn?« – »Weil ich zehntausend Pfund aus ihm herausschlagen könnte.«[29] Der Darwin, den die junge Emma Wedgwood schilderte – »der offenste, ehrlichste Mensch, den ich je gesehen habe und der mit jedem Wort seine wahren Gedanken ausspricht« –, ist bestens gerüstet, es in Shrewsbury zu großem Erfolg zu bringen.[30]

Axelrods Computerwelt war Shrewsbury sehr ähnlich: Tag für Tag dieselbe ziemlich kleine Gruppe von Akteuren, von denen sich jeder erinnert, wie man sich bei der letzten Begegnung benommen hat. Das ist natürlich einer der Hauptgründe dafür, daß sich reziproker Altruismus im Computer auszahlte. Gleicht man die Computersimulation noch stärker der Kleinstadtwelt an, indem man ihren Wesen erlaubt, sich darüber auszutauschen, wie gewissenhaft der oder jener ist oder nicht ist, setzen sich kooperative Strategien sogar noch schneller durch. Denn Betrüger kommen mit weniger Gaunereien durch, bis die andern anfangen, sie zu schneiden.[31] (Axelrods Computer ist ein Mehrzweckgerät. Ist das moralische Rüstzeug des Menschen erst einmal flexibel gestaltet, kann Kooperationsbereitschaft in der Population über Generationen hinweg um sich greifen – oder zurückgehen –, ohne daß dazu Veränderungen im Genpool notwendig wären. Der Computer als Protokollant solcher Wellenbewegungen simuliert in diesem Fall nicht wie im vorigen Kapitel einen Wandel im Erbgut, sondern einen kulturellen Wandel.)

Ein zweiter Grund, warum es in Orten wie Shrewsbury soviel bringt, zu andern nett zu sein, ist der Umstand, daß die Menschen, zu denen man nett gewesen ist, einem als Mitbürger noch lange erhalten bleiben. Selbst nach dem Schrotschußprinzip verausgabte gesellschaftliche Energie wie das ungezielte Verteilen von Nettigkeiten kann hier eine gute Investition sein. »Die kleinen Aufmerksamkeiten, welche gleichsam die Scheidemünzen des Lebens sind, mögen zwar jede für sich genommen scheinbar kaum einen realen Wert haben, erlangen jedoch Bedeutung durch Wiederholung und Häufung«, schrieb Smiles. Seiner Beobachtung nach »ist Wohlwollen das vorherrschende Element in jeglicher Art von wechselseitig nützlichem und angenehmem zwischenmenschlichen Verkehr. ›Höflichkeit kostet nichts und bringt viel‹, sagte Lady Montague. [...] ›Gewinnen Sie die Herzen der Menschen‹, sagte Burleigh zu Königin Elisabeth, ›und Sie haben nicht nur ihre Herzen, sondern auch ihre Börsen.‹«[32]

Genau besehen kostet Höflichkeit doch etwas: ein bißchen Zeit und seelische Energie. Und heutzutage bringt sie auch nicht mehr allzuviel – zumindest die nicht, die nicht ganz gezielt eingesetzt wird. Viele, wenn nicht die meisten Menschen, denen wir tagsüber begegnen, wissen nicht, wer wir sind, und werden es auch nie erfahren. Selbst die Bekanntschaften, die wir schließen, sind unter Umständen nur von kurzer Dauer. Die Menschen wechseln – jedenfalls in den Vereinigten Staaten – oft Wohnsitz und Arbeitsplatz. Heute kommt es daher weniger auf einen guten Ruf an, und die Wahrscheinlichkeit, daß irgendein Opfer, das man gebracht hat – selbst gegenüber Nachbarn oder Arbeitskollegen – in ferner Zukunft einmal vergolten werden wird, nimmt ab. In unseren Tagen mag ein Angehöriger des gehobenen Mittelstands seinem Sohn unter Umständen helfen, erfolgreich zu sein, wenn er ihn lehrt, aalglatt und von oberflächlicher Herzlichkeit zu sein, mit Flunkereien und Halbwahrheiten um sich zu werfen und mehr zu versprechen, als zu halten.

Das zeigt auch Axelrods Computersimulation. Ändert man die Regeln, indem man eine hohe Mobilität mit häufigen Zu- und Abgängen in der Gruppe einführt, so daß die Aussichten, zu ernten, was man gesät hat, für die einzelnen Mitspieler geringer werden, dann schwindet auch sichtlich das Erfolgspotential von »Wie-du-mir-so-ich-dir«, während gemeinere Strategien Auftrieb erhalten. (Auch in diesem Fall simuliert das Computermodell nicht eine genetische, sondern eine kulturelle Evolution; das Durchschnittsgewissen ändert sich, ohne daß dem Veränderungen im Genpool zugrunde lägen.)

Im Computer wie im wirklichen Leben sind diese Trends selbstverstärkend. Wenn nichtkooperative Strategien Erfolg haben, nehmen die örtlich verfügbaren Gelegenheiten zur Kooperation ab. Der Effekt ist eine weitere Entwertung der Kooperationsbereitschaft und parallel dazu eine Steigerung des Erfolgs der gemeineren Strategien. Dieser

Regelkreis funktioniert auch in umgekehrter Richtung: Je gewissenhafter die Viktorianer wurden, desto vorteilhafter wurde es, gewissenhaft zu sein. Doch wenn, aus welchem Grund auch immer, das Pendel den Scheitelpunkt seiner Amplitude passiert hat, nimmt beim Zurückschwingen naturgemäß seine Stoßkraft zu.

In gewissem Maß bestätigt diese Analyse nur die alten Binsenweisheiten über die Auswirkungen anonymen Großstadtlebens: Die New Yorker sind Grobiane, und New York steckt voller Taschendiebe.[33] Doch damit allein greift man zu kurz. Hier geht es nicht nur darum, daß die Menschen sich umsehen, eine Gelegenheit zu entdecken, um einen andern zu betrügen, und sie bewußt ergreifen. Worauf es noch mehr ankommt, ist: Im Verlauf eines Prozesses, der schon mit dem Sprechenlernen beginnt und den sie, wenn überhaupt, nur nebelhaft wahrnehmen, werden die Umrisse ihres Gewissens ohne ihr Zutun angepaßt – teils von Angehörigen (die dabei vielleicht selbst keine klare Vorstellung davon haben, was vorgeht), teils von andern Quellen gesellschaftlichen Feedbacks. Kultureller Einfluß kann genauso unbewußt wirken wie der Einfluß des Erbguts. Was angesicht der engen Verflochtenheit der beiden nicht überrascht.

Dasselbe gilt für einen Bereich, über dessen ethisch-moralische Normen derzeit viel diskutiert wird: die armen, von Verbrechen geplagten Innenstädte der USA. Angehende Kriminelle brauchen sich nicht groß umzusehen, die Lage einzuschätzen und sich rational für eine Verbrecherkarriere zu entscheiden. Wenn das die ganze Wahrheit wäre, würde die Standardlösung für das Problem der Kriminalität – »die Anreizstruktur verändern«, und zwar so, daß Verbrechen sich garantiert nicht lohnen – möglicherweise besser funktionieren. Der Darwinismus weist auf eine beunruhigendere Wahrheit hin: Schon von klein an wird das Gewissen vieler Kinder der Armenschicht – ihre grundsätzliche Fähigkeit, Mitgefühl und Schuldgefühl zu empfinden –

von ihrer Umwelt begrenzt, und beim Heranwachsen verfestigt es sich dann in dieser verkrüppelten Form.

Mit der Anonymität des Großstadtlebens allein ist diese Verkrüppelung aber noch längst nicht hinreichend erklärt. Viele Innenstadtbewohner finden nur in begrenztem Maß Gelegenheit, »gesetzestreue« Kooperationsbeziehungen zur Welt außerhalb ihrer unmittelbaren Lebenssphäre herzustellen. Dabei haben die Männer allein schon infolge des geschlechtsspezifischen Risikos nicht die Lebenserwartung, die so viele Leute für selbstverständlich halten. Martin Daly und Margo Wilson vertraten die Ansicht, daß der bei Kriminellen bekanntlich »enge Zeithorizont« eine »Anpassungsreaktion auf prognostische Informationen über die eigenen Chancen *in puncto* Langlebigkeit und Erfolg« sein könnte.[34]

»Rang und Reichtum bedingen nicht notwendigerweise echte Vornehmheit«, schrieb Samuel Smiles. »Der Arme kann ein wahrhaft Vornehmer, ein echter Gentleman sein – im Geiste wie im täglichen Leben. Er kann ehrbar, wahrheitsliebend, rechtschaffen, höflich, maßvoll, beherzt, voll Selbstachtung und zur Selbsthilfe in der Lage, kurzum: ein wahrhaft vornehmer Mensch, ein echter Gentleman sein.« Denn »vom Höchsten bis zum Niedrigsten, vom Reichsten bis zum Ärmsten hat die Natur dem Menschen keines Standes und in keiner Lebenslage ihre höchste Gabe versagt: ein edles Herz«.[35] Ein schöner Gedanke, der für die ersten Lebensmonate auch durchaus zutreffen mag. Danach jedoch wird er – zumindest unter den gegenwärtigen Lebensbedingungen – wahrscheinlich immer mehr zur Fehldiagnose.

Für manchen mag es sonderbar klingen, wenn Darwinisten von Kriminellen als »Opfern der Gesellschaft« und nicht als Opfern mangelhafter Gene sprechen. Doch das gehört mit zu den Unterschieden zwischen dem Darwinismus Ende des letzten und dem Darwinismus Ende diesen Jahrhunderts. Sobald einem klargeworden ist, daß die Ge-

ne nicht das Verhalten als solches, sondern die ontogenetische *Entwicklung* des Verhaltens programmieren, daß sie
die kindliche Psyche zur Angepaßtheit an die sie umge-
bende Lebenswelt formen, wirken wir vor diesem Hintergrund plötzlich alle genausosehr als Opfer (oder Nutznießer) unserer Umwelt wie unserer Gene.[36] Es ist also möglich, Unterschiede zwischen zwei (sagen wir zum Beispiel:
sozioökonomischen oder sogar ethnischen) Gruppen evolutionstheoretisch zu erklären, ohne Unterschiede der Erbinformation postulieren zu müssen.

In dem Entwicklungsprogramm, welches das Gewissen
formt, gibt es natürlich ebensowenig eine Schalterstellung
»Städtische Unterschicht«, wie es eine Schalterstellung
»Viktorianer« gibt. (Tatsächlich entspricht das Dorf Shrewsbury eher als die heutigen Großstädte jener Art des gesellschaftlichen Umfelds, das die natürliche Selektion »voraussah«.) Dennoch läßt das Geschick, mit dem in Groß-
städten häufig die Chance genutzt wird, andere übers Ohr
zu hauen, den Schluß zu, daß sich in der Ur-Umwelt von
Zeit zu Zeit Gelegenheiten zu lohnenden Untaten boten.

Eine Quelle solcher Gelegenheiten dürften unter anderem der Kontakt mit Bewohnern umliegender Dörfer gewesen sein. Und wenn wir die menschliche Psyche betrachten, finden wir in ihr genau die Anpassung, die sich
als äußerst zweckdienlich zum Ausnutzen dieser Gelegenheiten erweist: eine zweigeteilte moralische Landschaft,
zusammengesetzt aus einer »Eigengruppe« (*in-group*), die
einen Anspruch auf Rücksichtnahme hat, und einer
»Fremdgruppe« (*out-group*), die nichts Besseres verdient
hat, als ausgebeutet zu werden.[37] Selbst die Mitglieder
städtischer Banden haben Leute, die sich auf sie verlassen
können. Und selbst äußerst höfliche Viktorianer zogen in
den Krieg und waren überzeugt davon, daß der Tod, den
sie andern brachten, ein gerechter war. Die moralische
Entwicklung ist häufig nicht nur eine Frage der Stärke des
Gewissens, sondern auch seiner Reichweite.

Zur Beurteilung der Viktorianer

Wie »moralisch« die Viktorianer wirklich waren, ist nicht ganz unumstritten. Gewöhnlich wirft man ihnen enorme Heuchelei vor. Nun, wie wir gesehen haben, ist ein bißchen Heuchelei für unsere Spezies nur natürlich.[38] Und seltsamerweise kann eine Menge Heuchelei ein Zeichen für große Moralität sein. In einer hochgradig »moralischen« Gesellschaft – in der viele Höflichkeitsbezeugungen und altruistische Handlungen zum täglichen Leben gehören – ist ein guter Ruf lebenswichtig, während ein schlechter recht teuer kommt. Dieses zusätzliche Gewicht, das der moralischen Reputation zukommt, steigert den Anreiz, das zu tun, was die Menschen von Natur aus ohnehin tun: die eigene Vortrefflichkeit in ein übertrieben günstiges Licht zu rücken. In Walter Houghtons Buch über die »viktorianische Gemütsverfassung« (*The Victorian Frame of Mind*) kann man lesen: »Jedermann gibt – sogar vor sich selbst – zuweilen vor, ein besserer Mensch zu sein, als er wirklich ist, aber die Viktorianer pflegten diese Art Schwindel hingebungsvoller, als wir Heutigen es tun. Sie lebten in einer Epoche, in der für das Sozialverhalten sehr viel anspruchsvollere Normen galten.«[39]

Selbst wenn wir die Ansicht akzeptieren, daß die Heuchelei der Viktorianer lediglich eine Bejahung der viktorianischen Moral auf Umwegen war, können wir noch immer fragen, ob »Moral« in diesem Zusammenhang das richtige Wort ist. Denn für die meisten Viktorianer bedeutete der herrschende Moralkodex letztlich kein Opfer. Bei der Vielzahl von Menschen, die nach allen Seiten zuvorkommend und rücksichtsvoll waren, bekam jeder ein Stück vom Kuchen ab. Doch das spricht nicht gegen die viktorianische Moral. Sinn und Zweck einer starken Moral ist es ja gerade, dem Wohl aller zu nutzen, indem sie zu *informellen* Nicht-Nullsummen-Transaktionen anregt, soll heißen: indem sie zu Nicht-Nullsummen-Transaktionen außerhalb der Sphären des Wirtschaftslebens und des Gesetzeszwangs anregt. Ein Autor, der den »Aufstieg des Egoismus« und das »Verschwinden des viktorianischen Amerika« beklagt, äußert die Ansicht, daß unter der Herrschaft des viktorianischen Moralkodex »die große Hauptmasse der Amerikaner in einem berechenbaren, stabilen und im großen und ganzen von Anstand geprägten Sozialsystem lebte. Und das war so, weil – ungeachtet aller Heuchelei – die meisten Menschen der Überzeugung waren, daß sie Pflichten und Verbindlichkeiten gegenüber anderen hätten, die vor der Befriedigung der eigenen Interessen rangierten«.[40] Ob der letzte Satz wortwörtlich zutrifft, kann mit Fug bezweifelt werden, ohne daß die Grundtendenz der Aussage darunter leidet. Das allgemeine Pflichtgefühl nährte sich letzten Endes nicht von Selbstverleugnung, sondern von der stillschweigenden Zustimmung aller zu einem umfassenden Gesellschaftsvertrag, der vorsah, daß andern erwiesene Gefälligkeiten eines Tags – wie indirekt auch immer – an einen selbst zurückfließen würden. Dennoch hat jener Autor recht: Den immensen Aufwand an Zeit und Energie, der heute in die zum Zweck des Selbstschutzes erforderliche Wachsamkeit einfließt, kannte man seinerzeit nicht.

Man kann die Sache auch so ausdrücken: Das Viktorianische England war eine bewunderswürdige *Gesellschaft*, die sich freilich keineswegs aus *Menschen* zusammensetzte, die in irgendeinem besonderen Grad bewunderungswürdig gewesen wären. Sie taten nichts weiter als das, was auch wir tun – sich in dem Maße gewissenhaft, höflich, rücksichtsvoll verhalten, wie es sich lohnt. Nur lohnte es sich damals halt mehr. Zudem war das Moralverhalten der Viktorianer, wie lobens- oder tadelnswert man es auch immer finden mag, mehr Erbschaft als Ergebnis einer freien Entscheidung; das viktorianische Gewissen wurde in einer Weise geformt, von der die Viktorianer selbst nichts wußten und an der sie in gewissem Sinn auch gar nicht die Macht hatten, etwas zu ändern.

Hier nun also der Urteilsspruch über Charles Darwin, gestützt auf die Autorität unseres gesamten Wissens über die Gene: Er war ein Produkt seiner Umwelt. Soweit er ein vortrefflicher Mensch war, war seine Vortrefflichkeit die passive Widerspiegelung der Vortrefflichkeit der Gesellschaft, in der er lebte. Und davon abgesehen, zahlte seine »Vortrefflichkeit« sich großenteils aus.

Allerdings scheint Darwin manchmal über das vom reziproken Altruismus gebotene Maß an Menschenfreundlichkeit hinausgegangen zu sein. Während seines Aufenthalts in Südamerika legte er für die Feuerland-Indios Gärten an. Und in dem Dorf Down, wo er sich 1842 niedergelassen hatte, wirkte er bei der Gründung einer »Friendly Society« mit, die für die arbeitende Bevölkerung des Orts ein Sparprogramm und einen »Clubraum« unterhielt (in letzterem wurde mittels einer Art Skinnerscher Konditionierung für die Besserung der Sitten und Umgangsformen gesorgt: Fluchen, Raufen und unmäßiges Trinken wurde mit Geldbußen geahndet).[41]

Manche Darwinisten machen sich einen Spaß daraus, selbst Freundlichkeiten solcher Art auf Eigennutz zurückzuführen. Wenn sie partout nichts finden, wie sich die Feuerland-Indios erkenntlich gezeigt haben könnten (und wir wissen ja wirklich nicht, ob sie es nicht doch getan haben), bleibt ihnen nichts, als von »Reputationseffekten« zu sprechen; vielleicht konnte der Wohltäter davon ausgehen, daß die Besatzung der »Beagle« nach der Heimkehr die Kunde von seiner Großherzigkeit in England verbreiten würde und er dort irgendwie belohnt würde. Darwins Moralempfindungen waren jedoch stark genug, um derlei Zynismus *ad absurdum* zu führen. Als ihm einmal zu Ohren kam, daß ein Bauer im Dorf einige Schafe hatte verhungern lassen, sammelte er selbst Beweismaterial und brachte den Fall vor den Friedensrichter.[42] Die toten Schafe konnten ihm den Liebesdienst schlecht vergelten, der verklagte Bauer wußte ihm sicher keinen Dank für sein Eingreifen und der »Reputationseffekt« eines so fanatischen Vorgehens dürfte Darwin nicht nur zum Vorteil gereicht haben. Ebenso kann man sich fragen, was Darwin wohl damit gewann, wenn er nachts wach lag, weil er sich über das vergangene Leiden brasilianischer Sklaven grämte.

Auf eine einfachere Erklärung derart »hypermoralischen« Verhaltens kommt man, wenn man sich in Erinnerung ruft, daß die Menschen keine »Fitneßmaximierer«, sondern »Anpassungsleister« sind. Die hier zur Diskussion stehende Anpassung, das Gewissen, wurde dazu *entworfen*, Fitneß zu maximieren mit dem Ziel, das örtliche Umfeld im Sinn genetischen Eigeninteresses auszubeuten. Doch für den Erfolg gibt es dabei keinerlei Gewähr, erst recht nicht in einem gesellschaftlichen Umfeld, das der natürlichen Selektion unbekannt ist.

So kann das Gewissen Menschen dazu bringen, Dinge zu tun, die ihnen nichts bringen außer einer Beruhigung ihres Gewissens. Sofern in jungen Jahren Mitgefühl, Dankbarkeit und Schuldempfinden nicht einer regelrechten Vernichtungskampagne ausgesetzt werden, behalten diese lebenslang die Fähigkeit, Verhaltensweisen hervorzubringen, welche die »Schöpferin« jener Eigenschaften, die natürliche Selektion, niemals »gutheißen« würde.

Am Anfang dieses Kapitels stand die Arbeitshypothese, daß Darwins Gewissen das Produkt einer reibungslos funktionierenden Anpassung war. Und in vieler Beziehung war es das auch. Mehr noch: in mancher Hinsicht ist dieser Sachverhalt recht ermutigend, zeigt er doch, daß manche mentalen Organe – wenngleich im Grunde auf eigennützige Zwecke hin entworfen – zugleich so geschaffen sind, daß sie harmonisch mit den mentalen Organen anderer Menschen zusammenarbeiten und dabei viel zum Gemeinwohl beitragen können. Und doch funktionierte Darwins Gewissen in gewisser Weise nicht angepaßt. Auch das ist ermutigend.

III
SOZIALER KAMPF

Elftes Kapitel
DARWIN VERSPÄTET SICH

Mein Gesundheitszustand hat sich seit meinem Aufenthalt auf dem Land sehr gebessert, und ich glaube, auf einen Fremden würde ich wohl einen ganz robusten Eindruck machen, aber ich stelle fest, daß ich keinerlei Anstrengung gewachsen bin und andauernd schon durch die kleinsten Kleinigkeiten erschöpft werde. [...] Eine bittere Pille war für mich die Erkenntnis, daß »die Starken das Rennen machen« – und daß ich wahrscheinlich auf wissenschaftlichem Gebiet nicht mehr viel leisten werde, sondern mich damit werde begnügen müssen, die Fortschritte anderer zu bewundern. Es ist nun einmal nicht zu ändern.

Darwin, Brief an Charles Lyell (1841)[1]

Nachdem Darwin 1838 die natürliche Selektion entdeckt hatte, behielt er seine Einsicht zunächst zwei Jahrzehnte lang für sich. Erst 1855 begann er mit der Arbeit an einem Buch über seine Theorie, das er jedoch nie ganz zu Ende schrieb. Und erst als er im Jahr 1858 erfuhr, daß ein anderer Naturforscher auf die gleiche Theorie gekommen war, entschloß er sich, der Öffentlichkeit einen »Abriß« seiner Gedanken (wie er es nannte) vorzulegen: *Der Ursprung der Arten*, erschienen im Jahr 1859.

Die vierziger Jahre hatte Darwin freilich nicht untätig verbracht. Obwohl häufig leidend – er hatte Anfälle von Schüttelfrost und Erbrechen, Magenschmerzen und Meteorotropismus, Schwächezustände und Herzklopfen –, war er außerordentlich produktiv.[2] Im Lauf der ersten acht Jahre seiner Ehe publizierte er wissenschaftliche Aufsätze, schloß die Herausgabe der fünf Bände von *The Zoology of the Voyage of H.M.S. »Beagle«* ab und schrieb drei Bücher, die auf seinen während dieser Reise gesammelten Erkenntnissen basierten: *The Structure and Distribution of Coral Reefs* (1842; dt. *Über den Bau und die Verbreitung der Corallen-Riffe,* ²1899), *Geological Observations on the Volcanic Islands* (1844; dt. *Geologische Beobachtungen über die vulcanischen Inseln,* 1877) und *Geological Observations on South America* (1846; dt. *Geologische Beobachtungen über Süd-America,* 1878).

Am 1. Oktober 1846 trug Darwin in sein privates Tagebuch ein: »Letzte Fahnenkorrektur meiner *Geol[ogical] Obser[vations] on S[outh] America* beendet. Dieser Band einschließlich der Veröffentlichung über die Falkland-Inseln im *Geolog[ical] Journal* hat mich 18½ Monate gekostet; das Manuskript war allerdings auch nicht so vollendet wie im Fall der *Vulcanischen Inseln.* So daß mich meine drei Bücher zur Geologie 4½ Jahre gekostet haben: Und jetzt bin ich seit 10 Jahren wieder in England. Wie viel Zeit habe ich durch Krankheit verloren!«³

Das ist in mehr als einer Hinsicht typisch für Darwin. Da ist die düstere Resignation, mit der er, während seine Kränklichkeit kein Ende nehmen will, sich häufig durch seine Arbeit schleppt. Obwohl er an jenem Tag eine grandiose Trilogie von Büchern (von denen zumindest eines heute den Rang eines Klassikers besitzt) zum Abschluß gebracht hatte, macht er nicht gerade den Eindruck, als ob ihm danach wäre, Champagnerkorken knallen zu lassen. Da ist die ständige Selbstkritik; nicht einmal einen einzigen Tag vermag er sich über den glücklichen Abschluß des Werks zu freuen, ohne zugleich an dessen Mängel zu denken. Da ist das scharfe Bewußtsein von der Flüchtigkeit der Zeit und seine Pflichtbesessenheit, sie gut zu nutzen.

Man möchte meinen, daß damals für Darwin der rechte Moment gewesen wäre, sich nun endlich mit rascheren Schritten seiner schicksalhaften Bestimmung zu nähern. Jedenfalls war in ihm jetzt der Sinn für die Sterblichkeit geschärft, einer der wichtigsten Antriebe zur Produktivität. 1844 hatte er Emma eine 230-Seiten-Skizze der Theorie der natürlichen Selektion zusammen mit der schriftlichen Anweisung ausgehändigt, sie im Falle seines Todes zu veröffentlichen und »für ihre Verbreitung Sorge zu tragen«. Schon die Tatsache, daß die Familie Darwin ihren Wohnsitz von London aufs Land, in das Dörfchen Down, verlegt hatte, bezeugt, daß es mit Charles' Gesundheit nicht zum besten stand. In Down wollte er Schutz vor den Störungen und Ablenkungen des Großstadtlebens und Geborgenheit im Schoß seiner wachsenden Familie finden und im Rahmen einer streng geordneten Lebensführung mittels einer peinlich genauen Zeiteinteilung in Arbeit, Erholung und Schlaf trotz seiner schwächlichen Konstitution für den Rest des ihm verbleibenden Lebens jedem Tag ein paar produktive Stunden abringen − und das sieben Tage in der Woche. Dies waren die Lebensbedingungen, die er sich um die Zeit der Fertigstellung seines Buchs über die Geologie Südamerikas geschaffen hatte. Am selben Tag wie die zitierte Tagebuchnotiz (1. Oktober 1846) schrieb er einen Brief an Kapitän FitzRoy, in dem es heißt: »Mein Leben läuft wie ein Uhrwerk, und ich bin festgewurzelt an dem Ort, wo ich es einstens beenden werde.«[4]

Was konnte angesichts dieser Umstände − ein sicheres Plätzchen zum Arbeiten, der von fern schon leise vernehmbare Schritt des Sensenmanns und die Vollendung sämtlicher mit der Reise auf der »Beagle« in Zusammenhang stehenden wissenschaftlichen Verpflichtungen − Darwin dazu bringen, die Niederschrift seines Buches über die natürliche Selektion weiter zu verschieben?

Um es in einem Wort zu sagen: die Rankenfüßer. Darwins lange Beschäftigung mit diesen niederen Krebstieren begann ziemlich harmlos mit der Neugier, die eine entlang der chilenischen Küste beheimatete Art in ihm weckte. Doch eine Art führte ihn zur nächsten, so daß sein Haus binnen kurzem zum Weltzentrum der Rankenfüßer wurde, vollgestopft mit Exemplaren, die er sich aus aller Welt von Sammlern per Post hatte schicken lassen. Das Studium dieser Tiere nahm so lange einen so zentralen Platz in Darwins Leben ein, daß einer seiner kleinen Söhne nach der Rückkehr von einem Besuch bei Nachbarn fragte: »Wo haben *die* eigentlich ihre Rankenfußkrebse?«[5] Bis Ende 1854 – acht Jahre, nachdem er vorausgesagt hatte, die Arbeit an den Rankenfüßern werde ihn etliche Monate, höchstens aber ein Jahr kosten – veröffentlichte Darwin zwei Bücher über lebende und zwei weitere über fossile Arten von Rankenfüßern, was ihm auf Dauer den Ruf einer Koryphäe auf diesem Gebiet eintrug. Noch heute werden Darwins einschlägige Veröffentlichungen von jedem Biologen konsultiert, der die Unterklasse Zirripedien, Klasse Maxillopoden, Unterordnung Krustazeen – kurz: die Rankenfußkrebse – studiert.

Nun ist ja an sich nichts Unrechtes daran, wenn jemand *die* Autorität in Sachen Rankenfüßer ist. Manch einer aber ist doch zu mehr befähigt. Darüber, warum Darwin so lange gebraucht hat, um seine wahre Größe zu erkennen, ist viel nachgedacht worden. Die verbreitetste Theorie ist die einfachste: Ein Buch zu schreiben, das den religiösen Überzeugungen praktisch aller Mitmenschen des eigenen Kulturraums – einschließlich vieler Kollegen und der eigenen Frau – entgegensteht, ist ein Unterfangen, an das man nicht ohne Umsicht herangehen sollte.

Vor Darwin hatten dies schon ein paar Leute versucht, in keinem Fall aber hatte das zu ungeteiltem Beifall geführt. Charles' Großvater Erasmus Darwin (1731–1802), ein namhafter Arzt und Naturforscher (der seine Einsichten gelegentlich in Form von Lehrgedichten an die Öffentlichkeit brachte), hatte in einer zweibändigen Abhandlung mit dem Titel *Zoonomia, or The Laws of Organic Life* bereits 1794 eine Deszendenztheorie vorgelegt. Ursprünglich hätte seinem Willen nach das Werk erst postum veröffentlicht werden sollen, doch nach etwa zwanzig Jahren änderte er seine Meinung mit der Begründung: »Ich bin jetzt zu alt und zu abgehärtet, um mich noch vor ein bißchen übler

Nachrede zu fürchten« – und die blieb in der Tat nicht aus.[6] In seiner großartigen *Philosophie zoologique* von Jean-Baptiste de Lamarck, die in Darwins Geburtsjahr (1809) erschien, hatte dieser ebenfalls eine Deszendenztheorie entwickelt – mit dem Erfolg, daß sein Buch sogleich als unmoralisch verurteilt wurde. Viel Staub wirbelte auch die Skizze einer Evolutionstheorie auf, die 1844 unter dem Titel *Vestiges of the Natural History of Creation* (Aus der Naturgeschichte der Schöpfung) anonym erschien. Der Verfasser, der schottische Verleger Robert Chambers, hatte vermutlich klug daran getan, seinen Namen auf dem Titelblatt zu verschweigen. Das Buch wurde unter anderem bezeichnet als »eine widerliche, schmutzige Sache, deren Berührung Befleckung bedeutet und deren Aura Gifthauch ist«.[7]

Und keine dieser ketzerischen Theorien war so gottlos wie die Darwins. Bei Chambers wies ein »Göttlicher Lenker« der Evolution die Richtung. Der gottgläubige Erasmus Darwin meinte, Gott habe die große Uhr der Entwicklungsgeschichte aufgezogen und sie danach ihrem Gang überlassen. Und Lamarck mußte sich zwar von Chambers den Vorwurf der »Geringschätzung der Vorsehung«[8] gefallen lassen, doch ist sein Evolutionskonzept, verglichen mit dem Darwins, geradezu spirituell zu nennen: Er postuliert darin eine zwangsläufige Entwicklung zu höherer organischer Komplexität und einem Leben höherer Bewußtheit. Wenn schon diese Theoretiker heftig gescholten wurden, was mag dann erst Darwin zu gewärtigen gehabt haben, dessen Theorie keinen »Göttlichen Lenker«, keinen Uhraufzieher (wenngleich die Möglichkeit der Existenz eines solchen geflissentlich offengehalten wurde) und keinen zwangsläufigen Fortschritt kennt, sondern nichts als die langsame Zunahme zufälliger Veränderungen.[9]

Es gibt keinen Zweifel, daß sich Darwin schon frühzeitig über die Reaktion der Öffentlichkeit Sorgen machte. Noch ehe sich sein Glaube an die Evolution zur Theorie der natürlichen Selektion verdichtet hatte, wägte er rhetorische Taktiken ab, die der Kritik die Spitze brechen könnten. Im Frühjahr 1838 schrieb er in sein Notizbuch: »Die Verfolgung erwähnen, der sich die ersten Astronomen ausgesetzt sahen.«[10] In späteren Jahren trat seine Furcht vor Kritik in seiner Korrespondenz deutlich zutage. Der Brief, in dem er seinem Freund Joseph Hooker seine ketzerische Auffassung beichtete, enthält eine der defensivsten Passagen, die er je geschrieben hat – und das will etwas heißen. »Ich bin (ganz im Gegensatz zu meiner anfänglichen Meinung) nahezu überzeugt, daß die Arten (es ist wie ein Mordgeständnis) nicht unveränderlich sind«, schrieb er 1844. »Der Himmel bewahre mich vor Lamarckschem Unsinn wie einer ›progressiven Tendenz‹, ›Anpassung durch beständiges Verlangen der Lebewesen‹ und dergleichen – aber die Ergebnisse, zu denen ich gekommen bin, sind von den seinen nicht sehr verschieden – die Mittel und Wege der Veränderung freilich sind es ganz und gar – ich glaube, ich habe herausgefunden (wenn das kein Dünkel ist!), auf welch einfache Art und Weise die Arten präzise an die verschiedensten Zwecke angepaßt werden. – Sie werden jetzt stöhnen und sich sagen: ›Mit was für einem Menschen habe ich da meine Zeit im Briefwechsel vertan.‹ Ich selbst hätte vor fünf Jahren noch genauso gedacht.«[11]

Darwins Krankheit

Die Theorie, Darwin sei durch ein gesellschaftliches Klima gebremst worden, das seiner Sache wenig günstig war, wurde in vielerlei Gestalt vorgetragen – von einfach und direkt bis übertrieben umständlich –, wobei Darwins Verspätung auf unterschiedliche Weise beschrieben wurde – von pathologisch bis weise.

In den umständlicheren Varianten der Theorie kommt Darwins Krankheit – die niemals diagnostiziert wurde und bis heute ein Rätsel geblieben ist –, die Rolle eines psycho-somatischen Verzögerungsmechanismus zu. Darwin wurde im September 1837, zwei Monate nachdem er sein erstes Notizheft zum Thema Evolution begonnen hatte, von Herzklopfen befallen, und seine Berichte über Krankheitszeichen häufen sich mit fortschreiender Entfaltung seiner Theorie der natürlichen Selektion.[12]

Es wurde vermutet, daß Emma, die sehr an ihrem religiösen Glauben hing und unglücklich war über die Evolutionstheorie ihres Manns, für Darwin die Spannung zwischen seiner Wissenschaft und dem gesellschaftlichen Umfeld noch erhöhte und ihm mit der Hingebung, mit der sie ihn pflegte, das Kranksein leichter machte, als ihm zuträglich war. Ein Brief, den sie Charles kurz vor der Hochzeit geschrieben hatte, enthält eine Stelle, die man so deuten könnte: »Nichts könnte mich glücklicher machen als das Gefühl, mich meinem lieben Charles, wenn er sich nicht wohl fühlt, nützlich machen oder ihm Trost spenden zu können. Wenn Du wüßtest, wie mich danach verlangt, bei Dir zu sein, wenn Du Dich nicht wohl fühlst. [...] Deshalb werde erst wieder krank, mein lieber Charley, wenn ich bei Dir sein und Dich pflegen kann.«[13] Diese Sätze bezeichnen den vielleicht höchsten Pegelstand der Leidenschaft Emmas vor der Ehe.

Nicht alle Theorien, die Darwins Ideen mit seiner Krankheit verbinden, implizieren eine unterbewußte Absicht, erstere zu verbergen. Darwin könnte einfach etwas gehabt haben, das heute als emotional induzierte Erkrankung bezeichnet wird. Die Angst vor gesellschaftlicher Ablehnung ist ja letzten Endes eine physiologische Angelegeheit (wie Darwin als erster betont hätte). Sie fordert ihren Tribut in physiologischer Münze.[14]

Manche Beobachter nehmen an, Darwin habe an einer richtiggehenden Erkrankung (möglicherweise an der Chagas-Krankheit oder an einem Erschöpfungssyndrom) gelitten, die er sich wahrscheinlich in Südamerika zugezogen habe, meinen jedoch, seine Beschäftigung mit den Rankenfüßern sei dem unbewußten Wunsch entsprungen, den Moment hinauszuzögern, an dem er würde Farbe bekennen müssen. Fest steht jedenfalls, daß Darwin – als er mit der Versicherung, sie werde nur von kurzer Dauer sein, seine Beschäftigung mit den Rankenfüßern begann – ein leichtes Unbehagen verspürte, wenn an das dachte, was danach kommen würde. An Hooker schrieb er 1846: »Ich werde mit einigen kleineren Arbeiten über die niederen Meerestiere beginnen, die mich etliche Monate, höchstens ein Jahr beschäftigen werden, und danach werde ich anfangen, meine im Lauf von zehn Jahren zusammengetragenen Notizen über Arten und Abarten durchzusehen, die, wie ich nicht anstehe zu behaupten, wenn sie erst einmal ausformuliert sind, mein Ansehen bei allen vernünftig denkenden Naturforschern ins Bodenlose sinken lassen werden – dies sind also meine Aussichten für die Zukunft.«[15] Aussichten, die einen gewiß leicht dazu bringen können, sich acht Jahre lang in ein Forschungsprojekt über Rankenfußkrebse zu verbeißen.

Nach Meinung anderer Beobachter, darunter auch einiger Zeitgenossen Darwins, haben die Rankenfüßer Darwin viel genützt.[16] Die Beschäftigung mit ihnen zwang ihn, sich intensiv mit den Einzelheiten zoologischer Systematik zu beschäftigen (eine gute Schule für jedermann, der das Ziel hat, eine Theorie aufzustellen, die den Anspruch erhebt, das Zustandekommen des ganzen Systems zu erklären), und bot ihm die Gelegenheit, eine ganze Gruppe von Lebewesen im Licht der natürlichen Selektion zu studieren.

Überdies gab es außer der Systematik noch andere Dinge, die er noch nicht vollkommen beherrschte – womit wir bei der einfachsten Erklärung für seine Verspätung wären. Tatsache ist, daß Darwin 1846 – wie auch 1856 und eigentlich auch 1859, im Erscheinungsjahr von *Die Entstehung der Arten* – die natürliche Selektion noch nicht ganz verstan den hatte. Und es ist nur logisch, daß man keinen Aufwand an Zeit und Mühe scheut, eine Theorie, die einem Verleumdung und Haß eintragen wird, in eine möglichst unanfechtbare Form zu bringen, ehe man sie enthüllt.

Eines der Rätsel der natürlichen Selektion, mit dem sich Darwin konfrontiert sah, war die Extremform von Uneigennützigkeit, welche die unfruchtbaren Insekten verkörpern. Die Lösung fand er erst 1857 in einer Vorform der Theorie der Verwandtschaftsselektion.[17]

Die Lösung eines andern Rätsels fand er nie, nämlich die für das Problem der Vererbung selbst.[18] Ein großer Vorzug von Darwins Theorie besteht darin, daß sie nicht wie die Deszendenztheorie Lamarcks die Vererbung erworbener Eigenschaften impliziert. Damit die natürliche Auslese funktioniert, ist es nicht notwendig, daß sich die Bemühungen einer Giraffe, durch Recken ihres Halses an weiter oben wachsende Blätter heranzukommen, in der Länge der Hälse ihrer Nachkommenschaft niederschlagen. Allerdings setzt auch Darwins Evolutionskonzept eine *gewisse* Variationsbreite vererbter Eigenschaften voraus; um »auslesen« zu können, benötigt die natürliche Selektion ein sich ständig veränderndes Angebot. Heute weiß jeder Oberstufenschüler, der im Biologieunterricht aufgepaßt hat, wie dieses variable Angebot zustande kommt – durch Neukombination der Erbinformationen bei der sexuellen Fortpflanzung und durch Genmutation. Beide Mechanismen bleiben aber unbegreiflich, solange die Menschen nichts von der Existenz von Genen wissen. Hätte Darwin auf die Frage nach der Herkunft der Variabilität im Merkmalspool mit Begriffen wie »zufällige Mutation« geantwortet, hätte sich das für Zeitgenossen angehört wie: »Sie ist eben da – das müssen Sie mir einfach glauben.«[19]

Man kann Darwins Verspätung auch aus evolutionspsychologischer Sicht betrachten. Dies führt zwar nicht zu einer völlig neuen Erklärung des betreffenden Lebensabschnitts, hilft aber, ihm einiges von seiner Rätselhaftigkeit zu nehmen. Am besten läßt sich das verstehen, nachdem die stammesgeschichtlichen Wurzeln von Darwins Ambitionen und Ängsten deutlich gemacht wurden. Im Augenblick wollen wir jedoch der Geschichte beim Stand des Jahrs 1854 den Rücken kehren, nachdem Darwin gerade des letzte seiner Bücher über die Rankenfüßer publiziert hat und für ihn die Zeit gekommen ist, alle seine Reserven an Begeisterungsfähigkeit für den bevorstehenden Höhepunkt seines Lebenswerks zu mobilisieren. An Hooker schrieb er: »Wie seicht werde ich mir vorkommen, wenn ich meine Notizen über Spezies usw. usw. zusammenstellen werde; das Ganze wird platzen wie ein hohler Pilz.«[20]

Zwölftes Kapitel
SOZIALER STATUS

*Bedenkt man, wie uralt diese Ausdrucksformen sind,
wird man es nicht verwunderlich finden, daß es so
schwerfällt, sie zu unterdrücken. – Ein Mann, der belei-
digt wurde, mag dem Angreifer vergeben und es sich versagen, ihm einen Hieb zu versetzen, aber er wird feststellen, daß es ihm sehr viel schwerer fällt, eine ruhige Miene zu bewahren. – Er mag einen andren verachten und
nichts davon mit Worten verraten, aber ohne Aufbietung
entschiedener Willenskraft wird es ihm schwerfallen zu
verhindern, daß seine Lippe sich über den Eckzähnen
versteift. – Er ist vielleicht mit sich selbst zufrieden, und
obwohl er sich hütet, es auszusprechen, wird er emporge-
reckt und gravitätisch wie ein Truthahn einherstolzieren.*

Darwin, Notizbuch M (1838)[1]

Zu den Dingen, die Darwin an den Feuerländern irritie-
rend fand, zählt auch das offenbare Fehlen jeglicher gesellschaftlicher Ungleichheit – »die vollkommene Gleichheit
unter den die Feuerländer-Stämme bildenden Individu-
en«, wie er es ausdrückte. »Jetzt«, notierte er 1839 in seinem Bericht von der »Beagle«-Reise, »wird selbst ein
Stück Tuch, was dem einen gegeben wird, in Streifen zerrissen und verteilt, und kein Individuum wird reicher als
ein anderes.« In einer solchen vollkommenen Gleichheit
sah Darwin ein Hindernis für die zivilisatorische Entwicklung (»Die vollkommene Gleichheit [...] muß für eine lange Zeit ihre Zivilisation aufhalten«). Als Gegenbeispiel
nannte er »die Bewohner von Otahiti, welche, als sie zuerst entdeckt wurden, von erblichen Königen regiert wurden [und infolgedessen] auf eine viel höhere Stufe gekommen [waren] als ein anderer Zweig desselben Volkes, die
Neuseeländer, welche, trotzdem sie den Vorteil hatten,

gezwungen zu sein, ihre Aufmerksamkeit dem Landbau zu widmen, Republikaner in dem absolutesten Sinne des Wortes waren«. Darwins Fazit: »Solange nicht im Feuerland irgendein Häuptling aufsteht, welcher Kraft genug hat, irgendeinen erlangten Vorteil, wie z. B. domestizierte Tiere, zu bewahren, scheint es kaum möglich, daß der politische Zustand des Landes verbessert werden kann.«

Allerdings, fügte Darwin hinzu, »ist es schwer, einzusehen, wie ein Häuptling erstehen kann, bis Besitz irgendwelcher Art vorhanden ist, durch welchen er seine Überlegenheit offenbaren und seine Macht vergrößern kann.«[2]

Hätte Darwin diesen letzten Gedanken ein Stück weiter verfolgt, wären ihm vielleicht Zweifel gekommen, ob unter den Feuerländern wirklich »vollkommene Gleichheit« herrschte. Einem wohlhabenden Engländer, der von Dienstpersonal umgeben aufgewachsen ist, muß eine ständig knapp über der Hungergrenze lebende Gesellschaft naturgemäß äußerst egalitär vorkommen. Er bemerkt keine üppige Zurschaustellung des gesellschaftlichen Status, keine Klassenunterschiede. Gesellschaftliche Hierarchie kann indes vielerlei Formen annehmen, und in dieser oder jener Ausprägung findet sie sich in jeder Gesellschaft.

Daß dem so ist, kam nur allmählich ans Licht. Das lag nicht zuletzt daran, daß viele Ethnologen des 20. Jahrhunderts gleich Darwin einer hochgradig geschichteten Gesellschaft entstammten und beeindruckt, ja manchmal bezaubert waren von der relativen Klassenlosigkeit der Jäger-und-Sammler-Gesellschaften, die sie zu ihren Studienobjekten gemacht hatten. Eine drückende Hypothek der Ethnologie war lange Zeit auch der – besonders von Franz Boas und seinen berühmten Schülerinnen Ruth Benedict und Margaret Mead propagierte – optimistische Glaube an die nahezu unbegrenzte Plastizität des menschlichen Geistes. Das Vorurteil der Boas-Schule in bezug auf die menschliche Natur beruhte in mancher Hinsicht auf löblichen Motiven, entsprang es doch auch einer gutgemeinten

Reaktion gegen die plumpe politische Instrumentalisierung des Darwinismus, die Armut und andere soziale Mißstände als »natürlich« billigte. Aber Vorurteil bleibt Vorurteil, selbst wenn es besten Absichten entspringt. Am Bild des Menschen und der Menschheit, wie Boas, Benedict und Mead es zeichneten, fehlen wesentliche Elemente[3] – unter anderem das mächtige Verlangen nach gesellschaftlichem Status und die scheinbar universelle Präsenz von Hierarchien. In jüngerer Zeit haben darwinistisch orientierte Ethnologen mit der eingehenden Suche nach gesellschaftlichen Hierarchien begonnen und sind auch dort fündig geworden, wo man sie am wenigsten erwartet hätte.

Bei den Ache, einem südamerikanischen Jäger-und-Sammler-Volk, scheint auf den ersten Blick idyllische Gleichheit zu herrschen. Die Jagdbeute der einzelnen Stammesmitglieder wandert in einen Pool, so daß die besten Jäger gewohnheitsmäßig ihre weniger erfolgreichen Stammesgenossen miternähren. Doch in den achtziger Jahren besahen Ethnologen sich die Verhältnisse genauer und stellten fest, daß die besten Jäger zwar großzügig mit ihrer Beute sind, dafür aber eine Ressource fundamentalerer Art horten. Sie haben mehr außereheliche Sexualbeziehungen und mehr illegitime Kinder als die weniger geschickten Jäger. Und ihre Nachkommen haben eine bessere Überlebenschance als andere Kinder, und zwar weil sie, wie es scheint, eine Vorzugsbehandlung genießen.[4] Mit andern Worten: Im Ruf eines guten Jägers zu stehen ist gleichbedeutend mit einem inoffiziellen Status, der dem Inhaber in den Augen von Männern wie Frauen Macht und Prestige verleiht.

Auch bei dem zentralafrikanischen Pygmäenvolk der Aka scheint es auf den ersten Blick keine Hierarchie zu geben: Sie haben keinen »Häuptling«, keine höchste politische Führungsautorität. Es gibt bei den Aka jedoch einen sogenannt *kombeti*, einen Mann, der auf schwer faßbare Weise starken Einfluß auf die Entscheidung der Großgruppe ausübt (und der in vielen Fällen diese Kompetenz seiner Tüchtigkeit als Jäger verdankt). Sieht man näher hin, zeigt sich, daß dem *kombeti* der Löwenanteil an Frauen und Nahrungsmitteln zufällt und er damit auch die meisten Nachkommen hat.[5]

Die Reihe der Beispiele ließe sich verlängern. Mit wachsender Zahl der Völker, die im Licht der darwinistischen Ethnologie einer neuen Betrachtung unterzogen werden, wird es immer zweifelhafter, daß es auf diesem Planeten je eine wahrhaft egalitäre Gesellschaft gegeben haben könnte. In manchen Gesellschaften gibt es keine Soziologen und daher möglicherweise auch nicht den *Begriff* des Status – aber es gibt den Status selbst. Es gibt Menschen hohen und Menschen niedrigen Rangs, und alle wissen, wer auf welcher Rangstufe steht. Im Jahr 1945 schwamm der Ethnologe George Peter Murdock mit einem Aufsatz mit dem Titel *The Common Denominator of Cultures* (Der gemeinsame Nenner der Kulturen) gegen den Strom der seinerzeit tonangebenden Boas-Schule, indem er die »Statusdifferenzierung« (zusammen mit dem Gabentausch, dem Eigentumsrecht, der Ehe und Dutzenden anderer Dinge) zu einem »menschlichen Universale« erklärte (also zu etwas, für das heute auch die Bezeichnung »anthropologische Konstante« gebräuchlich ist). Je genauer man hinsieht, desto mehr verstärkt sich der Eindruck, daß er recht hatte.

In gewisser Hinsicht ist die Allgegenwart des hierarchischen Prinzips für den darwinistischen Betrachter ein Rätsel. Warum halten sich die Verlierer an die Spielregeln? Wieso liegt es im genetischen Interesse derjenigen auf den untersten Rängen der sozialen Stufenleiter, den Höherrangigen Respekt zu zollen? Weshalb investiert jemand seine Energie in ein System, das ihn schlechter stellt als seinen Nachbarn?

Antworten lassen sich denken. Möglich, daß der hierarchische Aufbau den Zusammenhalt der Gruppe in einer

Weise stärkt, die den meisten oder allen Mitgliedern der Gruppe Nutzen bringt, wenn auch nicht allen im gleichen Maß – also genau der Zustand, den Darwin den Feuerländern als künftiges Schicksal wünschte. Mit andern Worten: Eine hierarchische Gesellschaftsstruktur dient vielleicht dem »Gruppenwohl« und wird folglich von der »Gruppenselektion« begünstigt. Diese Theorie vertrat der Populärschriftsteller Robert Ardrey, ein prominenter Anhänger der Gruppenselektionstheorie, deren Niedergang den Aufstieg des neuen darwinistischen Paradigmas einläutete. Besäßen die Menschen nicht von Natur aus »eine Bereitschaft, sich zu fügen, sich unterzuordnen«, so Ardrey, »dann gäbe es niemals eine organisierte Gesellschaft, und wir hätten die totale Anarchie«.[7]

Mag sein. Urteilt man jedoch nach der großen Zahl von im wesentlichen unsozialen Arten, kann man sich des Eindrucks nicht erwehren, daß die natürliche Selektion Ardreys Interesse an einer gesellschaftlichen Ordnung nicht teilt. Sie hat überhaupt nichts dagegen, daß Organismen unter anarchischen Bedingungen nach übergreifender Fitneß streben. Außerdem zeigt das gruppenselektionstheoretische Szenario bei näherer Betrachtung Schwachstellen. Unterstellen wir einmal, daß bei kriegerischen Auseinandersetzungen zweier Stämme oder im Fall ihrer Konkurrenz um dieselbe Ressource derjenige mit der hierarchischeren und kohärenteren Sozialstruktur die bessere Siegeschance hat. Aber wie kam es bei ihm überhaupt zu hierarchischem Gefüge und zu Kohäsion? Wie können sich Gene, die Unterordnungsbereitschaft kodieren und damit die Fitneß ihres Trägers verringern, bei der tagtäglich in der Gemeinschaft stattfindenden Konkurrenz der Gene einbürgern? Würden sie nicht aus dem Genpool hinausgedrängt, ehe sie eine Chance hätten, ihre Nützlichkeit für das Gemeinwohl zu manifestieren? Mit solchen Problemen sehen sich Gruppenselektionstheorien – wie Darwins Theorie von der Entstehung der moralischen Gefühle

– häufig konfrontiert. Und häufig können sie sie nicht lösen.

Von den darwinistischen Erklärungen des hierarchischen Sozialgefüges hat die gängigste den Vorzug, daß sie einfach und unkompliziert ist und aufs genaueste mit den beobachtbaren Tatsachen übereinstimmt. Erst nachdem wir uns mit dieser Theorie vertraut gemacht haben – das heißt, erst nachdem wir uns ein klares, von moralischen und politischen Vorurteilen ungetrübtes Bild vom Phänomen des Status in menschlichen Gesellschaften verschafft haben –, können wir uns wieder den moralischen und politischen Fragestellungen zuwenden: In welchem präzisen Sinn ist soziale Ungleicheit *tatsächlich* ein Konstituens der menschlichen Natur? Ist Ungleichheit tatsächlich Vorbedingung für wirtschaftlichen und politischen Fortschritt, wie Darwin annahm? Sind manche Menschen »geborene Befehlsempfänger«, andere dagegen »Führernaturen«?

Die moderne Theorie der Statushierarchie

Sperren Sie eine Anzahl Hühner, die einander nicht kennen, auf einem Hühnerhof zusammen, und nach einer gewissen Zeit des Aufruhrs einschließlich vieler Kämpfe beginnt die Lage sich zu beruhigen. Streitereien (z.B. um Futter) sind fortan nurmehr kurz und entschieden, wobei ein Huhn einem andern einfach einen Schnabelhieb versetzt, was sofort Unterwürfigkeit bewirkt. Die Unterwürfigkeit folgt einem Muster: Auf dem Hühnerhof herrscht eine simple, lineare Rangordnung, und jedes Huhn kennt darin seine Stellung. Huhn A hackt ungestraft Huhn B, B hackt C usw. Der norwegische Biologe Thorleif Schjelderup-Ebbe, der dieses Muster in den zwanziger Jahren entdeckte, gab ihr die Bezeichnung »Hackordnung«. (Im Überschwang der Entdeckerfreude erlaubte sich Schjelderup-Ebbe eine politisch befrachtete Extrapolation: »Despotismus ist die Triebfeder der Welt, unauflöslich mit jeder Lebensform verbunden. [...] Es gibt nichts, was keinen Despoten hat.«[8] Kein Wunder, daß Ethnologen so lange vor evolutionsbiologischen Erklärungen gesellschaftlicher Hierarchien zurückschreckten.)

Die Hackordnung ist nicht willkürlich. Frühere Konflikte zwischen Huhn B und Huhn C hatten meist mit einem Sieg von B geendet, und aus Konflikten zwischen B und A war in aller Regel A als Sieger hervorgegangen. Demnach gehörte gar nicht soviel dazu, das Entstehen einer sozialen Rangordnung auf dem Hühnerhof als bloße Summe individueller Eigeninteressen zu erklären. Jedes Huhn zeigt sich unterwürfig gegenüber Hühnern, die wahrscheinlich ohnehin siegen würden, und erspart sich so die Kosten eines wirklichen Kampfes.

Wer länger mit Hühnern zu tun hatte, mag an ihrer Fähigkeit zweifeln, einen so komplexen Gedankengang zu verarbeiten wie: »Huhn A würde sowieso gegen mich gewinnen, wozu sollte ich mir also noch die Mühe machen, zu kämpfen?« Ein berechtigter Zweifel. Hackordnungen sind nur ein weiteres Beispiel für Fälle, bei denen das »Denken« bereits von der natürlichen Selektion erledigt wurde und deshalb nicht mehr vom Organismus geleistet zu werden braucht. Der Organismus muß lediglich seine Nachbarn unterscheiden und eine gesunde Furcht vor jenen empfinden können, die ihm übel mitgespielt haben, aber er braucht nicht die Logik zu begreifen, die hinter seiner Furcht steckt. Alle Gene, die ein Huhn mit dieser selektiven Furcht ausstatten und damit den Aufwand für nutzlose und kostspielige Kämpfe verringern, sind auf Erfolg programmiert.

Sobald sich diese Gene in der Population durchgesetzt haben, gehört die Hierarchie zur Sozialstruktur. Tatsächlich kann es jetzt so aussehen, als sei das gesellschaftliche Leben von jemandem geplant, der Ordnung höher schätzt als Freiheit. Doch das bedeutet nicht, daß es tatsächlich so ist. George Williams bemerkte dazu in *Adaptation and Natural Selection*: »Die Dominanz-Unterwerfung-Hierarchie, wie sie beim Wolf und einer breiten Vielfalt von Wirbeltieren und Gliederfüßern anzutreffen ist, ist keine funktionale Organisiertheit. Sie ist die statistische Konsequenz eines Kompromisses, den jedes einzelne Individuum bei seinem Konkurrenzkampf um Nahrung, Paarungspartner und andere Ressourcen eingeht. Jeder einzelne derartige Kompromiß ist eine Anpassungsleistung, ihre statistische Summierung ist es jedoch nicht.«[9]

Es ist dies nicht die einzig denkbare Erklärung für Hierarchien, welche die Gefahren der Gruppenselektion meidet. Eine andere basiert auf dem von John Maynard Smith eingeführten Begriff des evolutionär stabilen Zustands, insbesondere auf Maynard Smiths', spieltheoretischer Analyse einer hypothetischen Spezies mit nur zwei Konkurrenzstrategien, der »Falken«- und der »Tauben«-Strategie. Stellen wir uns Dominanz und Unterwerfung als zwei genetisch verankerte Strategien vor, deren Erfolg von der relativen Häufigkeit ihres Vorkommens innerhalb einer Population abhängt. Dominierend zu sein (beispielsweise durch die Gegend zu ziehen und Unterwürfige so einzuschüchtern, daß sie einem die Hälfte ihrer Nahrung geben) ist prima, solange es genügend Unterwürfige gibt. Doch je mehr sich die Strategie ausbreitet, desto weniger bringt sie ein: Die ausbeutbaren Unterwürfigen werden immer weniger, während immer öfter Dominierende aufeinandertreffen und sich in kostspielige Kämpfe verwickeln. Das ist der Grund, warum die Unterwerfungsstrategie zum Erfolg führen kann: Ein unterwürfiges Individuum muß zwar oft einen Teil seiner Nahrung opfern, erspart sich jedoch die Kämpfe, die einen zunehmend hohen Tribut von den Dominierenden fordern. Die relative Häufigkeit der beiden Typen müßte theoretisch bei einem bestimmten Verhältnis zwischen Dominierenden und Unterwürfigen zu einen stabilen Zustand in der Population führen. Und wie es bei allen evolutionären Zuständen der Fall ist (wir erinnern uns an die Blauen Sonnenfische im dritten Kapitel), ist dieses Gleichgewichtsverhältnis dann erreicht, wenn die Vertreter beider Strategien den gleichen Fortpflanzungserfolg haben.[10]

Es gibt Spezies, auf die dieses Erklärungsmodell anwendbar scheint. So sind bei den Harris-Sperlingen die dunkler gefärbten Individuen aggressiv und dominierend, die Vögel mit hellerer Färbung aber eher passiv und unterwürfig. Maynard Smith hat indirekte Belege dafür gefunden, daß beide Strategien gleichermaßen zur Angepaßtheit beitragen – das Merkmal eines evolutionär stabilen Zustands.[11] Betrachtet man jedoch die Spezies Mensch – oder andere hierarchisch organisierte Arten –, dann stoßen wir mit dieser Erklärung der Sozialhierarchie auf Probleme. Dabei fällt auf, daß festgestellt wurde – bei den Ache, den Aka und vielen andern menschlichen Gesellschaften wie auch bei vielen andern Arten von Lebewesen –, daß eine niedrige Rangstellung häufig mit geringem Fortpflanzungserfolg gepaart ist.[12] Dies ist kein Kennzeichen für ein evolutionär stabiles Strategiengemisch. Es ist vielmehr Kennzeichen für rangniedere Lebewesen, die aus einer schlechten Lage das Beste zu machen versuchen.

Während viele Ethnologen das Phänomen der gesellschaftlichen Hierarchie jahrzehntelang herunterspielten, widmeten zur selben Zeit Psychologen und Soziologen dessen Dynamik eingehende Untersuchungen, bei denen sie auch beobachteten, mit welcher Leichtigkeit die Mitglieder unserer Spezies untereinander Rangstufen herzustellen wissen. Man braucht nur ein paar Kinder zusammen zu bringen, und es wird nicht lange dauern, bis die Gruppe in klar abgegrenzte Rangstufen gegliedert ist. Die an der Spitze erfreuen sich der größten Beliebtheit, werden am häufigsten nachgeahmt und können am ehesten mit Fügsamkeit rechnen, wenn sie ihren Einfluß geltend zu machen suchen.[13] Erste Ansätze für diese Tendenz zei-

gen sich schon bei Einjährigen.[14] Anfangs ist Status gleichbedeutend mit Härte – hochrangige Kinder sind die, die
nicht nachgeben –, und beim männlichen Geschlecht
bleibt Härte bis gegen Ende der Adoleszenz ein bedeutsamer Faktor. Doch schon im Kindergarten steigen manche
Kinder aufgrund ihres geschickten kooperativen Verhaltens in der Hierarchie auf.[15] Besonders mit zunehmendem
Alter fallen auch andere – intellektuelle und künstlerische
– Fähigkeiten ins Gewicht.

Viele Forscher haben solche Muster untersucht, ohne
ihren Arbeiten eine darwinistische Tendenz zu geben, aber
es ist schwer vorstellbar, daß es für derart automatisierte
Lernschemata keine angeborene Grundlage geben sollte.
Außerdem zeigt der Blick in die Stammesgschichte, daß
Statushierarchien in unserer Familie liegen. Sie zeigen sich
in klarer und komplexer Form bei unseren nächsten Verwandten im Tierreich, den Schimpansen und Bonobos,
und in einfacherer Form bei den – uns nach den genannten Arten am engsten verwandten – Gorillas sowie bei vielen andern Primaten.[16] Würde man einem Zoologen von
einem andern Stern unseren evolutionären Stammbaum
zeigen und ihm sagen, daß die unserem Zweig nächsten
drei Arten eine angeborene hierarchische Sozialstruktur
aufweisen, würde er wahrscheinlich darauf tippen, daß
dies auch bei uns der Fall ist. Würde man ihm dann noch
erzählen, daß man in jeder menschlichen Gesellschaft, die
man genauer daraufhin untersuchte, ja sogar in Gruppen
von Kindern, die noch nicht sprechen konnten, hierarchische Strukturen entdeckte, würde er wohl den Punkt für
ausreichend bewiesen halten.

Es gibt noch weiteres Beweismaterial. Die Art und Weise, wie Menschen ihren eigenen Status und den Status anderer kundtun, scheint zum Teil in allen Kulturen gleich
zu sein. Darwin selbst kam nach umfassenden Befragun-
gen von Missionaren und andern Weltreisenden zu dem
Schluß, daß »Spott, Geringschätzung, Verachtung und Ab-

scheu auf viele verschiedenartige Weisen ausgedrückt werden, durch Bewegungen des Gesichts und durch verschiedene Gebärden, und daß dies dieselben über die ganze Erde sind«. An anderer Stelle notierte er: »Ein stolzer Mann
drückt sein Gefühl der Überlegenheit über andre dadurch
aus, daß er seinen Kopf und seinen Körper aufrecht
hält.«[17] Ein Jahrhundert später sollten empirische Untersuchungen zeigen, daß die menschliche Körperhaltung
unmittelbar nach einem sozialen Triumph straffer wird –
wenn beispielsweise ein Schüler vom Lehrer eine mit
»sehr gut« benotete Klassenarbeit zurückbekommt.[18] Und
der Verhaltensforscher Irenäus Eibl-Eibesfeldt fand heraus,
daß quer durch die Kulturen Kinder, die aus einem Kampf
als Verlierer herauskamen, in Selbstdemütigung den Kopf
hängen lassen.[19] Diese universellen Ausdrucksformen haben ein Spiegelbild im Innenleben. In allen Kulturen empfinden die Menschen nach einem gesellschaftlichen Erfolg
Stolz und nach einem Mißerfolg Verlegenheit oder sogar
Scham, und solange die Entscheidung noch offen ist, zuweilen Angst.[20]

Nichtmenschliche Primaten senden teilweise die gleichen Statussignale aus wie Menschen. Dominierende
Schimpansenmännchen – und dominierende Primaten im
allgemeinen – stolzieren großspurig einher. Und nachdem
zwei Schimpansen einen Rangstreit ausgefochten haben,
duckt sich der Verlierer unterwürfig. Bei späteren Begegnungen wird dieses Ducken als friedfertige Unterwerfungsgeste wiederholt.

Rang, Selbstwertgefühl und Biochemie

Hinter den Parallelen im Verhalten von Menschen und
nichtmenschlichen Primaten stecken biochemische Parallelen. In Meerkatzengesellschaften haben die dominierenden Männchen einen höheren Serotoninspiegel als die un-

tcrgeordneten Männchen. Und bei einer Untersuchung amerikanischer Studentenverbindungen ergab sich der Befund, daß die Präsidiumsmitglieder einen höheren Serotoninspiegel aufwiesen als ihre weniger einflußreichen Verbindungsbrüder.[21]

Dies ist eine gute Gelegenheit, einer früher weitverbreiteten falschen Auffassung, die, obzwar im Schwinden begriffen, noch nicht ganz ausgestorben ist, vollends den Garaus zu machen. Es ist *nicht* so, daß jedes »hormongesteuerte« oder sonstwie »biologisch gesteuerte« Verhalten als solches auch schon »genetisch determiniert« wäre. Es gibt zwar eine Korrelation zwischen Serotonin (einem Hormon, wie alle Neurotransmitter es sind) und sozialem Status, doch bedeutet das nicht, daß der soziale Status einer bestimmten Person »in seinen Genen« läge und ihm von Geburt an vorherbestimmt wäre. Wenn man den Serotoninspiegel des Präsidenten einer Verbindung und den eines Meerkatzen-Alpha jeweils eine geraume Zeit vor dem sozialen Aufstieg des Betreffenden mißt, wird man wohl weder im einen noch im andern Fall etwas Außergewöhnliches feststellen.[22] Der Serotoninspiegel, wenngleich eine »biologische« Größe, ist weitgehend Produkt der sozialen Umstände. Er ist nicht das Mittel, mit dem die Natur ihre Auserwählten schon von Geburt an für die Führerrolle bestimmt; er ist das Mittel, mit dem die Natur die Individuen zur Ausübung der Führerrolle befähigt, sobald sie in diese aufgerückt sind (und wenn bestimmte Indizien nicht trügen, ist er auch das Mittel, mit dem sie Ambitionierte anstachelt, im politisch günstigen Moment den Griff nach der Führungsposition zu wagen).[23] Auch Ihr Serotoninspiegel kann steigen, sollten Sie zum Präsidenten einer Studentenverbindung gewählt werden.

Gewiß sind genetische Unterschiede nicht belanglos. Manche Menschen sind erblich ungewöhnlich ehrgeizig, intelligent, sportlich, künstlerisch oder sonstwie veranlagt – einschließlich der Anlage zu einem außergewöhnlich hohen Serotoninspiegel. Die Entfaltung dieser Anlagen hängt jedoch von Umweltbedingungen ab (und manchmal auch von der Relation der verschiedenen Anlagen zueinander). Ob sie tatsächlich in Status umgesetzt werden, kann stark von Zufällen abhängen. Niemand wird zum Führen und niemand zum Gehorsam geboren. Und wenn manche Menschen mit einem Startvorteil in den allgemeinen Wettkampf hineingeboren werden (was sicher der Fall ist), so ist dieses Geburtsprivileg mindestens ebensosehr kulturell wie genetisch bedingt. Auf jeden Fall gibt es aus darwinistischer Sicht gute Gründe für die Annahme, daß *jeder* mit der Anlage zu einem hohen Serotoninspiegel auf die Welt kommt – ausgestattet mit dem Zeug zum ranghohen Primaten, sofern das gesellschaftliche Umfeld einen Aufstieg begünstigt. Der entscheidende Punkt beim menschlichen Gehirn ist ja gerade die Flexibilität des Verhaltens, die es ermöglicht, und in Anbetracht dieser Flexibilität entspräche es nicht der natürlichen Selektion, bei vorhandener Gelegenheit irgendwem die Aussicht auf die genetische Rendite eines hohen sozialen Status zu verbauen.

Was bewirkt Serotonin? Die Wirkung von Neurotransmittern ist so subtil und so sehr vom chemischen Umfeld abhängig, daß simple Verallgemeinerungen riskant sind. Oft jedenfalls scheint Serotonin entspannend zu wirken, geselliger zu machen und in Gesellschaft ein selbstsichereres Auftreten zu begünstigen – ganz ähnlich der Wirkung eines Glases Wein. Tatsächlich zählt zu den physiologischen Wirkungen des Alkohols auch die Freisetzung von Serotonin. Mit nur leicht übertreibender, hilfreicher Vereinfachung könnte man sagen, daß Serotonin das Selbstwertgefühl hebt; es bewirkt ein Verhalten, wie es einer allgemein geachteten Führerpersönlichkeit ansteht. Ein extrem niedriger Serotoninspiegel ist eine Begleiterscheinung nicht nur schwach ausgeprägten Selbstwertgefühls, sondern auch schwerer Depression und kann ein Vorbote des Suizids sein. Antidepressiva auf der Basis von Fluoxetinhydrochlorid wie *Prozac* [in Deutschland unter der Markenbezeichnung *Fluctin* im Handel (Zusatz des Übs.)] heben den Serotoninspiegel.[24]

Bisher war in diesem Buch von Neurotransmittern wie Serotonin oder von Biochemie im allgemeinen nicht viel die Rede. Das hat zum Teil damit zu tun, daß die biochemischen Verbindungen zwischen Genen, Gehirn und Verhalten noch weitgehend unerforscht sind, zum Teil aber auch damit, daß die elegante Logik der evolutionstheoretischen Analyse es erlaubt, die Rolle der Gene zu bestimmen, ohne auf die Wirkungsmechanismen eingehen zu müssen. Aber Wirkungsmechanismen *gibt* es natürlich. Wann immer wir vom Einfluß der Gene auf das Verhalten, das Denken, den Affekthaushalt sprechen, sprechen wir von einer biochemischen Wirkungskette.

Zunehmende Einsicht in diese Wirkungsketten kann unvollständiges Datenmaterial ordnen und in einen darwinistischen Bezugsrahmen eingliedern helfen. Schon vor Jahrzehnten stellten Psychologen fest, daß eine künstlich (durch falsche Angaben über die Ergebnisse von Persönlichkeitstests) herbeigeführte Minderung des Selbstwertgefühls bei den Probanden die Bereitschaft steigerte, anschließend beim Kartenspiel zu mogeln. Eine Untersuchung neueren Datums kam zu dem Ergebnis, daß Menschen mit niedrigem Serotoninspiegel überdurchschnittlich zu Verbrechen im Affekt neigen.[25] Übersetzt man die beiden Befunde in die Sprache der Evolutionstheorie, besagen sie möglicherweise dasselbe: »Mogeln« ist eine Anpassungsreaktion, die in Gang kommt, wenn jemand in den Bodensatz der Gesellschaft hinabgedrückt wird und in der Folge Schwierigkeiten hat, Ressourcen auf legalem Weg zu erwerben. Möglicherweise steckt ein wahrer Kern in der angeblich allzu simplifizierenden These, daß die Kriminalität in den Armenvierteln der Großstädte die Folge sei von »geringem Selbstwertgefühl«, was daher rühre, daß die Kinder der Armen durch Film und Fernsehen immer wieder daran erinnert würden, daß ihr Platz weit weg sei von den oberen Rängen der sozialen Stufenleiter. Hier zeigt sich wieder einmal, daß sich der Darwinismus, der oft als genetischer Determinismus und politisch rechts karikiert wird, durchaus mit einer Milieutheorie verträgt, wie sie von der politischen Linken favorisiert wird.

Und es zeigt sich eine weitere Möglichkeit zur Überprüfung von Gruppenselektionstheorien: Hätte sich nämlich das Hinnehmen eines niedrigen Status vor allem als Voraussetzung des Erfolgs der Gruppe als ganzer entwickelt, eines Erfolgs, der dann nach unten durchsickert und selbst den Rangniederen Vorteile bringt, sollte man dann nicht erwarten, daß Lebewesen niedrigen Ranges sich darum bemühen, die Ordnung der Gruppe zu untergraben?[26]

Bei nichtmenschlichen Primaten einen Zusammenhang zwischen Serotonin und sozialem Status nachzuweisen, ist eine schwierige Aufgabe, und bei unseren nächsten Vettern im Tierreich, den Schimpansen, hat es bisher noch niemand versucht. Aber auf der Grundlage des bisherigen Wissens ist die Annahme gerechtfertigt, daß es einen Zusammenhang gibt. In der Tat sind Parallelen zwischen dem Statusstreben von Menschen und Schimpansen so auffällig und die Verwandtschaft der beiden Arten so eng, daß wir wohl nicht wenige biochemische Mechanismen – samt den korrespondierenden Gemüts- und Gefühlszuständen – aufgrund unserer gemeinsamen Abstammung gemeinsam haben dürften. Es lohnt sich, dem Statuskampf der Schimpansen einige Aufmerksamkeit zu widmen.

Von der großen Beachtung, die Schimpansen dem Status schenken, ist viel bloßes Ritual: Ergebenheitsadressen, die ein Rangniederer an einen Ranghöheren richtet. Schimpansen ducken sich oft vor dem Alpha und küssen ihm manchmal buchstäblich die Füße.[27] (Das Füße- bzw. Schenkelküssen scheint eine kulturbedingte Eigenart zu sein, denn es kommt nicht in allen Schimpansenkolonien vor.) Indes wird zumindest unter den Männchen die auf diese Weise friedfertig bekräftigte Rangordnung durch Kampf festgesetzt. Wenn man einen Schimpansen sieht, der sich von anderen regelmäßig huldigen läßt, dann kann man davon ausgehen, daß er einige wichtige Kämpfe gewonnen hat.

Worum es geht, sind ganz reale Dinge. Ressourcen werden im großen und ganzen entsprechend der Rangstellung des Empfängers zugeteilt, und das Alpha-Männchen erhält in der Regel von allem den Löwenanteil. Insbesondere wacht der Alpha während der Brunstzeit, wenn die Empfängnisbereitschaft der Weibchen an der Schwellung und Rosafärbung der Geschlechtspartie von weitem erkennbar ist, eifersüchtig über die allseits begehrten Sexualpartnerinnen.

Ist die soziale Hierarchie erst einmal etabliert und zahlen sich höhere Rangstellungen in Form von Fortpflanzungserfolg aus, werden sich die Gene, die dem einzelnen Schimpansen beim sozialen Aufstieg helfen, in der Population verbreiten. Die Funktionsweise dieser Gene könnte darin bestehen, daß sie dem Individuum Antriebe einpflanzen, die man beim Menschen als »Ehrgeiz« oder »Kampfgeist« bezeichnet. Oder sie könnten ihm Gefühle einpflanzen wie »Scham« (zusammen mit einer Aversion gegen dieses Gefühl sowie der Neigung, es nach einem offenkundigen Mißerfolg zu empfinden) und »Stolz« (zusammen mit Gefallen an diesem Gefühl und der Neigung, es nach einer eindrucksvollen Leistung zu empfinden). Doch welche Art Gefühle es auch immer sein mögen: wenn sie zur Fißneß beitragen, werden sie Teil der Psychologie der Spezies werden.

Schimpansenmännchen scheinen um vieles stärker von solchen Kräften beherrscht zu werden als Schimpansenweibchen; sie kämpfen mehr um ihren Status. Deshalb ist die Rangordnung der Männchen instabil. Wie es scheint, tritt immer wieder einmal irgendein Jungtürke auf, der bereit ist, dem Alpha den Rang streitig zu machen. Und der

Alpha wendet seinerseits einen großen Teil seiner Zeit daran, solche Gefahren rechtzeitig zu entdecken und abzuwenden. Die Weibchen finden mit weniger Streit zu einer Rangordnung (oft fällt dabei das höhere Alter ins Gewicht) und kümmern sich danach weniger um ihren Status. Tatsächlich ist die Hierarchie bei den Weibchen so schwach ausgeprägt, daß es eines geschulten Auges bedarf, sie überhaupt zu erkennen, während jedes Schulkind einen großspurigen, herrischen Alpha ausmachen kann. Soziale Koalitionen – Freundschaften – zwischen Weibchen haben oft lebenslänglich Bestand, Koalitionen zwischen Männchen dagegen werden nach Maßgabe augenblicklicher strategischer Zweckmäßigkeit geknüpft und aufgelöst.[28]

Männer, Frauen und sozialer Status

Manches von dem eben Gesagten klingt recht vertraut. Auch die männlichen Individuen der Spezies Mensch stehen in dem Ruf, ehrgeizig, selbstsüchtig und opportunistisch zu sein. Die Sprachwissenschaftlerin Deborah Tannen, Verfasserin des Buchs *You Just Don't Understand* (Du kannst mich einfach nicht verstehen), konstatierte, daß ein Gespräch für den Mann, anders als für die Frau, »in erster Linie ein Mittel ist, seine Unabhängigkeit zu wahren und seine Rangstellung innerhalb einer hierarchischen Gesellschaftsordnung auszuhandeln und zu behaupten«.[29] Dieser Unterschied zwischen den Geschlechtern wurde insbesondere in der zweiten Hälfte unseres Jahrhunderts von vielen Seiten für rein kulturell bedingt erklärt, und Tannen schließt sich in ihrem Buch dieser Auffassung an. Sie ist aber mit an Sicherheit grenzender Wahrscheinlichkeit falsch. Über die evolutionären Triebkräfte hinter dem fieberhaften Statusstreben der Schimpansenmännchen weiß die Wissenschaft bestens Bescheid, und diese Triebkräfte sind auch in der Evolution des Menschen am Werk gewesen.

Es sind dieselben Triebkräfte, die auch die unterschiedliche Einstellung von Mann und Frau zur Sexualität bedingen: das gewaltige Fortpflanzungspotiential des männlichen und das begrenzte Fortpflanzungspotential des weiblichen Individuums und die daraus resultierenden Unterschiede zwischen den männlichen Individuen hinsichtlich des Fortpflanzungserfolgs. Im Extremfall kann die Zahl der Nachkommen eines rangniederen Männchens gleich Null sein – ein Umstand, der über die natürliche Selektion leicht zu einer starken Aversion dagegen führen könnte, einen niederen Rang einzunehmen. Das entgegengesetzte Extrem verkörpert das Alpha-Männchen, das womöglich mit einer Vielzahl von Weibchen Dutzende von Nachkommen zeugt – ein Umstand, der der männlichen Psyche auf dem Weg über die natürliche Selektion eine grenzenlose Machtgier einpflanzen könnte. Für die Weibchen steht beim Statusgerangel für den Fortpflanzungserfolg weniger auf dem Spiel. Einem brünstigen Schimpansenweibchen gleich welchen Rangs mangelt es zu keiner Zeit an Freiern. Sie befindet sich also nicht grundsätzlich in sexueller Konkurrenz mit andern Weibchen.

Keine Frage, in *unserer* Spezies *gibt es* weiblichen Wettbewerb um Sexualpartner – um solche, die ein Höchstmaß an elterlicher Investition zu bieten haben. Aber nichts deutet darauf hin, daß sozialer Status während der Evolution zu den wichtigsten Waffen gehört hätte, mit denen dieser Konkurrenzkampf ausgetragen wurde. Zudem scheint der Evolutionsdruck beim männlichen Konkurrenzkampf um Sexualkontakte stärker gewesen zu sein als der beim weiblichen um elterliche Investition. Grund dafür ist auch hier wieder der Umstand, daß die potentiellen Unterschiede in bezug auf Angepaßtheit/Fitneß bei männlichen Individuen um vieles größer sind als bei weiblichen Individuen.

Im *Guinness-Buch der Rekorde* findet sich ein treffendes Beispiel dafür. Dem produktivsten Vater der Weltgeschichte werden dort 888 Kinder zugeschrieben – rund 860 mehr, als eine Frau sich in ihren kühnsten Träumen erhoffen dürfte. Dieses Wunder an Fruchtbarkeit war Mulai Ismail der Blutdürstige, seines Zeichens Kaiser von Marokko. Er entstammte der Dynastie der Scherifen, war also ein direkter Nachfahre des Propheten Mohammed.[30] Es gruselt einen bei dem Gedanken, daß ausgerecht die Gene eines Manns mit dem Beinamen »der Blutdürstige« an beinah 1000 Nachkommen weitergegeben wurden. Aber so arbeitet nun einmal die natürliche Selektion: Häufig sind es gerade die abschreckendsten Gene, die sich durchsetzen. Natürlich läßt sich nicht mit Sicherheit sagen, ob Mulai Ismails Blutdurst genetisch bedingt war. Vielleicht hatte der Herrscher nur eine schwere Kindheit. Dennoch gilt: Manchmal *sind* die Gene verantwortlich für den maßlosen Machttrieb eines männlichen Wesens, und solange jene Macht zu keimfähigem Nachwuchs führt, gedeihen diese Gene.[31]

Kurz nach der Rückkehr von seiner Weltreise schrieb Darwin seinem Cousin Fox, daß seine Arbeit »bei den großen Tieren Anklang findet, und das erfüllt mich mit großem Selbstvertrauen und, wie ich hoffe, nicht sosehr großer Eitelkeit, wenngleich ich zugeben muß, daß ich mich manchmal wie ein Pfau fühle, der seinen eigenen Schwanz bewundert«.[32] Zum fraglichen Zeitpunkt, als er noch nicht auf die Theorie der natürlichen Selektion und schon gar nicht auf die der sexuellen Selektion gekommen war, konnte Darwin nicht wissen, wie treffend der Vergleich gewählt war. Später sollte er jedoch erkennen, daß das mannsgroße Ego in der Tat ein Produkt derselben Kraft ist, die den Pfauenschwanz geschaffen hat: der sexuellen Konkurrenz unter männlichen Individuen. »Die Frau scheint vom Manne in bezug auf geistige Anlagen hauptsächlich in ihrer größeren Zartheit und der geringeren Selbstsucht verschieden zu sein«, schrieb er in *Die Abstammung des Menschen*. »Der Mann ist Rival anderer Männer;

er freut sich der Konkurrenz, und diese führt zu Ehrgeiz, welche[r] nur zu leicht in Selbstsucht übergeht. Die letzteren Eigenschaften scheinen sein natürliches und unglückliches angeborenes Recht zu sein.«[33]

Darwin erkannte auch, daß diese angeborenen Privilegien nicht lediglich Relikte aus unserer gemeinsamen Vergangenheit mit den heutigen Menschenaffen sind, sondern das Werk von Kräften, die noch lange wirkten, nachdem unsere Spezies menschliche Züge angenommen hatte. »Die stärksten und lebenskräftigsten Männer – diejenigen, welche am besten ihre Familien verteidigen und für dieselben jagen konnten, und während der späteren Zeit die Anführer oder Häuptlinge – diejenigen, welche mit den besten Waffen versehen waren und das größte Besitztum hatten, wie z.B. eine größere Anzahl von Hunden oder anderen Tieren, werden beim Aufziehen einer größeren oder mittleren Anzahl von Nachkommen mehr Erfolg gehabt haben als die schwächeren, ärmeren und niederen Glieder der nämlichen Stämme. Es läßt sich auch daran nicht zweifeln, daß solche Männer allgemein imstande gewesen sind, die anziehenderen Frauen sich zu wählen. Heutigentages erreichen es die Häuptlinge nahezu jeden Stammes auf der Erde, mehr als eine Frau zu erlangen.«[34]

Tatsächlich legen Forschungen über die Ache, die Aka, die Azteken, die Inka, die alten Ägypter und viele andere Kulturen den Schluß nahe, daß die Macht der Männer vor der Zeit, als Empfängnisverhütung üblich wurde, in eine möglichst große Zahl von Nachkommen umgesetzt zu werden pflegte. Und selbst heute, wo diese Verknüpfung durch Empfängnisverhütung aufgelöst ist, besteht noch immer ein Zusammenhang zwischen dem gesellschaftlichen Status eines Manns und der Zahl seiner sexuellen Kontakte.[35]

Gewiß ist der männliche Konkurrenzgeist sowohl kulturell als auch genetisch bedingt. Obgleich männliche Kleinkinder im allgemeinen von Natur aus draufgängerischer sind als weibliche, schenkt man ihnen auch noch Kriegsspielzeug und setzt sie auf die Warteliste für die Aufnahme in die Baseball-Jugendgruppe. Andererseits könnte diese Art der Behandlung zumindest teilweise selbst wieder genetisch bedingt sein. Möglicherweise sind Eltern darauf programmiert, ihre Kinder zu optimalen Fortpflanzungsmaschinen zu machen (oder, um genau zu sein, zu Fortpflanzungsmaschinen, die in der Ur-Umwelt optimal funktionieren würden). Margaret Mead traf im Hinblick auf primitive Gesellschaften einmal eine Feststellung, die sich in gewissem Maß auf alle Gesellschaften übertragen läßt: »Das kleine Mädchen lernt, daß es weiblichen Geschlechts ist und, wenn es lange genug wartet, eines Tages Mutter sein wird. Der kleine Junge lernt, daß er männlichen Geschlechts ist und, wenn er sich durch Mannestaten bewährt, eines Tages ein Mann sein wird und in der Lage, seine Männlichkeit unter Beweis zu stellen.«[36] (Die relative Stärke dieser Aussagen mag davon abhängen, inwieweit sie jeweils im darwinistischen Sinn vernünftig sind. Es gibt Anhaltspunkte dafür, daß in polygynen Gesellschaften, wo Männer mit hohem Status Nachkommen in astronomischer Zahl zeugen können, Eltern besonders den Kampfgeist ihrer Söhne fördern.[37])

Das alles besagt jedoch nicht, daß Ehrgeiz ein Monopol der Männer wäre. Weiblichen Primaten – Affen wie Menschen – kann ein hoher Status Vorteile bringen wie mehr Nahrung oder eine bevorzugende Behandlung des Nachwuchses; dementsprechend zeigen auch sie *in gewissem Umfang* Statusstreben. Erwachsene Schimpansenweibchen behaupten gewöhnlich heranwachsenden Männchen gegenüber eine Vorrangstellung und können, wenn im männlichen Machtgefüge ein Vakuum auftritt, sogar außerordentlich hochfliegende politische Ambitionen entwickeln. Gibt es in Kolonien von Schimpansen in Gefangenschaft kein erwachsenes Männchen, schwingt sich unter Umständen ein Weibchen zum Alpha-Tier auf und verteidigt beim Auftauchen männlicher Rivalen mit Geschick diese Rangstellung. Und bei den Bonobos – unseren andern stammesgeschichtlichen Vettern ersten Grades – sind die Machtgelüste der Weibchen sogar noch größer. In mehreren kleineren Kolonien gefangener Tiere sind jeweils Weibchen die unangefochtenen Führer. Selbst in Freiheit können die stattlicheren Weibchen gegenüber rangniederen Männchen eine Vorrangstellung einnehmen.[38]

Betrachtet man die Rivalitätskämpfe unter Schimpansenmännchen, dann gelten die Resultate, zu denen man dabei gelangt, zumindest teilweise also auch für die Weibchen. Wir konzentrieren uns auf die Kämpfe zwischen Männchen, weil sie in so markanter Form ausgetragen werden. Doch die psychischen Triebkräfte hinter diesen Kämpfen sind, sofern es sie auch beim Menschen gibt, wahrscheinlich sowohl bei Frauen wie bei Männern vorhanden, wenn auch bei ersteren in geringerer Dosierung.

Bei Schimpansen wie Menschen sind die Hierarchien komplexer als die Rangordnung auf dem Hühnerhof. Wer sich wem unterordnet, kann sich von Tag zu Tag ändern – nicht nur weil die Rangverteilung immer wieder umgruppiert wird, sondern auch weil Dominanz situationsabhängig ist; wer sich durchsetzt, kann davon abhängen, welche andern Führernaturen sonst noch in der Nähe sind. Der Grund dafür ist, daß es bei Schimpansen und Menschen etwas gibt, das auf dem Hühnerhof unbekannt ist: wechselseitiger Altruismus. In einem Sozialverband zu leben, für den reziproker Altruismus kennzeichnend ist, heißt Freunde zu haben. Und Freunde stehen einander in gesellschaftlichen Konflikten bei.

Das mag selbstverständlich scheinen. Wozu hat man schließlich Freunde? Genau besehen aber ist es bemerkenswert. Die Mischung evolutionärer Faktoren – reziproker Altruismus und hierarchische Sozialstruktur –, die Freundschaft hat entstehen lassen, ist äußerst selten in den Annalen des animalischen Lebens.

Am Zustandekommen dieser Verbindung wirkte als Katalysator der Umstand mit, daß in einer hierarchisch organisierten Gesellschaft eine hohe Rangstellung für das Individuum eine Ressource darstellt.[39] Wenn sozialer Status den Zugang zu Nahrungsquellen oder Paarungspartnern erleichtert, dann ist es sinnvoll, nach Status an sich zu streben, so wie es sinnvoll ist, Geld anzuhäufen, obwohl man Geld nicht essen kann. Somit unterscheidet sich der Austausch von statusfördernden Hilfeleistungen zwischen zwei Lebewesen nicht grundsätzlich vom Austausch von Nahrungsmitteln: Solange dieser Austausch eine Transaktion mit Nicht-Nullsummen-Charakter ist, wird die natürliche Selektion ihn bei gegebener Gelegenheit unterstützen. Tatsächlich gewinnt man bei genauerer Betrachtung des gesellschaftlichen Lebens von Schimpansen und Menschen den Eindruck, daß die wechselseitige Hilfe beim sozialen Aufstieg aus der Sicht der natürlichen Selektion der Hauptzweck der Freundschaft ist.

In der Verschmelzung von Hierarchie und reziprokem Altruismus im Lauf der Evolution liegt die Erklärung für eine Menge Dinge im durchschnittlichen Menschenleben. Viele, wenn nicht die meisten unserer Stimmungsumschwünge, schicksalhaften Entscheidungen, radikalen Sinnesänderungen in bezug auf Menschen, Institutionen und sogar Ideen werden von mentalen Organen gesteuert, die aus dieser Verschmelzung hervorgegangen sind. Sie hat viel zur Ausgestaltung unseres Alltags beigetragen.

Sie hat in hohem Maß auch die *Struktur* unseres Daseins geprägt. Das Leben, wie es sich in und zwischen Firmen, in und zwischen nationalen Regierungen, in und zwischen Universitäten abspielt – das alles wird von eben diesen mentalen Organen gesteuert. Sowohl der reziproke Altruismus wie die hierarchische Gesellschaftsordnung haben sich als Überlebenshilfen für einzelne Gene entwickelt, zugleich aber sichern sie im Verein den Bestand der Welt.

Man kann die Grundlagen im täglichen Leben der

Schimpansen erkennen. Betrachtet man den Aufbau ihrer Gesellschaft, und stellt sie sich dann nach einem enormen Zuwachs an Intelligenz vor – an Gedächtniskraft, Denkvermögen, Fähigkeit zu langfristiger Vorausplanung, Sprachvermögen –, dann erscheinen auf einmal vor dem inneren Auge ganze Gebäude voller gutgekleideter Schimpansen in Bürobauten, Regierungsgebäuden, Universitäten, wo im Guten wie im Schlechten alles ganz ähnlich läuft wie in der Welt von heute.

Schimpansen als Politiker

Nicht anders als bei den Menschen ist auch bei den Schimpansen der soziale Status mehr als nur eine Frage von Ehrgeiz und reiner Muskelkraft. Sicher, wer zum Alpha aufsteigen will, muß den herrschenden Alpha zumindest einmal im Kampf besiegen. Der neue Alpha mag es sich zur Gewohnheit machen, seinen Vorgänger und alle andern rangniederen Männchen einzuschüchtern; er stellt sich auf die Hinterbeine, rüttelt an Ästen, trommelt mit den Füßen auf liegende Baumstämme, läuft quer durch die ganze Horde auf eine kleine Gruppe von Männchen zu, die sich ducken, um zu zeigen, daß sie seine Vorrangstellung anerkennen – und von denen vielleicht trotzdem einer oder auch zwei einen kräftigen Hieb versetzt bekommen, nur so für alle Fälle, damit sie nicht vergessen, wer der Boß ist. Unbeschadet dessen gehört häufig auch strategische Gerissenheit dazu, zum dominierenden Männchen aufzusteigen und diese Position auf Dauer zu behaupten.

Das bekannteste Beispiel einer auf ingeniöse Weise errungenen Alpha-Position liefert Mike, einer der Schimpansen am Gombe-Strom in Tansania, deren Lebensweise Jane Goodall erforschte. Mike, ein körperlich nicht übermäßig imposantes Tier, dessen Platz in der Hierarchie der Horde lange Zeit ganz unten war, kam eines Tages dahinter, daß er den überlegenen Männchen Respekt abnötigen konnte, wenn er wie ein Berserker auf sie losstürzte und dabei – entsetzlichen Lärm verursachend – zwei leere Petroleumkanister vor sich her schleuderte, die er zuvor aus dem Vorratszelt der Forscherin stibitzt hatte. Goodall schreibt: »Mitunter wiederholte Mike diese Veranstaltung ganze vier Mal in Folge, wobei er jedesmal erst wartete, bis seine Rivalen das *grooming* [in die deutsche ethologische Fachsprache übernommene englische Bezeichnung der unter Schimpansen üblichen ›wechselseitigen Fellpflege‹ mit hohem Gefühls- und Symbolwert; früher als ›Lausen‹ mißverstanden – Zusatz des Übs.] wiederaufgenommen hatten, ehe er einen neuen Sturmangriff startete. Wenn er schließlich (oft genau an der Stelle, wo die andern Männchen vor ihrer Flucht gesessen hatten) einhielt, kamen manchmal die andern zurück und begannen Mike mit Zeichen der Unterwürfigkeit zu ›groomen‹. [...] Mike suchte sich entschlossen und zielstrebig in den Besitz weiterer von Menschen gemachten Gegenstände zu setzen, um mit ihrer Hilfe den Effekt seiner Schaustellungen zu steigern: Stühle, Tische, Stative – was gerade zur Hand war. Schließlich gelang es uns jedoch, all unsere Habseligkeiten vor ihm in Sicherheit zu bringen.«[40]

Mikes spezielles Talent ist für Schimpansen nicht sonderlich typisch und vielleicht auch nicht gerade von allergrößter Relevanz für Fragen der menschlichen Evolution. Die gängigste Form, in der sich Schimpansen beim Statusstreben ihrer geistigen Fähigkeiten bedienen, hat nichts mit technischer Genialität, sondern mit sozialer Schläue zu tun: sie manipulieren reziprok altruistische Treuebündnisse zum eigenen Vorteil. Das ist Macchiavellismus.

Letztlich sind Schimpansen, ebensowenig wie Menschen, selten Alleinherrscher. An der Spitze einer Horde von Menschenaffen zu sitzen, von denen einige ehrgeizige jungen Männchen sind, ist riskant. Alphas neigen daher dazu, sich dauerhafte Unterstützung zu sichern. Diese Unterstützung mag von seiten eines einzigen starken Stellvertreters kommen, der dem Alpha hilft, Herausforderer abzuwehren, und dem dafür Vergünstigungen gewährt werden wie sexueller Zugang zu empfängnisbereiten Weibchen. Oder die Position des Alpha mag Unterstützung erfahren durch seine enge Beziehung zu dem dominanten Weibchen; sie wird ihm zu Hilfe eilen und dafür vielleicht für sich und ihre Jungen eine Vorzugsbehandlung bekommen. Unterstützung kann aber auch auf komplexere und weniger faßbare Weise erfolgen.

Die beste Darstellung der fluktuierenden Machtstruktur innerhalb einer Schimpansenhorde und der damit verbundenen emotionalen und kognitiven Komplexität dieser Menschenaffen bietet der packende, fast an eine TV-Familienserie erinnernde Bericht des Primatologen Frans de Waal über das Leben von Schimpansen, die auf einer knapp einen Hektar großen Insel im Zoo der niederländischen Stadt Arnhem untergebracht waren. Manche halten de Waals Buch – ja schon dessen Titel *Chimpanzee Politics* (Schimpansen als Politiker) – für problematisch. Sie meinen, er spreche Schimpansen allzu leichtfertig ein fast menschliches Wesen zu. Niemand aber kann bestreiten, daß dieses Buch mit seinem minuziös detaillierten Bericht über das Leben von Menschenaffen einzigartig ist. Ich werde die Geschichte de Waals so wiedergeben, wie er sie erzählt hat, einschließlich des fesselnden anthropomorphistischen Untertons. Den Interpretationsproblemen werden wir uns hinterher zuwenden.

Yeroen, eine der Hauptfiguren des Dramas, war sich der Ungesichertheit seiner Macht bewußt. Als Alpha stützte er sich auf die Treue verschiedener Weibchen, allen voran der von Mama, einer ungemein einflußreichen Äffin, die während der gesamten Geschichte de Waals die Position des dominierenden Weibchens innehatte. Den Beistand der Weibchen nahm Yeroen in Anspruch, wenn er von dem jüngeren und stärkeren Luit herausgefordert wurde.

Luits Herausforderungen eskalierten erbarmungslos. Erst kopulierte er frech mit empfängnisbereiten Weibchen in Sichtweite des (wie alle Alphas) eifersüchtigen und besitzgierigen Yeroen. Dann folgten eine Serie aggressiver »Demonstrationen« oder an Yeroen gerichtete Drohungen. Schließlich kam zum physischen Angriff: Luit ließ sich von einem Baum auf Yeroen herabfallen, versetzte ihm einen Hieb und rannte davon. Das ist nicht die Art Behandlung, die Alpha-Männchen gewöhnt sind. Yeroen brach in wütendes Kreischen aus.

Er lief dann zu einer Schimpansengruppe, die größtenteils aus Weibchen bestand, umarmte jedes einzelne Tier, und führte, nachdem er so seine strategischen Allianzen bekräftigt hatte, den ganzen Trupp gegen Luit ins Feld. Yeroen und sein Anhang trieben Luit in die Enge, der daraufhin einen Koller kriegte. Die erste Schlacht hatte er verloren.

Yeroen schien den Umsturzversuch vorausgeahnt zu haben. De Waals Aufzeichnungen belegen, daß er in den Wochen unmittelbar vor Luits erster offener Herausforderung doppelt soviel Zeit wie sonst für freundliche Kontakte mit erwachsenen Weibchen aufwandte. Politiker küssen zu keiner andern Zeit so viele kleine Kinder wie im Wahlkampf.

Doch zu Yeroens Pech war sein Sieg nicht von Dauer. Luit scheute keine Mühe, um die Basis der regierenden Koalition zu zerstören. Wochenlang machte er Yeroens Anhängern das Leben sauer. Wenn er bemerkte, daß ein Weibchen Yeroen »groomte«, näherte er sich den beiden und bedrohte das Weibchen oder griff es regelrecht an, wobei er auf ihr herumsprang. Nichtsdestoweniger kam es vor, daß man später beobachten konnte, wie Luit dasselbe Weibchen »groomte« oder mit dessen Kindern spielte – sofern sie nicht bei Yeroen war. Die Weibchen verstanden.

Mag sein, daß Yeroen seinen Status als Alpha hätte behaupten können, wenn er seine Verbündeten besser verteidigt hätte. Aber das war riskant, da Luit sich mit einem jungen Männchen namens Nikkie zusammengetan hatte. Nikkie pflegte Luit bei seinen Verfolgungen von Weibchen zu begleiten, wobei er ihnen gelegentlich selbst einen kräftigen Hieb versetzte. Die Partnerschaft der beiden war ganz natürlich: Nikkie, gerade der Adoleszens entwachsend, bemühte sich, in der Hierarchie über sämtliche Weibchen aufzusteigen – ein Durchgangsritus für jedes junge Schimpansenmännchen –, und die Verbindung mit Luit erleichterte ihm diese Aufgabe. Zuletzt band Luit ihn noch stärker an sich, indem er ihm, nach einigem Zögern, sexuelle Privilegien gewährte.

Nachdem er Yeroen sozial isoliert hatte, konnte Luit in die Position des Alpha aufsteigen. Der Wechsel an der Spitze vollzog sich mittels mehrerer feindseliger Begegnungen, war jedoch erst in dem Moment abgeschlossen, als Yeroen es über sich brachte, Luit mit einer Unterwerfungsgeste zu begrüßen.

Luit stellte sich als ein weiser und reifer Führer heraus. Unter seinem Regiment verlief das soziale Leben in geordneten Bahnen, und es herrschte Gerechtigkeit. Wenn zwei Gruppenmitglieder in Streit gerieten, trat er mit ruhiger Autorität dazwischen und beendete die Feindseligkeiten völlig unparteiisch. Und wenn er tatsächlich einmal für einen der Streithähne Partei ergriff, war es fast immer der, der im Begriff war zu verlieren. Sich auf die Seite der Geknechteten zu stellen – wir nennen es Populismus – war ein Verhaltensmuster, dessen sich auch Yeroen bedient hatte. Es schien besonders die Weibchen zu beeindrucken; weniger statusorientiert als die Männchen, legten sie offenbar besonderen Wert auf soziale Stabilität. Luit konnte jetzt mit ihrer Unterstützung rechnen.

Auf die Dauer sollte sich jedoch zeigen, daß Populismus allein nicht reicht! Nach wie vor sah sich Luit einerseits mit Yeroens anhaltenden Machtgelüsten konfrontiert (vielleicht auch einem gewissen Maß anhaltender Feindschaft, wenngleich sich die beiden nach Yeroens Eingeständnis seiner Niederlage überschwenglich und unter reichlichem wechselseitigem »Groomen« miteinander ausgesöhnt hatten), andererseits mit Nikkies nicht zu übersehendem Ehrgeiz. Letzteren muß Luit als den gefährlicheren Konkurrenten eingeschätzt haben, denn er verbündete sich mit Yeroen und drängte Nikkie so aus dem Führungskreis hinaus. Yeroen aber, als wäre er sich seiner Rolle als Zünglein an der Waage des Kräfteverhältnisses bewußt, erwies sich als ein Scheinverbündeter und spielte die beiden andern gegeneinander aus. Zu guter Letzt schlug er sich auf die Seite von Nikkie und verdrängte im Bunde mit ihm Luit aus der Position des Alpha. Der Alpha-Rang ging nun auf Nikkie über, doch Yeroen spielte sein Spiel so geschickt weiter, daß im Lauf des folgenden Jahrs nicht Nikkie, sondern er hinsichtlich der sexuellen Aktivität die Nummer eins unter den Männchen war. In de Waals Augen war Nikkie eine »Galionsfigur« und Yeroen die »graue Eminenz« hinter dem Thron.

Die Geschichte hatte ein makabres Nachspiel. Nach der Veröffentlichung von de Waals Buch kam es zwischen Nikkie und Yeroen zum Zerwürfnis. Doch ihre Interessengemeinschaft lebte wieder auf, als Luit sich erneut zum Alpha aufschwang. Eines Nachts brachten sie Luit im Verlauf eines brutalen Kampfs tödliche Verletzungen bei – wobei sie ihm in einem Akt von unbeabsichtigter darwinistischer Symbolik sogar die Hoden abrissen. Für de Waal gab es kaum Zweifel daran, wer von den beiden Killern der Hauptschuldige war. »Nikkie, zehn Jahre jünger, war nur ein Pfand in Yeroens Spiel«, meinte er später. »Ich habe mich gegen dieses moralische Urteil gesträubt – aber noch heute kann ich Yeroen nicht anblicken, ohne in ihm einen Mörder zu sehen.«[41]

Wie fühlt man sich als Schimpanse?

Soweit die Geschichte von den Schimpansen von Arnhem, erzählt in einer Weise, als ob die Protagonisten Menschen wären. Verdient de Waal wegen Anthropomorphisierung verurteilt zu werden? Ironischerweise dürfte sogar ein Schöffengericht aus Evolutionspsychologen für einen Schuldspruch stimmen – wenigstens in einem Punkt der Anklage.

De Waal vermutet, daß – kurz bevor Luit begann, sich um den Rang des Alpha zu bemühen, als Yeroen anfing, sich intensiver mit den Weibchen abzugeben – letzterer »bereits spürte, daß sich Luits Haltung änderte, und wußte, daß seine Position bedroht war«.[42] Yeroen »spürte« wahrscheinlich wirklich einen Wandel der Einstellung, und das könnte sehr gut sein plötzliches Interesse für die eine politische Schlüsselrolle spielenden Weibchen erklären. Aber müssen wir uns de Waals Annahme anschließen, daß Yeroen von der bevorstehenden Herausforderung »wußte« – sie bewußt voraussah – und rational Abwehrmaßnahmen ergriff? Warum sollte nicht einfach Luits zunehmend auftrumpfende Haltung ein Gefühl der Unsicherheit in ihm erweckt haben und damit das Bedürfnis, die Gesellschaft von Freunden zu suchen?

Ohne Frage können Gene, die ein unbewußt vernünftiges Reagieren auf Gefahren veranlassen, im Prozeß der natürlichen Auslese gut bestehen. Wenn ein Schimpansenjunges oder ein menschliches Kleinkind sich beim Anblick eines unheimlich wirkenden Wesens zu seiner Mutter flüchtet, ist das eine logisch begründete Reaktion, aber das Kleine dürfte sich der zugrundeliegenden Logik kaum bewußt sein. Und wenn ich an früherer Stelle die Vermutung äußerte, daß Darwins periodisch auftretende Krankheitszustände jedesmal von neuem seine Zuneigung zu Emma aufgefrischt haben könnten, so habe ich damit nicht sagen wollen, daß er ihren Wert im Licht seines schlechten Gesundheitszustands bewußt eintaxiert habe (wenngleich auch das der Fall gewesen sein könnte). Bedrohungen der verschiedensten Art verstärken offenbar unsere Zuneigung zu den Menschen, die uns helfen, diesen Bedrohungen zu begegnen – zu Angehörigen und Freunden.

Der springende Punkt bei alldem ist, daß vorschnell Schimpansen strategischen Scharfsinn zu unterstellen geeignet ist, eine Grundeinsicht der Evolutionspsychologie zu verhüllen: Das menschliche Alltagsverhalten ist vielfach ein Produkt unterschwelliger Kräfte – vernünftiger Kräfte vielleicht, doch von einer Vernunft, die keine bewußte ist. Von daher gesehen könnte de Waal irreführende Dichotomie herbeiführen, wenn er mit Blick auf Yeroen und Luit von »politischen Kehrtwendungen, rationalen Entscheidungen und Opportunismus« spricht und dann feststellt: »In diesem politischen Taktieren ist kein Raum für Sympathien und Antipathien.«[43] Was wie politisches Taktieren aussieht, könnte sehr wohl das Produkt von Sympathien und Antipathien sein; die Politik wird hier in letzter Instanz von der natürlichen Selektion gemacht, die jene Gefühle so abgestuft hat, daß sie als Vollstrecker ihres politischen »Willens« wirken.

Nachdem das Urteil in diesem Punkt gefällt ist, würde unser Schöffengericht bei der weiteren Beratung de Waal wahrscheinlich in vielen andern Punkten vom Vorwurf der Anthropomorphisierung freisprechen. Denn oftmals ist es nicht menschliches Kalkül, sondern menschliches Empfinden, was er den Schimpansen zuschreibt. Während der ersten, unentschieden endenden Phase von Luits Revolte gegen Yeroen kam es zwischen den beiden periodisch zu Kämpfen. Und auf einen Kampf folgen (nicht nur bei den Schimpansen, sondern auch bei vielen andern Primaten einschließlich des Menschen) in der Regel früher oder später Versöhnungsrituale. De Waal registrierte in diesem Fall, daß jeder der beiden nur widerstrebend auf den andern zuging, und machte für dieses Widerstreben ein »Ehrgefühl« verantwortlich.[44]

Das Wort Ehrgefühl setzte er in Gänsefüßchen – eine möglicherweise überflüssige Vorsichtsmaßnahme. Nicht anders als in der menschlichen Gesellschaft kann auch in der von Schimpansen ein Friedensangebot Unterwerfung signalisieren, und sich bei einem Rangstreit zu unterwerfen, ist mit realen Kosten in darwinistischer Münze verbunden, da es Degradierung auf den zweiten oder sogar einen noch niedrigeren Platz in der Hierarchie bedeutet. Mithin ist ein erbbedingter Widerwille gegen eine solche Unterwerfung (zumindest bis zu einem gewissen Grad) aus evolutionärer Sicht sinnvoll. Bei der Spezies Mensch nennen wir diesen Widerwillen Ehrgefühl oder Stolz. Gibt es irgendeinen triftigen Grund, diese Begriffe nicht auch auf Schimpansen anzuwenden? Wie de Waal bemerkte, ist die Annahme tiefgehender mentaler Gemeinsamkeit angesichts der engen Verwandtschaft der beiden Spezies ein Gebot der wissenschaftlichen Ökonomie: Auf dieser Basis reicht eine einzige Hypothese aus, um zwei separate Erscheinungen plausibel zu erklären.

Es ist nicht ungewöhnlich, wenn Ehefrauen von ihren Männern sagen: »Er bringt es *einfach nicht* über sich, einen Irrtum zuzugeben«, oder: »Er bringt es *einfach nicht* fertig, sich einmal als erster zu entschuldigen«, oder auch: »Es geht ihm gegen den Strich, wenn er jemanden nach dem Weg fragen muß.« Männer scheinen einen Widerwillen dagegen zu haben, die Überlegenheit eines andern Menschen anzuerkennen, und sei es auch nur in solchen Nebensächlichkeiten wie der Kenntnis eines Orts. Das rührt vielleicht daher, daß in den Zeiten der menschlichen Evolution ein Mann, der nach einem Kampf allzu eifrig nach Versöhnung strebte oder sich sonstwie andern gegenüber unnötig unterwürfig zeigte, einen Statusverlust und damit eine Einbuße an übergreifender Fitneß hinnehmen mußte. Vermutlich erging es Frauen ebenso: auch Frauen fällt es nicht leicht, sich zu entschuldigen oder zuzugeben, daß sie im Unrecht sind. Indes, wenn man der Volksweisheit trauen darf, fällt dergleichen der Durchschnittsfrau weniger schwer als dem Durchschnittsmann. Das sollte uns nicht überraschen, denn die Fitneß unserer weiblichen Vorfahren hing in beträchtlich geringerem Maße von derlei Widerstreben ab als die unserer männlichen Vorfahren. De Waal spricht auch von »Respekt«. Nachdem Luits dominierende Position zu guter Letzt unanfechtbar geworden war, machte Yeroen zaghafte Annäherungsversuche, doch Luit behandelte ihn wie Luft; das ging so lange, bis Yeroen »respektvolle Grunzlaute« – die unmißverständlichen Zeichen der Unterwerfung – hören ließ.[45] Ein Beta-Männchen dürfte einem Alpha gegenüber die gleichen Gefühle hegen, die ein unterlegener Profiboxer einem siegreichen Gegner entgegenbringt, wenn er von ihm sagt, jetzt habe er »Respekt« vor ihm. Und für die Momente völliger Unterwerfung bei Menschenaffen, wenn der Besiegte sich in tiefster Selbsterniedrigung vor dem Sieger duckt, wäre vielleicht »Ehrfurcht« das richtige Wort.

Genau wie de Waal beobachtete auch Jane Goodall Respektverhalten unter den Schimpansen, die sie studierte, wobei das englische Wort *respect* in ihrem Sprachgebrauch stärker als bei de Waal die Bedeutung »Hochachtung« beinhaltet. Die Lehrjahre des Jungtiers Goblin unter dem Alpha-Männchen Figan rekapitulierend schreibt sie: »Goblin war voller Hochachtung für seinen ›Helden‹, folgte ihm überallhin, beobachtete, was er tat, und ›groomte‹ ihn häufig.«[46] Jeder Leser, der die Adoleszenz hinter sich hat und während dieser Phase ein Leitbild, ein »Idol«, hatte, kann nachempfinden, was Goblin fühlte. Ja, mancher wird vielleicht denken, daß der Ausdruck »voller Ehrfurcht« hier noch besser angebracht wäre als »voller Hochachtung«.

Das alles mag sich nach leichtfertigen Behauptungen anhören – nach einem großen Sprung von oberflächlichen

Parallelen zwischen uns und den großen Menschenaffen in die Tiefen der Primatenpsychologie. Und vielleicht erweist es sich eines Tags, daß es tatsächlich leichtfertig war, desgleichen zu behaupten; vielleicht beruht die zwischen den Lebensformen von Schimpansen und Menschen zu beobachtende unheimliche Ähnlichkeit nicht auf einer gemeinsamen stammesgeschichtlichen Abkunft und Biochemie. Doch wie sollen wir uns Respekt, Ehrerbietung, Ehrfurcht, Ehrgefühl, unbeugsamen Stolz, Geringschätzung, Verachtung, Ehrgeiz usw. erklären, wenn nicht als Instrumentarien für das Leben in hierarchisch organisierten Gesellschaften, mit denen uns die natürliche Selektion ausgerüstet hat? Warum begegnet man dem bei allen Kulturen der Welt? Gibt es eine alternative Theorie? Wenn ja, erklärt sie auch, warum beispielsweise Stolz und Ehrgeiz allem Anschein nach für Männer meist mehr Bedeutung haben als für Frauen? Der moderne Darwinismus hat für das alles eine Erklärung und eine einfache dazu: die natürliche Selektion im Zusammenhang mit einer hierarchischen Sozialstruktur.

Gewalt und Recht

Einer der de Waal nachgesagten Anthropomorphismen gibt dem gedanklichen Skelett, das Robert Trivers 1971 in seinem Aufsatz über reziproken Altruismus entwickelte, Fleisch. Nach de Waals Überzeugung wird der Umgang von Schimpansen untereinander »durch das gleiche Gefühl für moralische Rechtmäßigkeit und Gerechtigkeit gesteuert wie bei den Menschen«. Auf diesen Gedanken brachte de Waal ein Schimpansenweibchen namens Puist, das »Luit geholfen hatte, Nikkie zu verjagen. Als Nikkie später versuchte, Puist mit Imponiergehabe einzuschüchtern, wandte sie sich zu Luit und streckte ihm hilfeheischend ihre Hand entgegen. Luit machte jedoch keinerlei Anstalten, sie vor Nikkies Attacke zu schützen. Im Nu fuhr Puist mit wütendem Bellen auf Luit los, hetzte ihn quer über die ganze Lichtung und versetzte ihm sogar einen Hieb«.[47] Es braucht nicht viel Phantasie, um in einem solchen Wutausbruch die aufbrausende Empörung wiederzuerkennen, mit der wir einen Freund heruntermachen, der uns in Notzeiten im Stich gelassen hat.

Tiefste Quelle dieses »Gerechtigkeitsgefühls« ist, wie Trivers bemerkte, der reziproke Altruismus. Einer Statushierarchie bedarf es hier nicht. Tatsächlich laufen zwei der von de Waal so bezeichneten »Grundregeln« des Umgangs von Schimpansen untereinander – »Eine Liebe ist der andern wert« und »Auge um Auge, Zahn um Zahn« – auf eine Beschreibung der Strategie »Wie-du-mir-so-ich-dir« hinaus, die sich ohne Vorhandensein einer Statushierarchie entwickelte.

Dennoch ist es Wettbewerb um gesellchaftlichen Status – mitsamt den Begleiterscheinungen der sozialen Allianz und der kollektiven Feindschaft –, der dieser tief verinnerlichten philosophischen Erkenntnis viel von ihrem Gewicht verleiht. Menschen, die sich im Wettbewerb um Status zusammentun, haben oft ein vages Gefühl moralischer Legitimation, ein Gefühl, daß die gegnerische Koalition eine Niederlage *verdient*. Der Umstand, daß die Evolution unserer Spezies sowohl im Rahmen reziproken Altruismus wie im Rahmen hierarchischer Gesellschaftsordnungen ablief, liegt vielleicht nicht nur persönlichen Fehden, sondern auch Rassenkrawallen und Weltkriegen zugrunde.

Daß Krieg, so gesehen, ein »natürliches« Phänomen sein könnte, heißt natürlich nicht, daß er gut oder auch nur unvermeidlich wäre. Und ganz ähnlich verhält es sich mit dem hierarchischen Aufbau der Gesellschaft. Daß die natürliche Selektion sich für soziale Ungleichheit in unserer Spezies entschieden hat, rechtfertigt diese sicher nicht, und unvermeidlich macht es sie nur in begrenztem Sinn. Nämlich: wenn Menschen – vor allem Männer – als Gruppe längere Zeit miteinander verbringen, wird sich mit ziemlicher Sicherheit irgendeine – und sei sie noch so informell und subtil – Form von Hierarchie unter ihnen herausbilden. Einerlei, ob wir uns dessen bewußt sind oder nicht – wir neigen von Natur aus dazu, unsere Mitmenschen in eine Rangordnung zu bringen, und welchen Rang wir jemandem zumessen, geben wir durch die Art und Weise zu verstehen, wie wir ihm Aufmerksamkeit, Zustimmung und Achtung entgegenbringen: wem hören wir zu, wem stimmen wir zu, über wessen Witz lachen wir, wessen Vorschläge nehmen wir an?[48] Doch soziale Ungleichheit im weiteren Sinn – krasse Unterschiede im Wohlstand und bei den Privilegien innerhalb eines ganzen Volks – ist etwas ganz anderes. Sie ist Folge der Politik der Regierung oder des Mangels an Politik.

Natürlich muß die Politik letzten Endes der menschlichen Natur Rechnung tragen. Wenn die Menschen im Grunde egoistisch sind – und das sind sie –, dann hieße es mehr von ihnen zu verlangen, als sie zu geben bereit sind, wollte man sie dazu bringen, härter zu arbeiten als ihr unproduktiver Nachbar und doch nicht mehr zu verdienen. Aber das wissen wir längst; der Kommunismus ist gescheitert. Wir wissen auch, daß eine gemäßigte steuerliche Umverteilung den Arbeitswillen nicht erstickt. Zwischen diesen Polen ist Raum für eine breite Palette politischer Strategien. Jede davon hat ihren Preis, doch der ist Produkt des nackten altbekannten menschlichen Egoismus und nicht des menschlichen Strebens nach Status an sich.

Tatsächlich kann das Statusstreben die Kosten der Einkommensumverteilung unter Umständen sogar senken. Menschen neigen offenbar dazu, sich an den ihnen innerhalb der Statushierarchie Nächststehenden zu messen – insbesondere an jenen, die just eine Stufe höher stehen als sie selbst.[49] Aus stammesgeschichtlicher Sicht ist dies eine sinnvolle Aufsteigerstrategie, aber nicht darum geht es hier, sondern um folgendes: Wenn der Staat von jedem

Angehörigen der Mittelklasse in Ihrer Nachbarschaft um tausend Mark höhere Steuern einzieht, ändert sich Ihre Lage im Vergleich zu der Ihrer Nachbarn nicht. Wenn es die Triebfeder Ihres Ehrgeizes ist, mit den andern Schritt zu halten, dann wird Ihr Anreiz, zu arbeiten, durch die neue Lage nicht gedämpft, wie er es würde, nähme man das absolute Einkommen als Maßstab.

Die moderne Auffassung von gesellschaftlicher Hierarchie versetzt überdies einer der primitiveren philosophischen Rechtfertigungen für soziale Ungleichheit einen schweren Schlag. Wie ich bereits nachdrücklich hervorhob, haben wir keinen Anlaß, unsere Werte an den »Werten« der natürlichen Selektion zu orientieren. Es gibt keinen Grund, für »gut« zu erachten, was die natürliche Selektion für zweckdienlich »erachtete«. Dennoch tun dies manche Leute. Hierarchien, behaupten sie, sind das Mittel, mit dem die Natur die Gruppe stärkt, Ungleichheit läßt sich also im Namen des Gemeinwohls rechtfertigen. Nachdem es nun aber so aussieht, als habe die Natur die hierarchische Ordnung menschlicher Gesellschaften *nicht* im Interesse des Gemeinwohls erfunden, erweist sich die Logik dieser Argumentation als noch mangelhafter, als sie es ohnehin war.

Ihre Krönung fanden de Waals (angebliche) Anthropomorphismen im Titel seines Buchs: *Chimpanzee Politics* (Schimpansen als Politiker). Wenn es richtig ist, was die Politologen sagen, nämlich daß Politik der Prozeß der Verteilung der Ressourcen ist, dann liefern Schimpansen nach de Waals Auffassung den anschaulichen Beweis dafür, daß die Ursprünge der menschlichen Politik viel älter sind als die Menschheit selbst. Ja, er sieht in der Schimpansengruppe von Arnhem nicht nur einen politischen Prozeß am Werk, sondern erkennt in ihr »sogar eine demokratische Struktur«.[50] Auch Alpha-Männchen können nur schwer herrschen ohne die Zustimmung der Beherrschten. Nikkie zum Beispiel hatte nichts von Luits Volkstümlichkeit und wurde nie so beliebt, wie Luit und Yeroen während ihrer Amtszeit gewesen waren. Zumal die Weibchen geizten ihm gegenüber mit Unterwerfungsgesten, und wenn Nikkie unmotiviert gewalttätig wurde, veranstalteten sie geschlossen eine Hetzjagd auf ihn. Einmal mußte er sich sogar vor der gesamten Gruppe auf einen Baum flüchten. Dort saß er nun, allein, umzingelt und kreischend – ein dominierendes Männchen, dominiert von den andern. Mit der modernen repräsentativen Demokratie mochte das nicht viel zu tun haben, aber es war auch alles andere als eine lupenreine Despotie. (Schwer zu sagen, wie lange Nikkie es in seinem luftigen Gefängnis hätte aushalten müssen, wenn nicht Mama, Hauptfriedensstifterin der Horde, zu ihm hinaufgeklettert wäre und ihn, nachdem sie ihm einen Kuß gegeben hatte, auf den Boden zurückgelotst hätte, wo er sich demütig um allgemeine Verzeihung bemühte.[51])

Ich empfehle Ihnen folgende nützliche Übung: Wenn Sie einen Politiker im Fernsehen eine Rede halten sehen, drehen Sie den Ton ab. Achten Sie auf die Gebärden des Redners. Sie werden feststellen, daß er sich einer ähnlichen Gestik bedient wie Politiker allüberall sonst auf der Welt – das gestische Vokabular von Ermahnung, Entrüstung usw. Drehen Sie dann den Ton wieder auf. Achten Sie darauf, was der Redner eigentlich sagt. Ich möchte fast garantieren: Er (oder seltener: sie) sagt Dinge, die Musik sind in den Ohren derjenigen Wählergruppe, von der er sich am ehesten versprechen darf, daß sie ihn an die Macht bringt oder an der Macht halten wird. Die Interessenlage der Regierten – oder eines wichtigen Teils der Regierten – entscheidet genauso darüber, was menschliche Politiker reden, wie sie darüber entscheidet, was Schimpansen als Politiker tun. In beiden Fällen geht es dem Politiker (ob er es weiß oder nicht) letzten Endes um seinen eigenen Status. Und in beiden Fällen bemerken wir unter Umständen eine gewisse Flexibilität in bezug auf das, was der Politiker zu tun beziehungsweise zu sagen bereit ist, um den gewünschten Status zu erlangen, beziehungsweise zu behalten. Selbst die mitreißendste Redekunst zielt am Ende auf nichts anderes als eine zweckdienliche Koalition.

Der Zuñi-Weg

Trotz aller darauf deutender Parallelen bestehen hinsichtlich des Statusstrebens zwischen Menschenaffen und Menschen große Unterschiede. Status hat beim Menschen oft relativ wenig mit roher Gewalt zu tun. Zwar ist offenkundige physische Überlegenheit oft der Schlüssel zur Hierarchie unter Buben. Aber an sich – und insbesondere bei Erwachsenen – ist gesellschaftlicher Status eine weit komplexere Angelegenheit, und in manchen Kulturen wurden seine offen politischen Aspekte weitgehend unter Kontrolle gebracht. So beschreibt ein Forscher das Leben der Navajo: »Wer aktiv nach Macht strebt, dem ist nicht zu trauen. Führerfiguren bilden sich durch Beispiel und Nacheifern heraus. Wer als Maisbauer Erfolg hat, dem eifert man nach, und insoweit ist er ein Führer. Wer viele Verse eines Heilgesangs auswendig weiß, genießt aufgrund dieser Leistung Hochachtung und als ›Sänger‹ eine beachtliche Rangstellung. Politischer Aktionismus und Händeschüttelei [...] haben in der traditionellen Navajo-Gesellschaft keinen Platz.«[52]

Das besagt nicht, daß die Navajo nicht nach Macht streben, sondern nur, daß sie es auf subtile Weise tun. Und es besagt auch nicht, daß gesellschaftlicher Status bei ihnen von dem Ziel der Fortpflanzungsvorteils losgelöst wäre. Der sachkundige Maisbauer wie der sachkundige Sänger geben wahrscheinlich begehrte Ehemänner ab. Und man errät leicht, warum: Der eine hat ein geschicktes Händchen bei der Beschaffung materieller Ressourcen, und beide zeigen Intelligenz. Aber diese beiden Navajo gewannen ihren Fortpflanzungsvorteil nicht, indem sie andere Menschen physisch einschüchterten oder auf andere Weise ihrer Kontrolle unterwarfen. Sie fanden einfach, wozu sie berufen waren, und taten sich hier hervor.

Es ist erstaunlich, was alles in verschiedenen Kulturen und Subkulturen gesellschaftlichen Status begründen kann. Perlenketten anfertigen, Musik machen, Predigten halten, Kinder produzieren, Arzneimittel erfinden, Märchen erzählen, eine Menge Geld anhäufen, viele Skalps sammeln. Und doch ist es im Grund ein und derselbe psychische Mechanismus, der diese vielfältigen Aktivitäten treibt. Die Menschen sind allesamt so konstruiert, daß sie ihr gesellschaftliches Umfeld erkunden und, nachdem sie herausgefunden haben, womit sie ihre Mitmenschen beeindrucken können, eben dies tun; oder, nachdem sie herausgefunden haben, was ihren Mitmenschen mißfällt, eben dies unterlassen. In bezug auf das, was »eben dies« im Einzelfall ist, sind sie ziemlich aufgeschlossen. Hauptsache, sie haben dabei Erfolg. Überall auf der Welt empfinden Menschen lieber Stolz als Scham und ernten lieber Respekt als Verachtung.

Diese Neigung der psychischen Einheit der Menschheit, sich hinter einer Vielfalt von Verhaltensformen zu verbergen, ist es, was den Ethnologen der Boas-Schule ermöglichte, die menschliche Natur herunterzuspielen. Ruth Benedict schrieb im Jahr 1934: »Wir müssen unser menschliches Erbe mit all seinen Konsequenzen akzeptieren, und eine der wichtigsten davon ist der geringfügige Umfang der biologisch tradierten Verhaltensformen und die enorme Rolle, welche die kulturelle Überlieferung spielt.«[53] Genaugenommen hatte sie recht. Sobald man den Bereich gleichbleibender Handlungen wie Gehen, Essen, Saugen verläßt, begibt man sich auf ein Feld, wo nicht »Verhaltensweisen« biologisch weitergegeben werden, sondern mentale Organe, und die sind gewöhnlich elastisch genug, um eine Menge je nach den Umständen unterschiedliche Verhaltensweisen hervorzubringen.

Es ist leicht einzusehen, wieso vor allem der psychische Mechanismus des Statusstrebens Benedicts Aufmerksamkeit entging. Ihr Studienobjekt waren die Zuñi, bei denen – wie bei den benachbarten Navajo – Wettbewerb und offener politischer Kampf verpönt sind. Sie schrieb: »Das Zuñi-Ideal des Menschen erfüllt ein Mann, der Würde und Freundlichkeit in sich vereinigt und niemals einen Versuch gemacht hat, sich Autorität über andere anzumaßen. [...] Wenn er in Streit mit jemandem geriete, würde ihm das als Schuld angerechnet, selbst wenn das Recht voll und ganz auf seiner Seite wäre. [...] Das höchste Lob [...] lautet: ›Er ist ein liebenswürdiger, höflicher Mensch.‹«[54] Man beachte die Implikationen dieses Textes. Es gibt da ein »Ideal des Menschen«, und jeder, der diesem Ideal nahekommt, verdient sich »Lob«, wohingegen die Nichterfüllung des Ideals »als Schuld angerechnet wird«. Mit andern Worten: Die Zuñi verleihen demjenigen einen hohen Status, der nicht gierig danach strebt, und verweigern ihn dem, der dies tut. Es ist also gerade die Triebkraft des Mechanismus des Statusstrebens, welche die Statushierarchie der Zuñi so subtil macht. (Zudem wirkt, wie wir gesehen haben, die gesellschaftliche Infrastruktur des reziproken Altruismus üblicherweise in allen Kulturen als ein gewisser Druck in Richtung Freundlichkeit, aber auch Großzügigkeit und Ehrlichkeit. Es könnte sein, daß die Zuñi-Kultur diesen Druck außerordentlich wirkungsvoll instrumentalisiert und damit eine Stärkung der natürlichen Verbindung zwischen Liebenswürdigkeit und sozialem Status herbeigeführt hat.)

Man kann das gesellschaftliche Leben der Zuñi als ein Zeugnis entweder für die Macht der Kultur oder für die Geschmeidigkeit mentaler Anpassungen betrachten. Es ist beides, doch letzteres wollen wir genauer ins Auge fassen: Mentale Organe sind anscheinend so flexibel, daß sie an Prozessen mitwirken können, die praktisch einer Auflehnung gegen die diesen Organen zugrundeliegende stammesgeschichtliche Logik gleichkommen. Der Mechanismus des Statusstrebens hat zwar lange Zeit Faustkämpfe und politische Macho-Allüren gefördert, kann aber auch die Energie für die Unterdrückung dieser Dinge liefern. In einem Kloster können Gelassenheit und Askese Status begründen. Im Vikorianischen England konnte in bestimmten Gesellschaftsschichten (vielleicht ähnlich wie bei den Zuñi) eine in ihrer Übertreibung schon fast lächerlich wirkende Form von vornehmem und bescheidenem Betragen zu gesellschaftlichem Status verhelfen.

Mit andern Worten: Die sogenannten kulturellen »Werte« sind Mittel und Wege zum gesellschaftlichen Erfolg.[55] Man macht sie sich zu eigen, weil sie andern Bewunderung abnötigen. Durch Kontrolle seines gesellschaftlichen Umfelds und selektives Loben und Tadeln kann man das Wertsystem eines Kinds programmieren, als wäre es ein Automat. Manche Menschen finden das beunruhigend, was einmal mehr zeigt, daß man es nicht allen recht machen kann. In der Soziobiologie-Kontroverse der siebziger Jahre war einer der Hauptgründe für die Aufregung die Furcht, die Menschen könnten, hätte die Soziobiologie recht, nicht so programmiert werden, wie B. F. Skinner und andere Behavioristen dies verheißen hatten.

Das neue Paradigma bietet in der Tat Raum für die Skinnersche Konditionierung einschließlich positiver und negativer Untermauerung. Keine Frage, manche Triebe und Affekte – beispielsweise sexuelle Appetenz und Eifersucht – mögen vielleicht nie völlig ausschaltbar sein. Trotzdem darf man angesichts der enormen Vielfalt der im Kosmos der Kulturen vertretenen Moralvorstellungen – das heißt angesichts der vielfältigen Verhaltensweisen, die als *Ausdrucksformen* von beispielsweise sexueller Appetenz und Eifersucht toleriert werden – davon ausgehen, daß es in der Abteilung »Werte« viel Spielraum gibt. Hier zeigt sich die Macht der sozialen Billigung und Mißbilligung.

Die große Frage ist: Wie tiefgreifend lassen sich die normativen Schemata von Billigung und Mißbilligung selbst umgestalten? Anders gesagt: Wie flexibel ist die Gesellschaft in bezug auf das, was ihr behagt?

Hier gibt es ohne Frage einige ziemlich stabile Tendenzen. Gesellschaftliche Aktivposten, die in unserer Stammesgeschichte durchweg von Bedeutung waren, dürften ihre gewichtige Rolle hartnäckig weiterspielen. Hochgewachsene, athletische Männer und schöne Frauen besitzen bei der Konkurrenz um sozialen Status vielleicht bis ans Ende der Zeiten einen Wettbewerbsvorteil. Dummheit wird vielleicht nie allgemein Bewunderung finden. Die Verfügungsgewalt über Ressourcen – einfacher gesagt: Geld – wird auch weiterhin eher anziehend wirken. Trotzdem ist das Gegensteuern gegen derlei Tendenzen nicht unmöglich. Es *gibt* Kulturen und Subkulturen, die eine Abwertung materieller und eine höhere Achtung geistiger Werte zu erreichen suchen – und ihr Erfolg ist zuweilen beeindruckend, wenn auch alles andere als total. Überdies gibt es keinen Grund, zu glauben, irgendeine von ihnen habe ihr biologisches Potential bereits ausgeschöpft.

Selbst unsere eigene Kultur wirkt ungeachtet ihres materialistischen Exzesses angesichts einiger der Alternativen schon fast bewunderungswürdig. Bei den Yanomami in Südamerika kann sich ein junger Mann unter anderem dadurch einen hohen gesellschaftlichen Rang erwerben, daß er möglichst viele Männer aus benachbarten Dörfern tötet.[56] Wenn er sich dabei auch noch an der Entführung und Massenvergewaltigung von Frauen jenes Dorfs beteiligt, um so besser für ihn. Sollte seine Frau versuchen, ihn eines andern Manns wegen zu verlassen, steht es ihm frei, ihr – zum Beispiel – die Ohren abzuschneiden.

In einigen Vierteln moderner Großstädte hat sich das Wertsystem der Bewohner neuerdings dem der Yanomami angenähert. Junge Männer, die morden, genießen Respekt – zumindest im Kreis der Gleichaltrigen, an deren Meinung ihnen etwas liegt. Es ist dies ein Beweis dafür, daß die schlechtesten Elemente der menschlichen Natur stets dicht unter der Oberfläche liegen, bereit hervorzubrechen, sobald kulturelle Hemmschwellen sinken. Wir sind keine unbeschriebenen Blätter, wie sich das einige Behavioristen einst vorgestellt hatten. Wir sind Organismen, deren eher ungeheuerliche Neigungen sich weitgehend, wenn auch nur mit Mühe, unterdrücken lassen. Und einer der Hauptgründe für diesen schwachen Optimismus ist das hohe Maß an Flexibilität, das Menschen bei ihrem Statusstreben zeigen. Wir sind zu fast jedem Opfer bereit, das uns die Achtung anderer einbringt – auch dazu, uns nicht wie die Tiere zu verhalten.

Dreizehntes Kapitel
TÄUSCHUNG UND SELBSTBETRUG

Zu welch unseligen Handlungen verleitet nicht die Ruhmsucht. Bloße Wahrheitsliebe würde einen Menschen niemals so weit bringen, grimmig über einen anderen herzuziehen.

Darwin, Brief an J. D. Hooker (1848)[1]

Daß die natürliche Selektion vom Prinzip der Wahrheit bei der Werbung nichts hält, ist weithin evident. Die Weibchen der Leuchtkäferart *Photinus versicolor* ahmen den Lichtblitz nach, den Weibchen der Spezies *Photinus macdermotti* als Paarungsaufforderung aussenden; das *Macdermotti*-Männchen, das bei den *Versicolor*-Weibchen sein Glück versucht, wird aufgefressen. Manche Orchideen sehen ganz ähnlich aus wie Wespenweibchen, was zur Folge hat, daß sie eifrig von männlichen Wespen angeflogen werden, die dann ihren Blütenstaub weitertragen. Manche ungefährlichen Schlangen haben sich die Färbung von Giftschlangen zugelegt und verschaffen sich damit ungebührlichen Respekt. Bei manchen Schmetterlingsarten weisen die Puppen durch eine Schuppung und Augen vortäuschende Zeichnung eine unheimliche Ähnlichkeit mit einem Schlangenkopf auf und geben, wenn sie gestört werden, ein bedrohlich klingendes Rasseln von sich.[2] Kurzum: Organismen können, wenn es in ihrem genetischen Interesse liegt, irgendeine fremde Identität vortäuschen.

Der Mensch scheint, was das betrifft, keine Ausnahme zu sein. In den späten fünfziger und frühen sechziger Jahren erregte der (nichtdarwinistische) Soziologe Erving Goffman (1922–1982) Aufsehen mit einem Buch, das den Titel *The Presentation of Self in Everyday Life* (dt. *Wir alle spielen Theater. Die Selbstdarstellung im Alltag)* trug und eindrucksvoll darlegte, wieviel Zeit wir alle damit verbringen, vor diesem oder jenem Publikum um dieses oder jenes Effekts willen Theater zu spielen. Es gibt allerdings einen Unterschied zwischen uns Menschen und den andern Schauspielern im Reich der Natur. Ein *Versicolor*-Weibchen gibt sich vermutlich keiner Täuschung hin in bezug auf seine wahre Identität, Menschen hingegen neigen dazu, auf ihren eigenen Schwindel hereinzufallen. Bei manchem Selbstdarsteller, notierte Goffman staunend, geht der »Glaube an die eigene Rolle« so weit, daß er »vollständig von seinem eigenen Spiel gefangengenommen wird; er kann ehrlich davon überzeugt sein, daß der Eindruck von Realität, den er inszeniert, ›wirkliche‹ Realität sei«.[3]

Was der moderne Darwinismus Goffmans Beobachtung u. a. hinzufügt, ist eine Theorie über die Funktion dieser Verwechselung: Wir täuschen uns selbst, um andere besser täuschen zu können. Diese Hypothese wurde Mitte der siebziger Jahre von Richard Alexander und Robert Trivers vorgetragen. In seinem Vorwort zu Richard Dawkins' Buch *The Selfish Gene* erwähnte Trivers, welchen Nachdruck Dawkins auf die Rolle der Täuschung im Leben der Tiere legt, und fügte dem einen seither viel zitierten Kommentar hinzu. Wenn es sich tatsächlich so verhält, daß »Täuschung ein Grundelement der tierischen Kommunikation ist«, so Trivers, »dann muß es eine starke Selektion geben für die Fähigkeit, Täuschung zu durchschauen, und dies wiederum dürfte Selektion für einen gewissen Grad von Selbstbetrug bedingen, bei dem manche Tatsachen und Motive ins Unbewußte abgeschoben werden, damit nicht kleine Anzeichen von eigenem besseren Wissen die im Gange befindliche Täuschung verraten können«. Von daher gesehen, wagte Trivers zu sagen, »stellt sich die herkömmliche Auffassung, derzufolge die natürliche Selektion Nervensysteme begünstigt, die immer exaktere Abbilder der Welt liefern, zwangsläufig als eine sehr naive Ansicht von der Evolution der mentalen Kräfte dar«.[4]

Es dürfte niemanden überraschen, daß die wissenschaftliche Erforschung des Phänomens Selbstbetrug eine schwierige Sache ist.[5] »Bewußtheit« ist ein Gebiet mit unscharfer und durchlässiger Grenze. Die Wahrheit oder bestimmte Aspekte der Wahrheit können in die Wahrnehmungen und wieder hinaus driften, oder sie können an der Peripherie schweben, gegenwärtig, aber nicht deutlich erkennbar. Selbst angenommen, wir hätten die Gewähr dafür, daß sich jemand der für eine bestimmte Situation relevanten Information nicht bewußt ist, so ist es doch eine ganz andere Frage, ob dies eine Form von Selbstbetrug ist. Ist die Information zwar irgendwo im Kopf der betreffenden Person, wird aber von einem speziellen Zensor aus dem Bewußtsein herausgehalten? Oder hat der oder die Betreffende die Information überhaupt bemerkt? Wenn ja, ist diese selektive Wahrnehmung ihrerseits Ergebnis eines speziell auf Selbstbetrug zielenden evolutionären Plans? Oder spiegelt sie lediglich einen Sachverhalt allgemeinerer Art, nämlich des Umstands, daß der menschliche Geist nur eine begrenzte Menge an Information aufzunehmen vermag (und das Bewußtsein noch weniger)? Analytische Schwierigkeiten dieser Art haben dazu beigetragen, daß aus Trivers' vor zwanzig Jahren entworfener Zukunftsvision von einer streng wissenschaftlichen Erforschung des Phänomens Selbstbetrug, aus der sich am Ende vielleicht ein klareres Bild des Unbewußten ergeben würde, nichts geworden ist.

Doch immerhin wurde in diesen zwanzig Jahren die Richtung der Ansicht von Dawkins, Trivers und Alexander bestätigt, daß eine wahrheitsgetreue Wiedergabe der Wirklichkeit durch uns – für andere, manchmal aber auch für uns selbst – auf der Prioritätenliste der natürlichen Selektion keinen sehr hohen Stellenwert hat. Das neue Paradigma hilft uns, das Terrain menschlicher Täuschung und menschlichen Selbstbetrugs abzustecken, wenn auch nur in groben Zügen.

Einen Bereich der Täuschung haben wir schon erkundet: Sexualität. Männer wie Frauen können den Geschlechtspartner – und im selben Zug sich selbst – darüber täuschen, wie lange ihre Bindung wahrscheinlich dauern und wie genau sie es wohl selbst mit der Treue nehmen werden. Daneben gibt es zwei weitere große Bereiche, in denen Selbstdarstellung und die Perzeption anderer im darwinistischen Sinne große Bedeutung zukommt: reziproker Altruismus und gesellschaftliche Hierarchie. Genau wie bei den Beziehungen zwischen den Geschlechtern kann auch hier Ehrlichkeit ein grober Fehler sein. Tatsächlich mögen der reziproke Altruismus und die gesellschaftliche Hierarchie zusammen die Hauptursache sein für Unehrlichkeit bei unserer Spezies – die ihrerseits einen Großteil der Unehrlichkeit im Bereich animalischen Lebens ausmacht. Wir sind zwar bei weitem nicht die einzige unehrliche Spezies, aber bei uns ist die Unehrlichkeit fraglos am *größten*, und sei es nur, weil wir am meisten reden.

Eindruck schinden

Die Menschen jagen nicht nach Status an sich. Sie planen ihren Aufstieg nicht strategisch und folgen dann diesem Plan methodisch wie ein General im Krieg. Na ja, ich gebe zu, manche tun es doch. Manchmal vielleicht verfahren wir sogar alle so. Aber das Streben nach Status prägt die menschliche Psyche auch auf subtilere Weise. Die Menschen aller Kulturen – ob sie sich dessen voll bewußt sind oder nicht – wollen ihren Nachbarn imponieren, in der Achtung der Menschen in ihrer nächsten Umgebung steigen.

Der Hunger nach Beifall rührt sich bereits früh im Leben. Darwin erinnerte sich später deutlich, wie er als kleiner Junge andere mit seinem Geschick, Bäume zu erklettern, beeindruckte: »Mein ausersehener Bewunderer war der alte Peter Hailes, der Maurer, und der Baum war die

Eberesche auf dem Rasen.«[6] Die Kehrseite der Medaille ist eine frühzeitig auftretende und bleibende Aversion gegen Geringschätzung und Lächerlichkeit. Darwins ältester Sohn wurde mit zwölfeinhalb Jahren »in einem extremen Grade empfindlich gegen Lächerlichkeit und war in dieser Beziehung so argwöhnisch, daß er, wenn er Menschen lachen und miteinander tuscheln sah, oftmals meinte, sie lachten über ihn«.[7]

Darwins Sohn mag in dieser Hinsicht anomal gewesen sein, aber das tut hier nichts zur Sache. (Allerdings ist es interessant, zu sehen, daß viele psychopathologische Zustände, darunter auch die Paranoia, vielleicht einfach nur um einen geringen, aber kritischen Wert überspannte stammesgeschichtlich bedingte Dispositionen sind.[8]) Worauf es ankommt, ist die Tatsache, daß seine Anomalie – wenn denn von einer solchen die Rede sein kann – nicht qualitativer, sondern quantitativer Art war. Wir alle haben von Kindheit an ein schon beinah zwanghaft zu nennendes Bedürfnis, uns nicht lächerlich zu machen. Erinnern wir uns an Darwins Wort von »dem brennenden Gefühl der Scham, welches die meisten von uns selbst nach Verlauf von Jahren gefühlt haben, wenn sie irgendeinen zufälligen Verstoß gegen eine unbedeutende, wenn nur einmal feststehende Regel der Etikette sich ins Gedächtnis zurückrufen«.[9] Ein derart empfindlich reagierender psychischer Mechanismus läßt darauf schließen, daß hier große Werte auf dem Spiel stehen. So ist es in der Tat: Hohes öffentliches Ansehen kann genetisch große Vorteile bringen, niedriges Ansehen kann genetisch verhängnisvoll sein. In vielen nichtmenschlichen Primatengemeinschaften – wie auch in nicht wenigen menschlichen Gemeinschaften – werden extrem unpopuläre Individuen an den Rand des Gemeinwesens oder sogar ganz aus ihm hinausgedrängt in eine Zone, wo es schwierig wird, zu überleben und sich fortzupflanzen.[10] Im übrigen ist sozialer Abstieg, egal auf welcher Ebene, stets mit Kosten verbunden. Welche gesellschaftliche Stellung man auch immer hat, es zahlt sich für einen meist (in darwinistischer Münze) aus, jene Art Eindruck zu hinterlassen, die einem gesellschaftlichen Aufwind verschafft, und sei er noch so schwach.

Ob der Eindruck der Wahrheit entspricht oder nicht, ist irrelevant. Wenn ein Schimpanse einen Rivalen bedroht oder auf die Drohung eines Rivalen (oder auf die Bedrohung durch ein Raubtier) reagiert, sträubt sich sein Fell, so daß er größer und massiger wirkt, als er wirklich ist. Rudimente dieser Gaukelei zeigen sich bei Menschen, wenn sie bei Schreck eine Gänsehaut bekommen. Meist plustern Menschen sich jedoch mit sprachlichen Mitteln auf. Im Zusammenhang mit seinen Spekulationen über den Zeitpunkt in der menschlichen Stammesgeschichte, zu dem die öffentliche Meinung begann, ihre große Bedeutung zu erlangen, notierte Darwin: »Die rohesten Wilden kennen das Gefühl des Ruhms, wie sie deutlich durch das Aufbewahren der Trophäen ihrer Tapferkeit, durch die Gewohnheit des exzessiven Sich-Rühmens und selbst durch die extreme Sorgfalt zeigen, welche sie auf ihre persönliche Erscheinung und Dekoration verwenden.«[11]

Im Viktorianischen England wurden Prahlerei und Ruhmredereien mit Stirnrunzeln quittiert, und Darwin war in diesem Punkt ein Meister in der Kunst des Unterlassens. Auch in vielen heutigen Kulturen ist das so; »übertriebene Angeberei« ist bei ihnen lediglich eine Durchgangsphase in der Kindesentwicklung.[12] Doch was ist die nächste Phase? Eine lebenslange, gemäßigtere Angeberei. Darwin selbst verstand sich bestens darauf. In seiner Autobiographie schrieb er: »Meine Bücher haben in England hohen Absatz gefunden, sind in viele Sprachen übersetzt und wurden im Ausland mehrfach wieder aufgelegt. Ich habe sagen hören, der Erfolg eines Werkes im Ausland sei der beste Prüfstein für die Beständigkeit seines Wertes. Ob man dem trauen kann, ist mir zweifelhaft; wenn man aber dieses Beurteilungskriterium anwendet, dann müßte mein

Name noch einige Jahre im Gedächtnis bleiben.«[13] Nun, wenn er wirklich an der Verläßlichkeit dieses Kriteriums zweifelte, warum urteilte er dann danach?

Wieviel Eigenlob man betreibt, hängt vermutlich davon ab, wieviel Selbstanpreisung im eigenen gesellschaftlichen Umfeld glaubwürdig ist (und wurde wahrscheinlich durch Feedback von seiten der Angehörigen und der Altersgenossen festgelegt). Wer jedoch *keinerlei* Drang verspürt, wie diskret auch immer Nachrichten über die eigenen Triumphe zu verbreiten, und *keinerlei* Hemmungen hat, in weiten Kreisen über die eigenen Mißerfolge zu sprechen, funktioniert nicht nach Plan.

Ist Eigenwerbung oft mit Täuschung verbunden? Nicht bei der übelsten Sorte. Faustdicke Lügen über sich selbst zu verbreiten und womöglich auch noch selbst daran zu glauben, ist gefährlich. Lügen können entlarvt werden, und sie zwingen uns, viel Zeit und Energie dafür aufzuwenden, uns daran zu erinnern, was wir wem erzählt haben. Der Schriftsteller Samuel Butler, selbst ein viktorianischer Evolutionstheoretiker (und Erfinder des Bonmots, eine Henne sei nur das Verfahren eines Eis, ein neues Ei zu fabrizieren), bemerkte einmal: »Der beste Lügner ist der, der mit dem kleinsten Quantum Lüge die größte Wirkung erzielt.«[14] So ist es in der Tat. Es gibt Lügen, in denen sich der Lügner kaum verfangen kann, weil sie unbedeutend oder schwer zu widerlegen sind, und mit solchen Lügen sollte man beim Umgang mit Menschen immer rechnen. Die bekannte Flunkerei »Da ist mir doch einer entwischt« bietet Sportanglern immer wieder Anlaß zur Heiterkeit.

Derlei Verdrehung der Wahrheit erfolgt anfangs vielleicht bewußt oder zumindest halb bewußt. Bleibt es ohne Widerspruch, kann das undeutliche Bewußtsein, übertrieben zu haben, allmählich erlöschen. Kognitive Psychologen konnten zeigen, wie selbst die unwahren Einzelheiten einer Geschichte durch Wiederholung mit dem ursprünglichen Erinnerungsbild verwachsen.[15]

Es versteht sich von selbst, daß der Fisch ohne Verschulden des Anglers entwischt ist. Zuweisungen von Schuld und Verdienst sind ein Bereich, in dem objektive Wahrheit schwer zu fassen und deshalb reichlich Gelegenheit zum Sich-dick-Tun ist. Die allgemeinmenschliche Neigung, Erfolg dem eigenen Können und Mißerfolg den Umständen – dem wankelmütigen Glück, bösen Mitmenschen, dem Teufel – zuzuschreiben, konnte experimentell belegt werden, liegt aber auch so auf der Hand.[16] Verlieren wir bei einem Gesellschaftsspiel, bei dem Glück eine gewisse Rolle spielt, machen wir die Launen des Zufalls dafür verantwortlich, gewinnen wir, schreiben wir dies unserer Geschicklichkeit gut.

Und wir sagen das nicht nur; wir *glauben* es. Darwin spielte leidenschaftlich gern Backgammon (»Puff«), und wie nicht anders zu erwarten, war er, wenn er gegen eines seiner Kinder spielte, ziemlich oft der Gewinner. Eine seiner Töchter erinnerte sich, »daß wir eine Zeitlang über unsere Spiele Buch führten; und da diese Liste sich als für ihn günstiger ergab, legten wir eine Liste der Pasche an, welche jeder von uns warf, da ich überzeugt war, er werfe besser als ich«.[17] Dieses Gefühl, das Glück sei mit dem Gegenspieler, ist jedem Backgammon-Spieler vertraut, der in Serie verliert. Es hilft uns, den Glauben an unser eigenes Können nicht zu verlieren, der uns seinerseits hilft, andere von unserem Können zu überzeugen. Und es eröffnet überdies Backgammon-Falschspielern eine stetig sprudelnde Einnahmequelle.

Selbstverherrlichung geht auf die eine oder andere Weise immer zu Lasten anderer. Wer sagt, er habe bei einem Spiel lediglich aufgrund einer Laune des Glücks verloren, behauptet damit, der Gegner habe lediglich aufgrund einer Laune des Glücks gewonnen. Und selbst wenn wir Spiele und andere wettkampfähnliche Dinge außer Betracht lassen – wer allzu laut ins eigene Horn stößt, übertönt damit die Musik, die andere machen. Gesellschaftlicher Status ist etwas durch und durch Relatives: Des einen Gewinn ist des andern Verlust.

Und umgekehrt: Des einen Verlust ist des andern Gewinn. Und damit kann die unbewußte Jagd nach Status gemein werden. In einem kleinen Sozialverband (sagen wir, einer Gemeinschaft von der Größe eines Jäger-und-Sammler-Dorfs) hat jedermann massives Interesse daran, das Ansehen der andern – zumal seiner Alters- und Geschlechtsgenossen, die ja seine natürlichen Rivalen sind – zu schmälern. Wiederum ist die beste Methode, andere von etwas zu überzeugen – einschließlich der Unzulänglichkeit ihrer Nachbarn –, selbst zu glauben, was man sagt. Aus der Theorie ergibt sich also für eine hierarchisch organisierte Spezies, die über die Gabe der Sprache verfügt, die Prognose, daß die einzelnen dazu neigen, ihre eigenen Leistungen aufzubauschen, die andere herunterzuspielen und beides mit aufrichtiger Überzeugung zu tun. Tatsächlich erweist sich im sozialpsychologischen Labor, daß die Menschen nicht nur ihre Erfolge auf eigenes Können zurückzuführen und ihr Versagen den Umständen zur Last zu legen pflegen, sondern dieses Muster bei der Würdigung der Leistungen anderer Leute mit der gleichen Regelmäßigkeit umkehren.[18] Die Launen des Glücks bescheren einem selbst Mißerfolg und dem Nebenmenschen Erfolg; das Können funktioniert umgekehrt.

Oft vollzieht sich die Abwertung anderer kaum merklich, und bei Äußerungen über Verwandte und Freunde kann sie auch ganz fehlen. Doch kann man damit rechnen, daß sie unüberhörbar wird, wenn zwei Menschen um etwas Einmaliges wetteifern: um eine bestimmte Frau, einen bestimmten Mann, eine bestimmte berufliche Auszeichnung.[19] Zu den Rezensenten, die *Die Entstehung der Arten* verrissen, zählte auch Richard Owen, ein namhafter Zoologe und Paläontologe, der seine eigenen Vorstellungen über den Ablauf möglichen Artenwandels besaß. Nach dem Erscheinen von Owens Besprechung schrieb Darwin einem Freund: »Die Londoner sagen, er sei gelb vor Neid, weil über mein Buch viel geredet wurde.«[20] Hatte Owen sich selbst (und in der Folge andern) aus Eigennutz eingeredet, das Buch eines Konkurrenten tauge nichts? Oder hatte Darwin sich selbst (und in der Folge andern) aus Eigennutz eingeredet, ein Mensch, der seinen Status gefährdete, handele aus eigennützigen Motiven? Beides ist möglich und gleichermaßen wahrscheinlich, und eins schließt das andere nicht aus.

Das scharfe Gespür, das Menschen für die Fehler ihrer Mitmenschen entwickeln, ist ein Wunder der Natur. Es kostet herkulische Anstrengungen, diese Neigung bewußt zu zügeln, und selbst wenn dies einmal gelungen ist, muß es danach mit ähnlichem Kraftaufwand immer wieder neu eingeübt werden. Manche Menschen sind in der Lage, sich über die Unwürdigkeit ihrer Rivalen nicht zu *äußern*; ja, sie schaffen es sogar, irgendein viktorianisches Klischee wie »ein würdiger Gegner« herauszuwürgen. Aber den Spürsinn selbst – diese unaufhörliche, unbewußte, alles umfassende Suche nach Anzeichen der Unwürdigkeit – abzustellen, ist wahrlich eine Aufgabe für einen Zenmeister. Den meisten Menschen ist es einfach nicht gegeben, ihre Mitmenschen objektiv zu beurteilen.

Selbstabwertung

Wenn die Gewohnheit, sich selbst herauszustreichen, die menschliche Natur so tief prägt, wieso gibt es dann Menschen, die sich selbst abwerten? Eine der zutreffenden Antworten darauf lautet: Selbstabwertung kostet nichts, wenn alle andern anderer Meinung sind, und kann sogar einen gewissen Gewinn bringen: Wer sich den Ruf erwirbt, demütig und bescheiden zu sein, steigert damit die Wirkung diskreter Eigenwerbung um so mehr (Beweis: Charles Darwin). Eine andere Antwort lautet: Das genetische Programm für die psychische Entwicklung ist sehr komplex und kommt in einer Welt voller Ungewißtheiten zur Entfaltung (einer Welt, die ganz verschieden von der Ur-Umwelt ist); unter diesen Umständen ist nicht damit zu rechnen, daß alles menschliche Verhalten im Dienst des genetischen Interesses steht. Die dritte Antwort ist die interessanteste: Die hierarchische Organisation der Gesellschaft hatte auf dem Weg über die natürliche Selektion ironische Auswirkungen auf die menschliche Psyche. Zuweilen ist es aus der Sicht der Evolution durchaus sinnvoll, eine schlechte Meinung von sich zu haben und sie mit andern zu teilen.

Erinnern wir uns: Die Existenz einer sozialen Rangordnung ist ja einzig darauf zurückzuführen, daß einige Artgenossen in der Umgebung eines Lebewesens – zum Beispiel einige Artgenossen eines Huhns auf dem Hühnerhof – zu gefährlich sind, um sie mit Aussicht auf Erfolg herauszufordern. Gene, die für den Aufbau eines Gehirns sorgen, das dem Lebewesen klarmacht, welche Artgenossen herauszufordern sich lohnt und welche nicht, verbreiten sich im Genpool der Art. Auf welchem Weg gibt das Gehirn die Information eigentlich weiter? Sicher nicht, indem es eine Laufschrift mit der Botschaft »Herausfordern!« oder »Nicht herausfordern!« über die Augenlinse ziehen läßt. Es ist zu vermuten, daß sich die Botschaft gefühlsmäßig überträgt; ein Lebewesen fühlt sich der Auseinandersetzung mit dem oder jenem Artgenossen entweder gewachsen oder nicht. Und wer in der Hierarchie ganz unten steht – das Lebewesen, das von allen geknufft und gepufft wird –, bei dem ist das letztgenannte Gefühl ein Dauerzustand. Man könnte in diesem Fall auch von schwachem oder mangelndem Selbstwertgefühl sprechen. Ja, man könnte sogar sagen, daß mangelndes Selbstwertgefühl sich als eine Methode entwickelte, mit deren Hilfe sich der einzelne, wenn es in seinem genetischen Interesse liegt, mit einer untergeordneten sozialen Position abfindet.

Man erwarte nicht, daß Menschen mit geringem Selbstwertgefühl dies verheimlichen. Zumindest unter bestimmten Umständen dürfte es in ihrem genetischen Interesse liegen, nicht nur ihren untergeordneten Rang zu akzeptieren, sondern dies auch erkennen zu lassen – das heißt, sich unterwürfig zu verhalten, damit sie nicht als Bedrohung wahrgenommen und als solche behandelt werden.[21]

Ein schwaches Selbstwertgefühl hat nicht unbedingt etwas mit Selbstbetrug zu tun. Tatsächlich müßte theoretisch jedes Gefühl, das Menschen davon abhält, nach mehr zu streben, als sie erreichen können, wenigstens annähernd mit der Wirklichkeit übereinstimmen. Aber nicht immer. Wenn es zur Funktion schwachen Selbstwertgefühls gehört, Leute von hohem Rang mit der eigenen Unterwürfigkeit zufriedenzustellen, dann müßte genaugenommen der Grad der Unterwürfigkeit davon abhängen, wieviel Unterwürfigkeit es bedarf, dies zu erreichen. Man mag in Gegenwart eines Mächtigen ein stärkeres Gefühl von Minderwertigkeit – bezüglich der eigenen Intelligenz zum Beispiel – empfinden, als ein objektiver Beobachter es für gerechtfertigt halten würde. Der Ethnologe John Hartung, der 1988 auf die Möglichkeit einer selbsttäuschenden Selbstabwertung – oder, wie er es auch nennt, des »Tiefstapelns« – aufmerksam machte, führte ein anderes Beispiel an. Ehefrauen, so gab er zu bedenken, können manchmal dem Ehemann gegenüber unwissentlich ihr Licht unter den Scheffel stellen. Wenn beispielsweise das Familieneinkommen nicht unwesentlich davon abhängt, daß der Mann am Arbeitsplatz starkes Selbstwertgefühl zeigt, kann es vorkommen, daß die Frau, ohne sich dessen bewußt zu sein, »das Selbstvertrauen ihres Mannes aufmöbelt, indem sie sich ihm als bescheidener dimensionierter Kompetenzmaßstab zur Verfügung stellt«.[22]

Wie sehr die Wahrheit über uns selbst unserer eigenen Wahrnehmung verborgen sein kann, offenbart sich in einem raffinierten Experiment. Wenn ein Mensch eine mit tontechnischen Mitteln aufgezeichnete menschliche Stimme hört, verstärkt sich bei ihm der psychogalvanische Reflex (der Reflex, abgekürzt PGR, besteht in einer kurzfristigen Herabsetzung des elektrischen Hautwiderstands und mehrphasigen Schwankung des Hautpotentials), wobei sich der Effekt noch deutlicher zeigt, wenn die aufgezeichnete Stimme die eigene ist. Überraschenderweise geben Versuchspersonen auf die Frage, ob die gehörte Stimme die ihre ist, häufiger eine falsche Antwort als der PGR. Interessant ist das Irrtumsschema. Wird das Selbstwertgefühl der Versuchspersonen künstlich geschwächt, indem man sie zuvor bei manipulierten Aufgaben »versagen« läßt, verstärkt sich die Tendenz, die eigene Stimme nicht wiederzuerkennen, obgleich der PGR beweist, daß sie tief in ihrem Inneren über den wahren Sachverhalt »Bescheid wissen«. Wird das Selbstwertgefühl gesteigert, fangen sie an, fremde Stimmen als die eigene zu reklamieren, während der PGR offenbart, daß die Information in irgendeinem Winkel ihrer Seele korrekt verzeichnet ist. In einem Resümee des Experiments schrieb Robert Trivers: »Es ist, als ob wir uns aufblähten [...] wenn wir Erfolg haben, und unsere Selbstdarstellung reduzierten, wenn wir erfolglos sind, aber zugleich sind wir uns dieses Vorgangs weitgehend unbewußt.«[23]

Die eigene Unzulänglichkeit zu empfinden ist zu mehr gut als nur dazu, andern Leuten dem eigenen Interesse dienende Signale zukommen zu lassen. An erster Stelle ist die bereits erwähnte Funktion des »brennenden Gefühls der Scham« zu nennen: ein Klaps für Fehlverhalten in der Gesellschaft, ein Mittel zur Abschreckung von der Wiederholung statusschädigenden Verhaltens. Auch kann uns, wie der Evolutionspsychiater Randolph Nesse betont hat, gute Laune helfen, unsere Energien nachhaltig zu bündeln.[24] Menschen jeglichen Ranges und Standes können in Schwermut und Lethargie verfallen, wenn ihre gesellschaftlichen, sexuellen oder beruflichen Aussichten trübe sind, und sie werden zu energiegeladenen Optimisten, wenn sich die Aussichten verbessern. Es ist, als hätten sie sich für einen großen Wettkampf ausgeruht. Und wenn sich keine Chancen zeigen und Lethargie in eine leichte Depression umschlägt, kann dieser Stimmungswechsel Anstoß geben für einen nützlichen Kurswechsel – zu beruflichem Umsatteln, zur Trennung von undankbaren Freunden, zur Aufgabe des Werbens um eine spröde Geliebte.

Darwin ist ein gutes Beispiel für den mannigfachen Nutzen von Minderwertigkeitsgefühlen. Im Juli 1857, zwei Jahre vor der Veröffentlichung von *Die Entstehung der Arten*, schrieb er seinem Freund Joseph Hooker: »Ich habe einige Berechnungen in betreff Varietäten usw. angestellt, und als ich gestern mit [Sir John] Lubbock darüber sprach, wies er mich auf den dicksten Fehler in meinem Ansatz hin, was zwei, drei Wochen vertaner Arbeit bedeutet.« Darwin neigte daraufhin noch weniger als sonst dazu, sich selbst herauszustreichen. »Ich bin der jämmerlichste, wirrköpfigste Dummbeutel in ganz England«, schrieb er, »und ich könnte heulen vor Verdruß über meine Blindheit und meinen Dünkel.«[25]

Bedenken wir, in wie vieler Hinsicht solche Verdrießlichkeit von Nutzen sein könnte:

Erstens als *Dämpfer für das Selbstwertgefühl*. Darwin hatte eine gesellschaftliche Demütigung hinnehmen müssen. In einem persönlichen Gespräch mußte er sich belehren lassen, daß er in einer Frage, für die er vermeintlich Spezialist war, einen kapitalen Bock geschossen hatte. Ein über geraume Zeit wirksamer Verlust an Selbstwertgefühl war da vielleicht ganz angebracht; vielleicht sollte er seine wissenschaftlichen Ambitionen etwas tiefer hängen, um nicht als Bedrohung zu erscheinen für die großen Lichter am Firmament der britischen Gelehrsamkeit, die ihn letzten Endes ja doch überstrahlten.

Zweitens als *negative Verstärkung*. Der nachklingende

Schmerz, den der Vorfall bei ihm hinterließ, mag Darwin davon abgeschreckt haben, ein Verhalten (in diesem Fall ein stümperhaftes Analyseverfahren) zu wiederholen, das eine Demütigung nach sich zog. Vielleicht würde er das nächste Mal doch umsichtiger zu Werke gehen.

Und drittens als *Anregung zu einem Kurswechsel auf der Lebensbahn.* Hätte die trübsinnige Stimmung angedauert und sich womöglich sogar in Richtung einer Depression entwickelt, hätte sie bei Darwin einen radikaleren Verhaltenswandel bewirken und seine Energie auf völlig neue Bahnen lenken können. »Ich könnte mein ganzes Manuskript zerreißen und voller Verzweiflung aufgeben«, schrieb er am selben Tag in dem Brief an Lubbock, mit dem er sich für die Richtigstellung bedankte und zugleich für seine eigene »Wirrköpfigkeit« um Entschuldigung bat.[26] Bekanntlich hat Darwin sein Manuskript nicht zerrissen. Hätte er jedoch eine Serie gleich schwerer Rückschläge erlebt, hätte er das Projekt wohl aufgegeben. Wäre er tatsächlich allzu oft zu wirr im Kopf gewesen, um ein beeindruckendes Werk über die Entstehung der Arten zu schreiben, wäre dies für seinen gesellschaftlichen Status auf lange Sicht wohl auch gut gewesen.

Von diesen drei Deutungen von Darwins gedrückter Stimmung schließt keine die beiden andern aus. Die natürliche Selektion ist ein ökonomischer und erfindungsreicher Prozeß, der für die vorhandenen chemischen Stoffe und die Gefühle, denen diese Stoffe als Substrat dienen, vielfache Verwendungsweisen hat. Dies ist einer der Gründe dafür, daß jede Aussage über die Funktion eines Neurotransmitters wie Serotonin oder einer Stimmungslage wie zum Beispiel Trübsinn eine heikle Sache ist. Aber es ist auch ein Grund dafür, daß sich ein Darwinist nicht gleich wie vor den Kopf geschlagen fühlt, wenn sich herausstellt, daß ein schwaches (oder ein starkes) Selbstwertgefühl mehrere gleichermaßen einleuchtende Zwecke erfüllt. Sie können allesamt vernünftig sein.

Wo ist der Platz der Wahrheit im Spektrum des Selbstwertgefühls? Wenn man nach einer Serie von gesellschaftlichen und beruflichen Erfolgen einen Monat lang geradezu mit Serotonin vollgepumpt ist und sich dauerhaft kompetent, liebenswert und anziehend findet, im darauffolgenden Monat aber, nach etlichen Rückschlägen und einem Absinken des Serotoninspiegels, einen aber das Gefühl dauerhafter Wertlosigkeit überkommt, kann man nicht beide Male recht gehabt haben. Wann hat man sich geirrt? Ist Serotonin ein Wahrheitsserum oder eine den Verstand trübende Droge?

Vielleicht ist es keines von beidem. Wenn man sich besonders wohl oder wenn man sich besonders schlecht fühlt, bedeutet das wahrscheinlich, daß ein Großteil der Gründe dem Blick entzogen sind. Der Wahrheit am nächsten kommt man in Momenten zwischen den Extremen.

Wie dem auch sei – vielleicht ist es das beste, die »Wahrheit« dabei ganz aus dem Spiel zu lassen. Ob man ein »tüchtiger« oder ein »wertloser« Mensch ist, ist eine Frage, deren objektive Bedeutung bestenfalls schwer definierbar ist. Und selbst wenn sich »Wahrheit« eindeutig definieren ließe, bliebe sie etwas, dem gegenüber sich die natürliche Selektion gleichgültig verhält. Keine Frage, wo eine genaue Abbildung der Wirklichkeit – für einen selbst oder für andere – zur Verbreitung der Gene des Abbildenden beiträgt, können sich präzise Perzeption und präzise Kommunikation entwickeln. Und dies ist oft der Fall (z. B., wenn man sich merkt, wo Nahrungsmittel liegen und wenn man diese Information an Nachkommen oder Geschwister weitergibt). Aber solche Überschneidungen von präziser Faktenwiedergabe und genetischem Interesse sind immer nur Zufall. Wahrheit und Ehrlichkeit werden von der natürlichen Selektion nie an sich und um ihrer selbst willen begünstigt. Die natürliche Selektion »bevorzugt« weder Ehrlichkeit noch Unehrlichkeit. Sie interessiert sich einfach nicht für diese Dinge.[27]

Stark und zugleich sensibel

Der reziproke Altruismus weist der Selbstdarstellung und
damit auch dem Selbstbetrug eigene Aufgaben zu. Während die hierarchische Organisation der Gesellschaft das
Ansehen von Kompetenz, Attraktivität, Stärke, Intelligenz
usw. prämiiert, legt der reziproke Altruismus das Schwergewicht auf Liebenswürdigkeit, Integrität, Fairneß. Diese
Eigenschaften sind es, die einen als würdigen reziproken
Altruisten erscheinen lassen. Sie bringen andere dazu, mit
uns Beziehungen einzugehen. Sich mittels effektvoller
Selbstinszenierung in den Ruf eines anständigen und
großherzigen Menschen zu bringen, kann schaden, aber
oft nützen.

Vor allem Richard Alexander hat die evolutionäre Bedeutung der moralischen Eigenwerbung betont. In *The Biology of Moral Systems* schreibt er, daß die »moderne Gesellschaft erfüllt von Mythen« über unsere moralische Vortrefflichkeit sei – »daß Wissenschaftler demütige und hingebungsvolle Wahrheitssucher seien; daß Ärzte ihr Leben
der Bekämpfung des Leidens widmen; daß Lehrer ihr Leben ihren Schülern opfern; daß wir alle im großen und
ganzen gesetzestreue, warmherzige, altruistische Gemüter
seien, die das Wohl jedes einzelnen ihrer Mitmenschen
über die eigenen Interessen stellen«.[28]

Es gibt keinen Grund, daß moralische Selbsterhöhung
Selbstbetrug einschließen muß, aber daß sie es kann, ist
kaum zu bezweifeln. Die unbewußten Schliche, mit deren
Hilfe wir uns von unserer eigenen Vortrefflichkeit überzeugen, waren im Laborversuch nachgewiesen, bevor die
Theorie des reziproken Altruismus aufkam und die Erklärung für sie lieferte. Im Rahmen verschiedener Versuchsreihen wurden Probanden angewiesen, einem andern
Menschen gegenüber grausam zu sein, ihm Gemeinheiten
an den Kopf zu werfen, ja sogar ihn mit (vermeintlichen)
elektrischen Schlägen zu traktieren. Hinterher zeigte sich

bei den Versuchspersonen die Tendenz, ihr Opfer zu verunglimpfen – als wollten sie sich einreden, daß es die vorausgegangenen Mißhandlungen verdient habe. Dabei wußten die Versuchspersonen genau, daß die Mißhandlungen keine Strafe für irgendeine Verfehlung waren. Zudem wußten sie über das Opfer nicht mehr, als man über einen Menschen, den man unter Laborbedingungen kurze Zeit mißhandelt, in derselben Zeit in Erfahrung bringen kann. Ließ man jedoch Probanden »elektrische Schläge« austeilen, nachdem man ihnen gesagt hatte, der Gequälte werde später Vergeltung üben, neigten sie dazu, ihn *nicht* zu malträtieren.[29] Es ist, als sei unserer Seele eine einfache Regel einprogrammiert: Solange Rechnungen beglichen werden, bedarf es keiner besonderen Begründung; die Symmetrie des Schlagaustauschs genügt zur Rechtfertigung des eigenen Verhaltens. Wenn man jedoch einen andern Menschen betrügt oder mißhandelt, der einen nicht seinerseits betrügt oder mißhandelt, sollte man sich Gründe zurechtlegen, warum der andere es verdient. So oder so ist man gewappnet, das eigene Verhalten zu verteidigen, sollte man angegriffen werden; so oder so ist man gewappnet, den Vorwurf entrüstet von sich zu weisen, man sei ein schlechter, vertrauensunwürdiger Mensch.

Unser Repertoire an moralischen Ausflüchten ist umfangreich. Psychologen fanden heraus, daß Menschen sich für eine unterlassene Hilfeleistung zu rechtfertigen pflegen, indem sie je nachdem entweder die mißliche Lage der hilfsbedürftigen Person (»Da wird niemand verprügelt, das ist ein harmloser Streit unter Verliebten«) oder die eigene Verantwortlichkeit für diese mißliche Lage oder die eigene Fähigkeit, helfen zu können, in Abrede zu stellen.[30]

Es ist immer schwer, mit Gewißheit zu sagen, ob der Mensch, der sich solcher Entschuldigungen bedient, selbst an sie glaubt. Allerdings hat eine (in einem ganz andern Zusammenhang durchgeführte) Versuchsreihe eindrucksvoll gezeigt, wie blind der bewußte Teil der menschlichen

Psyche für seine wahren Motive sein kann und mit welchem Eifer er Rechtfertigungen für den Ausfluß des ihm nicht bekannten Motivationszusammenhangs ersinnt.

Die Experimente wurden an »Split brain«-Patienten durchgeführt – Epileptikern, bei denen zur Vorbeugung gegen besonders schwere Anfälle die Verbindung zwischen den beiden Hirnhemisphären durchtrennt worden war [Zusatz des Übers.: *split brain* zu deutsch etwa: »geteiltes Gehirn« oder »Spalthirn«; der englische Ausdruck wurde in die deutsche medizinische Fachsprache übernommen]. Der Eingriff hat überrachend geringfügige Folgen für das Alltagsverhalten, doch unter künstlich geschaffenen Bedingungen können sonderbare Dinge passieren. Bei dem Versuch werden zunächst die Gesichtsfelder der Augen des Probanden mittels einer Sichtblende so getrennt, daß sie (unter Wegfall jeweils der nasalen Gesichtsfeldhälfte) nicht mehr überlappen. Das bewirkt, daß das linke Auge nichts von dem sieht, was das rechte sieht, und umgekehrt. Läßt man nun vor dem linken Auge (von dem der Nervus opticus zur rechten Gehirnhemisphäre führt) die Buchstabenfolge »Nuß« aufblitzen, vermag der Proband keine bewußte Wahrnehmung des Signals zu melden; die Information gelangt einfach nicht in die linke Gehirnhemisphäre, die bei der Mehrzahl aller Menschen (bei den Rechtshändern) die Sprachzentren und offenbar auch das Bewußtsein beherbergt. Indessen ist die von der rechten Hemisphäre gesteuerte linke Hand des Probanden – läßt man sie in einer Schachtel mit verschiedenen Gegenständen kramen – in der Lage, ohne Mithilfe des Auges die sich dort befindende Nuß auszuwählen. Der Proband ist sich des Vorgangs nicht bewußt, es sei denn, man gibt ihm mit beiden Augen den Blick auf das Treiben seiner Hand frei.[31]

Soll der Proband eine Erklärung seines Verhaltens geben, wechselt die linke Hemisphäre von eingestandenem Nichtwissen zu unwissenschaftlicher Falschaussage. Ein Beispiel: Die rechte Hemisphäre erhält den Befehl »Gehen!«, und der Proband gehorcht. Auf die Frage, wohin er jetzt geht, wartet die linke Hemisphäre, die den wahren Grund nicht kennt, mit einem andern auf: Er wolle sich eine Flasche Sprudel holen, sagt der Probant, überzeugt, daß es sich so verhält. Ein zweites Beispiel: Der rechten Hemisphäre einer Frau wird ein Aktfoto gezeigt, worauf die Probandin verlegen lacht. Auf die Frage, was sie denn so komisch finde, nennt sie einen weniger anstößigeren Grund.[32]

Michael Gazzaniga, der einige dieser »Split brain«-Experimente durchführte, erklärte, die Sprache sei lediglich das »Pressebüro« anderer Abteilungen der Psyche; sie liefere zu jeglicher Handlung, die dort ausgelöst werde, die Rechtfertigung und rede dabei der Welt ein, der Handelnde sei ein klar und vernünftig denkender, offener und ehrlicher Mensch.[33] Es könnte sein, daß das Bewußtsein an sich großenteils ein solches Pressebüro ist – die Abteilung der Psyche, welche die vom Unbewußten ausgegebenen Presse-Informationen mit der Überzeugung füllt, die ihnen Kraft verleiht. Das Bewußtsein verbirgt die kalte, eigennützige Logik der Gene hinter allerlei harmlosen Masken. Der darwinistische Ethnologe Jerome Barkow schreibt: »Man kann mit guten Gründen die Meinung vertreten, daß die evolutionäre Hauptfunktion des Ich die eines Organs zur Manipulation von Eindrücken ist (und nicht die eines Entscheidungsträgers, wie die Laienpsychologie meint).«[34]

Man könnte noch weiter gehen und sagen, die Laienpsychologie selbst sei in unsere Erbsubstanz eingebaut. Mit andern Worten: Der Eindruck, wir übten eine »bewußte« Kontrolle über unser Verhalten aus, ist nicht nur eine Illusion (wie auch andere neurologischen Experimente nahelegen), er ist vielmehr eine zweckvolle Illusion, von der natürlichen Selektion dazu geschaffen, unseren Behauptungen Überzeugungskraft zu verleihen. Seit Jahrhunderten nähern sich Menschen der philosophischen Debatte über den freien Willen mit der unbestimmten, aber machtvollen Intuition, daß es Willensfreiheit gibt: Unser

Ich (das bewußte Ich) ist Herr unseres Verhaltens. Die Annahme ist erlaubt, daß sich dieses nichttriviale Stück Ideengeschichte ziemlich direkt auf die natürliche Selektion zurückführen läßt – daß also eine der geheiligsten philosophischen Grundgedanken im wesentlichen eine biologische Anpassung ist.

Fragwürdige Buchführung

Die verzerrende Wirkung des reziproken Altruismus geht über einen allgemeinen Glauben an die eigene Redlichkeit hinaus. Sie läßt sich auch in unserem dubiosen System gesellschaftlicher Buchführung erkennen. Eine zentrale Rolle spielt beim reziproken Altruismus die Überwachung des Tauschgeschehens – die Buchführung darüber, in wessen Schuld man steht, wer bei einem selbst in der Kreide steht und wie hoch die jeweiligen Schulden sind. Vom Standpunkt der Gene aus gesehen wäre es Torheit, beide Spalten des Rechnungsbuchs mit der gleichen Sorgfalt zu führen. Wenn man am Ende ein bißchen mehr eingenommen als man ausgegeben hat, um so besser. Gibt man aber auch nur ein bißchen mehr, als man nimmt, bedeutet diese Differenz einen Verlust.

Daß sich die Menschen die Schulden anderer besser merken als die eigenen, ist nicht gerade die aufregendste Neuigkeit von der vordersten Front der Verhaltenswissenschaften, sondern eher eine Binsenweisheit, die schon vor eineinhalb Jahrhunderten Charles Darwin als Hintergrund für einen kleinen Witz diente, den er in einem Brief an seine Schwester Caroline anbrachte. Von seiner Reise auf der »Beagle« schrieb er nach Hause, in einem Brief Lord Byrons habe er von einem Mann gelesen, »der nach einer Krankheit so verändert gewesen sein soll, daß sogar seine *ältesten Gläubiger* ihn nicht wiedererkannt hätten«.[35] Während seiner Studienzeit häufte Darwin selbst Schulden an, und einer seiner Biographen berichtet, daß er »dieser Schulden wegen ein ziemlich schlechtes Gewissen hatte und sie, wenn er in späteren Jahren über seine verschwenderische Lebensführung sprach, auf halbes Maß verkleinert zu haben scheint«.[36]

Selektive Erinnerung bewies Darwin auch in bezug auf geistige Schulden. In jungen Jahren las er seines Großvaters Erasmus Schriften zur Entwicklungslehre. Sie enthalten einen Satz, der aus heutiger Sicht eine verblüffende Vorwegnahme der Theorie der sexuellen Selektion darstellt (jener Variante der natürlichen Selektion, der beispielsweise Männer ihren Kampfgeist verdanken): »Die Zweckursache dieses Wettkampfes zwischen den männlichen Tieren scheint darin zu bestehen, daß das stärkste und aktivste Tier die Art fortpflanzen soll, die auf diese Weise verbessert wird.« Doch als Darwin der dritten Auflage von *Die Entstehung der Arten* eine kurze Übersicht seiner geistigen Ahnen voranstellte, tat er darin seinen Großvater in einer Fußnote als einen Vorläufer Lamarcks und dessen konfuser Vorstellungen ab. Und in seiner Autobiographie äußerte sich Charles abfällig über Erasmus' *Zoonomia*, jenes Buch, das, nach dem eben angeführten Zitat zu schließen, sehr wohl den Keim nicht nur der Evolutionstheorie, sondern auch der Theorie der sexuellen Selektion in seinen Geist gepflanzt haben könnte. Man kann darauf wetten, daß Darwins überwaches Gewissen niemals *bewußt* die Zustimmung zu dieser schnöden Abfertigung seines eigenen Großvaters gegeben hätte.[37]

Darwin war nicht generell nachlässig in der Anerkennung geistiger Urheberschaft. Er war selektiv nachlässig. Einer seiner Biographen schrieb: »So großzügig Darwin stets gegenüber jenen war, deren empirische Beobachtungen ihm von Nutzen gewesen waren, so knauserig stattete er seinen Dank an jene ab, deren Ideen ihn beeinflußt hatten.«[38] Wie praktisch! Darwin überschüttete Dutzende von Nachwuchs-Wissenschaftlern mit Dankesbezeigungen und hielt die wenigen Vorläufer kurz, die ihm vielleicht, sei's auch nur in sehr bedingtem Sinn, die Krone der Priorität hätten streitig machen können. So schuf er sich einen vielköpfigen Anhang von aufstrebenden jungen Forschern, während er lediglich Vertreter der alten Garde oder Tote zu kränken riskierte. Alles in allem ein recht brauchbares Rezept für die Erhöhung des eigenen Status. (Selbstverständlich ist das Rezept selbst – »Bekenne dich nicht zu deiner Dankesschuld gegen Menschen, deren Werk ein Vorbote deiner eigenen Theorie ist« – nicht in dieser Form im Erbgut angelegt. Doch könnte sehr wohl die Tendenz erblich sein, möglichst zu vermeiden, zur Erhöhung des Status von Menschen beizutragen, deren gesellschaftlicher Status den eigenen gefährdet.)

Die egozentrische Einseitigkeit der Buchführung betrifft große wie kleine Dinge. Kriege werden regelmäßig von allen beteiligten Parteien in der festen Überzeugung geführt, man selbst sei der Beleidigte und alle Schuld treffe allein den Gegner. Und mit der gleichen unerschütterlichen Selbstgewißheit beharren Nachbarn, ja selbst gute Freunde jeweils auf der eigenen, von der des andern abweichenden Version der Geschichte ihrer Bekanntschaft. In manchen Schichten der modernen Gesellschaft, wo das soziale Alltagsleben mit einem Firnis von Herzlichkeit überstrichen ist, kann dieser Umstand aus dem Blick geraten. Es spricht jedoch alles dafür, daß der reziproke Altruismus im Verlauf der gesamten Geschichte und Prähistorie alltägliche Spannungen mit sich brachte – ständiges offenes oder verdecktes Gezänk. Von der Trobriandern seiner Zeit wußte Bronislaw Malinowski zu berichten, daß eine »sorgfältige Vertiefung in den Austausch kleiner Gaben und Gegengaben [...] äußerst charakteristisch« für sie gewesen sei; doch dann fuhr er fort: »Sie neigen dazu, sich ihrer eigenen Gaben zu rühmen, mit denen sie durchaus zufrieden sind; hingegen wird der Wert der empfangenen Gabe heftig erörtert, ja es kommt sogar zu Streitereien.«[39]

Gab es je eine Kultur, in der die Menschen nicht regelmäßig uneins gewesen wären – über den angemessenen Preis einer Ware auf dem Markt, über Arbeitsentgelte, über stadtplanerische Entscheidungen, in der Frage, wessen Kind als erstes gehauen und wessen Kind sich nur verteidigt hat? Der resultierende Meinungsstreit kann reale Folgen haben. Diese entscheiden zwar in den seltensten Fällen unmittelbar über Leben oder Tod, sie berühren jedoch das materielle Wohlergehen, und im Rahmen der menschlichen Evolution bedeutete ein Quentchen materieller Wohlstand mehr oder weniger zuzeiten die Schwelle zwischen Leben oder Tod, ob man auf einen Sexualpartner anziehend wirkte oder nicht oder ob man zwei oder drei überlebende Nachkommen hatte. Es besteht also Anlaß, für die einseitige soziale Buchführung eine genetische Basis anzunehmen. Die Einseitigkeit ist ein universales Phänomen, das intuitiv als logische Folge des reziproken Altruismus erscheint.

Sobald man die Situation jedoch durch eine andere Brille als die der Intuition betrachtet, erscheinen die Dinge weniger klar. In Axelrods Computer lag der Schlüssel zum Erfolg des Programms »Wie-du-mir-so-ich-dir« in dem Umstand, daß es seine Nächsten nicht zu übervorteilen versuchte; es war stets bereit zum Tausch von exakt Wertgleichem. Kreaturen, die sich damit nicht zufriedengaben – die versuchten, zu »betrügen« und mehr für sich herauszuschlagen, als sie selbst gaben –, starben aus. Wenn die Evolution die Habgierigen dergestalt bestraft, wieso scheinen dann die Menschen unter dem unbewußten Zwang zu stehen, ein bißchen weniger zu geben, als sie nehmen?

Der erste Schritt auf dem Weg zu einer Antwort besteht darin, zu erkennen, daß der Versuch, mehr zu bekommen, als man gibt, nicht dasselbe ist wie »Betrügen«.[40] In Axelrods Computersimulation verschmolz beides miteinander, weil das Leben hier binär strukturiert war: Man ließ sich entweder auf Zusammenarbeit ein, oder man verweigerte sie; man war entweder ein netter Kerl oder ein Betrüger. Im wirklichen Leben geht es viel differenzierter zu. Nicht-nullsummenspiele sind in so vieler und vielerlei Beziehung profitabel, daß sich ein Austausch ein wenig ungleicher Werte für beide Partner lohnen kann. Wenn man seinem Freund 49mal einen Gefallen erwiesen hat, der Freund einem selbst aber 51mal, lohnt sich die Freundschaft für den Freund wahrscheinlich trotzdem noch. Man hat nicht wirklich »betrogen«. Man hat zwar mehr Vorteil aus seinem Freund gezogen als er aus einem selbst, aber man hat ihn nicht in solchem Maße übervorteilt, daß er sich sagen müßte, er stehe bei dem Geschäft schlechter da als ohne es.

Es ist also theoretisch möglich, sich ein wenig habgieriger zu verhalten als einem das Programm »Wie-du-mir-so-ich-dir« erlaubt, ohne deswegen gleich wirklich zu betrügen und so schmerzhafte Vergeltung auszulösen. Diese uns von der natürlichen Selektion eingepflanzte Form von Habgier könnte sich sehr wohl in einer dubiosen sozialen Buchführung niederschlagen – in einem tiefverwurzelten Gerechtigkeitssinn mit leicht eigennütziger Schlagseite.

Wieso ist es so wichtig, daß diese Einseitigkeit unbewußt bleibt? Aufschluß gibt uns vielleicht das Buch *The Strategy of Conflict* (Konfliktstrategie) des Wirtschaftswissenschaftlers und Spieltheoretikers Thomas Schelling. In dem Kapitel *An Essay on Bargaining* (Versuch über das Feilschen) – das nicht von der Evolution handelt, aber auf sie übertragbar ist – bemerkt Schelling eine Ironie: Ob man in einem Nichtnullsummenspiel »fähig ist, den Gegenspieler in die Knie zu zwingen, kann davon abhängen, ob man fähig ist, sich selbst des Manövrierraums zu berauben«. Klassisches Beispiel ist das Nichtnullsummenspiel *Chicken* (»Hosenscheißer« oder »Wer zuerst kneift, hat verloren« [Zusatz des Übers.: hierzulande vor Jahrzehnten bekanntgeworden durch den Streifen »*...denn sie wissen nicht, was sie tun*«, der den Ruhm von James Dean begründete; in dem Film rasen die Autos

allerdings nicht aus entgegengesetzten Richtungen aufeinan-
ander zu, sondern nebeneinander her auf einen Abgrund
zu]): Zwei Autos, jeweils nur mit einem Fahrer besetzt, rasen aufeinander zu. Wer als erster das Lenkrad herum-
reißt, um auszuweichen, hat das Spiel und damit zugleich
an Ansehen bei seinen gleichaltrigen Genossen verloren.
Wenn allerdings keiner der beiden Fahrer kneift, ist zwar
keiner der Verlierer – der »Hosenscheißer« –, aber beide
verlieren in einer ganz andern Dimension. Was würden Sie
in einem solchen Fall tun? Schelling schlägt Ihnen vor, das
Lenkrad Ihres Autos aus dem Seitenfenster zu werfen, und
zwar gut sichtbar für den Fahrer des entgegenkommenden
Fahrzeugs. Sobald der andere begriffen hat, daß es für Sie
kein Abweichen mehr von Ihrem gegenwärtigen Kurs
gibt, wird er, sofern er rational denkt, das Lenkrad herum-
reißen.

Nach derselben Logik geht es auch in alltäglichen Situationen zu, etwa beim Gebrauchtwagenkauf. Es gibt eine
Preisspanne, innerhalb derer das Geschäft für den Verkäufer wie für den Käufer attraktiv wäre. Allerdings gehen innerhalb dieser Spanne die Interessen der beiden auseinander: Der Käufer möchte das Geschäft am liebsten auf dem
untersten, der Verkäufer am liebsten auf dem obersten
Preisniveau abschließen. Das Mittel, das zum Erfolg führt,
ist laut Schelling im wesentlichen das gleiche wie beim
»Hosenscheißer«-Spiel: Man muß der Gegenseite als erster klarmachen, daß man keinen Fingerbreit von seiner
Position abweichen wird. Wenn der Händler überzeugt ist,
daß Sie nun endgültig weggehen, wird er nachgeben.
Führt der Händler jedoch einen Präventivschlag, indem er
sagt: »Ich kann auf keinen Fall unter einen Preis von ... gehen«, und macht er zudem den Eindruck, als lasse sein
Stolz es niemals zu, einen Rückzieher zu machen, ist *er* der
Gewinner. Worauf es ankommt, ist laut Schelling, »freiwillig, aber unwiderruflich auf die eigene Entscheidungs-
freiheit zu verzichten« – und es als erster zu tun.

Für unsere Zwecke können wir das Wort »freiwillig« streichen. Die zugrundeliegende Logik kann aus dem Bewußtsein verbannt sein, damit der Verzicht wirklich »unwiderruflich« scheint. Vielleicht nicht auf dem Hof des Gebrauchtwagenhändlers, denn Autoverkäufer machen sich genauso ihre Gedanken über die Dynamik des Feilschens wie Spieltheoretiker, und die gewitzteren Autokäufer tun das auch. Am Beginn alltäglicher Streitigkeiten – über die Schuldfrage bei Verkehrsunfällen, das angemessene Arbeitsentgelt, den Verlauf einer Grundstücksgrenze – aber steht oft der Glaube beider Parteien, im Recht zu sein. Und ein solcher Glaube – ein rasch aufwallendes, sich hitzig artikulierendes Gefühl für Recht und Unrecht – ist der schnellste Weg zu dem von Schelling empfohlenen Präventivschlag. Unnachgiebigkeit, die aus dem Bauch kommt, wirkt am überzeugendsten.

Damit sind aber nicht alle Fragen beantwortet. Völlige Unnachgiebigkeit könnte zum Bumerang werden. In dem Maße, wie sich Gene für »dubiose soziale Buchführung« in der Population verbreiten, erhöht sich die Wahrscheinlichkeit, daß zwei Vertreter zweifelhafter Buchführung aufeinandertreffen. Wenn jeder darauf besteht, den besseren Schnitt zu machen, kommt überhaupt kein Geschäft zustande. Außerdem weiß man im wirklichen Leben meist nicht genau, wo man starr bleiben müßte, denn es ist oft schwer zu sagen, was der andere gerade noch akzeptiert. Wer ein gebrauchtes Auto kaufen will, hat in der Regel keine Ahnung, was der Händler selbst für den Wagen bezahlt hat und wieviel ein anderer Interessent dafür hinzulegen bereit wäre. Und in weniger klaren Situationen – beim Austausch von Gefälligkeiten zum Beispiel – sind solche Berechnungen noch schwieriger, weil sich die Dinge hier weniger leicht quantifizieren lassen. So war es im Verlauf der gesamten Evolution: meist war es gar nicht so einfach, auszuloten, wie weit die Gegenseite an dem Geschäft interessiert war. Wer den Handel damit beginnt, daß er sich unwiderruflich auf eine Position außerhalb dieses Bereichs festlegt, bringt überhaupt kein Geschäft zustande.

Die ideale Strategie ist vielleicht eine Pseudo-Starrheit, eine flexible Standfestigkeit. Man beginnt die Verhandlung mit einer emphatischen Erklärung darüber, worauf man Anspruch hat. Zeigt sich die Gegenseite standfest, sollte man dann jedoch nachgeben – zumindest in einem gewissem Maße. Woran erkennt man das? Nun, an eindeutigen Hinweisen. Wenn Leute Gründe für ihre Ansichten anführen können und diese glaubwürdig scheinen (und klingen, als kämen sie aus dem Herzen), dann ist ein wenig Nachgeben angebracht. Wenn Sie davon sprechen, was Sie in der Vergangenheit schon alles für einen getan haben, und wenn es stimmt, dann muß man das zugeben. Natürlich sollte man dies in dem Maße tun, wie man selbst überzeugende Gegenargumente vorbringen kann. Und so weiter.

Was wir gerade beschrieben haben, sind die Triebkräfte des menschlichen Gesprächs. Menschen argumentieren auf genau diese Art und Weise. Dabei sind sie oft blind für das Was und Warum ihres Tuns. Sie haben einfach immer und jederzeit die Argumente parat, die ihre eigene Position stützen, und müssen oft daran erinnert werden, daß es auch Gegenargumente gibt. Darwin schreibt in seiner Autobiographie von einer »goldene[n] Regel«, an die er sich über die Jahre gehalten habe: jedesmal, wenn er auf etwas stieß, was mit seiner eigenen Auffassung nicht übereinstimmte – »sei es ein veröffentlichter Sachverhalt, eine neue Beobachtung oder ein neuartiger Gedanke –, mir sofort und ausnahmslos eine Notiz dazu zu machen; ich hatte nämlich die Erfahrung gemacht, daß wir derartige unbequeme Sachverhalte und Gedanken viel leichter wieder aus dem Gedächtnis verlieren als solche, die uns bestätigen«.[41]

Der Grund dafür, daß die Art und Weise, wie Menschen im allgemeinen argumentieren, so mühelos scheint, ist, daß die Arbeit schon vor Beginn der Auseinandersetzung getan ist. Robert Trivers hat sich mit periodisch wiederkeh-

renden Disputen beschäftigt – man könnte sie Vertragsver-
handlungen nennen –, die häufig zu engen menschlichen
Beziehungen gehören, sei es eine Freundschaft oder eine
Ehe. Der Streit kann seiner Beobachtung nach »scheinbar
spontan ausbrechen, fast oder gänzlich ohne Vorwarnung,
doch zeigt sich in seinem weiteren Verlauf, daß auf der einen wie der anderen Seite unter der Decke der Dunkelheit
eine komplette, hochdifferenziert durchgebildete Informa-
tionslandschaft bereitlag, die nur auf den Blitz des Zorns
wartete, um sichtbar zu werden«.[42]

Was damit gesagt werden soll, ist, daß das menschliche
Gehirn größtenteils eine Maschine zum Gewinnen von
Auseinandersetzungen ist, eine Maschine, die dazu da ist,
andere davon zu überzeugen, daß ihr Besitzer recht hat.
Das Gehirn gleicht einem guten Advokaten: Egal, welche
Interessen es zu verteidigen gilt, es macht sich daran, die
Welt von ihrem moralischen und logischen Wert zu überzeugen, ob sie einen hat oder nicht. Wie einem guten Anwalt geht es dem Gehirn nicht um Wahrheitsfindung, sondern darum, zu gewinnen. Und wie ein Rechtsanwalt ist es
mitunter eher seiner Geschicklichkeit als seiner Rechtschaffenheit wegen zu bewundern.

Schon lange bevor Trivers über den Selbstbetrug aus
Eigennutz schrieb, hatten Soziologen Material zusammengetragen, das diese Auffassung stützt. Im Rahmen eines
Experiments bekamen Probanden mit einer festen Meinung in bezug auf ein bestimmtes gesellschaftliches Problem vier unterschiedliche Argumente vorgelegt, wobei
zwei für und zwei gegen ihren eigenen Standpunkt sprachen. Das Paar in jeder der beiden gegensätzlichen Kategorien bildete einen Gegensatz eigener Art: a) ein ganz plau-
sibles Argument und b) eines, das beinah absurd unplausibel war. Im Gedächtnis behielten die Probanden überwiegend das plausible Argument zugunsten ihrer eigenen Ansicht und das unplausible Argument, das gegen dies
sprach, so daß der Gesamteffekt darauf hinauslief, deutlich

zu machen, wie richtig ihr eigener Standpunkt und wie töricht die Gegenposition war.[43]

Man sollte meinen, daß wir als die vernunftbegabten
Wesen, die wir sind, einmal Verdacht schöpfen müßten angesichts unserer unheimlichen Begabung, fortgesetzt recht
zu behalten, angesichts unseres unfehlbaren Geschicks, bei
Meinungsverschiedenheiten – sei es über eine Dankesschuld, Geld, gute Manieren oder was auch immer – die
einzig richtige Ansicht zu vertreten. Von wegen! Ob beim
Streit um den Platz in der Warteschlange, um die Beförde-
rung, bei der wir unverdientermaßen übergangen wurden, oder um die Frage, welches Auto angefahren hat –
immer wieder sind wir von neuem entsetzt über die Blindheit der Menschen, die es wagen, uns zu sagen, wir regten
uns zu unrecht auf.

Freundschaft und kollektive Unehrlichkeit

Aus der gesamten psychologischen Literatur, die vor der
modernen darwinistischen Auffassung von der Täuschung
entstand und diese heute stützt, ragt dank seiner lakoni-
schen Prägnanz ein einzelnes Wort hervor: der Neologis-
mus *beneffectance*. Geprägt wurde er 1980 von dem Psychologen Anthony Greenwald als Bezeichnung für das habitu-
elle Bestreben der Menschen, sich als gemeinnützig (*bene-
ficial*) und zugleich beeindruckend (*effektive*) darzustellen.
Von den beiden Teilen des Kompositums steht die erste für
unser Erbteil von seiten des reziproken Altruismus, die
zweite für unser Erbteil von seiten der hierarchischen Gesellschaftsordnung.[44]

Gemessen an den tatsächlichen Verhältnissen ist diese
Abgrenzung eine etwas übertriebene Vereinfachung. Im
wirklichen Leben können die Imperative des reziproken
Altruismus und der gesellschaftlichen Hierarchien – zum
einen gemeinnützig, zum andern beeindruckend zu wir-

ken – ineinander übergehen. Ein Experiment zeigte, daß
Menschen, die bei einem in Teamarbeit ausgeführten Projekt mitgewirkt hatten, ihre eigene Rolle in dem Team gern
herausstrichen, wenn man ihnen gesagt hatte, das Projekt
sei ein Erfolg gewesen. Hatte man ihnen jedoch gesagt, die
Sache sei schiefgegangen, waren sie sehr viel eher bereit,
auch für die Mitwirkung ihrer Kollegen Raum zu lassen.[45]
Dieses Hamstern von Verdiensten wie das großzügige Teilen von Schuld ist aus entwicklungsgeschichtlicher Sicht
auf doppelte Weise sinnvoll. Es läßt einen Menschen nützlich erscheinen, der den andern im Team mit zum Erfolg
verholfen hat und somit verdient, daß man ihm dies bei
späterer Gelegenheit vergilt. Und läßt einen Menschen erfolgreich und eines hohen Ranges würdig erscheinen.

Einen ihrer berühmtesten Triumphe errangen die Anhänger Darwins auf dem Kongreß der British Association
for the Advancement of Science, der am 30. Juni 1860 in
Oxford stattfand. Thomas Henry Huxley (der als »Darwins
Bulldogge« in die Wissenschaftsgeschichte eingegangen
ist) ließ sich hier auf einen rhetorischen Schlagabtausch
mit Bischof Samuel Wilberforce ein. Der Bischof fragte
Huxley sarkastisch, ob er seitens seines Großvaters oder
seiner Großmutter von einem Affen abstamme, worauf
Huxley entgegnete, daß er lieber einen erbärmlichen Affen zum Großvater hätte »als einen von der Natur reich
begabten Mann mit großen Mitteln und Einfluß, der aber
diese Gaben und diesen Einfluß in der bloßen Absicht gebraucht, eine ernsthafte wissenschaftliche Diskussion ins
Lächerliche zu ziehen«. So jedenfalls gab Huxley die Episode hinterher in einem Brief an Darwin wieder, der an
dem Kongreß nicht teilgenommen hatte – und Huxleys
Version ist es, die in die Geschichtsbücher Eingang gefunden hat. Doch Darwins Freund Joseph Hooker war in Oxford mit dabei gewesen, und in seiner Erinnerung stellten
sich die Dinge anders dar. Huxley, so erzählte Hooker Darwin die Geschichte, wollte zwar Bischof Wilberforces

»Tiefschlag« elegant erwidern, »aber er konnte sich bei einer so großen Zuhörerschaft mit seiner Stimme nicht durchsetzen und sich Gehör verschaffen; auch spielte er nicht auf Sams schwache Punkte an und formulierte seine Antwort nicht in einer Weise, die das Publikum mitgerissen hätte.«

Zum Glück, berichtete Hooker, habe er, Hooker, sich den Bischof, »diesen Philister Sam«, anschließend selber vorgeknöpft: »Ich blies ihm den Marsch, während immer wieder Beifall aufbrandete, [...] und demonstrierte dann [...] 1. daß er niemals Dein Buch gelesen haben konnte, und 2. daß er nicht das geringste über die Grundbegriffe der Biologie wußte.« Dem Bischof habe seine Rede buchstäblich die Sprache verschlagen – »er hatte kein einziges Wort zu entgegnen. Die Sitzung wurde anschließend aufgelöst, und Du bliebst nach 4stündiger Schlacht als Sieger zurück.« Seit seinem Auftritt, so Hooker abschließend, habe er das Vergnügen gehabt, »die Gratulationen und den Dank der schwärzesten Talare und der weißesten Stammbäume in ganz Oxford entgegenzunehmen«. Huxley indessen vermeldete von sich, er sei nach seinem Diskussionsbeitrag »volle vierundzwanzig Stunden lang der populärste Mann in Oxford gewesen«.[46] Huxley und Hooker erzählten beide ihre Geschichten so, daß sie zweierlei Funktionen erfüllte: zum einen die, das Ansehen des Erzählers in Darwins Augen zu heben, zum andern die, Darwin dem Erzähler gegenüber zu verpflichten.

Reziproker Altruismus und Statushierarchie überschneiden sich auch in einem anderen Punkt. Unser Hang, die Verdienste anderer zu schmälern, erlahmt gewöhnlich, wenn der andere eine gesellschaftlich hochstehende Persönlichkeit ist. Wer zum Beispiel einen halbwegs berühmten Bekannten hat, findet selbst bescheidene Talente an ihm respektabel, vergibt ihm kleinere Kränkungen und gibt sich besondere Mühe, ihn nicht im Stich zu lassen. In gewisser Hinsicht ist dies ein begrüßenswertes Korrektiv des Egoismus; unsere Buchführung über den altruistischen Geschäftsverkehr mit höhergestellten Persönlichkeiten ist wahrscheinlich korrekter als die über den Verkehr mit Menschen, die uns gleichgestellt oder untergeordnet sind. Die Medaille hat allerdings eine Kehrseite. Die Höherstehenden ihrerseits sehen uns noch verzerrter als üblich, denn infolge unserer rangniederen Stellung ist unser Kredit in ihrer Buchführung drastisch unterbewertet.

Dennoch halten wir die Beziehung offenbar für lohnend. Ein hochgestellter Bekannter kann nötigenfalls entscheidend zu unseren Gunsten Einfluß nehmen, und das oft ohne daß ihn viel kosten würde. Wie unter Menschenaffen ein Alpha-Männchen einen potentiellen Angreifer bloß schief anzusehen braucht, um einem Verbündeten Schutz zu gewähren, so kann ein hochgestellter menschlicher Gönner für einen ehrgeizigen Aufsteiger die Welt mit einem Zwei-Minuten-Telefonat verändern.

Betrachtet man die gesellschaftliche Hierarchie und den reziproken Altruismus in diesem Licht, zeigen sich nicht nur Überschneidungen der beiden, sondern sie gehen ineinander über. Gesellschaftlicher Status ist einfach ein weiterer Aktivposten, den ein Mensch an den Verhandlungstisch mitbringt. Genauer gesagt: Er ist ein Multiplikator für andere Aktivposten. Er bewirkt, daß ein Mensch mit geringen eigenen Kosten anderen große Gefälligkeiten erweisen kann.

Diese Gefälligkeiten können sich auch auf den Status auswirken. Wenn wir einen Bekannten um Hilfe bitten, erwarten wir oft nicht nur, daß er seinen Status zu unseren Gunsten in die Waagschale wirft, sondern auch, daß dabei etwas für unsere eigene Rangstellung herausspringt. Bei den Schimpansen von Arnhem war die wechselseitige Unterstützung in Sachen Rangordnung mitunter einfach: A half B einen Herausforderer in die Flucht zu schlagen und so seinen Rang zu verteidigen, und zu einem späteren Zeitpunkt erwiderte B den Gefallen. Menschen unterstützen einander in weniger handgreiflicher Form in ihrem Statusstreben. Sieht man ab von Kneipen, Schulhöfen und anderen Versammlungsplätzen menschlicher Wesen mit hohem Testosteronspiegel, so kann man sagen, daß die Unterstützung in Form von Information, nicht von Muskelkraft gewährt wird. Einem Freund den Rücken stärken heißt ihn mit Worten verteidigen, wenn seine Interessen bedroht sind und – allgemeiner ausgedrückt – nur Gutes, sein Ansehen Förderndes über ihn zu reden. Ob das Gesagte zutrifft, ist nicht sonderlich wichtig. Von Freunden erwartet man eben, daß sie so übereinander reden. Sie ergehen sich in wechselseitigen Lobhudeleien. Jemandem ein wahrer Freund zu sein heißt, ihn in den falschen Vorstellungen zu bestätigen, die er besonders liebgewonnen hat.

Ob diese Voreingenommenheit für die Interessen eines Freundes zutiefst unbewußt ist, wurde von der Forschung noch nicht geklärt. Wäre es so – und nur so –, stünde dies im Widerspruch zu der Tatsache, daß Freundschaft durch Verrat vergiftet werden kann. Dennoch ist nicht auszuschließen, daß das Merkmal der engsten und dauerhaftesten Freundschaften die Tiefe der Voreingenommenheit füreinander ist. Niemand sieht in bezug auf einen einzelnen Menschen weniger klar als sein bester Freund. Aber ob so oder so – ob bewußt oder unbewußt – gelogen wird, eine Wirkung der Freundschaft besteht jedenfalls darin, daß sie die individuellen Knotenpunkte eigennütziger Unehrlichkeit zu einem Netz von kollektiver Unehrlichkeit verknüpft. Eigenliebe wird zu einer Angelegenheit wechselseitiger Bewunderung. Und Feindschaft wird zu einer Angelegenheit, bei der beide Seiten nur Verachtung füreinander übrig haben. Den Feind meines Freundes habe ich als meinen eigenen Feind zu betrachten. So helfe ich dem Freund, seinen gesellschaftliche Status zu sichern. Nach demselben Prinzip ist von jenem Feind und dessen Freund zu erwarten, daß sie nicht nur meinem Freund, sondern auch mir feind sind. Dies ist kein strenges Gesetz, aber es ist die Regel. Wer mit zwei erklärten Feinden Freundschaft pflegen will, bringt sich in eine Lage, die einem geradezu physische Übelkeit bereitet.

Die unheilige Allianz zwischen reziprokem Altruismus und gesellschaftlichen Hierarchien hat noch eine tiefere Schicht. Denn Feindschaft ist selbst ein Gemeinschaftswerk der beiden Verbündeten. Einerseits erwächst sie aus Rivalität, dem beiderseitigen, miteinander unvereinbaren Streben nach Status. Andererseits ist sie die Kehrseite des reziproken Altruismus. Um als reziproker Altruist erfolgreich zu sein, darauf hat Trivers hingewiesen, muß man seinen Interessen Nachdruck verschaffen – man muß im Auge behalten, wer Hilfe von einem in Anspruch genommen, aber keine Gegenleistung erbracht hat, und entweder fortan jede Hilfeleistung verweigern oder eine Strafaktion durchführen.

Um es noch einmal zu sagen: All diese Feindschaft braucht nicht offen und mit physischer Gewalt wie bei den Schimpansen, sondern kann verbal zum Ausdruck gebracht werden. Sind Menschen uns feindlich gesinnt, oder unterstützen sie unsere Feinde, oder verweigern sie uns ihre Unterstützung, nachdem sie die unsere in Anspruch genommen haben, dann ist die übliche Reaktion, daß man überzeugend schlecht über sie spricht. Und um auch dies noch einmal zu sagen: Am überzeugendsten klingt es, wenn man selbst glaubt, was man sagt – wenn man glaubt, daß die betreffende Person unfähig oder dumm oder – was das beste ist – *böse* ist, kurz, ein moralisch unzulänglicher Mensch und somit eine Gefahr für die Gesellschaft. In *Der Ausdruck der Gemütsbewegungen bei dem Menschen und den Tieren* warf Darwin ein Schlaglicht auf die Fähigkeit der Feindschaft, die moralischen Gefühle in Wallung zu bringen: »Es können [...] nur wenige Individuen lange über eine verhaßte Person nachdenken, ohne Indignation oder Wut zu empfinden und Zeichen derselben darzubieten.«[47]

Darwins eigene Urteile über seine Mitmenschen waren

mitunter nicht frei von Rachsucht. Als Student in Cambridge machte er die Bekanntschaft des Landpfarrers Leonard Jenyns, eines Amateurentomologen, der sich wie Charles aufs Käfersammeln spezialisiert hatte. Ungeachtet der natürlichen Rivalität zwischen den beiden Männern schien es nicht unmöglich, daß sie zu Freunden und Verbündeten würden. Darwin tat den ersten Schritt in diese Richtung, indem er Jenyns »eine riesige Menge Insekten« – Dubletten aus seiner Sammlung – schenkte, wofür der Beschenkte, wie es Darwin schien, »überaus dankbar« war. Doch als sich Jenyns nun erkenntlich zeigen sollte, war Darwin enttäuscht: »Er verweigerte mir ein Exemplar von *Necroph. sepultor* [...] obwohl er sieben oder acht davon besitzt.« In dem Brief an seinen Cousin, der diese Nachricht enthielt, schimpfte Darwin nicht nur über Jenyns' Egoismus, sondern zog auch über dessen »schwachen Verstand« her. Eineinhalb Jahre später allerdings stellte sich Jenyns in Darwins Augen als »hervorragender Naturforscher« dar. Der Sinneswandel könnte damit zu tun haben, daß Jenyns Darwin in der Zwischenzeit ein »herrliches Geschenk von *Diptera*« gemacht hatte.[48]

Wenn sich unter Freunden, von denen einer des anderen Status fördert, systematisch Groll ausbreitet, ist das Ergebnis ein riesiges Gespinst von Selbstbetrug und potentieller Gewalt. Nehmen wir folgendes Zitat aus der *New York Times*: »Innerhalb einer Woche haben beide Seiten hochemotionale Geschichten ausgesponnen, die ihre Rolle erklären, einseitige Darstellungen, die mit leidenschaftlicher Überzeugung vorgetragen werden, obgleich sie hier wie dort in vieler Hinsicht einer sorgfältigen Nachprüfung nicht standhalten.«[49] Der Satz bezieht sich auf einen Zwischenfall, bei dem isreaelische Soldaten palästinensische Zivilisten erschossen und jede Seite zuvor klar erkannt haben wollte, daß die Gegenseite die Auseinandersetzung vom Zaun gebrochen hatte. Indes, der Satz beschreibt mit gleicher Genauigkeit Zusammenstöße aller Art und zu allen Zeiten. Für sich genommen gibt dieser Satz ein nicht geringes Stück Menschheitsgeschichte wieder.

Die psychischen Triebkräfte hinter den Kriegen unserer Zeit – leidenschaftlicher Patriotismus, Selbstgerechtigkeit der Massen, ansteckende Wut – werden von Evolutionstheoretikern oft auf unzählige Stammes- und Hordenkonflikte in der Vergangenheit zurückgeführt. Ohne Frage kam es in der Geschichte unserer Spezies vielfach zu kriegerischen Auseinandersetzungen großen Stils. Und zweifellos konten sich Krieger durch Vergewaltigung oder Entführung von Frauen des besiegten Gegners häufig einen Fortpflanzungsvorteil verschaffen.[50] Aber selbst wenn es so sein sollte, daß die Kriegspsychologie von ungeheuren Kriegern mitgeformt wurde, waren sie vielleicht trotzdem nur von sekundärer Bedeutung.[51] Gefühle von Feindschaft, Groll, berechtigter Empörung – von *kollektiver* Feindschaft, *kollektivem* Groll, *kollektiver* berechtigter Empörung – haben wahrscheinlich ihre tiefsten Wurzeln in uralten Konflikten *innerhalb* menschlicher und vormenschlicher Horden. Und besonders in den Statuskonflikten zwischen Koalitionen männlicher Indivduen.

Interessengruppen

Die unter Freunden zu beobachtende Neigung, den Feind des Freunds nicht zu mögen, muß nicht unbedingt immer auf gegenseitiger Gefälligkeit beruhen, denn das stärkste Band zwischen Freunden – der große Stifter und Erhalter von Freundschaften – ist ein gemeinsamer Feind. (Zwei Teilnehmer am Gefangenendilemma-Spiel pflegen im Beisein eines dritten, den sie beide nicht mögen, verstärkt zu kooperieren.[52])

Dieser strategische Vorteil ist in der modernen Gesellschaft oft verhüllt. Freundschaften beruhen hier möglicherweise nicht auf der Existenz eines gemeinsamen

Feinds, sondern auf gemeinsamen Interessen: Hobbys, denselben Geschmack in bezug auf Filme, Vorlieben beim Sport. Affinitäten erwachsen aus gemeinsamen Leidenschaften harmlosester Art. Doch entwickelte sich dieses Verhaltensmuster vermutlich in einem Kontext, in dem die gemeinsamen Leidenschaften überwiegend weniger harmloser Art waren: in einem Kontext eindeutig politischer Ansichten darüber, wer der Anführer des Stamms sein oder wie erbeutetes Fleisch aufgeteilt werden sollte. Mit andern Worten: Die auf gemeinsamen Interessen beruhende Affinität könnte sich als Mittel zur Festigung fruchtbarer politischer Allianzen entwickelt und sich erst später auf triviale Dinge bezogen haben. Das würde jedenfalls die absurde Ernsthaftigkeit erklären helfen, mit der immer wieder Debatten über scheinbare Bagatellen geführt werden. Woran sonst liegt es, daß bei einem friedlichen Abendessen plötzlich eine peinliche Stimmung aufkommt, nur weil es unterschiedliche Meinungen über die Qualität der Filme von John Huston gibt?

Überdies zeigt sich, schaut man genauer hin, daß hinter »trivialen Dingen« oft sehr reale Interessen stehen. Nehmen wir zum Beispiel zwei von darwinistischen Ideen inspirierte Soziologen. Was sie verbindet, ist ein »rein geistiges« Interesse – die Faszination durch die stammesgeschichtlichen Wurzeln menschlichen Verhaltens. Aber das beinhaltet auch ein gemeinsames politisches Interesse. Denn beide Wissenschaftler sind es leid, vom akademischen Establishment ignoriert oder attackiert zu werden, beiden hängt das Dogma des kulturellen Determinismus zum Halse heraus, beide wollen sie dessen eiserne Vorherrschaft in den ethnologischen und soziologischen Fachbereichen und Seminaren so vieler Universitäten nicht länger widerstandslos hinnehmen. Beide Wissenschaftler möchten ihre Forschungsergebnisse in den angesehensten Fachjournalen veröffentlichen können. Beide möchten sie an den besten Universitäten des Landes lehren können.

Sie wollen Macht, und sie wollen Status. Sie wollen den Sturz des herrschenden Regimes.

Gewiß, wenn es ihnen gelingt, das herrschende Regime zu stürzen, und sie bei diesem Unternehmen zu Berühmtheiten und ihre Bücher zu Bestsellern werden, bringt ihnen das vielleicht keinen Gewinn in darwinistischer Münze. Mag sein, daß sie ihren neuerworbenen Status nicht für den Gewinn sexueller Vorteile nutzen, und wenn doch, daß sie Verhütungsmittel verwenden. Doch in der Umwelt, die Schauplatz unserer Evolution war, ja noch bis vor wenigen Jahrhunderten, wurde hoher gesellschaftlicher Status sehr viel wirkungsvoller in darwinistische Währung konvertiert. Diese Tatsache scheint den intellektuellen Diskurs vor allem bei Männern tief geprägt zu haben.

Ein Beispiel für diese Prägung werden wir im folgenden Kapitel näher in Augenschein nehmen, wo der spezielle intellektuelle Diskurs, der Darwin zur Berühmtheit verholfen hat, im Mittelpunkt unseres Interesses stehen wird. An dieser Stelle sei lediglich das Entzücken dokumentiert, das Darwin empfand, als er im Jahr 1846 die Gemeinsamkeit wissenschaftlicher Interessen entdeckte, die ihn mit Joseph Hooker verband – jenem Mann, der über ein Jahrzehnt später zum Bundesgenossen Darwins in der wissenschaftlichen Jahrhundertschlacht um die Evolutionstheorie werden und einen großen Teil seiner Energie darauf verwenden sollte, Darwins Aufstieg in eine höhere gesellschaftliche Ebene zu ermöglichen. »Was für eine schöne Sache ist doch ein gemeinsamer Geschmack«, schrieb Darwin in einem Brief an Hooker. »Mir ist, als kennte ich Dich schon seit fünfzig Jahren.«[53]

Vierzehntes Kapitel
DARWIN TRIUMPHIERT

Ich bin jetzt ganz in meinen Gegenstand vertieft. Allerdings wünschte ich, ich könnte dem Flitterkram Ruhm, selbsterlebtem oder posthumem, weniger Wert beimessen, als ich es gegenwärtig tue, wenn auch nicht in irgendwie extremem Grade, wie ich glaube. Dennoch würde ich, wie ich mich kenne, zwar genauso hart, aber nicht mit der gleichen Lust arbeiten, wenn ich wüßte, daß mein Buch anonym erscheinen würde und es für immer bleiben müßte.

Darwin, Brief an W. D. Fox (1857)[1]

Darwin war eines der gelungensten Exemplare unserer Spezies. Er beherrschte hervorragend, worauf wir Menschen von der Evolution programmiert wurden: gesellschaftliche Informationen für den eigenen Vorteil zu manipulieren. In seinem Fall waren es die Informationen über die Entstehung der menschlichen und sonstiger Spezies organischen Lebens. Darwin veränderte den Informationsstand seiner Zeit auf eine Weise, die unter anderem den Effekt hatte, daß er auf der sozialen Stufenleiter förmlich nach oben katapultiert wurde. Bei seinem Tod im Jahr 1882 würdigten ihn Zeitungen auf der ganzen Welt als einen der Großen der Wissenschaft; er wurde in Westminster Abbey beigesetzt, nur wenige Schritte entfernt vom Grab Sir Isaac Newtons[2] – Alpha-Männchen-Territorium.

Obendrein war er auch noch ein feiner Kerl. Die Londoner *Times* schrieb über ihn: »So bedeutend er auch war und so groß die Spannweite seines Verstandes – was ihn seinen Freunden lieb und wert machte und jedermann bezauberte, der auch nur flüchtig in Berührung mit ihm kam, war der Liebreiz seines Charakters.«[3] Darwins legendäre Bescheidenheit währte bis an sein Ende, und dann hatte er keinen Einfluß mehr darauf. Der örtliche Sargmacher erinnerte sich: »Ich machte seinen Sarg genau so, wie er ihn gewollt hatte, ganz aus Naturholz, so wie es von der Hobelbank gekommen war, ohne Politur, ohne alles.« Aber nach der überraschenden Entscheidung, ihn in Westminster Abbey beizusetzen, »brauchten sie meinen Sarg nicht mehr und schickten ihn mir zurück. Der andere war so spiegelblank, daß man ihn beim Rasieren hätte benutzen können«.[4]

Hier stoßen wir auf das oft bemerkte Grundparadox in Darwins Existenz. Er wurde weltberühmt, schien jedoch bar aller Züge, die gewöhnlich legendären sozialen Aufstieg fördern. Er machte nicht den Eindruck eines – wie einer seiner Biographen es ausdrückte – »geborenen Siegers im Wettlauf zum Ziel der Unsterblichkeit, denn er besaß die meisten jener ehrbaren Eigenschaften, die es einem Menschen verwehren, mit Zähnen und Klauen zu kämpfen«.[5]

Das Paradox läßt sich nicht einfach durch den Hinweis auflösen, daß Darwin Urheber der richtigen Theorie von der Entstehung des Menschen war, denn er stand damit nicht allein da. Alfred Russel Wallace entdeckte unabhängig von Darwin den evolutionären Mechanismus der natürlichen Auslese und brachte eine Beschreibung davon in Umlauf, noch bevor Darwin mit der Seinen an die Öffentlichkeit trat. Beide Versionen der Evolutionstheorie wurden bei ein und derselben Sitzung der *Linnean Society* am 1. Juli 1858 offiziell vorgestellt. Aber heute ist Darwin Darwin, und Wallace ist nur mehr eine Fußnote. Wieso triumphierte Darwin?

Im zehnten Kapitel haben wir einen partiellen Zusammenhang zwischen Darwins Anständigkeit und seinem Ruhm darin bemerkt, daß er in einer Gesellschaft lebte, in der Gutes zu tun üblicherweise Voraussetzung war für gesellschaftlichen Erfolg. Moralische Reputation bedeutete viel, und so gut wie alles, was man tat, hatte Auswirkungen auf das persönliche Ansehen.

Aber die Sache ist komplexer. Betrachtet man Darwins langen und verschlungenen Weg zum Ruhm, melden sich Zweifel an manchem Urteil über ihn – beispielsweise daran, daß er kaum ehrgeizig war und kein Fünkchen Macchiavellismus in sich trug, oder daran, daß seine Liebe zur Wahrheit nicht durch Ruhmsucht beeinträchtigt war. Durch die Brille des neuen Paradigmas gesehen ähnelt Darwin etwas weniger einem Heiligen und dafür mehr einem Primatenmännchen.

Karrierismus

Schon in jungen Jahren zeigte Darwin eine der üblichen Voraussetzungen für gesellschaftlichen Erfolg: Ehrgeiz. Er wetteiferte mit andern darum, der Bessere zu sein, und war begierig nach dem Ansehen, das das mit sich brachte. »Meine Ausbeute [...] an Wasserkäfern war sehr gut«, schrieb er aus Cambridge an einen Cousin. »Ich glaube, bei den *Colymbetes* habe ich Jenyns den Rang abgelaufen.« Als einer seiner Fänge mit der Unterschrift »Gefangen von C. Darwin, Esq.« in Stephens' *Illustrations of British Insects* abgebildet wurde, schrieb er: »In der letzten Nummer des Stephens wirst Du meinen Namen erwähnt finden. Ich freue mich darüber, wenn auch bloß darum, weil es Jenyns ärgern wird.«[6]

Die Vorstellung von Darwin als einem durchschnittlichen, auf Sieg bedachten jungen Mann widerspricht dem gängigen Bild von ihm. Mit den Eigenschaften, die John Bowlby ihm bescheinigt, erweckt Darwin nicht gerade den Eindruck eines angehenden Alpha-Männchens: »nagende Selbstverachtung«, »Hang, die eigene Leistung herabzusetzen«, »ständige Furcht vor Kritik, der eigenen wie der von anderer Seite«, »übertriebener Respekt vor Autoritätspersonen und der Meinung anderer.«[7] Doch erinnern wir uns: In Schimpansengemeinschaften ist der Aufstieg auf der gesellschaftlichen Stufenleiter häufig, in menschlichen Gesellschaften fast nie ohne fremde Hilfe zu schaffen. Der erste Schritt auf dem Weg nach oben besteht darin, eine enge Beziehung zu einem Ranghöheren herzustellen, und das impliziert einen Unterwerfungsakt, das Eingeständnis eigener Unterlegenheit. Einer von Darwins Biographen hat die pathologisch wirkende Verfassung seines Helden besonders eindrücklich in Worte gefaßt: »Gestörtes Selbstvertrauen, mangelnde Selbstgewißheit, die ihn veranlaßten, im Umgang mit Respektspersonen die eigenen Fehler zu betonen.«[8]

In seiner Autobiographie berichtet Darwin, wie er einmal aus dem Mund eines hochangesehenen Gelehrten etwas über sich hörte, »das mich vor Stolz erröten ließ«, nämlich: »An dem jungen Mann ist etwas, das mich interessiert.« Dieser vorteilhafte Eindruck, so Darwin weiter, »muß wohl in der Hauptsache daran gelegen haben, daß er registrierte, wie begierig ich alles aufnahm, was er sagte, denn seine historischen, politischen und moralphilosophischen Gesprächsthemen waren mir ganz neu; auf diesen Gebieten war ich unwissend wie ein Schwein.«[9] Wie üblich ist Darwin auch hier wieder viel zu bescheiden, aber er hat wahrscheinlich recht, wenn er meint, daß sein bescheidenes Auftreten eine Rolle spielte. (Er fährt nach dem zitierten Satz fort: »Lob von einer berühmten Persönlichkeit zu empfangen, tut einem jungen Mann gut, weil es ihm hilft, auf dem rechten Weg zu bleiben, auch wenn es möglicherweise oder gewiß seiner Eitelkeit Nahrung gibt.«[10] Auf dem rechten Weg? Gewiß doch – dem Weg nach oben!)

Darwins bescheidenes Auftreten für taktisch nicht unzweckmäßig zu halten, heißt nicht, es für unaufrichtig zu erklären. Respekt gegenüber Menschen auf den höheren Stufen der Gesellschaftspyramide ist um so wirkungsvoller, je tiefer man von ihm durchdrungen und sich seiner Zweckmäßigkeit gar nicht bewußt ist: Wir haben aufrichtige Ehrfurcht vor Menschen, vor denen zu Katzbuckeln für uns – das kommt vor – durchaus vorteilhaft sein kann. Thomas Carlyle, ein Zeitgenosse (und Bekannter) Darwins, hatte wahrscheinlich recht, als er die Heldenverehrung einen wesentlichen Bestandteil der menschlichen Natur nannte. Und wahrscheinlich ist es kein Zufall, daß die Heldenverehrung in dem Lebensalter an Bedeutung gewinnt, in dem der Mensch ernstlich in den gesellschaftlichen Wettbewerb tritt. »Die Adoleszenz«, bemerkt ein Psychiater, »ist eine Zeit der erneuten Suche nach Idealen. [...] Der Adoleszente sucht nach einem Vorbild, nach einem vollkommenen Menschen, dem er nacheifern kann. Es ist ganz ähnlich wie zu jener Zeit in der Kindheit, als man die Unvollkommenheit der Eltern noch nicht erkannt hatte.«[11]

Ja, die Ehrfurcht vor Vorbildern ähnelt stark dem Gefühl der Ehrfurcht vor den Eltern – und hat möglichereise dieselbe neurochemische Grundlage. Ihre Funktion erschöpft sich jedoch nicht darin, zu erzieherischer Nachahmung zu ermuntern, sondern sie gestaltet auch den stillschweigenden Bündnisvertrag zwischen Senior- und Juniorpartnern mit. Der letztere, dem es an dem beim reziproken Altruismus so wichtigen Status fehlt, gleicht diesen Mangel durch Ehrerbietung aus.

Während der Studienzeit in Cambridge galt Darwins höchste Verehrung dem Mineralogie- und Botanikprofessor (und Kleriker) John Stevens Henslow. Von seinem Bruder Erasmus hatte Charles gehört, »daß Henslow ein Mann war, der sich in allen Bereichen der Wissenschaft auskannte; entsprechend bereit war ich, ihn zu verehren«.[12] Nachdem er Henslows persönliche Bekanntschaft gemacht hatte, verkündete Darwin: »Er ist wirklich der vollkommenste Mensch, dem ich je begegnet bin.«[13]

In Cambridge war Darwin bald bekannt als »der Mann, der mit Henslow spazierengeht«. Die Beziehung glich Millionen anderer in der Geschichte unserer Spezies. Darwin profitierte von Henslows Vorbild und Rat, aber auch von dessen gesellschaftlichen Verbindungen. Dafür revanchierte er sich unter anderem mit Dienstbeflissenheit, indem er schon vor Beginn von Henslows Vorlesungen erschien, um beim Aufstellen der Geräte zu helfen.[14]

Man fühlt sich an Jane Goodalls Beschreibung vom sozialen Aufstieg des Schimpansenmännchens Goblin erinnert: Goblin begegnete seinem »Helden«, dem Alpha Figan, mit »Respekt«, folgte ihm wie ein Schatten, beobachtete alles, was er tat, und »groomte« ihn häufig.[15] Nachdem er Figans Vertrauen gewonnen und dessen Weisheit ausgesogen hatte, begann Goblin seinen väterlichen Freund herauszufordern und entthronte ihn schließlich. Doch dürfte Goblins Verehrung für seinen »Helden« bis zu dem Moment, von dem an Distanzierung angebracht war, vollkommen echt gewesen sein. Nicht anders ist es bei uns Menschen: Unsere Einschätzung anderer Leute – nach ihrem beruflichen Können, ihrem Charakter oder was auch immer – spiegelt den jeweils aktuellen Stellenwert, den diese im gesellschaftlichen Universum für uns haben. Wir sind selektiv blind für Eigenschaften anderer, die wahrzuhaben uns nicht behagen würde.

Darwins Verklärung Henslows ist nicht gerade das beste Beispiel für diese Blindheit, da Henslow eine allseits bewunderte Persönlichkeit war. Aber nehmen wir einmal Robert FitzRoy, den Kapitän der »Beagle«. Beim ersten Zusammentreffen Darwins mit FitzRoy, nach dem sich entscheiden sollte, ob Darwin die Weltreise in der Funktion des offiziellen Naturforschers mitmachen würde, war die Situation einfach: Darwin sah sich einem Ranghöheren gegenüber, dessen Gewogenheit ihm gegenüber entscheidend seinen, Darwins, Status erhöhen konnte. Kein Wunder also, daß er offenbar auch in diesem Fall »entsprechend bereit war [...] zu verehren«. Nach dem Treffen schrieb er seiner Schwester Susan: »Ich hätte gute Lust, hier sein Loblied zu singen, doch der Versuch wäre sinnlos, denn Du würdest mir doch nicht glauben.« Seinem Tagebuch vertraute er an, daß er in FitzRoy »ein Meisterstück der Natur« entdeckt hatte. An Henslow (der auf Darwins Leiter zum gesellschaftlichen Erfolg jene Stufe darstellte, die ihn auf die »Beagle« brachte) schrieb er: »Kapitän Fitz-Roy vereinigt in sich alles, was einen wunderbaren Menschen ausmacht.«[16]

Jahre später sollte Darwin FitzRoy als einen Menschen charakterisieren, der »das vollendetste Geschick besitzt, alles und jeden in verdrehter Weise zu sehen«. Aber Jahre später konnte er sich das auch leisten. Doch jetzt, beim ersten Zusammentreffen, war nicht der rechte Moment, Fitz-Roy auf Fehler hin zu mustern oder hinter die höfliche Fassade zu blicken, die man gemeinhin bei ersten Treffen aufstellt. Jetzt war die Zeit für Ehrerbietigkeit und Liebenswürdigkeit, und die setzte Darwin mit Erfolg ein. Am selben Abend, an dem er seine Briefe an Susan und Henslow schrieb, berichtete FitzRoy der Admiralität über Darwins Besuch – »Was ich von ihm zu sehen und zu hören bekommen habe, gefällt mir sehr« und bat um Darwins Ernennung zum naturwissenschaftlichen Reisebegleiter. In einer der gesetzteren Passagen seines Briefs an Susan hatte Darwin geschrieben: »Ich hoffe, daß mein Urteil über Kapitän FitzRoy von der Vernunft und nicht vom Vorurteil bestimmt ist.«[17] Beides war der Fall: Mit einem kurzfristigen Vorurteil förderte er seinen langfristigen Vorteil, und das war sehr vernünftig.

Gegen Ende seiner Reise auf der »Beagle« bekam Darwin den bislang stärksten Vorgeschmack auf wisenschaftlichen Ruhm. Auf Ascension (der »Himmelfahrtsinsel«) erreichte ihn ein Brief von Susan, in dem die Schwester berichtete, welch großen Eindruck seine wissenschaftlichen Beobachtungen in der Heimat auf ein Gremium von erlauchten Gelehrten gemacht hatten. (Ohne Darwins Wissen hatte Henslow der *Geological Society* zu London Auszüge aus seinen Briefen von der »Beagle« vorgetragen und sie auch als Privatdruck für die Mitglieder kursieren lassen.) Das Bemerkenswerteste aber war: Der namhafte

Cambridger Geologe Adam Sedgwick hatte, wie Darwin in seiner Autobiographie festhielt, »meinen Vater besucht und gesagt, mir sei ein Platz unter den führenden Wissenschaftlern sicher«. Es ist noch nicht eindeutig geklärt, welche Neurotransmitter durch den Empfang von Nachrichten über den Anstieg des eigenen Ansehens freigesetzt werden (Serotonin ist einer von denen, die in Frage kommen, wie wir gesehen haben), aber welche es auch immer sein mögen – plastischer als Darwin könnte man ihre Wirkung kaum beschreiben: »Als ich diesen Brief gelesen hatte, sprang ich leichtfüßig durch die Berge von Ascension und ließ die Vulkanfelsen unter meinem Geologenhammer widerhallen!« In seinem Antwortschreiben an Susan versicherte Charles der Schwester, er werde fortan nach dem Credo leben, »daß ein Mensch, der sich untersteht, auch nur eine Stunde Zeit zu verschwenden, den Wert des Lebens noch nicht entdeckt hat«.[18]

Eine Erhöhung des Status kann Umgruppierungen im gesellschaftlichen Kosmos des Betroffenen zur Folge haben. Die Stellung der Gestirne hat sich geändert. Menschen in ehemals zentraler Position sind an den Rand gerückt. Man muß seine Aufmerksamkeit jetzt auf hellere Himmelskörper richten, die sich zuvor außerhalb der Reichweite unserer Teleskope befanden. Darwin gehörte nicht zu der Sorte Mensch, die dieses Manöver mit herzloser Kaltschnäuzigkeit erledigt. Jeglicher Snobismus war ihm fremd. Dessenungeachtet gibt es Anhaltspunkte dafür, daß sein gesellschaftliches Kalkül noch während seines Aufenthalts auf der »Beagle« eine Wandlung erfuhr. Sein älterer Cousin William Fox hatte ihn in die Entomologie (und bei Henslow) eingeführt. Als Student in Cambridge hatte Darwin viel Gewinn aus ihrem per Post aufrechterhaltenem Austausch von insektenkundlichem Detailkenntnissen wie von Sammlerstücken gezogen. In diesem Briefwechsel hatte Darwin, der bei Fox Führung und Belehrung suchte, seine gewohnte Haltung äußerster Unterwürfigkeit angenommen. »Ich würde diesen überaus beschämend dummen Brief gar nicht abschicken«, schrieb er, »wäre ich nicht so begierig, ein paar *Krümel* von Information über Dich und die Insekten zu bekommen.« Gelegentlich erinnerte er Fox daran, »wie lange ich schon vergeblich einen Brief von meinem alten Lehrmeister zu empfangen hoffe«, und er band ihm auf die Seele, er möge »nicht vergessen, daß ich Dein Schüler bin«.[19]

Es entbehrt daher nicht der Pikanterie, wenn Fox sechs Jahre später, als Darwins Forschungen an Bord der »Beagle«-Reise sein wachsendes wissenschaftliches Ansehen signalisieren, eine neue Asymmetrie in ihrer Freundschaft spürt. Plötzlich ist er es, der sich für die »Fadheit« seiner Briefe entschuldigt, der betont, daß »kein Tag vergeht, ohne daß ich an Dich denke«, der um Briefe bettelt. »Es ist jetzt so lange her, daß ich zum letztenmal Deine Handschrift gesehen habe, daß ich Dir gar nicht sagen kann, was für eine Freude sie mir machen würde. Ich bin mir allerdings bewußt, daß Deine Zeit kostbar ist und die meine wertlos, und das ist eben ein gewaltiger Unterschied.«[20] Eine solche Verschiebung in Soll und Haben der Zuneigung ist die Regel bei Freundschaften, wenn es zu deutlichen Statuswechseln kommt, denn damit verbunden ist eine stillschweigende Revision des Vertrags über wechselseitigen Altruismus. Nicht ganz so selbstverständlich dürfte diese Art Vertragsrevision in der Ur-Umwelt gewesen sein, wo – nach den ethnologisch erforschten Jäger-und-Sammler-Völkern zu schließen – die vertikale Mobilität des Individuums nach dem frühen Erwachsenenalter nicht so groß war, wie es heute gemeinhin der Fall ist.[21]

Die Liebe zu Lyell

Während der Fahrt der »Beagle« war Darwins Mentor Henslow für den jungen Weltreisenden die wichtigste Verbindung zur heimischen Wissenschaftswelt gewesen. Die geologischen Berichte, die Sedgwick so sehr beeindruckt hatten, waren Auszüge aus Briefen Darwins an Henslow, die der Adressat einer begrenzten wissenschaftlichen Öffentlichkeit zugänglich gemacht hatte. Henslow war es auch, an den sich Darwin gegen Ende der »Beagle«-Reise von der Insel Sankt Helena aus brieflich mit der Bitte wandte, ihm zu helfen, Mitglied der *Geological Society* zu werden. In seinen Briefen an Henslow hatte Darwin nie einen Zweifel an seiner fortdauernden Ergebenheit gegenüber »meinem Herrn und Meister« gelassen. Gleich nachdem die »Beagle« in Falmouth eingelaufen und Darwin nach Shrewsbury zurückgekehrt war, schrieb er: »Mein teurer Henslow, ich sehne mich danach, Sie zu sehen; Sie sind der liebenswürdigste Freund mir gewesen, den je ein Mensch besessen hat.«[22]

Indes, Henslows Tage als Hauptmentor waren gezählt. An Bord der »Beagle« hatte Darwin (auf Henslows Rat hin) das dreibändige Werk *Principles of Geology* (Grundlagen der Geologie, 1830–1833) von Charles Lyell gelesen, in dem der Verfasser sich für die erstmals von James Hutton vorgetragene, seinerzeit kontrovers diskutierte »Uniformitätstheorie« stark machte, derzufolge die geologischen Formationen im wesentlichen Produkt langsamer und stetiger Prozesse und nicht abrupter Veränderungen dramatischen Charakters und Ausmaßes wie Flut- oder sonstige Katastrophen sind. (Die konkurrierende »Katastrophentheorie«, vertreten von dem französischen Anatomen und Paläontologen Georges Cuvier, erfreute sich der Gunst des Klerus, weil sie Raum für göttliche Eingriffe zu lassen schien.) Was Darwin von der »Beagle«-Reise mitbrachte – zum Beispiel Hinweise darauf, daß die chilenische Küste sich seit 1822 unmerklich gehoben hatte –, sprach eher für die Uniformitätslehre, und der heimgekehrte Weltreisende konnte sich bald als »fanatischen Jünger« Lyells bezeichnen.[23]

Wie John Bowlby bemerkte, kann es nicht überraschen, das Lyell in die Rolle von Darwins wichtigstem Vorbild und Ratgeber aufrückte: »In der durch das Eintreten für dieselben geologischen Prinzipien gestifteten Verbundenheit hatten die beiden ein gemeinsames Anliegen, wie es in Darwins Beziehung zu Henslow nicht vorhanden war.«[24] Ein gemeinsames Anliegen ist, wie wir bereits sahen, in vielen Fällen das freundschaftstiftende Element, und das allem Anschein nach aus darwinistisch zu erklärenden Gründen. Nachdem Darwin sich Lyells geologischer Theorie angeschlossen hatte, war sein wissenschaftliches Ansehen nicht weniger als das Lyells mit deren Schicksal verknüpft.

Indes, das Band des reziproken Altruismus zwischen Lyell und Darwin bestand aus mehr als einem »gemeinsamen Anliegen«. Jeder der beiden brachte sein eigenes Kapital mit ein. Darwin lieferte Berge neuen Beweismaterials für die Richtigkeit der Theorie, mit der Lyells Prestige als Wissenschaftler stand und fiel. Und Lyell stellte nicht nur ein tragfähiges theoretisches Gerüst bereit, mit dessen Hilfe Darwin seine Forschungsergebnisse ordnen konnte, sondern diente auch mit Ratschlägen und gesellschaftlicher Protektion, was bekanntlich mit zur Rolle eines Mentors gehört. Schon wenige Wochen nach der Rückkehr der »Beagle« lud Lyell Darwin zu sich zum Abendessen ein, gab ihm bei dieser Gelegenheit Ratschläge für eine kluge Zeiteinteilung und versicherte ihm, der nächste freie Platz, der sich im exklusiven *Athenaeum Club* eröffne, sei für Charles Darwin reserviert.[25] Darwin, so Lyell gegenüber einem Kollegen, würde »einen prachtvollen Neuzugang in meinem Geologenverein« abgeben.[26]

Darwin konnte zwar gelegentlich ein nüchterner und zynischer Beobachter menschlicher Motivation sein, für den pragmatischen Charakter von Lyells Interesse an ihm aber scheint er kein Gespür gehabt zu haben. »Von den Größen der Wissenschaft war niemand auch nur entfernt so freundlich und liebenswürdig wie Lyell«, schrieb er

Cousin Fox einen Monat nach der Rückkehr von der Weltreise. »Du kannst Dir nicht vorstellen, wie entgegenkommend er auf alle meine Pläne eingegangen ist.«[27] Was für ein netter Mensch!

Es ist an der Zeit, noch einmal daran zu erinnern, daß eigennütziges Verhalten nicht unbedingt bewußtes Kalkül voraussetzt. In den fünfziger Jahren wurde in sozialpsychologischen Experimenten nachgewiesen, daß wir dazu neigen, Menschen zu mögen, von denen wir bemerkt haben, daß wir Einfluß auf sie ausüben können. Und wir mögen sie noch mehr, wenn es sich dabei um Menschen mit hohem gesellschaftlichem Status handelt.[28] Dazu ist es nicht nötig, daß wir denken: »Wenn ich Einfluß auf ihn habe, könnte er mir nützlich sein, also sollte ich diese Freundschaft pflegen«, oder: »Seine Fügsamkeit wird besonders nützlich sein, wenn er einen hohen Status hat.« Einmal mehr, scheint es, hat die natürliche Selektion das »Denken« für uns erledigt.

Keine Frage, daß die Menschen dieses »Denken« durch eigenes Denken ergänzen können. In *irgendeinem* Grad müssen sich sowohl Lyell als auch Darwin der Nützlichkeit des jeweils andern bewußt gewesen sein. Doch mit Sicherheit empfanden beide zugleich ein solides Substrat naiver Freundschaft. Wahrscheinlich war es tatsächlich Darwins »*größtes* Vergnügen, mit Ihnen über Fragen der Geologie zu sprechen und zu korrespondieren«, wie er Lyell schrieb. Und zweifellos war Darwin ehrlich überwältigt von der »*höchst* entgegenkommenden Art«, in der Lyell ihm, »ohne sich erst lange bitten zu lassen«, Rat und Belehrung erteilte.[29]

Nicht weniger ehrlich war Darwin wohl auch, als er Jahrzehnte später darüber klagte, daß Lyell »sich sehr gern in der Gesellschaft [bewegte], vor allem schätzte er den Umgang mit berühmten Männern und hochrangigen Persönlichkeiten; diese Überschätzung der Position eines Menschen in der Welt schien mir seine Hauptschwäche zu sein«.[30] Doch das schrieb er, nachdem er, inzwischen welt-berühmt, einen gewisen »Durchblick« erlangt hatte. In früherer Zeit war er selbst zu sehr geblendet von Lyells »Position in der Welt«, um den schwachen Seiten seines Mentors viel Beachtung schenken zu können.

Ein zweiter Blick auf Darwins Verspätung

Wir haben gesehen, wie Darwin die ersten zwei Jahrzehn-te nach seiner Heimkehr von der Reise auf der »Beagle« verbrachte: Erst entdeckte er die natürliche Selektion und anschließend tat er alles mögliche andere, als sie bekannt-zumachen. Wir haben etliche Theorien über die Gründe dieser Verzögerung kennengelernt. Was aus darwinisti-scher Sicht über Darwins Zögern zu sagen ist, setzt den vorhandenen Theorien keine Alternative entgegen, son-dern unterlegt sie eher mit einer Kontrastfolie. Zunächst zeichnet die Evolutionspsychologie ein Profil der zwei Kräfte, die an Darwin zerrten: eine, die ihn zur Veröffent-lichung drängte, und eine zweite, die ihn davon abhielt.

An erster Stelle steht der angeborene Drang nach An-sehen, ein Drang, von dem Darwin eine gehörige Portion abbekommen hatte. Eines der Mittel, sich Ansehen zu verschaffen, besteht darin, Urheber einer revolutionären Theorie zu werden.

Doch was geschieht, wenn die revolutionäre Theorie nicht einschlägt? Wenn sie rundweg abgelehnt wird – abge-lehnt gar mit der Begründung, daß sie nichts Geringeres als eine Bedrohung des gesellschaftlichen Gefüges darstelle? In diesem Fall (und so war es bei Darwin) wirkt das Gewicht unseres stammesgeschichtlichen Erbes der Veröffentlichung entgegen. Für die lautstarke Bekanntgabe unpopulärer An-sichten hat es im Lauf der Geschichte kaum je eine geneti-sche Prämie gegeben, erst recht nicht, wenn man sich damit die herrschenden Mächte zum Feind machte.

Der Hang des Menschen, anderen Menschen Dinge zu sagen, die sie gern hören, war bekannt, lange bevor man sich über seine stammesgeschichtlichen Wurzeln im klaren war. Bei einem berühmt gewordenen Experiment, das in den fünfziger Jahren durchgeführt wurde, zeigte sich eine überraschend große Zahl von Menschen bereit, eine falsche – und zwar offenkundig und unverkennbar falsche – Ansicht über das Längenverhältnis zweier Linien zu vertreten, wenn man die Versuchspersonen einzeln in einen Raum brachte, in dem sich eine Gesellschaft von Menschen befand, die allesamt diese Ansicht vertraten.[31] Vor Jahrzehnten entdeckten Psychologen auch, daß die Bereitschaft eines Menschen, Meinungen zu äußern, sich durch Beschleunigung oder Verlangsamung des Takts, in dem der Zuhörer Signale der Zustimmung von sich gibt, steigern oder herabsetzen läßt.[32] Bei einem weiteren in den fünfziger Jahren durchgeführten Experiment ergab sich, daß die Merkfähigkeit eines Menschen sich nach der Zuhörerschaft richtet, vor der er später wiedergeben soll, was er seinem Gedächtnis eingeprägt hat: Legt man den Probanden eine Liste von Argumenten für und gegen eine höhere Lehrerbesoldung vor, dann bleiben ihnen entweder Argumente der einen oder solche der andern Kategorie stärker im Gedächtnis haften. Welche Kategorie dies ist, hängt davon ab, ob sie damit rechnen, vor einer Gruppe von Lehrern oder einer Gruppe von Vertretern des Bundes der Steuerzahler aufzutreten. Die, die den Versuch gemacht hatten, schrieben: »Wahrscheilich besteht die geistige Aktivität eines Menschen auf weite Strecken ganz oder zum Teil in imaginierten Ansprachen vor imaginiertem oder realem Publikum, und wahrscheinlich hat dies erheblichen Einfluß darauf, woran er sich zum jeweiligen Zeitpunkt zu erinnern vermag und welche Meinungen er sich bildet.«[33] Das deckt sich mit einer darwinistischen Sicht des menschlichen Geistes, derzufolge sich die Sprache als ein Mittel entwickelte, mit dem man andere Men-

schen zum eigenen Vorteil manipuliert (der Vorteil besteht
in diesem Fall darin, daß man bei einem Publikum, das
seine eigene, feste Meinung hat, gut ankommt). Die Er-
kenntnisfunktion, der die Sprache entsprang, wird entsprechend der manipulativen Absicht modifiziert.

Vor dem Hintergrund all dieser Dinge verliert die Frage,
warum Darwin sich mit der Veröffentlichung seiner
Theorie so lange Zeit ließ, einiges von ihrer Rätselhaftigkeit. Darwins notorischer Hang, bei Meinungsverschiedenheiten (insbesondere, heißt es, bei Meinungsverschiedenheiten mit Autoritätspersonen) an sich selbst zu zweifeln, ist typisch menschlich – ungewöhnlich vielleicht dem
Grade, nicht aber der Art nach. Es ist nichts Verwunderli-
ches daran, daß er sich lange Jahre mit den Rankenfuß-
krebsen beschäftigte, statt der Welt eine Theorie zu präsentieren, die weit und breit als Ketzerei betrachtet werden würde – als Ketzerei in einem Sinn, der heute, wo das
Wort fast nur mehr ironisch gebraucht wird, kaum noch
nachzuvollziehen ist. Ebensowenig ist zu verwundern, daß
Darwin während der langen Reifezeit der *Entstehung der
Arten* oft von Angstgefühlen oder einer leichten Depression heimgesucht wurde. Die natürliche Selektion »will«,
daß wir uns unwohl fühlen beim Nachdenken über Handlungen, die uns eine schwere Einbuße an öffentlichem
Ansehen verheißen.

Was allerdings in gewisser Weise verwundert, ist der
Umstand, daß Darwin in seinem *Glauben* an die Evolution
unerschüttert blieb, und das trotz der Feindseligkeit, die
der Idee allenthalben entgegengebracht wurde. Der laut-
stärkste unter den Kritikern von Robert Chambers' 1844
erschienenem Traktat über die Entwicklung in der Natur
war Adam Sedgwick, der Geologieprofessor (und Geistliche) zu Cambridge, dessen Lob (»mir sei ein Platz unter
den führenden Wissenschaftlern sicher«) Darwin vor Jahren auf der Insel Ascension erreicht und in helle Begeisterung versetzt hatte. In seiner Besprechung von Chambers'

Buch machte Sedgwick kein Hehl aus seinem Aktionsprogramm: »Die Welt erträgt es nicht, auf den Kopf gestellt zu werden, und wir sind bereit, jeden Angriff auf die Grundsätze unserer Wohlanständigkeit und unsere sozialen Sitten mit einem Vernichtungskrieg zu beantworten.«[34] Das klang nicht gerade ermutigend.

Was war da für Darwin zu tun? Nach gängiger Ansicht zauderte er unschlüssig, wie eine Laborratte beim Anblick das Futters, über das sich herzumachen ihr einen elektrischen Schlag einbringen wird. Eine Minderheit aber vertritt folgende Ansicht: Während seiner berühmten Abschweifung in die Welt der Rankenfüßer unterließ Darwin es zwar, seine Evolutionstheorie zu publizieren, bereitete jedoch den Boden für ihre künftige Rezeption in der Öffentlichkeit. An seiner Strategie lassen sich drei Momente unterscheiden.

Erstens verstärkte Darwin die Schlüssigkeit seiner Beweisführung. Noch während er bis über beide Ohren in die Rankenfüßer vertieft war, sammelte er – zum Teil mit Hilfe seiner Korrespondenz mit Zoologen und Botanikern in fernen Weltgegenden – immer weiter Beweismaterail für seine Theorie. Der Erfolg der *Entstehung der Arten* war unter anderem auch dem Umstand zu verdanken, daß Darwin mögliche Einwände mit penibler Gewissenhaftigkeit vorwegnahm und sie entkräftete, ehe sie erhoben werden konnten. Zwei Jahre vor der Veröffentlichung des Werks bemerkte er vollkommen richtig: »[Ich] glaube, daß die problematischen Punkte meiner Lehre kaum jemand klarer sieht als ich.«[35]

Diese Gründlichkeit entsprang Darwins Selbstzweifeln – seiner legendären Bescheidenheit und großen Furcht vor Kritik. Zu diesem Schluß kam Frank Sulloway, der Kenner Freuds wie Darwins, beim Vergleich der beiden Männer: »Revolutionäre Persönlichkeiten waren sie beide, doch Darwin zeigte sich außergewöhnlich besorgt in bezug auf mögliche eigene Irrtümer und war bescheiden bis zum

Übermaß. Und zugleich stellte er eine neue wissenschaftliche Theorie auf, die sich als haltbar erwiesen hat. Freud hingegen war ungeheuer ehrgeizig und erfüllt von höchstem Selbstvertrauen – ein wissenschaftlicher ›Konquistador‹ von eigenen Gnaden. Aber zugleich entwickelte er eine Sichtweise der menschlichen Natur, die größtenteils eine Kollektion psychobiologischer Phantasmen des 19. Jahrhunderts in der Maske echter Wissenschaft war.«[36]

In seiner Besprechung von John Bowlbys Darwin-Biographie sprach Sulloway aus, was Bowlby zu sagen vergessen hatte: »Die Schlußfolgerung erscheint vernünftig, daß ein in Maßen geschwächtes Selbstwertgefühl – das in Darwins Fall mit zäher Ausdauer und nie erlahmendem Fleiß gepaart war – in der Welt der Wissenschaft sogar eine nützliche Eigenschaft ist, weil es mithilft, vor der Überschätzung der eigenen Theorien zu bewahren. Beständiger Selbstzweifel ist demnach ein methodologisches Kennzeichen solider Wissenschaft, wenn er auch solider seelischer Gesundheit nicht besonders zuträglich ist.«[37]

Hier stellt sich naturgemäß die Frage, ob solch nutzbringender, wenn auch schmerzhafter Selbstzweifel nicht vielleicht Bestandteil des Aktionsrepertoires der menschlichen Psyche ist, von der natürlichen Selektion konserviert aufgrund seiner Fähigkeit, unter bestimmten Bedingungen den gesellschaftlichen Aufstieg zu fördern. Diese Frage wird noch interessanter, betrachtet man sie im Licht der Rolle, die Darwins Vater bei der Entwicklung der Selbstzweifel seines Sohnes spielte. Bowlby fragt: War Charles »zur Schande für die ganze Familie geworden, wie sein Vater wütend prophezeit hatte, oder hatte er vielleicht doch Erfolg gehabt? [...] Von Anfang bis Ende seiner wissenschaftlichen Laufbahn, so unglaublich fruchtbar und verdienstvoll sie auch sein sollte, schlagen bei Charles die stets vorhandene Furcht vor Kritik, sei's der eigenen oder der von anderer Seite, und das nie zu stillende Verlangen nach beruhigendem Zuspruch durch.« Bowlby vermerkt auch, daß »eine willfährige und beschwichtigende Haltung gegenüber dem Vater Charles zur zweiten Natur wurde«, und meint, daß der Vater zumindest teilweise Schuld sei an Charles' »übertriebenem« Respekt vor Autoritätspersonen und seinem »Hang, die eigene Leistung herabzusetzen«.[38]

Die Vermutung drängt sich förmlich auf: Vielleicht funktionierte Robert Darwin nach Plan, indem er seinem Sohn diese Quelle lebenslangen Unbehagens einpflanzte. Es könnte sein, daß Eltern, sie mögen sich dessen bewußt sein oder nicht, darauf programmiert sind, die Psyche ihres Kinds – selbst wenn es schmerzhaft ist – so einzustellen, daß die Erwartung gerechtfertigt ist, das Kind werde im Lauf seines Lebens seinen gesellschaftlichen Status verbessern. Übrigens dürfte auch Charles nach Plan funktioniert haben, als er sich dem schmerzhaften Prozeß der Justierung fügte. Wir sind Lebewesen, die geschaffen wurden, erfolgreich, nicht glücklich zu sein.[39] (Daß wir zur *Jagd* nach dem Glück geschaffen sind, ist keine Frage; und das Erreichen eines der darwinistischen Ziele – Sex, gesellschaftlicher Status usw. –, ist vielfach mit zumindest zeitweiligem Glücksgefühl verbunden. Was uns jedoch zur beständigen Jagd nach dem Glück treibt und uns somit produktiv macht, ist der Umstand, daß wir Glück die meiste Zeit *entbehren*. Darwins gesteigerte Furcht vor Kritik hielt ihn fast chronisch von aller Gemütsruhe fern und sorgte so dafür, daß er immerfort darauf hinarbeitete, sie zu erreichen.

Demnach könnte Bowlby recht haben, wenn er eine schmerzhafte Prägung von Darwins Charakter durch den Vater annimmt, unrecht jedoch, wenn er ihm pathologische Züge verleiht. Gewiß, auch was nicht im strengen Sinn »pathologisch« ist, kann bedauerlich und ein legitimer Anlaß zu psychiatrischem Eingreifen sein. Aber vermutlich können Psychiater besser helfen, wenn sie sich Klarheit darüber verschaffen, welche Art seelischer Schmerzen »natürlich« ist und welche nicht.

Das zweite Moment von Darwins dreifacher Strategie

bestand darin, daß er sein Ansehen als kompetenter Wissenschaftler festigte. Es ist ein sozialpsychologischer Gemeinplatz, daß die Glaubwürdigkeit eines Menschen in den Augen anderer mit seinem Prestige wächst.[40] Wer vor die Wahl gestellt wird, ob er sich in einer wissenschaftlichen Streitfrage dem Urteil eines Universitätsprofessors oder dem eines Grundschullehrers anschließen will, entscheidet sich in der Rgel für den Universitätsprofessor. In gewisser Hinsicht ist diese Entscheidung durchaus begründet, denn die Wahrscheinlichkeit spricht dafür, daß der Professor recht hat. In anderer Hinsicht jedoch ist sie lediglich ein weiteres willkürliches Nebenprodukt der Evolution – eine reflexartige Achtung vor hohem Status.

Ob so oder so: den Nimbus des Meisters zu besitzen ist immer nützlich, wenn man anderer Leute Meinung ändern will. Daher die Rankenfußkrebse: Egal was Darwin bei der Beschäftigung mit den Rankenfüßern tatsächlich *lernte*, er wußte, daß allein schon das Gewicht der vier Bände über die Unterklasse Cirripedia seiner Theorie über die natürliche Selektion Ansehen verschaffen würde.

Zumindest ist dies die Überzeugung seines Biographen Peter Brent: »Möglicherweise [...] beschäftigte sich Darwin mit den Zirripedien nicht, um sich zu schulen, sondern um einen *Qualifikationsnachweis zu erbringen.*«[41] Brent zitiert in diesem Zusammenhang aus dem Briefwechsel zwischen Darwin und Joseph Hooker. Letzterer äußerte 1845 beiläufig seine Zweifel an den großspurigen Äußerungen eines französischen Naturforschers, der »selbst gar nicht weiß, was konkrete Naturforschung bedeutet«. Darwin bezog – typisch für ihn – die Bemerkung auf seine eigene »Vermessenheit, Fakten zu dem Thema Variation anzuhäufen und Spekulationen darüber anzustellen, ohne selber ein gebührendes Quantum an Spezies behandelt zu haben«.[42] Im folgenden Jahr nahm Darwin seine Studien über die Rankenfüßer auf.

Brent könnte recht haben. Jahre nach der Veröffentlichung von *Die Entstehung der Arten* schrieb er einem jungen Botaniker: »Lassen Sie sich in Ihren Beobachtungen von Theorie leiten, aber seien Sie vorsichtig mit dem Veröffentlichen von Theorie. Sie führt dazu, daß man Ihre Beobachtungen anzweifelt.«[43]

Das dritte Moment von Darwins Strategie bestand darin, eine schlagkräftige Hilfstruppe zu organisieren – ein Fähnlein von Bundesgenossen zusammenzubringen, das Männer umfaßte, die entweder bedeutende Persönlichkeiten waren oder rhetorische Fähigkeiten besaßen oder beides in sich vereinten. Das war Charles Lyell, der der *Linnean Society* zu London Darwins ersten Aufsatz über die natürliche Selektion »mitteilte« und sich zugleich mit seiner ganzen Autorität hinter ihn stellte[44] (obwohl Lyell damals in bezug auf die natürliche Selektion Agnostiker war). Da war Thomas Huxley, der sich in der historischen Debatte über die Evolution auf dem Kongreß in Oxford auf den berühmten Schlagabtausch mit Bischof Wilberforce einließ. Da war Joseph Hooker, der eine weniger berühmte Attacke gegen Wilberforce ritt, nachdem er zuvor Lyell bei der Bekanntmachung von Darwins Ideen geholfen hatte. Und da war der Harvard-Botaniker Professor Asa Gray, der mit seinen Publikationen in der Zeitschrift *Atlantic Monthly* Darwins wichtigstes Sprachrohr in den USA werden sollte. Einen nach dem andern weihte Darwin diese Männer in seine Theorie ein.

War Darwin bei der Aufstellung seiner Hilfstruppe wirklich so berechnend zu Werk gegangen? Mit Sicherheit war er sich spätestens zum Zeitpunkt der Veröffentlichung von *Die Entstehung der Arten* im klaren darüber, daß der Kampf für die Wahrheit zwischen Menschen, nicht bloß zwischen Ideen ausgetragen wird. »Wir sind nun eine gute und kompakte Menge wirklich guter Leute, und die meisten davon nicht alte Leute. Im Lauf der Zeit werden wir siegen«, schrieb er acht Tage nach der Publikation seines Werks an einen Anhänger. Und knapp zwei Wochen später wandte er sich an seinen jungen Freund John Lubbock, dem er ein Exemplar des Buchs geschenkt hatte, mit der drängenden Frage: »Haben Sie es fertig gelesen? Wenn dies der Fall ist, bitte sagen Sie mir, ob Sie in bezug auf den *allgemeinen* Schluß mit mir sind oder gegen mich.« Und in einem Postkriptum ließ er den Adressaten wissen: »Ich habe – ich wünsche und hoffe, ich dürfte sagen, wir haben – eine ganz nette Anzahl ausgezeichneter Männer auf unserer Seite in bezug auf die Frage der Veränderlichkeit der Spezies bekommen.[45] Im Klartext heißt das: Wenn Sie sich beeilen, können Sie Mitglied einer siegreichen Koalition von Primatenmännchen werden.

Darwins flehentliche – in ihrer Beharrlichkeit fast schon mitleiderweckende – Bitte um rückhaltlose Unterstützung von seiten Lyells haben einen ähnlich pragmatischen Hintergrund. Unter dem Datum vom 2. September 1859 heißt es: »Erinnern Sie sich, daß Ihr Urteilsspruch wahrscheinlich mehr Einfluß als mein Buch auf die Entscheidung haben wird, ob derartige Ansichten, wie ich sie hege, für jetzt werden angenommen oder verworfen werden.« Und unter dem Datum von 20. September 1859: »Da ich Ihren Urteilsspruch für von bei weitem größerer Bedeutung in meinen Augen und ich glaube auch in den Augen der Welt als den von einem Dutzend irgendwelcher anderer Leute ansehe, [bin ich] sehr besorgt deswegen.«[46] Daß Lyell so lange brauchte, bevor er die Theorie der natürlichen Selektion uneingeschränkt unterstützte, brachte Darwin der Verbitterung nahe. Im Januar 1863 schrieb er an Hooker: »Ich bin [...] tief enttäuscht (ich meine nicht persönlich) zu finden, daß seine Zaghaftigkeit ihn daran hindert, irgendein Urteil abzugeben. [...] Und das Beste an dem Scherze ist, daß er glaubt, er habe mit dem Mute eines Märtyrers aus alten Zeiten gehandelt.«[47] Nach den Regeln des reziproken Altruismus verlangte Darwin jedoch zuviel. Lyell war damals immerhin schon 65 Jahre alt und hatte der Nachwelt ein reiches geistiges Vermächtnis zu hinterlassen, für das nicht viel zu gewinnen war, wenn er für die Theorie eines andern eintrat. Er konnte seiner eigenen Sache aber merklich schaden, wenn er sie in den Augen der Öffentlichkeit mit einer radikalen Theorie in Verbindung brachte, die sich später vielleicht als falsch erweisen sollte. Hinzu kam, daß Lyell sich gegen die Entwicklungslehre in ihrer Lamarckschen Variante ausgesprochen hatte, so daß er jetzt Gefahr lief, mit einem Eintreten für Darwin den Eindruck zu erwecken, er mache einen Rückzieher. Darwins Theorie war mithin für die beiden Männer kein »gemeinsames Anliegen«, wie es zwei Jahrzehnte früher die Theorie Lyells gewesen war, als Darwin einen Schaukasten für sein frisch gesammeltes Datenmaterial brauchte. Und da Lyell sich inzwischen für Darwins Unterstützung in vielerlei Weise erkenntlich gezeigt hatte, war seine Dankesschuld gegenüber Darwin nurmehr gering, wenn nicht ganz abgetragen. Darwin scheint in diesem Fall einer merkwürdig vordarwinistischen Auffassung vom Wesen der Freundschaft erlegen zu sein. Oder seine Erwartung war vielleicht das Ergebnis einer egozentrischen Buchführung.

Daß Darwin sich von 1859 an eifrig Verbündete zu schaffen suchte, beweist natürlich nicht, daß er all die Jahre zuvor eine bewußte Strategie verfolgte. Die Allianz mit Hooker kam offenbar auf ziemlich unverfängliche Weise zustande. Die Verbindung reifte in den 1840er Jahren als eine Freundschaft der klassischen Art heran – auf gemeinsamen Interessen und Werten beruhend und durch wechselseitige Zuneigung geweiht.[48] Als sich zeigte, daß eine dieser Gemeinsamkeiten die Aufgeschlossenheit für den Entwicklungsgedanken war, konnte dies Darwins Zuneigung nur verstärken. Wir brauchen deswegen jedoch nicht anzunehmen, daß sich Darwin daraufhin Hooker als einen glühenden Verteidiger seiner Theorie vorstellte. Mit der aus gemeinsamen Interessen entspringenden Zuneigung bekundet die natürliche Selektion ihre *stillschweigende* Anerkennung des politischen Nutzens von Freunden.

Ähnliches gilt auch für Darwins Freude über Hookers lauteren Charakter. (»Man kann mit einem Blick erkennen, daß er durch und durch ein Ehrenmann ist.«[49]) Gewiß, die Vertrauenswürdigkeit Hookers sollte sich einmal als sehr wichtig herausstellen; in der Rolle des Vertrauten diente er Darwin jedoch als Resonanzboden für seine Ideen, lange bevor diese in die öffentliche Diskussion gerieten. Doch das bedeutet nicht, daß Darwin von Anfang an den Nutzwert von Hookers Vertrauenswürdigkeit berechnet hätte. Die natürliche Selektion hat uns mit der Hinneigung zu Menschen ausgestattet, die uns verläßliche Partner im reziproken Altruismus sein können. In allen Kulturen ist das Zweigespann von gemeinsamen Interessen und Vertrauen die *conditio sine qua non* der Freundschaft.

Gerade Darwins *zwanghaftes* Verlangen nach einem Vertrauten – und beim Heranrücken des Zeitpunkts der Veröffentlichung seiner Theorie das Verlangen, in Lyell, Gray, Huxley und anderen weitere Vertraute zu haben – ist als evolutionäres und nicht als subjektives Kalkül zu betrachten. »Ich glaube nicht, daß ich tapfer genug bin, es ohne Unterstützung ertragen zu können, verhaßt zu sein«, schrieb er wenige Tage nach dem Erscheinen von *Die Entstehung der Arten.*[50] Wer hätte schon diese Tapferkeit besessen? Es wäre ja in gewisser Weise übermenschlich, einen solch massiven Angriff auf den Status quo zu starten, ohne sich zuvor gesellschaftlichen Rückhalt zu sichern.

Man stelle sich vor, wie oft seit den Tagen unserer menschenäffischen Vorfahren der Erfolg bei der Herausforderung eines Sozialverbands davon abhing, ob es dem Herausforderer gelang, eine stabile Koalition zu bilden. Versuchen wir uns vorzustellen, wie oft es den Herausforderern an den Kragen ging, weil sie vorschnell handelten oder ihre Machenschaften nicht geheimhielten. Man stelle sich die enormen Reproduktionsvorteile vor, um die es dabei ging. Ist es da noch ein Wunder, daß in allen Kulturen Meutereien jedweder Art mit Geflüster begannen? Daß selbst ein unerfahrener sechsjähriger Schuljunge intuitiv spürt, daß es klug ist, erst einmal seine Mitschüler auszuhorchen, wie sie zu dem stehen, der die andern ständig schikaniert, ehe er ihn herausfordert? Als Darwin aus der für ihn typischen Haltung der Defensive heraus (an Asa Gray schrieb er: »Ich weiß, Sie werden mich ganz und gar verachten, wenn ich Ihnen mitteile, zu welchen Ansichten ich gelangt bin«[51]) einigen wenigen Auserwählten vertraulich über seine Theorie informierte, gehorchte er vermutlich ebensosehr seinem Gefühl wie seinem Verstand.

Das Problem mit Wallace

Im Jahr 1858 begann die schwerste Krise in Darwins Laufbahn. Noch während er an seinem riesigen Manuskript arbeitete, mußte er feststellen, daß er zu lange gewartet hatte. Soeben – zwei Jahrzehnte später als er – hatte Alfred Russel Wallace die Theorie der natürlichen Selektion konzipiert und war im Begriff, ihm mit der Veröffentlichung zuvorzukommen. Darwin reagierte darauf, indem er entschlossen für seine eigenen Interessen kämpfte, aber er tat dies auf so sanfte Weise und mit so vielen moralischen Bedenken, daß seither alle Beobachter in dieser Episode ein weiteres Beispiel für seine geradezu übermenschliche Anständigkeit sahen.

Wallace war ein junger Naturforscher, der wie zuvor der junge Darwin zu Schiff nach fernen Landen aufgebrochen war, um die Formen des Lebens zu studieren. Darwin wußte schon seit einiger Zeit – seit im Jahrgang 1855 der populärwissenschaftlichen Zeitschrift *Annals and Magazine of Natural History* ein einschlägiger Aufsatz von Wallace erschienen war –, daß Wallace sich für die Frage der Entstehung und Verbreitung der Arten interessierte. Ja, die beiden hatten sogar Briefe über diesen Gegenstand gewechselt. Darwin hatte darin seinem Korrespondenzpartner gegenüber erwähnt, daß er in dieser Sache bereits eine »deutliche und konkrete Vorstellung« habe, jedoch hinzugefügt: »Es ist wirklich *unmöglich*, meine Ansichten im Rahmen eines Briefs darzulegen.« Doch Darwin widerstand weiter allem Drängen, eine kurze Darstellung seiner Theorie zu veröffentlichen. Insbesondere Lyell hatte ihn gedrängt, seine Theorie schriftlich zu dokumentieren. »Mir widerstrebt der Gedanke, um der Priorität willen zu schreiben«, hatte Darwin geantwortet. »Allerdings würde es mich sicherlich grämen, sollte irgendwer meine Theorie vor mir veröffentlichen.[52]

Den Anlaß, sich zu grämen, erhielt er am 18. Juni 1858 per Post: in Gestalt eines Briefs von Wallace. Das Schreiben enthielt eine knappe Skizze von dessen Entwicklungslehre, deren Übereinstimmung mit seiner eigenen ihn frappierte. »Ich habe niemals ein auffallenderes Zusammentreffen gesehen«, berichtete er an Lyell. »Wenn Wallace meine handschriftliche Skizze vom Jahre 1842 hätte, würde er nicht einen bessern kürzern Auszug haben machen können! Selbst seine Ausdrücke stehen jetzt als Überschriften über meinen Kapiteln.«[53]

Die Panik, die Darwin an jenem Tag ergriffen haben muß, verdankte er der Findigkeit der natürlichen Selektion. Die biochemische Grundlage von Panik datiert wahrscheinlich aus der Reptilphase unserer Stammesgschichte. In diesem Fall wurde sie jedoch nicht durch den Urreiz – Gefahr für Leib und Leben – ausgelöst, sondern durch eine Bedrohung der gesellschaftlichen Rangstellung, was eher für das Primatendasein unserer Tage charakteristisch ist. Und was noch wichtiger ist: Die Bedrohung war nicht, wie bei unserer Primatenverwandtschaft üblich, physischer Art, sondern ging von Abstrakta aus: von Wörtern und Sätzen – Symbolen, deren Verstehen von erst vor wenigen Millionen Jahren hinzugekommenem Hirngewebe abhängt. Hier zeigt sich, wie die Evolution uralte Rohmaterialien ständig an aktuelle Bedürfnisse anpaßt.

Vermutlich hat sich Darwin nicht die Zeit genommen, um Betrachtungen über das Naturwunder anzustellen, das seine Panik darstellte. Er leitete das Exposé von Wallace an Lyell weiter – dessen Urteil einzuholen ihn Wallace gebeten hatte – und ersuchte diesen um Rat. Strenggenommen ist »ersuchte« für den Wortlaut von Darwins Schreiben ein zu starker Ausdruck; er gibt wieder, was ich zwischen den Zeilen lese. Darwin schlug Lyell ein pietätvolles Verfahren vor und überließ es Lyell, eine weniger pietätvolle Vorgehensweise anzuraten. »Bitte senden Sie mir das Manuskript zurück, von dem er nicht sagt, daß er wünsche, ich möchte es veröffentlichen; ich werde ihm aber natürlich sofort schreiben und ihm anbieten, es an irgendein Journal zu schicken. Es wird denn damit meine ganze Originalität, welchen Umfang sie auch haben mag, vernichtet werden, obgleich mein Buch, wenn es überhaupt jemals einen Wert haben wird, nicht verschlechtert werden wird, da die ganze Mühe in der Anwendung der Theorie besteht.«[54]

Lyells Antwort – die eigenartigerweise nicht erhalten ist, obwohl Darwin seine Korrespondenz mit peinlichster Gewissenhaftigkeit sammelte und aufbewahrte – scheint Darwins Rücksichtnahme erfolgreich begrenzt zu haben. Er schrieb Lyell zurück: »Es findet sich nichts in Wallaces Skizze, welches nicht viel ausführlicher in meiner 1844 rein abgeschriebenen Skizze niedergeschrieben ist, die Hooker vor mehr als einem Dutzend Jahren gelesen hat. Ungefähr vor einem Jahr habe ich eine kurze Skizze, von der ich eine Abschrift habe, [...] an Asa Gray geschickt, so daß ich in vollster Wahrheit sagen und es beweisen kann, daß ich nichts von Wallace genommen habe.«

Dann begann Darwin vor Lyells Augen ein heroisches Ringen mit dem eigenen Gewissen. Auf die Gefahr hin, zynisch zu wirken, setze ich im folgenden in den Wortlaut von Darwins Brief zwischen Winkelklammern das implizit Gemeinte hinzu: »Ich würde nun jetzt außerordentlich

gern eine Skizze meiner allgemeinen Ansichten auf ungefähr einem Dutzend Seiten oder so veröffentlichen; ich
kann mich aber nicht überzeugen, daß ich das ehrenhafterweise tun kann. ‹Wollen nicht Sie mich davon überzeugen?› Wallace sagt nichts über die Veröffentlichtung, und
ich schließe seinen Brief hier bei. Da ich aber nicht beabsichtigt hatte, irgendeine Skizze zu veröffentlichen, kann
ich es ehrenhafterweise tun, weil Wallace mir die Umrisse
seiner Theorie geschickt hat? ‹Sagen Sie bitte, bitte ja!› [...]
Glauben Sie nicht, daß mir dadurch, daß er mir diese Skizze geschickt hat, die Hände gebunden sind? ‹Sagen Sie bitte, bitte nein!› [...] Ich würde Wallace eine Abschrift meines Briefs an Asa Gray schicken, um ihm zu zeigen, daß ich
nicht seine Theorie gestohlen habe. Ich kann aber nicht sagen, ob, wenn ich jetzt etwas herausgebe, es nicht niedrig
und armselig ist. ‹Sagen Sie, daß es *nicht* niedrig und armselig ist!›« In einem am darauffolgenden Tag hinzugefüg-
ten Postskriptum ernannte Darwin Lyell kurzerhand zum
Schiedsrichter und legte die ganze Angelegenheit in seine
Hände, die eigenen in Unschuld waschend: »Ich habe immer gedacht, daß Sie einen ausgezeichneten *Lord Chancellor* abgeben würden; ich appelliere nun jetzt an Sie als an
einen *Lord Chancellor*.«[55]

Darwins Seelenqual wurde verschärft durch familiäre
Ereignisse. Seine 14jährige Tochter Betty litt an Diphthe-
rie, und sein geistig behinderter Kleinster, Charles Waring,
war gerade am Scharlach erkrankt (der ihn bald dahinraf-
fen sollte).

Lyell beriet sich mit Hooker, den Darwin ebenfalls alar-
miert hatte, und die beiden entschieden, die Theorien von
Darwin und Wallace einander gleichzustellen. Sie würden
auf der nächsten Sitzung der *Linnean Society* das Exposé
von Wallace vorstellen und parallel dazu die Skizze, die
Darwin 1857 an Asa Gray geschickt hatte, sowie Teile des
Emma ausgehändigten Entwurfs von 1844, und das alles
sollte dann zusammen veröffentlicht werden. (Darwin

hatte seine im Druck knapp sechs Seiten umfassende Skizze für Asa Gray nur wenige Monate nach dem Zeitpunkt abgeschickt, zu dem er gegenüber Wallace erklärt hatte, seine Theorie sei »unmöglich« im Rahmen eines Briefs darzulegen. Ob er das Gefühl hatte, daß Wallace ihm gegenüber aufholte, und deshalb mit dieser Skizze einen unanfechtbaren Beweis seiner Priorität schaffen wollte, werden wir nie erfahren.) Da Wallace sich damals auf einer Insel des Malaiischen Archipels aufhielt, der Termin der nächsten Sitzung der *Linnean Society* aber kurz bevorstand, beschlossen Lyell und Hooker, ihren Plan ins Werk zu setzen, ohne zuvor seine Zustimmung einzuholen. Darwin ließ sie gewähren.

Als Wallace erfuhr, was geschehen war, erging es ihm ganz ähnlich wie mehr als zwanzig Jahre zuvor Charles Darwin, als er auf der Heimfahrt der »Beagle« von den Lobesworten erfuhr, die Adam Sedgwick über ihn verloren hatte. Wallace war ein junger Mann, der darauf brannte, sich einen Namen als Naturforscher zu machen. Er war vom Feedback aus den Reihen seiner Berufskollegen abgeschnitten und befand sich im ungewissen darüber, ob er der Wissenschaft viel zu geben hatte. Und jetzt wurde ihm unversehens eröffnet, daß seine Arbeit von bedeutenden Männern einer großen wissenschaftlichen Gesellschaft vorgetragen worden war. Voll Stolz schrieb er seiner Mutter: »Ich habe Mr. Darwin einen Aufsatz über einen Gegenstand geschickt, über den er derzeit ein größeres Werk schreibt. Er hat ihn Dr. Hooker und Sir Charles Lyell gezeigt, die beide eine so hohe Meinung von ihm hatten, daß sie ihn umgehend der *Linnean Society* vortrugen. Damit ist mir nach meiner Rückkehr die Bekanntschaft und die Unterstützung dieser bedeutenden Männer sicher.«[56]

Darwins schlimmster moralischer Fehltritt?

Diese Sätze zählen zu den erschütterndsten Passagen der Wissenschaftsgeschichte. Man hatte Wallace gerade den letzten Heller abgenommen. Obwohl sein Name an gleicher Stelle wie der Darwins genannt worden war, stand jetzt fest, daß er von diesem in den Schatten gestellt werden würde. Denn daß irgendein dahergelaufener Grünschnabel sich in seinem Ehrgeiz als Evolutionstheoretiker betätigt und einen evolutionären Mechanismus postulierte, war keine umwerfende Neuigkeit, aber daß der allseits bekannte und hochgeachtete Charles Darwin ein Gleiches getan hatte, das war eine. Und wenn es da noch irgendeinen Zweifel gab, wessen Name künftig mit der Theorie verbunden werden solle, so würde dieser restlos ausgeräumt durch Darwins Buch, das der Autor nun endlich in gebotener Eile fertigstellen sollte. Damit bei der *Linnean Society* niemandem der Rangunterschied zwischen Darwin und Wallace entging, hatten Lyell und Hooker die Entwürfe der beiden zusammen mit einem als Vorwort dienenden Begleitbrief präsentiert, in dem es unter anderem hieß: »Während die wissenschaftliche Welt noch auf das Erscheinen von Mr. Darwins vollständigem Werk wartet, ist es angezeigt, einige der vornehmsten Ergebnisse seiner Arbeit zusammen mit denen seines begabten Briefpartners der Öffentlichkeit zu präsentieren.«[57] »Begabter Briefpartner« ist keine Wendung, mit der man voraussichtlich auf einem Platz im Ehrentempel der Wissenschaft landet.

Nun könnte man in Anbetracht der Tatsache, daß Darwin das Puzzle so viele Jahre vor Wallace zusammengesetzt hatte, der Meinung sein, daß Wallace am Ende zu Recht vergessen wurde.[58] Indes ist es in der Tat so, daß Wallace, anders als Darwin, im Juni 1858 einen Aufsatz über die natürliche Selektion fertig hatte, den er bereit war zu veröffentlichen, auch wenn Wallace Darwin bei der Zusendung nicht ausdrücklich darum bat. Hätte Wallace sein

Manuskript statt an Darwin an die Redaktion eines Fach-
journals geschickt – ja, man kann sagen: hätte er es *egal
wohin*, nur nicht an Darwin geschickt –, würde man sich
seiner heute womöglich als des Manns erinnern, der als erster die Theorie von der Enstehung der Arten durch natürliche Zuchtwahl aufstellte.[59] Darwins großartiges Buch
wäre formal gesehen die Ausarbeitung und Popularisie-
rung des Einfalls eines andern Wissenschaftlers gewesen.
Wessen Namen die Evolutionstheorie in diesem Fall getragen hätte, wird für immer eine offene Frage bleiben.

Wie berechtigt Darwins Weltruhm auch sein mag – man
kann kaum behaupten, daß er die schwerste moralische
Prüfung seines Lebens mit Glanz bestanden hätte. Überlegen wir, welche Wege ihm, Lyell und Hooker offenstanden. Sie hätten Wallaces Version der Theorie allein veröffentlichen können. Sie hätten Wallace schreiben und ihm
– wie von Darwin ursprünglich vorgeschlagen – anbieten
können, sein Exposé allein und vielleicht sogar ohne Erwähnung der Version Darwins zu veröffentlichen. Sie hätten Wallace schreiben, ihm die Situation schildern und ihn
um seine Zustimmung zu einer gemeinsamen Veröffentlichung bitten können. Und sie hätten so verfahren können, wie sie schließlich verfahren sind. Da nach allem, was
man wußte, nicht auszuschließen war, daß Wallace, hätte
man ihn gefragt, eine gemeinsame Veröffentlichung abge-
lehnt hätte, bot die am Ende gewählte Vorgehensweise als
einzige die Gewähr dafür, daß die Theorie der natürlichen
Selektion als Darwins Schöpfung in die Geschichte eingehen würde. Und das schloß ein, daß der Aufsatz von Wallace ohne ausdrückliche Genehmigung des Verfassers publiziert wurde – ein Vorgehen, dessen Rechtmäßigkeit jemand von so enormen Skrupeln wie Darwin wohl bezweifelt haben dürfte.

Merkwürdigerweise wird dieses Manöver von Beobachtern immer wieder als eine Art Musterbeispiel für die
menschliche Moralität dargestellt. Julian Huxley, der Enkel

Thomas Huxleys, nannte das Ergebnis »ein Dokument des natürlichen Edelmuts der beiden großen Biologen«.[60] Loren Eiseley sprach von »jener in den Annalen der Wissenschaft mit Recht so gefeierten beiderseitigen Noblesse«.[61] Beide haben zur Hälfte recht. Wallace, die Liebenswürdigkeit in Person, sollte noch lange, danach – korrekterweise, aber deshalb noch immer großmütig und nobel – betonen, Darwin habe aufgrund der Dauer und der Tiefe seines Nachdenkens über die Evolution als erster Anspruch auf den Titel eines Schöpfers der Evolutionstheorie. Wallace gab sogar einem seiner Bücher den Titel *Darwinismus*.

Wallace blieb sein ganzes Leben ein eifriger Verfechter der Theorie der natürlichen Selektion, engte deren Geltungsbereich jedoch entscheidend ein. Ihm kamen Zweifel, ob die Theorie die menschlichen Geisteskräfte vollständig zu erklären vermochte; die Menschen schienen ihm intelligenter zu sein, als zum bloßen Überleben *notwendig* war. Er kam zu dem Schluß, daß zwar der Körperbau des Menschen ein Werk der natürlichen Selektion war, seine Geisteskräfte jedoch von Gott verliehen waren. Es wäre wohl (selbst nach darwinistischen Maßstäben) allzu zynisch, wollte man behaupten, Wallace hätte diese Revision der reinen Lehre wahrscheinlich nicht vorgenommen, wenn die Theorie der natürlichen Selektion unter dem Namen »Wallacismus« populär geworden wäre. Wie dem auch sei, der Mann, dessen Name tatsächlich zum Synonym für die Entwicklungslehre geworden war, zeigte sich besorgt darüber, daß der Glaube an die Theorie bei Wallace nachließ. »Ich hoffe, Du hast Dein eigenes und mein Kind nicht ganz und gar gemeuchelt«, bekam er von Darwin zu hören.[62] (Also von jemandem, der nach einer kurzen Erwähnung des Namens Wallace in der Einleitung zur *Entstehung der Arten* auf den nachfolgenden Seiten von der Theorie der natürlichen Selektion immer nur als von »meiner Theorie« sprach.)

Die verbreitete Vorstellung, Darwin habe sich in der

Wallace-Episode wie ein vollkommener Gentleman betragen, lebt zum Teil von dem Mythos, daß er außer den oben genannten Handlungsmöglichkeiten noch eine weitere gehabt hätte – nämlich daß er im Eilverfahren seine eigene Theorie hätte veröffentlichen können, ohne Wallace auch nur mit einem Wort zu erwähnen. Wäre Wallace jedoch nicht noch treuherziger gewesen, als er es ohnehin gewesen zu sein scheint, hätte Darwin bei dieser Vorgehensweise einen Skandal heraufbeschworen, der seinen Namen dermaßen befleckt hätte, daß dessen Verkoppelung mit der Theorie in Gefahr gewesen wäre. Mit andern Worten: Diese Option war keine. Der Biograph, der voll Bewunderung feststellte, daß Darwin »der Gedanke verhaßt war, die Priorität einzubüßen, aber noch verhaßter der Gedanke, womöglich den Verdacht auf sich zu ziehen, er habe sich in unfairer, eines Gentleman unwürdiger Weise verhalten«[63], trennte Dinge, die in diesem Fall nicht zu trennen sind. Für unfair gehalten zu werden, hätte Darwins Prioritätsrecht gefährdet. Als Darwin genau eine Woche nach Erhalt der Skizze von Wallace an Lyell schrieb: »Ich würde viel lieber mein ganzes Buch verbrennen, als daß er oder irgend jemand anderer denken sollte, ich hätte mich in einer elenden Weise benommen«, zeigte er weniger Anstand als Köpfchen.[64] Oder besser: Er bewies Anstand, was besonders in seinem gesellschaftlichen Umfeld dasselbe war wie Verstand. Klug zu machen ist die Funktion des Gewissens.

Eine zweite Wurzel der Naivität, mit der Darwins Verhalten rückblickend beurteilt wird, ist dessen brillanter Einfall, die ganze Angelegenheit in die Hände von Lyell und Hooker zu legen. »In seiner Verzweiflung faßte er den Entschluß: ›Ohne mich‹«, wie ein Biograph es entgegenkommend formulierte.[65] Darwin sollte diese Ohne-mich-Taktik immer wieder zur moralischen Tarnung nutzen. Nachdem Wallace seine Zustimmung zu der Geschichte, wie sie nun einmal gelaufen war, signalisiert hatte, schrieb ihm Darwin: »Obgleich ich absolut nichts damit zu tun hatte, Lyell und Hooker dazu zu bestimmen, was sie für eine gerechte und billige Handlungsweise hielten, so konnte ich doch natürlicherweise nur begierig sein zu erfahren, was ihr Eindruck sein würde.«[65] Nun, wenn er sich nicht sicher war, ob Wallace zustimmen würde, warum machte er sich nicht die Mühe, bei ihm nachzufragen? Hätte Darwin, nachdem er die Veröffentlichung seiner Theorie zwei Jahrzehnte lang hinausgeschoben hatte, nicht noch ein paar Monate länger warten können? Wallace hatte ihn gebeten, sein Manuskript zur Begutachtung an Lyell weiterzuleiten, aber er hatte nichts davon gesagt, daß Lyell dessen weiteres Schicksal bestimmen solle.

Mit der Behauptung, er habe »absolut nichts« mit Lyells und Hookers Entscheidung zu tun, ging Darwin ein bißchen weit, was aber ohnehin belanglos ist, denn die beiden zählten zu seinen engsten Freunden. Gewiß wäre es Darwin nie eingefallen, seinen Bruder Erasmus zum unparteiischen Schiedsrichter zu machen. Wir haben aber allen Grund, zu vermuten, daß die Evolution, als sie die Freundschaft in das Verhaltensrepertoire der Spezies Mensch einbaute, erfinderischen Gebrauch machte von vielen Regungen der Zuneigung, Ergebenheit und Treue, die sie ursprünglich benutzt hatte, um Verwandte aneinander zu binden.

Darwin wußte das natürlich nicht, aber sicher wußte er, daß ein Freund zur Parteilichkeit neigt – daß ein Freund als solcher jemand ist, der zumindest teilweise die dem eigenen Vorteil dienenden Vorurteile teilt. Daß er Lyell als unparteiisch – als einen *Lord Chancellor* – hinstellt, ist bemerkenswert. Und das um so mehr im Licht von Darwins späteren Appellen an ihrer beider Freundschaft, wenn er Lyell praktisch bittet, ihn mit der Unterstützung der Theorie der natürlichen Selektion einen persönlichen Gefallen zu tun.

Manöverkritik

Genug der moralischen Entrüstung! Wer bin ich, daß ich mich zum Sittenrichter aufschwingen dürfte! Ich habe Schlimmeres verbrochen als Darwin mit diesem seinem größten Fehltritt. Tatsächlich ist meine Fähigkeit, mich in all diese gerechte Empörung hineinzusteigern und die Haltung moralischer Überlegenheit einzunehmen, ein Tribut an die selektive Blindheit, mit der die Evolution uns alle ausgestattet hat. Jetzt werde ich versuchen, über mein biologisches Erbe hinauszugehen und genügend Objektivität für eine frische Würdigung jener Züge der Wallace-Episode aufzubringen, die aus darwinistischer Sicht die bemerkenswertesten sind.

Halten wir zunächst die außerordentliche Biegsamkeit von Darwins Werten fest. In der Regel hatte er für akademisches Revierverhalten nur Geringschätzung übrig. Daß ein Wissenschaftler auf der Hut vor Rivalen war, die ihm seine Einfälle stehlen könnten, war in seinen Augen »eines Wahrheitssuchers unwürdig«.[67] Und obzwar er zu scharfsichtig und zu ehrlich war, um zu leugnen, daß der Ruhm auch ihn zu locken vermochte, war er doch meist der Überzeugung, daß diese Lockung bei ihm nur wenig bewirke. Er meinte, ohne sie würde er genauso hart an seinem Buch über den Artenwandel arbeiten.[68] Als dann ein anderer in sein Revier einbrach, ergriff er jedoch sofort Abwehrmaßnahmen. Dazu gehörte auch, daß er nun, da nicht mehr ganz sicher war, wessen Name die Evolutionstheorie tragen würde, *Die Entstehung der Arten* im Eiltempo fertigstellte. Der Widerspruch entging Darwin nicht. Zwei Wochen nach der historischen Sitzung der *Linnean Society* schrieb er an Hooker: »Ich habe es immer für sehr möglich gehalten, daß man mir zuvorkommen würde, ich bildete mir aber ein, ich hätte einen Geist groß genug, um mich nicht darum zu sorgen: ich finde aber, daß ich mich geirrt habe und bestraft werde.«[69]

Im selben Maß, wie die Krise in die Vergangenheit entschwand, kam Darwins alte Rücksichtnahme wieder zum Vorschein. In seiner Autobiographie behauptete er, daß »es mir sehr wenig ausmachte, ob man mir oder Wallace den größten Anteil an der Urheberschaft [der Evolutionstheorie] zusprach«.[70] Wer heute die von tiefster Bestürzung zeugenden Briefe liest, die Darwin im Frühsommer 1858 an Lyell und Hooker schrieb, kann sich nur wundern über das Ausmaß seiner Fähigkeit zum Selbstbetrug.

Die Wallace-Episode wirft ein Schlaglicht auf die Scheidelinie, die im Gewissen zwischen Verwandtschaftsselektion und reziprokem Altruismus verläuft. Schuldgefühle wegen des Leids, das wir einem Geschwister zugefügt, oder des Betrugs, den wir an ihm begangen haben, haben wir im wesentlichen deshalb, weil die natürliche Selektion »will«, daß wir nett sind zu jenen, die so viele Gene mit uns gemeinsam haben. Schuldgefühle gegenüber einem Freund oder einem Bekannten hingegen empfinden wir, weil die natürliche Selektion »will«, daß wir den *Eindruck erwecken*, als ob wir nett wären. Altruistisch zu *scheinen*, nicht altruistisch zu *sein*, bringt andere dazu, sich uns gegenüber erkenntlich zu zeigen. Ziel des Gewissens im Umgang mit andern ist es also, sich den Ruf der Großzügigkeit und Anständigkeit zu verschaffen und zu bewahren, einerlei wie es sich wirklich verhält.[71] Natürlich schließt der Erwerb und der Erhalt eines guten Rufs oft wirkliche Großzügigkeit und Anständigkeit ein. Manchmal aber auch nicht.

So gesehen funktionierte Darwins Gewissen optimal. Es machte ihn zu einem im allgemeinen verläßlichen Hort der Großzügigkeit und Anständigkeit – in einem so engen gesellschaftlichen Umfeld, daß hier wirkliche Großzügigkeit und Anständigkeit zur Wahrung der moralischen Reputation unerläßlich waren. Allerdings erwies sich seine Redlichkeit als nicht *absolut* gleichbleibend. Sein vielberühmtes Gewissen, scheinbar ein Bollwerk gegen alle Verderbtheit, war einsichtsvoll genug, just an dem Punkt seiner lebenslangen Jagd nach Prestige einen kleinen Schwächeanfall zu erleiden, als eine leichte Lockerung seiner moralischen Grundsätze am dringendsten geboten schien. Dieser kurze *blackout* erlaubte es Darwin, sich auf raffinierte Weise, sei's auch unbewußt, zum Schaden eines jungen, machtlosen Rivalen die Fäden zu ziehen und seine weitreichenden gesellschaftlichen Verbindungen spielen zu lassen.

Von darwinistischen Theoretikern stammt die Anregung, das Gewissen als Verwalter eines Sparkontos zu betrachten, dessen Einlagen aus moralischer Reputation bestehen.[72] Darwin hatte über Jahrzehnte mit zahllosen augenfälligen Beweisen seiner Skrupel fleißig Kapital angehäuft. Mit der Wallace-Episode war der Moment gekommen, etwas davon aufs Spiel zu setzen. Selbst wenn er fürs erste einen Teil des Einsatzes verlor – wenn man sich da und dort Bedenken zuflüsterte, ob es korrekt war, das Exposé ohne Zustimmung des Verfassers Wallace zu veröffentlichen –, war das in Anbetracht des von fern winkenden Prestigegewinns immer noch ein vertretbares Risiko. Derlei Entscheidungen über den Einsatz von Ressourcen zu treffen, ist die Aufgabe, für die das menschliche Gewissen geschaffen wurde. Und diese Aufgabe hat Darwins Gewissen im Verlauf der Wallace-Episode gut gemeistert.

Wie es sich traf, hatte Darwin von seinem Kapital nichts verloren. Er stand nach der Affäre mit ebenso blütenweißer Weste da wie vorher. In einem Schreiben an die *Linnean Society* schilderten Lyell und Hooker, was geschehen war, nachdem Darwin den Aufsatz von Wallace erhalten hatte, wie folgt: »Mr. Darwin schätzte den Wert der darin entwickelten Ansichten so hoch, daß er in einem Brief an Sir Charles Lyell den Vorschlag machte, Mr. Wallaces Erlaubnis zu erlangen, daß der Entwurf so bald wie möglich veröffentlicht werde. Diesen Schritt billigten wir außerordentlich, vorausgesetzt, daß Mr. Darwin, wozu er (zugunsten Mr. Wallaces) starke Neigung hatte, dem Publikum die Abhandlung nicht vorenthielt, welche er selbst über den Gegenstand geschrieben hatte und welche [...] einer von uns im Jahre 1844 durchgelesen hatte, und von deren Inhalte wir beide schon viele Jahre lang heimliche Mitwisser gewesen waren«.[73]

Über ein Jahrhundert später war diese geschönte Darstellung der Ereignisse noch immer als Standardversion in Umlauf: Ein von heftigten Skrupeln geplagter Darwin wird förmlich gezwungen, seine Ideen zusammen mit denen seines Rivalen zu veröffentlichen und seinen Namen neben den von Wallace zu setzen. Nach den Worten eines seiner Biographen »scheint [Darwin] angesichts Lyells und Hookers Drängen auf Publikation kaum Herr seiner Entschlüsse gewesen zu sein«.[74]

Nichts berechtigt zu der Annahme, Darwin habe die Verdrängung von Wallace aus dem Licht der Geschichte bewußt inszeniert. Nehmen wir den Einfall, Lyell zum »*Lord Chancellor*« zu ernennen, was sich dann als kluger Schachzug erweisen sollte. Der natürliche Impuls, sich in einer schwierigen Lage bei Freunden Rat zu holen, empfindet man ohne jedes Gefühl der Schuld. Man denkt dabei nicht unbedingt: »Ich werde mich lieber an einen Freund als an irgend jemand Fremden wenden, weil ein Freund meine eigenen Vorstellungen davon teilt, was mir selbst und was meinen Rivalen zusteht.« Und ebenso verhält es sich mit Darwins Pose des von moralischen Skrupeln Gemarterten: Sie wirkte, weil er nicht wußte, daß es eine Pose war — anders gesagt, weil es *keine Pose* war. Er fühlte sich wirklich gemartert.

Und das nicht zum erstenmal. Das Schuldgefühl, mit dem Darwin Priorität bei der Urheberschaft der Evolutionstheorie beanspruchte — sein viel größeres Prestige gegen Wallace ausspielend, um noch mehr Prestige zu ergattern —, war lediglich das zu diesem Zeitpunkt letzte Glied einer Kette ähnlicher Gewissensqualen, die sein ganzes Leben durchzog. (Erinnern wir uns an John Bowlbys Diagnose, derzufolge Darwin an »Selbstverachtung wegen seiner Eitelkeit« litt: »Sein ganzes Leben lang ist sein Verlangen nach Beachtung und Ruhm immer wieder gepaart mit der tiefen Scham, die er empfindet, weil er solche Strebungen in sich hegt.«[75]) Tatsächlich war es nicht zuletzt die erwiesene Echtheit von Darwins Seelenpein, die Hooker und Lyell davon überzeugten, daß ihr Freund eine »starke« Abneigung gegen Ruhm hatte. Diese Überzeugung erleichterte es ihnen, auch andere davon zu überzeugen, daß es so sei.

Mit alldem soll jedoch nicht einmal andeutungsweise behauptet werden, Darwin sei in seinem Verhalten vollkommen auf Anpassung ausgerichtet gewesen, habe einzig und allein die Aufgabe einer möglichst weiten Verbreitung seines Erbguts im Sinn gehabt, wobei diese Aufgabe alles und jedes rechtfertigte, was ihm in so reichlichem Maß an Mühsal und Leiden widerfuhr. Angesichts des Unterschieds zwischen dem England des 19. Jahrhunderts und der Umwelt (den Umwelten), die Schauplatz unserer Evolution war(en), ist eine solche funktionelle Perfektion das Letzte, was zu erwarten ist. Tatsächlich war Darwins Moralempfinden, wie in einem früheren Kapitel gesagt, stärker, als das Eigeninteresse es erforderte. Das Kapital auf seinem moralischen Sparkonto wäre mehr als genug gewesen, auch wenn er nicht wegen unbeantworteter Briefe nachts wachgelegen oder zugunsten verhungerter Schafe gegen deren Besitzer einen Kreuzzug geführt hätte. Was hier behauptet wird, ist lediglich, daß sich eine ganze Reihe der vieldiskutierten psychischen und charakterlichen Merkwürdigkeiten Darwins auf elementarer Ebene als sinnvoll erweisen, wenn man sie durch die Brille der Evolutionspsychologie betrachtet.

In der Tat gewinnt aus dieser Sicht seine gesamte Laufbahn eine gewisse Folgerichtigkeit. Sie macht nicht mehr den Eindruck einer unschlüssigen, häufig von Selbstzweifeln und unangemessenem Respekt vor andern behinderten Suche, sondern gleicht eher einem konsequent und mit nie erlahmender Zielstrebigkeit betriebenen Aufstieg, geschickt versteckt hinter einem Mantel aus Gewissensbissen und Bescheidenheit. Hinter Darwins Gewissensqualen steckte eine moralische Standortbestimmung. Hinter seiner Ehrfurcht vor Männern, die es zu etwas gebracht hatten, steckte Karrierismus. Hinter seinen quälenden, periodisch widerkehrenden Selbstzweifeln steckte die fieberhafte Abwehr von Bedrohungen aus dem gesellschaftlichen Umfeld. Hinter seiner Zuneigung zu Freunden steckte ein Gespür für politische Allianzen. Welch ein Exemplar der Spezies *Homo sapiens sapiens*!

IV.
DIE MORAL VON DER GESCHICHT'

Fünfzehntes Kapitel
DARWINISTISCHER (UND FREUDIANISCHER) ZYNISMUS

Die Möglichkeit des Gehirns, abgetrennt vom gewöhnlichen Bewußtseinszustand ganze Gedanken-, Gefühls- und Wahrnehmungsreihen zu haben, ist wahrscheinlich analog der doppelten Persönlichkeit, die sich in der Gewohnheit zeigt, wenn man unbewußt mit Bezug auf ein aktiveres Ich handelt.

Darwin, Notizbuch M (1838)[1]

Das bisher gezeichnete Bild der menschlichen Natur ist im ganzen genommen wenig schmeichelhaft.

Wir verbringen unser Leben mit der verzweifelten Jagd nach gesellschaftlichem Status. Wir sind – da Neurotransmitter freigesetzt werden, wenn es uns gelingt, andere zu beeindrucken – buchstäblich süchtig nach gesellschaftlicher Anerkennung. Viele von uns behaupten, sich selbst genug zu sein, eine Art moralischen Kreiselkompaß in sich zu tragen, der sie auf Kurs hält, und, komme, was wolle, an für uns alle verbindlichen Werten festzuhalten. Doch Menschen, denen gesellschaftliche Anerkennung wirklich gleichgültig ist, werden als Soziopathen eingestuft. Und die Bezeichnungen, die für Leute am andern Ende des Spektrums bereitgehalten werden, für Leute, denen Anerkennung alles ist – »Streber«, »Karrieristen« –, sind nur Zeichen für die uns eigene selektive Blindheit. Wir sind alle Streber und Karrieristen. Menschen, denen dieses Etikett angehängt wird, sind entweder so erfolgreich, daß sie Neid erregen, oder so taktlos, ihre Anstrengungen offen zu zeigen, oder beides.

Unserer Großzügigkeit und unserer Zuneigung liegt ein eng definierter Zweck zugrunde. Sie richten sich auf Blutsverwandte, mit denen wir genetische Gemeinsamkeit haben, auf gegengeschlechtliche Nichtverwandte, die uns helfen können, unsere Gene in die nächste Generation zu transportieren, und auf gegengeschlechtliche wie gleichgeschlechtliche Nichtverwandte, die den Eindruck erwekken, als würden sie sich für unsere Gunst erkenntlich zeigen. Was noch wichtiger ist: Die Gunst geht oft Hand in Hand mit Unehrlichkeit und Bosheit, denn wir tun unseren Freunden den Gefallen, ihre Fehler zu übersehen, die Fehler ihrer Feinde dagegen unter die Lupe zu nehmen. Zuneigung ist ein Medium der Feindschaft. Indem wir Bindungen eingehen, vertiefen wir Spaltungen.[2]

Bei unseren Freundschaften wie bei andern Dingen sind wir entschiedene Gegener des Gleichheitsprinzips. Wir schätzen besonders die Zuneigung gesellschaftlich hochstehender Persönlichkeiten und sind bereit, dafür einen höheren Preis zu zahlen, das heißt, von solchen Freunden weniger zu erwarten und sie nachsichtiger zu beurteilen. Freundschaftliche Gefühle können erlöschen, wenn der Freund oder die Freundin auf der gesellschaftlichen Stufenleiter abrutscht oder beim Aufstieg hinter uns zurückbleibt. Um uns die Abkühlung von Beziehungen zu erleichtern, neigen wir dazu, es zu rechtfertigen: »Zwischen uns gibt es nicht mehr so viele Gemeinsamkeiten wie früher.« Hohen gesellschaftlichen Status beispielsweise.

Man darf das getrost eine zynische Sicht menschlichen Verhaltens nennen. Doch was ist daran so neu? Zynismus ist nichts Revolutionäres. Manch einer würde in ihm sogar den Geist unserer Zeit erkennen – den mittlerweile zu Herrscherehren gelangten Nachfolger des viktorianischen Ernsts.[3]

Der Wechsel vom Ernst des 19. zum Zynismus des 20. Jahrhunderts wurde zum Teil auf Sigmund Freud zurückgeführt. Wie der neue Darwinismus entdeckt auch der Blick durch die Brille der Lehre Freuds noch in unseren unverdächtigsten Handlungen raffinierte unbewußte Zielsetzungen. Und wie der neue Darwinismus erkennt dieser Blick im Kern des Unbewußten animalische Wesenart.

Und das sind nicht die einzigen Gemeinsamkeiten im Denken Freuds und Darwins. Ungeachtet aller kritischen Einwände, die in den letzten Jahrzehnten gegen die Lehre Freuds laut wurden, ist sie, wo es – akademisch, moralisch, spirituell – um Deutung und Erklärung menschlichen Verhaltens geht, nach wie vor das einflußreichste Paradigma unserer Zeit. Und genau diese Position strebt der neue Darwinismus an.

Allein schon dieser Rivalität wegen lohnt es sich, die Psychologie Freuds und die Evolutionspsychologie voneinander abzugrenzen. Doch es gibt dafür auch andere, vielleicht noch wichtigere Gründe: Die Arten des Zynismus, welche die beiden Denkschulen mit sich bringen, unterscheiden sich wesentlich voneinander.

Sowohl der darwinistische als auch der freudianische Zynismus bergen weniger Bitterkeit als der Zynismus gewöhnlicher Art. Da der Argwohn, den beide gegen die Motive eines Menschen hegen, großenteils *unbewußten* Motiven gilt, betrachten sie den Menschen selbst oder zumindest den bewußten Teil der Person als eine Art ahnungslosen Komplizen. Sofern dieses innere Versteckspiel mit Leiden bezahlt wird, mag der Betreffende sogar sowohl Mitleid als auch Argwohn verdienen. Jeder erweist sich als Opfer.

Wie und warum es zu dieser Opferrolle kommt, ist allerdings eine Frage, in deren Beantwortung sich die beiden Denkschulen unterscheiden.

Freud hielt sich selbst für einen Darwinisten. Er bemühte sich, die menschliche Psyche als ein Produkt der Evolution zu begreifen, und dics müßte ihn eigentlich Evolutionsbiologen für immer lieb und wert machen. Jemand, der den Menschen als von sexuellen und andern unfeinen Impulsen getriebenes Tier betrachtet, kann nicht ganz schlecht sein. Doch Freuds Verständnis der Evolution war in elementaren Punkten falsch.[4] So legte er zum Beispiel großen Nachdruck auf die Lamarcksche Idee, daß durch

Erfahrung erworbene Eigenschaften auf biologischem Weg weitergegeben werden. Daß manche dieser falschen Auffassungen zu seiner Zeit weit verbreitet waren – und daß Darwin etliche teilte oder ihnen zumindest durch seine zweideutige Ausdrucksweise Vorschub leistete –, mag eine gute Entschuldigung sein. Tatsache bleibt trotzdem, daß er auf der Grundlage solcher Auffassungen Theoreme entwickelte, die sich für heutige Darwinisten wie schierer Mumpitz anhören.

Warum sollten die Menschen einen Todestrieb (»Thanatos«) haben? Warum sollten Mädchen den Wunsch nach einem männlichen Genital (»Penisneid«) haben? Warum sollten Jungen mit ihrer Mutter schlafen und ihren Vater umbringen wollen (»Ödipuskomplex«)? Man stelle sich Gene vor, die speziell die eine oder andere dieser Regungen kodieren: Solche Gene dürften nicht gerade dazu geschaffen sein, sich über Nacht im Genpool einer Jäger-und-Sammler-Gesellschaft zu verbreiten.

Daß Freud einen scharfen Blick für seelische Spannungen hatte, ist nicht zu leugnen. Etwas dem ödipalen Konflikt zwischen Vater und Sohn Ähnliches mag es durchaus geben. Doch wo ist dessen wahrer Ursprung zu suchen? Martin Daly und Margo Wilson zufolge verschmolz Freud hier diverse in darwinistischer Sicht eigenständige Triebkräfte, von denen ein Teil letzten Endes auf dem Boden des von Robert Trivers beschriebenen Eltern-Kind-Konflikts erwächst.[5] So können Jungen zumal in einer polygynen Gesellschaft (wie sie in unserer Ur-Umwelt gegeben war), wenn sie die Adoleszenz erreicht haben, auf einmal mit dem eigenen Vater in Konkurrenz um dieselben Frauen liegen. Aber unter diesen Frauen befindet sich *nicht* die Mutter des Jungen, denn aus einer inzestuösen Beziehung geht häufig erbgeschädigter Nachwuchs hervor. Es liegt also nicht im genetischen Interesse des Sohns, seiner Mutter Last und Risiko einer Schwangerschaft zuzumuten, nur damit er am Ende ein für die Fortpflanzung wertloses Geschwister bekommt. (Deswegen gibt es so selten Jungen, die versuchen, ihre Mutter zu verführen.)

In einem früheren Lebensstadium kann der Junge (übrigens auch ein Mädchen) mit dem Vater in einem Konflikt liegen, bei dem der Streitgegenstand tatsächlich die Mutter ist – aber dabei geht es nicht um sexuelle Rivalität. Vielmehr liegen Vater und Sohn dabei im Wettbewerb um die kostbare Zeit der Mutter und um ihre Zuwendung. Wenn überhaupt irgendwelche sexuellen Momente in diesem Kampf eine Rolle spielen, dann lediglich dergestalt, daß das genetische Interesse des Vaters nach neuerlicher Schwängerung der Mutter drängt, während es im genetischen Interesse des Sohns liegt, die Ankunft eines neuen Geschwisters hinauszuzögern (z. B. durch eine ausgedehnte Stillperiode, während der keine Ovulation stattfindet.)

Darwinistische Theoreme dieser Art sind häufig spekulativer Natur und im derzeitigen Anfangsstadium der Evolutionspsychologie nur schlecht geprüft. Anders als die Theoreme Freuds aber knüpfen sie an Gesichertes an: an die Einsicht in den Prozeß, der das menschliche Gehirn geformt hat. Die Evolutionspsychologie schreitet voran auf einem Weg, dessen Ziel und allgemeine Richtung gut markiert sind und dessen konkreter Verlauf immer wieder durch die Dialektik der Wissenschaft korrigiert werden wird.

Darwins Reglerknöpfe und ihre Justierung

Auf der ersten Etappe des Entwicklungswegs der Evolutionspsychologie geht es darum, die Reglerknöpfe der menschlichen Natur zu nennen – beispielsweise anzugeben, was ein Charles Darwin mit der geamten Menschheit gemeinsam hatte. Er sorgte sich – in gewissen Grenzen – um das Schicksal seiner Verwandten. Er strebte nach gesellschaftlichem Status. Er begehrte Sex. Er bemühte sich, seinesgleichen zu imponieren und zufriedenzustellen. Er trachtete danach, als ein guter Mensch zu erscheinen. Er schloß Allianzen und pflegte sie. Er versuchte Rivalen auszuschalten. Er betrog sich selbst, wenn eines der genannten Ziele es erforderte. Und er empfand alle Gefühle – Liebe, sexuelles Begehren, Mitgefühl, Hochachtung, Ehrgeiz, Zorn, Furcht, Gewissensbisse, Schuldgefühl, Dankbarkeit, Scham und andere mehr –, die den Menschen diesen Ziele zutreiben.

Nachdem er – bei Darwin oder wem auch immer – die elementaren Reglerknöpfe ausgemacht hat, lautet für den Darwinisten die nächste Frage: Was ist im gegebenen Fall das Besondere an der Justierung dieser Knöpfe? Darwin hatte ein außergewöhnlich reges Gewissen. Er pflegte seine Allianzen mit außergewöhnlicher Sorgfalt. Er war außergewöhnlich besorgt in bezug auf die Meinung, die andere über ihn hatten. Und so weiter.

Wie kam es zu diesen für ihn typischen Justierungen? Gute Frage. Kaum ein Entwicklungspsychologe hat sich bislang das Instrumentarium des neuen Paradigmas angeeignet, so daß es an Antworten fehlt. Doch der Weg, der zu den Antworten führt, ist wenigstens im Prinzip klar. Die junge, formbare Psyche wird durch Hinweisreize geformt, die in der Umwelt, in der unsere Evolution stattfand, Anhaltspunkte dafür boten, welche Verhaltensstrategien wohl am geeignetsten waren, unsere Gene zu verbreiten. In den Hinweisen spiegelt sich vermutlich zweierlei: in welchem gesellschaftlichen Umfeld man sich befindet und welche Vorzüge und Nachteile man für dieses Umfeld mitbringt.

Ein Teil dieser Hinweise wird durch die Verwandten vermittelt. Freud täuschte sich nicht, als ihm aufging, daß die nächsten Angehörigen – insbesondere die Eltern – zur Formung der werdenden Psyche einen entscheidenden Beitrag leisten. Und auch darin täuschte Freud sich nicht, daß die Eltern nicht immer nur zum Besten ihres Nachwuchses wirken und daß es zu gravierenden Konflikten zwischen Eltern und Kind kommen kann. Als Theoretiker des Eltern-Kind-Konflikts meint Trivers, daß die seelische Feineinstellung des Heranreifenden zum Teil im genetischen Interesse nicht des Regulierten (des Kinds), sondern der Regulierenden (der Eltern) vorgenommen werde. Die zwei Spielarten der Beeinflussung durch Angehörige – Instruktion und Ausbeutung – sind für den Beobachter immer schwer auseinanderzuhalten. Im Fall Darwins ist diese Schwierigkeit besonders groß, denn manche seiner charakteristischen Eigenschaften – immenser Respekt vor Autoritätspersonen, schwere Skrupel – waren ihm nicht nur nützlich im weiteren gesellschaftlichen Rahmen, sondern förderten auch seine Opferbereitschaft gegenüber der Familie.

Sollten sich Verhaltenswissenschaftler des neuen darwinistischen Paradigmas bedienen, um die mentale und emotionale Entwicklung des Menschen zu erforschen, werden sie sich von der von Freud wie von Psychiatern im allgemeinen (und von so gut wie jedem) stillschweigend gemachten Annahme verabschieden müssen, daß Schmerzen das Symptom eines anomalen, naturwidrigen Zustands seien, ein Anzeichen dafür, daß irgend etwas schiefgelaufen ist. Schmerzen, so der Evolutionpsychiater Randolph Nesse, sind Bestandteil der natürlichen Selektion (was natürlich nicht heißt, das wäre gut).[6] Die Merkmale, die dazu beitrugen, Darwin zu einem erfolgreichen Tier zu machen, waren die Quelle immenser Schmerzen: sein quälendes Gewissen, seine unbarmherzige Selbstkritik, sein »Hunger nach Bestätigung«, sein »übertriebener« Respekt vor Autoritätspersonen. Sollten diese Schmerzen tatsächlich, wie behauptet, zum Teil durch seinen Vater gefördert worden sein, dann ist es womöglich falsch, zu fragen, welcher Teufel wohl Robert Darwin geritten hat, dies zu tun. (Außer man antwortet vielleicht: »Mit der Präzision eines Schweizer Uhrwerks funktionierende Gene.«)

Zudem könnte es ein Fehler sein, anzunehmen, der junge Charles Darwin hätte diesen schmerzhaften Einfluß nicht in einem gewissen Maß selbst gefördert. Es könnte sehr wohl sein, daß die Menschen so geschaffen sind, daß sie schmerzhafte Führung akzeptieren, solange dies zur Verbreitung der eigenen Gene beiträgt (bzw. in der Ur-Umwelt beigetragen hätte). Vieles, was wie Grausamkeit seitens der Eltern aussieht, ist vielleicht doch *kein* Beispiel für den Triversschen Eltern-Kind-Konflikt.

Ein seelischer Zustand, an dem Darwin litt und der sich womöglich so lange dem Verständnis entziehen wird, wie die Psychologen ihn für unnatürlich halten, ist die Unsicherheit.

Vielleicht hat es sich schon seit Urzeiten immer wieder als zweckmäßig erwiesen, wenn Menschen, denen die klassischen Mittel für den Aufstieg auf der gesellschaftlichen Stufenleiter (rohe Kraft, attraktives Aussehen, Charisma) fehlen, andere Wege suchten. Ein solcher Weg führt über das vermehrte Engagement auf dem Gebiet des reziproken Altruismus – wozu ein empfindliches, ja quälendes Gewissen gehört sowie eine chronische Furcht, andern zu mißfallen. Die Stereotypen des arroganten, rücksichtslosen Draufgängers und des sich einschmeichelnden, respektvollen Schlappschwanzes sind sicher überzeichnet, könnten jedoch eine in der Wirklichkeit statistisch greifbare Entsprechung widerspiegeln und scheinen daher aus darwinistischer Sicht sinnvoll. Jedenfalls scheinen sie Darwins Erfahrung recht gut zu entsprechen. Er war ein gutgewachsener Junge, aber linkisch und introvertriert und hatte in der Elementarschule, wie er später schrieb, »nicht den Mut, mich mit anderen auf einen Kampf einzulassen«.[7] Obschon einige Gleichaltrige seine Zurückhaltung als Hochnäsigkeit deuteten, stand er zugleich im Ruf, ein guter Kamerad zu sein, »dem es Freude machte, seinen Mitschülern alle möglichen kleinen Gefälligkeiten zu erweisen«, wie einer seiner Mitschüler, sich erinnerte.[8] Später sollte

Kapitän FitzRoy staunen über Darwins »Eigenschaften [...]
die ihm jedermann zum Freund machen«.⁹

Aus sozialer Frustration im Kindesalter könnte ebenso
auch die Neigung zu strenger geistiger Selbstprüfung erwachsen. Kinder, die nicht gleichsam mühelos in der Gesellschaft aufsteigen, arbeiten vielleicht härter, um reiche
Informationsquellen zu werden, besonders, wenn sie eine
natürliche Begabung dafür zu haben scheinen. Darwin
setzte seine Anfälle von Selbstzweifel in eine Reihe glän-
zender wissenschaftlicher Werke um, die nicht nur seinen
Status erhöhten, sondern ihn auch zum geschätzten reziproken Altruisten machten.

Sollten sich diese Spekulationen als stichhaltig erweisen, dann sind die zwei Grundformen von Darwins Selbstzweifel – der intellektuelle und der moralische – zwei Seiten ein und derselben Medaille, dann sind beide Ausdruck
gesellschaftlicher Unsicherheit, dazu bestimmt, ihn, wenn
andere Mittel zu versagen schienen, zu einer geschätzten
Stütze der Gesellschaft zu machen. Darwins »hochgradige
Empfindlichkeit gegen Lob und Tadel«, von der Thomas
Huxley sprach¹⁰, bietet die Erklärung für seine hohen Ansprüche im Intellektuellen wie im Moralischen und könnten auf einem einzigen Grundzug seiner psychischen
Entwicklung beruhen. Darwins Vater könnte – mit still-
schweigender Zustimmung des Sohns – viel für die Kulti-
vierung dieser hochgradigen Empfindlichkeit getan haben.

Wenn wir Leute als »unsicher« bezeichnen, meinen wir
damit meist, daß sie sich viel sorgen: Sie sorgen sich, daß
andere sie nicht mögen; sie sorgen sich, daß sie ihre Freunde verlieren könnten; sie sorgen sich, daß sie andere Menschen verletzt haben könnten; sie sorgen sich, daß sie jemandem eine falsche Information gegeben haben könnten. Es ist üblich, Unsicherheit einfach auf Kindheitserlebnisse zurückzuführen: die Ablehnung durch Mitschüler,
eine unglückliche erste Liebe, ein unsicheres Zuhause, den
Tod eines nahen Angehörigen, den Mangel an dauerhafter

Freundschaft aufgrund häufiger Wohnortwechsel oder anderes dergleichen. Man stützt sich dabei auf die vage und meist stillschweigende Annahme, daß verschiedene Mißgeschicke oder Spannungen in der Kindheit zu Unsicherheit beim Erwachsenen führen.

Warum die natürliche Selektion solche Zusammenhänge zwischen frühem Erleben und späterer Persönlichkeitsstruktur geschaffen haben könnte, läßt sich vermuten. (Beispiele für derlei Mutmaßungen habe ich weiter oben selbst geliefert. So ist der vorzeitige Tod von Darwins Mutter ein fruchtbarer Humus für Spekulationen, denn in der Ur-Umwelt war Selbstzufriedenheit ein Luxus, den sich ein mutterloses Kind nicht leisten konnte.) Zudem lassen sich einzelne sozialpsychologische Befunde als zumindest vage Belege für derartige Korrelationen interpretieren. Klarheit wird es geben, wenn diese beiden Seiten der Wissenschaftsdialektik miteinander in Berührung kommen: wenn Psychologen anfangen, darüber nachzudenken, welche Arten von Theorien der Persönlichkeitsentwicklung sich sinnvoll ins darwinistische Koordinatensystem integrieren lassen, und dann damit beginnen, Forschungsmethoden zu entwickeln, diese Theorien zu prüfen.

Auf demselben Weg wird man auch beginnen, zu verstehen, wie verschiedene andere Neigungen sich herausbilden: sexuelle Zurückhaltung oder Promiskuität, gesellschaftliche Toleranz oder Intoleranz, starkes oder schwaches Selbstwertgefühl, Grausamkeit oder Sanftmut usw. In dem Maß, wie diese Dinge tatsächlich mit den gewöhnlich für sie genannten Ursachen verknüpft sind – wie Grad und Art der elterlichen Liebe, der Zahl der im gemeinsamen Haushalt lebenden Elternteile, früher Erfahrung in der Liebe, der Dynamik in den Beziehungen zwischen Geschwistern, Freunden und Feinden – ist dies vermutlich deshalb so, weil ein solcher Zusammenhang im Verlauf der Evolution sinnvoll war. Wenn die Psychologen die Prozesse verstehen wollen, welche die menschliche Psyche formen, müssen sie den Prozeß verstehen, der die Spezies Mensch geformt hat.[11] Danach dürfte der Fortschritt der psychologischen Erkenntnis nicht mehr aufzuhalten sein. Ein Erkenntnisfortschritt, der diesen Namen auch verdient – immer mehr objektive Bestätigung immer präziser ausgearbeiteter Theorien –, dürfte dann das Merkmal sein, das den psychologischen Darwinismus des 21. Jahrhunderts vom »Freudianismus« des 20. Jahrhunderts unterscheidet.

Wenn man sich dem »unbewußten Seelenleben« zuwendet, zeigen sich bleibende Differenzen zwischen dem Denken Darwins und dem Freuds. Wieder drehen sich diese Unterschiede zum Teil um die Frage nach der Funktion des Schmerzes. Erinnern wir uns an Darwins »goldene Regel«, sich immer und ausnahmslos sofort eine Notiz zu machen, wenn er auf einen Sachverhalt stieß, der seiner Theorie zu widersprechen schien – »ich hatte nämlich die Erfahrung gemacht, daß wir derartige Sachverhalte und Gedanken viel leichter wieder aus dem Gedächtnis verlieren als solche, die uns bestätigen«.[12] In seinen *Vorlesungen zur Einführung in die Psychoanalyse* (1917) zitiert Freud diese Stelle aus Darwins Autobiographie als Beleg für die von ihm festgestellte »Tendenz, Unangenehmes von der Erinnerung fernzuhalten«[13] – eine nach Freuds Auffassung universalmenschliche Tendenz, die gleichermaßen bei psychisch Gesunden wie psychisch Kranken anzutreffen ist und in der Dynamik des unbewußten Seelenlebens eine zentrale Rolle spielt. In einem Punkt allerdings hapert es mit dieser vermeintlichen Universalität: Manchmal sind peinliche Erinnerungen gerade die, die *am schwersten* zu vergessen sind. In der Tat gestand Freud nur wenige Sätze nach dem Zitat von Darwins goldener Regel selbst ein, von andern Menschen in diesem Sinn belehrt worden zu sein, wobei sie besonders die mit qualvoller Regelmäßigkeit wiederkehrende »Erinnerung an Kränkungen und Demütigungen« hervorgehoben hätten.

Bedeutete dies, daß die »Tendenz, Unangenehmes von der Erinnerung fernzuhalten«, doch keine universalmenschliche war? Nein. Freud entschied sich für eine andere Erklärung: Man müsse sich nur vergegenwärtigen, daß die Tendenz sich nicht immer durchsetze; das Seelenleben sei eben »ein Kampf- und Tummelplatz entgegengesetzter Tendenzen«, und welche zuletzt den Sieg davontrage, im Einzelfall schwer zu sagen.[14]

Evolutionspsychologen können dieses Problem sicherer und geschickter anpacken, da sie ein weniger simplifiziertes, weniger schematisches Bild von der menschlichen Psyche besitzen als Freud. Ihrer Überzeugung nach entwickelte sich das Gehirn im Laufe von Äonen planlos, um eine Unzahl unterschiedlicher Aufgaben zu lösen. Da Darwinisten nie auch nur den Versuch machten, Erinnerungen an Kränkungen, Demütigungen und unbequeme Tatsachen in einen Topf zu werfen, brauchen sie die Fälle, die in kein Schema passen, nicht zu Ausnahmen zu erklären. Auf drei Fragen – 1. Warum vergessen wir Fakten, die unseren Theorien widersprechen? 2. Warum erinnern wir uns an Kränkungen? 3. Warum erinnern wir uns an Demütigungen? – können sie seelenruhig jeweils unterschiedliche Antworten geben.

Wir haben die drei vermutlich richtigen Antworten schon gestreift. Wer störende Fakten vergißt, dem fällt es leichter, schwungvoll und mit Überzeugungskraft zu argumentieren, und in der Umwelt, die Schauplatz unserer Evolution war, winkten dem Sieger in einem Meinungsstreit häufig Reproduktionsvorteile als Belohnung. Sich an Kränkungen zu erinnern, kann unsere Schlagfertigkeit auf andere Weise erhöhen, indem es uns in die Lage versetzt, andere an Wiedergutmachungen zu erinnern, die sie uns schulden. Was die Erinnerung an Demütigungen betrifft, so hält uns deren quälendes Fortdauern davon ab, Handlungen zu wiederholen, die unserem gesellschaftlichen Ansehen schaden können. Wenn die Demütigungen zudem schwer genug waren, kann die Erinnerung an sie unser Selbstwertgefühl auf eine für die Anpassung vorteilhafte Weise schwächen (oder zumindest auf eine Weise, die in der Umwelt, in der unsere Evolution stattgefunden hat, für die Anpassung vorteilhaft gewesen wäre).

Von daher gesehen könnte es sein, daß Freuds Modell der menschlichen Psyche – ob man es glaubt oder nicht – nicht komplex genug ist. In der Seele gibt es mehr dunkle Winkel, und sie spielt uns öfter Streiche, als er sich träumen ließ.

Das Beste an Freud

Das Beste an Freud ist sein Gespür für das Paradoxe an unserer Existenz, die darin liegt, daß wir hochgradig soziale Tiere sind: im Kern lüstern, räuberisch und gemeinhin egoistisch, aber gezwungen, in ziviler Gemeinschaft mit andern zu leben – gezwungen, unsere animalischen Ziele auf dem windungsreichen Weg der Zusammenarbeit, des Kompromisses und der Triebzügelung zu erreichen. Auf dieser Einsicht basiert Freuds Grundkonzept der menschlichen Psyche, demzufolge diese eine Arena des Konflikts zwischen tierischen Impulsen und den gesellschaftlichen Gegebenheiten ist.

Ein biologisches Verständnis dieser Art von Konflikten bietet Paul D. MacLean. Für ihn ist das Gehirn eine »Dreieinigkeit«, deren Grundkomponenten die Evolution der Spezies Mensch rekapitulieren. Diese Grundkomponenten sind: (1) das »Reptilienhirn« als Kern (der Sitz unserer elementarsten Triebe), umhüllt von (2) dem »Paläo-Säugerhirn« (dem unsere Vorfahren unter anderem die Zuneigung zu den eigenen Nachkommen verdankten), seinerseits wieder umhüllt von (3) dem »Neo-Säugerhirn«. Mit dem voluminösen Neo-Säugerhirn kamen das abstrakte Denken, die Sprache und vielleicht auch die (selektive)

Zuneigung zu Menschen außerhalb des Familienkreises. Es ist, wie MacLean schreibt, »das Faktotum, das die Proto-Reptilien- und die limbischen [Paläo-Säuger-]Anteile unseres Gehirns rationalisiert, rechtfertigt und in Worte faßt«.[15] Wie so viele wohlstrukturierte Modelle stellt vielleicht auch dieses den Sachverhalt in irreführender Vereinfachung dar, aber es erfaßt genau eine (vielleicht *die*) entscheidende Eigenart unseres stammesgeschichtlichen Entwicklungswegs: seinen Verlauf vom Einzelgängertum zum Leben in der organisierten Gemeinschaft mit andern, wobei die Befriedigung des Nahrungstriebs wie des Geschlechtstriebs eine zunehmend differenzierte und komplizierte Angelegenheit wird.

Freuds »Es« – der Unhold im Keller – ist vermutlich im Reptilienhirn zu Hause und ein Geschöpf der vorgesellschaftlichen Evolutionsgeschichte. Das »Über-Ich« – salopp gesagt, das Gewissen – hat sich in jüngerer Zeit gebildet. Es ist die Quelle von verschiedenerlei Hemmungen und Schuldgefühlen, die den Zweck erfüllen, dem Es genetisch einträgliche Beschränkungen aufzuerlegen. So verwehrt uns das Über-Ich, unsere Geschwister zu schädigen oder unsere Freunde zu vernachlässigen. Das »Ich« ist die Instanz, die zwischen den beiden andern vermittelt. Seine letzten Ziele sind, wenn auch ihm selbst unbewußt, die des Es, aber es verfolgt sie mit langfristigem Kalkül unter Berücksichtigung der Verwarnungen und Rügen des Über-Ich.

Randolph Nesse und der Psychiater Alan T. Lloyd haben die Übereinstimmung zwischen dem freudianischen und dem darwinistischen Verständnis des seelischen Konflikts betont. Sie sehen diesen Konflikt als einen Streit zwischen rivalisierenden Beratergruppen, der im Sinn der Evolution den Zweck hat, eine vernünftige Führung zu bewirken, so wie die Spannungen zwischen verschiedenen Instanzen und Behörden eines Regierungsapparats den Zweck haben, den Erfolg der Regierungsarbeit zu optimieren. Der Grundkonflikt – der fundamentale Disput – findet statt

»zwischen egoistischer und altruistischer Motivierung, zwischen Luststreben und normenkonformem Verhalten, zwischen individuellen und kollektiven Interessen. Die Funktion des Es findet sich jeweils im ersten, die von Ich/ Über-Ich jeweils im zweiten Glied dieser Paarungen wieder«. Und die Grundwahrheit, die im zweiten Glied jedes Gegensatzpaars steckt, ist die »Verspätung, mit der sich der Nutzen aus sozialen Beziehungen einstellt«.[16]

Bei der Beschreibung dieser Spannung zwischen kurzfristigem und langfristigem Egoismus bedienen Darwinisten sich zuweilen des Bilds von der »Verdrängung«. Der Psychoanalytiker Malcolm Slavin meint, daß Kinder egoistische Motive verdrängen können, um sich die Gunst der Eltern nicht zu verscherzen, daß sie aber schon Augenblicke später diesen Motiven nachgeben können, falls bis zu diesem Zeitpunkt die Notwendigkeit, ein gutes Bild abzugeben, hinfällig geworden ist.[17] Andere haben die Verdrängung egoistischer Regungen im Umgang mit Freunden betont. Wir können sogar so weit gehen, die Erinnerung an eine Verfehlung zu verdrängen, die ein Freund sich uns gegenüber hat zuschulden kommen lassen – ein besonders kluger Trick, wenn der Freund eine hohe gesellschaftliche Rangstellung hat oder auf andere Weise für uns von Wert ist.[18] Die fragliche Erinnerung könnte allerdings wieder an die Oberfläche kommen, sollte der Freund gesellschaftlich absinken oder aus irgendeinem anderen Grund eine unbefangenere Beurteilung verdienen. Und natürlich gibt es im Bereich der Sexualität massenhaft Anlässe zu taktischer Verdrängung. Ein Mann vermag eine Frau besser von seiner künftigen Treue zu überzeugen, wenn er sich nicht gerade lebhaft den Geschlechtsakt mit ihr ausmalt. Dieser Impuls darf später zur Blüte kommen, wenn erst einmal der Boden bereitet ist.

Verdrängung ist, wie Nesse und Lloyd feststellten, nur einer von vielen »Abwehrmechanismen«, die in die Lehre Freuds eingingen (weitgehend dank Freuds Tochter Anna, d:e das klassische Werk über das Thema Abwehrmechanismen schrieb). Eine Reihe anderer Abwehrmechanismen, auch darauf haben Nesse und Lloyd hingewiesen, lassen sich ebenfalls in darwinistische Kategorien übertragen. So kann man die »Identifizierung« und die »Introjektion« – die Vorgänge, bei denen ein Individuum sich Werte und Charakteristika eines andern, nicht zuletzt eines mächtigen andern, zu eigen macht – als ein Mittel begreifen, sich bei jemandem Liebkind zu machen, der »denen, die für seine Überzeugungen eintreten, Status und Belohnungen zuteilt«.[19] Und was die »Rationalisierung« betrifft, dieses Gebräu aus Pseudoerklärungen, die unsere wahren Motive verschleiern – nun, muß ich hierzu noch eine ausführliche Erklärung geben?

Unter dem Strich schneidet Freud nicht schlecht ab: Er und seine Anhänger haben zahlreiche seelische Antriebe erkannt, deren Wurzeln tief in die Stammesgeschichte reichen dürften. Zu Recht betrachtete er die Psyche als einen Ort, wo es turbulent zugeht, wobei der größte Teil der Turbulenzen im Untergrund stattfindet. Und auf allgemeiner Ebene hatte er auch den Ursprung der Turbulenzen richtig erkannt: nämlich in dem Umstand, daß ein letztlich völlig rücksichtsloses Tier in ein komplexes Netz gesellschaftlicher Beziehungen hineingeboren wird, aus dem es kein Entrinnen für es gibt.

Indes, wenn Freud sich auf weniger allgemeiner Ebene bewegte, kam er mitunter zu irreführenden Diagnosen. Nicht selten schilderte er das Spannungsverhältnis im Zentrum des menschlichen Lebens im wesentlichen als einen Konflikt nicht zwischen dem Subjekt und der Gesellschaft, sondern zwischen dem Subjekt und der Kultur. In seiner Abhandlung *Das Unbehagen in der Kultur* stellte er das Paradox so dar: Menschen werden mit andern Menschen zusammengesteckt, erhalten das Gebot, ihre sexuellen Impulse zu zügeln und zu den andern eine Beziehung »zielgehemmter Liebe« aufzunehmen, dem sich das Gebot anschließt, mit den Mitmenschen nicht nur auf kooperative Weise auszukommen, sondern »deinen Nächsten zu lieben wie dich selbst«. Aber, so Freud, der Mensch ist nun einmal kein sanftes Wesen: »Der Nächste [ist ihm] nicht nur möglicher Helfer [...] sondern auch eine Versuchung, seine Aggression an ihm zu befriedigen, seine Arbeitskraft ohne Entschädigung auszunützen, ihn ohne seine Einwilligung sexuell zu gebrauchen, sich in den Besitz seiner Habe zu setzen, ihn zu demütigen, ihm Schmerzen zu bereiten, [ihn] zu martern und zu töten. *Homo homini lupus.*« Kein Wunder also, »daß es dem Menschen so schwer wird, sich [...] beglückt zu fühlen. Der Urmensch hatte es in der Tat darin besser, da er keine Triebeinschränkungen kannte«.[20]

Der letzte Satz umschreibt einen Mythos, dessen Richtigstellung für einen großen Teil der evolutionspsychologischen Einsichten unerläßliche Vorbedingung ist. Die Zeit, in der unsere Vorfahren keine »Triebeinschränkungen« kannten, ist schon sehr, sehr lange vorbei. Selbst ein Schimpanse muß seine impulsive Raubgier gegen die Tatsache abwägen, daß der Artgenosse, auf den sie sich richtet, ein »potentieller Helfer« ist (um es mit Freuds Worten zu sagen) und es daher vielleicht von Vorteil wäre, im Umgang mit ihm den eigenen Trieb zu zügeln. Schimpansen- und Bonobomännchen müssen es sich gefallen lassen, daß die Weibchen ihrer Spezies ihre sexuellen Triebregungen bremsen, indem sie sich erst auf ein Nahrungsgeschenk oder eine andere Gefälligkeit hin zur Paarung bereitfinden. In unserer eigenen Abstammungslinie sahen sich die männlichen Individuen mit der Institutionalisierung und dem fortschreitenden Ausbau der väterlichen Investition einer weitreichenden »Einschränkung« ihres Sexualtriebs unterworfen, und das lange bevor die neuzeitlichen kulturellen Normen ihr Leben um weitere Frustrationen bereicherten.

Der springende Punkt ist, daß Verdrängung und das Unbewußte Produkte von Jahrmillionen der Evolution sind und bereits lange vor dem Entstehen der Kultur und der durch diese bedingten weiteren Komplikation des Seelenlebens einen hohen Entwicklungsstand erreicht hatten. Das neue Paradigma hilft uns, klare Vorstellungen davon zu entwickeln, wie sich diese Produkte im Lauf jener Jahrmillionen herausgebildet haben. Die Theorien der Verwandtschaftsselektion, des Eltern-Kind-Konflikts, der elterlichen Investition, des reziproken Altruismus und der hierarchischen Gesellschaftsordnung klären uns darüber auf, für welche Formen des Selbstbetrugs die Wahrscheinlichkeit besteht, daß sie von der Evolution begünstigt werden, und für welche nicht. Wenn heutige Freudianer über diese Anregungen nachzudenken beginnen und ihre Vorstellungen entsprechend umformen, können sie vielleicht Freuds Namen vor dem Vergessen bewahren, dem er wahrscheinlich anheimfallen wird, falls man diese Aufgabe den Darwinisten überläßt.

Der Geist der Postmoderne

Alles in allem ist das darwinistische Konzept des Unbewußten radikaler als das freudianische. Die Quellen des Selbstbetrugs sind hier zahlreicher, vielfältiger und tiefer verwurzelt und die Grenze zwischen bewußt und unbewußt ist fließender. Freud charakterisierte seine Arbeit einmal als »psychologische Forschung [...] welche dem Ich nachweisen will, daß es nicht einmal Herr ist im eigenen Hause, sondern auf kärgliche Nachrichten angewiesen bleibt von dem, was unbewußt in seinem Seelenleben vorgeht«.[21] Aus darwinistischer Sicht tut diese Fomulierung dem Ich fast zuviel Ehre an, scheint sie es doch als eine zwar mancherlei Selbsttäuschungen ausgelieferte, ansonsten jedoch klarsichtige psychische Entität zu behandeln. Für einen Evolutionsbiologen scheint die Selbsttäuschung des Ich alles zu durchdringen, so daß der Nutzwert

der Vorstellung von einem Kernbereich, in dem Ehrlichkeit herrscht, zweifelhaft wird.

Tatsächlich ist das Bild, das sich der gesunde Menschenverstand von der Beziehung zwischen unserem Denken
und Fühlen einerseits und unserem zielgeleiteten Handeln
andererseits macht, nicht nur falsch, sondern auch hoffnungslos rückständig. Wir stellen uns gern vor, daß wir
uns erst ein Urteil bilden und dann entsprechend handeln:
»Wir« entscheiden, wer nett ist, und schließen dann
Freundschaft mit ihm; »wir« entscheiden, wer ehrlich und
verantwortungsbewußt ist, und pflichten ihm dann bei;
»wir« finden heraus, wer sich im Irrtum befindet, und widersprechen ihm dann; »wir« finden heraus, wo die Wahrheit liegt, und stehen dann zu ihr. Diese Darstellung würde
Freud durch die Bemerkung ergänzen, daß wir oft ein Ziel
verfolgen, dessen wir uns nicht bewußt sind und dem wir
uns unter Umständen auf indirektem, ja sogar kontrapro-
duktivem Weg zu nähern suchen – und daß unsere Vorstellung von der Welt dabei verzerrt werden kann.

Wenn aber die Evolutionspsychologie auf der richtigen
Spur ist, muß das ganze Bild umgekrempelt werden. Wir
glauben – in bezug auf die Moral, den Wert anderer Menschen, ja sogar die objektive Wahrheit – an das, was bei
uns Verhaltensweisen bewirkt, die unsere Gene in die
nächste Generation befördern. (Genauer gesagt: Wir glauben an das, was zumindest in der Umwelt, die Schauplatz
unserer Evolution war, dafür gesorgt hätte, daß unsere Gene mit Wahrscheinlichkeit in die nächste Generation gelangt wären.) Was gleich bleibt, sind die Ziele, die wir mit
unserem Verhalten anstreben – Status, sexuelle Kontakte,
wirksame Koalitionen, elterliche Investition usw. –, wäh- .
rend sich unser Bild von der Wirklichkeit den Forderungen anpaßt, die sich aus der Konstanz jener Ziele ergeben.
Was im Interesse unserer Gene liegt, scheint uns »richtig«
– moralisch richtig, objektiv richtig, richtig in jeder gerade
passenden Hinsicht.

Kurz: wo Freud noch betonte, daß der Mensch schwer die Wahrheit über sich selbst erkennt, betont der neue Darwinismus, wie schwer es überhaupt ist, Wahrheit zu erkennen. Tatsächlich nähert sich der Darwinismus einem Punkt, wo man den Sinn des Worts »Wahrheit« an sich in Frage stellt. Denn die Formen des gesellschaftlichen Diskurses, die eigentlich zur Wahrheit führen sollten – der moralische Diskurs, der politische Diskurs, zuweilen selbst der akademische Diskurs –, stellen sich im Licht des Darwinismus als nackte Machtkämpfe dar. Am Ende gibt es einen Sieger, doch oft gibt es keinen Grund zur Annahme, der Sieger sei die Wahrheit. Ein radikaler Zynismus als der Freuds mag einst schwer vorstellbar gewesen sein, aber hier ist er.

Diese darwinistische Spielart des Zynismus füllt nicht gerade eine gähnende kulturelle Leere. Eine Reihe avantgardistischer Hochschullehrer – »dekonstruktivistische« Literaturwissenschaftler und Ethnologen ebenso wie die Anhänger einer »kritischen Jurisprudenz« – betrachten die menschliche Kommunikation bereits als »Diskurse der Macht«. Viele Menschen glauben bereits, der neue Darwinismus betone, in menschlichen Dingen sei alles (oder zumindest vieles) List, das heißt eine eigennützige Manipulierung der Vorstellung. Und diese Überzeugung nährt bereits ein zentrales Element des postmodernen Daseins: eine beachtliche Unfähigkeit, irgend etwas ernst zu nehmen.[22]

Ironisches Selbstbewußtsein ist an der Tagesordnung. Die bissigsten Talkshows sind voller Selbstbezüge, mit Witzen über auf Hinweiskarten geschriebene Verweise auf Hinweiskarten, Kameraeinstellungen von Kameras und einer generellen Tendenz der Programmkonzeption, sich selbst den Boden unter den Füßen wegzuziehen. Thema der Architektur ist heute die Architektur, wenn Architekten spielerisch und zuweilen von oben herab Stilelemente unterschiedlicher Epochen zu Bauwerken verschmelzen, die uns einladen, uns gemeinsam mit ihnen über sie lustig zu machen. Was es in der Postmoderne um jeden Preis zu vermeiden gilt, ist Ernsthaftigkeit, die eine peinliche Naivität verrät.

Während der moderne Zynismus die Verzweiflung über die Unfähigkeit der Spezies Mensch, hehre Ideale in die Tat umzusetzen, im Gepäck führte, hat der postmoderne Zynismus die Last und den Ballast solcher Verzweiflung von sich geworfen – nicht etwa weil er optimistisch gestimmt wäre, sondern weil er Ideale gar nicht erst ernst zu nehmen vermag. Die herrschende Einstellung ist die des Wissens um die totale Absurdität. Eine postmoderne Zeitschrift mag respeklos sein, aber sie ist nicht verbittert respektlos, denn ihre Respektlosigkeit ist nicht zielgerichtet; sie richtet sich gegen niemanden im besonderen, da jedermann gleich lächerlich ist. Überhaupt gibt es keine moralische Basis für Verurteilungen. Lehn dich einfach zurück und hab Spaß an der Show, lautet die Devise.

Der Gedanke ist nicht von der Hand zu weisen, daß die postmoderne Einstellung sich zum Teil bereits aus dem neuen darwinistischen Paradigma speist. Vor zwei Jahrzehnten begann die Soziobiologie, wie sauer sie von der akademischen Welt auch aufgenommen worden sein mag, die Pop-Kultur zu durchdringen. Jedenfalls könnte der künftige Fortschritt des Darwinismus die postmoderne Stimmungslage verstärken. Innerhalb der akademischen Welt dürften Dekonstruktivisten und kritische Rechtsgelehrte an dem neuen Paradigma sicherlich manches entdecken, was ihnen behagt. Und außerhalb der akademischen Welt ist eine vernünftige Reaktion auf die Evolutionpsychologie sicherlich eine so enorm verschärfte Selbstreflexion und ein so radikaler Zynismus, daß womöglich nur noch die ironische Distanz zu dem ganzen Unternehmen Menschheit Erleichterung verschaffen kann.

So gesehen könnte die schwierige Frage, ob das Tier

Mensch dazu befähigt ist, ein moralisches Tier zu sein – die Frage, welcher der moderne Zynismus mit Verzweiflung zu begegnen neigt –, zunehmend kurios wirken. Die eigentliche Frage ist vielleicht, ob das Wort »moralisch«, wenn der neue Darwinismus erst einmal Wurzel gefaßt hat, etwas anderes ist als ein Scherz.

Sechzehntes Kapitel
EVOLUTIONSTHEORIE UND ETHIK

> *Unsere Abstammung ist demnach der Ursprung unserer bösen Leidenschaften!! Der Teufel in Affengestalt ist unser Großvater.* Darwin, Notizbuch M (1838)

> *Eine andere Frage ist der wünschenswerte Unterrichtsstoff – einhellige Meinung aller: Gemeinnützigkeit.* Darwin, »Alte und unbrauchbare Notizen« (undatiert)[1]

Im Jahr 1871, zwölf Jahre nach dem Erscheinen von *Die Entstehung der Arten*, veröffentlichte Darwin *Die Abstammung des Menschen*, das Werk, in dem er unter anderem auch seine Theorie der »moralischen Gefühle« darlegte. Er posaunte die beunruhigenden Konsequenzen seiner Theorie nicht hinaus; er betonte nicht ausdrücklich, daß der Sinn für Recht und Unrecht – der empfunden wird, als sei er vom Himmel gesandt, und aus diesem Gefühl seine Macht bezieht – nur ein Zufallsprodukt unserer Stammesgeschichte ist. Doch stellenweise wehte in dem Buch ein Hauch von moralischem Relativismus. »Wäre [...] der Mensch unter genau denselben Zuständen erzogen wie die Stockbiene«, schrieb Darwin, »so dürfte sich kaum zweifeln lassen, daß unsere unverheirateten Weibchen es ebenso wie die Arbeiterbienen für eine heilige Pflicht halten würden, ihre Brüder zu töten, und die Mütter würden suchen, ihre fruchtbaren Töchter zu vertilgen, und niemand würde daran denken, dies zu verhindern.«[2]

Einige Leute begriffen. Die *Edinburgh Review* schrieb, wenn sich herausstellen sollte, daß Darwin recht habe, »werden die meisten ernsthaft denkenden Menschen sich gezwungen sehen, alle ihre Beweggründe, sich um eine vortreffliche und tugendhafte Lebensweise zu bemühen, als auf Irrtümern beruhend *ad acta* zu legen. Unser Moralgefühl wird sich als bloßer weiterentwickelter Trieb erweisen. [...] Wenn diese Auffassung der Wahrheit entspricht, steht eine Revolution des Denkens bevor, welche die Gesellschaft bis in ihre Grundfesten erschüttern wird, indem sie die Heiligkeit des Gewissens und des religiösen Empfindens zerstört«.[3]

So atemberaubend sich diese Prognose auch anhören mag – sie war nicht ganz abwegig. Das religiöse Empfinden ist tatsächlich verblaßt, besonders bei den Intellektuellen, also in der gesellschaftlichen Schicht, aus der sich die Leser der heutigen Pendants zur *Edinburgh Review* rekrutieren. Und das Gewissen scheint heute auch nicht mehr dieselbe gewichtige Rolle zu spielen wie noch in Viktorianischer Zeit. Unter den Vertretern der philosophischen Ethik besteht auch nicht entfernt Einigkeit darüber, woher wir fundamentale moralische Werte beziehen könnten – es sei denn, die Antwort lautet: nirgendwoher. Es ist nur eine leichte Übertreibung, zu sagen, die an vielen philosophischen Fakultäten vorherrschende Moralphilosophie sei der Nihilismus. Viel davon, auch wenn man nicht genau weiß wieviel, läßt sich dem Doppelschlag zuschreiben, den Darwin führte: die in der *Entstehung der Arten* enthaltene Attacke auf den biblischen Schöpfungsbericht und die in der *Abstammung des Menschen* nachgereichten Zweifel am Stellenwert des Moralgefühls.

Wenn schon der schlichte Darwinismus alten Stils der moralischen Kraft der westlichen Zivilisation den Saft entzog, was wird dann erst geschehen, wenn sich die neue Version voll durchsetzt? Darwins manchmal unklare Spekulationen über die »sozialen Instinkte« haben Theorien Platz gemacht, die fest auf Logik und Fakten gegründet sind: der Theorie des reziproken Altruismus und der Theorie der Verwandtschaftsselektion. Und danach sehen unsere moralischen Gefühle nicht mehr so vom Himmel gesandt aus wie ehedem. Sympathie, Empathie, Mitleid, Gewissen, Schuldgefühl, Reue, ja sogar der Gerechtigkeitssinn, das Gefühl, daß jemand, der Gutes tut, Lohn und ein Übeltäter Strafe verdient – sie alle lassen sich jetzt als Ableger der Geschichte des organischen Lebens auf einem besonderen Planeten verstehen.

Wichtiger noch: Wir können uns nicht, wie Darwin es tat, zum Trost in den irrigen Glauben flüchten, daß diese Dinge sich zu einem höheren guten Zweck – zum »allgemeinen Besten der Gesellschaft« – entwickelt hätten. Unsere wie vom Himmel gesandten Eingebungen über Gut und Böse sind Waffen, entworfen für den alltäglichen Kampf zwischen Individuen.

Nicht nur die moralischen *Gefühle* sind jetzt in Verdacht geraten, sondern der gesamte moralische Diskurs. Im Licht des neuen Darwinismus ist ein Moralkodex ein politischer Kompromiß. Er wird geformt von konkurrierenden Interessengruppen, wobei jede nach Kräften ihren Einfluß geltend macht. Dies ist der einzige erkennbare Sinn, in dem moralische Werte als »von oben« gesandt gelten können: Sie werden unterschiedlich stark von den verschiedenen Teilen der Gesellschaft geformt, bei denen die Macht zu Hause ist.

Und wo bleiben wir dabei? Allein in einem kalten Universum, ohne moralischen Kompaß, ohne jede Chance, einen zu finden, bar jeglicher Hoffnung? Hat Moralität in der Welt nach Darwin für einen denkenden Menschen keine Bedeutung mehr? Dies ist eine tief unergründliche Frage, die in diesem Buch (die Leser mögen es mit Erleichterung zur Kenntnis nehmen) nicht bis ins Letzte behandelt werden wird. Doch sollten wir uns vielleicht wenigstens die Mühe machen, uns zu vergegenwärtigen, wie Darwin die Frage nach der Bedeutung der Moral behandelte. Wenngleich er von dem neuen Paradigma mit seinen diversen besonders entmutigenden Elementen noch nichts wußte, hatte er doch, genau wie der Schreiber der *Edinburgh Review*, die moralisch desorientierende Tendenz seiner Lehre klar erkannt. Dennoch fuhr er fort, mit tiefen Ernst Wörter wie »gut« und »böse«, »recht« und »unrecht« zu gebrauchen. Wieso konnte er die Moralität weiterhin ernst nehmen?

Gedankenmüll

Während das Interesse der Öffentlichkeit am Darwinismus wuchs und die in der *Edinburgh Review* geäußerte Besorgnis in das allgemeine Bewußtsein eindrang, taten sich eine Anzahl Denker zusammen, um einen völligen Zusammenbruch des Fundaments der Moral abzuwenden. Viele von ihnen entzogen sich der von der Evolutionstheorie ausgehenden Bedrohung religiöser und moralischer Traditionen mit Hilfe eines einfachen Manövers: Sie lenkten ihre religiöse Ehrfurcht auf die Evolution selbst um und machten diese zum Prüfstein für Gut und Böse. Um absolute moralische Normen zu gewinnen, lautete ihre Grundthese, brauchen wir nur den Prozeß zu betrachten, der uns hervorgebracht hat. Sich »richtig« verhalten heißt demnach, sich die Grundrichtung des Verhaltens von der Evolution vorgeben zu lassen: Wir sollten alle in ihrem Strom mitschwimmen.

Was aber ist nun dieser Strom? Da gingen die Meinungen auseinander. Eine Denkrichtung – später »Sozialdarwinismus« genannt – legte den Hauptakzent auf die erbarmungslose, letztlich aber schöpferische Ausscheidung der Unangepaßten, »Untüchtigen« durch die natürliche Selektion. Die Moral von der Geschicht' schien zu sein, daß in der Menschheits- wie in der Evolutionsgeschichte das Leiden der Diener des Fortschritts ist. Die Kurzbeschreibung der sozialdarwinistischen Grundüberzeugung, die Eingang ins volkstümliche Zitatenlexikon fand – beispielsweise in den amerikanischen »Büchmann«, *Bartlett's Familiar Quotations* –, stammt von Herbert Spencer, der gemeinhin als

der Vater des Sozialdarwinismus gilt: »Die Armut der Untüchtigen, die Not, in die die Unklugen geraten, der Hunger, von dem die Faulen geplagt werden, und jenes Beisei-
tedrängen der Schwachen durch die Starken, das so viele
›gescheitert und im Elend‹ hinterläßt, sind der Ratschluß
einer umfassenden, weitblickenden Güte.«

Tatsächlich schrieb Spencer diese Worte schon 1851,
acht Jahre vor dem Erscheinen der *Entstehung der Arten*. Im
übrigen waren verschiedene Leute schon lange zuvor der
Meinung gewesen, daß die Natur nach dem Prinzip ver-
fahre, »Wo gehobelt wird, fallen Späne«. Das gehörte mit
zum ideologischen Überbau der britischen Freihandelspo-
litik, der die Nation das rapide Wachstum ihres materiellen
Wohlstands verdankte. Doch die Theorie der natürlichen
Selektion verlieh dieser Ansicht in den Augen vieler Kapitalisten noch zusätzlich kosmische Beglaubigung. Nach
John D. Rockefellers Überzeugung war der Untergang
schwacher Unternehmen in einer *Laisser-faire*-Wirtschaft
»die Folge eines Naturgesetzes und göttlicher Gesetze«.[4]

Darwin fand die unausgegorenen Überlegungen lach-
haft, in denen seiner Theorie ein moralischer Sinngehalt
untergeschoben wurde. An Lyell schrieb er: »In einer Zei-
tung aus Manchester habe ich eine gar nicht so üble pole-
mische Glosse gefunden, die darlegt, daß ich den Satz ›Gewalt geht vor Recht‹ bewiesen habe und daß folglich Napoleon im Recht ist und jeder betrügerische Kaufmann
desgleichen.«[5] Übrigens hätte Spencer dieser Glosse wider-
sprochen. Er war nicht so herzlos, wie man aus manchen
seiner Äußerungen schließen könnte, und auch nicht so
herzlos, wie er in der Erinnerung der Nachwelt weiterlebt.
Er unterstrich mit Nachdruck die Vorzüge des Altruismus
und des Mitgefühls, und er war Pazifist.

Spencers Weg zu solchen menschenfreundlicheren,
sanfteren Werten illustriert ein zweiter Ansatz, der herauszufinden versucht, was der »Strom« der Evolution
denn eigentlich ist. Die Idee war, die Richtung, nicht bloß

die Dynamik der Evolution als Orientierungshilfe zu betrachten. Um herauszufinden, wie Menschen sich verhalten sollten, müssen wir zuerst fragen, auf welches Ziel die Evolution zusteuert.

Es gibt verschiedene Möglichkeiten, die Frage zu beantworten. Eine unter Biologen heute weithin akzeptierte Antwort lautet, daß die Evolution kein erkennbares Ziel hat. Nach Spencers Überzeugung allerdings hatte die Evolution die Tendenz gezeigt, die Arten in Richtung auf ein längeres und ungefährdeteres Leben sowie eine sorgenfreie Aufzucht des Nachwuchses zu führen. Der Auftrag des Menschen lautete also, diese Werte zu kultivieren. Er wurde erfüllt, indem die Menschen kooperierten, nett zueinander waren – in »dauerhaft friedlichen Gesellschaften« zusammenlebten.[6]

All diese Ideen ruhen heute auf der Müllhalde der Geschichte. Im Jahr 1903 führte der Philosoph G. E. Moore den entscheidenden Schlag gegen die Auffassung, daß sich aus der Evolution – oder *irgendeinem* anderen Aspekt der beobachtbaren Natur – Werte ableiten ließen. Er bezeichnete diesen Irrtum als den »naturalistischen Fehlschluß«.[7] Seither geben sich die Philosophen die größte Mühe, nicht in diese Falle zu tappen.

Moore war nicht der erste, der die Berechtigung des Schlusses vom »So ist es« auf das »So sollte es sein« in Zweifel zog. Schon einige Jahrzehnte früher hatte John Stuart Mill das gleiche getan.[8] Mills Abfertigung des naturalistischen Fehlschlusses war in der Form weit weniger akademisch-fachphilosophisch als diejenige Moores, dafür aufgrund ihrer Einfachheit aber um so zwingender. Ihr wesentliches Element bestand darin, daß sie klar aussprach, was die Versuche, sich der Natur als Leitfaden für das menschliche Verhalten zu bedienen, üblicherweise stillschweigend voraussetzten, nämlich daß die Natur von Gott geschaffen sei und deshalb die göttlichen Werte in sich verkörpere. Und diese Voraussetzung, so fügte Mill hinzu, beziehe sich nicht auf irgendeinen Gott. Wäre Gott beispielsweise nicht gütig, warum sollte man sich dann seine Werte zu eigen machen? Und wäre er zwar gütig, aber nicht allmächtig, wie wäre dann die Annahme zu rechtfertigen, daß er seine Werte so genau in der Natur hat verankern können? Somit läuft die Frage, ob uns ansteht, die Natur sklavisch nachzuahmen, auf die andere Frage hinaus, ob die Natur das Werk eines gütigen und allmächtigen Gottes zu sein scheint.

Mills Antwort darauf lautete, salopp formuliert: *Sie machen wohl Witze?* In seinem Essay *Natur* schrieb er: »Fast alles, wofür die Menschen, wenn sie es sich gegenseitig antun, gehängt oder ins Gefängnis geworfen werden, tut die Natur so gut wie alle Tage. [...] Sie pfählt Menschen, zermalmt sie, wie wenn sie aufs Rad geflochten wären, wirft sie wilden Tieren zur Beute vor, verbrennt sie, steinigt sie wie den ersten christlichen Märtyrer, läßt sie verhungern und erfrieren, tötet sie durch das rasche oder schleichende Gift ihrer Ausdünstungen und hat noch hundert andere scheußliche Todesarten in Reserve.« Und »all das tut die Natur mit der hochmütigsten Mißachtung aller Barmherzigkeit und Gerechtigkeit. Sie richtet ihre Pfeile unterschiedslos auf die Edelsten und Besten wie auf die Schlechtesten und Gemeinsten«. Wer glaubt, die Absichten des Schöpfers in der Natur lesen zu können, so Mill, gelangt zu einer sonderbaren Moralauffassung. »Sofern es in der Schöpfung überhaupt nur Anzeichen von besonderen Absichten gibt, wäre eine der unübersehbaren Absichten die, daß eine große Zahl aller lebenden Geschöpfe ihr Leben damit zubringen soll, andere Geschöpfe zu quälen und zu verzehren.« Worauf Mill folgert, daß niemand, der an der Allgüte Gottes festhält, »welcherart religiöser Wendungen er sich auch bedienen mag, [...] sich der Überzeugung verschließen [kann], daß, wenn die Natur und der Mensch beide die Werke eines vollkommen gütigen Wesens sind, dieses Wesen die Natur in der Absicht schuf, daß sie vom Menschen verbessert, und nicht, daß sie nachgeahmt werden soll«.[9] Ebensowenig wie von der Natur sollten wir uns von unserer moralischen Intuition die Richtlinien unseres Handelns vorgeben lassen, denn die sei eine Instanz, die »sämtliche tiefsitzenden Vorurteile heiligspricht«.[10]

In dem Essay *Natur* (der vor dem Erscheinen von *Die Entstehung der Arten* geschrieben, wenngleich erst danach veröffentlicht wurde) ließ Mill den Gedanken außer Betracht, daß Leiden der Preis sein könnte, der für die organische Schöpfung zu entrichten sei. Indes führt diese Erwägung nicht an der Frage vorbei: Wenn Gott gütig und wahrhaft allmächtig ist, warum konnte er sich dann keinen schmerzlosen Schöpfungsprozeß ausdenken? Für Darwin jedenfalls sprach das massenhafte Leiden in der Welt gegen die landläufigen Glaubensüberzeugungen. 1860, ein Jahr nach dem Erscheinen der *Entstehung der Arten* und lange vor dem Erscheinen von Mills Essay über die Natur schrieb er an Asa Gray: »Ich gestehe [...] zu, daß ich nicht so deutlich, wie es andere sehen und wie ich selbst tun zu können wünschte, Beweise von Absicht und Wohltätigkeit auf allen Seiten um uns herum erkennen kann. Es scheint mir zu viel Elend in der Welt vorhanden zu sein. Ich kann mich nicht dazu überreden, daß ein wohlwollender und allmächtiger Gott mit vorbedachter Absicht die Ichneumoniden oder Schlupfwespen erschaffen haben würde mit der ausdrücklichen Bestimmung, sich innerhalb des Körpers lebender Raupen zu ernähren, oder auch daß eine Katze mit den Mäusen erst spielen solle.«[11]

Darwin und Mill über Fragen der Ethik

Nicht nur hinsichtlich des Problems, sondern auch in bezug auf die Lösung waren Darwin und Mill ganz ähnlicher Auffassung. Beide waren überzeugt, daß man sich in einer

Welt, die nach allem, was wir wissen, eine Welt ohne Gott ist, moralische Orientierung vernünftigerweise in utilitaristischen Grundsätzen erwarten darf. Was Mill betraf, so war er bekanntlich nicht bloß Anhänger des Utilitarismus, sondern dessen wichtigster publizistischer Sachwalter. 1861, zwei Jahre nach dem Erscheinen von Mills Abhandlung *Über die Freiheit* und Darwins *Entstehung der Arten*, erschien in *Frazer's Magazine* eine Artikelserie, die später unter dem Titel *Utilitarismus* separat veröffentlicht wurde und heute unbestritten als die klassische, philosophisch anspruchsvollste Verteidigung der utilitaristischen Ethik gilt.

Der Grundgedanke des Utilitarismus ist einfach: Die Koordinaten des moralischen Wertsystems sind Lust und Schmerz. Etwas ist gut, wenn und insofern es das Glück in der Welt vermehrt, etwas ist schlecht, wenn und insofern es das Leiden in der Welt vermehrt. Der Zweck eines Moralkodex ist die Maximierung der Gesamtsumme von Glück in der Welt (oder, nach Jeremy Benthams Definition: »Das größte Glück der größten Zahl«). Darwin unterschied allerdings spitzfindig zwischen dem »allgemeinen Besten« (oder »Gemeinwohl«) und dem »größten Glück«. Ersterem maß er höheren Rang bei, räumte dann jedoch ein: »Da das Glück ein wesentlicher Teil des allgemeinen Besten ist, [...] dient das Prinzip ›des größten Glücks‹ indirekt als ein nahezu richtiger Maßstab für Recht und Unrecht.«[12] Er war, praktisch gesehen, Utilitarist.[13] Und er hegte große Bewunderung für John Stuart Mill sowohl dessen Moralphilosophie wie dessen politischen Liberalismus wegen.

Ein Vorzug des Utilitarismus Millscher Prägung in der Zeit nach Darwin ist sein Minimalismus. Wenn man davon ausgehen darf, daß es heute schwieriger ist, eine Basis für Aussagen über moralische Grundwerte zu finden, dann ist wahrscheinlich eine Theorie desto besser, mit je weniger Basisaussagen sie auskommt. Die Basis des Utilitarismus besteht zum größten Teil in der simplen Aussage, daß, *cete-*

ris paribus, Glücklichsein besser ist als Unglücklichsein. Wer würde dem widersprechen wollen?

Wer so fragt, dem ist eine Überraschung sicher. Es gibt Leute, die der Auffassung sind, daß sich selbst in dieser scheinbar vernünftigen moralischen Bewertung ein illegitimer Schluß vom »So ist es« – das heißt von der empirischen Tatsache, daß Menschen gern glücklich sind – auf das »So sollte es sein« verbirgt. G. E. Moore hat in diesem Sinn argumentiert (wenngleich spätere Philosophen Moores Einwand auf ein Mißverständnis von Mills Gedanken zurückführten[14]).

Richtig ist, daß Mill seine Gedanken manchmal in einer Weise formulierte, die zur Kritik einlud.[15] Aber er hat nie behauptet, die moralische Überlegenheit des Wohlbefindens über das Leiden »bewiesen« zu haben; nach seiner Überzeugung waren »erste Prinzipien« nicht beweisbar. Er argumentierte bescheidener und pragmatischer. Eines seiner Argumente lautete verkürzt: Machen wir uns nichts vor – im Grunde sind wir alle zumindest teilweise Utilitaristen, nur daß wir uns nicht alle so nennen.

Vor allem lebt jeder von uns sein *eigenes* Leben so, als ob Glück das Ziel der ganzen Veranstaltung sei. (Selbst Menschen, die sich in strenger Selbstkasteiung üben, tun dies normalerweise um eines zukünftigen Glücks willen – sei es in diesem oder in jenem Leben.) Und wenn jeder von uns erst einmal zugibt, daß er sein eigenes Glück in irgendeinem elementaren Sinn gut findet, daß er es für etwas hält, das grundlos mit Füßen zu treten niemand ein Recht hat, dann kann er dem Rest der Menschheit den gleichen Anspruch schwer verweigern, ohne ein wenig dreist und anmaßend zu wirken.

Tatsächlich herrscht in diesem Punkt allgemein Einigkeit: Mit Ausnahme von Soziopathen – die für ihre Mitmenschen nicht unbedingt die idealen Vorbilder in Sachen Moral sind – gibt jeder zu, daß die Frage, wie das eigene Handeln sich auf das Glück der Mitmenschen auswirkt, ein wichtiger Gesichtspunkt bei der moralischen Bewertung dieses Handelns ist. Man kann an alle möglichen uneingeschränkt gültigen Rechte (z. B. das Recht auf Freiheit) und Pflichten (betrüge nie!) glauben. Man kann in diesen Dingen göttliche Satzungen oder Einsichten einer untrüglichen Intuition erblicken. Man kann die Auffassung vertreten, daß sie jederzeit den Vorrang haben vor rein utilitaristischen Erwägungen – sie »übertrumpfen«, wie manche Philosophen es heute ausdrücken. Aber niemand glaubt deswegen, daß utilitaristische Erwägungen belanglos seien. Jeder konzediert stillschweigend, daß der utilitaristische Gesichtspunkt obsiegt, wo dergleichen Trumpfkarten fehlen.

Und was noch wichtiger ist: Wer gedrängt wird, sich zu rechtfertigen, neigt wahrscheinlich dazu, seine Trumpfkarten mit utilitaristischen Argumenten zu verteidigen. So könnte er argumentieren, daß selbst dann Betrug als Alltagsphänomen die Redlichkeit untergraben und am Ende zum Schaden aller ins moralische Chaos führen würde, wenn vereinzelte Betrügereien irgendwie kurzfristig das Gemeinwohl förderten. Oder auch, daß niemand sich mehr sicher fühlen könne, sobald die Freiheitsrechte einer noch so kleinen gesellschaftlichen Gruppe beschnitten würden. Dieser heimliche Utilitarismus kommt häufig zum Vorschein, wenn nach der Logik hinter sogenannten »Grundrechten« gefragt wird. »Das Prinzip der Nützlichkeit oder [...] das Prinzip des größten Glücks«, schrieb Mill, »[hat] einen bedeutenden Anteil an den Morallehren selbst derer, die ihm verächtlich alle Verbindlichkeit absprechen. Es gibt keine Denkrichtung, die nicht zugesteht, daß die Bedeutung einer Handlung für die Glückseligkeit in vielen Anwendungsgebieten der Moral eine wesentliche und sogar vorrangige Rolle spielt, wie wenig sie auch gewillt ist, in ihr das Grundprinzip der Moral und die Quelle aller sittlichen Verpflichtungen zu sehen.«[16]

Die genannten Argumente für »Trumpfkarten« belegen

einen bisher nur unzureichend gewürdigten Sachverhalt: Der Utilitarismus vermag absolute Rechte und Pflichten zu begründen. Ein Utilitarist kann mit Feuereifer »unumstößliche« Werte verteidigen, sofern der Verstoß gegen sie nach menschlichem Ermessen langfristig zu großen Problemen führen würde. Ein solcher Utilitarist vertritt keinen »handlungsbasierten«, sondern, wie auch Mill es getan zu haben scheint, einen »regelbasierten« Utilitarismus.[17] Er fragt sich nicht: Wie wirkt es sich auf die Gesamtsumme des menschlichen Glücks aus, wenn ich heute dies oder jenes tue? Er fragt sich vielmehr: Wie würde es sich auswirken, wenn alle Menschen sich unter vergleichbaren Umständen regelmäßig so verhielten?

Die Überzeugung, daß Glück etwas Gutes und Leiden etwas Schlechtes ist, ist nicht nur ein Stück der uns allen gemeinsamen Basis des moralischen Diskurses. Zunehmend erweist sie sich als das allem Anschein nach einzige Stück gemeinsamer Basis. Außerhalb davon liegt die Domäne des Partikularismus, wo die einen auf diese, die andern auf jene von Gott oder ihrer Intuition geoffenbarte Wahrheit vertrauen. Wenn wir also davon ausgehen, daß ein Moralkodex wirklich ein Kodex für alle Mitglieder der Gemeinschaft zu sein hat, dann scheint der utilitaristische Leitsatz – Glück ist gut, Leiden ist schlecht – die brauchbarste, wenn nicht sogar die *einzig* brauchbare Grundlage des moralischen Diskurses zu sein. Er formuliert den Minimalkonsens, den jede Diskussion voraussetzt. Er ist ungefähr das einzige, was uns auf moralischem Gebiet an Gemeinsamkeiten geblieben ist.

Natürlich ließen sich ein paar Leute auftreiben, die sich noch nicht einmal auf diesen Minimalkonsens einlassen würden. Womöglich unter Hinweis auf den naturalistischen Fehlschluß würden sie sich auf den Standpunkt stellen, daß am Glück nichts Gutes sei. (Nach meiner persönlichen Auffassung bleibt der moralische Wert des Glücks von der Kritik am naturalistischen Fehlschluß unberührt.

Um dies zu begründen, wäre allerdings eine längere Abhandlung nötig, die den Rahmen dieses Buchs sprengen würde.) Andere würden vielleicht sagen, daß Glück zwar eine prima Sache sei, man jedoch auf so etwas wie einen auf allgemeinem Konsens beruhenden Moralkodex gut verzichten könne. Es ist ihr Recht, so zu denken. Es steht ihnen frei, sich gegen jeden moralischen Diskurs zu wenden und gegen alle Verpflichtungen und Vorteile, die ein daraus resultierender Kodex mit sich bringen könnte. Wer jedoch überzeugt ist, daß die Idee eines Moralkodex für jedermann sinnvoll ist, und ihr breite Akzeptanz wünscht, für den erscheint die utilitaristische Prämisse der logische Ausgangspunkt zu sein.

Dennoch ist die Frage berechtigt: Wozu brauchen wir überhaupt einen Moralkodex? Selbst wer die fundamentale Prämisse des Utilitarismus – Glück ist gut – akzeptiert, fragt sich vielleicht: Warum sollte sich irgend jemand um das Glück anderer sorgen? Warum läßt man nicht jeden bloß für sein eigenes Glück sorgen – was ja offenbar ohnehin der einzige Inhalt menschlichen Handels ist, auf den man sich mehr oder weniger verlassen kann?

Vielleicht die beste Antwort auf diese Frage ist ein Argument rein praktischer Art: Dank des altbekannten Nichtnullsummenspiels kann im Prinzip das Glück aller zunehmen, wenn jeder jeden nett behandelt. Du verzichtest darauf, mich schlecht zu behandeln und zu betrügen, und beide sind wir danach besser dran, als wir es in einer Welt ohne Moral wären. Denn in einer solchen Welt würden sich die Effekte gegenseitiger schlechter Behandlung im allgemeinen ohnehin gegenseitig zunichte machen (vorausgesetzt, daß nicht einer von uns beiden ein weitaus gewiefterer Schurke ist als der andere). Und gleichzeitig würde sich jeder von uns die zusätzlichen Kosten ständiger Furcht und Wachsamkeit aufladen.

Anders gesagt: Das Leben ist voller Gelegenheiten, bei denen mit geringem Aufwand von seiten des einen dem andern sehr viel größere Kosten erspart werden können. Ein Beispiel: Man hält jemandem, der hinter einem geht, die Tür auf. In einer Gesellschaft, in der jeder dem Nachfolgenden die Tür aufhält, geht es allen besser. Ein solches System der gegenseitigen Rücksichtnahme – ein Moralsystem – zu schaffen, lohnt die Mühe aus der Sicht aller.

So gesehen kann man das Argument für eine utilitaristische Moral so zusammenfassen: Von einem weithin praktizierten Utilitarismus kann sich jeder eine Verbesserung seiner Lebensverhältnisse versprechen – und die wünscht sich doch wohl jeder.

Mill folgte der Logik des Nichtnullsummenspiels (ohne den Begriff zu kennen oder auch nur eine sonderlich klare Vorstellung von dem Konzept als solchem zu entwickeln) bis zur letzten Konsequenz. Für ihn war das Ziel die *Maximierung* des Glücks aller, und der Weg zu diesem Ziel war die konsequente Selbstlosigkeit aller. Man sollte nicht nur dann die Tür für jemand anderen aufhalten, wenn es einem selbst so gut wie überhaupt keine Mühe macht, aber dem andern viel Mühe erspart. Man sollte die Tür immer dann aufhalten, wenn die Mühe, die man dem andern damit erspart, auch nur minimal größer ist als die Mühe, die es einen selbst kostet. Mit einem Wort: Man sollte in allen Lebenssituationen *das Wohl aller andern genauso wichtig nehmen wie das eigene Wohl.*

Das ist eine radikale Lehre. Wer sie vertritt, kann am Kreuz enden, wie man weiß. Mill schrieb: »In der goldenen Regel, die Jesus von Nazareth aufgestellt hat, finden wir den Geist der Nützlichkeitsethik vollendet ausgesprochen. Die Forderungen, sich dem anderen gegenüber so zu verhalten, wie man möchte, daß er sich einem selbst gegenüber verhält, und den Nächsten zu lieben wie sich selbst, stellen die utilitaristische Moral in ihrer höchsten Vollkommenheit dar.«[18]

Darwin und die brüderliche Liebe

Es überrascht, in einem so klinisch kühlen Ambiente wie der Gedankenwelt des Utilitarismus einer so warmherzigen, gefühlsduseligen Idee wie der brüderlicher Liebe zu begegnen. Die Überraschung ist jedoch fehl am Platz. Brüderliche Liebe war in den klassischen Wahlsprüchen des Utilitarismus — in der Losung vom größtmöglichen Glück *aller* oder der vom größten Glück der *größten Zahl* — als gedankliches Moment von Anfang an enthalten. Mit anderen Worten: Das Glück des einen ist so wichtig wie das Glück des andern; niemand genießt ein Vorrecht, und niemand sollte sich so verhalten, als ob er eines genösse. Dies ist die zweite, weniger augenfällige Fundamentalprämisse von Mills Lehre. Von Anfang an behauptet er nicht nur, das das Glück ein Gut sei, sondern auch, daß keines Menschen Glück eine Sonderrolle spiele.

Man kann sich kaum eine Behauptung vorstellen, die in krasserem Widerspruch zu den von der Natur gesetzten »Werten« stünde. Wenn es irgend etwas gibt, das wir nach dem »Willen« der natürlichen Selektion glauben sollen, dann dies, daß unser eigenes Glück etwas Besonderes sei. Das ist der Kompaß, den sie uns eingebaut hat; indem wir glückverheißende Ziele anstreben, maximieren wir die Verbreitung unserer Gene (oder hätten zumindest in der Ur-Umwelt alle Aussicht auf eine solche Maximierung gehabt). Lassen wir für den Moment außer Betracht, daß glückverheißende Ziele in vielen Fällen auf längere Sicht die Verheißung nicht einlösen; lassen wir außer Betracht, daß der natürlichen Selektion nicht wirklich »daran liegt«, daß wir am Ende glücklich werden, und daß sie mit größter Bereitwilligkeit in Kauf nimmt, daß wir leiden, wenn dies die Voraussetzung dafür ist, daß unsere Gene in die nächste Generation gelangen. Im Moment ist einzig wichtig, daß der elementare Mechanismus, über den unsere Gene uns steuern, die tiefe, oft unausgesprochene (und sogar ungedachte) Überzeugung ist, unser eigenes Glück sei etwas Besonderes. Wir sind dazu geschaffen, uns nicht um das Glück anderer zu sorgen, es sei denn in Fällen, wo diese Sorge im stammesgeschichtlichen Rahmen unseren Genen einen Vorteil gebracht hätte.

Und das ist nicht nur bei uns so. Selbstzentriertheit ist das Markenzeichen des organischen Lebens auf diesem Planeten. Ein Organismus ist etwas, das sich so verhält, als ob sein eigenes Wohl wichtiger sei als das Wohl aller andern Organismen (ausgenommen wiederum in dem Fall, wo andere Organismen als Helfer bei der Verbreitung der eigenen Gene fungieren können). Es hört sich vielleicht harmlos an, wenn Mill sagt, daß dein Glück für dich nur so lange ein legitimes Ziel sei, wie es nicht das Glück anderer beeinträchtigt – vor dem Hintergrund der Stammesgeschichte aber ist es eine Ketzerei. Dein Glück ist dazu *bestimmt*, das Glück anderer zu beeinträchtigen; nichts anderes ist sein Sinn und Zweck, als von dir egoistisch angestrebt zu werden.[19]

Lange bevor Darwin etwas von natürlicher Selektion wußte, lange bevor er über deren »Werte« hätte nachdenken können, waren seine eigenen, ganz entgegengesetzten Werte schon bestens entwickelt. Ethik der Art, wie sie Mill propagierte, waren bei den Darwins Familientradition. Großvater Erasmus Darwin hatte selbst über das »Prinzip des größten Glücks« geschrieben. Und in der mütterlichen wie in der väterlichen Linie war allumfassendes Mitgefühl schon lange das Ideal der Seelenbildung. Im Jahr 1788 hatte Darwins Großvater mütterlicherseits, Josiah Wedgwood, in seiner Keramikmanufaktur Hunderte von Anti-Sklaverei-Medaillons hergestellt, die einen mit Ketten gefesselten Schwarzen zeigten und darüber die Worte: »Bin ich kein Mensch und Bruder?«[2] Darwin führte diese Tradition fort, indem er sich immer wieder tief berührt zeigte von dem Elend schwarzer Sklaven, »die von den geschniegelten Wilden in England kaum als ihre Brüder, selbst in

Gottes Augen, eingestuft werden«[21], wie er einmal bitter bemerkte.

Einfaches, tiefes Mitgefühl war es, worauf Darwins Utilitarismus im Grunde ruhte. Gewiß, auch er brachte, gleich Mill, eine argumentative Begründung seiner Ethik zu Papier (in der er seltsamerweise unverhohlener als Mill mit dem naturalistischen Fehlschluß liebäugelte[22]). Doch letztlich war Darwin ein Mensch mit grenzenlosem Einfühlungsvermögen und schließlich ist Utilitarismus nichts anderes als grenzenloses Einfühlungsvermögen.

Nachdem Darwin die natürliche Selektion ergründet hatte, muß er erkannt haben, wie weit die aus ihr folgenden Werte und seine eigene Ethik auseinanderklafften. Die tödliche Tücke der Schlupfwespen, die Grausamkeit der Katze, die mit der gefangenen Maus ihr Spiel treibt – dergleichen ist schließlich nur die Spitze des Eisbergs. Sich das Wirken der natürlichen Selektion zu vergegenwärtigen heißt von Erschütterung erfaßt zu werden angesichts des gewaltigen Ausmaßes von Leiden und Tod, das der Preis eines einzigen geringfügigen Fortschritts im Bauplan organischen Lebens sein kann. Und es heißt zu begreifen, daß der Zweck dieses »Fortschritts« – beispielsweise die Entwicklung längerer und schärferer Eckzähne bei Schimpansenmännchen – häufig darin besteht, andere Wesen um so sicherer leiden zu machen oder zu töten. Die Strukturen des Organischen erwachsen aus Leiden und bringen ihrerseits Leiden hervor.

Darwin scheint sich über den Gegensatz zwischen der »Moral« der natürlichen Selektion und seiner eigenen nicht lange den Kopf zerbrochen zu haben. Wenn die Schlupfwespe und die Katze, die mit der Maus spielt, die von der Natur gesetzten Werte verkörpern – dann um so schlimmer für diese Werte. Es ist erstaunlich, daß ein ganz auf Egoismus ausgerichteter Schöpfungsprozeß Organismen hervorzubringen vermochte, die – kaum hatten sie diesen Schöpfer identifiziert – über dessen zentralen Wert reflektieren und ihn verwerfen. Noch erstaunlicher ist, daß dies in Rekordzeit vonstatten ging. Schon der allerste Organismus, der dem Schöpfer auf die Spur kam, reagierte so. Darwins moralisches Empfinden, wiewohl letztlich zur Erfüllung egoistischer Zwecke geplant, verwarf dieses Planungsprinzip, sobald es offenbar wurde.[23]

Der Darwinismus und die brüderliche Liebe

Es ist denkbar, daß Darwins Wertesystem aus seinem Studium der natürlichen Selektion ironischerweise eine gewisse Stärke bezog. Man stelle sich vor: Milliarden und aber Milliarden Organismen sausen durch die Welt, jeder im hypnotischen Bann einer einzigen Wahrheit, und all diese Wahrheiten sind miteinander identisch, und alle sind logisch nicht miteinander vereinbar: »Meine Erbsubstanz ist die wichtigste Substanz auf der ganzen Erde. Damit sie überleben kann, ist es gerechtfertigt, daß *du* zu kurz kommst, leidest oder sogar stirbst.« Und man selbst ist einer von diesen Organismen und verbringt sein Leben unter der Tyrannei einer absurden Logik. Das reicht, um einen ein wenig zu entfremden, wenn nicht womöglich gänzlich zum Rebellen zu machen.

Noch in einem anderen Sinn wirkt darwinistisches Denken dem Egoismus entgegen – in einem Sinn, dessen sich Darwin selbst noch nicht völlig bewußt war. Das heißt, das neue darwinistische Paradigma kann einen in gewissem Sinn merklich in Richtung auf die Werte von Charles Darwin, John Stuart Mill und Jesus Christus führen.

Dies sei nur einmal so in den Raum gestellt. Ich behaupte nicht, daß sich aus dem Darwinismus als *logische Folge* irgendwelche absoluten moralischen Normen ergaben. Tatsächlich ist ja gerade die Vorstellung von der Existenz absoluter moralischer Normen, wie wir gesehen haben, vom Darwinismus einigermaßen diskreditiert worden. Aber ich bin überzeugt, daß die meisten, die sich Klarheit verschaffen über das neue darwinistische Paradigma und es ernsthaft durchdenken, auf diesem Weg zu mehr Mitgefühl und teilnehmendem Interesse für ihre Mitmenschen gelangen – oder zumindest in Augenblicken der Abgeklärtheit zu dem Eingeständnis, daß mehr Mitgefühl und Anteilnahme offenbar durchaus angebracht wären.

Das neue Paradigma beraubt die Selbstsucht ihrer vornehmen Gewandung. Vergessen wir nicht: Der Egoismus zeigt sich selten nackt. Als Individuen *der* Spezies, deren Mitglieder ihre Handlungen moralisch rechtfertigen, sind wir so angelegt, daß wir uns selbst auch dann für gut und unser Tun auch dann für begründbar halten, wenn dies objektiv zweifelhaft ist. Indem das neue Paradigma den biologischen Mechanismus hinter dieser Illusion enthüllt, erschwert es die Selbsttäuschung.

Beispielsweise behauptet und glaubt fast jeder von uns, wenn er einen andern Menschen nicht mag, daß es dafür gute Gründe gebe. Wer sich unseren Zorn oder auch nur unsere kaltherzige Mißachtung zugezogen hat – so daß es uns Vergnügen macht oder ungerührt läßt, ihn leiden zu sehen –, der hat, so sagen wir, etwas getan, womit er es *verdient*, daß wir ihm mit Gefühlskälte begegnen.

Heute begreifen wir erstmals, wie die Menschen zu dem Gefühl gekommen sind, daß sie im Recht sind, wenn sie es andern »heimzahlen«. Und die Herkunft dieses Gefühls ist moralisch nicht sonderlich vertrauenerweckend.

Seine Wurzel ist der Impuls zur Vergeltung, einer der elementaren Steuerungsmechanismen des reziproken Altruismus. Er entwickelte sich nicht im Interesse des Wohls der Spezies oder des Wohls des Volks oder auch nur des Stammeswohls, sondern einzig und allein im Interesse des Wohls des Individuums. Und im Grunde genommen stimmt auch das nicht ganz: Die Funktion des Vergeltungsimpulses besteht letztlich darin, die Verbreitung von Kopien der Erbinformation des Individuums zu fördern.

Das bedeutet nicht notwendigerweise, daß der Impuls zur Vergeltung *böse* wäre. Es bedeutet jedoch, daß manche unserer Beweggründe, ihn für *gut* zu halten, heute fragwürdig sind. Zumal die Aura von Ehrfurcht, die den Impuls umgibt – das himmlische Gefühl, in der Vergeltung manifestiere sich eine höhere sittliche Wahrheit –, an Wirksamkeit verliert, sobald man sich klarmacht, daß sie keine wohlmeinende Botschaft des Himmels, sondern eine egoistische Botschaft unserer Gene ist. Der Trieb zur Vergeltung ist ebensowenig himmlischen Ursprungs wie der Hunger, der Haß, das sexuelle Begehren und all die andern Affekte, deren Daseinsgrund der Erfolg ist, mit dem sie in der Vergangenheit beim Transport von Genen durch die Abfolge der Generationen mitgeholfen haben.

Es gibt freilich eine Rechtfertigung der Vergeltung, die sich in moralische Kategorien fassen läßt – sei es in utilaristische Kategorien, sei es in Kategorien irgendeiner anderen Morallehre, die darauf abzielt, die Menschen zu mehr Rücksicht aufeinander zu bewegen. Vergeltung hilft, das »Betrüger«-Problem zu lösen, mit dem sich jedes Moralsystem konfrontiert sieht. Menschen, die ersichtlich mehr nehmen als geben, werden in der Folge bestraft und damit davon abgeschreckt, sich die Tür immer nur aufhalten zu lassen, statt sie auch einmal für andere aufzuhalten. Obgleich der Impuls zur Vergeltung, anders als Mills Morallehre, nicht dem Interesse des Gruppenwohls entsprang, kann er die Summe des gesellschaftlichen Wohlergehens insgesamt erhöhen und tut es auch oft. Er sorgt dafür, daß die Menschen die Interessen ihrer Mitmenschen nicht aus den Augen verlieren. Wiewohl von niederer Herkunft, erfüllt er inzwischen einen hohen Zweck. Dafür sollte man ihm Dank wissen.

Eigentlich müßte das ausreichen, um den Trieb zur Vergeltung von allen Vorwürfen zu entlasten – wenn da nicht noch eine andere Sache wäre: Der Groll, der nach Vergeltung ruft, funktioniert nicht mit jener Art göttlicher Objektivität, die Mill wohl für geboten gehalten hätte. Unser Bedürfnis, zu strafen, richtet sich nicht nur gegen Menschen, die uns betrogen oder uns sonstwie übel mitgespielt haben. Unsere moralische Buchführung ist rücksichtslos subjektiv, geprägt von tiefer Voreingenommenheit für das eigene Ich.

Diese grundsätzliche Befangenheit bei der Berechnung der moralischen Schuld anderer ist nur einer von vielen Faktoren, welche die Klarheit unseres moralischen Urteils trüben. Wir neigen dazu, an unseren Rivalen moralische Mängel zu entdecken, unsere Verbündeten sympathisch zu finden, und zwar desto sympathischer, je höher ihre gesellschaftliche Stellung ist, und die Außenseiter der Gesellschaft völlig zu ignorieren. Wer könnte das alles mitansehen und dann noch, ohne eine Miene zu verziehen, behaupten, unsere diversen Abweichungen vom Prinzip der brüderlichen Liebe besäßen die Ehrenhaftigkeit, die wir für sie reklamieren?

Es stimmt, wenn wir sagen, daß es immer einen Grund hat, wenn wir jemanden nicht mögen. Der Grund ist allerdings häufig, daß es nicht in unserem Interesse liegt, die betreffende Person zu mögen: Es würde weder unsere gesellschaftliche Stellung verbessern noch uns den Zugang zu materiellen oder sexuellen Ressourcen erleichtern, noch unseren Blutsverwandten Vorteile bringen, noch sonst etwas von dem bewirken, was während unserer Evolution Gene zur Verbreitung verhalf. Das Gefühl von »Rechtmäßigkeit«, das unsere Abneigung begleitet, ist nur Kosmetik. Für den, der das begriffen hat, dürfte die Macht dieses Gefühls merklich nachlassen.*

---

* Das hier Gesagte unterscheidet sich grundlegend von allen anderen in diesem Buch bisher zum Thema Moral vorgebrachten Thesen. Ich behaupte hier nicht nur, daß das neue darwinistische Paradigma uns helfen kann, die moralischen Grundwerte, die wir uns zu eigen machen – welche auch immer es seien –, zu begreifen. Ich behaupte auch, daß das neue Paradig-

Doch halt! Müßten wir nicht gerechterweise auch das Gefühl der Rechtmäßigkeit verwerfen, das die Empfindungen des Mitgefühls, der Sympathie und der Liebe begleitet? Schließlich gibt es Liebe ebenso wie Haß nur, weil diese Affekte in der Vergangenheit zur Verbreitung von Genen beigetragen haben. Auf der Ebene der Gene ist es ebenso krasser Eigennutz, ein Geschwister, ein Kind, einen Ehegefährten zu lieben, wie einen Feind zu hassen. Wenn die unedle Herkunft der Vergeltung ein Grund ist, ihr mit Mißtrauen zu begegnen, warum dann nicht auch der Liebe mißtrauen?

Die Antwort lautet: Gewiß, auch der Liebe sollte man mißtrauen, aber sie hält dem Zweifel ziemlich unbeschadet stand — zumindest in den Augen eines Utilitaristen wie überhaupt aus der Sicht eines jeden, der Glück als ein moralisches Gut betrachtet. Denn die Liebe bringt uns dazu, das Glück anderer vermehren zu wollen. Sie veranlaßt uns zu kleinen Opfern, die für andere (unsere Lieben) große Gewinne bedeuten. Und mehr als das: Die Liebe sorgt dafür, daß diese Opfer sogar ein gutes Gefühl hinterlassen, wodurch die Gesamtsumme des Glücks noch weiter wächst. Gewiß, manchmal schmerzt die Liebe. Das beweist unter anderem der Fall jener Frau in Texas, die beschloß,

---

ma sogar von vornherein unsere Entscheidung für moralische Grundwerte — legitimerweise — beeinflussen kann. Manche Darwinisten bestreiten energisch, daß eine solche Beeinflussung je legitim sein könnte. Sie denken dabei an den naturalistischen Fehlschluß, der in der Vergangenheit so vieles vergiftete, was unter der Flagge des Darwinismus segelte. Doch was wir hier tun, läuft nicht auf einen naturalistischen Fehlschluß hinaus. Im Gegenteil. Indem wir die Natur studieren und die Ursprünge des Triebes zur Vergeltung erkennen, stellen wir fest, wie wir uns, ohne es zu merken, auf das Glatteis des naturalistischen Fehlschlusses haben führen lassen. Wir erkennen, daß die Aura der göttlichen Wahrheit, welche die Vergeltung umgibt, nichts weiter ist als ein Mittel, dessen sich die Natur — die natürliche Selektion — bedient, um uns zur unkritischen Übernahme ihrer »Werte« zu verleiten. Haben wir das erst einmal begriffen, schwindet die Wahrscheinlichkeit, daß wir uns von jener Aura beeindrucken lassen, und damit auch die Wahrscheinlichkeit, daß wir in den naturalistischen Fehlschluß verfallen.

die Mutter der Konkurrentin ihrer Tochter um den Platz einer *cheerleader* bei Sportveranstaltungen umzubringen. Die Mutterliebe, wiewohl unbestreitbar groß, kann in diesem Fall von der moralischen Buchhaltung nicht auf der Haben-Seite erscheinen. Gleiches gilt in allen Fällen, wo die Liebe im Endeffekt mehr Unheil als Segen bringt. Doch egal ob das Ergebnis unterm Strich positiv oder negativ ist, die moralische Bewertung der Liebe gehorcht den gleichen Regeln wie die moralische Bewertung der Vergeltung: Wir müssen zuerst einmal den Putz entfernen, das intuitive Gefühl der »Rechtmäßigkeit«, und dann nüchtern die Auswirkungen auf die Summe des allgemeinen Glücks einschätzen.

Die Leistung des neuen Paradigmas besteht also strenggenommen nicht darin, die unedle Herkunft unserer moralischen Gefühle aufzudecken. Ihre unedle Herkunft spricht für sich genommen weder für noch gegen sie. Der Nutzen des Paradigmas liegt vielmehr darin, daß es uns den Nimbus der Rechtmäßigkeit, der so viele unserer Handlungen umgibt, als möglicherweise täuschend begreifen lehrt. Auch wenn wir uns im Recht fühlen, können wir Unheil anrichten. Und mit Sicherheit ist es öfter Haß als Liebe, was – wobei man sich selbst im Recht fühlt –, Unheil stiftet. Eben darauf gründet sich meine Behauptung, daß das neue Paradigma denkende Menschen veranlassen wird, der Liebe höheren Wert beizumessen als dem Haß. Es lehrt uns, jedes Gefühl nach seiner Leistung für das Wohlergehen aller zu bewerten, und dabei schneidet die Liebe in der Regel besser ab.

Natürlich mag die Lösung solcher Probleme für einen *Nicht*-Utilitaristen schwieriger sein. Und wenn auch für Darwin wie für Mill die Antwort auf die von der modernen Naturwissenschaft ausgehende moralische Herausforderung der Utilitarismus war, so ist diese Lösung doch nicht unbedingt jedermanns Geschmack. Es ist in diesem Kapitel auch nicht meine Absicht, sie jedermann schmackhaft zu *machen* (wenngleich ich gestehen muß, daß sie für mich die akzeptabelste ist). Es kommt mir hier vielmehr darauf an, zu zeigen, daß die Welt des Darwinismus nicht zwangsläufig eine amoralische ist. Wer auch nur die simple Aussage unterschreibt, daß (unter sonst gleichen Umständen) Glück besser als Unglück ist, kann darauf ein komplettes Moralsystem aufbauen, mit absoluten Gesetzen und Rechten und allem, was sonst noch dazugehört. Er kann manches von dem, was man bisher lobenswert fand, weiterhin lobenswert finden – Liebe, Opferbereitschaft, Ehrlichkeit usw. Nur ein hartnäckiger Nihilist, der am Glück menschlicher Wesen nichts Gutes zu finden vermag, kann das Wort »moralisch« in einer Welt nach Darwin für sinnentleert halten.

Dem Feind die Stirn bieten

Darwin war nicht der einzige Viktorianer, der die »Werte« der Evolution mit Skepsis betrachtete. Sein Freund und publizistischer Sachwalter Thomas Henry Huxley schloß sich auch in diesem Punkt an. Im Jahr 1893 hielt Huxley an der Universität Oxford einen Vortrag über das Thema »Evolution und Ethik«, in dem er das theoretische Fundament des Sozialdarwinismus und dessen Vorstellung unter Beschuß nahm, man könne aus dem Evolutionsprozeß Werte ableiten. Mit Anklängen an die Logik von Mills Essay über die Natur erklärte er seinen Zuhörern: »Die kosmische Evolution kann uns Aufschluß darüber geben, wie die guten und bösen Strebungen des Menschen entstanden sein könnten; aber für sich allein genommen vermag sie uns keine besseren Gründe zu liefern, warum das, was wir gut nennen, dem, was wir böse nennen, vorzuziehen ist, als wir vorher schon hatten.« Ja, bei genauerer Betrachtung der Evolution und des massiven Tributs an Tod und Leiden, den sie forderte, kam Huxley zu der Annahme, daß sie eher im Widerspruch zu dem stehe, was wir gut nennen. »Begreifen wir doch«, rief er seinem Publikum zu, »ein für allemal, daß der sittliche Fortschritt der Gesellschaft sich nicht der Nachahmung des kosmischen Prozesses verdankt, auch nicht dem Davonlaufen vor ihm, sondern dem Kampf gegen ihn.«[24]

Peter Singer, der als einer der ersten Vertreter der akademischen Philosophie den neuen Darwinismus ernst nahm, merkte in diesem Zusammenhang an: »Je besser man seinen Gegner kennt, desto größer die Chance, ihn zu besiegen.«[15] Und George Williams, der so viel zur Definierung des neuen Paradigmas beigetragen hat, betonte nachdrücklich, welch starken Rückhalt sowohl die Position Huxleys als auch die Singers, die sich beide mit seiner eigenen Position decken, in dem neuen Paradigma finden. Williams' Abscheu vor den Werten der natürlichen Selektion ist, wie er selbst schreibt, noch größer als der Huxleys, da »er sich nicht nur auf die extremere Ansicht unserer Zeit von der natürlichen Selektion als einem Prozeß zur Maximierung des Egoismus stützt, sondern auch auf die längere Liste von üblen Eigenschaften, die man dem Feind heute anlastet«. Und wenn der Feind tatsächlich »schlimmer [ist], als Huxley für möglich hielt, ist das Bedürfnis nach biologischer Erkenntnis um so dringender«.[26]

Aus den derzeit vorliegenden biologischen Erkenntnissen lassen sich einige Grundregeln für den Kampf gegen den Feind ableiten. (Daß ich sie aufzuzählen in der Lage bin, besagt noch nicht, daß ich bei ihrer Anwendung sonderlich erfolgreich wäre.) Eine gute Ausgangsbasis wäre es, der moralischen Entrüstung – eingedenk der ihr eigenen tendenziösen Befangenheit – grundsätzlich etwa die Hälfte ihrer Glaubwürdigkeit abzusprechen und der moralischen Gleichgültigkeit gegenüber dem Leid mit dem gleichen Mißtrauen zu begegnen. Unter gewissen Umständen sollten wir besonders wachsam sein. So scheinen wir uns leicht über das Verhalten bestimmter Gruppen (z. B. Völ-

ker) zu ereifern, deren Interessen im Konflikt mit den Interessen einer Gruppe liegen, der wir selbst angehören.
Außerdem neigen wir zur Rücksichtslosigkeit gegenüber
Mitmenschen mit niedrigerem gesellschaftlichem Status
und zu übertriebener Toleranz gegenüber Hochgestellten.
Ersteren gegenüber auf Kosten letzterer etwas großzügiger
zu sein, ist wohl gerechtfertigt – zumindest aus utilitaristischer Sicht (wie der Sicht anderer egalitärer Moralsysteme).

Das heißt nicht, daß der Utilitarismus für einen blinden
Egalitarismus eintritt. Eine mächtige Person, die sich in ihrer Position human verhält, verkörpert ein schätzbares gesellschaftliches Kapital und könnte deshalb verdienen, bevorzugt behandelt werden, vorausgesetzt, das fördert ihre
Menschlichkeit. Ein bekanntes Exempel aus dem überlie-
ferten utilitaristischen Schrifttum setzt den Fall, daß ein
Erzbischof und ein Stubenmädchen in einem brennenden
Haus eingeschlossen sind, und stellt die Frage, welche der
beiden Personen man zuerst zu retten habe. Die Standard-
antwort lautet, selbst wenn das Stubenmädchen die eigene Mutter sei, müsse man zuerst den Erzbischof retten,
denn er werde auch künftig mehr zum Wohl der Allgemeinheit beitragen.[27]

Nun, das mag so sein, wenn es sich bei der hochgestellten Persönlichkeit tatsächlich um einen Erzbischof handelt
(und selbst dann kommt es noch darauf an, was für ein
Erzbischof er ist). Aber die meisten hohen Tiere sind keine
Erzbischöfe. Und es gibt wenig, was dafür spricht, daß
Menschen in hoher Stellung zu besonderem sozialen
Pflichtbewußtsein oder zu Opferbereitschaft neigen. Das
neue Paradigma betont sogar, daß sie ihre hohe Stellung
nicht im Interesse des »Gemeinwohls«, sondern im eigenen Interesse errungen haben. Folglich darf man erwarten, daß sie erstens entsprechenden Gebrauch von ihr machen und zweitens versuchen werden, den gegenteiligen
Eindruck zu erwecken.[28] Hoher gesellschaftlicher Status

verdient weit weniger Nachsicht, als ihm im allgemeinen entgegengebracht wird. Es liegt in der menschlichen Natur, sowohl einer Mutter Teresa als auch einem Donald Trump mit Hochachtung zu begegnen; in letzterem Fall aber ist dieser Zug des menschlichen Wesens vielleicht verhängnisvoll.

All diese Erwägungen gehen natürlich von der utilitaristischen Voraussetzung aus, daß der Zweck eines Moralsystems das Glück andere Leute ist. Aber wie steht es mit den Nihilisten? Was ist mir Leuten, die darauf bestehen, daß nicht Glück an sich, sondern allein *ihr eigenes* Glück eine gute Sache ist, oder aus irgendeinem andern Grund die Ansicht vertreten, das Wohl anderer brauche sie nicht zu kümmern? Nun, dazu ist erstens zu sagen, daß solche Menschen vermutlich zumindest so tun, als läge ihnen etwas am Wohlergehen anderer, denn das Vortäuschen von Uneigennützigkeit gehört fast ebensosehr zur menschlichen Natur wie deren häufiges Fehlen. Wir ergehen uns in moralischem Gerede, leugnen niedrige Motive und betonen wenigstens ein bißchen Interesse am Gemeinwohl. Und wir beklagen so heftig wie selbstgerecht die Selbstsucht anderer. So scheint es nur recht und billig, auch von Menschen, die vom Utilitarismus und der brüderlichen Liebe nicht viel halten, angesichts des neuen Darwinismus eine kleine Korrektur zu verlangen – nämlich sich konsequent zu verhalten; das heißt: entweder dieses ganze moralische Posieren einer skeptischen Prüfung zu unterziehen oder das Posieren aufzugeben.

Wer sich für ersteres entscheidet, für den ist die einfachste Quelle moralischer Orientierung, nie zu vergessen, daß das Gefühl, moralisch »im Recht« zu sein, von der natürlichen Selektion geschafen wurde, damit die Menschen es zu egoistischen Zwecken einsetzen. Man könnte fast sagen, daß die Moral ihrem Wesen nach zum Mißbrauch förmlich bestimmt ist. Wir haben bei unseren nächsten Verwandten im Tierreich, den Schimpansen, Züge festge-

stellt, die Rudimenten eigennützigen Moralisierens gleichen: Sie handeln in gerechter Entrüstung. Anders als sie
aber können wir uns von einem solchen Verhalten ausreichend distanzieren, um es zu erkennen – weit genug, um
eine ganze Moralphilosophie zu entwerfen, die im wesentlichen darauf angelegt ist, die Neigung zu einem solchen
Verhalten zu bekämpfen.

Sachverhalte wie dieser brachten Darwin zu der Überzeugung, daß die Spezies Mensch eine moralische Spezies,
ja daß sie die einzige moralische Tierart überhaupt sei.
»Ein moralisches Wesen ist ein solches, welches imstande
ist, seine vergangenen und künftigen Handlungen oder
Beweggründe untereinander zu vergleichen und sie zu billigen oder mißbilligen«, schrieb er. »Zu der Annahme, daß
irgendeines der niederen Tiere diese Fähigkeit habe, haben
wir keinen Grund.«[29]

In diesem Sinn sind wir moralisch, soviel ist richtig; wir
besitzen zumindest die technischen Voraussetzungen, um
ein wahrhaft beherrschtes Leben zu führen. Wir besitzen
Selbstbewußtheit, Gedächtnis, Voraussicht und Urteilsver-
mögen. Aber die letzten Jahrzehnte evolutionstheoretischer Forschung lassen es angezeigt erscheinen, das Wort
»technisch« zu betonen. Wir sind nicht dazu geschaffen,
uns ständig echter, aufbauender, moralischer Selbstprüfung zu unterziehen und unser Verhalten entsprechend zu
korrigieren. Wir sind potentiell moralische Tiere – was
mehr ist, als man von jedem andern Tier behaupten kann
–, aber wir sind nicht von Natur aus moralische Tiere. Um
moralische Tiere zu sein, müßten wir erkennen, wie wenig
wir es sind.

Siebzehntes Kapitel
DAS OPFER SCHULDIG SPRECHEN?

Da alle Menschen ihre eigene Glückseligkeit wünschen,
so wird Lob oder Tadel für Handlungen und Motive in
dem Maße ausgeteilt, als sie zu jenem Ziel führen.
Darwin, Die Abstammung des Menschen (1871)

Wir eignen uns viele Ideen unbewußt an, ohne Mitwir-
kung von Abstraktion und schlußfolgerndem Denken
(zum Beispiel die der Gerechtigkeit?? [...]).
Darwin, Notizbuch N (1838)[1]

Mitte der siebziger Jahre brachte das Buch *Sociobiology* dem neuen darwinistischen Paradigma erstmals eine Woge der Publizität und seinem Verfasser erstmals eine Woge öffentlicher Beschimpfungen ein. Edward O. Wilson wurde als Rassist, Sexist und kapitalistischer Imperialist denunziert, sein Buch zu einem politisch rechtslastigen Machwerk, einer Apologie repressiver Herrschaftsverhälltnisse erklärt.

Es mag sonderbar erscheinen, daß es derlei Ängste noch Jahrzehnte nach der Entlarvung des »naturalistischen Fehlschlusses« und dem Zerbröckeln der geistigen Grundlagen des Sozialdarwinismus gab. Doch das Wort »natürlich« wird in Zusammenhang mit Fragen der Moral in mehr als einer Bedeutung gebraucht. Wenn ein Mann, der seine Frau betrügt oder sozial Schwächere ausbeutet, zu seiner Rechtfertigung vorbringt, das sei doch »nur natürlich«, dann will er damit nicht unbedingt sagen, es sei gottgewollt. Er meint vielleicht nur, der Trieb sei so stark, daß er praktisch unwiderstehlich sei. Was er tut, findet er vielleicht selbst nicht gut, aber er kann nicht viel dagegen tun. Jahrelang nährte sich die »Soziobiologie-Debatte« vorwiegend von einem einzigen Thema: Man beschuldigte die Darwinisten des »genetischen Determinismus« beziehungsweise »biologischen Determinismus«, und der, hieß es, lasse keinen Platz für den »freien Willen«. Diese warfen daraufhin ihren Anklägern vor, sie brächten die Dinge durcheinander, denn der Darwinismus bedeute, recht verstanden, keinerlei Gefahr für hehre politische und moralische Ideale.

In der Tat waren die vorgebrachten Beschuldigungen oft konfus (und die speziell gegen Wilson erhobenen Vorwürfe grundlos). Richtig ist aber auch, daß manche Ängste auf der politischen Linken, selbst nachdem die gedankliche Verwirrung ausgeräumt ist, durchaus begründet sind. Wie es um die moralische Verantwortung aus evolutionspsychologischer Sicht bestellt ist, ist eine weitgreifende und gefährliche Frage – ja eine Frage von solcher Wichtigkeit, daß sie, richtig verstanden, die politische Linke und die politische Rechte gleichermaßen in Atem halten müßte. Hier liegt ein weites Feld tiefer und bedeutender Probleme, das großenteils noch unbeackert ist.[2]

Wie es sich trifft, machte Charles Darwin vor über einem Jahrhundert die tiefgründigsten dieser Probleme zum Gegenstand vollendet scharfsinniger und menschlicher Reflexionen. Allerdings hielt er dies vor der Welt geheim. Sich der Brisanz einer schonungslos ehrlichen Analyse der moralischen Verantwortung nicht minder bewußt als heutige Darwinisten, machte er seine Gedanken nie publik. Sie ruhten vergessen in seinem schriftlichen Nachlaß – ein Konvolut von Notizen, das er, bescheiden wie immer, mit der Aufschrift »Alte und unbrauchbare Notizen zum Moralgefühl und einigen metaphysischen Fragen« versehen hatte. Heute, wo die biologische Grundlage des Verhaltens rasch ans Licht kommt, ist die Zeit reif für die Hebung von Darwins Schatz.

Die Wirklichkeit erhebt ihr häßlich' Haupt

Anlaß für Darwins Analyse war ein Konflikt zwischen Ideal und Wirklichkeit. Brüderliche Liebe ist in der Theorie eine großartige Sache. In der Praxis schafft sie jedoch Probleme. Selbst wenn man – Problem Nummer eins – auf irgendeine Weise Massen von Menschen dazu bringen könnte, sich brüderlich zu lieben, hätte man sich damit lediglich in Problem Nummer zwei hineinmanövriert: Brüderliche Liebe wirkt auf den Zerfall der Gesellschaft hin.

Denn brüderliche Liebe ist schließlich bedingungsloses Mitgefühl. Sie hegt größte Zweifel an der Berechtigung, einem anderen Menschen, wer immer es sei und wie übel er sich auch verhalten mag, ein Leid anzutun. Aber in einer Gesellschaft, wo niemand für Übeltaten bestraft wird, werden die Übeltaten um sich greifen.

Dieses Paradox lautert hinter einem Utilitarismus vor allem der Prägung, wie John Stuart Mill sie ihm gegeben hat. Mag Mill auch sagen, daß der ein guter Utilitarist ist, der bedingungslos liebt – bis zu dem Tag, an dem *alle* bedingungslos lieben, kann das Hauptziel des Utilitarismus, das »größtmögliche Glück der größtmöglichen Zahl«, nicht ohne sehr eingeschränkte Liebe verwirklicht werden. Die vorläufig noch Unerleuchteten müssen mit ermuntert werden, nett zu sein. Mord muß bestraft, altruistisches Verhalten belobigt werden usw. Die Menschen müssen für ihr Tun zur Rechenschaft gezogen werden.[3]

Merkwürdigerweise ging Mill auf dieses Spannungsverhältnis in seiner grundlegenden Schrift zum Thema, der Artikelserie *Der Utilitarismus*, an keiner Stelle ein. Etliche Dutzend Seiten, nachdem er sich zu Jesu Lehre von der universalen Liebe bekannt hatte, erklärte er das Prinzip für richtig, »jedem das zu geben, was er verdient, d. h. Gutes mit Gutem und Übles mit Üblem zu vergelten«.[4] Damit begab er sich in einen unauflöslichen Widerspruch, denn zu sagen: »Tue andern, wie du wünschst, daß sie dir tun«, ist eines, etwas anderes aber ist es zu sagen: »Tue andern, wie sie dir getan haben«. Es ist ein Unterschied, ob ich sage: »Liebet eure Feinde« und »Wenn dir jemand einen Streich gibt auf die rechte Backe, dem biete die andere auch dar«, oder ob ich sage: »Auge um Auge, Zahn um Zahn«.[5]

Daß Mill den Gerechtigkeitssinn, den Regulator des reziproken Altruismus, mit Nachsicht beurteilte, mag entschuldbar sein.[6] Wie wir bereits feststellten, ist der evolutionäre Mechanismus des reziproken Altruismus für einen Utilitaristen ein wahrer Segen. Mit einer ununterbrochenen Kette von Vergeltungsaktionen nach dem Prinzip »Wie du mir, so ich dir« liefert er das Zuckerbrot und die Peitsche, mit denen die Menschen dazu gebracht werden, auf die Bedürfnisse anderer Rücksicht zu nehmen. In Anbetracht der Tatsache, daß das Wesen der Menschen sich nicht zum Zweck der Förderung des Gemeinwohls entwickelt hat, leistet er gar nicht so schlechte Arbeit. Eine reiche Ernte von Nichtnullsummen-Erträgen ist das Ergebnis.

Dem Vergeltungstrieb Dank zu wissen für praktische Dienste, die er leistet, heißt freilich nicht, ihn als Erkenntnisquelle ernst zu nehmen. Wie groß sein praktischer Nutzen auch immer sein mag, es besteht kein Anlaß, zu glauben, daß sich in unserem angeborenen Gerechtigkeitssinn – dem Gefühl, daß Menschen Strafe *verdienen*, daß ihr Leiden *an und für sich* gut ist – eine höhere Wahrheit spiegelt. Tatsächlich entlarvt das neue darwinistische Paradigma das Gefühl der Gerechtigkeit, das die Vergeltung umgibt, als Vollzugsorgan genetischer Interessen, das die Tatsachen entsprechend verdreht. Nicht zuletzt auf die Aufdeckung dieses Sachverhalts gründet sich meine Annahme im vorigen Kapitel, das neue Paradigma werde die Menschen auf den Weg zu mehr Mitgefühl und anteilnehmendem Interesse für ihre Mitmenschen bringen.

Noch aus einem andern Grund wirkt die Idee von vergeltender Strafe aus der Sicht des neuen Paradigmas suspekt. Die Evolutionspsychologie erhebt den Anspruch, der sicherste Weg zu sein zur vollständigen Erklärung des menschlichen Verhaltens, ob gut oder schlecht, sowie den ihm zugrundeliegenden psychologischen Zuständen wie Liebe, Haß, Habgier usw. Und alles verstehen heißt alles verzeihen. Hat man erst einmal die Kräfte erkannt, die das menschliche Handeln steuern, fällt es schwer, den Handelnden zu verurteilen.

Das hat nichts zu tun mit einer angeblich politisch rechtslastigen Doktrin vom »genetischen Determinismus«. In diesem Zusammenhang ist einmal grundsätzlich klarzustellen, daß es in der Frage der moralischen Verantwortung keine speziell dieser oder jener politischen Ideologie vorbehaltenen Positionen gibt. Zwar wären einige Vertreter der extremen Rechten gewiß begeistert, zu hören, daß Unternehmer gar nicht anders können, als ihre Mitarbeiter auszubeuten, würde man ihnen dann aber sagen, daß Verbrecher gar nicht anders können, als Verbrechen zu begehen, wären sie weniger begeistert. Und weder die auf die Bibel pochenden Vertreter der »moralischen Mehrheit« noch Feministinnen würden es gern hören, wenn Schürzenjäger von sich behaupten, sie seien eben Sklaven ihrer Hormone.

Deutlicher gesagt: Der Ausdruck »genetischer Determinismus« verrät Unwissenheit in bezug auf das, worum es bei dem neuen Darwinismus geht. Wie wir gesehen haben, ist jedermann (Darwin eingeschlossen) Opfer nicht der Gene, sondern des Zusammenwirkens von Genen und Umwelt: Jeder hat seine Reglerknöpfe, und jeder hat seine Justierung.

Dennoch ist ein Opfer ein Opfer. Eine Stereoanlage hat ebensowenig Einfluß auf die Einstellungen, die man an ihr vornimmt, wie darauf, mit welchen Reglerknöpfen sie aus der Fabrik kommt. Egal, welche Bedeutung man den beiden Faktoren beimißt, man kann der Anlage nicht sinnvollerweise die Musik zur Last legen, die sie wiedergibt. Mit andern Worten: War die in den siebziger Jahren herrschende Furcht vor »genetischem Determinismus« auch unbegründet, die Furcht vor »Determinismus« war es nicht. Doch das ist zugleich auch die gute Nachricht, haben wir damit doch um so mehr Grund, den Drang, andere zu verurteilen und schuldig zu sprechen, mit Skepsis zu betrachten und unser Mitgefühl über den Kreis der Familienangehörigen und Freunde hinaus wirken zu lassen. Und doch ist es auch die schlechte Nachricht: Dieses philosophisch wohlbegründete Unterfangen hat in der Wirklichkeit fatale Folgen. Kurz: Die Lage ist heillos verfahren.

Gewiß, Sie können der Behauptung widersprechen, daß wir nicht mehr sind als Reglerknöpfe und Feineinstellungen, Gene und Umwelteinflüsse. Sie können geltend machen, daß da noch etwas sei ... etwas *mehr*. Doch wenn Sie dieses Etwas vorstellen oder mit Worten klar beschreiben wollen, werden Sie feststellen, daß dies unmöglich ist, denn jede Kraft, die nicht in den Genen oder in der Umwelt lokalisiert ist, hat ihren Ort außerhalb der physikalischen Realität, wie wir sie wahrnehmen. Sie liegt jenseits des wissenschaftlichen Diskurses.

Das bedeutet natürlich nicht, daß es so etwas nicht gibt. Die Wissenschaft mag nicht das letzte Wort haben. Im Verlauf der Soziobiologie-Debatte der siebziger Jahre behaupteten im einen wie im andern Lager jedoch so gut wie alle, wissenschaftlich zu denken. Das war das Paradoxe an all diesen Ethnologen und Psychologen, die über den »genetischen Determinismus« der Soziobiologie klagten. Das damals in den Sozialwissenschaften herrschende Denkmodell war das des »kulturellen Determinismus« (wie die Ethnologen es nannten) beziehungsweise des »Umwelt-Determinismus« (wie die Psychologen es nannten). Und Determinismus ist Determinismus ist Determinismus – zumindest, wenn es um den freien Willen und somit um Schuld und Verdienst geht. Von Richard Dawkins stammt die Bemerkung: »Unter welchem Blickwinkel man die Frage des Determinismus auch betrachtet, durch Hinzufügen des Worts ›genetisch‹ verändert man nichts.«[7]

Darwins Diagnose

Das allein hatte Darwin erkannt. Er wußte nichts von Genen, aber er verstand unbestreitbar etwas von Vererbung, und er war wissenschaftlicher Materialist. Seiner Überzeugung nach bedurfte es keiner nicht-physischen Kräfte zur Erklärung des menschlichen Verhaltens oder irgendeines andern Phänomens der Natur.[8] Er erkannte, daß alles Verhalten daher letzten Endes auf Vererbung und Umwelt zurückzuführen ist. »Existenz eines freien Willens fraglich«, schrieb er in sein Notizbuch, denn »jede Handlung durch Erbanlage, Beispiel anderer und Unterricht von andern bestimmt«.[9]

Was noch wichtiger ist: Darwin erkannte, wie diese Kräfte zusammenwirken – nämlich indem sie die physische »Organisation« des Menschen bestimmen, die ihrerseits sein Denken, Fühlen und Verhalten determiniert. »Mein Wunsch, meinen Charakter zu vervollkommnen, wo anders kommt er her als aus der Organisation«, fragte er in seinem Notizbuch. »Diese Organisation kann beeinflußt sein durch Umstände und Erziehung und Wahl, die zu treffen meine Organisation mir zur fraglichen Zeit eingab.«[10]

Damit betont Darwin etwas, was sogar heute noch vielfach unverstanden bleibt: *Alle* Einflüsse auf das menschliche Verhalten – der Umwelt wie des Erbguts – sind biologisch vermittelt. Wie immer die Kombination der Faktoren (einschließlich Ihrer Gene und des Milieus Ihrer frühen Kindheit bis hin zur Rezeption des Beginns dieses Satzes) auch ist, der Ihr Gehirn die Organisation verdankt, die es in momentan besitzt, es ist diese physische Organisation, die darüber bestimmt, wie Sie die Fortsetzung dieses Satzes aufnehmen. Demnach mag zwar der Begriff »genetischer Determinismus« nicht ganz treffend sein, der Begriff »biologischer Determinismus« ist es – oder zumindest wäre er es, wenn man sich, bevor man ihn gebraucht, klarmachte, daß er nicht bloß ein Synonym für »genetischer

Determinismus« ist. Freilich, wenn alle sich das klarmachten, würde ihnen auch klar, daß sie auf das Attribut »biologisch« verzichten könnten, ohne daß von der Bedeutung des Begriffs etwas verlorenging. Edward O. Wilson ist im selben Sinn »biologischer Determinist« wie Burrhus F. Skinner »biologischer Determinist« war – was nicht mehr und nicht weniger besagt, als daß er ein Determinist war.[11] Die Evolutionspsychologie ist im selben Sinn eine »biologisch-deterministische« Psychologie wie jegliche Psychologie eine »biologisch-deterministische« ist.

Auf die Frage, warum wir das »Gefühl« haben, eine freie Entscheidung zu treffen, obwohl alles Verhalten determiniert ist, hatte Darwin eine verblüffende moderne Antwort: Unser Bewußtsein weiß nicht um alle Kräfte, die veranlassen, etwas zu tun. »Die allgemeine Täuschung in bezug auf Willensfreiheit evident – weil der Mensch Handlungsfähigkeit besitzt, und weil er nur selten zur Analyse seiner Beweggründe (ursprünglich meist *instinktiver* Natur und daher jetzt nur mit großer Denkanstrengung aufzudecken: dies ist eine wichtige Erklärung) in der Lage ist, denkt er, sein Handeln habe keine.«[12]

Auf den Gedanken, den der neue Darwinismus nahelegt, scheint Darwin nicht gekommen zu sein: nämlich daß manche unserer Beweggründe nicht aus Zufall, sondern planmäßig der Wahrnehmung entzogen sind, damit wir glaubhaft so auftreten können, als wären sie nicht, was sie sind. Allgemeiner formuliert: daß die »Täuschung in bezug auf Willensfreiheit« eine Anpassung sein könnte. Die fundamentale Einsicht war ihm freilich aufgegangen: Der freie Wille ist eine Illusion, die uns die Evolution beschert hat. Alles, wofür wir gewöhnlich getadelt oder gelobt werden – von Mord und Diebstahl bis hin zu Darwins eminent viktorianischer Höflichkeit –, ist das Ergebnis nicht von freien Wahlentscheidungen eines immateriellen »Ich«, sondern von physischer Notwendigkeit. »Diese Sicht der Dinge sollte einen tiefste Demut lehren, man hat sich nichts als Verdienst anzurechnen«, notierte Darwin in seinen Aufzeichnungen. »Und ebensowenig sollte man andern etwas als Schuld anrechnen.«[13] Hier hat Darwin die humanste wissenschaftliche Erkenntnis ans Licht gehoben – die zugleich eine der gefährlichsten ist.

Darwin sah die Gefahr, die im Vergeben aus Verstehen liegt. Er erkannte, daß der Determinismus, indem er die Schuld aufhob, die moralische Grundstruktur der Gesellschaft zu zerstören drohte. Aber er war nicht sonderlich besorgt, daß diese Auffassung Verbreitung finden könnte. Mochte ihre Logik einem nachdenklichen wissenschaftlichen Materialisten noch so zwingend erscheinen – die meisten Menschen sind eben doch keine nachdenklichen wissenschaftlichen Materialisten. »Diese Sicht der Dinge wird keinen Schaden anrichten, weil von ihrer Wahrheit niemand wirklich *völlig* überzeugt sein kann, der nicht viel nachgedacht hat, und ein solcher weiß, daß sein Glück darin liegt, Gutes zu tun und untadelig zu sein, und wird deshalb durch das Wissen, daß alles, was er tut, nicht ihm selbst zurechnet, nicht in Versuchung geraten, Schaden anzurichten.«[14] Mit andern Worten: Solange dieses Wissen auf einige wenige englische Gentlemen beschränkt bleibt und nicht die Massen infiziert, ist alles in Ordnung.

Mittlerweile werden die Massen infiziert. Was Darwin nicht wissen konnte, war, daß die Methodik der Wissenschaft am Ende starke Argumente für den Determinismus liefern würde. Er hatte erkannt, daß »das Denken, sowenig wir es auch verstehen mögen, offenbar ebensowohl Organfunktion ist wie die Galle Funktion der Leber«, aber er dachte wahrscheinlich nicht im Traum daran, daß wir eines Tags damit beginnen würden, spezifische Zusammenhänge zwischen dem Organ und dem Denken aufzuzeigen.[15]

Heute machen solche Zusammenhänge immer wieder Schlagzeilen. Wissenschaftler konstatieren eine Korrelation zwischen Kriminalität und niedrigem Serotoninspiegel. Molekularbiologen bemühen sich – mit geringem, aber zunehmendem Erfolg – um die Isolierung von Genen, die eine Disposition zur Geisteskrankheit bedingen. Eine natürliche chemische Verbindung mit der Bezeichnung Oxytocin wurde als das stoffliche Substrat der Liebe identifiziert. Und eine künstliche chemische Verbindung, die »Designerdroge« Ecstasy, bewirkt einen sanftmütigen Geisteszustand. Heute kann jeder einen Tag lang Ghandi sein. Das Neueste aus Genetik, Molekularbiologie, Pharmakologie, Neurologie, Endokrinologie erweckt in der breiten Öffentlichkeit den Eindruck, daß wir Maschinen sind, getrieben von Kräften, die für uns selbst, nicht aber für die Wissenschaft unerkennbar sind.

Dieses Bild der Lage ist zwar in höchstem Maß von der Biologie bestimmt, steht jedoch in keinem speziellen Zusammenhang mit der *Evolutions*-Biologie. Gene, Neurotransmitter und die verschiedenen andern psychischen Steuerungselemente werden heute meist ohne besondere Anstöße seitens des Darwinismus erforscht.

Doch der Darwinismus wird mehr und mehr zum Bezugsrahmen dieses Bilds werden und ihm Aussagekraft verleihen. Wir werden nicht mehr nur sehen, *daß* beispielsweise ein niedriger Serotoninspiegel die Neigung zum Verbrechen fördert, sondern auch, *warum* er das tut: Er spiegelt offenbar den Eindruck eines Menschen wider, daß ihm die legalen Wege zu materiellem Erfolg versperrt sind; vielleicht »will« die natürliche Selektion, daß er einen andern Weg einschlägt. So könnten das Wissen über Serotonin und der Darwinismus zusammen die bislang nur vage begründbaren Klagen, daß der Verbrecher ein »Opfer der Gesellschaft« sei, genau begründen. Ein jugendlicher Großstadtgangster strebt – nicht anders als Sie und ich – auf dem Weg des geringsten Widerstands nach gesellschaftlichem Status, und er wird dabei von Kräften getrieben, die genauso stark und genauso raffiniert sind wie die Kräfte, die Sie und mich zu dem gemacht haben, was wir sind. Darüber denken wir sicher nicht in dem Augenblick nach, in dem er unserem Hund einen Fußtritt versetzt oder uns die Geldbörse entreißt, aber vielleicht tun wir es hinterher. Und vielleicht begreifen wir dann, daß wir genauso wären wie er, wären wir im selben Milieu geboren worden.

Die Lawine neuer Erkenntnisse auf dem Gebiet der Verhaltensbiologie ist gerade losgetreten. Im großen und ganzen hat sie die Menschen noch nicht erfaßt und fortgerissen zu der Überzeugung, daß wir alle bloß Maschinen sind. So lebt die Idee der Willensfreiheit weiter. Aber sie läßt Verfallserscheinungen erkennen. Jedesmal, wenn die Wissenschaft die biochemischen Auslöser eines Verhaltens aufdeckt, versucht jemand, dieses Verhalten aus dem Reich des freien Willens auszubürgern.

Dieser »Jemand« ist im typischen Fall ein Strafverteidiger. Das berühmteste Beispiel ist das »Twinkie-Plädoyer«. In Kalifornien überzeugte ein eloquenter Anwalt in einem Strafprozeß die Geschworenen, daß schlechte Ernährung bei seinem Mandanten »verminderte Kompetenz« zu klarem Denken bewirkt habe, so daß er gar nicht in der Lage gewesen sei, mit »Vorsatz« zu handeln, weshalb ein wesentliches Tatbestandsmerkmal des ihm zur Last gelegten Verbrechens (Mord) nicht gegeben sei. Ähnliche Beispiele gibt es in Hülle und Fülle. Vor englischen wie amerikanischen Strafgerichten plädieren immer wieder Frauen unter Hinweis auf ihr prämenstruelles Spannungssyndrom auf zumindest teilweise eingeschränkte Schuldfähigkeit. Entsprechend haben Martin Daly und Margo Wilson in ihrem Buch *Homicide* (Mord) die rhetorische Frage gestellt, ob ein »hoher Testosteronspiegel« als Entlastungstatbestand für männliche Mörder noch lange auf sich warten lassen kann.[16]

Keine Frage, schon lange bevor ihr die Biologie dabei zu Hilfe kam, arbeitete die Psychologie an der Einschränkung der Schuldfähigkeit. Besonderer Beliebtheit bei Strafverteidigern erfreut sich die »psychogene Reaktion« (bekannt auch als »psychisches Belastungssyndrom«). Sie erstreckt sich angeblich über die gesamte Bandbreite vom »Syndrom der geschlagenen Frau« bis zum »Depression-Suizid-Syndrom«, das Menschen angeblich nicht nur dazu bringt, ein Verbrechen zu begehen, sondern auch dazu, dabei unbewußt so stümperhaft zu Werke zu gehen, daß sie auf jeden Fall gefaßt werden. Die Störung war ursprünglich rein psychologisch definiert, fast ohne Bezug auf biologische Gegebenheiten. Doch es wird ständig daran gearbeitet, solche Leiden biochemisch zu erklären, denn für nichts interessieren sich die Geschworenen mehr als für Beweismaterial stofflicher Natur. Ein Sachverständiger, ein angenommenes posttraumatisches Streßsyndrom propagierend, das er als »Aktivitätssucht-Syndrom« bezeichnet (zu verstehen als Sucht nach dem Nervenkitzel von Risiko und Gefahr), hat die Anomalie bereits auf Endorphine zurückgeführt, nach denen der Straftäter lechzt und in deren Genuß er beim Begehen einer Straftat kommt.[17] Wie sich gezeigt hat, ist bei zwanghaften Glücksspielern während des Spielens der Endorphinspiegel im Blut abnorm hoch. Folglich (so wird argumentiert) ist die Spielsucht eine regelrechte Krankheit.

Nun ja, wir alle lieben unsere Endorphine und tun vom Jogging bis zum Sex allerhand, um sie in Schwung zu bringen. Und wenn wir uns diesen Beschäftigungen hingeben, ist unser Endorphinspiegel abnorm hoch. Zweifelsohne fühlt sich ein Vergewaltiger zu irgendeinem Zeitpunkt während oder nach der Tat wohl, zweifelsohne hat dieses Wohlgefühl ein biochemisches Substrat, und zweifelsohne wird dieses Substrat irgendwann ans Licht kommen. Wenn die Strafverteidiger sich durchsetzen und wir fortfahren, biochemisch vermittelte Handlungen aus der Domäne des freien Willens auszugrenzen, dann wird in einigen Jahrzehnten nur noch verschwindend wenig davon übrig sein. Tatsächlich dürfte sie auch gar nicht größer sein – zumindest nach den Maßstäben der erkennenden Vernunft.

Auf die Zunahme des Beweismaterials für die Totalherrschaft der Biochemie sind mindestens zweierlei Reaktionen möglich. Die eine besteht darin, die Fakten unsinnigerweise geradezu als Beweis für die Existenz eines freien Willens zu nehmen. Dabei wird ungefähr so argumentiert: Selbstverständlich haben alle diese Kriminellen einen freien Willen, egal, wie es sich mit ihren Endorphinen oder ihrem Blutzuckerspiegel oder womit auch immer verhält. Widersprächen nämlich die Erkenntnisse der Biochemie der Willensfreiheit, hätte *keiner* von uns einen freien Willen! Und wir wissen alle, *das* ist nicht der Fall. Hab ich nicht recht? (Pause.) *Hab ich nicht recht?*

Solcher Verdrängung der eigenen Angst begegnet man häufig in Büchern und Artikeln, in denen über das Zerbröckeln der Schuldfähigkeit geklagt wird. Sie war auch bei dem Volksentscheid im Spiel, der schließlich zur Streichung des Entlastungsgrunds »verminderte Kompetenz« aus dem kalifornischen Strafrecht führte. Vermutlich ahnten die Teilnehmer des Referendums, daß, wenn eine so natürliche Sache wie Zucker einen tatsächlich zum Roboter machen kann, wir alle Roboter sein müssen und niemand strafbar sein kann. Genau so ist es.

Die zweite Reaktion auf die dehumanisierenden Konsequenzen biochemischer Fakten ist die Darwins – die bedingungslose Kapitulation. Laßt jeden Gedanken an einen freien Willens fahren! Keinen trifft die Schuld an irgend etwas, keinem kommt Verdienst für irgend etwas zu! Wir sind alle Sklaven unserer Biologie! »Als einen Kranken« müssen wir einen Schurken betrachten, schrieb Darwin in sein Notizheft. »Mitleid wäre besser angebracht als Haß und Abscheu.«[18]

Kurzum: Brüderliche Liebe zu lehren, ist ein berechtigtes Unterfangen. Unberechtigt dagegen sind aus der Sicht der Vernunft der Haß und der Abscheu, die Menschen ins Gefängnis oder an den Galgen bringen – und unter anderen Umständen zu Wortgefechten, Handgreiflichkeiten und Kriegen führen. Das schließt natürlich nicht aus, daß sie eine *praktische* Grundlage haben können. In der Tat liegt hier das Problem: Schuld und Strafe sind aus praktischer Sicht ebenso unentbehrlich, wie sie im Licht der Vernunft Undinge sind. Eben darum war für Darwin die Zuversicht tröstlich, daß seine Einsichten nie und nimmer Gemeingut werden würden.

Darwins Rezept

Was tun? Wenn Darwin wüßte, daß die Katze aus dem Sack ist, daß die materiellen Substrate des Verhaltens dem Blick der Öffentlichkeit preisgegeben sind, wozu würde er raten? Wie hätte sich die Gesellschaft nach seiner Meinung mit dem langsam wachsenden Wissen um unsere Roboternatur einzurichten? In seinen Notizen finden sich diesbezüglich einige Fingerzeige. Zunächst sollten wir eine scharfe Trennungslinie ziehen zwischen der Strafe und den aus unserem tiefsten Inneren aufsteigenden Impulsen, die auf Bestrafung dringen. Das wird manchmal heißen, die Anwendung von Strafe einzuschränken, sie auf die Fälle zu begrenzen, wo sie tatsächlich Gutes bewirkt. »Es ist richtig, Verbrecher zu bestrafen, aber einzig, wo es der *Abschreckung* anderer dient«, schrieb Darwin.

Das entspricht ganz dem Geist des altehrwürdigen Rezepts des Utilitarismus. Strafe ist nur insofern gut, als sie die Summe des allgemeinen Glücks erhöht. An und für sich hat Vergeltung von Übeltaten nichts Gutes. Das Übeltätern zugefügte Leiden ist genauso beklagenswert wie das Leiden jedes andern und zählt in der großen utilitaristischen Rechnung genauso. Gerechtfertigt ist es nur, wenn der Zuwachs überwiegt, den die Wohlfahrt anderer durch es erfährt, indem es künftige Übeltaten verhindert.[19]

Dieser Gedanke dürfte vielen Menschen vernünftig und nicht besonders radikal vorkommen. Indes, wenn man ihn ernst nimmt, sieht man sich genötigt, die gesamte Rechtslehre zu überprüfen. Im amerikanischen Recht hat die Strafe mehrere klar benannte Aufgaben, von denen die meisten rein praktischer Art sind: Sie soll den Straftäter von der Allgemeinheit fernhalten, ihn davon abschrecken, nach seiner Freilassung rückfällig zu werden, und andere davon abschrecken, überhaupt straffällig zu werden – alles Ziele, denen ein Utilitarist den Beifall nicht versagen würde. Eine der ausdrücklich genannten Aufgaben ist allerdings eine rein »moralische«, nämlich schlicht und einfach Vergeltung zu üben. Selbst wenn die Strafe keinem erkennbaren Zweck dient, ist sie angeblich gut. Sollte Ihnen auf irgendeiner einsamen Insel zufällig ein 95jähriger begegnen, der vor vielen Jahren aus dem Gefängnis ausgebrochen und inzwischen schon längst vergessen ist, dann erweisen Sie der Sache der Gerechtigkeit einen Dienst, wenn Sie ihn auf irgendeine Weise leiden machen. Selbst wenn es Ihnen nicht den geringsten Spaß macht, die Strafe auszuführen, und kein Mensch auf dem Festland je davon zu hören bekommt, können Sie sicher sein, daß irgendwo im Himmel droben der Gott der Gerechtigkeit wohlgefällig lächelt.

Die Auffassung, derzufolge der Sinn der Strafe in der Vergeltung liegt, spielt heute vor Gericht keine so überragende Rolle mehr wie früher. Allerdings wird derzeit zumal in konservativen Kreisen, darüber diskutiert, ihr wieder mehr Gewicht beizumessen. Und selbst in unseren Tagen ist sie noch mitverantwortlich dafür, daß die Gerichte soviel Zeit auf die Klärung der Frage verwenden, ob ein Angeklagter zum Zeitpunkt der Tat im Vollbesitz seiner »Geisteskraft« war oder nicht vielmehr »unzurechnungsfähig« beziehungsweise »vermindert zurechnungsfähig« infolge von »Geistesgestörtheit« beziehungsweise »geistiger Verwirrung« oder »verminderter Kompetenz« oder was auch immer. Wenn Utilitaristen in der Welt das Sagen hätten, würden solch nebulöse Begriffe wie »Willenskraft« gar nicht erst gebraucht. Die Gerichte würden zwei Fragen zu beantworten suchen: 1. Hat der Angeklagte die ihm zur Last gelegte Tat begangen? 2. Wie würde sich eine Bestrafung praktisch auswirken – auf das künftige Verhalten des Täters selbst wie auf das Verhalten potentieller anderer Straftäter?

Zum Beispiel wäre bei einer Frau, die von ihrem Mann geschlagen oder vergewaltigt wurde und ihn deswegen umgebracht oder verstümmelt hat, nicht zu fragen, ob sie an einer als Syndrom der geschlagenen Frau bezeichneten »Krankheit« leidet. Und wenn ein Mann den Liebhaber seiner Frau umbringt, wäre es nicht von Interesse, ob Eifersucht als »zeitweilige Geistesgestörtheit« einzustufen ist. In beiden Fällen wäre lediglich zu fragen, ob eine Bestrafung die Täter und möglicherweise auch andere Menschen in ähnlicher Lage künftig von ähnlichen Taten abhalten würde. Diese Frage läßt sich nicht mit mathematischer Genauigkeit beantworten, ist aber längst nicht so nebulös wie die nach dem Besitz oder Nichtbesitz von so etwas wie »Willenskraft« und besitzt zudem den Vorzug, nicht auf einem überalterten Weltbild zu beruhen.

Natürlich ist beiden Fragen einiges gemeinsam. Die Gerichte erkennen eine »freie Willensentscheidung« und eine dadurch begründete »Schuld« am ehesten in solchen Taten, bei denen der Gedanke an die drohende Strafe abschreckende Wirkung zeitigt. Folglich würde weder ein utilitaristisch denkender Richter noch einer von der altmodischen Sorte einen kompletten Psychotiker ins Zuchthaus schicken (wenngleich beide bei erkennbarer Wiederholungsgefahr für anderweitige Internierung sorgen dürften). Dazu heißt es bei Daly und Wilson: »Die gigantische Masse von mystisch-religiösem Kauderwelch über Sühne und Buße und göttliche Gerechtigkeit und dergleichen dichtet einer höheren, objektiven Macht etwas an, das in Wirklichkeit eine vollkommen diesseitige, pragmatische Angelegenheit ist: die Abschreckung von gewissen egoistischen Handlungen im Wettbewerb durch Herabsetzen von deren Einträglichkeit auf null.«[20]

Alles in allem war der »freie Wille« in der Vergangenheit also eine recht nützliche Fiktion, ein halbwegs brauchbarer Ersatz für eine utilitaristische Rechtsprechung. Doch die ganzen, Zeit verschwendenden Debatten, die heute im Gang sind (Ist der Alkoholismus eine Krankheit? Sind Sexualverbrechen ein Suchtverhalten? Setzt das prämenstruelle Spannungssyndrom den freien Willen außer Kraft?), lassen darauf schließen, daß diese Fiktion allmählich ihre Nützlichkeit verliert. Noch ein, zwei Jahrzehnte biologischer Forschung, und sie schafft vielleicht mehr Probleme, als sie zu lösen hilft. Zudem dürfte bis dahin das Betätigungsfeld des »freien Willens« erheblich geschrumpft sein. Wir werden dann zwischen (mindestens) zwei Möglichkeiten zu entscheiden haben: entweder 1. dem angeschlagenen freien Willen mit einem therapeutischen Eingriff in Form einer Neudefinition wieder auf die Beine zu helfen (etwa indem wir erklären, die Existenz eines biochemischen Korrelats habe überhaupt keine Bedeutung für die Frage, ob ein Verhalten auf einer freien Willensentscheidung beruhe oder nicht), oder 2. auf einen freien Willen gänzlich zu verzichten und Strafen nur noch nach explizit utilitaristischen Kriterien zu verhängen. Beide Operationen laufen auf ungefähr dasselbe hinaus: In dem Maß, wie die biologischen Grundlagen unseres Verhaltens ans Licht kommen, müssen wir uns an die Vorstellung gewöhnen, daß wir Roboter für ihre Fehlfunktionen zur Rechenschaft ziehen – zumindest solange das etwas Gutes bewirkt.

Die Vorstellung von der Willenskraft aufzugeben, könnte das Rechtssystem einiges an emotionaler Unterstützung kosten. Geschworene fällen nicht zuletzt deswegen so bereitwillig Schuldsprüche, denen dann die Bestrafung folgt, weil sie das dumpfe Gefühl haben, daß dies eine im Kern gute Sache ist. Dieses Gefühl ist allerdings nicht nur dumpf, sondern auch zählebig und mit einer Änderung der Rechtslehre wohl kaum schlagartig auszurotten. Selbst wenn es allmählich schwächer wird, dürfte der praktische Wert der Bestrafung noch deutlich genug sein, um es Geschworenen zu ermöglichen, ihre Aufgabe ohne Gewissensbisse zu erfüllen.

Moral durch und durch postmodern

Nicht für die Rechtsprechung, sondern für die Moral ist die wissenschaftliche Aufklärung eine wahrhaft ungeheure Bedrohung. Daß das Gerechtigkeitsgefühl, der Regulator des reziproken Altruismus, vollständig verschwindet, ist nicht zu befürchten. Selbst extrem unvoreingenommene und humane Menschen sind fähig, wenn sie sich hintergangen, belogen oder sonstwie übel behandelt fühlen, für utilitaristische Zwecke hinreichende Empörung aufzubringen. Darwin glaubte zwar an die prinzipielle Schuldlosigkeit jedes Menschen, konnte jedoch in Zorn geraten, wenn ihm übel mitgespielt wurde. Er »kochte vor Empörung« über das Betragen seines erbitterten Kritikers Richard Owen. An Huxley schrieb er einmal: »Ich glaube, ich hasse ihn noch mehr als Du.«[21]

Wir dürfen sicher sein: Auch wenn wir alle, erleuchtet von der modernen Wissenschaft, nach dem Ideal des universellen Mitgefühls und Verzeihens strebten, würden die bescheidenen Fortschritte, die wir dabei machten, wohl kaum die Zivilisation um uns herum zum Einsturz bringen. Die wenigsten von uns sind im Bereich brüderlicher Liebe in Gefahr, ein Übersoll zu leisten. Und es ist unwahrscheinlich, daß selbst die gesamte entmystifizierende Logik der modernen Biologie uns dazu bringen wird. Der animalische, harte Kern des »Wie du mir, so ich dir« ist gegen die zersetzende Wirkung der Wahrheit gefeit.

Die wirkliche Gefahr für die Moral ist eine weniger

direkte. Moralsysteme beziehen ihre Kraft nicht allein aus den hinter »Wie du mir, so ich dir« stehenden Prinzipien – geschädigte Parteien üben Vergeltung an den Missetätern –, sondern auch aus dem Umstand, daß Missetäter von der Gesellschaft insgesamt bestraft werden. Nicht weil seine Frau es ihm vergolten hätte, scheute Charles Dickens davor zurück, sich öffentlich mit seiner Geliebten zu zeigen. (Er hatte seine Frau bereits verlassen. Und welche Macht hätte sie überhaupt gehabt, ihm etwas anzuhaben?) Er fürchtete vielmehr, in einen üblen Ruf zu kommen.

Und so ist es jedesmal, wenn ein Moralkodex einem starken animalischen Trieb in die Quere kommt: Ein Verstoß gegen den Kodex würde einen Verlust an Ansehen bringen, den zu vermeiden ein ebenso starker animalischer Trieb ist. Ein wirksamer Moralkodex bekämpft den Brand mit Feuer.

Ja, er bekämpft den Brand sogar mit einem komplexen Brandlegesystem. Robert Axelrod, dessen Computerturnier die Theorie des reziproken Altruismus so hübsch bestätigt hat, untersuchte auch das Auf und Ab der Normen. Er fand heraus, daß ein robuster Moralkodex sich nicht nur auf Normen, sondern auch auf »Metanormen« gründet: Die Gesellschaft verurteilt nicht nur den, der gegen die Norm verstößt, sondern auch den, der den Verstoß toleriert, indem er versäumt, ihn zu verurteilen.[22] Wäre Dickens' außereheliches Verhältnis publik geworden, hätten seine Freunde wohl die Beziehung mit ihm abbrechen müssen, wenn sie vermeiden wollten, selbst mit Verachtung gestraft zu werden, weil sie ihn nicht mit Verachtung straften.

In dieser Sphäre der Normen und Metanormen, wo indirekt und unklar Vergeltung geübt wird, greift die moderne Wissenschaft die Grundstruktur der Moral an. Wir brauchen nicht zu befürchten, daß der sich einschleichende Determinismus Wut und Empörung eines Menschen dämpft, der durch einen Verstoß gegen rechtliche oder sittliche Normen unmittelbar geschädigt wurde. Doch die Empörung Außenstehender könnte nachlassen, je weiter die Überzeugung um sich greift, daß es beispielsweise für einen Mann ein biochemisch bedingter Zwang, also »nur natürlich« ist, jeder Frau nachzustellen, die ihm über den Weg läuft – und daß der Vergeltungsdrang der Ehefrau aus der Willkür der Evolution hervorgegangen ist. Das Leben – zumindest das Leben anderer, soweit sie nicht zu unserer Verwandtschaft und unseren Freunden gehören – wird zu einem Theaterstück, das wir mit der nachdenklichen Distanziertheit eines Philosophen betrachten, für den der ganze Kosmos sowieso nur absurdes Theater ist. Hier zeigt sich uns das Gespenst einer durch und durch postmodernen Moral. Deren Quelle ist weder allein der Darwinismus noch die Biologie im weiteren Sinn, gemeinsam aber könnten sie beide erheblich fördern.

Das Grundparadox – die rationale Unbegründetheit von Schuldzuweisungen und der praktische Bedarf an ihnen –, scheinen nur wenige Leute wahrhaben zu wollen. Ein Ethnologe machte zum Thema Ehescheidung folgende beiden Aussagen: 1. »ich möchte niemanden ermutigen, sich auf den Standpunkt zu stellen: ›Nun ja, es ist halt so vorprogrammiert, ich kann's nicht ändern.‹ Wir können es ändern. Diese Verhaltenszwänge können zwar stark sein, aber viele Menschen schaffen es ganz gut, ihnen erfolgreich zu widerstehen.« Und: 2. »Heutzutage gibt es Männer und Frauen, die herumlaufen und sich sagen: ›Ich bin eine Niete! Ich war zweimal verheiratet, und beide Male hat es nicht funktioniert.‹ Nun, das ist wahrscheinlich ein ganz natürliches menschliches Verhaltensmuster, und vielleicht fühlen sich diese Menschen ein bißchen besser, wenn sie hören, was ich dazu zu sagen habe. Meiner Meinung nach brauchen Menschen nach einer Scheidung nicht das Gefühl zu haben, daß sie gescheitert sind.«[23]

Für die eine wie für die andere dieser Aussagen lassen

sich Argumente anführen, aber beide zusammen sind nicht unter einen Hut zu bringen. Einerseits ist es richtig, zu sagen, daß jede Scheidung, zur der es gekommen ist, unvermeidlich war: Sie steht am Ende einer langen Kausalkette, in der, biochemisch vermittelt, genetische und Umweltfaktoren zusammenwirkten. Diese Unvermeidlichkeit zu betonen aber beeinflußt den öffentlichen Diskurs und wird damit ihrerseits zum Faktor für künftige Umweltkräfte und neurochemische Abläufe, und zwar in dem Sinn, daß er Scheidungen unvermeidlich macht, die es ohne ihn nicht gewesen wären. Geschehenes für zwangsläufig zu erklären, verlängert die Zwangsläufigkeit des Geschehens in die Zukunft. Wer den Menschen erzählt, daß sie keine Schuld an den Fehlern trifft, die sie in der Vergangenheit gemacht haben, ebnet den Weg für künftige Fehler. Daß die Wahrheit uns frei machen wird, wie es im Evangelium heißt (*Johannes* 8, 32), ist nicht garantiert.

Um das Ganze etwas tröstlicher zu formulieren: Die Wahrheit hängt davon ab, was wir zur Wahrheit erklären. Wenn Männern gesagt wird, der Trieb, Frauen nachzustellen, sei zutiefst »natürlich« und im großen und ganzen nicht zu unterdrücken, dann ist er das vielleicht auch – zumindest bei diesen Männern. Zu Lebzeiten Darwins wurde den Männern freilich etwas anderes erzählt, nämlich daß die animalischen Triebe zwar mächtige Gegner, aber mit beharrlichem Eifer und Bemühen zu bezwingen seien. Und für viele Männer wurde dies dann effektiv zur Wahrheit. In einem wichtigen Sinn erwuchs der freie Wille aus dem Glauben an ihn.

Im gleichen Sinn könnte man sagen, daß der damalige »Erfolg« des Glaubens an die Willensfreiheit eine Rechtfertigung dafür ist, daß wir auch heute an sie glauben. Eine Rechtfertigung allerdings nicht für den Glauben an die *metaphysische* Lehre von der Willensfreiheit. Im Verhalten der Selbstdisziplin übenden Viktorianer ist nicht, was der

Lehre vom universalen Determinismus widerspricht. Auch sie waren nur Produkte ihrer Umwelt, einer Zeit und einer Gegend, in der der Glaube an die Möglichkeit der Selbstbeherrschung in der Luft lag – ebenso wie (folglich) die strengen Sanktionen gegen jeden, der sich der Aufgabe nicht gewachsen zeigte. Gleichwohl liefern uns diese Männer auf gewisse Weise ein Argument dafür, dieselben Einflüsse auch bei uns wirksam werden zu lassen. Denn immerhin liefern die Viktorianer einen Beweis für die Wirksamkeit dieser Einflüsse. Sie geben Anlaß, die Doktrin von der Willensfreiheit in einem rein pragmatischen Sinn für »wahr« zu halten.[24] Ob allerdings ein solcher Pragmatismus stärker sein kann als die *echte* Wahrheit – ob ein »sich selbst bewahrheitender« Glaube an die Willensfreiheit angesichts der immer greifbarer zutage tretenden Fragwürdigkeit der Willensfreiheit im Sinn der metaphysischen Doktrin auf Dauer bestehen kann –, ist eine ganze andere Frage.

Wenn aber der Trick funktioniert und die Vorstellung von »Schuld« stark genug bleibt, stehen wir wieder vor der Aufgabe, sie auf ein nützliches Maß zu beschränken: zu verhindern, daß die Selbstgerechtigkeit keine Grenzen mehr kennt (wozu sie von Natur aus neigt), und dafür zu sorgen, daß Menschen nur dann schuldig gesprochen werden, wenn dies dem Wohl des Ganzen dient. Und bei alledem stehen wir immer in der höheren Pflicht, einen Ausgleich zu finden zwischen der aus praktischen Gründen unentbehrlichen moralischen Sanktion und dem grenzenlosen Mitgefühl, das eigentlich immer angebracht ist.

Mill in der Rolle des Puritaners

Einen Kampf gegen die Ehescheidung zu führen – mit allen Mitteln, einschließlich verschärfter Sanktionen gegen Schürzenjäger und keiner Duldung ihrer Behauptung, ihr Verhalten sei »nur natürlich« –, mag der diversen Kosten, die dies mit sich bringt, wert sein oder auch nicht. Ein sich allmählich durchsetzender Determinismus ist jedoch in jedem Fall ein Problem, denn ein Moralkodex *irgendwelcher* Art ist zweifelsohne wünschenswert. Schließlich ist Moral das einzige Mittel, die diversen Früchte von Nichtnullsummen-Transaktionen zu ernten – namentlich jene, die weder durch verwandtschaftsselektierten noch reziproken Altruismus reifen. Moral lehrt uns, auf das Wohl von Menschen außerhalb unseres Familien- und Freundeskreises zu achten, und hebt so das Gemeinwohl einer Gesellschaft. Man muß nicht Utilitarist sein, um das für eine gute Sache zu halten.

Tatsächlich ist die Moral nicht das *einzige* Mittel, um an diese speziellen Früchte zu kommen. Aber sie ist das billigste und das am wenigsten unheimliche. Wenn niemand trinkt, bevor er Auto fährt, ist das besser für die ganze Gesellschaft. Und den meisten von uns wäre es lieber, die Leute verhielten sich so vernünftig, weil sie einen entsprechenden Moralkodex verinnerlicht haben, als daß eine allgegenwärtige Polizei sie dazu zwingt. Das ist die unerbittliche Antwort an jeden, der fragt, warum Begriffe wie »Moral« und »Werte« heute noch ernst genommen werden sollen. Nicht weil Tradition an sich etwas Gutes wäre, sondern weil einzig ein fester Moralkodex dafür bürgt, daß wir ohne permanentes Massenaufgebot an Polizisten in den Genuß von Wohltaten in höherem Maß gesellschaftlich vermittelter Nichtnullsummen-Transaktionen kommen.

Nach John Stuart Mills Empfinden konnte ein Moralkodex so drückend und unheimlich sein wie eine allgegenwärtige Polizei. In seinem Essay *Über die Freiheit* beklagte er sich darüber, »unter den Augen einer feindlichen, gefürchteten Zensur« leben zu müssen.[25] Deshalb könnte es – um das Mindeste zu sagen – als Ironie erscheinen, daß ich dieses Loblied auf die Sittenstrenge unmittelbar im Anschluß an ein Loblied auf Mills philosophische Ethik, den Utilitarismus, anstimme.

Doch Mill hatte eigentlich nichts gegen einen strengen Moralkodex. Er hatte nur etwas gegen einen strengen und sinnlosen Moralkodex, genauer gesagt gegen einen Moralkodex, der Verhaltensformen verbietet, die niemandem schaden würden – einen Kodex also, der aus utilitaristischer Sicht nicht zu begründen wäre. Zur damaligen Zeit wurden verschiedene statistisch von der Norm abweichende Lebensformen wie Homosexualität als schwere Verbrechen gegen die Menschlichkeit geahndet, auch wenn es schwer gewesen wäre, einen Menschen zu finden, dem sie geschadet hätten. Und eine Ehescheidung galt als Skandal, selbst wenn beide Partner sie wünschten und die Ehe kinderlos war.

Doch nicht alle Moralvorschriften nahmen sich in Mills Augen so absurd aus. So ist kar, daß er von einem generellen Recht, die Ehe zu verlassen, nichts wissen wollte[26], auch wenn er seine Ansichten über die Verantwortung verheirateter Menschen auf nahezu unverständlich abstrakte Weise formulierte: »Wenn jemand durch ausdrückliches Versprechen oder durch sein Verhalten in einer anderen Person das Vertrauen erweckt, er werde eine gewisse Art zu handeln beibehalten, so daß diese Erwartungen und Berechnungen daran knüpfen und einen Teil ihres Lebensplanes darauf gründen kann, dann entsteht eine neue Reihe von moralischen Verpflichtungen seinerseits gegen sie, die er möglicherweise über Bord werfen, aber niemals unberücksichtigt lassen kann.« Und zur Frage des Austiegs aus der Ehe nach der Geburt von Kindern bemerkt Mill: »Wenn die Beziehungen zwischen beiden vertragschließenden Teilen [...] wie im Falle der Ehe Dritte ins Leben gerufen haben, dann entstehen für beide Vertragspartner Verpflichtungen, deren Erfüllung – oder jedenfalls die Art ihrer Erfüllung – stark durch die Fortdauer oder die Auflösung der Beziehungen zwischen den ursprünglichen Vertragspartnern berührt wird.«[27] Mit anderen Worten: Es gehört sich nicht, den Ehepartner und die Kinder sitzenzulassen.

Worüber Mill in *Über die Freiheit* klagte, war der übertriebene Ernst der viktorianischen Moral, nicht ernsthafte Moral als solche. In der fernen Vergangenheit, schrieb er, gab es eine Zeit, wo das »Element des Eigenwillens und der Eigengesetzlichkeit der einzelnen im Übermaß vorhandenen war und das soziale Prinzip in hartem Kampf mit ihm lag«. Damals lag die Schwierigkeit darin, »Männer von starkem Körper und Geist zum Gehorsam gegen die Vorschriften zu bringen, die von ihnen verlangten, daß sie ihre Triebe zähmten«. Aber inzwischen haben die Verhältnisse sich geändert: »Die Gemeinschaft hat jetzt deutlich den Vorrang vor dem Individuum gewonnen, und die Gefahr, die jetzt die menschliche Rasse bedroht, ist nicht das Übermaß, sondern der Mangel persönlicher Impulse und Vorrechte.«[28] Daß Mill auch heute noch dieser Meinung wäre, ist fraglich.

Gewiß würde Mill heute Relikte eines seelenlosen Viktorianismus wie die Homophobie attackieren. Aber er dürfte wohl kaum einen Hedonismus gutheißen, wie er in den USA in den späten sechziger Jahren die Linke (Stichworte: halluzinogene Drogen und Sex) und in den achtziger Jahren die Rechte (Stichworte: nichthalluzinogene Drogen und BMWs) kennzeichnete.

Tatsache ist, daß Mill den Hedonismus, auch wenn er niemandem schadete als den Hedonisten selbst, für moralisch verwerflich hielt. Man solle niemanden *bestrafen*, der sein künftiges Wohlergehen dem inneren Tier opfere, schrieb Mill, aber da sein Beispiel ungünstigen Einfluß ausübe, könn er nichts anderes von uns erwarten, als daß wir ihm aus dem Weg gingen und auch unseren Freunden rieten, ihn zu meiden. »Wer Übereilung, Hartnäckigkeit, Eigendünkel zeigt, wer nicht mit mäßigen Mitteln auskommen, sich nicht in schädlichen Neigungen zügeln kann, wer sich tierischen Vergnügungen auf Kosten seines Empfindens und Denkens hingibt, muß darauf gefaßt sein, in der Achtung der anderen zu sinken und nur einen geringen Teil ihrer freundschaftlichen Gefühle zu erwerben.«[29]

In diesem Punkt treffen sich der Liberale John Stuart Mill und der Puritaner Samuel Smiles. Wenn Mill auch seinen Spott ausgoß über die Vorstellung von der »radikal verderbten« Menschennatur, die im Interesse des geistigen Fortschritts abgetötet werden müsse, glaubt er dennoch nicht, daß die differenzierteren Gefühle, die der Nährboden der Moral sind, sich ohne sorgfältige pädagogische Pflege entfalten könnten. »Die Wahrheit ist«, schrieb er, »daß es kaum eine einzige gute menschliche Charaktereigenschaft gibt, die den rohen und ungebildeten Gefühlen des natürlichen Menschen nicht entschieden widerstrebte.«[30] Smiles hätte das nicht besser formulieren können – es war kein allzu rosiges Bild vom menschlichen Wesen, das ihn in seiner Schrift *Selbsthilfe* so großes Gewicht auf eiserne Selbstdisziplin legen ließ.

Tatsächlich vertraten Mill und Smiles ungeachtet der scheinbar gegenläufigen Tendenzen ihrer Hauptwerke vom Jahr 1859 in wesentlichen Punkten übereinstimmende Auffassungen. Beide (und mit ihnen auch Darwin) grüßten sowohl die seinerzeit links von der Mitte erhobenen Forderungen nach sozialen Reformen als auch deren philosophischen Bezugsrahmen. Smiles war ein glühender Adept des Utilitarismus, der damals unter dem Namen »philosophischer Radikalismus« bekannt war.

Mills Standpunkt in bezug auf die menschliche Natur stimmt recht gut mit dem modernen Darwinismus überein. Sicher wäre es eine Übertreibung, zu sagen, daß wir von Natur aus böse sind – daß wir, wie es in Mills Zerrbild des Calvinismus erscheint, nicht gut sein können, ohne aufzuhören, Menschen zu sein. Tatsächlich sind die Elemente der Moral, vom Einfühlungsvermögen bis zum Schuldgefühl, tief im menschlichen Wesen verwurzelt. Doch gilt zugleich auch, daß diese Elemente nicht spontan zu einem wahrhaft gütigen Geist verschmelzen. Sie wurden nicht um des allgemeinen Besten willen geschaffen. Sie dienen noch nicht einmal zuverlässig *unserem eigenen*

Glück. Unser Glück genoß bei der natürlichen Selektion nie besonderen Vorrang, und selbst, wenn dies der Fall gewesen wäre, würde es nicht natürlicherweise aus einer Umwelt erwachsen, die so anders ist als die, in der unsere Evolution ablief.

Darwinismus und Ideologie

In gewissem Sinn läßt sich demnach das neue Paradigma für einen moralischen Konservativismus einspannen. Mit dem Nachweis, daß die »moralischen Empfindungen« nicht von Natur aus für den Einsatz zu moralischen Zwecken eingerichtet sind, nährt es die Überzeugung, daß ein strenger Moralkodex vonnöten ist, wenn die Menschen auf das Gemeinwohl Rücksicht nehmen sollen. Mag wechselseitig verfolgter Eigennutz noch so oft zwei oder mehr Menschen wunderbarerweise gemeinsamen Nutzen bringen, so wird doch viel möglicher kollektiver Nutzen unentdeckt bleiben, solange wir die Moral nicht ernst nehmen.

Gibt es einen tieferen Zusammenhang zwischen dieser Art von moralischem Konservativismus und dem *politischen* Konservativismus? Eigentlich nicht. Gewiß, politisch Konservative machen sich eifriger für die Herrschaft strenger Moralvorschriften stark als ihre Gegenspieler. Aber sie neigen auch zu der Auffassung, daß der strenge Moralkodex, dem wir uns alle unterwerfen sollten, der sein müßte, dem sie selbst sich *ex cathedra* verschrieben haben – oder zumindest dem, der durch »die Tradition« geheiligt ist. Ein Darwinist dagegen begegnet altehrwürdigen Moralkodizes mit sehr widersprüchlichen Gefühlen.

Einerseits müssen Moralsysteme, die lange Bestand hatten, auf irgendeine Weise mit der menschlichen Natur in Einklang stehen und vermutlich wenigstens irgend jemandes Interessen dienen. Aber wessen? Die Herausbildung eines Moralsystems ist ein Machtkampf, und in menschlichen Gesellschaften ist die Machtverteilung gewöhnlich komplex und ungleich. Herauszufinden, wem was nützt, kann schwierig sein.

Für die Analyse von Moralsystemen – zu bestimmen, wer dafür die Kosten trägt und wer davon profitiert, und wie Kosten und Nutzen bei alternativen Systemen verteilt sind – bedient man sich am besten der Werkzeuge des neuen Paradigmas. Und man sollte dabei vorsichtig zu Werke gehen. Am Ende sollte man sich all jener Normen entledigen, die keinen praktischen Nutzen bringen, doch bis dahin sollte man anerkennen, daß Normen sehr oft einen praktischen Sinn haben. Sie sind aus einem informellen Geben und Nehmen hervorgegangen, das zwar nie rein demokratisch, aber manchmal leidlich pluralistisch ist. Was noch wichtiger ist: Bei diesem impliziten Verhandeln fanden wahrscheinlich einige (möglicherweise bittere) Wahrheiten über die menschliche Natur Berücksichtigung, die nicht gleich ins Auge springen. Wir sollten moralische Axiome betrachten wie ein Goldgräber glitzerndes Gestein betrachtet – mit größtem Respekt und größtem Argwohn und mit einer gesunden Skepsis, bis eine dringend gebotene nähere Untersuchung Klarheit gebracht hat.

Das Ergebnis einer solchen kritischen Sichtung ist in der Regel zu vielfältig, als daß man es mit einem simplen Etikett versehen könnte. Man mag es konservativ nennen, solange man mit »konservativ« nichts anderes meint als einen zögerlichen Respekt vor Tradition, nicht aber bedingungslose Liebe zu ihr. Andererseits kann man das Resultat der Analyse aber auch als liberal bezeichnen, solange man Liberalismus nicht mit Hedonismus oder moralischem *laisser faire* gleichsetzt.

Wenn die Moralphilosophie des Liberalismus in dem besteht, was der (zu seiner Zeit) »radikale« John Stuart Mill in seinem Traktat *Über die Freiheit* ausgeführt hat, dann schließt sie ebenso eine vernünftige Anerkennung der

Schattenseiten der menschlichen Natur ein wie die Notwendigkeit von Selbstdisziplin, ja sogar von moralischer Maßregelung.

Was die Auswirkungen des sich langsam durchsetzenden (biologischen) Determinismus angeht, so lassen auch sie sich nicht in ideologische Schubladen einordnen. Indem der Determinismus darauf beharrt, daß die Einkerkerung eines Menschen zwar in bestimmten Fällen eine praktische Notwendigkeit sein kann, aber immer auch eine moralische Tragödie ist, unterstreicht er die Dringlichkeit der Aufgabe, die sozialen Bedingungen – wie beispielsweise Armut – zu beseitigen, die zu Straftaten führen. Darwin hatte das erkannt. Unmittelbar nachdem er sich in seinem Notizbuch zum Determinismus bekannt und die philosophische Unsinnigkeit von Vergeltung konstatiert hatte, schrieb er: »Wer sich zu dieser Ansicht bekennt, wird um so mehr Aufmerksamkeit an Erziehung und Bildung wenden.« Tiere, so notierte er sich, »attackieren die Schwachen und Kranken, wie wir die Charakterlosen attackieren. – Wir sollten Mitleid haben und helfen und erziehen, indem wir Ungewißheiten in den Weg legen, um die Entschlußkraft zu fördern.«[31]

Wenn allerdings ein charakterloser Mensch »unverbesserlich böse« ist, schrieb Darwin, »wird ihn nichts kurieren«.[32] So ist es. Das neue Paradigma betont zwar, wie liberale Denker es schon lange tun, die Formbarkeit der menschlichen Psyche, erinnert andererseits aber auch daran, daß – wie schon die flüchtige Beobachtung lehrt – diese Formbarkeit nicht ohne Grenzen und vor allem nicht immerwährend ist.

Viele psychische Entwicklungsmechanismen zeitigen offenbar ihre wichtigsten Wirkungen in den ersten zwei oder drei Lebensjahrzehnten. Es ist noch nicht geklärt, wieweit einzelne Charakterzüge sich in dieser Phase verfestigen. (Kann ein Mann zum unverbesserlichen Vergewaltiger werden beziehungsweise so lange unverbesserlich bleiben, bis sein Testosteronspiegel um die Lebensmitte absinkt?) Die Antworten mögen zeitweise bei der politischen Rechten Anklang finden, das heißt bei jenen, die der Meinung sind, man sollte gewisse Delinquenten hinter Schloß und Riegel bringen und anschließend den Schlüssel wegwerfen.

Es liegt auf der Hand, daß die Fortschritte der Evolutionspsychologie auf Jahrzehnte hinaus den moralischen und politischen Diskurs beeinflussen werden – und zwar zu *Recht* beeinflussen werden. Aber diese Einflüsse werden sich nicht in ein simples ideologisches Schema pressen lassen. Sobald das alle begriffen haben, wird der Darwinismus sich nicht mehr gegen Scharen von Kritikern auf der Linken wie der Rechten zur Wehr zu setzen haben. Dann kann die Aufklärung zügig voranschreiten.

Achtzehntes Kapitel
DARWIN UND DIE RELIGION

*In meinem Reisetagebuch schrieb ich, es sei »unmöglich,
auch nur annähernd zu schildern, welche gehobenen
Gefühle des Staunens, der Bewunderung und Andacht,
die den Sinn erheben und erfüllen«, mich ergriffen, als
ich inmitten der Großartigkeit eines brasilianischen Wal-
des stand. Ich erinnere mich genau an meine damalige
Gewißheit, daß zum Menschen mehr gehört als nur ein
atmender Körper. Aber jetzt würde kein Anblick mehr,
und sei er noch so überwältigend, meinen Sinn zu solchen Gewißheiten und Empfindungen bewegen. Man
kann wohl zutreffend sagen, ich sei wie ein Mensch, der
farbenblind geworden ist [...].*

Darwin, *Mein Leben* (1876)[1]

Zu der Zeit, als die »Beagle« England verließ, war Darwin
rechtgläubiger und ernster Christ. Später erinnerte er sich
daran, »wie etliche Schiffsoffiziere (auch wenn sie ihrerseits orthodox waren) über mich lachten, weil ich die Bibel
als unanfechtbare Autorität in einer Frage der Moral zitierte«.[2] Im stillen jedoch regten sich bei ihm Zweifel. Das
Alte Testament wurde ihm »wegen seiner offenkundig falschen Weltgeschichte« suspekt, »und auch deswegen, weil
es Gott die Gefühle eines rachsüchtigen Tyrannen zuschreibt«. Aber auch das Neue Testament stellte ihn vor
Probleme. So »wunderbar« ihm Jesu Morallehre auch erschien, konnte er doch nicht leugnen, »daß ihre Vollkommenheit zum Teil von der Deutung abhängt, die wir Metaphern und Allegorien jetzt geben«.

Darwin sehnte sich danach, die verlorene Glaubensge-
wißheit wiederzugewinnen. Er träumte von der Ausgra-
bung alter Handschriften, die Beweise für die historische
Wahrheit der Evangelien enthielten. Doch die Tagträume

halfen nicht. Und »so beschlich mich der Unglaube ganz langsam, am Ende aber war er unabweisbar und vollständig«.[3]

Nachdem ihm sein christlicher Glaube abhanden gekommen war, behalf sich Darwin viele Jahre lang mit einem verschwommenen Theismus. Er glaubte an eine »Erste Ursache«, eine göttliche Intelligenz, die mit einem bestimmten Endziel vor Augen die natürliche Selektion in Gang gesetzt hatte. Doch dann begann er sich zu fragen: »Kann man dem menschlichen Bewußtsein, das – davon bin ich fest überzeugt – sich aus einem so niedrigen Bewußtsein entwickelt hat, wie es das niedrigste Lebewesen besitzt, kann man ihm trauen, wenn es so anspruchsvolle Schlüsse zieht?«[4] Schließlich zog Darwin sich in Sachen Religion auf einen mehr oder weniger standfesten Agnostizismus zurück. In glücklicheren Momenten konnte es vorkommen, daß er sich ein theistisches Szenario ausmalte, aber mit glücklichen Momenten war sein Leben nicht gerade reich gesegnet.

In einem gewissen Sinn aber blieb Darwin immer ein Christ. Wie andere Briten seiner Zeit war er der strengen Moralauffassung der evangelischen Glaubensbewegung verpflichtet. Er lebte nach dem Grundsatz, der in den englischen Kirchen widerhallte und in verweltlichter Form seinen Niederschlag in Samuel Smiles *Selbsthilfe* fand: daß ein Mensch »durch Ausübung seines uneingeschränkten Handlungs- und Selbstverleugnungsvermögens« sich »gegen die Versuchung niedriger Leidenschaften gewappnet« halten könne. Dies war, wie wir gesehen haben, in Darwins Augen »die höchste Stufe der moralischen Kultur«, und wir gelangen zu ihr, »wenn wir erkennen, daß wir unsere Gedanken kontrollieren sollen und ›selbst in unsern innersten Gedanken nicht noch einmal die Sünden nachdenken dürfen, welche uns die Vergangenheit so angenehm machten‹ [Tennyson, *Idylls of the King*]«.[5]

Indes, wenn Darwin in diesem Sinn immer ein evangelischer Christ blieb, könnte man ihn mit fast dem gleichen Recht auch einen Hindu oder Buddhisten oder Moslem nennen. Das Motiv der rigorosen Selbstbeherrschung, der Zügelung animalischen Begehrens, kehrt in allen großen Weltreligionen wieder. Fast ebenso weit verbreitet ist die Lehre von der brüderlichen Liebe, die für Darwin etwas so Wunderbares war. Schon im 6. Jahrhundert vor Christus gab Lao-tse den Rat: »Vergelte Übelwollen mit Güte [...] das ist der Weg des Tao.«[6] Der Buddhismus verlangt von seinen Anhängern eine »allumfassende Liebe zum ganzen Universum [...] unbeeinträchtigt von Haß im Inneren, ohne Übelwollen«.[7] Im Zentrum des Jainismus steht das Gebot des Nichttötens *(ahimsa)* beziehungsweise, im weiteren Sinn, des Sich-Reinhaltens von jeglicher bösen Absicht.

Wie erklärt sich ein Darwinist diese frappante Wiederkehr gleicher Motive in verschiedenen Religionen? Etwa mit der Annahme, daß verschiedene Männer zu verschiedenen Zeiten einer göttlichen Offenbarung universaler Wahrheiten teilhaftig wurden? Nicht ganz so.

Dem Darwinisten stellt sich der spirituelle Diskurs ganz ähnlich dar wie der moralische. Die Menschen neigen aus seiner Sicht dazu, Dinge zu sagen und zu glauben, die ihnen von ihren im Zuge der Stammesgeschichte eingefleischten Interessen eingegeben werden. Das heißt nicht, daß diese Ideen immer zur Verbreitung ihrer Gene beitrügen. Manche religiösen Bräuche – zum Beispiel der Zölibat – können das sogar eindeutig verhindern. Angenommen wird lediglich, daß die religiösen Lehren, die den Menschen einleuchten, eine gewisse Harmonie mit den von der natürlichen Selektion konstruierten mentalen Organen aufweisen. »Harmonie« ist zugegebenermaßen ein ziemlich weiter Begriff. Die Lehren stillen einerseits vielleicht irgendeinen tiefsitzenden psychologischen Durst (der Glaube an ein Weiterleben im Jenseits kommt dem Willen zum Überleben entgegen); andererseits können sie aber auch einen Durst unterdrücken, der mit seiner wesensmäßigen Unstillbarkeit zur Last wird (wie zum Beispiel das sexuelle Begehren). Doch ob so oder so – die Glaubensüberzeugungen, die Menschen sich zu eigen machen, müßten in Kategorien der als Produkt der Evolution verstandenen menschlichen Psyche erklärbar sein. Wenn es also die verschiedensten Weisen fertigbringen, die gleichen Themen zu verkaufen, dann verraten diese Themen vielleicht etwas über die Gestalt dieser Psyche, über das menschliche Wesen.

Besagt das, daß allgemeingültige religiöse Lehren irgendwie den Wert zeitloser Lebensrezepte besitzen? Der Psychologe Donald T. Campbell, der sich als einer der ersten seines Berufsstands für den modernen Darwinismus begeisterte, vertritt genau diese Meinung. In einem vor der American Psychological Association gehaltenen Vortrag sprach er über »die möglichen Quellen der Triftigkeit von Lebensrezepten, die in Hunderten Generationen menschlicher Sozialgeschichte entwickelt, erprobt und gesiebt wurden. Unter Zugrundelegung rein wissenschaftlicher Kriterien könnte man diese Lebensrezepte als besser getestet betrachten denn die besten der von psychologischer und psychiatrischer Seite vorgebrachten Spekulationen darüber, wie das Leben zu leben sei«.[8]

Das sagte Campbell im Jahr 1975, kurz nach der Veröffentlichung von Wilsons *Sociobiology*, und noch bevor der darwinistische Zynismus sich vollständig herauskristalisiert hatte. Heute wären viele Darwinisten nicht mehr so zuversichtlich. Einigen ist aufgefallen, daß Ideen logischerweise zwar irgendwie mit dem Gehirn, in das sie sich einnisten, harmonieren müssen, daß dies jedoch nicht bedeutet, daß sie auf Dauer für das Gehirn gut wären. Tatsächlich scheinen manche Ideen sich gegenüber dem Gehirn, das sie aufgenommen hat, wie Parasiten – oder, um Richard Dawkins zu zitieren, wie ein »Virus«[9] – zu verhalten. Die Vorstellung, daß es Spaß macht, sich Heroin zu spritzen, infiziert immer wieder von neuem irgendwelche Menschen, indem sie ihnen den Ausblick auf langfristige Gewinne vernebelt und an ihre kurzsichtigen Sehnsüchte appelliert.

Und selbst wenn eine Idee Verbreitung findet, weil sie den langfristigen Interessen von Menschen nützt, könnten dies immer noch die Interessen des Urhebers der Idee und nicht die ihrer Abnehmer sein. Religiöse Führer pflegen eine hohe Rangstellung einzunehmen, und es ist nicht von vornherein abwegig, ihre missionarische Aktivität als eine Form von Ausbeutung, ein raffiniertes Umbiegen des Willens der Zuhörer auf die Ziele des Missionierenden zu betrachten. Zweifelsohne bewirkten die Lehren Jesu, Buddhas und Lao-tses einen Machtzuwachs für Jesus, Buddha und Lao-tse, indem sie das Ansehen der Lehrer bei einer wachsenden Gruppe von Menschen stärkten.

Dennoch ist es nicht so, daß religiöse Lehren den Menschen immer *aufgezwungen* würden. Zugegeben, die Zehn Gebote, von Gott selbst erlassen und von der politischen Führung übermittelt, kamen mit einem gewissen totalitären Autoritätsanspruch daher. Auch Jesus, wenngleich ohne politisches Amt, berief sich regelmäßig auf göttliche Bevollmächtigung. Gautama Buddha indessen legte keinen Wert auf übernatürliche Autorität. Obgleich von hoher Geburt, soll er sich der Äußerlichkeiten von Stand und Würden entschlagen haben, um die Welt zu durchwandern und zu lehren. Die buddhistische Bewegung fing allem Anschein nach bei Null an.

Tatsache ist, daß viele Menschen zu verschiedenen Zeiten verschiedene religiöse Lehren angenommen haben, ohne daß irgendein nennenswerter äußerer Zwang im Spiel gewesen wäre. Vermutlich sprang ein psychologischer Gewinn dabei heraus. Die großen Religionen sind auf einer bestimmten Ebene Selbsthilfe-Ideologien. Campbell hat recht: Es wäre in der Tat eine sinnlose Verschwendung, die religiösen Traditionen von Äonen auf den Müll zu werfen, ohne sie einer Prüfung zu unterziehen. Die Weisen mögen zwar eigennützig gehandelt haben, wie wir alle es tun, aber das bedeutet nicht, daß sie die Menschheit nichts zu lehren gehabt hätten.

Dämonen

Ein Hauptthema der großen Religionen ist die Versuchung durch Dämonen. Wieder und wieder zeigen sie uns böse Geister, die in der Maske der Harmlosigkeit die Menschen zu scheinbar geringfügigen, letzten Endes jedoch schwerwiegenden Missetaten zu verführen suchen. In der Bibel und im Koran tritt das leibhaftige Prinzip des Bösen in der Gestalt Satans auf. Im buddhistischen Schrifttum heißt der Erzverführer Mara. Gerissen setzt er seine drei schönen Töchter als Helferinnen ein, die geschickt sind in allen Zaubereien der Begierde und der Wollust.

Verfügung durch Dämonen klingt nicht nach einer sonderlich wissenschaftlichen Theorie, erfaßt jedoch genau die Dynamik der Gewohnheitsbildung: langsam, aber sicher. Zum Beispiel »will« die natürliche Selektion, daß ein Mann mit endlos vielen Frauen kopuliert. Und sie erreicht ihr Ziel mittels einer Reihe subtiler Lockungen, die, sagen wir einmal, mit der bloßen Vorstellung von einem Seitensprung anfangen, um dann immer stärker und zuletzt unwiderstehlich zu werden. Donald Symons meinte dazu: »Jesus sagte: ›Wer eine Frau ansieht, ihrer zu begehren, der hat schon die Ehe mit ihr gebrochen in seinem Herzen‹, weil er begriffen hatte, daß die Seele die Funktion hat, Handlungen zu initiieren.«[10]

Es ist kein Zufall, daß Dämonen und Drogenhändler sich häufig derselben »Anmache« bedienen (»Probier doch bloß mal ein kleines bißchen. Du wirst sehen, du fühlst dich toll.«), und daß religiöse Menschen Drogen häufig als Dämonen betrachten. Denn die Gewöhnung an Ziele egal welcher Art – Sex, Macht oder anderes – ist buchstäblich ein Suchtbildungsprozeß, eine wachsende Abhängigkeit von den biochemischen Stoffen, die diese Dinge so angenehm machen. Je mehr Macht einer besitzt, desto mehr giert er nach ihr. Und jede Einbuße drückt die Stimmung, selbst wenn sie auf ein Niveau führt, das früher in Ekstase versetzte. (Etwas, was von der natürlichen Selektion niemals »beabsichtigt« war, ist die Drogenabhängigkeit selbst. Dieses Wunder des technischen Zeitalters ist ein unvorhersehbarer Eingriff in die Biochemie, die Zerstörung des Systems von Belohnung und Strafe. Im Grunde sind wir darauf angelegt, auf altmodische Weise, durch saure Arbeit, zu unseren Kicks zu kommen: beim Essen, Kopulieren, Abhängen von Konkurrenten und so weiter.)

Die Vorstellung von der Versuchung durch Dämonen verbindet sich fast nahtlos mit der elementareren Idee des Bösen. Beide Vorstellungen – die von Böses bewirkenden Wesen wie die von einer Böses bewirkenden Kraft – verleihen dem spirituellen Rat die Macht, das Gefühl anzusprechen. Wenn der Buddha Shakyamuni uns ermahnt, »die Wurzeln des Dursts auszuhauen«, damit »Mara, der Versucher, dich nicht stets von neuem zermalmt«, soll uns das anfeuern, uns für den bevorstehenden Kampf zu stählen; es sind Kampfparolen, was wir da zu hören bekommen.[11] Warnungen, daß Drogen oder Sex oder ein kriegslüsterner Diktator »böse« sind, zeitigen eine ganz ähnliche Wirkung.

Der Begriff des »Bösen« besitzt zwar nicht ganz die metaphysische Primitivität der Vorstellung von »Dämonen«, fügt sich aber trotzdem nicht problemlos in das moderne wissenschaftliche Weltbild. Gleichwohl finden die Menschen ihn offenbar nützlich, und der Grund dafür ist, daß er sich zu metaphorischer Verwendung eignet. Es gibt in der Tat eine Macht, die darauf aus ist, uns zu allerhand Vergnügungen zu verlocken, die zwar im Interesse unserer Gene liegen (oder einst lagen), auf lange Sicht aber uns selbst kein Glück und unter Umständen großes Unglück über andere bringen. Man könnte diese Macht den Geist der natürlichen Selektion nennen. Konkreter könnte man sie auch mit unseren Genen (oder zumindest mit *einigen* unserer Gene) identifizieren. Sollte es sich unter bestimmten Umständen als hilfreich erweisen, vom »Bösen« zu sprechen, gibt es keinen Grund, dies nicht zu tun.

Wenn Buddha dazu auffordert, die »Wurzeln des Dursts« auszuhauen, rät er nicht unbedingt zur Enthaltsamkeit. Gewiß ist in vielen Religionen von der Enthaltsamkeit gegen mancherlei die Rede, und gewiß zählt Enthaltsamkeit zu den Mitteln, dem Süchtigwerden durch das Laster zu entgehen. Aber dem Buddha Shakyamuni ging nicht sosehr um eine Liste des Verbotenen, sondern mehr um eine generell asketische Haltung, eine abgeklärte Gleichgültigkeit gegenüber materiellem Gewinn und Sinnenlust: »Fällt den ganzen Wald der Begierden und nicht nur einen einzelnen Baum!«[12]

Diesem grundsätzlichen Widerstand gegen die menschliche Natur wird in gewissem Maß auch von andern Religionen das Wort geredet. In der Bergpredigt sagt Jesus: »Ihr sollt euch nicht Schätze sammeln auf Erden«, und: »Sorget euch nicht um euer Leben, was ihr essen und trinken werdet; auch nicht um euren Leib, was ihr anziehen werdet.«[13] Noch ausführlicher und in ausdrücklicherer Form handeln die heiligen Schriften des Hinduismus, darin denen des Buddhismus ähnlich, vom Rückzug aus dem Reich der Wollust. Der spirituell Gereifte »kehrt sich ab von den Begierden«, hat »die Begierde nach Vergnügungen von sich abgetan«, »zieht, wie eine Schildkröte auf allen Seiten ihre Gliedmaßen einzieht, seine Sinne von den Sinnesgegenständen ab«.[14] Der ideale Mensch, wie ihn die *Bhagavadgita* schildert, ist darum jemand, der handelt, ohne sich um die Früchte seines Handelns zu sorgen, und der sich weder von Beifall noch von Kritik beeindrucken läßt. Dieses Idealbild ermutigte Ghandi, »ohne Hoffnung auf den

Erfolg und ohne Furcht vor dem Scheitern« seinen Weg zu gehen.

Daß es im Hinduismus und Buddhismus ähnlich klingt, braucht uns nicht zu verwundern. Gautama Buddha wurde als Hindu geboren. Aber er entwickelte das Motiv der Abkehr von der Sinnenwelt weiter, indem er es zu einer herben Sentenz verdichtete – Leben ist Leiden – und ins Zentrum seiner Philosophie stellte. Wer sich von dem wesensmäßigen Leidenscharakter des Lebens überzeugen läßt und nach der Lehre Buddhas lebt, der kann, höchst merkwürdigerweise, das Glück finden.

In all diesen Schmähungen der Sinnlichkeit liegt viel Weisheit – nicht nur, was die süchtig machende Natur der Sinnenlust, sondern auch, was ihren flüchtigen Charakter angeht. Denn das Wesen der Sucht besteht ja darin, daß die Lust sich verflüchtigt und das Bewußtsein aufgewühlt und nach mehr hungernd zurückläßt. Die Vorstellung, daß wir nur noch diese Summe mehr auf unserem Konto haben müssen, nur noch dieses eine Liebesabenteuer erleben müssen, auf der Rangleiter nur noch diese eine Sprosse höher klimmen müssen, um das Gefühl bleibender Zufriedenheit zu erleben, zeugt von einer Verkennung des menschlichen Wesens – die zudem in der menschlichen Natur selbst begründet ist; wir sind so angelegt, daß wir glauben, das Erreichen des nächsten Ziels beschere uns das höchste Glück, und unser höchstes Glück ist so angelegt, daß es sich nach kurzer Zeit verflüchtigt. Die natürliche Selektion hat einen böswilligen Humor; sie führt uns mit immer neuen Versprechungen an der Nase herum, um uns am Ende jedesmal mit einem »April, April« zu foppen. Der Prediger Salomo sagt: »Alle Arbeit des Menschen ist für seinen Mund; aber doch wird die Seele nicht davon satt.«[15] Merkwürdigerweise verbringen wir unser ganzes Leben, ohne dieses Prinzip wirklich zu durchschauen.

Der Rat der Weisen, dieses Spiel nicht mitzuspielen, ist nichts Geringeres als ein Aufruf zur Meuterei, zur Auflehnung gegen unseren Schöpfer. Die Sinnenlust ist die Peitsche, mit der die natürliche Selektion ihre Herrschaft über uns ausübt, mit der sie uns im Bann ihres verdrehten Wertesystems hält. Sich in Gleichgültigkeit gegenüber der Sinnenlust zu üben, ist ein sinnvoller Weg zur Befreiung. Zwar können wenige von sich behaupten, auf diesem Weg sehr weit vorangekommen zu sein, doch läßt die starke Verbreitung der Schriften mit den Ratschlägen der Weisen den Schluß zu, daß der Weg zumindest eine *gewisse* Strecke weit mit einem *gewissen* Erfolg beschritten wurde.

Es gibt noch eine andere, zynischere Erklärung für die Verbreitung der heiligen Schriften der großen Weltreligionen: Ein Mittel, die Armen dieser Welt mit ihrem bitteren Los auszusöhnen, besteht darin, sie davon zu überzeugen, daß materielle Annehmlichkeiten ohnehin keinen Spaß machen. Ermahnungen, der Sinnenlust zu entsagen, sind womöglich nur ein Instrument der sozialen Kontrolle, der Unterdrückung. Das gleiche gilt für Jesu Lehre, daß »die da sind die Ersten«, im Jenseits »werden die Letzten und die Letzten werden die Ersten sein«[16]. Sie hört sich ein bißchen nach Werbetrommel an, mit dem einfache Menschen, die »Hefe des Volks«, für seine wachsende Anhängerschar rekrutiert werden sollen – Menschen, denen diese Rekrutierung sehr zum Nachteil gereichen könnte, wenn sie erst einmal aufhören, nach weltlichem Erfolg zu streben. Für jeden, der so denkt, ist die Religion sei eh und je nur »das Opium des Volks«.

Mag sein, daß sie das ist. Wahr bleibt trotzdem, daß Lust schnell vergänglich ist, daß die unaufhörliche Jagd nach ihr *keine* verläßliche Quelle des Glücks ist (wie nicht nur Samuel Smiles, sondern auch John Stuart Mill konstantierte), daß uns die Einsicht in diesen Sachverhalt unserer Anlage nach schwerfällt und daß die Gründe, warum sich das alles so verhält, im Licht des neuen darwinistischen Paradigmas deutlicher zu erkennen sind.

In den alten heiligen Schriften finden sich verstreute Hinweise auf die Einsicht, daß das menschliche Streben – nach Lust, nach Reichtümern, nach Rang und Würden – mit Selbsttäuschung gepaart ist. Die *Bhagavadgita* lehrt, daß »dem Vergnügen und der Macht ergebene« Menschen »der Einsicht beraubt« sind. Den Früchten seines Handelns nachzujagen heißt in einem »Urwald der Sinnestäuschung« leben.[17] Nach Buddha ist »die höchste Tugend Leidenschaftslosigkeit, der höchste Mensch der, der Augen hat zu sehen«[18]. Beim Prediger Salomo lesen wir: »Besser ist's, sehen, was man wünscht, als wünschen, was man nicht kennt.«[19]

Manche dieser Aussprüche sind im ursprünglichen Zusammenhang mehrdeutig, doch über jeden Zweifel erhaben ist die Klarheit, mit der die Weisen eine spezielle menschliche Selbsttäuschung erkannt haben: die fundamentale moralische Voreingenommenheit zugunsten des eigenen Ich. Der Gedanke taucht wiederholt in Jesu Reden auf: »Wer unter euch ohne Sünde ist, der werfe den ersten Stein«; »Du Heuchler, zieh zuerst den Balken aus deinem Auge; danach sieh zu, wie du den Splitter aus deines Bruders Auge ziehest.«[20] Buddha sagte es noch deutlicher: »Die Fehler anderer sind leicht wahrzunehmen, die eigenen Fehler sind schwer wahrzunehmen.«[21]

Buddha hatte insbesondere erkannt, daß ein Großteil menschlicher Selbsttäuschung vom Eigendünkel herrührt. Er warnte seine Jünger vor dogmatischem Gezänk mit den Worten:

> »Der Sinne Zeugnis
> und Wirken bringen Geringschätzung
> anderer und Rechthaberei hervor,
> so daß alle, die nicht *seine* Meinung teilen,
> für ›traurige‹, unverständige Toren
> gehalten werden«.[22]

Die Einsicht in unsere von Natur aus einseitige Sehweise wird gefolgt von Ermahnungen zu brüderlicher Liebe. Denn eine Voraussetzung dieser Ermahnungen ist die Tatsache, daß unsere tiefsten Neigungen uns gerade *nicht* dazu bewegen, jedermann mit der gleichen Liebe und Barmherzigkeit zu begegnen, die wir uns selbst und unseren Verwandten zukommen lassen. Ja, besäßen wir nicht eine so tiefsitzende Voreingenommenheit *gegen* andere, und würden wir diese Voreingenommenheit nicht mit allen verfügbaren moralischen und verstandesmäßigen Argumenten abstützen, müßten wohl nicht eigens ganze Religionen zur Korrektur dieses Ungleichgewichts aufgeboten werden.

Auch die Absage an die Sinnenlust gehört zu den Vorbedingungen brüderlicher Liebe. Großzügigkeit und Rücksichtnahme gegenüber andern sind schwer zu leisten für jemanden, der sich nicht bis zu einem gewissen Grad aus dem menschlichen Verstricktsein in die Befriedigung der Eigenliebe befreit hat. Im ganzen gesehen sind manche religiösen Denksysteme ziemlich schlüssige Programme zur Maximierung von Nichtnullsummen-Transaktionen.

Theorien der brüderlichen Liebe

Bleibt die Frage: Wie kam es ursprünglich zu diesen Denksystemen? Wieso konnte die Lehre von der brüderlichen Liebe eine so weite Verbreitung finden? Lassen wir für den Moment einmal außer Betracht, daß die Anerkennung, die man dieser Lehre zollt, meist darin besteht, ihr nicht zu folgen, daß selbst ihre eifrigsten Anhänger es womöglich fertigbringen, dies ohne allzu große Abstriche an ihrer Eigenliebe zu tun, und daß die organisierten Religionen in der Vergangenheit oft auf geradezu spektakuläre Weise gegen die Lehre verstießen. Schon die bloße Tatsache, daß die Idee der brüderlichen Liebe in unserer Spezies weiterlebt, ist ein Kuriosum. Im Licht des Darwinismus wirkt alles an dieser Idee paradox mit Ausnahme der rhetorischen Kraft des Worts »brüderlich«. Doch die allein reichte sicherlich nicht aus, um die Idee unter die Leute zu bringen.

Was an Lösungen für dieses Rätsel vorgeschlagen wurde, reicht von hochgradig zynisch bis leicht ermutigend. Zu den ermutigerenden Vorschlägen zählt die Theorie des Philosophen Peter Singer. In seinem Buch *The Expanding Circle* (Der expandierende Kreis) stellt er die Frage, wie die Reichweite des menschlichen Mitgefühls über die ihr ursprünglich gesetzten Grenzen – den Horizont der Familie, vielleicht auch der Horde – hinauswachsen konnte. Nach Singer bedingten die menschliche Natur und die Struktur des Lebens in der menschlichen Gesellschaft vor langer Zeit bei den Menschen die Gewohnheit, ihr Handeln öffentlich in objektiven Kategorien zu rechtfertigen. Wenn wir die Respektierung unserer Interessen verlangen, tun wir dabei so, als ob wir nicht mehr forderten, als wir selbst jedem an unserer Stelle zuzugestehen bereit wären. Sobald (unter anderem durch die Evolution des reziproken Altruismus) diese Gewohnheit etabliert ist, übernimmt Singer zufolge die »Autonomie des argumentierenden Denkens« die Initiative. »Die Idee einer objektiven Rechtfertigung der eigenen Verhaltensweise« erwuchs aus der Subjektivität des Eigennutzes, »aber im Denken argumentierender Wesen beginnt sie eine eigene Logik, die zu ihrer Ausweitung über die Grenzen der Gruppe hinaus führt.«

Diese Ausweitung nahm beeindruckende Ausmaße an. Singer erinnert an Platon, der seine Athener Mitbürger zu einem für die damalige Zeit bedeutenden moralischen Fortschritt drängte: »Er erklärte ihnen, daß Griechen im Krieg weder andere Griechen versklaven noch ihr Land verwüsten oder ihre Häuser zerstören dürften; das alles dürften sie nur mit Nicht-Griechen machen.«[23] Die Ausweitung der moralischen Teilnahme an die Grenzen des Nationalstaats ist inzwischen längst zur Norm geworden.

Nach Singers Ansicht wird sie am Ende globales Ausmaß haben: Eine Hungersnot in Afrika wird dann beispielsweise für US-Bürger genauso ein Skandalon sein wie eine Hungersnot in den USA. Reine Logik wird uns dann wahrhaft vertraut gemacht haben mit den großen religiösen Lehren aller Zeiten von der fundamentalen moralischen Gleichheit aller Menschen. Unser Mitgefühl wird sich dann, wie es nicht anders sein sollte, gleichmäßig auf die gesamte Menschheit erstrecken. Darwin teilte diese Hoffnung. In *Die Abstammung des Menschen* schrieb er: »Wenn der Mensch in der Kultur fortschreitet und kleinere Stämme zu größeren Gemeinschaften vereinigt werden, so würde das einfachste Nachdenken jedem Individuum sagen, daß es seine sozialen Instinkte und Sympathien auf alle Glieder derselben Nation auszudehnen hat, selbst wenn sie ihm persönlich unbekannt sind. Ist dieser Punkt einmal erreicht, so besteht dann nur noch eine künstliche Grenze, welche ihn abhält, seine Sympathie auf alle Menschen aller Nationen und Rassen auszudehen.«[24]

In gewissem Sinn sagt Singer, daß unsere Gene übergescheit waren. Vor langer Zeit begannen sie, nackten Egoismus mit der noblen Sprache der Moral zu bemänteln, mit der sie die diversen von der natürlichen Selektion geschaffenen moralischen Triebe instrumentalisierten. Heute treibt diese Sprache, vor den Wagen der reinen Logik gespannt, das von ihnen konstruierte Gehirn zu selbstlosem Verhalten. Die natürliche Selektion entwarf zwei Dinge – die kalte Vernunft und die warmen moralischen Regungen – für den ganz engstirnig eigennützigen Gebrauch, doch wenn die beiden zusammenwirken, entfalten sie irgendwie ein Eigenleben.

Genug des Ermutigenden! Die zynischste Erklärung dafür, daß Weise die Erweiterung des moralischen Horizonts propagierten, wurde in diesem Kapitel bereits erwähnt: ein erweiterter Horizont erweitert die Macht der Weisen, die dies propagieren. Die Zehn Gebote mit ihrer Ächtung des Lügens, Stehlens und Mordens machten Moses' Herde leichter lenkbar. Und Buddhas Warnungen vor dogmatischem Gezänk verhinderten die Zersplitterung seiner Machtbasis.

Für derlei zynische Ansichten spricht die Tatsache, daß die in vielen heiligen Schriften gepredigte universale Liebe sich genauer betrachtet gar nicht mehr so universal ausnimmt. Die Feier der Selbstlosigkeit steht in der *Bhagavadgita* in etwas ironischem Verhältnis zum Kontext: Krishna schärft dem Kriegshelden Arjuna Selbstdisziplin ein, damit er das gegnerische Heer – in dem obendrein Blutsverwandte von ihm mitkämpfen – um so effektiver niedermetzeln kann.[25] Und im Brief des Apostels Paulus an die Galater heißt es nach dem Lobpreis der Liebe, des Friedens, der Freundschaft und der Güte: »Lasset uns Gutes tun an jedermann, *allermeist* aber an des Glaubens Genossen.«[26] Dies ist wahrlich ein weises Wort, gesprochen vom Oberhaupt der Gemeinde. Sogar gegen Jesus wurde vorgebracht, er habe nicht wirklich universale Liebe gepredigt, denn die Aufforderung, man solle seine »Feinde« lieben, gelte nur für jüdische Feinde, wie sich bei genauerer Untersuchung zeige.[27]

Von daher gesehen erscheint Singers »expandierender Kreis« als Ausweitung weniger der moralischen Logik denn des politischen Einflusses. Je höher sich die Organisation der Gesellschaft über das Niveau der Jäger-und-Sammler-Horde erhebt – auf das Niveau der Stammesorganisation, des Stadtstaats, des Nationalstaats –, desto mehr wächst die Möglichkeit immer größerer religiöser Organisationen. Also ergreifen die Weisen die Gelegenheit, ihre Macht zu erweitern – was das Predigen einer im gleichen Maß erweiterten Toleranz voraussetzt. Aufrufe zu brüderlicher Liebe sind so gesehen mit den eigennützigen Aufrufen von Politikern zur Vaterlandsliebe vergleichbar. Tatsächlich sind Aufrufe zur Vaterlandsliebe in gewisser Hinsicht Aufrufe zu brüderlicher Liebe auf nationaler Ebene.[28]

Es gibt eine dritte Theorie etwa in der Mitte des zynischen Spektrums der Erklärungsmöglichkeiten. Schon möglich, sagt sie, daß die Zehn Gebote Moses' Herde leichter lenkbar machten. Doch haben vermutlich auch viele Schäfchen einen Vorteil davon gehabt, da wechselseitige Zurückhaltung und Rücksichtnahme der Humus sind, auf dem Nichtnullsummen-Transaktionen mit den dazugehörigen Prämien gedeihen. Mit andern Worten: Mögen Religionsstifter auch noch sosehr ihre eigenen Interessen verfolgt haben, so haben sie dennoch den Massen nicht einfach nur ihre eigenen Interessen untergejubelt. Sie hatten einen Bereich entdeckt, in dem ihre Interessen und die der Massen einander überlappten, und dieser Überlappungsbereich wuchs. Mit zunehmender Reichweite der gesellschaftlichen und wirtschaftlichen Organisation und damit zugleich der Sphäre der Nichtnullsummen-Transaktionen gereichte es den einzelnen Menschen zum eigenen Vorteil, einer ständig wachsenden Zahl anderer Menschen mit einem Mindestmaß von Anstand zu begegnen. Für religiöse Führer war es mehr als erfreulich, im selben Zuge ihre eigene Größe wachsen zu sehen.

Nicht nur die *Ausdehnung*, auch die Art der gesellschaftlichen Organisation änderte sich. Die Moralempfindungen waren auf ein bestimmtes Umfeld hin angelegt – genauer gesagt, auf eine bestimmte Folge von Umfeldern, die das Jäger-und Sammler-Dorf und ältere, im Dunkel der Vorgeschichte liegende Formen des Sozialverbands einschließt. Man kann getrost davon ausgehen, daß diese Gemeinschaften weder über ein hochentwickeltes Rechtswesen noch über eine starke Ordnungsmacht verfügten. Tatsächlich bezeugt die Stärke des Vergeltungstriebs, daß es einmal eine Zeit gab, in der niemand für die Interessen des einzelnen eintrat, außer der einzelne selbst.

Zu irgendeinem Zeitpunkt setzte hier ein Wandel ein, und die Nützlichkeit der zur Vergeltung drängenden Triebe begann zu schwinden. Heute verschwenden wir meistenteils viel Zeit und Energie, wenn wir unserer Empörung Luft machen. Wir schimpfen vergeblich hinter Verkehrsrowdys her; wir opfern einen Tag, um der Polizei beim Aufspüren eines Handtaschendiebs zu helfen, obwohl die Tasche mitsamt Inhalt nicht mehr wert ist, als wir in drei Stunden verdienen, und obwohl die Wahrscheinlichkeit, daß wir in Zukunft wieder beraubt werden, auch dann nicht geringer wird, wenn der Räuber gefunden und bestraft wird; wir sind wütend über den Erfolg unserer beruflichen Rivalen, selbst wenn sie am längeren Hebel sitzen und wir mehr davon hätten, ihnen zuvorkommender zu begegnen.

Wann genau im Lauf der Geschichte der Menschheit ein Teil der Moralempfindungen zu veralten begann, ist schwer zu sagen. Es lohnt sich jedoch, in diesem Zusammenhang über Donald Campbells Einsicht nachzudenken, daß es mit Sicherheit die »unabhängig voneinander in China, Indien, Mesopotamien, Ägypten, Mexiko und Peru entstandenen« Religionen der antiken *städtischen* Hochkulturen waren, die ein vertrautes Element morderner Religionen hervorbrachten: das Eindämmen »zahlreicher Aspekte der menschlichen Natur«, unter anderem »von Selbstsucht, Überheblichkeit, Habgier, [...] Geiz, [...] sinnlicher Begierde, Zorn«.

Campbell zufolge war dieses Eindämmen notwendig für das Erreichen eines »Optimums an sozialer Koordination«.[28] Ob es sich um ein Optimum für den Herrscher oder ein Optimum für die Beherrschten handelte, sagte er nicht. Wir können jedoch Zuversicht aus der Tatsache schöpfen, daß die zwei Standpunkte zwar manchmal im Widerstreit liegen, einander aber nicht grundsätzlich ausschließen.

Wichtiger noch: Die »soziale Koordination«, von der hier die Rede ist, kann sich weit über die Grenzen einzelner Nationen hinaus erstrecken. Es ist heute eine Binsenwahrheit, daß die Völker der Welt mehr als je zuvor voneinander abhängig sind. Eine Binsenwahrheit zwar, aber

nichtsdestoweniger eine Wahrheit. Der materielle Fortschritt hat die ökonomische Integration enorm vorange-
trieben, und verschiedene Technologien bringen Bedrohungen für die Menschheit mit sich, welche die Menschheit nur gemeinsam abwehren kann, so zum Beispiel die
Umweltzerstörung oder die Verbreitung von Atomwaffen.
Es mag eine Zeit gegeben haben, in der es im Interesse politischer Führer lag, Bigotterie und Intoleranz in ihrem
Volk bis zum internationalen Konflikt zu schüren. Diese
Zeit neigt sich ihrem Ende zu.

Die heiligen Schriften der Hindu lehren, daß jedem
Menschen die eine Weltseele innewohnt; der Weise »erkennt sich selbst in allem und das All in seinem Selbst«[29].
Als Metapher für eine große philosophische Wahrheit –
daß alle Sphären des menschlichen Bewußtseins gleich
heilig (sprich: gleich nützlich) sind – ist dies eine tiefsinni-
ge Lehre. Und als Grundlage einer praktischen Lebensregel
– der Weise fügt niemand anderem Schaden zu, damit »er
nicht sich selbst Schaden zufügt«[30] – war dies zu ihrer Zeit
eine weit vorausblickende Lehre. Die Weisen des Altertums deuteten – wie doppelsinnig, wie eigennützig auch
immer – auf eine Wahrheit, die nicht nur zu ihrer Zeit
wohlbegründet und wertvoll war, sondern deren Wert im
Lauf der Geschichte immer noch wachsen sollte.

Erbauliches für die Gegenwart

Das »puritanische Gewissen« der Viktorianer veranschau-
lichend, schilderte Walter Houghton einen Mann, der alle
seine »Sünden und Fehler« aufschrieb und gewohnheitsmäßig »in seinem ganzen Wollen und Bestreben [...] Egoismus« ausfindig machte.[31] Der Gedanke läßt sich mindestens bis zu Martin Luther zurückverfolgen, der einmal
sagte, ein Heiliger sei jemand, der begriffen habe, daß all
sein Tun selbstisch ist.

Diese Definition von Heiligkeit wirft ein vorteilhaftes Licht auf Darwin. Hier eine für ihn typische Äußerung: »Doch was für einen schrecklich egoistischen Brief schreibe ich da; ich bin so müde, daß nichts anderes als der angenehme Kitzel der Eitelkeit und des Schreibens über das liebe Ich mich hätte bei der Stange halten können.«[32] (Unnötig zu sagen, daß dieser Satz auf Ausführungen folgt, die wohl kaum einen heutigen Leser als egoistisch berühren würden. Darwin hatte eher ängstlich als zuversichtlich über das Echo auf die Arbeiten spekuliert, die er während der Fahrt der »Beagle« gemacht hatte.)

Einerlei, ob Darwin nach Luthers Kriterien ein vollwertiger Heiliger ist oder nicht: Der Darwinismus ist nach diesen Kriterien jedenfalls geeignet, einen Menschen auf den Weg zur Heiligkeit zu bringen. Keine andere Theorie schärft das Bewußtsein für den eigenen heimlichen Egoismus so radikal wie das neue darwinistische Paradigma. Wenn Sie diese Lehre verstanden haben, sie annehmen und anwenden, werden Sie Ihr Leben lang den größten Argwohn gegen Ihre eigenen Motive hegen.

Herzlichen Glückwunsch! Es ist der erste Schritt zur Korrektur der moralischen Vorurteile, die uns die natürliche Selektion eingepflanzt hat. Der zweite Schritt besteht darin, zu verhindern, daß dieser neu gelernte Zynismus Ihr Bild von den anderen Menschen verfinstert: Es gilt, Härte gegen sich selbst mit Milde gegen andere zu paaren; jene Unbarmherzigkeit unseres Urteils über sie zu mildern, die oft zur Folge hat, daß wir ihr Wohlergehen mit einer für uns bequemen Gleichgültigkeit, wenn nicht sogar mit Mißgunst betrachten; freigebig zu sein mit der uns von der natürlichen Selektion so knauserig zugeteilten Sympathie. Wem dies über die Maßen gut gelingt, hat gute Aussicht, ein Mensch zu werden, der das Wohl seiner Mitmenschen zwar immer noch deutlich, aber wenigstens nicht mehr ganz so extrem weniger ernst nimmt als das eigene.

Darwins Leistung war in dieser Hinsicht recht ordent-
lich. Wenngleich er die Eitelkeiten seiner Mitmenschen
ziemlich stark und mit einiger Geringschätzung empfand,
war seine Grundeinstellung beim Umgang mit andern von
großem moralischen Ernst. Seinen Spott richtete er meist
gegen sich selbst. Sogar dort, wo er nicht anders konnte,
als jemanden zu hassen, bemühte er sich, seinen Haß im
Zaum zu halten. Bezüglich seines Erzfeinds Richard Owen
schrieb er an Freund Hooker: »Wenn es um Owen geht,
werde ich zum regelrechten Dämon«, und: »Ich habe mir
vorgenommen, engelhafter in meinen Gefühlen zu werden.«[33] Ob es ihm gelang, spielt keine Rolle. (Es gelang
ihm nicht.) Worauf es ankommt, ist die Tatsache, daß ein
Mensch, der sich, was seinen Haß auf einen andern angeht, witzelnd als einen »Dämon« bezeichnet, ein höheres
Maß an moralischem Selbstzweifel und weniger Eigendünkel beweist, als es den meisten von uns normalerweise
gegeben ist. (Das ist um so beeindruckender, als Darwin
Gefühle Owen gegenüber auch aus objektiver Sicht nicht
ganz unverständlich waren. Owen bedrohte zwar als Gegner der Theorie der natürlichen Selektion Darwins gesellschaftlichen Status, war zugleich aber auch ein boshafter
und allgemein unbeliebter Mensch.[34]) Darwin kam dem
fast Unmöglichen, aber in höchstem Maß Erstrebenswer-
ten ziemlich nahe: Er vereinte in sich einen durch und
durch modernen (wenn nicht sogar postmodernen) objektiven Zynismus gegen die eigene Person mit viktoriani-
schem Ernst im Verhalten gegen andere.

Von Luther stammt auch die Bemerkung, daß anhalten-
de moralische Seelenqual ein Zeichen der göttlichen Gnade sei. Wenn das wahr ist, dann war Darwin ein wandeln-
des Arsenal der Gnade. Er brachte es sogar fertig, nachts
wach zu liegen vor Gram, weil er irgendein lästiges Stück
Verehrerpost noch nicht beantwortet hatte.[35]

Man mag sich fragen, was denn so gnadenvoll daran ist,
jemanden mit Seelenqualen zu erfüllen. Eine mögliche

Antwort lautet: Es kann von Vorteil für die Mitmenschen des Betroffenen sein. Vielleicht hätte Luther seinen Gedanken so formulieren sollen, daß ein moralisch sich selbst zerfleischender Mensch ein *Medium* der göttlichen Gnade ist. Und genau das war Darwin zuweilen (zumindest bildlich gesprochen): Er war ein Nützlichkeitsverstärker. Mittels der Magie des Nichtnullsummenspiels verwandelte er kleine Opfer, die er brachte, in große Gewinne für andere. Indem er ein paar Minuten opferte, um einen Brief zu schreiben, vermochte er einen Tag oder eine Woche im Leben eines Unbekannten mit Sonnenschein zu erfüllen. Dies war es nicht, wofür das Gewissen konstruiert war, denn von diesen Menschen war gewöhnlich keine Gegenleistung zu erwarten, und oft lebten sie auch zu weit weg, als daß sie Darwins moralische Reputation hätten steigern können. Wie wir gesehen haben, ist ein gutes Gewissen im anspruchsvollsten, moralischsten Sinn des Wortes jenes, das nicht nur so funktioniert, wie von der natürlichen Selektion »gewollt«.

Manche Menschen sind besorgt, daß das neue darwinistische Paradigma ihrem Leben alle Würde rauben werde. Wenn wir unsere Kinder nur deshalb lieben, weil wir damit den Fortbestand unserer DNA sichern helfen, wenn wir einem Freund nur helfen, weil wir damit eine Schuld zurückzahlen, wenn das Mitgefühl für die Ärmsten auch nur eine Art »Schnäppchenjägerei« ist — was bleibt da noch, worauf wir stolz sein können? Eine mögliche Antwort lautet: ein Verhalten à la Darwin. Tu mehr und anderes, als das reibungslos funktionierende Gewissen verlangt; hilf Menschen, von denen du dir aller Wahrscheinlichkeit nach keine Gegenleistung versprechen kannst, und tu es im stillen. Unter anderem auf diese Weise wirst du zum wahrhaft moralischen Tier. Im Licht des neuen Paradigmas erkennen wir heute, wie schwer das ist und wie recht Samuel Smiles hatte, als er schrieb, richtig leben bedeute Kampf gegen »die moralische Dummheit, die Selbstsucht und das Laster«. Diese drei sind in der Tat die Gegner, mit denen wir es zu tun haben, und sie sind als zähe Gegner geschaffen.

Ein anderes Gegengift gegen die Verzweiflung über das letztlich »niedrige« Wesen unserer Triebe ist, so merkwürdig es klingt, Dankbarkeit. Wer angesichts der etwas verdrehten moralischen Infrastruktur unserer Spezies keine Dankbarkeit zu empfinden vermag, der möge die Alternative bedenken. Bei der gegebenen Wirkungsweise der natürlichen Selektion gab im Morgengrauen der Evolution nur zwei Möglichkeiten: 1. daß es am Ende eine Spezies mit einem Gewissen, mit Mitgefühl und sogar Liebe – alle letztlich im Egoismus der Gene begründet – geben würde; 2. daß es niemals eine Art mit diesen Eigenschaften geben würde. Bekanntlich ist der erstere Fall eingetreten. Wir verfügen über ein Fundament von Anständigkeit, auf dem wir weiterbauen können. Ein Tier wie Darwin kann viel Zeit darauf verwenden, sich um das Wohl anderer Tiere zu sorgen – nicht nur um das seiner Ehefrau, seiner Kinder und das von Freunden in hoher gesellschaftlicher Stellung, sondern auch um das von Sklaven auf der andern Seite des Globus, von unbekannten Bewunderern seiner Arbeit, ja sogar von Pferden und Schafen. In Anbetracht der Tatsache, daß bei der Konstruktion unserer Spezies der Eigennutz das entscheidende Kriterium war, sind wir doch eine leidlich rücksichtsvolle Gruppe von Organismen geworden. Ja, wer lange genug über die absolute Unbarmherzigkeit der Logik der Evolution nachdenkt, beginnt vielleicht allmählich, unsere Moralität, so wie sie ist, fast für ein Wunder zu halten.

Darwins Ende

Darwin wäre wohl einer der letzten gewesen, die in seiner Seelenqual oder in was auch immer eine Gnade Gottes erkannt hätten. Gegen Ende seiner Lebens stellte er fest, daß seine Geisteshaltung in religiösen Dingen die längste Zeit seines Lebens agnostisch gewesen war. Als er am Tag vor seinem Ende erklärte: »Ich habe nicht die geringste Angst vor dem Tod«[36], wollte er damit, das ist so gut wie sicher, möglicherweise der Vorfreude auf die Erlösung von seinen irdischen Leiden, aber auf gar keinen Fall der Hoffnung auf ein besseres Jenseits Ausdruck geben.

Darwin hatte viel darüber nachgedacht, worin der Sinn des Lebens liegen könnte für einen »Mann, ohne ständig gegenwärtigen Glauben an die Existenz eines persönlichen Gottes oder an ein zukünftiges Dasein mit Vergeltung und Belohnung«. Ein solcher Mensch mußte seiner Meinung nach früher oder später »übereinstimmend mit dem Schiedsspruch aller Weisen« entdecken, »daß die höchste Befriedigung sich einstellt, wenn man ganz bestimmten Impulsen folgt, nämlich den sozialen Instinkten. Wenn er zum Besten anderer handelt, wird er die Anerkennung seiner Mitmenschen erfahren und die Liebe derer gewinnen, mit denen er zusammenlebt; und dieser zweite Gewinn ist ohne Zweifel die größte Freude auf der Erde.« Aber trotzdem kann »sein Verstand [...] ihm gelegentlich gebieten, gegen die Meinungen anderer zu handeln; deren Anerkennung wird er dann nicht finden; aber immer noch wird er die verläßliche Befriedigung haben, zu wissen, daß er die Stimme seines Inneren oder seines Gewissens gefolgt ist«.[37]

Könnte es sein, daß der zuletzt zitierte Satz als Schlupfloch gedacht war für den Schöpfer einer Theorie, der die allgemeine »Anerkennung seiner Mitmenschen« versagt blieb und die, obwohl zutreffend, vielleicht nicht »zum Besten anderer« ausschlug? Fest steht jedenfalls, daß unsere Spezies es immer noch vor sich hat, ihren Frieden mit dieser Theorie zu machen.

Nachdem er sich eine moralische Elle zurechtgeschnitten hatte, benotete Darwin sein Leben mit »ausreichend«:

»Was mich angeht, so glaube ich, daß ich richtig gehandelt habe, als ich mein Leben unbeirrbar der Wissenschaft widmete.« Aber trotzdem hatte er, obwohl es »keine große Sünde zu bereuen« gab, »oft, sehr oft bedauert, daß ich meinen Mitmenschen nicht mehr unmittelbar Gutes getan habe. Dafür habe ich nur eine einzige armselige Entschuldigung: meine oft schwache Gesundheit und meine geistige Konstitution, die es mir äußerst schwer macht, meine Aufmerksamkeit von einem Gegenstand zum andern zu wenden. Ich kann mir wohl vorstellen, mit hoher Befriedigung meine gesamte Zeit der Philanthropie zu widmen, aber eben nicht nur einen Teil davon, auch wenn das eine weit besser Verhaltensweise gewesen wäre.«[38]

Es ist wahr: Darwin hat nicht das optimal utilitaristische Leben gelebt. Niemand hat das. Trotzdem konnte er, während er sich auf das Sterben vorbereitete, zurückblicken auf ein anständig und mitfühlend gelebtes Leben, auf eine lange Kette gewissenhaft erfüllter Pflichten und auf einen beschwerlichen, wenn auch nicht immer gewonnenen Kampf gegen egoistische Tendenzen, deren Quelle er als erster erkannt hatte. Es war kein vollkommenes Leben, aber durchaus keines der schlechtesten.

Dank

Eine ganze Reihe von Menschen war so freundlich, Teile des Manuskripts im Entwurfsstadium zu lesen und zu kommentieren: Leda Cosmides, Martin Daly, Marianne Eismann, William Hamilton, John Hartung, Philip Hefner, Ann Hulbert, Karen Lehrman, Peter Singer, Donald Symons, Frans de Waal und Glenn Weisfeld. Da ich weiß, daß sie alle Besseres zu tun gehabt hätten, bin ich ihnen um so dankbarer.

Einige brachten sogar die strenge Selbstdisziplin auf, das Rohmanuskript des gesamten Buchs zu lesen: Laura Betzig, Jane Epstein, John Pearce, Mickey Kaus (der im Lauf der Jahre auch viele andere meiner Arbeiten verbessert hat), Mike Kinsley (der während und nach seiner Zeit als Herausgeber der *New Republic* sogar noch mehr verbessert hat) und Frank Sulloway (der mir liebenswürdigerweise auch auf viele andere Weise Hilfe gewährte, nicht zuletzt durch die Erlaubnis, sein Foto-Archiv zu benutzen). Von Gary Krist erhielt ich ein zuverlässiges Feedback auf eine noch ältere, chaotischere Rohfassung des Ganzen und – auf späteren Etappen des Unternehmens – brauchbare Ratschläge und lebensnotwendige moralische Unterstützung. Jeder einzelne von ihnen hat einen Orden verdient.

Getreu seiner trefflichen Maxime, Leuten die Freiheit zu geben, das zu erforschen, was sie interessiert, beurlaubte mich Marty Peretz längere Zeit von meinen Dienstpflichten bei der *New Republic*. Ich schätze mich glücklich, einen Arbeitgeber zu haben, der wirklich Hochachtung vor Ideen hat. Während dieser Beurlaubung stellten mir Henry und Eleanor O'Neill kostenlos ein Winterquartier in Nantucket zur Verfügung und gaben mir damit die Möglichkeit, einen Teil dieses Buchs unter äußeren Bedingungen zu schreiben, wie man sie sich schöner nicht vorstellen kann.

Edward O. Wilson weckte mit seinen Büchern *Sociobiology* und *On Human Nature* [dt. *Biologie als Schicksal*] mein Interesse für diesen ganzen Themenkreis und war mir seither behilflich. John Tyler Bonner, James Beniger und Henry Horn hielten mit ihrem gemeinsamen Seminar zum Thema Soziobiologie, das ich auf dem College besuchte, mein Interesse wach. Als Redakteur des Magazins *Science* hatte ich Mitte der achtziger Jahre die Ehre, Mel Konners Kolumne *On Human Nature* betreuen zu dürfen. Aus dieser Kolumne wie aus meinen Gesprächen mit Mel habe ich über diesen Aspekt des Lebens eine Menge gelernt.

Dank schulde ich Bill Strobridge (weil er mich ermutigte, Schriftsteller zu werden), Ric Aylor (weil er mich, noch während ich die High School besuchte, auf die Schriften von B. F. Skinner hinwies), Bill Newlin (für guten Rat in früher Zeit), John Weiner, Steve Lagerfeld und Jay Tolson (für guten Rat in späterer Zeit), Sarah O'Neill (für Babysitten zur rechten Zeit und andere altruistische Handlungen) und meinem Bruder Mike Wright (weil er unwissentlich auf mancherlei Weise – nicht zuletzt, weil er selbst ein so moralisches Tier ist – mein Interesse am Thema dieses Buchs steigerte). Einige Kollegen bei der *New Republic*, die ich schon genannt habe – Ann Hulbert, Mickey Kaus und Mike Kinsley – verdienen es, ein zweites Mal vor den Vorhang gerufen zu werden für täglichen Rat und ständige Anteilnahme. Ich erachte es als eine Ehre, sie seit Jahren zu meinen Bekannten zählen und mit ihnen zusammenarbeiten zu dürfen. John McPhee, der als mein Lehrer am College nicht wenig dazu beigetragen hat, meinem Leben die Richtung zu geben, die es genommen hat, unterstützte mich auch bei der Arbeit an diesem Projekt mit schätzenswerten Ratschlägen. Es ist am Ende kein sonderlich »McPhee-artiges« Buch dabei herausgekommen, aber doch eines, das seinen Wertvorstellungen verpflichtet ist (so ist es, soweit ich mir dessen bewußt bin, der Wahrheit verpflichtet, und ich habe das Thema gewählt, ohne daran zu denken, wie ich damit möglichst viel Geld verdienen könnte).

Wissenschaftler unterschiedlicher Couleur (darunter auch viele der bereits erwähnten, vor allem die im ersten Absatz genannten) standen mir bei formellen wie informellen Interviews Rede und Antwort: Michael Bailey, Jack Beckstrom, David Buss, Mildred Dickemann, Bruce Ellis, William Irons, Elizabeth Lloyd, Kevin MacDonald, Michael McGuire, Randolph Nesse, Matt Ridley, Peter Strahlendorf, Lionel Tiger, John Tooby, Robert Trivers, Paul Turke, George Williams, David Sloan Wilson und Margo Wilson. Etliche freundliche Menschen versahen mich mit Sonderdrucken ihrer Publikationen, mit Antworten auf quälende Fragen und anderem mehr: Kim Buehlman, Elizabeth Cashdan, Steve Gangestad, Mart Gross, Elizabeth Hill, Kim Hill, Gary Johnson, Debra Judge, Bobbi Low, Richard Marius und Michael Raleigh. Ich bin sicher, daß ich den einen und andern, die eine und andere in meiner Aufzählung vergessen habe, nicht zuletzt viele Mitglieder der Human Behavior and Evolution Society, die ich auf den Tagungen der Gesellschaft am Ärmel gepackt und mit Fragen gelöchert habe.

Zeitaufwand und Qualität der Betreuung, die er den ihm anvertrauten Manuskripten zuteil werden läßt, machen meinen Lektor Dan Frank zu einer Rarität unter den heutigen Verlagslektoren. Eine Reihe anderer Leute bei Pantheon – Marge Anderson, Altie Karper, Jeanne Morton, Claudine O'Hearn und andere – waren mir ebenfalls eine Hilfe. Mein Agent Rafe Sagalyn hat mir auf großzügiger Weise Zeit geopfert und mich mit brauchbaren Ratschlägen bedacht.

Am meiten schulde ich schließlich und endlich meiner Frau Lisa Dank. Ich erinnere mich noch, wie sie zum erstenmal die Erstfassung des ersten Teils des Buchs las und mir klarmachte – freilich ohne dieses Wort zu benutzen –, daß sie schlecht war. Danach las sie das Manuskript in verschiedenen Stadien seiner Entstehung und urteilte oft ähnlich scharf auf ähnlich diplomatische Weise. Ihre Reaktion diente mir oft als Orientierungshilfe, wenn ich eine Entscheidung zwischen einander widersprechenden Ratschlägen zu treffen hatte oder in einer andern Zwickmühle steckte. Darüber hinaus hat sie alles getan, es mir zu ermöglichen, dieses Buch zu schreiben, ohne darüber den Verstand zu verlieren. Mehr, als sie für mich getan hat, hätte ich nicht verlangen können (obschon ich dies, wenn ich mich richtig erinnere, etliche Male getan habe).

Lisa ist nicht mit allem einverstanden, was in diesem Buch steht. Ich bin sicher, daß es allen andern, die ich hier erwähnt habe, genauso geht. Aber so ist es nun einmal mit einer moralisch und politisch brisanten jungen Wissenschaft.

Anhang
OFT GESTELLTE FRAGEN

Im Jahr 1859 sandte Darwin seinem Bruder Erasmus ein Exemplar der eben erschienen *Entstehung der Arten*, für das sich der Empfänger mit einem Brief voll überschwenglichen Lobes bedankte. Die Theorie der natürlichen Selektion, hieß es darin, sei von solch zwingender Logik, daß dem Schreiber das Fehlen von Belegen für den schrittweisen evolutionäre Wandel in den fossilen Zeugnissen kein großes Kopfzerbrechen mache. »Ja, die deduktive Beweisführung ist in meinen Augen so vollkommen schlüssig, daß ich, wenn die Fakten ihr nicht genügen, nur sagen kann: Um so schlimmer für die Fakten.«

Diese Denkweise ist unter Anhängern der Evolutionstheorie weiter verbreitet, als manche von ihnen zugeben würden. Die Theorie der natürlichen Selektion ist so elegant und überzeugend, daß sie eine Art Glauben zu erwecken vermag – keinen *blinden* Glauben, wenn man es genau besieht, weil dieser Glaube sich ja auf die durch die Beantwortung so vieler Fragen des Lebens erwiesene Erklärungskraft der Theorie gründet, nichtsdestoweniger aber ein Glaube. Man kann an einen Punkt kommen, wo man nicht mehr mit der Möglichkeit rechnet, jemals auf irgendein Faktum zu stoßen, das die ganze Theorie in Frage stellen könnte.

Ich muß gestehen, daß ich an diesem Punkt angekommen bin. Die natürliche Selektion ist jetzt als plausible Erklärung für so vieles am Leben im allgemeinen und an der menschlichen Psyche im besonderen so glaubhaft, daß ich wenig Zweifel habe, daß sie auch die Erklärung für alles übrige bieten kann. »Alles übrige« ist freilich alles andere als eine Kleinigkeit. Es gibt noch vieles im menschlichen Denken, Fühlen und Verhalten, das Darwinisten vor herausfordernde Rätsel stellt – und noch vieles mehr, das zwar dem erklärten Darwinisten nicht sonderlich rätselhaft, dem Laien dafür aber um so mysteriöser vorkommt. Es wäre nicht im Geist Darwins gehandelt, würde ich hier nicht wenigstens einige auffallende Beispiele anführen. Darwin war von den wirklichen und scheinbaren Unzulänglichkeiten seiner Theorie fast besessen, und seine hartnäckige Beschäftigung mit ihnen gehört mit zu den Dingen, die der *Entstehung der Arten* ihre Überzeugungskraft verleiht. Die Defizite, auf die Erasmus' Brief sich bezieht, behandelt Darwin in einem eigenen, *Schwierigkeiten der Theorie* überschriebenen Kapitel. In späteren Auflagen fügte er noch ein ganzes Kapitel *Einwände gegen die natürliche Zuchtwahl* hinzu.

Das Folgende ist alles andere als eine erschöpfende Aufzählung der Probleme und Scheinprobleme, in die sich das neue darwinistische Paradigma verwickelt, wenn es sich der menschlichen Psyche zuwendet. Es macht jedoch die Art dieser Probleme deutlich und zeigt einige Perspektiven auf, sie zu lösen. Es beantwortet überdies einige der in bezug auf die Evolutionspsychologie am häufigsten gestellten Fragen und hilft, wie ich hoffe, einige der verbreitetsten Mißverständnisse auszuräumen.

1. Was ist mit den Homosexuellen? Aufgrund der Evolutionstheorie würde man nicht erwarten, daß die natürliche Selektion Menschen hervorbringt, die eine Abneigung gegen Verhaltensweisen haben (heterosexuellen Verkehr zum Beispiel), die ihre Gene in die nächste Generation befördern. In der Frühzeit der Soziobiologie glaubten manche Evolutionstheoretiker, das Paradox eventuell mit Hilfe der Theorie der Verwandtschaftsselektion auflösen zu können. Homosexuelle waren vielleicht mit unfruchtbaren Ameisen vergleichbar: Statt ihre Energie dafür zu verausgaben, ihre Gene auf dem direkten Weg in die nächste Generation zu schleusen, wählen sie einen Umweg; statt in eigene Kinder zu investieren, investieren sie in Geschwister, Neffen und Nichten. Im Prinzip könnte diese Erklärung funktionieren, aber die Wirklichkeit macht offenbar nicht mit. Erstens: Wo sind die Homosexuellen, die sich in ungewöhnlichem Maße um das Wohlergehen ihrer Geschwister, Neffen und Nichten kümmern? Zweitens: Man sehe sich doch einmal an, was die meisten von ihnen die meiste Zeit tun! Mit der gleichen Leidenschaft, mit der Heterosexuelle heterosexuellen Sexualkontakt suchen, suchen sie homosexuellen Sexualkontakt. Wo ist da die evolutionäre Logik? Unfruchtbare Ameisen verbringen nicht einen großen Teil ihrer Zeit damit, mit anderen unfruchtbaren Ameisen Zärtlichkeiten auszutauschen, und wenn sie es täten, wäre das ein Rätsel, das nach Lösung verlangte.

Beachtenswert ist in diesem Zusammenhang, daß bei den uns nahe verwandten Bonobos Bisexualität (allerdings nicht strikte Homosexualität) zu beobachten ist. So reiben Bonobo-Weibchen als Freundschaftsbezeigung und zum Abbau von Spannungen ihre Genitalien aneinander. Das deutet auf ein allgemeines Prinzip hin: Hat die natürliche Selektion erst einmal eine Art und Weise der Befriedigung geschaffen (in diesem Fall die genitale Stimulation), kann diese – sei es durch genetische Evolution, sei es durch rein kulturellen Wandel – für andere Funktionen in Dienst genommen werden. So bildete sich im antiken Griechenland die kulturelle Tradition heraus, daß Knaben zuweilen erwachsenen Männern die Annehmlichkeit sexueller Stimulation bereiteten. (Und aus rein darwinistischer Sicht ist es durchaus fraglich, wer dabei wen ausbeutete. Knaben, die sich auf diesem Weg einen Mentor beschaffen, erzielten zumindest eine Verbesserung ihres Status; die Männer dagegen – wiederum aus rein darwinistischer Sicht – verraten nur ihre Zeit.)

So gesehen ist die Tatsache, daß der Sexualtrieb bei manchen Menschen nicht in den üblichen Bahnen verläuft, nur ein weiterer Beweis für die Formbarkeit der menschlichen Psyche. Unter speziellen Umweltbedingungen ist vieles möglich. (Die Verhältnisse im Strafvollzug sind ein Extrembeispiel für solche Umweltbedingungen. Ist der Weg zu heterosexueller Befriedigung versperrt, nimmt der Geschlechtstrieb – zumal der verhältnismäßig starke und undifferenzierte *männliche* Geschlechtstrieb – unter Umständen mit dem nächstbesten Ersatz vorlieb.)

Gibt es ein »Gen« für Homosexualität? Es gibt Anhaltspunkte dafür, daß manche Gene eher zu Homosexualität führen können als andere. Aber das bedeutet nicht, daß es ein »Schwulen-Gen« gäbe – ein Gen, das, unabhängig von Umwelteinflüssen, seinen Träger zwangsläufig zur Homosexualität treibt. Und es bedeutet auf gar keinen Fall, daß die fraglichen Gene von der natürlichen Selektion *für* den Homosexualität begünstigenden Effekt selektiert wurden. (Es gibt zweifellos Gene, die im Vergleich mit andern Genen die Wahrscheinlichkeit erhöhen, daß jemand die Banklaufbahn einschlägt oder Fußball-Profi wird, aber es gibt kein »Bankangestellten-Gen« und kein »Fußball-Profi-Gen« – kein Gen, das *für* den Effekt selektiert wurde, jemanden zum Bankangestellten oder Profi-Kicker zu machen. Es gibt nur Gene, die beispielsweise die Begabung zum Kopfrechnen oder bestimmte athletische Eigenschaften kodieren.) Tatsächlich ist es, wenn man die Verwandtschaftsselektionstheorie als Erklärung für homosexuelle Neigung verwirft, sehr schwer vorstellbar, daß ein Gen für seine Eigenschaft, strikte Homosexualität zu kodieren, selektiert wird. Sollte ein »Schwulen-Gen« existieren, das im

Genpool eine größere Verbreitung gefunden hat, dann ist es in der Umwelt, in der es verbreitet ist, wahrscheinlich noch Träger einer andern Eigenschaft als Homosexualität und wird für diese andere Eigenschaft selektiert.

Einer der Gründe dafür, daß manche Menschen der Frage des »Schwulen-Gens« so großes Interesse entgegenbringen, ist der, daß sie gern wüßten, ob Homosexualität ein »natürliches« Phänomen ist – eine Frage, die (zumindest in ihren Augen) Konsequenzen im Bereich der Moral hat. Ihrer Meinung nach ist es von großer Bedeutung, ob es a) ein Homosexualität kodierendes Gen (bzw. eine solche Genkombination) gibt, das (bzw. die) wegen ebendieses Merkmals selektiert wurde; b) ein Homosexualität kodierendes Gen (bzw. eine solche Genkombination) gibt, das (bzw. die) wegen irgendeines anderen Merkmals selektiert wurde, unter bestimmten Bedingungen jedoch auch Homosexualität auslöst; c) ein Homosexualität kodierendes Gen (bzw. eine solche Genkombination) gibt, das (bzw. die) relativ neu ist und bisher – egal um welcher Eigenschaft willen – noch nicht sonderlich stark selektiert wurde; d) so etwas wie ein »Schwulen-Gen« überhaupt nicht gibt.

Doch wen kümmert das? Warum sollte die Frage der »Natürlichkeit« der Homosexualität in irgendeiner Form unser moralisches Urteil über sie beeinflussen? Es ist durchaus »natürlich« – im Sinn von »mit dem Segen der natürlichen Selektion versehen« –, daß ein Mann einen andern Mann umbringt, wenn er ihn im Bett seiner Frau überrascht. Im selben Sinn könnte auch Vergewaltigung als »natürlich« gelten. Und »natürlich« ist es gewiß auch, dafür zu sorgen, daß die eigenen Kinder etwas zu essen und etwas anzuziehen haben. Die meisten Menschen beurteilen jedoch den moralischen Wert dieser Dinge nicht nach ihrem Ursprung, sondern nach ihren Folgen. Was die Homosexualität betrifft, steht folgendes außer Zweifel: a) Bei manchen Menschen resultiert aus der Konstellation von Erbinformation und Umweltfaktoren ein starker Drang zur homosexuellen Lebensform; b) auf beiderseitigem Einverständnis beruhende homosexuelle Beziehungen zwischen Erwachsenen stehen an sich dem Wohl anderer Menschen nicht entgegen. Mehr ist (meines Erachtens) unter moralischen Gesichtspunkten zu diesem Thema nicht zu sagen.

2. Warum sind Geschwister so unterschiedlich?   Wenn die Erbinformation eine so große Rolle spielt, warum sind dann Menschen, deren Erbinformation zu einem so großen Teil identisch ist, einander in vielen Fällen so unähnlich? In gewisser Hinsicht sind Evolutionspsychologen nicht die richtigen Adressaten für diese Frage. Denn schließlich geht es im Hauptstrom der evolutionspsychologischen Forschung nicht darum, wie unterschiedliche Erbinformation zu unterschiedlichem Verhalten führt, sondern darum, wie die der gesamten Menschheit gemeinsame Erbinformation diese oder jene Verhaltensweise bedingen kann – Verhaltensweisen, die sich manchmal unterscheiden, manchmal einander ähneln. Mit andern Worten: Evolutionspsychologen untersuchen Verhaltensweisen in der Regel ohne Berücksichtigung der besonderen genetischen Ausstattung einzelner Individuen. Gleichwohl wirft die Antwort auf die zu Beginn dieses Abschnitts gestellte Frage Licht auf ein Zentralproblem der Evolutionspsychologie: Wenn der genetische Einfluß auf das menschliche Verhalten im wesentlichen von Genen ausgeübt wird, die allen Menschen gemeinsam sind, warum verhalten sich dann die Menschen *ganz allgemein* so unterschiedlich? Wir haben diese Frage auf den vorangegangenen Seiten bereits unter veschiedenen Aspekten betrachtet, aber das Geschwisterproblem zeigt sie uns in einem neuen Licht.

Nehmen wir als Beispiel Charles Darwin. Er war das zweitjüngste unter sechs Geschwistern. Damit entspricht er einem bemerkenswerten Muster, das erst kürzlich ans Licht kam: Menschen, die eine wissenschaftliche Revolution in Gang setzen oder mittragen, sind in den seltensten Fällen Erstgeborene. Frank Sulloway (siehe Sulloway [in Vorb.]), der dieses Muster mit umfangreichem Faktenmaterial dokumentierte, stellt auch fest, daß auch die Anführer und Anhänger *politischer* Revolutionen selten Erstgeborene sind.

Wie hat man sich das zu erklären? Vermutlich, so Sulloway, hängt es mit der Tatsache zusammen, daß jüngere Kinder häufig mit älteren Geschwistern – Autoritätsfiguren – in einen Konkurrenzkampf um Ressourcen geraten. Ja, es mag vorkommen, daß sie nicht nur mit diesen speziellen Autoritätsfiguren, sondern mit dem gesamten Establishment in Konflikt geraten. Denn da erstgeborene Kinder höheren Fortpflanzungswert besitzen als ihre jüngeren Geschwister (siehe Kap. 7), müßten sie theoretisch von ihren Eltern, vorausgesetzt alle anderen Faktoren sind gleich, eine Vorzugsbehandlung erfahren. Demnach könnte es häufig zu einer Interessengemeinschaft, einer Allianz zwischen den Eltern und dem ältesten Kind kommen, gegen die die jüngeren Kinder ankämpfen. Das Establishment diktiert die Gesetze, die Jüngeren fechten sie an. Für Kinder in der Lage von Jüngeren könnte es Anpassungswert haben, ein Geschick im Infragestellen überkommener Regeln auszubilden. Anders gesagt: Es könnte sein, daß ein artspezifisches Entwicklungsprogramm Kinder mit älteren Geschwistern in Richtung auf radikales Denken steuert.

Der übergeordnete Gesichtspunkt, auf den es hier ankommt, ist die Frage der »nichtgemeinsamen Umwelt«, deren Bedeutung Genetikern erst im Lauf der letzten Jahrzehnte aufgegangen ist (siehe Plomins und Daniel [1987]). Zweifler am Umwelt-Determinismus zitieren gern die Lebensgeschichten zweier Brüder, die gemeinsam aufwuchsen, von denen dann aber später der eine beispielsweise zum Kriminellen wurde, während der andere den Beruf des Staatsanwalts ergriff: Wenn die Umwelt eine so große Rolle spielt, lautet ihre Frage, warum entwickelten sich diese Menschen dann in ganz gegensätzliche Richtungen? Wer so fragt, erliegt einer Fehldeutung des Begriffs »Umwelt«. Brüder haben zwar eine in einigen Aspekten (Eltern, Schule) gemeinsame, großenteils (der Lehrer in der ersten Klasse, die Freunde usw.) jedoch unterschiedliche Umwelt.

Paradoxerweise können, wie Sulloway anmerkt, im Fall von Geschwistern die »nichtgemeinsamen« Milieus, eben weil es sich um Geschwister handelt, *besonders stark* divergieren. So könnten zum Beispiel Sie und Ihr Nachbar beide Erstgeborene sein und folglich den entsprechenden Umwelteinfluß gemeinsam haben – zwischen Ihnen und Ihren Geschwistern ist diese Parallele jedoch grundsätzlich nicht gegeben. Was noch wichtiger ist: Nach Sulloways Überzeugung kann ein Kind, indem es im Ökosystem Familie eine bestimmte strategische »Nische« besetzt, seine Geschwister beim Wettkampf um Ressourcen in andere Nischen abdrängen. So kann ein jüngeres Kind feststellen, daß ein älteres Geschwister sich beispielsweise durch alle möglichen Liebesdienste in der Gunst der Eltern bereits hoch hinaufgearbeitet hat, worauf es sich vielleicht lieber eine andere »Nische« sucht – etwa die des Geistesriesen der Familie, der unter all seinen Geschwistern die besten Schulzeugnisse nach Hause bringt –, als sich ebenfalls auf dem bereits überfüllten Markt innerfamiliärer Liebesdienste zu tummeln.

3. Warum entscheiden sich Menschen dafür, nur wenige oder gar keine Kinder zu haben? Daß dem so ist, wird zuweilen als ein großes »Rätsel« für die Evolutionstheorie bezeichnet. Wissenschaftlicher haben sich den Kopf über den »demographischen Übergang« zerbrochen, der in den Industrienationen die Geburtenraten senkte, und nach einer darwinistischen Erklärung des Phänomens gesucht. Einige kamen dabei zu der Auffassung, daß eine früher als normal geltende Kinderzahl unter den heutigen Lebensbedingungen nachteilig für die genetische Hinterlassenschaft der Eltern sein kann. Eltern von zwei Kindern, denen sie die Ausbildung auf teuren privaten Bildungsanstalten finanzieren können, haben vielleicht mehr Enkel, als Eltern von fünf Kindern, die nur billige Schulen besuchen können und am Ende nicht in der Lage sind, selber Kinder zu ernähren. So gesehen vollbringen Menschen, die die Zahl ihrer Kinder einschränken, eine Anpassungsleistung.

Es gibt eine einfachere Lösung: Hauptmittel der natürlichen Selektion, uns zur Fortpflanzung zu animieren, ist nicht, uns mit einem besonders starken bewußten Verlangen nach Kindern auszustatten. Unser Konstruktionsplan sieht vor, daß wir Sex lieben und daß wir die Folgen lieben, sollten sie sich neun Monate später einstellen – nicht unbedingt vorgesehen ist eine antizipierende Liebe zu den möglichen Folgen sexueller Aktivitäten. (Man denke an die Trobriander, die Malinowski zufolge zwar den Zusammenhang zwischen Koitus und Kinderkriegen nicht kannten, aber trotzdem keine Probleme mit der Fortpflanzung hatten.) Erst seit dem Aufkommen technischer Empfängnisverhütungsmittel funktioniert dieses Konzept nicht mehr.

Bewußte Familienplanung ist einer von vielen Fällen, in denen wir die natürliche Selektion überlistet haben. Durch bewußte Reflexion – wenn wir beispielsweise erkennen, daß Kinder, so liebenswert sie an und für sich sind, in gewissen Mengen eine rechte Last sein können – können wir dafür optieren, die letzten Ziele zu umgehen, die wir nach dem »Willen« der natürlichen Selektion anstreben sollen.

4. Warum begehen Menschen Selbstmord?   Auch zu dieser Frage könnte man versuchen, Szenarien zu kreieren, in deren Rahmen diese Art Verhalten womöglich eine Anpassungsleistung darstellt. Wer in der Ur-Umwelt seiner Familie zur Last geworden ist, trug vielleicht zur Maximierung übergreifender Fitneß bei, indem er freiwillig von der Bühne des Lebens abtrat. Der Hintergrund könnte beispielsweise eine so große Nahrungsmittelknappheit gewesen sein, daß das Bestehen auf dem eigenen Anteil an den vorhandenen Lebensmitteln auf Dauer Familienangehörige von höherem Fortpflanzungswert in Lebensgefahr gebracht hätte. Diese Erklärung ist nicht ganz unplausibel, aber auch nicht unproblematisch. Ihre Fragwürdigkeit zeigt sich unter anderem darin, daß zumindest in der Welt von heute Selbstmörder in den seltensten Fällen aus Familien stammen, die dem Hungertod nahe sind. Und genau betrachtet ist drohender Hungertod ungefähr die einzige Situation, in der sich Selbsttötung aus darwinistischer Sicht als sinnvoll erweisen könnte. Ein einigermaßen über dem Minimalbedarf liegendes Nahrungsangebot vorausgesetzt, könnte mit Ausnahme Schwerstbehinderter sowie Hochbetagter und Gebrechlicher fast jeder seinen für den Reproduktionsprozeß wertvollen Verwandten wesentlich mehr nützen, wenn er am Leben bliebe, als wenn er seinem Leben ein Ende machte – beispielsweise indem er Beeren sammelt, die Kinder hütet, die Kinder unterrichtet usw. (Und überhaupt: Selbst wenn jemand für seine Familie zu einer nicht mehr zumutbaren Last geworden ist – wäre das radikale Mittel der Selbsttötung aus genetischer Sicht denn die optimale Lösung des Problems? Wäre es für die Gene beispielsweise eines an Depressionen Leidenden nicht besser, er verließe einfach sein Heimatdorf und suchte sein Glück anderswo – möglicherweise in der Hoffnung, unterwegs einer fremden Frau zu begegnen, die er vielleicht verführen oder vergewaltigen könnte?)

Eine mögliche Lösung der Selbstmordparadoxons bietet sich, wenn man sich daran erinnert, daß die von der natürlichen Selektion konzipierten »Anpassungen« auf der Ebene des Verhaltens nicht im konkreten Verhalten, sondern in den diesem zugrundeliegenden mentalen Organen bestehen. Und mentale Organe, die in einer bestimmten Umwelt einmal so gelungene Anpassungen darstellten, daß sie zu einer Komponente der menschlichen Natur wurden, können in einer veränderten Umwelt zu schlechtangepaßten Verhaltensweisen führen. Wir haben zum Beispiel gesehen, warum es manchmal zur Angepaßtheit beitragen kann, eine schlechte Meinung von sich zu haben (siehe in Kap. 13 den Abschnitt *Selbstabwertung*). Aber ach, das mentale Organ, das dazu da ist, uns eine schlechte Meinung von uns selbst einzuflößen, kann aus dem Takt kommen. Allzu lange nur schlecht von sich zu denken, kann mit Selbstmord enden.

Mehr als früher scheinen heute die Umweltbedingungen derartige Funktionsstörungen zu begünstigen. Sie erlauben beispielsweise ein Maß an gesellschaftlicher Isolation, das unseren Vorfahren unbekannt war.

5. Warum töten Menschen ihre eigenen Kinder? Kindsmord ist nicht ausschließlich Folge heutiger Umweltbedingungen. In Jäger-und-Sammler-Gesellschaften und in Agrarkulturen kam er häufig vor. Ist er also das Resultat einer Anpassung – Werk eines mentalen Organs, das unterschwellig berechnet, wann das Töten eines Neugeborenen zur Maximierung genetischer Fitneß beiträgt? Möglich. Die Wahrscheilichkeit, getötet zu werden, war nicht nur für kranke und offensichtlich behinderte Neugeborene besonders hoch, sondern auch für solche, die unter verschiedenen andern ungünstigen Auspizien zur Welt kamen – etwa als Kinder einer Mutter, die bereits andere kleine Kinder hatte, aber keinen Mann.

Ohne Frage ist es in der Welt von heute schwierig, das Töten von Nachkommen als einen aus der Sicht der Gene vernünftigen Schachzug verständlich zu machen. Wie wir gesehen haben (Kap. 4), handelt es sich in vielen Fällen von (vermeintlicher) Tötung der eigenen Kinder freilich um die Tötung von Stiefkindern. Von den übrigen Taten dieser Art werden nach meiner Vermutung viele von Ehemännern begangen, die wohl der leibliche Vater des Opfers sein könnten, bewußt oder unbewußt aber ihre Vaterschaft anzuzweifeln begonnen haben. Und bei den verhältnismäßig wenigen Fällen, in denen eine Mutter ihr Neugeborenes tötet, geschieht dies oft unter dem Einfluß von Hinweisreizen des Typs, der in der Ur-Umwelt signalisierte, daß Kindstötung aus der Sicht der Gene nützlich wäre: angesichts relativer Armut, des Fehlens einer zuverlässigen Quelle elterlicher Investition von männlicher Seite usw.

6. Warum sterben Soldaten für ihre Land? Wer sich auf eine Handgranate wirft – oder in der Ur-Umwelt ein Todeskommando gegen keulenbewehrte Angreifer anführt –, handelt vielleicht im darwinistischen Sinne vernünftig, wenn sich seine nächsten Angehörigen in der Nähe befinden. Doch wozu sein Leben für einen Haufen Menschen opfern, die nichts weiter sind als Bekannte? Wenn es einen Dienst an andern gibt, der einem nie vergolten werden wird, dann ist es dieser.

Zunächst sollte man sich in diesem Zusammenhang daran erinnern, daß in der Ur-Umwelt eines kleinen Jäger-und-Sammler-Dorfs der durchschnittliche Verwandtschaftsgrad unter Waffenbrüdern alles andere war als eine zu vernachlässigende Größe – ja, daß er je nach lokalen Heiratsregeln relativ hoch sein konnte (siehe Chagnon [1988]). Im siebten Kapitel betrachteten wir bei der Erörterung der Theorie der Verwandtschaftsselektion mentale Organe, die nahe Angehörige identifizieren und dafür sorgen, daß wir sie mit besonderer Großzügigkeit behandeln. Und wir formulierten die These, daß Gene, die dieses Unterscheidungsvermögen fördern, sich gegen Gene durchsetzen, die einen mehr nach dem Gießkannenprinzip funktionierenden Altruismus begünstigen. Es kann indessen Situationen geben, in denen sich eine präzise Zielwahl verbietet. Eine solche Situation ist beispielsweise gegeben, wenn das Kollektiv insgesamt in Gefahr ist. Nehmen wir an, eine ganze Jäger-und-Sammler-Horde einschließlich meiner Familie und vieler Mitglieder meiner Sippe ist einem tödlichen Angriff einer andern Gruppe ausgesetzt. In diesem Fall könnte es für mich auch unter dem Aspekt der Verwandtschaftsselektion absolut sinnvoll sein, ein Höchstmaß an bedingungsloser Tapferkeit zu zeigen. Mag sein, daß Männer in modernen Kriegen manchmal dazu neigen, in Kampfsituationen einen derart wahllosen Altruismus an den Tag zu legen.

Ein weiterer Unterschied zwischen dem modernen Krieg und dem Krieg in der Ur-Umwelt besteht darin, daß heute eine geringere Siegesprämie in Gestalt von Fortpflanzungsvorteilen winkt. Aufgrund von Beobachtungen schriftloser Völkern kann man guten Gewissens davon ausgehen, daß die Vergewaltigung oder Aneignung der Frauen des besiegten Gegners einst ein allgemeines Merkmal der Kriegsführung war. Die Siegesprämie in darwinistischer Währung war also hoch genug, um für jeden Krieger einen risikoreichen (wenn auch nicht offen selbstmörderischen) Kampfeinsatz zu rechtfertigen. Und die Wahrscheinlichkeit spricht dafür, daß die Krieger, die sich im Kampf als die tapfersten erwiesen, hinterher mit dem höchsten Anteil an der Siegesbeute belohnt wurden.

Kurzum, die plausibelste Erklärung für soldatisches Heldentum ist, daß es das Produkt mentaler Organe ist, die einst der Maximierung übergreifender Fitneß dienten, es inzwischen aber vielleicht nicht mehr tun. Aber die Organe sind noch da und instrumentalisierbar – unter anderem für die Zwecke politischer Führer, die sich von einem Krieg Vorteile versprechen (siehe Johnson [1987]).

Das menschliche Verhalten gibt dem Darwinisten noch viele andere Rätsel auf. Welche Funktion haben Lachen und Weinen?

Warum beichten Menschen auf dem Totenbett bisher verheimlichte Übeltaten? Warum legen Menschen Armuts- und Keuschheitsgelübde ab (und halten sie gelegentlich sogar)? Was genau ist die Funktion der Trauer? (Fraglos bekundet sich in ihr, wie wir im siebten Kapitel gesehen haben, das Ausmaß unserer emotionalen Investitionen in die verstorbene Person, und fraglos war zu deren Lebezeiten die emotionale Investition von den Interessen der Gene her gesehen auch sinnvoll. Doch welchem genetischen Interesse dient die emotionale Investition über den Tod hinaus, die in der Trauer zum Ausdruck kommt?)

Die Lösung solcher Rätsel stellt eine der größten Herausforderungen der zeitgenössischen Wissenschaft dar. In vielen Fällen wird man den Weg zur Lösung nur finden, wenn man sich an Folgendes hält:
– Man unterscheide zwischen dem konkreten Verhalten und dem das Verhalten steuernden mentalen Organ:
– man vergesse nicht, daß die natürliche Selektion nicht das Verhalten, sondern die mentalen Organe konzipierte;
– man vergesse außerdem nicht, daß diese Organe zwar in der Umwelt, für die sie konzipiert wurden, Anpassungsleistungen bewirkten (einzig deswegen konstruiert die natürliche Selektion überhaupt mentale Organe), daß sie dies aber heute möglicherweise nicht mehr tun;
– man vergesse nicht, daß die menschliche Psyche unglaublich komplex und darauf angelegt ist, nach Maßgabe aller möglichen feinsten Variationen in den Umweltbedingungen eine große Bandbreite von Verhaltensweisen hervorzubringen, die noch enorm gedehnt wird durch die beispiellose Vielfalt der Lebensumstände in der modernen gesellschaftlichen Umwelt.

ANMERKUNGEN

VERWENDETE SIGLEN

Abstammung Charles Darwin, *The Descent of Man, and Selection in Relation to Sex* (1871), Princeton: Princeton University Press 1981 (*Die Abstammung des Menschen und die geschlechtliche Zuchtwahl*, aus dem Englischen von J. Victor Carus, 2 Bde., Stuttgart: Schweizerbart'sche Verlagshandlung 1871).

Ausdruck Charles Darwin, *The Expressions of the Emotions in Men and Animals* (1872), Chicago: University of Chicago Press 1965 (*Der Ausdruck der Gemüthsbewegungen bei dem Menschen und den Thieren*, aus dem Englischen von J. Victor Carus, Stuttgart: Schweizerbart'sche Verlagshandlung 1872).

CCD *The Correspondence of Charles Darwin*, hrsg. von Frederick Burckhart und Sydney Smith, 8 Bde., Cambridge: Cambridge University Press 1985–1991.

ED Emma Darwin: *A Century of Family Letters, 1792–1896*, hrsg. von Henrietta Litchfield, 2 Bde., New York: D. Appleton & Co. 1915.

Entstehung: Charles Darwin, *On the Origin of Species by Means of Natural Selection, or The Preservation of Favoured Races in the Struggle for Life* (1859), New York: Penguin Books 1968 *(Über die Entstehung der Arten durch natürliche Zuchtwahl oder die Erhaltung der begünstigten Rassen im Kampf ums Dasein, aus dem Englischen von J. Victor Carus, 7. Auflage, Stuttgart: Schweizerbart'sche Verlagshandlung 1884).*
Auf diese Ausgabe beziehen sich die in den Anmerkungen angegebenen Seitenzahlen. Hilfsweise herangezogen wurde: *Die Entstehung der Arten durch natürliche Zuchtwahl*, Übersetzung von Carl W. Neumann, Stuttgart: Philipp Reclam jun. 1963 [Reclams Universal-Bibliothek 3071]).

LBCD *Life and Letters of Charles Darwin* (1888), hrsg. von Francis Darwin, 3 Bde., New York: Johnson Reprint Corporation 1969 *(Leben und*

Briefe Charles Darwins, hrsg. von seinem Sohn Francis Darwin, 3 Bde., Stuttgart: Schweizerbart'sche Verlagshandlung 1887).

Mein Leben   The Autobiography of Charles Darwin, hrsg. von Nora Barlow, New York: Harcourt Brace & Co. 1959 (Charles Darwin, *Mein Leben. 1808–1882,* hrsg. von seiner Enkelin Nora Barlow, mit einem Vorwort von Ernst Mayr, aus dem Englischen von Christa Krüger, Frankfurt am Main: Insel Verlag 1993).

Notebooks   Charles Darwin's Notebooks, 1836–1844, hrsg. von Paul H. Barrett u. a., Ithaca, N.Y.: Cornell University Press 1987.

Papers   The Collected Papers of Charles Darwin, hrsg. von Paul H. Barrett, Chicago: University of Chicago Press 1977.

Reise   Charles Darwin's »Voyage of the Beagle«, hrsg. von Janet Browne und Michael Neve, New York: Penguin Books 1989 (Reise eines Naturforschers um die Welt, aus dem Englischen von J. Victor Carus, Stuttgart: Schweizerbart'sche Verlagshandlung 1875).

Die übrigen in den Anmerkungen verwendeten, ohne weiteres verständlichen Titelabkürzungen sind in der Bibliographie aufgelöst. Ist dort bei einem fremdsprachigen Titel eine deutsche Übersetzung angegeben, bezieht sich die Seitenangabe der Anmerkung auf letztere.

Einleitung
DARWIN UND WIR

1 *Entstehung,,* 453
2 Greene (1963), 114 f.
3 Tooby und Cosmides (1992), 22–25, 43
4 Siehe Tooby und Cosmides (1992)
5 Da und dort wird die Vermeidung des Ausdrucks »Soziobiologie« auch mit tiefgreifenden Unterschieden zwischen Wilsons Formulierung des Fachs und der eigenen begründet. Unterschiede gibt es in der Tat, und daß die Begriffsbildung in dem Fach seit 1975 weiterentwickelt wurde, ist nicht zu bezweifeln. Es ist jedoch so gut wie sicher, daß diese Unterschiede nicht viele Leute davon abge-

halten hätten, Wilsons Wort zu benutzen, hätte das Wort in der Gelehrtenrepublik nicht einen fatalen politischen Beiklang angenommen

6 Siehe Brown (1991) und das Schlußkapitel von Pinker (1994)
7 Smiles (1859), 16 u. 332 f.
8 Mill (1859), 68 u. 85 f.
9 *Mein Leben, 25*
10 *LLCD* 3:200; *Mein Leben,* 78
11 Clark (1984), 168
12 Bowlby (1991), 74 f.; Smiles (1859), 17

Erstes Kapitel
DARWIN WIRD ERWACHSEN

1 CCD 1:460
2 Marcus (1974), 16 f.
3 Siehe Stone (1977), 422; Himmelfarb (1968), 278; Young (1936), 1–5; Houghton (1957), passim
4 Young (1936), 1 f.
5 Houghton (1957), 233 f.
6 Houghton (1957), 62 u. 238; Young (1936), 1–4
7 *Abstammung* 1:87
8 *Mein Leben,* 51–61
9 Siehe Gruber (1981), 52–59; eine Auseinandersetzung mit Paley aus neuerer Sicht in: Dawkins (1986)
10 *Mein Leben,* 61–63
11 *Mein Leben,* 89; zu Darwins Hinwendung zur Evolutionstheorie und seiner Ausarbeitung der Theorie der natürlichen Selektion (in anderer, ebenfalls gebräuchlicher Phrasierung: der natürlichen Auslese; nur noch ausnahmsweise gebraucht wird die früheste deutsche Übersetzung des Terminus *selection,* »Zuchtwahl«), siehe Sulloway (1982) und Sulloway (1984)
12 Clark (1984)
13 *Mein Leben,* 31 f., 62 f. u. 72
14 Clark (1984), 3
15 Himmelfarb (1969), 8
16 Clark (1984), 137
17 *Origin,* 263 (Carus, 318; Neumann, 382)

18 Zu den begrifflichen Grundlagen der Evolutionspsychologie siehe Cosmides und Tooby (1987); Tooby und Cosmides (1992); Symons (1989); Symons (1990)

19 Siehe Humphrey (1976); Alexander (1974), 335; Ridley (1990)

20 Manche heutigen Darwinisten halten es für unzulässig, in diesem Zusammenhang von Zufälligkeit zu sprechen. Zur Begründung führen sie an, daß der Erzeugungsprozeß mit höherer Wahrscheinlichkeit nützliche Merkmale hervorbringt, als dies bei reiner Zufallsbedingtheit der Fall wäre. Einige vertreten die Ansicht, daß sich der Prozeß der Merkmalserzeugung selbst in einer Evolution durch natürliche Auslese befinde – daß die den Prozeß regulierenden Gene für die Begünstigung der Erzeugung von nutzbringenden Genen selektiert worden seien. Siehe dazu z. B. Wills (1989). Dies ist eine noch unabgeschlossene Debatte, deren unbezweifelbar große Bedeutung sich freilich nicht auf das vorliegende Buch erstreckt: Ihr Ausgang wird zwar Licht in die Frage des Evolutionstempos bringen, aber keinen Anlaß geben, unsere Erwartungen in bezug auf die Art von Merkmalen zu ändern, welche die Evolution üblicherweise hervorbringt

21 ED 1:226 f.

22 Desmond und Moore (1991), 51, 54 u. 89

23 Siehe jedoch Brent (1983), 319 f., wo – freilich schwache – Indizien für voreheliche sexuelle Erfahrungen angeführt sind

24 Marcus (1974), 31

Zweites Kapitel
MÄNNLICH UND WEIBLICH

1 *Abstammung* 2:349

2 *Abstammung* 1:241

3 *Abstammung* 1:334–336; 2:210 ff.; Wilson (1975), 318–324

4 *Abstammung* 2:27–31, 83, 118, 223–225

5 Einer gewissen Theorie zufolge stattete die Evolution die Weibchen anfänglich mit einer Vorliebe für einfache Signale männlicher Robustheit aus – für Farben von etwas überdurchschnittlicher Leuchtkraft zum Beispiel –, weil diese Signale eine robuste Nachkommenschaft verhießen. Sobald dieses weibliche Präferenzverhalten in der Spezies Fuß gefaßt hatte, bedeutete es einen Reproduktionsvorteil für etwas farbenfrohere Männchen, ganz

unabhängig davon, ob die Farbe tatsächlich einen gesundheitlichen Vorteil signalisierte oder nicht, und damit begannen die Gene für Farbe beim Männchen auf Erfolgskurs zu segeln. Der schiere Fortpflanzungserfolg farbenfroher Männchen erweiterte auf dem Weg der natürlichen Selektion seinerseits wieder die weibliche Vorliebe für Farben, da Weibchen mit einer Vorliebe für farbenfrohe Männchen vermehrt farbenfrohen, sexuell erfolgreichen männlichen Nachwuchs hervorbrachten. Hier schloß sich der Kreis: Je ausgeprägter die Vorliebe der Weibchen für Farben wurde, desto größer wurde die männliche Farbenpracht und umgekehrt. Diese Theorie wird seit Jahren von verschiedener Seite angefochten (wenngleich die angebotenen theoretischen »Alternativen« nicht in allen Fällen unvereinbar mit ihr sind). Informative Resümees des noch unabgeschlossenen Disputs in: Ridley (1994) und Cronin (1991)

6 Siehe *Abstammung* 1:241 f.

7 Zitiert nach Hrdy (1981), 132

8 Der Begriff wurde geprägt von dem namhaften Psychiater John Bowlby, der auch eine Darwin-Biography verfaßte (Bowlby [1991])

9 Es hat eine lebhafte Debatte gegeben über die relative Bedeutung des Studiums der EEA und des Studiums der Anpassungsleistung von Merkmalen in einer modernen oder zumindest rezenten Umwelt. (Debattiert wurde auch über die Definition der EEA.) Die Zeitschrift *Ethology and Sociobiology* widmete der Diskussion über die Bedeutung der EEA ein ganzes Heft (Jg. 11 [1990], H. 4/5).

10 Siehe Tooby und Cosmides (1990 b)

11 Bateman (1948), 365

12 Richard Dawkins' frecheres, allgemeinverständlicher geschriebenes und zu größerer Popularität gelangtes Buch *The Selfish Gene* (dt. *Das egoistische Gen*) steht ganz im Zeichen von Williams' Weltsicht, und Dawkins bekennt sich im ersten Kapitel dankbar als »stark von G. C. Williams' großartigem Buch [...] beeinflußt« (Dawkins [1976], 38)

13 Williams (1966), 183 f.

14 Williams (1966), 184

15 Trivers (1972), 139. [Hier zitiert nach: Dawkins (1976), 207. In Karin de Sousa Ferreiras vorzüglicher Übersetzung von Dawkins' *The Selfish Gene* ist parental *investment* durch »Elternaufwand« wiedergegeben, wohl im Sog von R. A. Fishers älterem Begriff der *parental expenditure,* von dem Dawkins a.a.O. vermutete, daß er »ziem-

lich genau dasselbe meinte« wie Trivers' *parental investment*; ich gebe der Eindeutschung »elterliche Investition« den Vorzug, weil sie die von Robert Wright hervorgehobenen ökonomischen Konnotationen des Begriffs stärker akzentuiert. – Zusatz d. Übs.]

16 Ob Trivers dieser Theorieerweiterung ihre endgültige Form gab, steht dahin. 1991 gaben Timothy Clutton-Brock und A. C. J. Vincent zu bedenken, daß es opportuner sei, statt der schwer zu quantifizierenden elterlichen »Investition« die potentielle Reproduktionsrate jedes der Geschlechter zum Angelpunkt der Theorie zu machen. Anhand einer artenübergreifenden Betrachtung konnten sie zeigen, daß der Besitz der höheren potentiellen Reproduktionsrate mit äußerster Zuverlässigkeit das Geschlecht anzeigt, in dem die Konkurrenz um die Möglichkeit zur Kopulation mit dem anderen Geschlecht am hitzigsten ist. Ich konnte feststellen, daß viele Leute die relative potentielle Reproduktionsrate intuitiv für eine einleuchtendere Erklärung der weiblichen Sprödigkeit halten als die relative elterliche Investition. Tatsächlich habe ich bei der Einführung des Themas weiter oben in diesem Kapitel die relative potentielle Reproduktionsrate ins Zentrum gerückt und die Sache im großen und ganzen aus der Sicht von Clutton-Brock und Vincent dargestellt; siehe Clutton-Brock und Vincent (1991)

17 Siehe Busse und Schmitt (1993), 227. Berücksichtigt werden muß natürlich auch die Möglichkeit, daß die Frauen sich um ihre körperliche Sicherheit sorgten, da die als Lockvögel eingesetzten Männer ihnen unbekannt waren

18 Cavalli-Sforza u. a. (1988)

19 Malinowski (1929), 143

20 Was in diesem Zusammenhang bei den Trobriandern die Eifersucht bedeutet, wird erörtert in: Symons (1979), 24.

21 Malinowski (1929), 266 u. 269 f.

22 Malinowski (1929), 379

23 In welchem Sinn genau artspezifische psychische Anpassungen »universal« beobachtbar sind, ist dargelegt in: Tooby und Cosmides (1989)

24 Trivers (1985), 214

25 *Abstammung* 2:25

26 Trivers (1985), 214

27 *Notebooks,* 370. Später fügte er zwischen »meine ganze Theorie« und »bedient« das Wort »häufig« ein.

28 Williams (1966), 185 f.; vgl. Trivers (1972)

29 V. C. Wynne-Edwards, zitiert nach West-Eberhard (1961), 162

30 Trivers (1985), 216–218; Daly und Wilson (1983), 156; Wilson (1975), 326. Zwar kam Gronell (1984) in einer Studie über eine Seenadelart zu dem Ergebnis, daß die Theorie der elterlichen Investition »im Werbeverhalten [...] allem Anschein nach nur teilweise Rückhalt findet«, weil die Rolle des Weibchens bei der Partnerwerbung, wiewohl groß, »die des Männchens nicht überwiegt«. Aber diese Beurteilung beruht offenbar auf der Annahme, die Investition des Weibchens sei geringer als die des Männchens. Demgegenüber ist jedoch die Möglichkeit nicht auszuschließen, daß beide Geschlechter in annähernd gleichem Maß investieren, sofern die Zeit, die das Weibchen zur Produktion der Eier benötigt, in entsprechendem Umfang zu veranschlagen ist – eine Größe, die bei dieser Untersuchung nicht gemessen wurde

31 de Waal (1989), 173

32 Darüber, *ob Homo* erectus zu unseren direkten Vorfahren zählt, sind sich die Fachleute nicht einig

33 Die Rekonstruktion eines Proto-Menschenaffen auf der Grundlage der afrikanischen Menschenaffen (also unter Ausschluß des Orang-Utans) findet sich in: Wrangham (1987)

34 Rodman und Mitani (1987)

35 Stewart und Harcourt (1987)

36 de Waal (1982); Nishida und Hiraiwa-Hasegawa (1987)

37 Badrian und Badrian (1984); Susman (1987); de Waal (1989); Nishida und Hiraiwa-Hasegawa (1987); Kano (1990)

38 Wolfe (1991), 136 f.; Stewart und Harcourt (1987)

39 de Waal (1982), 168

40 Goodall (1986), 453–466

41 Wolfe (1991), 130

42 Leighton (1987)

Drittes Kapitel
MÄNNER UND FRAUEN

1 *Abstammung* 2:318 f.

2 Morris (1967), 95

3 Murdock (1949), 1–3. Bei manchen Völkern spielt der Bruder der Mutter bei der Aufzucht der Kinder eine größere Rolle als der Vater, und zwar, wie Richard Alexander meint, vornehmlich dort, wo die sexuellen Sitten es in der Regel ziemlich ungewiß erscheinen lassen, daß der Ehemann der Vater der Kinder seiner Frau ist.

Unter diesen Bedingungen folgt aus der Theorie der Verwandt-
schafts- oder Familienselektion (auf die wir im siebten Kapitel
ausführlicher eingehen werden), daß ein Mann – darwinistisch
betrachtet – besser daran tut, in die Kinder seiner Schwester zu
investieren als in die Kinder seiner Frau. Siehe Alexander (1979),
169–175

4 Trivers (1972), 153
5 Benshoof und Thornhill (1972); Tooby und DeVore (1987)
6 Die Mangaianer in Polynesien zum Beispiel waren lange für ihren
Mangel an romantischer Liebe berühmt. Symons (1979), 110,
schloß sich der herkömmlichen Auffassung an, hält sie jedoch
heute für irrig (persönliche Mitteilung). Yonie Harris (University
of California, Santa Barbara), eine von Symons betreute Dokto-
randin, hat die Mangaianer eingehend studiert. Ihrer Meinung
nach ist romantische Liebe ein universales menschliches Merkmal
(persönliche Mitteilung). Zum allgemeinen Hintergrund siehe
Jankowiak und Fisher (1992)
7 Das besagt nicht, daß das vom Weibchen angestellte Kalkül einfach wäre. Cronin (1991) und Ridley (1994) geben einen ausgezeichneten Überblick über die komplexen Konstellationen des
Für und Wider in bezug auf die relative Bedeutung der verschiedenen Dinge, die das Weibchen im Männchen »suchen« kann:
»gute Gene«, welche die Angepaßtheit der weiblichen oder
männlichen Nachkommen steigern; Gene, die ausschließlich die
Angepaßtheit der männlichen Nachkommen steigern (z.B. Gene
für ein mächtiges Geweih), indem sie dessen Chancen, eine Paarungspartnerin zu finden, erhöhen; Abwesenheit von Krank-
heitserregern (die das Risiko ausschalten, sich beim Paarungsakt
zu infizieren, und möglicherweise auch auf den Besitz immunisie-
render Gene hindeuten); die eine oder andere Form von Investition (in der Art, wie sie im Text am Beispiel der ‹hang fly› beschrieben ist); usw.
8 Thornhill (1976)
9 Buss (1989); Buss (1994), Kap. 2
10 In 28 der 29 Kulturen, bei denen sich in diesem Punkt ein statistisch signifikanter Unterschied zwischen den Geschlechtern zeigte, legten die Frauen mehr Wert auf Ehrgeiz und Fleiß als die
Männer. Tooby und Cosmides (1989) erläuterten, wieso auch spezifische Verhaltensformen und Vorlieben, die nicht wirklich universal verbreitet sind, das latente Vorhandensein artspezifischer
psychischer Organe kundtun können

11 Trivers (1972), 145

12 Tooke und Camire (1990). Die Autoren vermuten, daß die notorische Sensibilität von Frauen für nichtverbale Hinweisreize auf dieses Wettrüsten zurückzuführen sein könnte

13 Zu Trivers' Beobachtung von 1976 und deren Logik siehe das dreizehnte Kapitel, *Täuschung und Selbstbetrug*. Joan Lockard (1980) scheint diese Logik als erste im Kontext der erotischen Beziehung zwischen Mann und Frau entfaltet zu haben. Tooke und Camire (1990) geben Kostproben von männlichem Selbstbetrug

14 Ich habe von Männern, die zugaben, ihre Frau hintergangen zu haben, die Auskunft bekommen, daß der Betrug nicht sosehr in dem lag, wie sie sagten (etwa: »Ich werde dich nie verlassen«), sondern vielmehr in dem, was sie verschwiegen (etwa: »Wie ich mich kenne, werd' ich's wahrscheinlich doch tun«). Das Ganze ist jedesmal eine Gratwanderung, bei der jede Täuschung begangen wird außer der Sorte evidenten Betrugs, die eine problemlose Handhabung für spätere Vergeltungsmaßnahmen liefern würde. In solchen Fällen kann die Frage, mit welchem Bewußtseinsgrad der Betrug begangen wurde, extrem schwierig zu beantworten sein, selbst wenn der Verführer sich seines Schwindels im Rückblick vollkommen bewußt ist

15 Kenrick u.a. (1990); vgl. Buss und Smith (1993), wo Belege dafür gegeben werden, daß Männer in bezug auf kurzzeitige Geschlechtspartner auch in anderen Hinsichten weniger wählerisch sind als Frauen

16 Trivers (1972), 145 f.

17 Malinowski (1929), 402

18 Siehe Buss (1989); *The New York Times,* 13. Juni 1989, S. C1

19 Siehe Buss (1994), 59. Natürlich ist da neben der Fruchtbarkeit noch einiges andere, das Männern Kopfzerbrechen macht, wenn sie sich dafür entscheiden sollen, in eine Frau zu investieren, etwa die Frage, wie hoch die Wahrscheinlichkeit ist, daß sie ihm treu bleibt. Diese Überlegung scheint jedoch mehr oder weniger ausgeglichen durch die Sorge der Frau, wieviel Wahrscheinlichkeit dafür spricht, daß er bei ihr bleibt und in die Kinder investiert

20 Trivers (1972), 149

21 Symons (1979) hatte registriert, daß Männer den Ehebruch des Partners schwerer nehmen als Frauen, die spezifisch weibliche Besorgnis in bezug auf emotionale Untreue als Ankündigung des Abzugs von Ressourcen jedoch nicht bemerkt

22 Ein Resümee einschlägiger Untersuchungen findet sich in Daly, Wilson und Weghorst (1982). Daß die männliche Eifersucht sich mehr auf die Sexualität, die weibliche mehr auf die »Einbuße an Zeit und Zuwendung« richtet, wurde in Teismann und Mosher (1978) registriert. Daß Ehefrauen aller Gesellschaftsschichten eher bereit sind, sich mit sexueller Untreue des Manns abzufinden, als umgekehrt, findet sich im *Kinsey-Report* (zitiert nach Symons [1979], 241

23 Buss u.a. (1992)

24 Symons (1979), 138–141; vgl. Badcock (1990), 142–160

25 Shostak (1981), 271

26 Zu den Gorillas siehe Stewart und Harcourt (1987), 158 f., zu den Stummelaffen siehe Hrdy (1981)

27 Daly und Wilson (1988), 47

28 Hill und Kaplan (1988), 298; Kim Hill (persönliche Mitteilung)

29 Hrdy (1981), 153 f. u. 189

30 Symons (1979), 138–141. Eine in weiten Teilen damit übereinstimmende Theorie wurde unabhängig davon vorgetragen in Benshoof und Thornhill (1979)

31 Siehe z. B. Hill (1988); Daly und Wilson (1983). Ob dies tatsächlich zutrifft, ist noch nicht abschließend geklärt

32 Hill und Wenzel (1981); Grammer, Dittami und Fischmann (1993)

33 Baker und Bellis (1993). Es gibt noch andere Möglichkeiten für eine Frau, ihren regulären Partner unbewußt auszutricksen. Baker und Bellis zufolge erhöht sich durch den Orgasmus der Frau, sofern dieser nicht lange vor der Ejakulation eintritt, die Zahl der im weiblichen Körper zurückbehaltenen Spermien und damit die Wahrscheinlichkeit der Empfängnis. Demnach könnte es sein, daß es der Typ Mann ist, der die Frau im Bett bis zur Ekstase zu stimulieren vermag, den die natürliche Selektion zum Vater ihrer Kinder machen »will«. Baker und Bellis konstatierten nun bei untreuen Frauen eine etwas verstärkte Tendenz, außerhalb der regulären Partnerbeziehung zu einem solchen Orgasmus zu kommen. (Das für diese Feststellung maßgebliche Datenmaterial ist allerdings provisorischer Natur und die Erhebungsmethode, der es sich verdankt, nicht ganz unproblematisch.) Diese zwei Taktiken der Empfängniskontrolle – zum einen die Wahl des Zeitpunkts für den Koitus und zum andern der Orgasmus – könnten theoretisch zu Geburtshelfern diverser Form weiblicher Wahlreaktion werden. In der Anfangsphase einer Beziehung könnte der Orgasmus

sich nach dem wahrscheinlichen Grad des männlichen Engagements richten; falls zunehmende Vertrautheitsgefühle der Frau gegenüber dem Mann bei ihr die Wahrscheinlichkeit eines Orgasmus zu günstigem Zeitpunkt erhöht, vermindert sich die Wahrscheinlichkeit, daß sie ein Kind von einem ihr unvertrauten und womöglich zu keinerlei Engagement bereiten Mann empfängt. Falls jedoch der Mann »sexy« genug ist – will sagen: falls er an Körperbau und Muskelkraft ein Athlet ist und sonstige Zeichen einer »guten Erbanlage« erkennen läßt –, könnte sich der Orgasmus zweckmäßigerweise schon zu einem früheren Zeitpunkt innerhalb der Phase der gegenseitigen Erprobung einstellen. Außerdem stellten Baker und Bellis fest, daß es zur »Doppelbeiwohnung« – dem Koitus mit zwei verschiedenen Geschlechtspartnern innerhalb Fünftagesfrist – vorzugweise um den Zeitpunkt des Eisprungs kommt. Dieser zweite Befund ist für Baker und Bellis ein Baustein in der Faktenbasis einer Theorie der »Spermienkonkurrenz«: Vielleicht ist, darwinistisch gesehen, der Sinn weiblicher Untreue unter anderem eine im Uterus gewissermaßen per Handgemenge ausgetragene Kraftprobe zwischen den Spermien verschiedener Männer; die Eizelle wird dabei mit hoher Wahrscheinlichkeit von einem kräftigen, draufgängerischen Spermium befruchtet, und wenn das Resultat ein männlicher Nachkomme ist, ist wiederum die Wahrscheinlichkeit groß, daß er zu einem Mann mit überdurchschnittlich kräftigen, draufgängerischen Spermien heranwächst

34 Siehe Betzig (1993 a)

35 Daly und Wilson (1983), 320

36 Harcourt u.a. (1981). Vgl. Wilson und Daly (1992).

37 Baker und Bellis (1989). Seit die Molekularbiologie eine zuverlässige Vaterschaftsbestimmung ermöglicht hat, konnten in vielen nichtmenschlichen Arten, die lange als völlig monogam galten, zumal bei Vögeln, einige Weibchen mit recht lockeren Sitten ausgemacht werden; siehe Montgomerie (1991)

38 Wilson und Daly (1992), 289 f.

39 Symons (1979), 241

40 Zwar stellt Buss in seiner bereits zitierten Untersuchung von 37 Kulturen fest, daß in allen 23 Kulturen, bei denen sich in diesem Punkt ein statistisch signifikanter Unterschied zwischen den Geschlechtern zeigt, Männer höheren Wert auf sexuelle Unberührtheit legen als Frauen, doch stehen diesem Befund immerhin 14 Kulturen ohne diese Divergenz zwischen den Geschlechtern ge-

genüber. Bei den meisten davon handelt es sich um moderne europäische Kulturen, in denen es für beide Geschlechter schwer wäre, einen Partner zu finden, der unberührt in die Ehe geht. Bekannt ist freilich, daß zumindest in einigen dieser Kulturen Frauen, die im Ruf extremer Promiskuität stehen, nicht als wünschenswerte Ehefrauen gelten. Siehe Buss (1994), Kap. 4

41 Mead (1928), 58 u. 105
42 Mead (1929), 100 f.
43 Freeman (1983), 255 f. u. 259 f. Den von mir mit »Hure« *(whore)* wiedergegebenen Ausdruck übersetzt Freeman mit *prostitute* (Prostituierte), merkt dazu jedoch an, daß die Bedeutungskomponente des Schändlichen in dem samoanischen Wort stärker ist als in der Übersetzung. [Die deutsche Ausgabe von Freemans Buch gebraucht ebenfalls den Ausdruck »Hure«. – Anm. d. Übs.]
44 Mead (1928), 100; vgl. Freeman (1983), 254
45 Mead (1928), 106
46 Auf Mangaia werden Yonie Harris zufolge (persönliche Mitteilung) promiskuitive Frauen als *sluts* (deutsch: »Flittchen«, derber: »Fickliesen«) bezeichnet. Der Umstand, daß der englische Ausdruck gebraucht wird, nährt bei der Beobachterin allerdings Zweifel, ob die Gedankenverbindung schon bestand, bevor westlicher Einfluß sich auf der Insel bemerkbar machte. Zu den Ache siehe Hill und Kaplan (1988), 299
47 William Jankowiak (persönliche Mitteilung)
48 Buss und Schmitt (1993), 213 (Tabelle)
49 Siehe Tooby und Cosmides (1990 a)
50 Maynard Smith (1982), 89 f.
51 In weniger expliziter Form wurde der Grundgedanke der frequenzabhängigen Selektion in den dreißiger Jahren von dem britischen Biologen Sir Ronald A. Fisher vorgetragen, der mit seiner Hilfe erklärte, warum das Zahlenverhältnis zwischen männlichen und weiblichen Neugeborenen um den Wert 50:50 schwankt. Der Grund dafür ist nicht, wie einige Leute meinen, daß er »im Interesse unserer Spezies« läge. Der Mechanismus hinter dem Faktum sieht vielmehr so aus: Sobald in der Population Gene zu überwiegen beginnen, die eines der beiden Geschlechter bei der Geburtenzahl begünstigen, steigt der Reproduktionswert – und damit die Weitergabe – von Genen mit dem gegenteiligen Effekt, bis schließlich wieder Gleichgewicht hergestellt ist. Siehe Maynard Smith (1982), 11–19; Fisher (1930), 141–143

52 Dawkins (1976), 247–251
53 Unveröffentlichte Arbeit von Mart Gross, University of Toronto (persönliche Mitteilung)
54 Dugatkin (1992)
55 Die»Mein Sohn soll ›sexy‹ sein«-Hypothese wurde von Gangestad und Simpson (1990) vorgetragen. Die Autoren verfügen über hochinteressantes Datenmaterial, aus dem indirekt hervorzugehen scheint, daß sexuell freizügige Frauen überdurchschnittlich viele männliche Kinder zur Welt bringen – was vollkommen logisch ist, wenn ihre Strategie auf (sexuell attraktive) Söhne abzielt. (Obgleich nicht die weibliche, sondern die männliche Keimzelle über das Geschlecht des Kindes entscheidet, könnte die geschlechtsspezifische Geburtenquote von der mütterlichen Seite zum Beispiel in der Weise beeinflußt werden, daß befruchtete Eizellen vor der Einnistung selektiv abgestoßen werden.) Trotzdem gibt es keinen Grund, die Möglichkeit auszuschließen, daß eine Veränderung der Geschlechterquoten bei den Geburten durch Umweltreize veranlaßt ist. Schließlich gibt es Anzeichen dafür, daß manche Säuger unter verschlechterten Umweltbedingungen dazu tendieren, mehr weibliche als männliche Nachkommen zu gebären. (Zur möglichen Erklärung des Phänomens siehe das siebte Kapitel, *Familien*.)
56 Tooby und Cosmides (1990 a) treten nachdrücklich für die Option »Rauschen« ein. Insbesondere meinen sie, die Selektion genetischer Variation könne zur Ausschaltung von koevolvierenden Krankheitsauslösern dienen und ihr Einfluß auf die Persönlichkeit nur ein zufälliger sein. Demgegenüber vertritt Buss (1991) eine darwinistische Auffassung von Genetik und Persönlichkeit, die mehr Raum bietet für die Möglichkeit bereits auf genetischer Ebene klar umschriebenen Persönlichkeits-»Typen«.
57 Trivers (1972), 146
58 Walsh (1993) konstatierte ein umgekehrt proportionales Verhältnis zwischen der Note, die eine Frau ihrer eigenen Attraktivität erteilte, und der Zahl ihrer Sexualpartner. Das Datenmaterial, das keinerlei Korrelation zwischen der Attraktivität einer Frau und ihrem Verschleiß an Sexualpartnern erkennen läßt, wurde von Steve Gangestad (persönliche Mitteilung) zusammengetragen. In diesem Fall erfolgte (und das hat vielleicht etwas zu besagen) die Bewertung der weiblichen Attraktivität nicht von den Frauen selbst, sondern von Beobachtern
59 Siehe z. B. Chagnon (1968)

60 Cashdan (1993). Natürlich könnte das Kausalitätsverhältnis auch umgekehrt sein: Frauen, die sich »sexy« kleiden und zu häufigem sexuellen Kontakt bereit sind, könnten eben deshalb bevorzugt von Männern umworben werden, die an väterliche Investition gar nicht denken – zumindest nicht an väterliche Investition in Kinder von diesen Frauen. Wahrscheinlich funktioniert die Kausalität in beiden Richtungen

61 Laut Gangestad (persönliche Mitteilung); vgl. Simpson u.a. (1993)

62 Buss und Schmitt (1993), bes. 214 u. 229

63 Zitiert nach Thornhill und Thornhill (1983), 154; diese Publikation war die erste eingehende Untersuchung auf der Basis des neuen darwinistischen Paradigmas, die dem Phänomen der Vergewaltigung innerhalb der Spezies Mensch gewidmet wurde. Siehe auch Palmer (1989)

64 Siehe Barret-Ducrocq (1989)

65 Die Ethnologen Patricia Draper und Henry Harpending äußerten die Vermutung, daß die Einstellung der (oder des) Heranwachsenden zur Sexualität sehr stark durch den Umstand bestimmt sein dürfte, ob ein Vater mit im Haushalt lebt oder nicht. Ihrer Argumentation zufolge bestand in der Stammesgeschichte eine Korrelation zwischen der Anwesenheit oder Abwesenheit eines Vaters und der Art der von Männern im allgemeinen praktizierten Strategie, so daß die Familiensituation signalisierte, unter welcher Art Rahmenbedingungen eine Frau später umworben werden würde. Fazit: Kinder, die in einem vaterlosen Haushalt aufwachsen, sind später (unter anderem) Anwender einer auf kurze Sicht angelegten Sexualstrategie. (Einer der gegen diese Theorie vorgebrachten Einwände lautet, daß die Gegenwart oder Abwesenheit des Vaters im Haushalt für ein Mädchen doch wohl zu den weniger aussagekräftigen Anhaltspunkten zählen müßte – weniger aussagekräftig als zum Beispiel die direkte Beobachtung des in ihrer eigenen Generation vorherrschenden männlichen Paarungsverhaltens.) Siehe Draper und Harpending (1982); Draper und Harpending (1988)

66 Buehlman, Gottman und Katz (1992). Tatsächlich förderte die Studie zwei gleichermaßen sichere Vorzeichen für Scheidung zutage: Aussagen des Ehemanns, die Enttäuschung über die Ehe verraten, und sein »Mauern« bei Gesprächen über seine Ehe – beispielsweise dergestalt, daß er auf die Frage, wie er und seine Frau sich kennengelernt haben, eine ausführliche Antwort schul-

dig bleibt. In gewissem Maße ist dieses Mauern allerdings lediglich eine andere Art, Unzufriedenheit mit der Ehe zum Ausdruck zu bringen (in der Tat wurde eine starke Korrelation zwischen den beiden Indikatoren festgestellt). Auf jeden Fall erwies sich beide Male die Gesinnung des Ehemanns gegenüber der der Ehefrau als das deutlich sicherere Vorzeichen

67 Charmie und Nsuly (1981), bes. 336–340

68 Als einer der ersten äußerte Symons (1979) Zweifel an der Paarbindungshypothese und konstatierte die Fragwürdigkeit der Mensch-Gibbon-Parallele; dazu siehe auch Daly und Wilson (1983). Zu Lebensweise und Verhalten der Gibbons siehe Leighton (1987)

69 Alexander u.a. (1979)

70 Möglich wäre auch die spekulativere Argumentation, daß der Geschlechtsdimorphismus beim Menschen zum Teil nicht sosehr kämpferische Auseinandersetzung innerhalb der männlichen Population widerspiegelt, sondern die wichtige Rolle der Jagd in der Stammesgeschichte

71 Die angegebenen Zahlen stammen aus einer computergespeicherten Datenbank auf der Grundlage von G. P. Murdocks *Ethnographic Atlas* und wurde mir freundlicherweise von Steven J. C. Gaulin überlassen. Man beachte, daß 6 der 1154 Gesellschaftssysteme – also 0,5 Prozent – polyandrisch sind, das heißt, die Frauen können mehr als einen Ehemann haben. Aber alle 6 sind auch polygyn, so daß hier beide Geschlechter mehr als einen Ehepartner haben können. Und die polyandrischen Ehen entpuppen sich oft als nicht im strikten Sinn polyandrisch (d.h. mit mehr als einem Ehemann in einem einzelnen Haushalt), sondern als eine Art serieller Monogamie, die vermutlich den einzelnen Ehemännern einige Zuversicht in bezug auf ihre Vaterschaft einflößt. Zur Polyandrie siehe Daly und Wilson (1983), 286–288

72 Morris (1967), 14, 78 u. 122

Viertes Kapitel
DER HEIRATSMARKT

1 *Abstammung* 1:159

2 Gaulin und Boster (1990)

3 Alexander (1975); Alexander u.a. (1979)

4 Das »Polygynieschwelle-Modell« der Polygynie bei Vögeln ist in allen Einzelheiten dargestellt bei Orians (1969). Vgl. dazu Daly und Wilson (1983), 118–123; Wilson (1975), 328. Gaulin und Boster (1990) schlagen die Brücke zwischen dem Polygynieschwelle-Modell und der Nomenklatur Alexanders

5 Gaulin und Boster (1990). Mit der Verwendung des Attributs »nichtpolygyn« trage ich dem Umstand Rechnung, daß die Autoren ihr Material nicht entlang der Achse polygam/monogam, sondern entlang der Achse polygyn/nichtpolygyn aufgliedern, wobei der Pol »nichtpolygyn« die verschwindend geringe Zahl der bekannten polyandrischen Gesellschaftssysteme mit einschließt

6 Falls die bisherige Verlobte des Anwalts nicht bereit ist, ihn zu teilen, dürfte er keine Mühe haben, eine andere Frau zu finden, die in dieser Beziehung keine Schwierigkeiten macht. Und je mehr hochrangige Männer zwei oder drei willige Ehefrauen finden, desto schwieriger ist es für hochrangige Frauen, auf einer monogamen Ehe zu bestehen, ohne diesem Anspruch die eigenen Qualitätsmaßstäbe zu opfern. Falls Sie sich fragen, warum wir nicht annehmen, daß Männer den Weg nach oben einschlagen, indem sie untereinander übereinkommen, sich eine hochrangige Frau zu teilen, sei hier im Vorbeigehen wenigstens einer der Gründe erwähnt, nämlich daß (aus Gründen, die nach dem bisher im Text Ausgeführten klarliegen dürften) die Vorstellung, den Ehegefährten teilen zu sollen, für Männer weitaus schreckenerregender ist als für Frauen. Echte Polyandrie findet sich nur in einer Handvoll Kulturen und ist dort stets von Polygynie begleitet. Siehe Daly und Wilson (1983), 286–288

7 Ich setze bei meinem Gedankenexperiment voraus, daß Frauen die Ehe unter der rechtlich bindenden Bedingung eingehen können, daß der Ehemann sich keine weitere Frau nimmt. Allerdings würde es Männern freistehen, eine unter dieser Bedingung geknüpfte Ehe abzulehnen, was für manche Frauen Grund genug sein dürfte, auf sie zu verzichten

8 Die Hypothese, daß die institutionalisierte Monogamie ein zwischen den Männern einer realtiv egalitären Gesellschaft geschlossener Kompromiß ist, hat ihre Wurzeln in der Arbeit verschiedener Gelehrter. Richard Alexander (1975, Seite 95) weist in diese Richtung, zumal in der Wiedergabe durch Betzig (1982. Seite 217). In der Form, in der sie im Text wiedergegeben ist, begegnete mir die Hypothese erstmals 1990 in einem Gespräch mit Kevin MacDonald, der sie jedoch meines Wissens in dieser Form nir-

gendwo schriftlich niedergelegt hat; als verwandte Arbeit vgl. jedoch MacDonald (1990). Siehe auch Tucker (1993), der den Zusammenhang zwischen Monogamie und demokratischen Werten
betont

9 Über die Zulu: Betzig (1982); über die Inka: Betzig (1986)

10 Stone (1985), 32

11 Siehe MacDonald (1990)

12 Siehe Daly und Wilson (1988); Daly und Wilson (1990 a)

13 Daly und Wilson (1990 a). Der Unterschied besteht in der Altersgruppe der über 35jährigen weiter. Eigenartigerweise gibt es keinen klar ausgeprägten Unterschied bei Männern unter 24. Daly
und Wilson erwägen als Erklärung die Möglichkeit, daß früh zur
physischen Reife gelangende Männer mit höherer Wahrscheinlichkeit gleichzeitig delinquent und sexuell aktiv werden (und
deshalb vermutlich mit höherer Wahrscheinlichkeit heiraten). Die
Daten wurden in Detroit (1972) und Kanada (1974–1983) erhoben

14 Zu den Themen Risikoexistenz, Kriminalität usw. siehe Daly und
Wilson (1988); Thornhill und Thornhill (1983); Buss (1994); Pedersen (1991). In Buss' und Pedersens Darstellung sind diese Dinge Folge eines Männerüberschusses in der Bevölkerung – eines
überproportional hohen Bevölkerungsanteils heiratsfähiger Männer gegenüber dem Anteil heiratsfähiger Frauen. Nun kommen
aber die praktischen Auswirkungen der Polygynie, einschließlich
der De-facto-Polygynie (d. h. der seriellen Monogamie), im großen und ganzen einer Verschiebung der Sexualproportion in
Richtung Männerüberschuß gleich

15 So z. B. Tucker (1993), der dazu anmerkt, daß die serielle Monogamie die Gewaltbereitschaft im männlichen Bevölkerungsteil
stärkt

16 Saluter (1990), 2. Der Anteil der nie verheiratet Gewesenen an
der Gesamtbevölkerung ging im Zeitraum zwischen 1960 und
1990 bei den Männern wie den Frauen effektiv zurück. Das
scheint der Ansicht zu widersprechen, daß die serielle Monogamie dazu führt, daß sozial minderbemittelte Männer ohne Frauen
bleiben; der Schluß ist jedoch nicht zwingend. Mit zunehmender
Scheidungsrate wächst in der Bevölkerung der Prozentsatz der
Menschen, die in ihrem Leben einmal verheiratet waren. Dabei
kann sich jedoch die Dauer, die der Durchschnittsbürger verheiratet ist, verkürzen. Bei minderbemittelten Männern mag dieser
Rückgang besonders drastisch sein. Derartige bevölkerungsstati-

stische Daten tragen nichts zur Klärung der hier diskutierten Frage bei. Der wesentliche Punkt ist, daß die Frauen, wie diese Daten zeigen, heute weniger gerecht unter den Männern verteilt sind als früher: 1960 waren in der Altersgruppe über 40 Jahren 7,5 Prozent der Frauen und 7,6 Prozent der Männer nie verheiratet gewesen. 1990 lagen die Zahlen weiter auseinander: bei den Frauen betrug der entsprechende Wert 5,3 Prozent, bei den Männern 6,4 Prozent. Interessant ist, daß in der Altersgruppe der 39- bis 45jährigen der Prozentsatz der niemals verheiratet Gewesenen von 1960 bis 1990 effektiv gestiegen ist, und zwar sowohl bei den Frauen (auf 8 Prozent) als auch bei den Männern (auf 10,5 Prozent). Gleiches gilt für die Gruppe der 30- bis 34jährigen: Hier kletterten die Werte von 6,9 Prozent auf 16,4 Prozent (bei den Frauen) und von 11,9 Prozent auf 27 Prozent (bei den Männern). Alle diese Zahlen sind schwierig zu deuten. So stand mit Sicherheit vielen, die niemals geheiratet haben – zumal in den jüngeren Altersgruppen – der Weg in die Ehe offen, doch zogen sie es vor, in einer Lebensgemeinschaft ohne Trauschein zu leben. Mangels erschöpfender statistischer Daten über alle monogamen Beziehungen – einschließlich des eheähnlichen Zusammenlebens in gemeinsamer Wohnung wie des wechselseitigen erotischen Treueverhältnisses ohne häusliche Gemeinschaft – ist eine präzise quantitative Analyse nicht möglich

17 Siehe Symons (1982)
18 Daly und Wilson (1988), 83
19 Daly und Wilson (1989), 89–91. Solche Schematisierung kann irreführen, da der Ursprung der Probleme, die in einer Familie mit Stiefelternteil virulent werden, dem Zustandekommen der Familie zeitlich voraus liegen kann. Wie Daly und Wilson allerdings anmerken (87), ist es bei einer kompletten Familie mit einem Stiefelternteil, anders als bei einer Familie mit alleinerziehender Mutter, nicht besonders wahrscheinlich, daß sie in Armut lebt
20 Laura Betzig (persönliche Mitteilung)
21 Siehe Kapitel 12: *Sozialer Status*
22 Wiederman und Allgeier (1992)
23 Tooby und Cosmides (1992), 54
24 Tooby und Cosmides (1992), 54

Fünftes Kapitel
DARWIN HEIRATET

1 CCD 2:117 f.; *Notebooks* 574
2 Siehe Stone (1990), 18, 20, 325, 385 u. 424 sowie generell die Kapitel 7, 10 u. 11. Neben der privat arrangierten Trennung gab es die Möglichkeit der »gerichtlichen Trennung«, von der jedoch so gut wie nie Gebrauch gemacht wurde. Siehe Stone (1990), 184
3 Siehe z. B. Whitehead (1993)
4 ED 2:45
5 LBCD 1:119
6 CCD 1:40 u. 209
7 CCD 1:425, 429 u. 439. Selbst ein viel geringerer Altersunterschied erregte Aufsehen. Vor ihrer Heirat berichtete Emma Darwin in einem Brief an ihre Mutter von einer Verlobung, von der »zu unserer großen Verwunderung« die Kunde umlief, »wo sie doch 24 ist«, während »er« nur 21 war. Siehe ED 1:194
8 CCD 1:72
9 Ehen zwischen Cousin und Cousine waren im England des 19. Jahrhunderts nichts Außergewöhnliches. Sexuelle Beziehungen zwischen näheren Verwandten – zwischen Geschwistern oder zwischen Elternteil und Kind – ist mit einem enorm hohen Risiko verbunden, daß bei den Nachkommen Erbkrankheiten auftreten. Angesichts solcher genetischer Folgen kann es nicht verwundern, daß alle Völker der Welt Inzest verabscheuen. Bei näherer Betrachtung scheint der Abscheu an einen Mechanismus gebunden, der das Individium lehrt, wer seine nächsten Verwandten sind. Dieser Mechanismus tritt am augenfälligsten in Erscheinung, wenn er nicht funktioniert. Kinder, die wie nahe Verwandte mit nichtverwandten Kindern aufgezogen werden – wie in israelischen Kibbuzim –, scheinen abgeneigt gegenüber späteren erotischen Beziehungen mit diesen, obwohl es keinerlei kulturelle Verbote dagegen gibt. Siehe Brown (1991), Kap. 5
10 CCD 1:190
11 CCD 1:196 f.
12 CCD 1:211
13 CCD 1:220
14 CCD 1:254
15 CCD 1:229

16 ED 1:255; Desmond und Moore (1991, 235; Wedgwood (1980),
    219–221; zu Erasmus' Interessen siehe CCD 1:318
17 ED 1:272
18 CCD 2:67, 79 u. 86
19 *Papers* 1:49–53
20 *Mein Leben,* 268–270
21 *Mein Leben,* 266–268
22 Siehe *Notebooks,* 157 u. 237
23 Siehe Sulloway (1979 b), 27; Sulloway (1984), 46
24 *Mein Leben,* 124
25 *Notebooks,* 375
26 Siehe Buss (1994)
27 ED 2:44
28 CCD 2:439; ED 2:1
29 ED 2:1 u. 7
30 ED 2:6
31 CCD 2:126
32 Ich bin im Text von der allgemein akzeptierten Annahme ausge-
    gangen, daß Darwin bei der Niederschrift seiner Notizen zur Frage
    der Heirat keine bestimmte Frau im Auge hatte. Diese Annahme
    könnte allerdings auch falsch sein. Sie stützt sich auf Wendungen
    wie»wenn man keine Frau hat, die besser als ein Engel ist und
    Geld mitbringt«, die Ahnungslosigkeit zu verraten scheinen, wer
    diese Frau sein könnte. Aber es könnte auch sein, daß Darwin
    Schüchternheit spielte; er hielt gewöhnlich seine Karten ver-
    deckt. Wie dem auch sei, selbst wenn man von der auffallenden
    Koinzidenz absieht, daß Emma in der Tat ein Engel mit Geld war,
    bleibt die gängige Absicht in anderer Beziehung problematisch:
    Nachdem er Emma im November den Heiratsantrag gemacht hat-
    te, schrieb Darwin an Lyell, daß er den Entschluß zu diesem
    Schritt während seines letzten Besuchs bei ihr gefaßt habe, und
    das war Ende Juli gewesen. Einige Beobachter finden es schwer
    vorstellbar, daß Darwins Notizen nur wenige Wochen vor der
    Wahl der zukünftigen Partnerin und ohne die leiseste Ahnung,
    auf wen sie fallen würde, niedergeschrieben wurden
33 CCD 2:119; Himmelfarb (1959), 134
34 CCD 2:133
35 CCD 2:132, 150 u. 147
36 Daly und Wilson (1988), 163. Die Rede ist hier konkret von der
    wachsenden Risikobereitschaft bei Männern, die noch nie Ge-
    schlechtsverkehr gehabt haben, doch erstreckt sich die Logik der

Argumentation auch auf andere Manifestationen der mit verstärktem Eifer betriebenen Suche nach sexuellem Kontakt, einschließlich der guten alten Leidenschaft

37 Siehe jedoch Brent (1983), 319 f., wo ein sehr komplizierter Indizienbeweis für voreheliche Sexualbetätigung geführt wird

38 Bowlby (1991), 166

39 *Notebooks,* 579

40 Brent (1983), 251

41 CCD 2:120 u. 169

42 Siehe ED 2:47

43 CCD 2:172. Der Brief, in dem diese Zeilen stehen, ist an Darwin gerichtet, und Emma spricht hier spielerisch von dem Adressaten in der dritten Person. Das Datum des Schreibens ist ungewiß, allerdings wurde es Darwin zufolge »kurz nach unserer Hochzeit« abgefaßt. Die Herausgeber von Darwins Briefwechsel datieren es in den Februar 1839; die Hochzeit war am 29. Januar 1839.

44 *Notebooks,* 619

45 Houghton (1957), 341 u. generell Kap. 13

46 Houghton (1957), 354 f.

47 Zitiert nach Houghton (1957), 380 f.

48 Siehe Rasmussen (1981)

49 Siehe z. B. Betzig (1989)

50 Desmond und Moore (1991), 705

51 Siehe Thomson und Colella (1992); Kahn und London (1991). Laut Kahn und London ist das erhöhte Scheidungsrisiko, mit dem Frauen belastet sind, die nicht als Jungfrau in die Ehe gehen, auf ganz elementare Unterschiede zwischen den beiden Frauentypen zurückzuführen, so daß diesen Autoren zufolge zwischen Scheidung und vorehelicher Sexualität kein Kausalzusammenhang besteht. Thomson und Colella engen den Untersuchungshorizont auf die positive Korrelation zwischen vorehelicher Wohngemeinschaft und Scheidung ein. Wie Kahn und London liefern sie Indizien dafür, daß die Korrelation keinen Kausalzusammenhang wiedergibt, räumen jedoch ein, daß die Indizien nicht eindeutig sind (siehe S. 266)

52 Laura Betzig (persönliche Mitteilung). Siehe Short (1976). In der Viktorianischen Zeit beschäftigten viele Frauen Säugammen; allerdings war dieser Brauch in den unteren Gesellschaftsklassen bei weitem nicht so verbreitet wie in der Oberschicht und im Vergleich zu früheren Zeiten generell im Rückgang begriffen

53 Diese und andere Faktoren, die in vielen Fällen den Mann zum
»Partner, der emotional weniger investiert«, machen, beschreibt
Symons (1979), 275 f.

54 CCD 2:140 f.

55 Irvine (1955), 60

56 Rose (1983), 149, 181 u. 169

Sechstes Kapitel
DER DARWIN-PLAN FÜR EHEGLÜCK

1 *Mein Leben,* 101

2 CCD 4:147

3 Himmelfarb (1959), 133

4 *Mein Leben,* 101

5 Siehe Ellis und Symons (1990)

6 Kenrick, Guttieres und Goldberg (1989)

7 Einige Studien konstatieren ein umgekehrtes Verhältnis von Kinderzahl und Zufriedenheit mit der Ehe. Doch dies könnte die Tendenz widerspiegeln, daß Ehen, aus denen wenige oder gar keine
Kinder hervorgingen und in denen deshalb vielleicht beide Partner unglücklich waren, nach relativ kurzer Zeit zerbrachen und
infolgedessen von jenen Studien nicht erfaßt wurden. Anders
ausgedrückt: Ehepartner, die selbst bei geringer Kinderzahl oder
Kinderlosigkeit zusammenbleiben, können in überdurchschnittlicher Zahl Menschen sein, die dank ihrer speziellen Persönlichkeitsstruktur außergewöhnlich gut harmonieren. So gesehen ist
ihr im Vergleich zu kinderreichen Paaren größeres Eheglück nicht
notwendig eine Folge des Umstands, daß sie weniger oder gar keine Kinder haben

8 In den USA werden ungefähr die Hälfte aller jungen Ehen später
wieder geschieden. Bei kinderlosen Ehen liegt die Scheidungsrate
erheblich höher. Siehe z. B. Essock-Vitale und McGuire (1988),
230; Rasmussen (1981)

9 Brent (1983)

10 Eine 1985 durchgeführte Erhebung ergab, daß 26 Prozent aller
Männer, die jemals geheiratet hatten, entweder von ihrer Frau
getrennt leben oder geschieden waren. Von denen, die ein zweites
Mal geheiratet hatten, lebten 25 Prozent getrennt oder waren geschieden. (Daraus ergibt sich jedoch keine 75prozentige Erfolgs-

rate der Ehe, denn die Erhebung erfaßte Männer jeden Alters. Ein Teil der jüngeren Männer wird sich später scheiden lassen, was zu einer niedrigeren Erfolgsrate führt.) Da die zum zweiten Mal verheirateten Männer im Durchschnitt älter sind als die zum ersten Mal verheirateten, weisen zweite Ehen infolge des Ablebens der Ehemänner eine höhere Erfolgsrate auf als erste Ehen. Das bedeutet nicht, daß ihre Aussicht auf Bestand bezogen auf die Zahl der Jahre größer wäre. Die vorstehenden Angaben sind das Ergebnis meiner eigenen Auswertung von unbereinigtem Zahlenmaterial des U.S. Census Bureau

11 Rose (1983), 108. Randolph Nesse (1991a) würde Mill zustimmen. Er stellt fest, daß eheliche Harmonie vielerorts fälschlich als die Norm betrachtet wird, so daß viele Menschen »unzufrieden in einer Ehe sind, die faktisch eine überdurchschnittlich gute Ehe ist« (28)

12 Mill (1863), 13–16 u. 18

13 *Los Angeles Times,* 5. Januar 1991

14 Saluter (1990), 2

15 Nach einem Bericht des U.S. Census Bureau vom Juni 1985

16 Natürlich gibt es unter diesen nie verheirateten Männern auch seriell monogame. Daß sie die Verbindung zu keiner Zeit legalisierten, macht sie zu keiner geringeren Gefahr für ihre weniger glücklichen Geschlechtsgenossen, die es zu keiner Partnerin bringen

17 *Washington Post,* 1. Januar 1991, Z15; *Washington Post,* 20. Oktober 1991, W12

18 Rose (1983), 107–109

19 Stone (1991), 384

20 *New York Times Book Review,* 4. November 1990, 12

21 Die Angaben basieren auf Umfragen des Roper-Instituts und sind hier nach Crispell (1992) zitiert.

22 Zu den Folgen der Scheidung »ohne Vorliegen eines Verschuldens« für die Frau siehe z.B. Levinsohn (1990)

23 Zum biologischen Determinismus siehe z.B. Fausto-Sterling (1985); zu dem Unterschied zwischen den Geschlechtern siehe z.B. Gilligan (1982)

24 Shostak (1981), 238

25 Den Begriff der »Männerbindung« prägte Lionel Tiger (1969)

26 *New York Times,* 12. Februar 1992, C 10

27 Siehe z.B. Lehrman (1994)

28 Cashdan (1993)

29 Hierzu haben Kendrick, Gutierres und Goldberg (1989) einiges von Belang zu sagen.

30 So führt z. B. ein Absinken der Geburtenrate 20 Jahre später zu einem zahlenmäßigen Überhang an 21jährigen über die 18jährigen, der 22jährigen über die 19jährigen usw. Da bei Männern die Tendenz besteht, jüngere Frauen zu heiraten, ergibt sich daraus ein Männerüberschuß am Heiratsmarkt. Auf die Verknappung des Angebots an Ehepartnerinnen könnten nun die Männer mit verstärkter Bereitschaft zur Monogamie und zu geringerer Flatterhaftigkeit, die Frauen – im Bewußtsein ihres gestiegenen Marktwerts – mit verringerter Toleranz gegen sexuelle Beziehungen ohne tiefergehendes Engagement des Partners reagieren. Einige freilich sehr vage Indizien sprechen dafür, daß diese Dynamik Mitte der achtziger Jahre half, den Anstieg der Scheidungsraten zum Stillstand zu bringen. Siehe Pedersen (1991) und Buss (1994), Kap. 4

31 Stone (1977), 427

32 Colp (1981)

33 Colp (1981), 207

34 CCD 1:524

35 Marcus (1974), 18

36 Siehe z. B. Alexander (1987). Alexander hat wie kein zweiter zur Ausformung der modernen darwinistischen Theorie der Moral beigetragen.

37 Kitcher (1985), 5 u. 9

Siebtes Kapitel
FAMILIEN

1 *Entstehung*, 312; CCD 4:422

2 Siehe Trivers (1985), 172 f.; Wilson (1975), Kap. 5 u. 20

3 *Entstehung*, 311. Zu der möglichen Rolle, die das Rätsel der sterilen Insekten bei der Verzögerung in Darwins Forschungen spielen, siehe Richards (1987), 140–156

4 *Entstehung*, 312

5 Hamilton (1963), 354 f. Die häufiger zitierte ausführlichere Version der Theorie und ihre Anwendung auf Insektenstaaten finden sich in Hamilton (1964)

6 Haldane (1955), 44; siehe auch Trivers (1985), Kap. 3. Die Idee der Verwandtschaftsselektion zeichnet sich, wie Hamilton (1964) vermerkt, bereits bei Fisher (1930) ab

7 Trivers (1985), 10

8 Weitere in Frage kommende Mechanismen sind u.a. eine angeborene Fähigkeit zur Identifizierung chemischer Signale vergleichbar denjenigen der staatenbildenden Insekten und der »phänotypische Vergleich«, bei dem ein Individuum Organismen als verwandt identifiziert, die ihm selbst oder einem dritten Organismus, der zu einem früheren Zeitpunkt als verwandt identifiziert wurde, (im Aussehen, im Geruch) ähneln. Siehe Wilson (1987); Wells (1987); Dawkins (1982), Kap. 8; Alexander (1979)

9 Hamilton (1963), 354 f.

10 CCD 4:424. Diese Notiz ist wie die auf den folgenden zwei Seiten in Emmas Handschrift geschrieben. Vermutlich schrieb Emma in diesem Fall nach Darwins Diktat, wie sie dies gelegentlich tat, wenn er sich ganz besonders unwohl fühlte.

11 Darwin sah allerdings, daß die heute sogenannte Verwandtschaftsselektion in manchen Zusammenhängen auch in der Spezies Mensch wirkte. Vgl. *Abstammung* 1:140, wo es über erfolgreiche Erfinder heißt: »Selbst wenn sie keine Kinder hinterließen, würde doch der Stamm wenigstens Blutsverwandte von ihnen noch erhalten [...].«

12 Trivers (1974), 250

13 Trivers (1985), 145 f.

14 CCD 4:422 u. 425

15 CCD 4:426 u. 428

16 Robert M. Yerkes, zitiert nach Trivers (1985), 158

17 LBCD 1:122; CCD 4:430

18 Trivers (1974), 260

19 CCD 2:439

20 Trivers (1985), 163. An derselben Stelle gibt Trivers zu bedenken, daß die psychologischen Mechanismen, mit denen das Kind einerseits seine eigenen, andererseits die von den Eltern propagierten Interessen registriert und beide Positionen miteinander in Einklang bringt, eine gewisse Übereinstimmung mit Freuds Unterteilung des psychischen Apparats in Es, Über-Ich und Ich aufweisen könnten

21 Trivers (1974), 260

22 Karl Marx und Friedrich Engels, *Manifest der Kommunistischen Partei* (Kommunistisches Manifest) (1848), Berlin: Dietz [31]1969, 65

23 Unter bestimmten Bedingungen erzielen Eltern eine insgesamt höhere Rendite pro Investitionseinheit, indem sie massiv in ein verhältnismäßig benachteiligtes Kind investieren: Beispielsweise wenn ein Kind seines Reproduktionserfolgs sicher ist und es für

diesen Erfolg ein ziemlich klares Höchstmaß gibt, während ein anderes Kind für einen Erfolg weniger gut ausgestattet ist, durch eine bescheidene Investition seine Aussichten jedoch verbessert werden können. Diese Logik könnte zu einer generellen elterlichen Vorliebe für die Investition in männliche Nachkommen führen. Denn was Männer zu gefragten Ehepartnern macht (Ehrgeiz, Geschick im Anhäufen von Ressourcen), läßt sich einem Mann leichter beibringen als einer Frau gewisse am weiblichen Geschlecht besonders hoch geschätzte Vorzüge (Jugend, Schönheit). Mag sein, daß dies mit ein Grund ist für die häufig beobachtete Tendenz von Lehrern, Schülern mehr Zuwendung zuteil werden zu lassen als Schülerinnen – womit jedoch nicht gesagt ist, daß diese Tendenz nicht mittels gezielter Anstrengung zu korrigieren wäre

24 Siehe Trivers und Willard (1973)

25 Trivers und Willard (1973)

26 Das vielleicht deutlichste Beispiel für ein Schwanken geschlechtsspezifischer Geburtenraten liefert der Edelhirsch. Die Determinante ist in diesem Fall nicht die körperliche Verfassung des Muttertiers an und für sich, sondern dessen Platz in der Statushierarchie des Rudels, der eine starke Korrelation zum Fortpflanzungserfolg der männlichen Nachkommen aufweist. Ranghohe Hirschkühe gebären meist männliche, rangniedrige meist weibliche Kälber. Siehe Trivers (1985), 293; zu den Packratten siehe Daly und Wilson (1983), 228

27 Desmond und Moore (1991), 508. Huxley sprach an der zitierten Stelle genaugenommen nicht über die natürliche Selektion, sondern über eine gewisse Unentwickeltheit, die er an einigen Tierarten wahrgenommen hatte

28 Dickemann (1979)

29 Hrdy und Judge (1993). Zu der Neigung wohlhabender Familien, Söhne beim Erbe zu begünstigen, siehe z. B. Smith, Kish und Crawford (1987) sowie Hartung (1982). Hartung kam zu dem Ergebnis, daß die in einer Gesellschaft praktizierten Prinzipien der Nachlaßregelung desto eher mit der von Trivers und Willard formulierten Logik übereinstimmen, je stärker polygyn die Gesellschaft ausgerichtet ist

30 Betzig und Turke (1986)

31 Das Faktum als solches – daß in reichen Familien die männliche Deszendenz die weibliche überwiegt – wurde von Boone (1988) in einer Studie über den portugiesischen Adel des 15. und 16. Jahrhunderts belegt. (Gleichwohl gibt es keinen zwingenden

Grund zu der Annahme, daß dieses Schema generell auch unter Umweltbedingungen wie den heutigen Bestand hat, die gegenüber denen der Ur-Umwelt total verändert sind – nicht zuletzt durch die verbreitete Anwendung von Mitteln und Methoden zur Empfängnisverhütung.)

32 Gaulin und Robbins (1991). Die Zahlen sind Diagrammen entnommen und deshalb möglicherweise geringfügig ungenau

33 Andererseits läßt sich bei manchen Forschungsergebnissen, die zugunsten der Trivers-Willard-Hypothese sprechen, ein Element bewußten Kalküls nicht ausschließen. Beispielsweise könnten begüterte Eltern zu der Einsicht kommen, daß es einem Mann leichter fallen dürfte, mit Hilfe von Geld die Palette seiner prospektiven Paarungspartner zu erweitern. Eine Prüfung des Faktenmaterials von Trivers und Willard, bei der dieses und andere Schwachstellen in der Argumentationskette aufgezeigt werden, hat Hrdy (1987) vorgenommen. Einige Studien menschlicher Populationen konnten bei ihrem jeweiligen Untersuchungsgegenstand einen Trivers-Willard-Effekt nicht nachweisen. Mir ist jedoch keine einschlägige Studie bekannt, die einen gegenteiligen Effekt nachgewiesen und damit ein handfestes Argument gegen die zahlreichen Studien erbracht hätte, die den Trivers-Willard-Effekt registrierten. Studien, in denen der Trivers-Willard-Effekt festgestellt wurde, nennt Ridley (1994)

34 Hamilton (1964), 21

35 R. B. Freeman (1978), 118

36 Vgl. die Ausführungen über Veränderungen des Reproduktionswerts und deren möglichen Beitrag zur Erklärung bestimmter Schemata von Kindesmord in: Daly und Wilson (1988), 73–77

37 Crawford, Salter und Lang (1989). Die Parallelität betrug im erstgenannten Fall 64, im letztgenannten extrem hohe 92 Prozent

38 Bowlby (1991), 247; ED 2:78. Die Schreiberin fügte allerdings hinzu: »Freilich wird es doch lange dauern, bis wir beide das arme Gesichtchen werden vergessen können.«

39 *New York Times* vom 7. Oktober 1993, A21. Bei Mann (1992) finden sich Belege dafür, daß Mütter von Zwillingen den Kräftigsten der beiden besser behandeln als den mit dem niedrigeren Geburtsgewicht.

40 CCD 7:521

41 Bowlby (1991), 330

42 CCD 4:209 u. 227. Bowlby (1991), 272, 283 u. 287 vertritt die Ansicht, daß Robert Darwins Krankheit und Tod Charles zutiefst mit-

genommen und eine zeitweilige Verschlechterung seines Gesundheitszustands bewirkt habe. Daß Darwin unmittelbar nach dem Tod seines Vaters schwer erschüttert war, steht außer Frage. Er sah sich außerstande, an der Beerdigung teilzunehmen, und es ist so gut wie sicher, daß dies ebensosehr an seiner seelischen wie an seiner körperlichen Verfassung lag. Bowlby verweist darüber hinaus auf eine der wenigen flüchtigen Bezugnahmen auf den Tod des Vaters in Charles' Briefen; sie steht im Zusammenhang mit einer Entschuldigung für die Säumigkeit des Briefschreibers selbst bei der Danksagung für Beileidsbekundungen – »aber den ganzen Herbst und Winter über war ich niedergedrückt und ohne Elan, mehr zu tun als gerade das Allernötigste«. Aber gleichzeitig räumte Bowlby ein, daß sich in Darwins Briefen aus den Monaten nach dem Tod seines Vaters kein »Anzeichen von aktiver Trauer« findet, »kein Wort, das andeuten würde, daß er traurig ist, den Vater vermißt oder Erinnerungen an ihn nachhängt«. Folglich sieht Bowlby sich zu der Argumentation genötigt, Darwins Trauer sei »gehemmt« gewesen und habe sich in physiologischen Krankheitssymptomen Ausdruck verschafft

43 LCD 1:120
44 CCD 4:143; vgl. R. B. Freeman (1978), 70 und Desmond und Moore (1991), 438 f.
45 CCD 4:225
46 CCD 5:32 (Fußnote); *Mein Leben*, 102
47 LBCD 3:220. Später schrieb Darwin, seine um Annie geweinten Tränen hätten »jene unsägliche Bitterkeit früherer Jahre« verloren (Desmond und Moore [1991], 585), doch wurde diese Äußerung in einem Zusammenhang getan, dessen Zweck es war, einem nahen Freund Trost zuzusprechen, der den Tod seiner Tochter zu beklagen hatte.

Achtes Kapitel
DARWIN UND DIE WILDEN

1 *Abstammung*, 1:60
2 CCD 1:306 f.; *Reise*, 236 u. 243
3 *Reise*, 243 f.; CCD 1:303 f. Die Beweise dafür, daß die Geschichten über kannibalische Praktiken der Feuerländer, die Darwin leichtgläubig von seinen Gewährsleuten übernahm, ins Reich der Fabel gehören, finden sich in CCD 1:306 (Fußnote 5).

4 *Abstammung* 2:356
5 *Reise,* 235
6 *Reise,* 236
7 CCD 1:380
8 Siehe Alland (1985), 17
9 *Abstammung* 1:79
10 Malinowski (1929), 387
11 *Abstammung* 1:85
12 In *Abstammung* 1:94 spricht Darwin von der »Variabilität oder Verschiedenartigkeit der geistigen Fähigkeiten der Menschen einer und derselben Rasse, der noch größeren Verschiedenheiten zwischen Menschen verschiedener Rassen gar nicht zu gedenken«. In *Abstammung* 2:286 spricht er von »niederen Rassen«
13 *Abstammung* 1:142 f. u. 85
14 *Abstammung* 1:85 u. 82 f.
15 *Abstammung* 1:81 u. 75
16 *Abstammung* 1:80
17 *Reise,* 316 f.
18 *Abstammung* 1:64 f.
19 *Ausdruck,* 218
20 Vgl. *Abstammung* 1:60 u. 75 f.; 2:345
21 *Abstammung* 1:68
22 *Abstammung* 1:144. Zu Darwins Gruppenselektionstheorie wie zu seiner Auffassung der moralischen Gefühle überhaupt siehe Cronin (1991)
23 *Abstammung* 1:141
24 Siehe D. S. Wilson (1989); Wilson und Sober (1989); Wilson und Sober (in Vorbereitung)
25 Williams (1966), 262. Vgl. jedoch Wilson (1975), 30, wo Williams' Standpunkt als allzu dogmatisch beurteilt wird

Neuntes Kapitel
FREUNDE

1 *Ausdruck,* 221
2 *Abstammung* 1:142
3 Williams (1966), 94
4 Siehe z. B. *Abstammung* 1:68
5 Der Öffentlichkeit vorgestellt wurde die Spieltheorie in dem von John von Neumann und Oskar Morgenstern gemeinsam verfaß-

ten Buch *Theory of Games and Economic Behavior* (Princeton, N.J.: Princeton University Press 1953), doch hatte von Neumann bereits in den zwanziger Jahren begonnen, sich ihrer zu bedienen.

6 Ähnlich, wenn auch mit anderer Akzentvierung, Maynard Smith (1982), VII:»Bei der Suche nach der Lösung für eine Spielsituation wird das Konzept der menschlichen Rationalität durch das der evolutionären Stabilität ersetzt. Dafür spricht, daß es triftige theoretische Gründe für die Annahme gibt, daß die Entwicklung von Populationen einem stabilen Zustand zustrebt, während wir Grund haben zu bezweifeln, daß Menschen sich immer rational verhalten.«

7 Eine überaus klare Analyse der Logik des Gefangenendilemmas bietet Rapoport (1960), 173

8 Siehe Rothstein und Pierotti (1988), deren Kritik an dem Modell jedoch meines Erachtens alles andere als geeignet ist, dessen Wert grundsätzlich in Frage zu stellen

9 Man kann aus technischer Sicht eine subtile Unterscheidung treffen zwischen»Kooperation« und»reziprokem Altruismus«, die im gegebenen Zusammenhang jedoch unerheblich ist. Ich verwende beide Begriffe der Synonyme

10 *Reise,* 260 f.

11 Cosmides und Tooby (1989), 70; vgl. Barkow (1992)

12 Siehe Cosmides und Tooby (1989)

13 Bowlby (1991), 321

14 »Wie du mir, so ich dir« kam nicht soweit, sich in der gesamten Population zu verbreiten. In Axelrods Universum war das Ende der Zeiten nach 1000 Generationen erreicht – an evolutionären Zeiträumen gemessen, war das nur die Dauer eines Wimpernschlags. Aber»Wie du mir, so ich dir« stellte bereits in der zweiten Generation den größten Bevölkerungsanteil und wies auch noch in der 1000. Generation die höchste Wachstumsrate auf

15 Williams (1996), 94

16 Jahre später wurde Axelrods Auffassung von der Wie-du-mir-so-ich-dir-Strategie als ESS widerlegt; eine Population von Wie-du-mir-so-ich-dir-Individuen kann tatsächlich erfolgreich unterwandert werden. Doch die Moral von der Geschicht' – daß Zusammenarbeit Zusammenarbeit hervorbringt – bleibt davon unberührt, denn eine Strategie, welche sich gegen die Wie-du-mir-so-ich-dir-Strategie durchzusetzen vermag, ist noch»netter« als diese. Sie entspricht der Wie-du-mir-so-ich-dir-Strategie, aber sie kann ab und an»verzeihen«. Von Zeit zu Zeit vergilt sie eine offensichtlich schlechte Tat mit einer guten, indem sie einem Ge-

genspieler, den sie soeben als Betrüger erlebt hat, beim nächsten Zug wieder Zusammenarbeit anbietet, und erst wenn dieser auch dann wieder betrügt, reagiert sie sauer (deswegen heißt diese Strategie »Wie du zweimal mir, so ich dir«). Sie ist am erfolgreichsten in einer Umwelt, wo – wie in der wirklichen Welt – die Kommunikationsbedingungen durch starkes »Rauschen« beeinträchtigt sind, so daß es gelegentlich vorkommt, daß ein Spieler die Taten seines Gegenspielers falsch versteht oder sich nicht richtig an sie erinnert. Siehe Lomborg (1993); *New York Times* vom 15. April 1992, C1

17 Axelrod (^{3}1995), 89

18 Ein solches Gen für reziproken Altruismus könnte sogar aus anderer Richtung einen zweiten Anschub bekommen haben: In vielen Fällen müßte es Kopien seiner selbst direkt zu Hilfe gekommen sein und sich daher aus Gründen verbreitet haben, die rein formal von den Gründen zu unterscheiden sind, aus denen es sich auf dem Wege der Verwandtschaftsselektion verbreitet. Siehe Rothstein und Pierotti (1988)

19 Siehe Singer (1984), 146. Beispiele für Theorien des sozialen Austauschs finden sich in Gergen, Greenberg und Willis (1980)

20 In seiner Publikation von 1971 bewies Trivers eine gewisse Kühnheit in bezug auf die Breite der Palette von Lebewesen, auf die seine Theorie mit Erfolg anzuwenden sei, wobei sich für einige extremere Anwendungsfälle – Fische und bestimmte Vogelarten – nicht sonderlich viele bestätigende Hinweise gefunden haben. In Fällen jedoch, die in unserem Zusammenhang von Bedeutung sind – die Säugetiere und, genauer, die Primaten mit der (heute nur noch durch eine einzige Spezies vertretenen) Gattung Mensch – behauptet sich die Theorie nach wie vor unangefochten. Williams hatte schon 1966 darauf hingewiesen, daß in allererster Linie bei den – eindeutig zu wechselseitiger individueller Identifikation und zu mentaler Buchführung über zeitlich zurückliegendes Verhalten befähigten – Säugetieren mit der zügigsten Evolution des reziproken Altruismus zu rechnen sei

21 Besser als für Tümmler ist reziproker Altruismus für Delphine belegt. Zu beiden Gattungen siehe Taylor und McGuire (1988)

22 Wilkinson (1990); vgl. Trivers (1985), 363–366

23 Siehe de Waal (1982); de Waal und Luttrell (1988); Goodall (1986)

24 Zur emotionalen Infrastruktur des reziproken Altruismus siehe Nesse (1990a)

25 Siehe Cosmides und Tooby (1992); Cosmides und Tooby (1989).
   Vorzügliche Zusammenfassungen der Betrügerdetektions-Experimente geben Cronin (1991), 335–340, und Ridley (1990),
   Kap. 10

26 Trivers (1971), 49

27 Wilson und Daly (1990). Für viele dieser Morde liegt das Motiv
   fraglos in – direkter oder indirekter – sexueller Rivalität. Das
   Grundsätzliche der Angelegenheit bleibt davon jedoch unberührt: Die Heftigkeit der Auseinandersetzung findet zumindest
   teilweise ihre Erklärung darin, daß sich der Ruf eines grimmigen
   Kämpfers in der Ur-Umwelt rasch verbreitete

28 Siehe Trivers (1971), 50

29 Es gibt – siehe Frank (1990) – noch andere Möglichkeiten, altruistisches Verhalten gegenüber Fremden (Trinkgeldzahlungen an
   Kellner, die wir nie zuvor gesehen haben und die wir nie wiedersehen werden u. ä.) in darwinistischen Kategorien zu erklären,
   doch neigen diese Erklärungen in meinen Augen sämtlich zu unnötiger Komplexität. Einige von ihnen stellen derlei Akte der
   Großzügigkeit als Versuche des Spenders dar, sich selbst seiner
   Menschenfreundlichkeit zu versichern, damit er hinterher um so
   leichter andere davon überzeugen kann

30 Deutlich auf die Gruppenselektionstheorie setzende Szenarios
   finden sich in den Arbeiten des Biologen David Sloan Wilson,
   nach dessen Überzeugung ein inzwischen pauschal und undifferenziert gegen die Gruppenselektionstheorie geleisteter Widerstand einer übertrieben zynischen Auffassung von der menschlichen Motivationsstruktur Vorschub leistet. Falls Wilson recht hat,
   wird sich das Meinungsklima zumindest in gewissen Grenzen
   wieder zugunsten der Gruppenselektionstheorie ändern. Das
   wird allerdings der Individualselektionstheorie ihren Platz in der
   Geschichte des evolutionsbiologischen Denkens nicht streitig machen können. Mit ihr kam der Durchbruch: Die Ablehnung verwickelter Gruppenselektionstheorien wirkte als Initialzündung
   und Treibsatz des in den letzten drei Jahrzehnten erzielten radikalen Erkenntnisfortschritts in bezug auf die menschliche Natur.

31 Daly und Wilson (1988), 254; vgl. Wilson und Daly (1992)

Zehntes Kapitel
DARWINS GEWISSEN

1 *Abstammung* 1:144
2 Bowlby (1991), 74–76
3 Bowlby (1991), 60
4 CCD 1:39 u. 507; CCD 3:289
5 LBCD 1:107 u. 112
6 LBCD 3:193; Desmond und Moore (1991), 375. Zur Bedeutung des Darwinismus für die moderne Tierrechte-Bewegung siehe James Rachels (1990)
7 Allgemeines zum Thema seelische Schmerzen im Dienst der Anpassung in Nesse (1991 b)
8 Siehe MacDonald (1988 b), bes. 158; vgl. Schweder, Mahapatra und Miller (1987), 10–14
9 Loehlin (1992). Gegenüber meiner Verwendungsweise des Begriffs »Gewissenhaftigkeit« ist dessen Bedeutung in der Persönlichkeitspsychologie enger definiert, indessen überschneiden sich beide Bedeutungsfelder beträchtlich. So wird beispielsweise Darwins zwanghafte Pedanterie in Sachen Höflichkeit und bei den kleinsten Kleinigkeiten seiner Arbeit auch von der persönlichkeitspsychologischen Verwendungsweise des Begriffs abgedeckt. Vermutlich werden Evolutionspsychologen eines Tages nachweisen können, daß die amorphe Entität, die wir als »Gewissen« bezeichnen, sich in Wirklichkeit aus verschiedenen und für verschiedene Zwecke entworfenen Anpassungen (oder Modifikationen von Anpassungen) zusammensetzt. In diesem Kapitel verwende ich den Begriff in eher locker definierter, nicht terminologisch streng eingegrenzter Bedeutung
10 *Mein Leben*, 30 u. 50
11 *Mein Leben*, 26
12 Brent (1983), 11. Brent selbst teilt die zitierte Ansicht nicht
13 *Mein Leben*, 26
14 *Mein Leben*, 32; ED 2:169
15 LBCD 1:11
16 Trivers (1971), 53
17 Siehe Cosmides und Tooby (1992)
18 Piaget (1932), 171
19 *New York Times* vom 17. Mai 1988, C1; vgl. Vasek (1986). Vgl. auch Krout (1931), wo im Rahmen einer außerordentlich scharfsichti-

gen Analyse der kindlichen Lügenhaftigkeit festgestellt wird, daß Kinderlügen nicht selten den Zweck haben, Prestige und Zuwendung zu gewinnen.

Krout bringt auch die Lügen des kleinen Charles Darwin zur Sprache und räumt mit der um die Jahrhundertwende gängigen Auffassung auf, manche Kinder seien »geborene Tatsachenverdreher«, andere dagegen nicht.

20 *Mein Leben,* 27; CCD 2:439
21 *New York Times* vom 17. Mai 1988, C1
22 Vasek (1986), 288
23 CCD 2:439
24 Smiles (1859), 372
25 ED 2:145
26 Smiles (1859), 399 u. 401
27 Siehe z. B. die *Washington Post* vom 5. Januar 1988. Der Gegensatz zwischen »Persönlichkeit« und »Charakter« weist Übereinstimmungen auf mit Riesmans (1950) berühmter Unterscheidung zwischen »innengleitendem« und »außengleitendem« Menschentyp
28 Smiles (1859), 397–400
29 Smiles (1859), 401 f.
30 Brent (1983), 253
31 Siehe Cosmides und Tooby (1989)
32 Smiles (1859), 407
33 Weniger salopp formuliert: Es gibt Anhaltspunkte dafür, daß Leute, die ihr ganzes Leben in einer Großstadt gelebt haben, ja selbst Menschen, die nur ihre Jugend dort verbracht haben, bei sozialen Interaktionen eine besonders »macchiavellistische« Haltung einnehmen. Siehe Singer (1993), 141
34 Daly und Wilson (1988), 168
35 Smiles (1859), 409 u. 415
36 Ein weiteres Beispiel für die darwinistisch fundierte Erklärung der Charakterbildung durch die frühkindliche Umwelt findet sich in Draper und Belsky (1990)
37 Siehe Edward O. Wilson (1975), 565
38 Eine der zahlreichen wohlbegründeten Thesen, derentwegen Edward O. Wilson in der »Soziobiologie-Kontroverse« der späten siebziger Jahre in der Luft zerrissen wurde. Siehe Edward O. Wilson (1975), 553
39 Houghton (1957), 404. Zum Thema Heuchelei als Zeugnis der Robustheit eines Moralkodex siehe Himmelfarb (1968), 277 f.
40 James Lincoln Collier, *The Rise of Selfishness in America* (Der Auf-

stieg des Egoismus in Amerika), zitiert nach der *New York Times* vom 15. Oktober 1991, C17

41 Desmond und Moore (1991), 378 f. u. 450 f.

42 ED 2:168

Elftes Kapitel
DARWIN VERSPÄTET SICH

1 CCD 2:298
2 Eine Zusammenfassung von Darwins Krankheits- und Behandlungsgeschichte gibt Bowlby (1991) in der Einleitung zu seinem Buch
3 CCD 3:397; *Mein Leben*, 120 f.
4 CCD 3:43–46 u. 345; zu Darwins Arbeitswoche siehe Bowlby (1991), 409–411
5 Bowler (1990)
6 Gruber (1981), 68
7 Himmelfarb (1959), 210
8 Himmelfarb (1959), 212
9 Nach wir vor umstritten ist unter Fachleuten die Frage, ob die Dynamik der natürlichen Selektion die Entstehung komplexerer Lebensformen und hoher Intelligenz durchaus wahrscheinlich oder sogar praktisch unausweichlich macht (siehe z. B. Williams [1966], Kap. 2; Bonner [1988]; Wright [1990]). Worauf es im gegebenen Zusammenhang ankommt, ist die Tatsache, daß die natürliche Selektion keine mystische Kraft konstituiert, die eine solche Tendenz buchstäblich zur Notwendigkeit machen würde
10 *Notebooks*, 276. Gruber (1981) mißt im Rahmen seiner Erklärung für Darwins Verspätung solchen Textstellen besondere Bedeutung zu
11 CCD 3:2
12 CCD 2:47 u. 430–435
13 CCD 2:150
14 Clark (1984), 65 f. Zu den emotional belastenden Erfahrungen, die mit Darwins schlechter Gesundheit in Zusammenhang zu bringen sind, gehört auch der frühe Verlust der Mutter, den Bowlby (1991) als einen ursächlichen Faktor des »Hyperventilationssyndroms« bewertet, als welches er Darwins Gebrechen diagnostiziert
15 CCD 3:346

16 Siehe LBCD 1:323–325; CCD 4:388–409
17 Siehe Richards (1987), 149
18 Siehe Gruber (1982), 105 f.
19 Zur Neukombination des Erbmaterials durch sexuelle Reproduktion: Vor dem Aufkommen der Genetik präsentierte sich die sexuelle Fortpflanzung für Darwins Theorie in mancher Hinsicht als ein Hindernis. Es ist gleichsam »natürlich«, sich das Resultat sexueller Fortpflanzung als eine »Vermischung« von väterlichen und mütterlichen Eigenschaften zu denken. Eine bloße »Vermischung« aber kann niemals die Variationsbreite an Eigenschaften in der Nachfolgegeneration (und damit die Angebotspalette für die natürliche Selektion) erweitern. Mischt man einen Krug heißen mit einem Krug kalten Wassers, erhält man zwei Krüge lauwarmen Wassers. Wir brauchen uns nur eine Familie anzusehen, in der das Kind noch größer ist als jede der beiden selbst schon hochgewachsenen Elternteile, um einen mit den Händen zu greifenden Beweis dafür zu haben, daß der Vergleich nicht paßt. Aber wir wissen eben auch, daß die Lebenserfahrungen von Eltern sich nicht in ihrem Erbgut niederschlagen und daß die Einflüsse der Umwelt auf das Wachstum eines Menschen in der Regel verhältnismäßig gering ist. Letzteres war Darwin nicht bekannt
20 LBCD 2:32 f.

Zwölftes Kapitel
SOZIALER STATUS

1 *Notebooks,* 541 f.
2 *Reise,* 263
3 Siehe Derek Freeman (1983); Brown (1991), bes. Kap. 3; Degler (1991)
4 Siehe Hill und Kaplan (1988), bes. 282 f.
5 Hewlett (1988). Der festgestellte Fertilitätsunterschied zwischen *kombeti* und anderen Männern (7,89 Nachkommen gegenüber 6,34 Nachkommen) ist ohne statistische Signifikanz, da für die Gewinnung der Daten insgesamt nur sieben *kombeti* zur Verfügung standen; allerdings besteht eine mehr als 50prozentige Wahrscheinlichkeit, daß das Ungleichgewicht auch in einer größeren Stichprobe zu konstatieren ist. Auch in anderen Kulturen wurde ein Zusammenhang zwischen sozialem Status und Fortpflanzungserfolg registriert, so z. B. bei den Efe in Zaire und bei

den Mukogodo in Kenia. Diese und weitere Belege in Betzig (1993a); siehe auch Betzig (1993b); Betzig (1986). Als einer der ersten wies Napoleon Chagnon (1979) auf den ungleichen Fortpflanzungserfolg in »egalitären« Gesellschaften hin

6 Murdock (1945), 89

7 Ardrey (1970), 118. Darwin hielt sich zurück mit Spekulationen über die stammesgeschichtlichen Wurzeln der gesellschaftlichen Hierarchien beim Menschen; wo er sich jedoch auf sie einließ – z. B. bei der Erörterung der möglichen Erblichkeit von »Gehorsam gegen den Führer der Gemeinschaft« –, scheint er gelegentlich der »Gruppenwohl«-Logik zugeneigt zu haben. Siehe Abstammung 1:72.

8 Ardrey (1970), 115; vgl. Wilson (1975), 281

9 Williams (1966), 218. Auf welche einfache Weise sich Statushierarchien entwickeln können, legt Stone (1989) genau und detailliert dar

10 Siehe Maynard Smith (1982), Kap. 2, oder die zusammenfassende Darstellung von Maynard Smith' Gedankengang in Dawkins (1976), Kap. 5

11 Unterwürfige Sperlinge mit der dunklen Färbung dominierender Tiere wurden erbarmungslos malträtiert. Doch wenn die Vögel die dunklere Färbung aufwiesen *und* ihr Testosteronspiegel erhöht wurde, wurden sie *tatsächlich* zu erfolgreich Dominierenden. Angesichts des Befunds, daß ein bißchen mehr Melanin und Testosteron einen unterwürfigen in einen dominierenden Vogel zu verwandeln vermag, sollte man Maynard Smith zufolge davon ausgehen dürfen, daß alle Vögel für die Dominanzstrategie optieren würden, wenn sie einen merklichen Reproduktionsvorteil brächte. Das tun sie aber nicht. Siehe Maynard Smith (1982), 82–84

12 Belege in Betzig (1993a); zur Korrelation zwischen Status und Fortpflanzungserfolg bei anderen Spezies siehe Clutton-Brock (1988)

13 Siehe Lippitt u.a. (1958); als Beispiel für neuere Arbeiten zu diesem Thema siehe Jones (1984)

14 Siehe Strayer und Trudel (1984); Russon und Waite (1991)

15 Atzwanger (1993)

16 Mitchell und Maple (1985). Ein Experiment zum speziellen Vergleich der Dynamik menschlicher und nichtmenschlicher Hierarchiebildung beschreiben Barchas und Fisek (1984).

17 *Ausdruck*, 267 u. 269

18 Weisfeld und Beresford (1982)

19 Nach Weisfeld und Beresford (1982), 117

20 Zu den bei Statusrivalitäten mitspielenden Gefühlen siehe Weisfeld (1980). Zur Hierarchie beim Menschen und anderen Primaten im allgemeinen siehe Ellyson und Dovidio (1985). Ein subtiler, aber vielleicht universeller Ausdruck des Rangverhältnisses hat damit zu tun, wer wen beim Gespräch oder anderen sozialen Interaktionen am meisten und unter welchen Umständen beobachtet. In einer vielbeachteten Veröffentlichung hat Chance (1967) auf diesen Statusindex bei Primaten aufmerksam gemacht

21 Zu den Meerkatzen: McGuire, Raleigh und Brammer (1984). Raleigh und McGuire (1989) weisen nach, welche entscheidende, wenn auch unauffällige Rolle die Meerkatzenweibchen mitunter bei der Wahl des dominierenden Männchens spielen. – Zu den Vorständen von Studentenverbindungen: Unveröffentlichtes Material von M. T. McGuire (persönliche Mitteilung; erwähnt auch in der *New York Times* vom 27. September 1983, C3)

22 McGuire hat den Serotoninspiegel der Verbindungspräsidenten vor ihrer Wahl ins Amt nicht geprüft und kann deshalb nicht mit Sicherheit ausschließen, daß er schon vor dem gesellschaftlichen Aufstieg so hoch war wie danach. Doch verschiedene Indizien – nicht zuletzt der Analogieschluß von nichtmenschlichen Primaten (deren Serotoninspiegel nun tatsächlich sowohl vor wie nach der Rangerhöhung gemessen wurde) auf die Spezies Mensch – brachten ihn zu der Überzeugung, daß solche Karrieresprünge auf der hierarchischen Stufenleiter den Serotoninspiegel eines Menschen beträchtlich heben

23 Raleigh u.a. (unveröffentlichtes Manuskript)

24 Über Serotonin unter allgemeinem Aspekt: Kramer (1993); Masters und McGuire (1994). [Zusatz des Übers.: vgl.»Heiterkeit auf Rezept«, *Der Spiegel*, Jg. 48, Nr. 5 (31. Januar 1994), 187–189]

25 Zum Mogeln siehe Aronson und Mettee (1968); zum Verbrechen im Affekt siehe die Beiträge von Linnoila u.a. in Masters und McGuire (1994), Kap. 6

26 Wie im Fall des reziproken Altruismus sollten wir auch das, was gegen die Gruppenselektion spricht, nicht übertreiben. Wenn von drei Primaten, die gemeinsam auf die Jagd gehen, einer Träger eines mutanten Gens ist, das ihm die Ausübung einer untergeordneten Rolle erleichtert und auf diesem Weg den Synergie-Effekt der Teamarbeit steigert, dann kann der resultierende gemeinschaftliche Erfolg für dieses Individuum in einem Umfang zu Buche schlagen, der den Nachteil des untergeordneten Ranges im

Verhältnis zu den zwei anderen (z.B. einen geringeren Anteil an der Beute) mehr als wettmachen: Ein Viertel von 50 Pfund erbeutetem Fleisch ist mehr als ein Drittel von 25 Pfund. Ein solcher Synergie-Effekt (der für manche Biologen ein Fall von Gruppenselektion wäre und für andere nicht) ist jedenfalls denkbar. Dennoch wären selbst in dem beschriebenen Szenario die wertvollsten Gene solche, die weder ausschließlich zur Unterwürfigkeit noch ausschließlich zum Dominieren determinieren, sondern dazu befähigen, je nach Lage der Umstände für das eine oder das andere Verhalten zu optieren

27 de Waal (1982), 87

28 Ausführliche Beschreibungen des Statusstrebens bei Schimpansenmännchen wie -weibchen sowie der Prämien, um die es dabei geht, in de Waal (1984) und Goodall (1986)

29 Tannen (1990), 77

30 Daly und Wilson (1983), 79

31 Der Leser wittert hier vielleicht eine Ungereimtheit. An früherer Stelle sagte ich, daß sozialer Status weitgehend milieubedingt ist. Hier betone ich die Bedeutung unterschiedlicher Erbanlagen für die Rangunterschiede zwischen männlichen Individuen. Indes habe ich niemals behauptet, die Vielfalt der Merkmale, die auf Rangerhöhung hinarbeiten, gehe in *vollem Umfang* auf unterschiedliche Umwelteinflüsse zurück. Tatsächlich muß, damit ein erbbedingtes Merkmal überhaupt von der natürlichen Selektion begünstigt werden kann, die betreffende Erbinformation innerhalb der Population *in gewissem Umfang* variieren. Sonst gäbe es ja keine Alternativen, denen gegenüber die Auslese eine spezielle Variante begünstigen kann. Gleichwohl wirkt sich Begünstigung durch die natürliche Auslese so aus, daß die Variationsbreite eingeschränkt wird. Um den vorliegenden Fall als Beispiel zu nehmen: Hier würde die natürliche Selektion alle Merkmale ausmerzen, die nicht zu erfolgreichem Statusstreben beitragen. Das Grundmuster sieht so aus, daß Mutation und sexuelle Neukombination ständig neue Variationen schaffen und die natürliche Selektion fortwährend den Spielraum der Variation beschneidet und so ziemlich stark eingrenzt

32 CCD 2:29

33 *Abstammung* 2:286

34 *Abstammung* 2:324

35 Perusse (1993)

36 Zitiert nach Symons (1979), 162

37 Low (1989)

38 Siehe de Waal (1982), 56–58 (Schimpansen); de Waal (1989), 212 (Bonobos); zu den Bonobos siehe ferner Kano (1990), 68. Ob bei den weiblichen Individuen der Spezies Mensch der »Ehrgeiz« größer oder geringer ist als bei Schimpansenweibchen, ist eine interessante Frage. In gewisser Hinsicht sind sie ohne Frage von größerem Kampfgeist beflügelt. Wie wir gesehen haben, gibt es für sie bei der elterlichen Investition von männlicher Seite etwas, für das es sich lohnt, mit den Geschlechtsgenossinnen in Wettbewerb zu treten (wenngleich der Selektionsdruck bei diesem Wettbewerb schwächer ist als beim männlichen Konkurrenzkampf um Sexualpartnerinnen). Andererseits müssen Schimpansenweibchen in Ermangelung eines ständigen Partners häufig die Hauptverantwortung für den Schutz und das soziale Fortkommen ihres Nachwuchses übernehmen, ein Sachverhalt, der physische Aggressivität und Statusstreben belohnt

39 Stone (1989)

40 Goodall (1986), 426 f.

41 de Waal (1989), 69

42 de Waal (1982), 98

43 de Waal (1982), 196

44 de Waal (1982), 115; eine ausführliche Darstellung der Versöhnungsrituale bei Primaten in de Waal (1989)

45 de Waal (1982), 117

46 Goodall (1986), 431

47 de Waal (1982), 207

48 Zur Korrelation zwischen »Aufmerksamkeitsstruktur« und Dominanzhierarchie siehe Abramovich (1980); Chance (1967)

49 Siehe Weisfeld (1980), 277. Warum dies eine sinnvolle Aufsteigerstrategie ist, erläutert Stone (1989), 22 f.

50 de Waal (1982), 211 f.

51 de Waal (1982), 56, 136 u. 150 f.

52 Freeman (1980), 336

53 Benedict (1934), 17

54 Benedict (1934), 95

55 Glenn Weisfeld betont nachdrücklich diesen Zusammenhang zwischen Status und Wertsystem (persönliche Mitteilung)

56 Siehe Chagnon (1968), Kap. 1 u. 5

Dreizehntes Kapitel
TÄUSCHUNG UND SELBSTBETRUG

1 CCD 4:140
2 Über Glühwürmchen: James E. Lloyd (1986); über Orchideen, Schlangen und Schmetterlinge: Trivers (1985), Kap. 16
3 Goffman (1959), 19
4 Dawkins (1976), VI [Anm. d. Übs.: Da Trivers' Vorwort nicht in die deutsche Ausgabe übernommen wurde, bezieht sich die Quellenangabe in diesem Fall ausnahmsweise auf die englischsprachige Originalausgabe]. Alexander (1974), 377: »Aufrichtigkeit stellt im Sozialleben einen wertvollen Aktivposten dar, selbst wenn sie sich einem realen Unvermögen verdankt, den fortpflanzungsegoistischen Hintergrund und Effekt des eigenen Verhaltens wahrzuhaben. [...] Es könnte sein, daß die Selektion beim Menschen konsequent die Neigung begünstigte, sich das eigentliche Was und Warum seines Tuns nicht bewußt zu machen.« Siehe auch Alexander (1975), 96; Wallace (1973)
5 Einige der genannten Schwierigkeiten, in die man bei der Erforschung des Selbstbetrugs gerät, wurden mir in Umrissen von Donald Symons und Leda Cosmides dargelegt (persönliche Mitteilung). Greenwald (1988) gibt eine klare Beschreibung der möglichen Formen des Selbstbetrugs und erläutert, welche von ihnen am häufigsten auftreten
6 CCD 2: 438 f.
7 *Papers* 2: 198
8 Glantz und Pearce (1989); Glantz und Pearce (1990)
9 *Abstammung* 1: 85
10 Lancaster (1986)
11 *Abstammung* 1: 142
12 *New York Times* vom 17. Mai 1988, C1 u. C6
13 *Mein Leben*, 146
14 *Bartlett's Book of Familiar Quotations*, 15. Auflage
15 Loftus (1992)
16 Siehe z. B. Fitch (1970); Streufert und Streufert (1969). Die Literatur zu diesem Fragenbereich wurde von manchen Beobachtern kritisch bewertet, so von Miller und M. Ross (1975); Nisbett und L. Ross (1980), 231–237. Laut Miller und M. Ross kommt in vielen Fällen nicht nur der menschliche Hang zum Eigennutz, sondern auch der Mechanismus der Informationsverarbeitung durch

den Menschen als Erklärung der festgestellten Fakten in Frage. Das ist zwar richtig, verweist jedoch lediglich auf die Notwendigkeit differenzierterer Experimente. Tatsächlich erwies sich, als Miller selbst später ein derartiges Experiment durchführte, das Hang-zum-Eigennutz-Erklärungsmodell als unschlagbar; siehe Miller (1976). Nisbett und L. Ross verweisen auf das Vorkommen von Fällen, in denen Menschen eindeutig dazu neigen, eher die Verantwortung für Mißerfolge als für Erfolge bei sich selbst zu suchen. Auch das ist ein berechtigter Einwand und zugleich ein ausgezeichnetes Beispiel dafür, was alles man von der Evolutionspsychologie noch erwarten darf; mit der wachsenden Einsicht in die Funktion (zum Beispiel) des Selbstwertgefühls, das sie uns vermittelt, dürfte sie uns auch das Verständnis dafür erleichtern, warum manche Menschen sich zuviel und andere sich zuwenig eigenes Verdienst zugute halten – das heißt, uns verdeutlichen, welche Situationen und welches Umfeld bei der Entwicklung jeweils die eine oder die andere Neigung begünstigen. In der Tat verfolgt der Rest dieses Kapitels das Ziel, dem Leser die erste Orientierung innerhalb dieses Problemhorizonts zu ermöglichen

17 LBCD 1: 124 f.

18 Siehe Krebs, Denton und Higgins (1988), 115 f.

19 Siehe z. B. Buss und Dedden (1990)

20 Desmond und Moore (1991), 556

21 Siehe Stone (1989)

22 Hartung (1988), 173

23 Trivers (1985), 417

24 Nesse (1990a), 273

25 CCD 6: 429

26 CCD 6: 430

27 Siehe Dawkins und Krebs (1978)

28 Alexander (1987), 128

29 Zu dem ganzen Experiment siehe Aronson (1980), 138 f. Als alternative Erklärung des zuletzt erwähnten Befunds wurde die Vermutung geäußert, er beruhe auf der irrationalen Befürchtung der Versuchspersonen, ihr Opfer werde von der Verunglimpfung erfahren und daraufhin mit um so stärkeren elektrischen Schlägen Vergeltung üben

30 Diese apologetischen Taktiken umrissen S. H. Schwartz und J. A. Howard, zitiert in McDonald (1988b)

31 Siehe Hilgard, Atkinson und Atkinson (1975), 52

32 Siehe Krebs, Denton und Higgins (1988), 109; Gazzaniga (1992), Kap. 6

33 Nach Timothy Ferris, *The Minds's Sky*, New York: Bantam Books 1992, 80

34 Barkow (1989), 104

35 CCD 1: 412

36 Bowlby (1991), 107

37 Siehe Bowlby (1991), 363; *Entstehung*, 2; *Mein Leben*, 53 f. u. 173

38 Bowlby (1991), 363

39 Malinowski (1929), 77

40 Siehe Cosmides und Tooby (1989), 77

41 *Mein Leben*, 128

42 Trivers (1985), 420

43 Siehe Aronson (1980), 109; vgl. Levine und Murphy (1943)

44 Siehe Greenwald (1980); Trivers (1985), 418

45 Nach Miller und Ross (1975), 217. Einen ganz ähnlichen Effekt beschrieben Ross und Sicoly (1979), Versuch 2

46 Diese Episode ist geschildert in Desmond und Moore (1991), 559–562

47 *Ausdruck*, 243

48 CCD 1: 96, 98, 124 u. 126. Daß Darwin Jenyns' Geschenk erhielt, bevor er ihn so überschwenglich lobte, ist zwar nicht zweifelsfrei nachweisbar, aber äußerst wahrscheinlich. Zwei Tage nachdem er in einem Brief an Fox Jenyns' Loblied gesungen hat, bittet Darwin Henslow, Jenyns seinen Dank für das »herrliche Geschenk« zu übermitteln. Der Brief an Henslow war der erste seit Monaten und somit die seit langem erste Gelegenheit, sich über Henslow bei Jenyns zu bedanken. Daß das Geschenk in den 48 Stunden zwischen dem Brief an Fox und dem Brief an Henslow eingetroffen war, ist unwahrscheinlich. Auf jeden Fall kam es zwischen Darwin und Jenyns zu einer ersprießlichen Beziehung – »je öfter ich ihn sehe, desto mehr mag ich ihn« (CCD 1: 124) –, und davon, daß Jenyns einen »schwachen Verstand« hätte, ward aus Darwins Mund nie wieder gehört

49 *New York Times* vom 14. Oktober 1992, A1

50 Siehe z. B. Chagnon (1968)

51 Die Antwort auf die Frage, ob dies mit Gruppenselektion verbunden gewesen sein muß, hängt zum Teil davon ab, wie man sich das Wesen der Kriegspsychologie vorstellt. Wer glaubt, die Menschen seien auf wahrhaft selbstloses Verhalten programmiert, so daß es artspezifisch ist, sich auf eine Handgranate zu werfen, um

einem Kameraden das Leben zu retten, der muß, um diese Programmierung erklären zu können, vielleicht in der Tat die Gruppenselektion zu Hilfe nehmen. Wer jedoch der Ansicht ist, daß ein Krieger eher dazu neigt, seine Kameraden auszubeuten – ihnen, wo immer möglich, die größeren Risiken aufzubürden, um sich hinterher um so eifriger am Vergewaltigen und Brandschatzen zu beteiligen –, für den ist die Gruppenselektion kein so zwingender Gedanke. Die Ansicht, daß Konflikte zwischen Horden auf Aggression im Verband angelegte Anpassungen verschiedenster Art formen konnten, vertreten Tooby und Cosmides (1988). Siehe auch Punkt 6 im Anhang dieses Buchs

52 Trivers (1971), 51
53 CCD 3: 336

Vierzehntes Kapitel
DARWIN TRIUMPHIERT

1 CCD 6: 346
2 LLCD 3: 346 f.
3 Brent (1983), 517 f.
4 Clark (1984), 214
5 Clark (1984), 3
6 CCD 1: 85 u. 89; *Mein Leben*, 67
7 Bowlby (1991), 71–74
8 Brent (1983), 85
9 *Mein Leben*, 59
10 *Mein Leben*, 59
11 *New York Times* vom 17. Mai 1988, C1
12 *Mein Leben*, 68
13 CCD 1: 110
14 Desmond und Moore (1991), 99 f.
15 Goodall (1986), 431
16 CCD 1: 140 u. 142; »ein Meisterstück der Natur«: Bowlby (1991), 124
17 CCD 1: 143 u. 141; »in verdrehter Weise«: CCD 2: 80
18 CCD 1: 469 u. 503: *Mein Leben*, 86 f.
19 CCD 1: 57 u. 62; Brent (1983), 81; Desmond und Moore (1991), 93
20 CCD 1: 416 f.
21 Laura Betzig (persönliche Mitteilung)

22 CCD 1: 369 u. 508; LBCD 1: 248 f.
23 CCD 1: 460: *Papers*, 41–43
24 Bowlby (1991), 210
25 CCD 1: 524 u. 532 f.
26 Gruber (1981), 90
27 CCD 1: 517
28 Siehe Thibaut und Riecken (1955). In den wenigen Fällen, in denen die Versuchtsperson wahrnahm, daß nicht das »ranghohe«, sondern – aus »inneren Gründen« (und nicht wegen gesellschaftlichen Drucks seitens der Versuchsperson) – das »rangniedere« Individuum ihrem Einfluß nachgab, kehrte sich der Effekt um: Die Versuchsperson ließ einen außergewöhnlichen Anstieg der Sympathie für das »rangniedere« Individuum erkennen. Die Autoren halten es für möglich, daß dies – der Eindruck vom Ursprung der Kausation (nicht die Rangstellung) – die eigentliche unabhängige Variable ist. Dem möchte ich jedoch entgegenhalten, daß in den Fällen, in denen dem der Versuchsperson gegenüber als »rangniederes« bezeichneten Individuum von der Versuchsperson »innere Gründe« für sein Nachgeben zugeordnet wurden, das betreffende Individuum (auch wenn es sich selbst ein niedriges Bildungsniveau usw. bescheinigte) von der Versuchsperson mit den Insignien eines hohen sozialen Status wahrgenommen wurde. Tatsächlich sprechen gute Gründe dafür, daß zu der im allgemeinen Bewußtsein vorhandenen Vorstellung von einem »ranghohen« Menschen gehört, daß der sich gegen »sozialen Druck« wehrt und das, was er tut, aus »inneren Gründen« tut
29 CCD 2: 284, CCD 1: 512
30 *Mein Leben*, 105
31 Asch (1955)
32 Verplanck (1955)
33 Zimmerman und Bauer (1956)
34 Himmelfarb (1959), 210
35 CCD 6: 445
36 Sulloway (1991), 32
37 Sulloway (1991), 32. Man könnte mit Sulloway darüber rechten, ob »Selbstwertefühl« hier das richtige Wort ist. Beharrlicher, aber sporadisch auftretender Selbstzweifel ist nicht unbedingt dasselbe wie schwachses Selbstwertgefühl. Tatsächlich hätte jemand mit schwachem Selbstwertgefühl wohl auch niemals den Wagemut aufgebracht, dessen es bedurfte, um die herkömmliche Auffas-

sung von der Schöpfung des Menschen in Frage zu stellen. Es gibt Anhaltspunkte dafür, daß es den Evolutionsbiologen gelingen könnte, eine begrifflich klare Grenzziehung zwischen »schwachem Selbstwertgefühl« (mit chronischem Selbstzweifel) und »Unsicherheit« (mit periodischem Selbstzweifel) vorzunehmen und zu zeigen, daß beide entsprechend den jeweiligen Umständen des Sozialmilieus der frühen Kindheit ausdifferenziert werden. Wie dem auch sei, im Tenor hat Sulloway offenbar recht mit seiner Meinung, daß der peinigende Selbstzweifel, der Darwin durch das Milieu seiner frühen Kindheit einschließlich seines Vaters eingepflanzt wurde, seiner Karriere förderlich war

38 Bowlby (1991), 70–73. Wenn Bowlby recht hat mit seiner These, daß Robert Darwin den Grund für die Selbstzweifel seines Sohns legte, dann ist laut Sulloway (1991) Charles Darwins wissenschaftliche Leistung zum Teil auch das Verdienst seines Vaters. Daß Robert Darwin unter dem Einfluß einer speziell für derlei Zwecke entworfenen mentalen Anpassung gehandelt haben könnte, liegt allerdings außerhalb von Sulloways Betrachtungshorizont

39 Bowlby räumt durchaus ein, daß in Darwins Ehrerbietigkeit gegenüber Autoritätspersonen ein gewisser praktischer Nutzen lag. Nach seinem Dafürhalten war Darwin, »anders als manche jungen Heißsporne«, mit seinem »Respekt« vor der Meinung älterer Männer möglicherweise bestens gerüstet, die Protektion einflußreicher Gönner zu gewinnen. Er fügt jedoch hinzu: »So begrüßenswert eine solche Haltung in der Jugend sein mag, in späteren Jahren kann sie leicht zur Unart werden. Dann wird nämlich nicht nur dem sozialen Rang anderer Leute ungebührlich hohe Achtung entgegengebracht und anderer Leute Meinung ungebührlich hohes Gewicht beigemessen, sondern auch – und das ist bei weitem wichtiger – der eigene Wert und die eigene Meinung im selben Maß unterschätzt.« (72) Mag sein, mag auch nicht sein. Bowlby nennt als Beispiel Darwins extreme Ehrerbietigkeit gegenüber Autoritätspersonen wie dem renommierten Physiker Lord Kelvin, der einen zur damaligen Zeit scheinbar schwerwiegenden Einwand gegen Darwins Theorie erhob. Darwin kam dieser Kritik mit kosmetischen Änderungen an seiner Theorie entgegen, und die Folge davon war, daß er *Die Entstehung der Arten* von Auflage zu Auflage immer mehr verwässerte. Die sechste und letzte von Darwin durchgesehene Auflage bietet ein sehr viel schwächeres Bild der Darwinschen Entwicklungslehre, wie sie

heute verstanden wird, als die Erstauflage des Werks. Doch selbst diese Beschwichtigungspolitik war, an ausschließlich darwinistischen Maßstäben gemessen, vielleicht kein Unglück. Mit dieser Flexibilität sicherte Darwin zu seinen Lebzeiten das Ansehen seiner Theorie, und indem er so seinen gesellschaftlichen Status wahrte, half er seinen unmittelbaren Nachfolgern, aus seinem Namen Kapital zu schlagen.

40 Siehe Aronson (1980), 64–67
41 Brent (1983), 376
42 CCD 6: 250 u. 256. Auch andere Autoren interpretierten das Briefgespräch im selben Sinn wie Brent; siehe z.B. Bowlby (1991), 270 f. u. 279
43 *Mein Leben*, 184
44 Ein Beispiel dafür, wie sich »das autoritative Gewicht der [...] Namen [Lyells und Hookers]« zugunsten Darwins auswirkte, wird zitiert in LLCD 2: 152
45 LLCD 2: 233 u. 235 f.
46 LLCD 2: 159 u. 161
47 LLCD 3: 8 f.
48 Siehe Bowlby (1991), 254
49 *Mein Leben*, 109
50 LLCD 2: 232
51 CCD 6: 432
52 CCD 6: 100, 387, 514 u. 521
53 LLCD 2: 112
54 LLCD 2: 112
55 LLCD 2: 113 f. Andere Beobachter – z.B. Gould (1980), 48 – vertreten in bezug auf diesen Notenwechsel eine ähnliche Auffassung wie ich
56 Zitiert nach Rachels (1990), 34
57 *Papers* 2: 4
58 Durchaus vertretbar erscheint diese Ansicht zumal vor dem Hintergrund des ständigen Wandels der wissenschaftlichen Spielregeln. In dem Jahrhundert vor Darwin wäre einem Wissenschaftler, der zweifelsfrei als erster in irgendeiner Form Mitteilung von einer Theorie machte – wie Darwin es mit der Übersendung seiner Skizze an Asa Gray tat –, die Priorität zuerkannt worden, selbst wenn er seine Theorie niemals veröffentlicht hätte. Dieser Brauch war um die Mitte des 19. Jahrhunderts in rapidem Verfall begriffen, aber noch nicht vollständig ausgestorben. (Persönliche Mitteilung von Frank J. Sulloway.)

59 So Rachels (1990). Rachels, einer der wenigen, die mit Darwins Behandlung von Wallace scharf ins Gericht gehen, beurteilt die Episode ganz ähnlich, nämlich als den Sieg einer mächtigen Clique über einen Naivling.
60 Zitiert nach Clark (1984), 119
61 Eiseley (1958), 292
62 Desmond und Moore (1991), 642
63 Clark (1984), 115
64 LLCD 2: 113
65 Brent (1983), 415
66 LLCD 2: 140
67 Bowlby (1991), 88 f.
68 Siehe das Motto am Anfang dieses Kapitels
69 LLCD 2: 123 f.
70 *Mein Leben*, 129
71 Einem Verbündeten mit *extrem* geringen Kosten einen großen Dienst zu erweisen, kann allerdings schon insofern eine rentable Investition sein, als es den Verbündeten zu einer um so höheren Gegenleistung befähigt
72 Siehe Alexander (1987)
73 LLCD 2: 111 f.
74 Clark (1984), 119
75 Bowlby (1991), 60 u. 73

Fünfzehntes Kapitel
DARWINISTISCHER (UND FREUDIANISCHER) ZYNISMUS

1 *Notebooks*, 538
2 Richard Alexander hat darauf aufmerksam gemacht, daß »Binnengruppenfreundschaft« oft mit »Außengruppenfeindschaft« gepaart ist
3 Ein Markstein in diesem Übergangsprozeß war Lytton Stracheys Buch *Eminent Victorians* (Große Viktorianer; 1918), in dem mit sardonischem Witz viktorianische Persönlichkeitsfassaden demoliert wurden, hinter denen nicht die allerbesten Charaktereigenschaften zum Vorschein kamen – bei Florence Nightingale z.B. ein ungezügelter Egoismus
4 Eine autoritative Darstellung der darwinistischen sowie anderer biologischer Momente der Lehre Freuds gibt Suloway (1979a), bes. Kap. 7

5 Daly und Wilson (1990b)
6 Nesse (1991b)
7 CCD 2: 439
8 Brent (1983), 24
9 Desmond und Moore (1991), 162
10 Zitiert nach Bowlby (1991), 350
11 Siehe Buss (1991), 473–477; Tooby und Cosmides (1990a)
12 *Mein Leben*, 128
13 Freud (1917), 72
14 Freud (1917), 72. An anderer Stelle formulierte Freud komplizierte Regeln zur Erklärung der Ausnahmen von der allgemeinmenschlichen »Tendenz, Unangenehmes von der Erinnerung fernzuhalten«.
15 MacLean (1983), 88. Einen *tour d'horizon* durch die Evolution des Gehirns unternimmt Jastrow (1981)
16 Nesse und Lloyd (1992), 614
17 Slavin (1990)
18 Siehe Nesse und Lloyd (1992), 608
19 Nesse und Lloyd (1992), 611
20 Freud (1930), 462, 470 f. u. 474
21 Freud (1917), 295
22 Siehe Connor (1989), Kap. 1 u. 6; Graham, Doherty und Malek (1992); Wyschogrod (1990), bes. XIII–XXVII

Sechzehntes Kapitel
EVOLUTIONSTHEORIE UND ETHIK

1 *Notebooks*, 550 u. 629
2 *Abstammung* 1: 62
3 Clark (1984), 197
4 Hofstadter (1944), 45
5 Rachels (1990), 62
6 Rachels (1990), 65
7 Rachels (1990), 66–70
8 Ob der naturalistische Fehlschluß tatsächlich, wie allgemein angenommen, erstmals von Hobbes als solcher erkannt wurde, ist fraglich. Siehe Glossop (1967), bes. 533.
9 Mill (1874), 30 f., 56 u. 41
10 *Encyclopedia of Philosophy* (Macmillan) 5: 319
11 LLCD 2: 304

12 *Abstammung* 2: 346

13 Manche Autoren – so Richards (1987), 234–241 – betonen die
Unterschiede zwischen Darwins Ethik und dem Utilitarismus in
seiner klassischen Formulierung. Solche Unterschiede gibt es
zweifellos, und sie sind auch Darwin selbst nicht entgangen; sie
haben indessen mehr mit den theoretischen Voraussetzungen des
jeweiligen Standpunkts als mit dessen praktischen Konsequenzen
zu tun (siehe Anm. 22 zu diesem Kapitel). Nach Gruber (1981),
64, »bejahte [Darwin] die utilitaristische Ethik« zumindest »auf
einer sehr allgemeinen Verständnisebene«; er bewertete Handlungen »nach ihren realen Folgen für lebende Wesen, nicht nach
einem angeblich *a priori* vorgegebenen, zeitlosen Moralkodex«.
Dieser Standpunkt in Fragen des moralischen Werturteils mag
heute, wo er für viele Teilnehmer des ethischen Diskurses gewissermaßen eine Selbstverständlichkeit ist, nicht gerade aufsehener-
regend wirken, brachte jedoch im 19. Jahrhundert Mills und Darwins Ethik auf Distanz zu weiten Bereichen des zeitgenössischen
ethischen Diskurses. Und noch eine weitere wichtige Gemeinsamkeit bestand zwischen den beiden Denkern: Ungeachtet der
Tatsache, daß Darwin vom »Wohl« sprach, wo Mill das Wort
»Glück« benutzte, stimmten beide darin überein, daß im moralischen Kalkül das Wohl/Glück jedes einzelnen Menschen nach
einheitlichem Maßstab zu berücksichtigen sei. Dieses egalitäre
Denken ist, wie wir in diesem Kapitel noch genauer sehen werden, mit ein Kernstück des Utilitarismus. Und es ist einer der
Hauptgründe, warum der Utilitarismus im Viktorianischen England politisch der Linken zugerechnet wurde. Zu der Bewunderung, die Darwin für die Moralphilosophie und die politische Philosophie Mills hegte, siehe ED 2: 169

14 Siehe MacIntyre (1966)

15 Siehe den Kommentar des Herausgebers (Seite 49) zu Mill (1863),
307 f. [bezogen auf die englischsprachige Ausgabe]

16 Mill (1863), 7

17 Genaugenommen läßt sich darüber streiten, ob Mill einen »regelbasierten« Utilitarismus vertrat; vgl. jedoch Mill (1863), 32 u.
38 f., als Indizien dafür, daß dies der Fall war. Zu dem Gegensatz-
paar »handlungsbasierter« Utilitarismus und »regelbasierter« Utilitarismus allgemein siehe Smart (1973)

18 Mill (1863), 30

19 Genau besehen ist die Existenz von Lust und Schmerz – und von
subjektivem Erleben überhaupt – ein tieferes Rätsel, als vielen

Menschen bewußt ist (Evolutionstheoretiker nicht ausgechlossen, auch wenn John Maynard Smith dieses Thema einmal im Vorübergehen angesprochen hat); siehe Wright (1992)

20 Gruber (1981), 64 u. 66

21 Desmond und Moore (1991), 143

22 Freilich kann mit Fug bezweifelt werden, daß das, was gemeinhin als Darwins argumentative Begründung des Vorrangs »des allgemeinen Besten oder der Wohlfahrt der Gesellschaft« verstanden wird – insbesondere ein einzelner Absatz im ersten Band von *Die Abstammung des Menschen* (Seite 83 f.) – tatsächlich eine Begründung ist. Wie so viele Diskussionen, die sich auf utilitaristische Gedankengänge beziehen, verwischt diese Textstelle die Grenze zwischen Präskription und Deskription; es ist hier (jedenfalls für mich) nicht eindeutig auszumachen, ob Darwin sagen will, daß die Menschen nicht das »Glück«, sondern das »allgemeine Beste oder die Wohlfahrt« zum »Kriterium der Moralität« machen *sollten*, oder ob er meint, daß die Menschen sich in Fragen der Moral von Natur aus *tatsächlich* eher vom Gesichtspunkt des »allgemeinen Besten oder der Wohlfahrt« als dem des »Glücks« leiten lassen. Überflüssig zu sagen, daß eben diese Art gedanklicher Unschärfe häufig für den naturalistischen Fehlschluß – die Ableitung von »So sollte es sein« von »So ist es« – bezeichnend ist. Einen vagen Verdacht auf den naturalistischen Fehlschluß nährt auch Darwins Definition des »allgemeinen Besten«: »Der Ausdruck ›allgemeines Beste‹ kann definiert werden als die Mittel bezeichnend, durch welche die größtmögliche Zahl von Individuen in voller Kraft und Gesundheit mit allen ihren Kräften vollkommen, und zwar unter den Lebensbedingungen, denen sie ausgesetzt sind, erzogen [soll heißen: aufgezogen] werden kann.« Zweifellos ergab sich aus Darwins Ansichten von der Entstehung der Moralempfindungen – daß sie sich »zum Besten der Gruppe« entwickelt hätten – die Versuchung zum naturalistischen Fehlschluß. Das heißt: Da es so aussah, als habe die Evolution die moralischen Impulse so geplant, daß sie die moralischen Werte förderten, mit denen er selbst aufgewachsen war, hatte er keinen nennenswerten Anlaß, der Natur als Leitfaden zum rechten Verhalten zu mißtrauen – zumindest nicht in diesem speziellen Kontext. Wie wir jedoch in diesem Kapitel bereits gesehen haben, lehnte es Darwin in anderem Kontext entschieden ab, der Natur in Sachen Moral Autorität zuzusprechen.

23 Abermals (vgl. Anm. 22) verkannte Darwin, in gewisser Weise ein Gruppenselektionstheoretiker, wie allgegenwärtig der Individual-

egoismus in den Planungen der Natur ist. So konnte er einerseits entsetzt sein über die Katze, die mit der gefangenen Maus spielt, und andererseits die Moralempfindungen der Menschen mit einem Optimismus betrachten, wie er heutigen Evolutionstheoretikern wohl kaum mehr gegeben ist

24 Huxley (1894), 80 u. 83
25 Singer (1981), 168
26 Williams (1989), 208
27 Mill (1863), Einleitung des Herausgebers Alan Ryan [bezogen auf die englischsprachige Ausgabe]
28 Siehe Betzig (1988)
29 *Abstammung* 1: 75

Siebzehntes Kapitel
DAS OPFER SCHULDIG SPRECHEN?

1 *Abstammung* 2: 346; *Notebooks*, 571
2 Siehe jedoch Daly und Wilson (1988), Kap. 11, wo mit großer Klarheit untersucht wird, wie Determinismus und Strafwürdigkeit miteinander zu vereinbaren sind
3 Ruse (1986), 242 f. geht auf diesen Widerspruch ein
4 Mill (1863), 106
5 *Matthäus* 5, 44 u. 39; *2. Mose* 21, 24
6 Obschon Mill sich hätte aus der Schlinge ziehen können, indem er Strafbarkeit und Strafe allein ihres praktischen Nutzens wegen widerwillig bejaht hätte, lehnte er diesen Ausweg entschieden ab. Er schrieb:»Das Prinzip, jedem das zu geben, was er verdient, also Gutes mit Gutem und Übles mit Üblem zu vergelten, ist [...] nicht nur in dem Begriff der Gerechtigkeit, wie wir ihn bestimmt haben, enthalten, sondern ist zugleich auch Gegenstand jenes eigentümlich intensiven Gefühls, das die Gerechtigkeit in der Wertschätzung des Menschen über die bloße Nützlichkeit stellt.« (Mill [1863], 106)
7 Dawkins (1982), 11
8 Zu Darwins Materialismus und Determinismus siehe Gruber (1981); Richards (1987)
9 *Notebooks*, 526 u. 535.»Beispiel anderer« und»Unterricht von anderen« ist natürlich bei weitem keine erschöpfende Aufzählung der Umwelteinflüsse. Aber der springende Punkt ist hier unmißverständlich: alles Handeln ist beeinflußt von Erbanlagen und Umwelt

10 *Notebooks*, 536

11 Nach Meinung des archetypischen Umwelt-Deterministen Skinner, der sich in *Beyond Freedom and Dignity* bemühte, die Lehre vom freien Willen als Mythos zu entlarven, existieren die Vorstellungen von Schuld und Verdienst ausschließlich ihres praktischen Nutzens wegen, nicht weil sie irgendeine philosophische Bedeutung hätten. Was er nicht wußte, ist, daß diese Vorstellungen Schöpfungen der natürlichen Selektion sind, die ihren praktischen Nutzen implizit erkannt hatten.

12 *Notebooks*, 608

13 *Notebooks*, 608

14 *Notebooks*, 608

15 *Notebooks*, 614

16 Daly und Wilson (1988), 269

17 Siehe Saletan und Watzman (1989)

18 *Notebooks*, 608. Die zitierte Textstelle lautet in der Transkription der Herausgeber vollständig: »Man muß einen heruntergekommenen Menschen als einen Kranken betrachten – Wir können nicht anders, als gegen etwas Übles, Anstoßerregendes Ekel zu empfinden, und mit dieser Empfindung betrachten wir auch menschliche Niedertracht – Mitleid wäre jedoch besser angebracht als Haß und Abscheu.« Ich vermute, daß es sich bei dem »heruntergekommenen Menschen« *(wrecked man)* um die falsche Lesart eines *wicked man,* eines »niederträchtigen Menschen« oder »Schurken« handelt. Das ist mit ein Grund, warum ich in meiner Paraphrase der Stelle von einem »Schurken« spreche; unabhängig davon ist meine Paraphrase einigermaßen gerechtfertigt durch den Umstand, daß Darwin gleich mit dem nächsten Gedankenschritt bei der »menschlichen Niedertracht« ankommt

19 Zwar hatte John Stuart Mill nicht viel zugunsten dieser Auffassung von Strafjustiz vorzubringen, doch wurde sie sowohl von seinem Vater James Mill als auch von anderen Denkern in der Ahnenreihe des Utilitarismus favorisiert, so beispielsweise von Cesare Beccaria, einem italienischen Rechtstheoretiker des 18. Jahrhunderts, der als einer der ersten die Abschaffung von Todesstrafe und Folter forderte

20 Daly und Wilson (1988), 256

21 Bowlby (1991), 352

22 Axelrod (1987)

23 Zitiert nach Franklin (1987) 246 f.

24 Ich verwende den Begriff »pragmatisch« in der (möglicherweise verfälschenden) Bedeutung, in der William James ihn gebrauchte, und nicht in dem strengen Sinn, den Charles Sanders Peirce, der Begründer des philosophischen Pragmatismus, ihm gab.

25 Mill (1859), 84

26 Siehe Himmelfarb (1974), 273–275. Für Himmelfarb war Mill ein Mensch mit durchaus konservativen Moralvorstellungen, die jedoch in einem Teil seiner Schriften (so auch in *Über die Freiheit*) durch den Einfluß seiner radikal freisinnigen Ehefrau abgeschwächt wurden.

27 Mill (1859), 142

28 Mill (1959), 84. Siehe jedoch Himmelfarb (1974), Kap. 6, und Himmelfarb (1968), 143, wo die Ansicht vertreten wird, daß über die Freiheit zu einem durch beachtliche Liberalität gekennzeichneten Zeitpunkt der englischen Sozialgeschichte erschien, und wo Belege dafür angegeben werden, daß Mill selbst dies zuweilen auch zugab.

29 Mill (1859), 107

30 Mill (1874), 46

31 *Notebooks*, 608

32 *Notebooks*, 608

Achtzehntes Kapitel
DARWIN UND DIE RELIGION

1 *Mein Leben*, 95 f.

2 *Mein Leben*, 90 f.

3 *Mein Leben*, 97 f.

4 Smiles (1859), 16 u. 333; *Abstammung* 1: 87

5 Singer (1989), 631

6 Burtt (1982), 47 *(Buddha's Farewell Address)*

7 Campbell (1975), 1103

8 Siehe Dawkins (1976), 309, sowie Kap. 11 im ganzen; Dawkins (1982), Kap. 6

9 Symons (1979), 207

10 Burtt (1982), 68 *(The Way of Truth)*

11 Burtt (1982), 66 *(The Way of Truth)*

12 *Matthäus* 6, 19 u. 25

13 *Bhagavadgita II*, 55–58 (Edgerton [1944], 15)

14 *Prediger* 6, 7

15 *Matthäus* 19, 30

16 *Bhagavadgita II,* 44 u. 52 (Edgerton [1944], 13 f.)

17 Burtt (1982), 65 *(The Way of Truth)*

18 *Prediger* 6, 9

19 *Johannes* 8, 7; *Matthäus* 7, 5

20 Burtt (1982), 65 *(The Way of Truth)*

21 Burtt (1982), 37 *(Truth Is Above Sectarian Dogmatism)*

22 Singer (1981), 112–114

23 *Abstammung* 1: 86

24 Manche modernen Interpreten deuten die »Schlacht«, die dem Helden der *Bhagavadgita* bevorsteht, als Allegorie des Kampfes, der im Inneren des Menschen stattfindet und bei dem den sinnlichen Gelüsten mit grimmiger Härte zu Leibe gerückt werden muß

25 *Galater 6,* 10 [Hervorhebung von mir, R. W.]

26 Hartung (1993)

27 Siehe Johnson (1987)

28 Campbell (1975), 1103 f.

29 *Bhagavadgita II,* 55 (Easwaran [1975], 1: 105)

30 *Bhagavadgita XIII,* 28 (Edgerton [1994], 68)

31 Houghton (1957), 62

32 CCD 1: 496

33 Bowlby (1991), 352

34 Bowlby (1991), 450

35 LLCD 1: 112

36 ED 2: 253. Francis Darwin (LLCD 3: 345) überliefert die Worte in der Form: »Ich fürchte mich nicht im mindesten zu sterben.«

37 *Mein Leben,* 98 f.

38 *Mein Leben,* 99

BIBLIOGRAPHIE

Abramovitch, Rona (1980), »Attention Structures in Hierarchically Organized Groups« in: Omark, Strayer und Freedman (1980)

Alexander, Richard D. (1974), »The Evolution of Social Behavior«, *Annual Review of Ecology and Systematics* 5 : 325–83

– (1975), »The Search for a General Theory of Behavior«, *Behavioral Science* 10 : 77–100

– (1979), *Darwinism and Human Affairs*, Seattle: University of Washington Press

– (1987), *The Biology of Moral Systems*, Hawthorne, N. Y.: Aldine de Gruyter

Alexander, Richard D., und Katherine M. Noonan (1979; »Concealment of Ovulation, Parental Care, and Human Social Evolution«, in: Chagnon and Irons (1979)

Alexander, Richard D., u. a. (1979), »Sexual Dimorphisms and Breeding Systems in Pinnipeds, Ungulates, Primates and Humans«, in: Chagnon and Irons (1979)

Alland, Alexander, Hrsg. (1985), *Human Nature: Darwin's View,* New York: Columbia University Press

Ardrey, Robert (1970), *The Social Contract,* New York: Atheneum. [Dt. *Der Gesellschaftsvertrag. Das Naturgesetz von der Ungleichheit der Menschen,* Wien: Molden 1971; München: Deutscher Taschenbuch Verlag 1974 (Allgemeine Reihe Nr. 1028)]

Aronson, Elliot, Hrsg. (1973), *Readings About the Social Animal,* San Francisco: W. H. Freeman

Aronson, Elliot (1980), *The Social Animal,* San Francisco: W. H. Freeman

Aronson, Elliot, und David R. Mettee (1968), »Dishonest Behavior as Function of Differential Levels of Induced Self-Esteem«, *Journal of Personality and Social Psychology* 9 : 121–27; Wiederabdruck in: Aronson (1973)

Asch, Solomon E. (1955), »Opinions and Social Pressure«, *Scientific American,* November; Wiederabdruck in: Aronson (1973)

Atzwanger, Klaus (1993), »Social Reciprocity and Success«, Vortrag, gehalten auf einer Tagung der Human Behavior and Evolution Society, Binghamton, N.Y.

Axelrod, Robert (1984), *The Evolution of Cooperation,* New York: Basic Books [Dt. *Die Evolution der Kooperation,* München: Oldenbourg 1987, [3]1995 (Studienausg.)]

– (1987), »Laws of Life«, *The Sciences* 27 : 44–51

Badcock, Christopher (1990), *Oedipus in Evolution: A New Theory of Sex*, Oxford: Basil Blackwell

Badrian, Alison, und Noel Badrian (1984), »Social Organization of Pan paniscus in the Lomako Forest, Zaire«, in: Randall L. Susman, Hrsg; *The Pygmy Chimpanzee: Evolutionary Biology and Behavior*, New York: Plenum

Bailey, Michael (1993), »Can Behavior Genetics Contribute to Evolutionary Explanations of Behavior?« Vortrag, gehalten auf einer Tagung der Human Behavior and Evolution Society, Binghamton, N.Y.

Baker, R. Robin, und Mark A. Bellis (1989), »Number of Sperm in Human Ejaculates Varies in Accordance with Sperm Competition Theory«, *Animal Behaviour* 37:867–69

– (1993), »Human Sperm Competition: Ejaculate Adjustment by Males and the Function of Masturbation«; und »Human Sperm Competition: Ejaculate Manipulation by Femals and a Function for the Female Orgasm«, *Animal Behaviour* 46:861–909

Barchas, Patricia R., und M. Hamit Fisek (1984), »Hierarchical Differentiation in Newly Formed Groups of Rhesus and Humans«, in: Patricia R. Barchas, Hrsg., *Social Hierarchies*, Westport, Conn.: Greenwood Press

Barkow, Jerome (1973), »Darwinian Psychological Anthropology: A Biosocial Approach«, *Current Anthropology* 14:373–88

– (1980), »Prestige and Self-Esteem: A Biosocial Interpretation«, in: Omark, Strayer und Freedman (1980)

– (1989), *Darwin, Sex, and Status*, Toronto: University of Toronto Press

– (1992), »Beneath New Culture Is Old Psychology: Gossip and Social Stratification«, in: Barkow, Cosmides und Tooby (1992)

Barkow, Jerome H., Leda Cosmides und John Tooby (1992), *The Adapted Mind: Evolutionary Psychology and the Generation of Culture*, New York: Oxford University Press

Barret-Ducrocq, Françoise (1989), *Love in the Time of Victoria: Sexuality and Desire Among Working-Class Men and Women in Nineteenth-Century London*, übers. von John Howe, New York: Penguin 1992

Bateman, A. J. (1948), »Intra-sexual Selection in *Drosophila*«, *Heredity* 2:349–68

Benedict, Ruth (1934), *Patterns of Culture*, Boston: Houghton-Mifflin Sentry Edition, 1959 [Dt. *Urformen der Kultur*, Hamburg: Rowohlt Taschenbuch Verlag 1957 (rowohlts deutsche enzyklopädie Nr. 7)]

Benshoof, Lee, und Randy Thornhill (1979), »The Evolution of Monogamy and Concealed Ovulation in Human«, *Journal of Social and Biological Structures* 2 : 95–106

Betzig, Laura L. (1982), »Despotism and Differential Reproduction: A Cross-Cultural Correlation of Conflict Asymmetry, Hierarchy, and Degree of Polygyny«, *Ethology and Sociobiology* 3 : 209–21

– (1986), *Despotism and Differential Reproduction: A Darwinian View of History,* New York: Aldine de Gruyter

– (1988), »Redistribution: Equity or Exploitation?« in: Betzig, Borgerhoff Mulder und Turke (1988)

– (1989), »Causes of Conjugal Dissolution: A Cross-Cultural Study«, *Current Anthropology* 30 : 654–76

– (1993a), »Where Are the Bastards' Daddies?«, *Behavioral and Brain Sciences* 16 : 285–95

– (1993b), »Sex, Succession, and Stratification in the First Six Civilizations«, in: Lee Ellis, Hrsg., *Social Stratification and Socioeconomic Inequality,* New York: Praeger

Betzig, Laura, Monique Borgerhoff Mulder und Paul Turke, Hrsgg. (1988), *Human Reproductive Behaviour: A Darwinian Perspective,* New York: Cambridge University Press

Betzig, Laura, und Paul Turke (1986), »Parental Investment by Sex on Ifaluk«, *Ethology and Sociobiology* 7 : 29–37

Bonner, John Tyler (1980), *The Evolution of Culture in Animals,* Princeton, N. J.: Princeton University Press

– (1988), *The Evolution of Complexity by Means of Natural Selection,* Princeton, N. J.: Princeton University Press

Bonner, John Tyler, und Robert M. May (1981), »Introduction«, in: Darwin (1871)

Boone, James L. III (1988), »Parental Investment, Social Subordination, and Population Processes Among the 15th and 16th Century Portuguese Nobility«, in: Betzig, Borgerhoff Mulder und Turke (1988)

Bowlby, John (1991), *Charles Darwin: A New Life,* New York: Norton

Bowler, Peter J. (1990), *Charles Darwin: The Man and His Influence,* Oxford: Basil Blackwell

Brent, Peter 1981), *Charles Darwin: A Man of Enlarged Curiosity,* New York: Norton, 1983

Briggs, Asa (1955), *Victorian People: A Reassessment of Persons and Themes, 1851–67,* Chicago: University of Chicago Press 1972

Brown, Donald E. (1991), *Human Universals,* New York: McGraw-Hill

Buehlman, Kim Therese, J. M. Gottman und L. F. Katz (1992), »How a Couple View Their Past Predicts Their Future: Predicting Divorce from an Oral History Interview«, *Journal of Family Psychology* 5:295–318

Burtt, E. A., Hrsg. (1982), *The Teachings of the Compassionate Buddha,* New York: New American Library

Buss, David (1989), »Sex Differences in Human Mate Preferences: Evolutionary Hypotheses Tested in 37 Cultures«, *Behavioral and Brain Sciences* 12:1–49

– (1991), »Evolutionary Personality Psychology«, *Annual Review of Psychology* 42:459–91

– (1994), *The Evolution of Desire: Strategies of Human Mating,* New York: Basic Books

– Buss, David, und Lisa A. Dedden (1990), »Derogation of Competitors«, *Journal of Social and Personal Relationships* 7:395–422

Buss, David, und D. P. Schmitt (1993), »Sexual Strategies Theory: An Evolutionary Perspective on Human Mating«, *Psychological Review* 100:204–32

Buss, David, u.a. (1992), »Sex Differences in Jealousy: Evolution, Physiology, and Psychology«, *Psychological Science* 3:251–55

Campbell, Donald T. (1975), »On the Conflicts Between Biological and Social Evolution and Between Psychology and Moral Tradition«, *American Psychologist* 30:1103–26

Cashdan, Elizabeth (1993), »Attracting Mates: Effects of Paternal Investment on Mate Attraction«, *Ethology and Sociobiology* 14:1–24

Cavalli-Sforza, Luigi, u.a. (1988), »Reconstruction of Human Evolution: Bringing Together Genetic, Archaeological, and Linguistic Data«, *Proceedings of the National Academy of Science* 85:6002–6

Chagnon, Napoleon (1968), *Yanomamö: The Fierce People,* New York: Holt, Rinehart and Winston

– (1979), »Is Reproductive Success Equal in Egalitarian Societies?«, in: Chagnon und Irons (1979)

– (1988), »Life Histories, Blood Revenge, and Warfare in a Tribal Population«, *Science* 239:985–92

Chagnon, Napoleon, und William Irons, Hrsgg. (1979), *Evolutionary Biology and Human Social Behavior: An Anthropological Perspective*, North Scituate, Mass.: Duxbury Press

Chance, Michael (1967), »Attention Structure as the Basis of Primate Rank Orders«, *Man* 2:503–18

Charmie, Joseph, und Samar Nsuly (1981), »Sex Differences in Remarriage and Spouse Selection«, *Demography* 18:335–48

Clark, Ronald W. (1984), *The Survival of Charles Darwin*, New York: Avon Books 1986

Clutton-Brock, Timothy, Hrsg. (1988), *Reproductive Success: Studies of Individual Variation in Contrasting Breeding Systems*, Chicago: University of Chicago Press

Clutton-Brock, T. H., und A. C. J. Vincent (1991), »Sexual Selection and the Potential Reproductive Rates of Males and Females«, *Nature*, 351:58–60

Colp, Ralph, Jr. (1981), »Charles Darwin, Dr. Edward Lane, and the ›Singular Trial‹ of *Robinson v. Robinson and Lane*,« *Journal of the History of Medicine and Allied Sciences*, 36:205–13

Connor, Steven (1989), *Postmodernist Culture: An Introduction to Theories of the Contemporary*, Oxford: Basil Blackwell

Cosmides, Leda, und John Tooby (1987), »From Evolution to Behavior: Evolutionary Psychology as the Missing Link«, in: John Dupre, Hrsg., *The Latest on the Best: Essays on Evolution and Optimality*, Cambridge, Mass.: MIT Press

— (1989), »Evolutionary Psychology and the Generation of Culture« (Teil 2), *Ethology and Sociobiology* 10:51–97

— (1992), »Cognitive Adaptations for Social Exchange«, in Barkow u.a. (1992)

Crawford, Charles B., B. E. Salter und K. L. Lang (1989), »Human Grief: Is Its Intensity Related to the Reproductive Value of the Deceased?«, *Ethology and Sociobiology* 10:297–307

Crispell, Diane (1992), »The Brave New World of Men«, *American Demographics*, Januar

Cronin, Helena (1991), *The Ant and the Peacock: Altruism and Sexual Selection from Darwin to Today*, New York: Cambridge University Press

Daly, Martin, Margo Wilson und S. J. Weghorst (1982), »Male Sexual Jealousy«, *Ethology and Sociobiology* 3:11–27

Daly, Martin, und Margo Wilson (1980), »Discriminative Parental Solicitude: A Biological Perspective«, *Journal of Marriage and the Family* 42:277–88

- (1983), *Sex, Evolution, and Bahavior,* Boston: Willard Grant
- (1988), *Homicide,* Hawthorne, N.Y.: Aldine de Gruyter
- (1990a), »Killing the Competition: Female/Female and Male/ Male Homicide«, *Human Nature* 1 : 181−107
- (1990b), »Is Parent-Offspring Conflict Sex-Linked? Freudian and Darwinian Models«, *Journal of Personality* 58 : 163−89

Dawkins, Richard (1976), *The Selfish Gene,* New York: Oxford University Press. [Dt. *Das egoistische Gen,* ergänzte und überarbeitete Neuauflage, Heidelberg/Berlin/Oxford: Spektrum 1994]
- (1982), *The Extended Phenotype,* New York: Oxford University Press 1989
- (1986), *The Blind Watchmaker,* New York: W. W. Norton and Co. [Dt. *Der blinde Uhrmacher. Ein neues Plädoyer für den Darwinismus,* München: Kindler 1987; München: Deutscher Taschenbuch Verlag 1990 (Sachbuch Nr. 11261)]

Dawkins, Richard, und John R. Krebs (1978), »Animal Signals: Information or Manipulation?«, in: J. R. Krebs und N. B. Davies, Hrsgg., *Behavioural Ecology,* Oxford: Basil Blackwell

Degler, Carl N. (1991), *In Search of Human Nature: The Decline and Revival of Darwinism in American Social Thought,* New York: Oxford University Press

Desmond, Adrian, und James Moore (1991), *Darwin: The Life of a Tormented Evolutionist,* New York: Warner Books. [Dt. *Darwin,* München: List 1992; Reinbek: Rowohlt 1994 (rororo science-Sachbuch Nr. 9574]

Devore, Irven (1969), »The Evolution of Human Society«, in: J. F. Eisenberg und Wilton S. Dillon, Hrsgg., *Man and Beast: Comparative Social Behavior,* Washington, D. C.: Smithsonian Institution Press

de Waal, Frans (1982), *Chimpanzee Politics,* Baltimore: John Hopkins University Press 1989. [Dt. *Unsere haarigen Vettern. Neueste Erfahrungen mit Schimpansen,* München: Harnack 1983]
- (1984), »Differences in the Formation of Coalitions Among Chimpanzees«, *Ethology and Sociobiology* 5 : 239−55
- (1989), *Peacemaking Among Primates,* Cambridge, Mass.: Harvard University Press. [Dt. *Wilde Diplomaten. Versöhnung und Entspannungspolitik bei Affen und Menschen,* München: Hanser 1991]

de Waal, Frans, und Lesleigh Luttrell (1988), »Mechanisms of Social Reciprocity in Three Primate Species: Symmetrical Relationship Characteristics or Cognition?«, *Ethology and Sociobiology* 9 : 101−18

Dickemann, Mildred (1979), »Female Infanticide, Reproductive Strategies« und »Social Stratification: A Preliminary Model«, in: Chagnon und Irons (1979)

Dobzhansky, Theodosius (1962), *Mankind Evolving: The Evolution of the Human Species,* New Haven: Yale University Press. [Dt. *Dynamik der menschlichen Evolution. Gene und Umwelt,* Frankfurt am Main: S. Fischer 1965 (Reihe »Welt im Werden«)

Draper, Patricia, und Jay Belsky (1990), »Personality Development in Evolutionary Perspetive«, *Journal of Personality* 58 : 141−61

Draper, Patricia, und Henry Harpending (1982), »Father Absence and Reproductive Strategy: An Evolutionary Perspective«, *Journal of Anthropological Research* 38 : 255−73

− (1988), »A Sociobiological Perspective on the Development of Human Reproductive Strategies«, in: MacDonald (1988a)

Dugatkin, Lee Alan (1992), »The Evolution of the ›Con Artist,‹« *Ethology and Sociobiology* 13 : 3−18

Durant, John R. (1985), »The Ascent of Nature in Darwin's *Descent of Man*«, in: David Kohn, Hrsg., *The Darwinian Heritage,* Princeton, N.J.: Princeton University Press

Easwaran, Eknath (1975), *The Bhagavad Gita for Daily Living,* 3 Bde., Berkeley, Cal.: Blue Mountain Center of Meditation

Edgerton, Franklin, Übers. (1944), *The Bhagavad Gita,* Cambridge, Mass.: Harvard University Press 1972

Eiseley, Loren (1958), *Darwin's Century,* New York: Anchor Books 1961

Ellis, Bruce, und Donald Symons (1990), »Sex Differences in Sexual Fantasy: an Evolutionary Psychological Approach«, *Journal of Sex Research* 27 : 527−55

Ellyson, S. L., und J. F. Dovidio, Hrsgg. (1985), *Power, Dominance, and Nonverbal Behavior,* New York: Springer-Verlag

Essock Vitale, Susan M., und Michael T. McGuire (1988), »What 70 Million Years Hath Wrought: Sexual Histories and Reproductive Success of a Random Sample of American Women«, in: Betzig, Borgerhoff Mulder und Turke (1988)

Fausto-Sterling, Anne (1985), *Myths of Gender,* New York: Basic Books

Fisher, Ronald A. (1930), *The Genetical Theory of Natural Selection,* Oxford: Clarendon Press

Fitch, Gordon (1970), »Effects of Self-Esteem, Perceived Performance, and Choice on Causal Attributions«, *Journal of Personality and Social Psychology* 16: 311–15

Fletcher, David J. C., und Charles D. Michener, Hrsgg. (1987), *Kin Recognition in Animals*, New York: John Wiley & Sons

Frank, Robert (1985), *Choosing the Right Pond: Human Behavior and the Quest for Status*, New York: Oxford University Press

– (1990), »A Theory of Moral Sentiments«, Vortrag, gehalten auf einer Tagung der Human Behavior and Evolution Society, Los Angeles

Franklin, Jon (1987), *Molecules of the Mind*, New York: Atheneum

Freedman, Daniel G. (1980), »Cross-Cultural Notes on Status Hierarchies«, in: Omark, Strayer und Freedman (1980)

Freeman, Derek (1983), *Margaret Mead and Samoa: The Making and Unmaking of an Anthropological Myth*, Cymbridge, Mass.: Harvard University Press. [Dt. *Liebe ohne Aggression. Margaret Meads Legende von der Friedfertigkeit der Naturvölker,* München: Kindler 1983]

Freud, Sigmund (1917), *Vorlesungen zur Einführung in die Psychoanalyse* (S.F., *Gesammelte Werke,* Bd. 11), Frankfurt am Main: S. Fischer, [5]1969

– (1930), »Das Unbehagen in der Kultur«, *Gesammelte Werke,* Bd. 14, Frankfurt am Main: S. Fischer [5]1972, 419–506

Gangestad, Steven W., und Jeffrey A. Simpson (1990), »Toward an Evolutionary History of Female Sociosexual Variation«, *Journal of Personality* 58: 69–95

Gaulin, Steven J. C., und James S. Boster (1990), »Dowry as Female Competition«, *American Anthropologist* 92: 994–1005

Gaulin, Steven J. C., und Randall W. FitzGerald (1986), »Sex Differences in Spatial Ability: An Evolutionary Hypothesis and Test«, *American Naturalist* 127: 74–88

Gaulin, Steven J. C., und Carole J. Robbins (1991), »Trivers-Willard Effect in Contemporary North American Society«, *American Journal of Physical Anthropology,* 85: 61–69

Gazzaniga, Michael (1992), *Nature's Mind: The Impact of Darwinian Selection on Thinking, Emotions, Sexuality, Language, and Intelligence,* New York: Basic Books

Gergen, Kenneth J., M. S. Greenberg und R. H. Willis, Hrsgg. (1980), *Social Exchange: Advances in Theory and Research,* New York: Plenum Press

Ghiselin, Michael T. (1973), »Darwin and Evolutionary Psychology«, *Science* 179:964–68

Gilligan, Carol (1982), *In a Different Voice: Psychological Theory and Women's Development*, Cambridge, Mass.: Harvard University Press

Glantz, Kalman, und John K. Pearce (1989), *Exiles from Eden: Psychotherapy from an Evolutionary Perspective*, New York: Norton

– (1990), »Towards an Evolution-Based Classification of Psychological Disorders«, Vortrag, gehalten auf einer Tagung der Human Behavior and Evolution Society, Los Angeles

Glossop, Ronald J. (1967), »The Nature of Hume's Ethics«, *Philosophy and Phenomenological Research* 27:527–36

Goffman, Erving (1959), *The Presentation of Self in Everyday Life*, New York: Anchor/Doubleday. [Dt. *Wir alle spielen Theater. Die Selbstdarstellung im Alltag*, Neuausgabe, München: Piper 1983 (Serie Piper 312)]

Goodall, Jane (1986), *The Chimpanzees of Gombe: Patterns of Behavior*, Cambridge, Mass.: Harvard University Press

Gould, Stephen Jay (1980), *The Panda's Thumb*, New York: Norton. [Dt. *Der Daumen des Pandas*, Basel: Birkhäuser 1987]

Graham, Elspeth, J. Doherty und M. Malek (1992), »The Context and Language of Postmodernism«, in: Doherty, Graham und Malek, Hrsgg., *Postmodernism and the Social Sciences*, London: MacMillan

Grammer, Karl, J. Dittami und B. Fischmann (1993), »Changes in Female Sexual Advertisement According to Menstrual Cycle«, Vortrag, gehalten auf einer Tagung der Human Behavior and Evolution Society, Syracuse, N.Y.

Greene, John C. (1961), *Darwin and the Modern World View*, New York: American Library (1963)

Greenwald, Anthony G. (1980), »The Totalitarian Ego: Fabrication and Revision of Personal History«, *American Psychologist*, 357:603–18

– (1988), »Self-Knowledge and Self-Deception«, in: Lockard und Paulhus, Hrsgg. (1988)

Gronell, Ann M. (1984), »Courtship, Spawning and Social Organization of the Pipefish, *Corythoichthys intestinalis* (Pisces: Syngnathidae), with Notes on two Congeneric Species«, *Zeitschrift für Tierpsychologie* 65:1–24

Grote, John (1870), *An Examination of the Utilitarian Philosophy*, Cambridge: Deighton, Bell and Co.

Gruber, Howard E. (1981), *Darwin on Man: A Psychological Study of Scientific Creativity,* Chicago: University of Chicago Press

Gruter, Margaret, und Roger D. Master, Hrsgg. (1986), *Ostracism: A Social and Biological Phenomenon,* New York: Elsevier

Haldane, J. B. S. (1955), »Population Genetics«, *New Biology* 18 : 34–51

Hamilton, William D. (1963), »The Evolution of Altruistic Behavior«, *American Naturalist* 97 : 354–56

– (1964), »The Genetical Evolution of Social Behaviour«, Teile 1 und 2, *Journal of Theoretical Biology* 7 : 1–52

Harcourt, A. H., u. a. (1981), »Testis Weight, Body Weight and Breeding System in Primates«, *Nature* 293 : 55–57

Harpending, Henry C., und Jay Sobus (1987), »Sociopathy as an Adaptation«, *Ethology and Sociobiology* 8 : 63S–72S

Hartung, John (1982), »Polygyny and the Inheritance of Wealth«, *Current Anthropology* 23 : 1–12

– (1988), »Deceiving Down: Conjectures on the Managment of Subordinate Status«, in: Lockard und Paulhus (1988)

– (1993), »Love Thy Neighbor: Prospects for Morality«, unveröffentlichtes Manuskript

Hewlett, Barry S. (1988), »Sexual Selection and Paternal Investment Among Aka Pygmies«, in: Betzig, Borgerhoff Mulder und Turke (1988)

Hilgard, Ernest R., R. C. Atkinson und Rita L. Atkinson (1975), *Introduction to Psychology,* New York: Harcourt Brace Jovanovich

Hill, Elizabeth (1988), »The Menstrual Cycle and Components of Human Female Sexual Behaviour«, *Journal of Social and Biological Structures* 11 : 443–55

Hill, Elizabeth, und P. A. Wenzl (1981), »Variation in Ornamentation and Behavior in a Discotheque for Females Observed at Different Menstrual Phases«, Vortrag, gehalten auf einer Tagung der Animal Behavior Society, Knoxville, Tenn.

Hill, Kim, und Hillard Kaplan (1988), »Trade-offs in Male and Female Reproductive Strategies Among the Ache«, in: Betzig, Borgerhoff Mulder und Turke (1988)

Himmelfarb, Gertrude (1959), *Darwin and the Darwinian Revolution,* Garden City, N.Y.: Doubleday

– (1968), *Victorian Minds,* New York: Knopf

– (1974), *On Liberty & Liberalism: The Case of John Stuart Mill,* San-Francisco: ICS Press 1990

– (1987), *Marriage and Morals Among the Victorians and Other Essays*, New York: Vintage

Hofstadter, Richard (1944), *Social Darwinism in American Thought*, Boston: Beacon Press 1955

Houghton, Walter E. (1957), *The Victorian Frame of Mind, 1830–1870*, New Haven, Conn.: Yale University Press

Howard, Jonathan (1982), *Darwin*, Oxford University Press

Hrdy, Sarah Blaffer (1981), *The Woman That Never Evolved*, Cambridge, Mass.: Harvard University Press

– (1987), »Sex-biased Parental Investment Among Primates and Other Mammals: A Critical Evaluation of the Trivers-Willard Hypothesis«, in: Richard J. Gelles und Jane B. Lancaster, Hrsgg., *Child Abuse and Neglect: Biosocial Dimensions*, Hawthorne, N.Y.: Aldine de Gruyter

Hrdy, Sarah Blaffer, und Debra S. Judge (1993), »Darwin and the Puzzle of Primogeniture«, *Human Nature* 4:1–45

Humphrey, Nicholas K. (1976), »The Social Function of Intellect«, in: P. P. G. Bateson und R. A. Hinde, Hrsgg., *Growing Points in Ethology*, Cambridge: Cambridge University Press; Wiederabdruck in: Richard Byrne und Andrew Whiten, Hrsgg., *Machiavellian Intelligence*, Oxford: Oxford University Press 1988

Huxley, Thomas H. (1894), *Evolution and Ethics*, Princeton, N.J.: Princeton University Press 1989

Irons, William (1991), »How Did Morality Evolve?«, *Zygon* 26:49–89

Irvine, William (1955), *Apes, Angels, and Victorians: The Story of Darwin, Huxley, and Evolution*, New York: McGraw-Hill

Jankowiak, William, und Ted Fisher (1992), »A Cross-Cultural Perspective on Romantic Love«, *Ethnology* 31:149–55

Jastrow, Robert (1981), *The Enchanted Loom: Mind in the Universe*, New York: Simon and Schuster

Johnson, Gary R. (1987), »In the Name of the Fatherland: An Analysis of Kin Term Usage in Patriotic Speech and Literature«, *International Political Science Review* 8:165–74

Jones, Diane Carlson (1984), »Dominance and Affiliation as Factors in the Social Organization of Same-Sex Groups of Elementary School Children«, *Ethology and Sociobiology* 5:193–202

Kagan, Jerome, und Sharon Lamb, Hrsgg. (1987), *The Emergence of Morality in Young Children,* Chicago: University of Chicago Press

Kahn, Joan R., und Kathryn A. London (1991), »Premarital Sex and the Risk of Divorce«, *Journal of Marriage and the Family* 53:845–55

Kano, Takayoshi (1990), »The Bonobos' Peaceable Kingdom«, *Natural History,* November

Kenrick, Douglas T., Sara E. Gutierres und Laurie L. Goldberg (1989), »Influence of Popular Erotica on Judgments of Strangers and Mates«, *Journal of Experimental Social Psychology* 25:159–67

Kenrick, Douglas T., u.a. (1990), »Evolution, Traits, and the Stages of Human Courtship: Qualifying the Parental Investment Model«, *Journal of Personality* 58:97–115

Kinzey, Warren G., Hrsg. (1987), *The Evolution of Human Behavior: Primate Models,* Albany, N.Y.: State University of New York Press

Kitcher, Philip (1985), *Vaulting Ambition: Sociobiology and the Quest for Human Nature,* Cambridge, Mass.: MIT Press

Konner, Melvin (1982), *The Tangled Wing: Biological Constraints on the Human Spirit,* New York: Harper Colophon Books 1983

– (1990), *Why the Reckless Survive ... and Other Secrets of Human Nature,* New York: Viking

Krebs, Dennis, K. Denton und N. C. Higgins (1988), »On the Evolution of Self-Knowledge and Self-Deception«, in: MacDonald (1988a)

Krout, Maurice H. (1931), »The Psychology of Children's Lies«, *Journal of Abnormal and Social Psychology* 26:1–27

Lancaster, Jane G. (1986), »Primate Social Behavior and Ostracism«, *Ethology and Sociobiology* 7:215–25; Wiederabdruck in: Gruter und Master, Hrsgg. (1986)

Lehrman, Karen (1994), »Flirting with Courtship«, in: Eric Liu, Hrsg., *Next: Young American Writers on the New Generation,* New York: Norton 1994

Leighton, Donna Robbins (1987), »Gibbons: Territoriality and Monogamy«, in: Smuts u.a., Hrsgg. (1987)

Levine, Jerome M., und Gardner Murphy (1943), »The Learning and Forgetting of Controversial Material«, *Journal of Abnormal and Social Psychology* 38; Wiederabdruck in: Maccoby, Newcomb und Hartley (1958)

Levinsohn, Florence Hamlish (1990), »Breaking Up Is Still Hard to Do«, *Chicago Tribune Sunday Magazine*, 21. Oktober

Lippitt, Ronald, u.a. (1958), »The Dynamics of Power: A Field Study of Social Influence in Groups of Children«, in: Maccoby, Newcomb und Hartley (1958)

Lloyd, Elizabeth (1988), *The Structure and Confirmation of Evolutionary Theory*, Westport, Conn.: Greenwood Press

Lloyd, James E. (1986), »Firefly Communication and Deception: ›Oh, What a Tangled Web‹«, in: Mitchell und Thompson (1986)

Lockard, Joan S. (1980), »Speculations on the Adaptive Significance of Self-Deception«, in: Lockard, Hrsg., *The Evolution of Human Social Behavior*, New York: Elsevier 1980

Lockard, Joan S., und Delroy L. Paulhus, Hrsgg. (1988), *Self-Deception: An Adaptive Mechanism*, Englewood Cliffs, N.J.: Prentice Hall

Loehlin, John C. (1992), *Genes and Environment in Personality Development*, Newbury Park, Cal.: Sage

Loftus, Elizabeth (1992), »The Evolution of Memory«, Vortrag, gehalten auf einer Tagung des Gruter Institute mit dem Thema *The Uses of Biology for the Study of Law* (Der Nutzen der Biologie für die Rechtswissenschaft), Squaw Valley, Cal.

Lomborg, Bjorn (1993), »The Structure of Solutions in the Iterated Prisoner's Dilemma«, Vortrag, gehalten auf einer Tagung des Gruter Institute mit dem Thema *The Uses of Biology for the Study of Law* (Der Nutzen der Biologie für die Rechtswissenschaft), Squaw Valley, Cal.

Low, Bobbi S. (1989), »Cross-Cultural Patterns in the Training of Children: An Evolutionary Perspective«, *Journal of Comparative Psychology* 103:311–19

Maccoby, Eleanor E., T. M. Newcomb und E. L. Hartley, Hrsgg. (1958), *Readings in Social Psychology*, New York: Holt, Rinehart and Winston

MacDonald, Kevin, Hrsg. (1988a), *Sociobiological Perspectives on Human Development*, New York: Springer-Verlag

MacDonald, Kevin (1988b), »Sociobiology and the Cognitive-Developmental Tradition in Moral Development«, in: MacDonald (1988a)

– (1990), »Mechanisms of Sexual Egalitarianism in Western Europe«, *Ethology and Sociobiology* 11:195–238

McGuire, M. T., M. J. Raleigh und G. L. Brammer (1984), »Adaptation, Selection, and Benefit-Cost Balances: Implications of Behavioral-Physiological Studies of Social Dominance in Male Vervet Monkeys«, *Ethology and Sociobiology* 5 : 269–77

MacIntyre, Alasdair (1966), *A Short History of Ethics*, New York: Macmillan. [Dt. *Geschichte der Ethik im Überblick. Vom Zeitalter Homers bis zum 20. Jahrhundert,* Weinheim: Beltz Athenäum 1995]

MacLean, Paul D. (1983), »A Triangular Brief on the Evolution of Brain and Law«, in: Margaret Gruter und Paul Bohannan, *Law, Biology, and Culture,* Santa Barbara, Cal.: Ross-Erikson, Inc.

Malinowski, Bronislaw (1929), *The Sexual Life of Savages in North-Western Melanesia: An Ethnographic Account of Courtship, Marriage, and Family Life Among the Natives of the Trobriand Islands, British New Guinea,* New York: Harcourt, Brace. [Dt. *Das Geschlechtsleben der Wilden in Nordwest-Melanesien. Liebe Ehe und Familienleben bei den Eingeborenen der Trobriand-Inseln, Britisch-Neuguinea* (B. M., Schriften in vier Bänden, hrsg. von Fritz Kramer, Bd. 2), Frankfurt am Main: Syndikat 1979]

Mann, Janet (1992), »Nurturance or Negligence: Maternal Psychology and Behavioral Preference Among Preterm Twins«, in: Barkow, Cosmides und Tooby (1992)

Marcus, Steven (1974), *The Other Victorians: A Study of Sexuality and Pornography in Mid-Nineteenth-Century England,* New York: Basic Books

Masters, Roger D., und Michael T. McGuire, Hrsgg. (1994), *The Neurotransmitter Revolution: Serotonin, Social Behavior, and the Law,* Carbondale, Ill.: Southern Illinois University Press

Maynard Smith, John (1974), »The Theory of Games and the Evolution of Animal Conflict«, *Journal of Theoretical Biology* 47 : 209–21

– (1982), *Evolution and the Theory of Games,* Cambridge: Cambridge University Press

Mead, Margaret (1928), *Coming of Age in Samoa: A Psychological Study of Primitive Youth for Western Civilisation,* New York: Morrow 1961. [Dt. *Kindheit und Jugend in Samoa* (M.M., *Jugend und Sexualität in primitiven Gesellschaften,* Bd. 1), München: Deutscher Taschenbuch Verlag 1970 (Wissenschaftliche Reihe Nr. 4032)]

Mealey, Linda, und Wade Mackey (1990), »Variation in Offspring Sex Ratio in Women of Differing Social Status«, *Ethology and Sociobiology* 11 : 83–95

Mill, John Stuart (1859), *On Liberty,* in: Mill, *On Liberty and Other Writings,* New York: Cambridge University Press 1989. [Dt. *Über die Freiheit,* bibliographisch ergänzte Ausgabe, Stuttgart: Reclam 1988 (Reclams Universal-Bibliothek Nr. 3491)]
- (1863), »Utilitarianism«, in: Mill und Jeremy Bentham, *Utilitarianism and Other Essays,* New York: Penguin 1987. [Dt. *Der Utilitarismus,* durchgesehene Ausgabe, Stuttgart: Reclam 1985 (Reclams Universal-Bibliothek Nr. 9821)]
- (1874), »Nature«, Wiederabdruck in: J. M. Robson, Hrsg., *Collected Works of John Stuart Mill,* Bd. 10, Toronto: University of Toronto Press 1969. [Dt. »Natur«, *Drei Essays über Religion,* Stuttgart: Reclam 1984 (Reclams Universal-Bibliothek Nr. 8237), S. 9–62]
Miller, Dale T. (1976), »Ego Involvement and Attributions for Success and Failure«, *Journal of Personality and Social Psychology* 34:901–6
Miller, Dale T., und Michael Ross (1975), »Self-Serving Biases in the Attribution of Causality: Fact or Fiction?«, *Psychological Bulletin* 82:213–25
Mitchell, G., und Terry L. Maple (1985), »Dominance in Nonhuman Primates«, in: Ellyson und Dovidio (1985)
Mitchell, Robert W., und Nicholas S. Thompson, Hrsgg. (1986), *Deception: Perspectives on Human and Nonhuman Deceit,* Albany, N.Y.: State University of New York Press
Montgomerie, Robert (1991) »Mating Systems and the Fingerprinting Revolution«, Vortrag, gehalten auf einer Tagung der Human Behavior and Evolution Society, Hamilton, Ontario
Morris, Desmond (1967), *The Naked Ape,* New York: McGraw-Hill. [Dt. *Der nackte Affe,* München/Zürich: Droemer Knaur 1968]
Murdock, George P. (1934), *Our Primitive Contemporaries,* Toronto: Macmillan
- (1945), »The Common Denominator of Cultures«, in: George P. Murdock, *Culture and Society,* Pittsburgh, Pittsburgh University Press 1965
- (1949), *Social Structure,* New York: Macmillan

Nesse, Randolph M. (1990a), »Evolutionary Explanations of Emotions«, *Human Nature* 1:261–89
- (1990b), »The Evolutionary Functions of Repression and the Ego Defenses«, *Journal of the American Academy of Psychoanalysis* 18:260–85

– (1991 a), »Psychiatry«, in: Mary Maxwell, Hrsg., *The Sociobiological Imagination*, Albany: State University of New York Press 1991

– (1991 b), »What Good Is Feeling Bad?«, *The Sciences*, 31 : 30–37

Nesse, Randoph, und Alan Lloyd (1992), »The Evolution of Psychodynamic Mechanisms«, in: Barkow, Cosmides und Tooby (1992)

Nesse, Randolph, und George Williams (in Vorb.) *Evolution and Healing: The Darwinian Revolution Comes to Medicine*, New York: Times Books

Nisbett, Richard, und Lee Ross (1980), *Human Inference: Strategies and Shortcomings of Social Judgment*, Englewood Cliffs, N.J.: Prentice Hall

Nishida, Toshisada, und Mariko Hiraiwa-Hasegawa (1987, »Chimpanzees and Bonobos: Cooperative Relationships Among Males«, in: Smuts u. a. (1987)

Omark, Donald R., F. F. Strayer und D. G. Freedman, Hrsgg. (1980), *Dominance Relations: An Ethological View of Human Conflict and Social Interaction*, New York: Garland

Orians, Gordon H. (1969), »On the Evolution of Mating Systems in Birds and Mammals«, *American Naturalist* 103 : 589–603

Palmer, Craig (1989), »Is Rape a Cultural Universal? A reexamination of the Ethnographic Data«, *Ethnology* 28 : 1–16

Pedersen, F. A. (1991), »Secular Trends in Human Sex Ratios: Their Influence on Individual and Family Behavior«, *Human Nature* 3 : 271–91

Perusse, Daniel (1993), »Cultural and Reproductive Success in Industrial Societies: Testing the Relationship at the Proximate and Ultimate Levels«, *Behavioral and Brain Sciences* 16 : 267–322

Piaget, Jean (1932), *Le jugment moral chez l'enfant*, Paris: Alcan 1932. [Dt. *Das moralische Urteil beim Kinde*, Zürich: Rascher 1954; Taschenbuchausg., z. T. neu übers.: München: Deutscher Taschenbuch Verlag 1986 (Reihe Dialog und Praxis Nr. 15015)]

Pinker, Steven (1994), *The Language Instinct*, New York: Morrow. [Dt. *Der Sprachinstinkt. Wie der Geist die Sprache bildet*, München: Kindler 1996]

Plomin, R., und D. Daniels (1987), »Why Are Children in the Same Family So Different from Each Other?« *Behavioral and Brain Sciences* 10 : 1–6

Price, J. S. (1967), »The Dominance Hierarchy and the Evolution of Mental Illness«, *Lancet* 2 : 243

Rachels, James (1990), *Created from Animals: The Moral Implications of Darwinism*, New York: Oxford University Press

Raleigh, Michael J., und Michael T. McGuire (1989), »Female Influences on Male Dominance Acquisition in Captive Vervet Monkeys, *Cercopithecus aethiops sabaeus*«, *Animal Behaviour* 38 : 59–67

Raleigh, Michael J., M. T. McGuire, G. L. Brammer, D. B. Pollack und Arthur Yuwiler, »Serotonergic Mechanisms Promote Dominance Acquisition in Adult Male Vervet Monkeys« (unveröffentlichtes Manuskript)

Rapoport, Anatol (1960), *Fights, Games, and Debates*, Ann Arbor: University of Michigan Press

Rasmussen, Dennis (1981), »Pair-bond Strength and Stability and Reproductive Success«, *Psychological Review* 88 : 274–90

Richards, Robert J. (1987), *Darwin and the Emergence of Evolutionary Theories of Mind and Behavior*, Chicago: University of Chicago Press

Ridley, Matt (1994), *The Red Queen: Sex and the Evolution of Human Nature*, New York: Macmillan

Riesman, David (1950), *The Lonely Crowd*, New Haven, Conn.: Yale University Press. [Dt. *Die einsame Masse. Eine Untersuchung der Wandlungen des amerikanischen Charakters*, Darmstadt/Berlin: Luchterhand 1956; Hamburg: Rowohlt Taschenbuch Verlag 1958 (rowohlts deutsche enzyklopädie Nr. 72)]

Rodman, Peter S., und John C. Mitani (1987), »Orangutans: Sexual Dimorphism in a Solitary Species«, in: Smuts u. a. (1987)

Rose, Phyllis (1983), *Parallel Lives: Five Victorian Marriages*, New York: Vintage 1984

Ross, Michael, und Fiore Sicoly (1979), »Egocentric Biases in Availability and Attribution«, *Journal of Personality and Social Psychology* 37 : 322–36

Rothstein, Stephen I., und Raymond Pierotti (1988), »Distinctions Among Reciprocal Altruism, Kin Selection, and Cooperation and a Model for Initial Evolution of Beneficent Behavior«, *Ethology and Sociobiology* 9 : 189–209

Ruse, Michael (1986), *Taking Darwin Seriously: A Naturalistic Approach to Philosophy*, Oxford: Basil Blackwell

Russon, A. E., und B. E. Waite (1991), »Patterns of Dominance and Imitation in an Infant Peer Group«, *Ethology and Sociobiology* 13 : 55–73

Saletan, William, und Nancy Watzman (1989), »Marcus Welby, J. D.«, *The New Republic,* 17. April

Saluter, Arlene F. (1990), »Marital Status and Living Arrangements«, Current Population Reports Series P-20, No. 450, Bureau of the Census, U.S. Dept. of Commerce

Schelling, Thomas (1960), *The Strategy of Conflict,* Cambridge, Mass.: Harvard University Press

Schweder, Richard A., M. Mahapatra und J. G. Miller (1987), »Culture and Moral Development«, in: Kagan und Lamb (1987)

Short, R. V. (1976), »The Evolution of Human Reproduction«, in: *Proceedings of the Royal Society B* 195 : 3–24

Shostak, Marjorie (1981), *Nisa: The Life and Words of a !Kung Woman,* New York: Vintage 1983

Simpson, George Gaylord (1947), »The Search for an Ethic«, in: Simpson, *The Meaning of Evolution,* New Haven, Conn.: Yale University Press

Simpson, Jeffry A., S. W. Gangestad und M. Bick (1993), »Personality and Nonverbal Social Behavior: An Ethological Perspective on Relationship Initiation«, *Journal of Experimental Social Psychology* 29 : 434–61

Singer, Peter (1981), *The Expanding Circle,* New York: Farrar, Straus and Giroux

– (1984), »Ethics and Sociobiology«, *Zygon* 19 : 139–51

– (1989), »Ethics«, *Encyclopedia Britannica* 18 : 627–48

– (1993), *How Are We to Live? Ethics in an Age of Self-Interest,* Melbourne: Text Publishing Company

Skinner, B. F. (1948), *Walden II,* New York: Macmillan. [Dt. *Futurum zwei. Die Vision einer aggressionsfreien Gesellschaft,* Hamburg: Wegner 1970]

– (1972) *Beyond Freedom and Dignity,* New York: Knopf. [Dt. *Jenseits von Freiheit und Würde,* Reinbeck: Rowohlt 1973]

Slavin, Malcolm O. (1990), »The Dual Meaning of Repression and the Adaptive Design of the Human Psyche«, *Journal of the American Academy of Psychoanalysis* 18 : 307–41

Smart, J. J. C. (1973), »An Outline of a System of Utilitarian Ethics«, in: Smart und Bernard Williams, *Utilitarianism, For and Against,* Cambridge: Cambridge University Press

Smiles, Samuel (1859), *Self-Help*, London: John Murray; durchgesehene und erweitere Ausgabe: New York Publishing Company. [Im 19. und noch bis weit ins 20. Jh. unter verschiedenen Titeln zahlreiche Übersetzungen und, vor allem, Bearbeitungen; keine im gegebenen Kontext zitierfähig]

Smith, Martin S., Bradley J. Kish und Charles B. Crawford (1987), »Inheritance of Wealth as Human Kin Investment«, *Ethology and Sociobiology* 8 : 171–82

Smuts, Barbara, u.a., Hrsgg. (1987), *Primate Societies*, Chicago: University of Chicago Press

Stewart, Kelly J., und Alexander H. Harcourt (1987), »Gorillas: Variation in Female Relationships«, in: Smuts u.a. (1987)

Stone, Lawrence (1977), *The Family, Sex and Marriage in England 1500–1800*, New York: Harper Torchbook 1979

– (1985), »Sex in the West«, *The New Republic*, 8. Juli

– (1990), *Road to Divorce: England, 1530–1987*, Oxford: Oxford University Press

Stone, Valerie E. (1989), *Perception of Status: An Evolutionary Analysis of Nonverbal Status Cues*, Dissertation, Department of Psychology, Stanford University

Strachey, Lytton (1918), *Eminent Victorians*, New York: Harcourt Brace. [Dt. Teilausgg. *Geist und Abenteuer*, Berlin: S. Fischer 1932; *Macht und Frömmigkeit*, Berlin: S. Fischer 1937]

Strahlendorf, Peter W. (1991), *Evolutionary Jurisprudence: Darwinian Theory in Juridical Science*, juristische Dissertation, Toronto, Ontario

Strayer, F. F., und M. Trudel (1984), »Developmental Changes in the Nature and Function of Social Dominance Among Young Children«, *Ethology and Sociobiology* 5 : 279–95

Streufert, Siegfried, und Susan C. Streufert (1969), »Effects of Conceptual Structure, Failure, and Success on Atribution of Causality and Interpersonal Attitudes«, *Journal of Personality and Social Psychology* 11 : 138–47

Sulloway, Frank J. (1979 a), *Freud, Biologist of the Mind: Behind the Psychoanalytic Legend*, New York: Basic Books. [Dt. *Freud, Biologe der Seele. Jenseits der psychoanalytischen Legende*, Köln-Lövenich: »Hohenheim«/Edition Maschke 1982]

– (1979 b), »Geographic Isolation in Darwin's Thinking: The Vicissitudes of a Crucial Idea«, *Studies in History of Biology* 3 : 23–65

– (1982), »Darwin's Conversion: The *Beagle* Voyage and Its Aftermath«, *Journal of the History of Biology* 15 : 325–96

- (1984), »Darwin and the Galapagos«, *Biological Journal of the Linnean Society* 21 : 29–59
- (1991), »Darwinian Psychobiography«, *New York Review of Books*, 10. Oktober
- (in Vorb.), *Born to Rebel: Radical Thinking in Science and Social Thought*, Massachusetts Institute of Technology, Cambridge, Mass.
- (in Vorb.), »Birth Order and Evolutionary Psychology: A Meta-Analytic Overview«, *Psychological Inquiry*
Susman, Randall L. (1987), »Pygmy Chimpanzees and Common Chimpanzees: Models for the Behavioral Ecology of the Earliest Hominids«, in: Kinzey (1987)
Symons, Donald (1979), *The Evolution of Human Sexuality*, New York: Oxford University Press
- (1982), »Another Woman That Never Existed«, *Quarterly Review of Biology* 57 : 297–300
- (1985), »Darwinism and Contemporary Marriage,« in: Kingsley Davis, Hrsg., *Contemporary Marriage*, New York: Russell Sage Foundation
- (1989), »A Critique of Darwinian Anthropology«, *Ethology and Sociobiology* 10 : 131–44
- (1990), »Adaptiveness and Adaptation«, *Ethology and Sociobiology* 11 : 427–44

Tannen, Deborah (1990), *You Just Don't Understand: Women and Men in Conversation*, New York: Morrow
Taylor, Charles E., und Michael T. McGuire (1988), »Reciprocal Altruism: Fifteen Years Later«, *Ethology and Sociobiology* 9 : 67–72
Teismann, Mark W., und Donald L. Mosher (1978), »Jealous Conflict in Dating Couples«, *Psychological Reports* 42 : 1211–16
Thibaut, John W., und Henry W. Riecken (1955), »Some Determinants and Consequences of the Perception of Social Causality«, *Journal of Personality* 24 : 113–33; Wiederabdruck in: Maccoby, Newcomb und Hartley (1958)
Thomson, Elizabeth, und Ugo Colella (1992), »Cohabitation and Marital Stability: Quality or Commitment?«, *Journal of Marriage and the Family* 54 : 259–67
Thornhill, Randy (1976), »Sexual Selection and Paternal Investment in Insects«, *American Naturalist* 110 : 153–63
Thornhill, Randy, und Nancy Thornhill (1983), »Human Rape: An Evolutionary Analysis«, *Ethology and Sociobiology* 4 : 137–73

Tiger, Lionel (1969), *Men in Groups,* New York: Random House. [Dt. *Warum die Männer wirklich herrschen,* München: BLV 1972]

Tooby, John (1987), »The Emergence of Evolutionary Psychology«, in: D. Pines, Hrsg., *Emerging Syntheses in Science,* Santa Fe, N.M.: Santa Fe Institute

Tooby, John, und Leda Cosmides (1988), »The Evolution of War and Its Cognitive Foundations«, Institute for Evolutionary Studies Technical Report 88–91

— (1989), »The Innate versus the Manifest: How Universal Does Universal Have to Be?«, *Behavioral and Brain Sciences* 12 : 36–37

— (1990a), »On the Universality of Human Nature and the Uniqueness of the Individual: The Role of Genetics and Adaptation«, *Journal of Personality* 58 : 1 : 17–67

— (1990b), »The Past Explains the Present: Emotional Adaptations and the Structure of Ancestral Environments«, *Ethology and Sociobiology* 11 : 375–421

— (1992), »The Psychological Foundations of Culture«, in: Barkow, Cosmides und Tooby (1992)

Tooby, John, und Irven DeVore (1987), »Reconstruction of Hominid Behavioral Evolution«, in: Kinzey (1987)

Tooke, William, und Lori Camire (1990), »Patterns of Deception in Intersexual and Intrasexual Mating Strategies«, *Ethology and Sociobiology* 12 : 345–64

Trivers, Robert (1971), »The Evolution of Reciprocal Altruism«, *Quarterly Review of Biology* 46 : 35–56

— (1972), »Parental Investment and Sexual Selection«, in: Bernard Campbell, Hrsg., *Sexual Selection and the Descent of Man,* Chicago: Aldine de Gruyter

— (1974), »Parent-Offspring Conflict«, *American Zoologist* 14 : 249–64

— (1985), *Social Evolution,* Menlo Park, Cal.: Benjamin/Cummings

Trivers, Robert L., und Dan E. Willard (1973), »Natural Selection of Parental Ability to Vary the Sex Ratio of Offspring«, *Science* 179 : 90–91

Tucker, William (1993), »Monogamy and Its Discontents«, *National Review,* 4. Oktober

Vasek, Marie E. (1986), »Lying as a Skill: The Development of Deception in Children«, in: Mitchell und Thompson (1986)

Verplanck, William S. (1955), »The Control of the Content of Conversation: Reinforcement of Statements of Opinion«, *Jour-*

nal of Abnormal and Social Psychology 51:668–76; Wiederabdruck in: Maccoby, Newcomb und Hartley (1958)

Wallace, Bruce (1973), »Misinformation, Fitness, and Selection«, *American Naturalist* 107:1–7

Walsh, Anthony (1993), »Love Styles, Masculinity/Feminity, Physical Attractiveness and Sexual Behavior: A Test of Evolutionary Theory«, *Ethology and Sociobiology* 14:25–38

Wedgwood, Barbara, und Hensleigh Wedgwood (1980), *The Wedgwood Circle, 1730–1897: Four Generations of a Family and Their Friends,* Westfield, N.Y.: Eastview Editions

Weisfeld, Glenn E. (1980), »Social Dominance and Human Motivation«, in: Omark, Strayer und Freedman (1980)

Weisfeld, Glenn E., und Jody M. Beresford (1982), »Erectness of Posture as an Indicator of Dominance or Success in Humans«, *Motivation and Emotion* 6:113–29

Wells, P. A. (1987), »Kin Recognition in Humans«, in: Fletcher und Michener (1987)

West-Eberhard, Mary Jane (1991), »Sexual Selection and Social Behavior«, in: Michael H. Robinson und Lionel Tiger, Hrsgg., *Man and Beast Revisited,* Washington, D.C.: Smithsonian Institution Press

Whitehead, Barbara Dafoe (1993), »Dan Quayle Was Right«, *The Atlantic Monthly,* April

Whyte, Lancelot Law (1967), »Unconscious«, *The Encyclopedia of Philosophy* (New York: Macmillan) 8:185–88

Wiederman, Michael W., und Elizabeth Rice Allgeier (1992), »Gender Differences in Mate Selection Criteria: Sociobiological or Socioeconomic Explanation?«, *Ethology and Sociobiology* 13:115–24

Wilkinson, Gerald S. (1990), »Food Sharing in Vampire Bats«, *Scientific American,* Februar

Williams, George C. (1966), *Adaptation and Natural Selection: A Critique of Some Current Evolutionary Thought,* Princeton, N.J.: Princeton University Press 1974

– (1975), *Sex and Evolution,* Princeton, N.J.: Princeton University Press

– (1989), »A Sociobiological Expansion of Evolution and Ethics,« Vorwort in: Huxley (1894)

Williams, George C., und Randolph Nesse (1991), »The Dawn of Darwinian Medicine«, *Quarterly Review of Biology* 66:1–22

Wills, Christopher (1989), *The Wisdom of the Genes: New Pathways in Evolution*, New York: Basic Books

Wilson, David S. (1989), »Levels of Selection: An Alternative to Individualism in Biology and the Social Sciences«, *Social Networks* 11:257–72

Wilson, David S., und Elliott Sober (1989), »Reviving the Superorganism«, *Journal of Theoretical Biology* 136:337–56

– (in Vorb.), »Reintroducing Group Selection to the Human Behavioral Sciences«, *Behavioral and Brain Sciences*

Wilson, Edward O. (1975), *Sociobiology: The New Synthesis*, Cambridge, Mass.: Harvard University Press

– (1978), *On Human Nature*, Cambridge, Mass.: Harvard University Press. [Dt. *Biologie als Schicksal. Die soziobiologischen Grundlagen menschlichen Verhaltens*, Frankfurt am Main: Ullstein 1980]

– (1987), »Kin Recognition: An Introductory Synopsis«, in: Fletcher und Michener (1987)

Wilson, James Q. (1993), *The Moral Sense*, New York: Free Press

Wilson, Margo, und Martin Daly (1990), »The Age-Crime Relationship and the False Dichotomy of Biological versus Sociological Explanations«. Vortrag, gehalten auf einer Tagung der Human Behavior and Evolution Society, Los Angeles

– (1992), »The Man Who Mistook His Wife for a Chattel«, in: Barkow, Cosmides und Tooby (1992)

Wolfe, Linda D. (1991), »Human Evolution and the Sexual Behavior of Female Primates«, in: James D. Loy und Calvin B. Peters, Hrsgg., *Understanding Behavior*, New York: Oxford University Press 1991

Wrangham, Richard (1987), »The Significance of African Apes for Reconstructing Human Social Evolution«, in: Kinzey (1987)

Wright, Robert (1987), »Alcohol and Free Will«, *The New Republic*, 14. Dezember

– (1990), »The Intelligence Test«, *The New Republic*, 29. Januar

– (1992), »Why Is It Like Something to Be Alive?«, in: William Shore, Hrsg., *Mysteries of Life and the Universe*, New York: Harcourt Brace Jovanovich 1992

Wyschogrod, Edith (1990), *Saints and Postmodernism*, Chicago: University of Chicago Press

Young, G. M. (1936), *Portrait of an Age: Victorian England*, Oxford: Oxford University Press, 1989

Zimmerman, Claire, und Raymond A. Bauer (1956), »The Effect of an Audience upon What Is Remembered«, *Public Opinion Quarterly* 20:238–48; Wiederabdruck in: Maccoby, Newcomb und Hartley (1958)

REGISTER

Ache 65, 115, 131, 379, 385, 396
Inuit (Eskimos) 65
!Kung San 65, 114, 118, 225, 285
Jenyns, Leonard 456, 462
Jesus von Nazareth 536, 540, 553, 581, 585 f., 588, 591, 595
Johnson, Samuel 214
The Journal of Theoretical Biology 264
Jungfräulichkeit *s. a.* Virginität 124 f., 128 f.

Kampf 407
Katastrophentheorie 469
Katzen und Mäuse 530, 539
Keuschheit des Mannes, voreheliche 204
Kinder
  Adoleszenz 283–285, 464, 504
  behinderte 287
  Elternliebe 272, 545
  Ersatzeltern 171 f.
  Kindererziehung 274
  Kindesmißhandlung 171 f.
  Kindestötung 115
  moralische Entwicklung 345, 347, 350, 352
  Programmierung des Wertesystems 418
  Scheidung und Kinder 173, 219
  soziale Hierarchie 385 f.
  Verdrängung egoistischer Motive 515
  Kinder *s. a.* Elterliche Investition, Geschwisterliebe
Kinderlosigkeit 205
Kindesmißhandlung 171 f.

Kindestötung als Konsequenz weiblicher Untreue 115
Kindheit 135, 510
Kindheitserlebnisse 19
Kipling, Rudyard 72, 80
Kitcher, Philip 243–245
Kohlberg, Lawrence 342 f.
Kollektiv
  Kollektivbildung 335
  Kollektive Sanktionen 336
  Kollektivverhalten 334–336
Kollektivierungs-Gen 334
Kommunikation, menschliche 520
Konditioniertes Verhalten 19 f., 418
Konkurrenz 58 f., 152, 396
  sexuelle 166, 395
  männliche 58 f., 396
  unter männlichen Individuen der Spezies Mensch 152
Konservativismus 68 f., 565
  Bekämpfung der Armut 174
  politischer 28, 170, 174
  und familiäre Werte 170, 174
  und Moral 27 f., 230, 579
  Kooperation *s.* Altruismus
Kopulation
  Bedeutung für das Männchen 69
  Bedeutung für das Weibchen 70
Kränkung 512
Kreationisten 44
Krieg 124, 411, 443, 457
Kriminalität 358 f.
  biochemische Erklärung 562 f.
  psychologische Einschränkung der Schuldfähigkeit 561